Heinrich Freiherr von Hausen

Allgemeine Militärenzyklopädie

Vierter Band: Lamdese - Zwolle

Heinrich Freiherr von Hausen

Allgemeine Militärenzyklopädie
Vierter Band: Lamdese - Zwolle

ISBN/EAN: 9783744625272

Hergestellt in Europa, USA, Kanada, Australien, Japan

Cover: Foto ©Andreas Hilbeck / pixelio.de

Weitere Bücher finden Sie auf **www.hansebooks.com**

Allgemeine
Militär-Encyclopädie.

Allgemeine
Militär-Encyclopädie.

Herausgegeben und bearbeitet

von einem

Verein deutscher Offiziere u. A.

Vierter Band.

Lambesc — Zwolle.

Leipzig,
Verlag von Ernst Schäfer.
1861.

Lambesc, Charles Eugène Lorraine Prinz von und Fürst von Elboeuf, Franzose, geb. 1751, Vertrauter der Königin Marie Antoinette, ließ beim Ausbruch der Revolution auf das Volk einhauen, flüchtete, nahm östreichsche Dienste, machte von 1793 alle Feldzüge gegen Frankreich mit, wurde schon 1796 Feldmarschalllieutenant und starb 1825.

Lamboy, einer der tüchtigsten französischen Feldherren im dreißigjährigen Kriege, focht meist im Innern Deutschlands und starb 1648.

Lameth, Theodor Graf von, Franzose, geb. 1756, focht für Nordamerika, wurde nach seiner Rückkehr Brigadegeneral, organisirte die Cavalerie der Republik und flüchtete zur Schreckenszeit. Starb 1834.

Lameth, Charles Malo François Graf von, Bruder des Vorigen, geb. 1757, focht für Nordamerika, wobei er ein Bein verlor, commandirte 1792 bei der französischen Nordarmee eine Division, flüchtete zur Zeit der Schreckensregierung, nahm 1800 wieder Dienste, wurde Gouverneur verschiedener Plätze, war 1814 Generallieutenant, blieb unter den Bourbons in seiner Stelle und starb 1832.

Lameth, Alexander Graf von, Bruder des Vorigen, geb. 1760, focht auch für Nordamerika, wurde nach seiner Rückkehr Oberst bei der Artillerie, theilte mehre Jahre das Schicksal Lafayettes (s. d.), ging nach England, kehrte unter Ludwig XVIII. nach Frankreich zurück, wurde Generallieutenant und starb 1829.

Lamischer Krieg, s. Alexander d. Gr. und Griechenland.

Lamoricière, Christophe Léon Louis Juchault de, geb. 1806, Franzose, zeichnete sich in Algier so aus, daß er binnen 9 Jahren zum Obersten avancirte und 1840 Gouverneur von Oran wurde, leitete die Feldzüge gegen Mascara und Marokko (1842 und 1844), wurde 1846 Generallieutenant, nahm 1847 Abdelkader gefangen, wurde 1848 Commandant von Paris, 1849 Kriegsminister, opponirte den politischen Entwürfen des Präsidenten Louis Napoleon heftig, mußte deshalb Frankreich verlassen, kehrte 1857 zurück und nahm 1860 das Obercommando über die französischen Truppen in Rom an.

Lancasterkanone, neue englische Erfindung, Seele elliptisch mit ¼ Drall, vor Sebastopol nicht bewährt, außer Gebrauch.

Lancelot, romanhafter Held aus der Dichtung von der Tafelrunde.

Landau, deutsche Bundesfestung in der baierschen Pfalz an der Queich, mit 8 Bastionen, davon eine mit besonderm Wall und acht Ravelins, Werkstätten, bombenfesten Kasernen, Militairhospital. Wird nur von Baiern besetzt. Die Stadt hat 7500 Einw. War früher mittelalterlich befestigt, wurde von Vauban systematisirt und modernisirt, wurde oft erobert und öfter belagert.

Landfriede, nachdem Kaiser Konrad den Gottesfrieden verfügt, wodurch wenigſtens für gewiſſe kirchlich heilige Tage dem Fehdeweſen Einhalt gethan wurde, ſuchte Kaiser Maximilian I. dieſes durch den ewigen Landfrieden ganz zu vernichten, was indeſſen durch Verbeſſerung des Rechtsweſens und Umgeſtaltung der ſtaatlichen Ordnung allmählig geſchah.

Landmiliz, in einigen deutſchen Staaten der Landſturm während des dreißigjährigen Kriegs. Das Inſtitut iſt auch in ſpäterer Zeit, ſelbſt 1813 in Deutſchland und 1855 in Rußland (Druſchinen), wieder ins Leben gerufen worden.

Landshut, mähriſche Stadt von 4500 Einw., hier die Preußen 1760 von den Oeſtreichern geſchlagen.

Landsknechte, von Kaiser Maximilian errichtete ſtehende Fußtruppen, ſo genannt, weil ſie in ſeinen Erblanden geworben wurden. Es wurden ober- und niederländiſche unterſchieden. Hatten ihre eigene Armatur (Schwert und Hellebarde oder Lanze) und waren zum Theil gepanzert. Waren der Urſprung der ſtehenden Heere in Deutſchland.

Landskrona, ſchwediſche Feſtungsſtadt von 5000 Einw. Hier 1677 ſchwediſcher Sieg über die Dänen.

Landwehr, iſt ein Militairinſtitut, welches als eine Nachahmung des altgermaniſchen Heerbannes erſcheint, inſofern zur Zeit der Gefahr alle wehrhaften Männer zu den Waffen greifen und mit dem Eintritte des Friedens dieſelben zu ihren bürgerlichen Geſchäften zurückkehren. Zuerſt conſtituirte ſich in Tyrol 1796, in Rußland 1807, in Oeſtreich 1808 eine Landwehr. In Preußen folgte man 1813 nach, aber hier wurde das Inſtitut ganz vorzüglich ausgebildet und hat bis jetzt fortbeſtanden. Der preußiſche Soldat tritt nach Ablauf ſeiner Reſervezeit (gewöhnlich im 25. Lebensjahre) in das erſte Aufgebot der Landwehr. Der große Vorzug des preußiſchen Landwehrinſtitutes iſt, daß alle Landwehrmänner gediente Soldaten ſind. Um ſie in Uebung zu erhalten, haben ſie alljährlich mehre Sonntagsübungen und alle zwei Jahre ein Manoeuvre mitzumachen. Das erſte Aufgebot der L. reicht bis zum 32. Lebensjahre, das zweite, in welches auch ſolche Leute geſchrieben werden, welche wegen geringer Fehler zum Dienſte im ſtehenden Heere nicht gezogen worden ſind, bis zum 40. Lebensjahre. Die Landwehr wird nicht der Linie attachirt wie in Oeſtreich, ſondern bildet ihre eigenen Regimenter, deren ſchon 1815 64 zu Fuß und 28 zu Pferde beſtanden. Sie hat im Kriege gleiche Dienſte mit der Linie zu leiſten und es iſt keinesweges wahr, daß ſie lediglich zur Feſtungsbeſatzung und zum inneren Dienſte beſtimmt ſei, wie denn ſchon 1814 und 1815 die preußiſche Landwehr ihren Namen mit Ehren in die größten Schlachtfelder blutig einſchrieb. Gegenwärtig ſteht dieſem ſchönen Nationalinſtitute eine Umwandlung bevor, über welche Mittheilungen zu machen noch nicht möglich iſt.

Langenau, Karl Friedrich Freiherr, geb. 1782, erſt in ſächſiſchen, ſeit 1813 in öſtreichiſchen Dienſten, tüchtiger Generalſtabsoffizier, wurde Feldmarſchalllieutenant und ſtarb 1840.

Langenſalza, preußiſche Stadt in Thüringen von 8000 Einw. Hier 1761 die Reichsarmee von den Preußen geſchlagen und 1813 die Baiern von den Preußen überfallen.

Langeron, Graf, Franzoſe, geb. 1764, focht für Nordamerika, wurde in Frankreich Oberſt, ging aber nach Rußland und focht mit gegen die Türken, wurde General, machte 1805 den Feldzug gegen Frankreich mit, desgleichen 1807, focht dann gegen die Türkei und 1812 wieder gegen Napoleon, 1813 half er an der Katzbach ſiegen, desgleichen bei Leipzig, wurde General der Infanterie, focht 1828 wieder gegen die Türkei und ſtarb 1831.

Langwerth von Simmern, Johann Adolph Freiherr, geb. 1643, Ritter des deutschen Ordens, namhaft durch seine Vertheidigung von Mainz gegen die Franzosen 1689. Starb 1700.

Lannes, Jean, Duc de Montebello, geb. 1769, Franzose von niederer Herkunft, trat 1792 ins französische Heer, wurde schon 1795 Oberst, 1796 Adjutant Napoleons und General, zeichnete sich in Aegypten, Italien, 1805 in Oestreich, 1806 in Preußen und Polen, 1808 und 1809 in Spanien, dann in Oestreich und bei Aspern aus, wo er Wunden empfing, an denen er bald darauf starb. In Lectoure ein Denkmal.

Lannoy, Karl von, spanischer Vicekönig von Neapel, Sieger bei Pavia 1525, gest. 1527.

Lannoy, Ferdinand, östreichischer Feldherr im 16. Jahrhundert, ließ Grave fortificiren und starb 1579 (geb. 1510).

Lannsse, François, Franzose, geb. 1762, Kaufmann, seit 1792 Soldat, sehr bald General, zeichnete sich in Italien aus, wurde in Aegypten verwundet, in Folge dessen er starb.

Lannsse, Pierre Robert Baron, geb. 1762 in Frankreich, machte die Feldzüge Napoleons I. mit und schwang sich zum Generallieutenant auf.

Lanze, Stoßwaffe, aus langem stangenartigen Schafte mit scharfer zwei- oder dreischneidiger Spitze bestehend, ist nächst der Keule die älteste Waffe und mit Spieß und Pike eins. Der Gebrauch der Lanze zum Schlagen wie bei den Ulanen widerstreitet der Natur der Waffe, und ist nur insofern zu billigen als der Schlagschwung zum Pariren des feindlichen Angriffs dient. Sie wurde im griechischen Alterthume zu Stoß und Wurf wie jetzt zu Stoß und Schlag gebraucht. Die alten Deutschen gebrauchten statt dessen den Spieß zum Stoß und den kürzern Speer zum Wurfe, worin ohne Frage ein besseres Verständniß dieser Waffe zu erkennen ist. Die griechische Lanze war bis 11 Ellen lang, die römische Hasta 4 Fuß lang, die Lanze der Legionaire länger. Noch längere Lanzen wurden bei den Römern mit den Wurfmaschinen geschossen. Im Mittelalter war sie Hauptwaffe der Ritter und spielte bei den Turnieren die größten Rollen. Nach Einführung des Feuergewehrs erhielt nur noch eine Abtheilung des Fußvolks die Lanze, welche das Glied vor den Schützen bildete und hauptsächlich bei Sturmangriffen wirken mußte. Die Lanze hieß aber Pike und ihre Krieger Pikeniere. Sie waren noch unter Gustav Adolph vorhanden. Nach Einführung des Bajonnetes blieb die Lanze nur noch einer leichten Cavaleriegattung eigen, nämlich den Kosaken, Ulanen und französischen Lanciers; deren Lanzen sind 8 Fuß lang.

Lanze, heilige, angeblich die, mit welcher Longinus Christus in die Seite gestochen haben soll, war im Besitze des Königs von Burgund, von welchem sie Kaiser Heinrich I. erhandelte, um dadurch seine gegen die so sehr gefürchteten Ungarn zu führenden Truppen zu begeistern. Eine zweite heilige Lanze fand sich im heiligen Grabe und wurde den Kreuzfahrern verliehen. Beide heiligen Lanzen waren nur Gegenstände gaunerischer Speculation.

Lanze, im Mittelalter Bezeichnung einer Reiterabtheilung von 1 Ritter und 4 Knappen. Später bestand das Gefolge des Ritters aus 1 Knappen und 3 Schützen.

Lanzenträger, im alten Ungarn 10 Edelleute, die die Leibwache des Königs bildeten.

Laon, französische Stadt von 9000 Einw. an der Nordbahn. Hier die Franzosen unter Marmont von Blücher geschlagen (1814).

Lapalice, Jacques de, berühmter französischer Marschall im 16. Jahrhundert, Sieger bei Cerignola, Agnadello, folgte Gaston de Foix im Oberbefehl und blieb bei Padua 1525.

Laparelli, päpstlicher Feldherr im 16. Jahrhunderte, befestigte Civita Vecchia.

Lapoype, Jean François de, geb. 1758, Franzose, machte die Feldzüge der Republik und Napoleons mit, wurde General und als Vertheidiger Wittenbergs Baron und starb 1851.

Larochelle, französische befestigte Stadt am atlantischen Ocean mit Arsenal, Schifffahrtschule und Hafen. 17,000 Einwohner.

La Rosée, Johann Kaspar Graf, baiernscher General und östreichscher Feldmarschalllieutenant, focht gegen die Türken in Ungarn. Starb 1795.

Larrey, Jean Dominique Baron, Oberchirurg Napoleons I., gest. 1842.

Lasalle, Anton Ludwig Karl Graf, geb. 1775, Franzose, machte die Kriege der Republik und Napoleons mit Auszeichnung mit, wurde Divisionsgeneral und fiel bei Wagram.

Latorre, Don Mästo de Latorre y Dzcariz, Spanier, geb. 1794, machte seit 1808 den Halbinselkrieg gegen Napoleon mit, gehörte in den spätern Bürgerkriegen der Partei der Königin an und wurde Generallieutenant und Inspector der Carabiniers. Starb 1853.

Latour, Max Graf von, Niederländer, im östreichschen Dienste, machte die Feldzüge gegen Frankreich seit 1792 mit, folgte Wurmser im Oberbefehl am Rhein, focht mit ungleichem Glücke, wurde nach dem Kriege Gouverneur von Steyermark und starb 1806. Sein Sohn Theodor wurde östreichscher Feldzeugmeister und 1848 Kriegsminister. Geb. 1780, vom Volke in der Revolution ermordet 1848.

Latour d'Auvergne, Theophile Malo Corret de, ein französischer Schüll, geb. 1743, focht für Nordamerika, führte nach Ausbruch der Kriege der französischen Republik ein bevorzugtes Corps von 8000 Grenadieren, in dem er nur den Character des Führers aber keinen Vorzug in Anspruch nahm, nannte sein Corps die höllische Kolonne wegen der Verwegenheit, mit der er es führte und durch die es sich auszeichnete, focht zuletzt in der Schweiz und Baiern und fiel bei Neuburg 1800. Das Corps blieb, aber sein Platz in demselben sollte für immer unbesetzt bleiben und der Fehlende dergestalt anwesend gedacht werden, daß sein Name verlesen, aber geantwortet wurde: „geblieben auf dem Felde der Ehre". Sein Herz wurde einbalsamirt und dem Corps als heiliges Vermächtniß gegeben.

Latour-Maubourg, Marie Victor de Fay Marquis, geb. 1756, Franzose, diente seit 1789, theilte zuerst Lafayettes Schicksal als dessen Adjutant, machte den Feldzug in Aegypten mit, focht bei Austerlitz, in Preußen, Spanien und Rußland, wo er sich bei Mosaisk besonders auszeichnete, bei Dresden und Leipzig, blieb unter Ludwig XVIII. im Dienste, wurde Gesandter, Kriegsminister, Gouverneur der Invaliden, trat 1830 ins Privatleben zurück und starb 1850.

Latremouille, Louis Vicomte de Thouars, Prinz von Talmont, geb. 1460, Franzose, führte die Kriege Karls VIII. als Generalissimus, eroberte Mailand 1500, errang in Italien, Burgund und der Picardie eine Menge Siege, und blieb 1525 vor Pavia.

Latremouille, Philipp Fürst von, Prinz von Talmont, leitete den Kampf der Royalisten in der Bretagne gegen die französische Republik, schlug sich mit Tapferkeit und großer Klugheit bis 1794, wurde gefangen und guillotinirt.

London, Gideon Ernst Freiherr, schottischer Herkunft, geb. 1716 in Rußland, erst in russischem und nachdem er in Preußen abgewiesen worden in östreichschem Dienste seit 1742, machte den Erbfolgekrieg, die schlesischen Kriege und den siebenjährigen mit und schwang sich durch große Auszeichnung bei Tetschen, Hirschfeld, Kollin, Prag, Braunau, Hochkirch, Kunnersdorf, Landshut, Glatz,

Breslau und anderwärts zum Feldzeugmeister auf, wurde 1778 Feldmarschall, leitete eine Zeit lang den Krieg gegen die Türkei, stellte das vom Kaiser Joseph II. verlorene Kriegsglück wieder her und starb 1790.

Lauenburg, s. Deutschland und Dänemark.

Lauer, Franz Freiherr, östreichscher Feldzeugmeister und Generalgeniedirector, im vorigen Jahrhundert, Erbauer der Festung Pleß-Josephstadt, starb 1803. Sein Sohn Joseph zeichnete sich in den Kriegen Oestreichs seit 1793 ebenfalls als meisterhafter Ingenieur aus, wurde wie sein Vater Feldzeugmeister und Generalgeniedirector und starb 1848.

Lauf, der bekannte Haupttheil des Feuergewehrs.

Laufendes Takelwerk, alle Taue, welche gezogen werden.

Lanfer, durch beide Blöcke eines Takels gescheertes Tau.

Laufgraben, s. Befestigung, Festung und Belagerung.

Lauriston, Jacques Alexandre Bernard Law Marquis von, 1768 in Ostindien von französischen Aeltern geb., trat 1784 in die französische Armee, machte mit Auszeichnung die Feldzüge der Republik und Napoleons mit, war 1809 dessen Brautwerber, wurde zum Grafen erhoben, focht in Rußland, bei Bautzen, Leipzig und wurde hier gefangen. Unter Ludwig XVIII. wurde er Chef der Garde, Marquis, Minister und Marschall, kämpfte 1823 in Spanien und starb 1828.

Lausitz, deutsches Landesgebiet, s. Sachsen und Preußen.

Lautrec, Odet de Foir, französischer Feldherr, eroberte 1528 Pavia, belagerte Neapel und starb hier.

Lauzun, Antoine Nompar de Caumont Graf, geb. 1632, Franzose, wurde durch Ludwig XIV. Generaloberst der Dragoner und Oberbefehlshaber der Artillerie, focht glücklich in Flandern, mischte sich mit großer Kühnheit in des Königs wollüstige Angelegenheiten, verlor dadurch 10 Jahre seiner Freiheit, rettete die Familie Jacobs II. von England nach Frankreich und starb 1726.

La Valetta, Hauptstadt von Malta, durch Fort St. Elmo befestigt, 90000 Einw., Hafen, britisch.

La Balliere, Malteserritter und französischer Generallieutenant im 17. Jahrhundert.

La Balliere, Jean Florentin de, Franzose, geb. 1667, französischer Generallieutenant, berechnete die Pulverkraft in den Minen, war Gründer der franz. Artillerieschule und starb 1759. Sein Sohn Joseph Florent, geb. 1717, diente in der französischen Armee, galt für einen der ausgezeichnetsten Ingenieure, machte fast alle großen Belagerungen mit, befehligte im siebenjährigen Kriege die Artillerie und starb 1776.

Lavarande, Louis de Pecqueult de L., Franzose, geb. 1820, machte die Feldzüge in Algier und der Krim mit, wurde General und fiel 1855 vor Sebastopol.

Laviren, durch Anwendung der Steuerbord- und Backbordhalsen gegen den Windstrich segeln.

Lazarew, Michail Petrowitsch, geb. 1788, Russe, russischer Admiral und berühmt als Erbauer der Docks von Sebastopol und der Marineanstalten von Nikolajew. Focht bei Navarin. Starb 1851.

Leake, Sir John, geb. 1656, Brite, machte die Schlacht bei Hogue mit, eroberte Neufundland, half beim Entsatz von Gibraltar, nahm Majorca und mehre spanische Küstenfestungen, wurde Admiral der weißen Flagge und starb 1720.

Lechfeld, eine Ebene zwischen dem Lech und der Wertach in Baiern. Hier erlitten die Ungarn 955 durch die Deutschen unter dem Kaiser Otto I. eine so furchtbare Niederlage, daß sie hinfort ihre Raubzüge unterließen.

Leck, in der Seemannssprache jede schadhafte Stelle, an welcher Wasser in den inneren Raum des Schiffes bringt. Um den Leck zu schließen, wird er von Innen verpfropft, oder, wenn man des Wassers wegen nicht zu ihm kann, werden von außen getheerte Segel über ihn angezogen, das Wasser aus dem Innern gepumpt und die Reparatur von Innen unternommen.

Leclerc, Victoire Emmanuel Leclerc d'Ostin, Franzose, geb. 1772, trat 1790 ins Heer, erstürmte vor Toulon Fort Farni, focht in den Niederlanden und Portugal mit Glück, wurde 1797 General und Schwager Bonapartes durch Vermählung mit dessen Schwester, machte den Feldzug gegen Oestreich 1800 mit und entschied bei Landshut, erhielt den Oberbefehl auf Haiti 1802, starb aber desselben Jahres.

Lecoq, Karl Christian Erdmann von, Sachse, geb. 1767, diente seit 1780, war bereits 1807 Oberstlieutenant, stand 1812 an der Spitze des sächsischen Contingents beim französischen Heere, machte den Feldzug von 1814 ebenso gegen Frankreich mit, war auch 1815 Befehlshaber des gegen Frankreich bestimmten sächsischen Corps, wurde später Oberbefehlshaber der gesammten sächsischen Armee und starb 1830.

Lecourbe, Claude Joseph, Franzose, geb. 1760, war bereits 1795, obschon erst 34 Jahre alt, Divisionsgeneral, leitete 1799 die Operationen gegen die Schweiz, focht bei Hohenlinden und schied nach dem Frieden aus dem Dienste. Er nahm bis 1814 keine Dienste wieder für Napoleon, jedoch 1815. Starb 1815.

Lederer, Ignaz Freiherr, östreichischer Feldmarschall und Obercommandant in Ungarn, geb. 1769, gest. 1849.

Lederer, August Freiherr, geb. 1807, östreichischer Feldmarschalllieutenant.

Lederer, Moritz Freiherr, des Vorigen Bruder, geb. 1809, machte als östreichischer Generalmajor den Krieg gegen Ungarn mit, und befehligt seit 1851 die östreichischen Truppen in Parma und Piacenza als Feldmarschalllieutenant.

Lederer, Karl, geb. 1800, commandirte 1848 als General in Ungarn, wurde 1849 Feldmarschalllieutenant.

Lederne Kanonen, waren eine schwedische Erfindung zur Zeit des dreißigjährigen Kriegs und fanden wegen ihrer geringen Schwere (ein Rohr von 4-Pfundkaliber 90 ℔ schwer) Eingang. Im Innern lag ein in eiserne Reifen gefaßtes Kupferrohr. Nur die äußere Bekleidung war von Leder. Wegen ihres schnellen Erhitzens kamen sie bald wieder in Wegfall.

Leeseite, in der Seemannssprache diejenige Seite des Schiffes, welche der Wind nicht bestreicht.

Leerpfropf, hohler Cylinder, der in die Brandkugeln eingesetzt und mit dem Zündmesser gefüllt wird.

Lefebure, Simon, ging aus französischen in preußische Dienste und machte sich als erfindungsreicher Ingenieur berühmt in der Praxis sowohl als durch seine Schriften. Starb 1770.

Lefebvre, François Joseph, in Elsaß 1755 geb., bürgerlicher Herkunft, seit 1775 im französischen Heere, machte die Feldzüge der Republik mit, war bereits 1794 Divisionsgeneral, entschied bei Fleurus, siegte bei Würzburg, war am 18. Brumaire ein Haupthelfer Napoleons, wurde 1804 Marschall, commandirte bei Jena und Eylau mit, nahm Danzig, erhielt dafür den Titel eines Herzogs von Danzig, machte 1808 die glücklichsten Operationen in Spanien, machte 1809 den Feldzug gegen Oestreich mit, commandirte bei Wagram die Garde, commandirte auch in Rußland und den Feldzügen 1813, 1814 und 1815 in rühmlichster Weise, versöhnte sich mit Ludwig XVIII., wurde Pair und starb 1820.

Lefort, Franz Jacob, geb. 1656, Schweizer, bildete sich in Frankreich zum

Soldaten aus, machte einen holländischen Feldzug mit, wurde dänischer Ge-
sandtschaftsattachée in Petersburg (1675), nahm russische Kriegsdienste, wurde
intimster Freund Peters des Großen, rettete denselben bei der Strelitzen-
rebellion in Moskau und wurde darauf dessen bevorzugtester Diener und genialster
und eifrigster Helfer bei den hochwichtigen Reformationen, durch welche Peter seinen
Staaten den Typus der Barbarei zu nehmen suchte; Lefort aber namentlich richtete
das Heerwesen nach französischem Muster ein, errichtete selbst ein Musterregiment,
legte den Grund zur russischen Marine, wurde selbst mit Recht Generalissimus
und Großadmiral, leitete 1795 den Krieg gegen die Türkei und leistete überhaupt Rußland die außerordentlichsten Dienste. Peter d. Gr. ermordete ihn
1799 mit eigner Hand, indem Lefort ihn hindern wollte, Gleiches an einem
Generale zu vollbringen, gegen den er (Peter) erzürnt war.

Lefren, Johann Peter, Schwede, geb. 1784, schwedischer Generalmajor,
machte von 1808—1814 die Feldzüge gegen Rußland und Norwegen mit, und
machte sich als Ingenieur, Lehrer in den Kriegswissenschaften und Militairschriftsteller berühmt.

Legatus, Unterfeldherr beim römischen Heere (Oberfeldherr hieß Prätor).
Legatus imperatoris, Generalissimus über eine bestimmte Armee.

Legetitsch, Ignaz von, 1853 pensionirt als österreichischer General der Cavalerie, commandirte 1850—1852 die österreichischen Truppen in Holstein.

Legion (Legio, Heer) hieß die erste gesammte Militairmacht des römischen
Reichs. Später bestand das römische Reich aus mehreren Legionen, die unserer
Division oder Corps ähnlich waren. Zur Zeit der Republik war die Stärke
nach der Zeit verschieden, 4200—6000 Mann Fußvolk und 300 Reiter. War
in Hastati, Principes, Triarii und Velites classifizirt. Die vier Classen hatten
verschiedene Armatur, die Veliten Messer und Wurflanzen, die anderen Schwerter
und Stoßlanzen, alle aber Schilder und eine theils lederne, theils metallene
Rüstung. Ebenso war die Bewaffnung und Bekleidung der Reiter. Die Legion
bestand aus 30 Manipeln, der Manipulus aus 2 Centurien. Die Massen
standen in 10 Rotten zu 8 Mann. Die 300 Mann starke Reiterabtheilung
zerfiel in 10 Turmen zu 30 Mann. Cavalerie stand in Rotten zu 3 Mann.
Commandirt wurde die Legion von einem Tribun, der aber nach 2 Monaten
von einem andern abgelöst wurde, und 60 Centurionen. Bei jeder Centurie
war ein Fahnenträger (Signifer). In der Regel wurden jährlich 4 Legionen
ausgehoben. Der Eid wurde dem Feldherrn und zwar in Masse, aber nur
für 1 Feldzug geleistet. Ein Fußsoldat mußte 20, ein Reiter 10 Feldzüge
mitmachen oder 28 Jahre dienen, in der spätern Zeit nur 20 Jahre. Anfänglich
war die Schlachtstellung der Legionen die Phalanx, später die Stellung zu
drei Treffen, in denen die Classen nach ihren Vorzügen geordnet wurden.
Nach den Bürgerkriegen hörten die Unterschiede auf, sowohl in der Schlachtstellung als in der Legion selbst, es entstand eine gleiche Bewaffnung und Bekleidung, die Legion wurde in 10 Cohorten zu 6 Centurien getheilt, erhielt
als Hauptfeldzeichen den Adler und ihre Reiterei wurde auf 1000 Mann
gebracht. Die Zahl der Legionen im römischen Heere war nach den Zeitver-
hältnissen sehr verschieden zwischen 20 und 80. So auch hat die Schlachtstellung
sich ganz nach den Grundsätzen der Kriegskunst umgeändert (s. Rom).

Legnago, venetianische Stadt von 11,000 Einw. zwischen Etsch und Porto
Legnago und sehr nahe an den wegen ihrer pestilenzischen Dünste berüchtigten
veronesischen Sümpfen. L. ist Festung, zwar nicht umfänglich, aber mit größter
Sorgfalt angelegt und durch ihre Lage stark. Vorzüglich wichtig aber ist es
in Verbindung mit Mantua, Peschiera und Verona, welche zusammen das be-

rühmte Festungsviereck in der Mitte des ehemaligen lombardisch-venetianischen Königreichs bilden, welches zu durchbrechen einem Feinde eben so wenig leicht gelingen dürfte, als es zu überwältigen. Nachdem Napoleon III. die Oestreicher bei Magenta und Solferino geschlagen, blieb er vor diesem Festungsvierecke stehen und bot den Frieden an und es war vielleicht zu bedauern, daß der Kaiser von Oestreich ihn auf ungünstige Bedingungen angenommen, denn hier war der Ort, wo dem Feinde die Stirn gezeigt werden konnte, ja von wo aus Oestreich den Feldzug hätte eröffnen sollen, wenn es damit auch zuerst den größten Theil der Lombardei preisgegeben hätte. 1799 wurden die Franzosen vor L. von den Oestreichern geschlagen.

Legnano, lombardisches Städtchen, wo Kaiser Friedrich I. 1176 von den Mailändern geschlagen wurde.

Lehmann, Johann Georg, geb. 1765, lernte das Müllerhandwerk, wurde sächsischer Soldat, bildete sich durch großen Fleiß in den mathematischen Wissenschaften, erfand eine eigne Art der Höhenmessung und der Situationszeichnung, kam, da seine Methode bei allen Heeren eingeführt wurde, in großes Ansehen, wurde Lehrer an der Ritteracademie in Dresden, machte die Feldzüge 1806 und 1807 im Generalstabe mit, wurde Inspector der Militairplankammer und starb als Major 1811. Von ihm ist vorhanden: „Vorlegeblätter zur Situationszeichnung", „Modelle der Erdoberfläche zur Lehre der Situationszeichnung", „Lehre zur Situationszeichnung" und „Anweisung zum Gebrauche des Meßtisches".

Lehrbach, Philipp Graf, geb. 1789, machte den Halbinselkrieg mit, wurde 1848 hessen-darmstädtischer Kriegsminister, stand wegen seines politischen und bürgerlichen Characters in großem Ansehen, und endete 1857, indem er sich aus Unvorsichtigkeit erschoß.

Lehrbataillon, preußisch, steht in Potsdam, ist aus Commandirten des ganzen Heeres gebildet, die nach einem Jahre wieder zu ihren Regimentern und Compagnien zurückkehren und hier das beim Lehrbataillon Erlernte als Normalität zu Rectifizirung des etwa zur Gewohnheit gewordenen darstellen. Es wird dadurch die genaueste Uebereinstimmung in der Taktik des ganzen Heeres bewirkt. In Preußen besteht diese Einrichtung seit 1819, in Oestreich ist sie 1852 nachgeahmt worden.

Leibcompagnie, als in früherer Zeit der erste oder „oberste" Hauptmann im Regimente, Führer des ganzen Regimentes war (daher der Titel Oberst), behielt er dennoch seine Compagnie, für diese insbesondere Hauptmannsfunction ausübend. Da indessen das Regimentscommando nicht immer das Compagniecommando aufhob, so mußte er für seine Compagnie einen Stellvertreter haben, der den Titel Stabscapitain führte, die Compagnie des Obersten aber hieß Leibcompagnie. Diese Einrichtung ist längst allenthalben aufgehoben und hat sich nur in England bis in die neueste Zeit erhalten.

Leiningen, Karl Fürst von, geb. 1804, Stiefbruder der Königin Victoria von England, baiernscher Generallieutenant und Chef des 5. Chevauxlegerregiments, starb 1856.

Leiningen-Bilfingheim, Theodor Graf von, gest. 1794, badenscher Generalmajor.

Leiningen-Westerburg, Christian Graf von, geb. 1812, östreichscher Feldmarschalllieutenant, Chef des 21. Infanterieregiments und Militairgouverneur von Krakau, starb 1856.

Leipzig, Stadt des Königreich Sachsens an der Parthe, Pleiße und Elster mit ungefähr 76,000 Einw., war ehedem befestigt, hat aber jetzt von seinen früheren Befestigungen nur noch die Pleißenburg, bei welcher sich der Graben mit Contrescarpe noch unverändert befindet. Die Pleißenburg, deren Gebäude zum Theil modern und sehr elegant erneut worden sind, dient der Garnison, einer Schützenbrigade, zur Kaserne und enthält die Amtslocale mehrerer königlicher Behörden. In ihr befinden sich große Magazine und eine vortreffliche Kellerei. Heinrich I. gründete Leipzig insofern er bei dem damaligen wendischen Fischerdorf Lipsk eine Burgwart anlegte. Markgraf Konrad und Otto der Reiche befestigten es vollständig, Markgraf Dietrich umgab es mit drei Castells, von denen aber zwei später in Klöster verwandelt wurden. An den Kriegen Friedrichs und Diezmanns hatte L. den größten Antheil, im schmalkaldischen Kriege litt L. durch eine Belagerung 1547. Hiernach wurde die Pleißenburg erbaut. Im 30jährigen Kriege wurde es sieben Mal belagert und litt durch zwei Schlachten, die in seiner Umgegend geschlagen wurden. Im 7jährigen Kriege litt es durch Contributionen sehr. Nach dem Jahre 1770 wurden die Werke bis auf die Pleißenburg und einen Theil der Gräben abgetragen. 1813 fand vom 14. bis 19. October die Völkerschlacht bei Leipzig statt, in welcher Napoleon I. von den vereinigten Russen, Preußen, Oestreichern, übrigen deutschen Völkern und Schweden entscheidend geschlagen wurde. Die Verbündeten waren etwa 300,000, die Franzosen 180,000 Mann stark. Erstere verloren, die Russen 20,000, die Oestreicher 14,000, die Preußen 14,000, die Schweden 300; Letztere dagegen 38,000 Mann an Todten, 30,000 Mann an Gefangenen. Beim Rückzug der Franzosen fand der Fürst Poniatowski seinen Tod, indem er in der Elster ertrank. Auf dem Schlachtfelde befinden sich mehre Denkmale zum Gedächtnisse dieser ungeheuern Schlacht, nämlich das Schwarzenbergdenkmal, die Dreimonarchensäule auf dem Monarchenhügel, der Napoleonstein beim Thonberge, das Siegesdenkmal an der reudnitzer Straße von Leipzig, deren Platz damals zum Schlachtfelde gehörte.

Leiter, s. Sturmleiter.

Lemberg, Hauptstadt von Gallizien am Peltew, Sitz des Militaircommandos von Ostgallizien, Militairhospital, Militairschwimmanstalt, ehedem Festung, dabei Ruinen der sogenannten Löwenburg (von ihr der Name der Stadt), 75,000 Einw., 1340 von Kasimir von Polen erobert, 1648 von den Russen vergebens belagert und 1704 von den Schweden erobert.

Lemnos, griechische Insel von 6 □ M., zur Zeit des trojanischen Kriegs Hauptstation der Griechen, hier 1808 Sieg der Russen über die Türken zur See. (S. Griechenland.) Die gleichnamige Hauptstadt ist befestigt und hat Hafen und Werfte.

Lens, französisches Städtchen im Departement Pas de Calais, wo 1648 die Franzosen über die Spanier und 1708 die Oestreicher über die Franzosen siegten.

Lenzen, mit einem Vorsegel oder ohne Segel bei heftigem Wetter das Schiff vor dem Winde gehen lassen.

Lentulus, der Name vieler Männer, die sich im alten römischen Reiche in öffentlichen Aemtern und beim Heere namhaft gemacht haben, z. B. Lucius Cornelius Lentulus, noch 3 desselben Namens, Publius Cornelius Lentulus, Cnejus Cornelius Lentulus Clodianus, Publius Cornelius Lentulus Spinther, Cnejus Cornelius Lentulus Marcellianus u. A.

Lentulus, Cäsar Joseph, östreichscher Feldmarschalllieutenant, machte den östreichischen Erbfolgekrieg mit Auszeichnung mit. Sein Sohn Ruppert Scipio, geb. 1714, machte die schlesischen und den 7jährigen Krieg auf preußischer Seite mit, erhob sich zum Generallieutenant und starb 1786.

Leo, der Name vieler oströmischer Kaiser. (S. Rom.)

Leoben, steyermärksches Städtchen, wo 1797 zwischen Frankreich und Oestreich ein Präliminarfriede geschlossen wurde.

Leon, jetzt Provinz Spaniens (s. d.), ehemals ein eigenes Königreich.

Leonhari, griechische Stadt am gleichnamigen Passe, 1459 von den Türken genommen und von ihnen im nächsten Jahre zerstört.

Leonidas, König von Sparta, vertheidigte mit nur 300 Mann den Paß der Thermopplen in wunderbar heroischer Weise gegen ein ungeheures persisches Heer, wurde umgangen, fiel mit seinen Genossen (480 v. Chr.) und blieb bei den Griechen für alle Zeiten der Gegenstand des begeistertsten Andenkens.

Leopold I., römisch-deutscher Kaiser, geb. 1640, ganz unkriegerisch, führte dennoch viele Kriege: 1662—1664 mit der Türkei, 1672 bis zum nimweger Frieden 1679 mit Frankreich, 1683 bis 1699 mit der Türkei und Ungarn, 1688 bis 1697 mit Frankreich, 1701 bis zu seinem Tode 1705 mit Frankreich wegen der spanischen Erbfolge.

Leopold, Fürst von Anhalt-Dessau, einer der genialsten Männer seiner Zeit, geb. 1676, wurde aus Standesrücksicht im 12. Lebensjahre östreichischer Oberst, obschon er fünf Jahre später noch nicht ein Mal mündig war, um die Regierung seiner Erblande selbst zu übernehmen. In preußische Dienste getreten machte er 1696 den Feldzug gegen Frankreich und darauf wieder den Krieg gegen Frankreich wegen der spanischen Thronfolge als Generalissimus des preußischen Contingents mit. Friedrich Wilhelm I. erhob ihn 1712 zum Feldmarschall und war sein liebster Freund, wie denn ihrem Character nach beide vortrefflich zu einander paßten. Unter Friedrich dem Großen erwarb er sich in den Schlachten von Neustadt, Jägerndorf und Kesselsdorf das größte Verdienst. Starb 1747. Statue zu Berlin 1800 errichtet.

Leopold Maximilian, des Vorigen Sohn, geb. 1700, wurde 15 Jahr alt, nachdem er seinem Vater im Felde begleitet hatte, Oberst. Im ersten schlesischen Kriege zeichnete er sich so aus, daß ihn Friedrich der Große bei Chotositz zum Feldmarschall erhob. Starb aber schon 1751.

Leopold, Karl L. Friedrich, Großherzog von Baden (s. Baden).

Leopold, Bruder Friedrichs des Schönen, s. Oestreich.

Leopold, Prinz von Hessen-Homburg, geb. 1787, fiel 1813 in der Schlacht bei Lützen. Denkmal in Großgörschen.

Leopold, Erzherzog von Oestreich, geb. 1586, war Bischof von Straßburg, dadurch aber nicht abgehalten eine kriegerische Rolle zu spielen. Er bekämpfte im jülichschen Streite Brandenburg, vertheidigte 1619 Wien gegen das anrückende böhmische Heer und schlug sich 1622 mit Mansfeld im Elsaß, entsagte, nachdem er die weltliche Herrschaft über Tyrol, Glatz (später auch Burgau) erhalten, der geistlichen Würde und starb 1632.

Leopold Wilhelm, Erzherzog, Bischof von Breslau, Hoch- und Deutschmeister, geb. 1614, übernahm im dreißigjährigen Kriege 1639 den Oberbefehl über das kaiserliche Heer, verlor die Schlacht bei Leipzig, ließ dafür mehre seiner Truppen höchst ungerechter Weise decimiren, denn er selbst trug die Schuld der Niederlage, kämpfte 1645 in Franken und wurde dann Generalgouverneur der Niederlande. Starb 1662.

Leopoldsorden, östreichischer Militair- und Civilorden, gestiftet von Kaiser Franz 1808, 3 Classen, achteckiges Kreuz rothemaillirt und weiß gerandet mit der Devise „Integritati et merito", auf der Rückseite „Opes regunt corda subditorum"; über dem Kreuz eine Krone. Die 1. Classe trägt das Kreuz an einem über die rechte Schulter laufenden roth und weißem Bande und einem silbernen Stern auf der linken Brust, die 2. Classe am Hals, die 3. im Knopfloch. 2. Classe hat Anspruch auf Freiherrn-, die 3. Classe auf die erbländische Ritterwürde.

Leopoldsorden, belgisch, für Militair und Civil, weißes Kreuz mit schwarzem Schilde, der Devise: L'union fait la force, und dem belgischen Wappen, über dem Kreuz eine Krone, das Band ponceauroth, läuft bei der 1. Classe über die rechte Schulter, dabei trägt sie einen silbernen Stern auf der linken Brust, die zweite Classe trägt das Kreuz am Halse und einen einfachern Stern auf der Brust, die 3. und 4. Classe im Knopfloche, aber die 3. mit einer Bandschleife. Beim militairischen L. liegen unter der Krone zwei gekreuzte Schwerter. Gemeine und Unteroffiziere bekommen mit dem L. 100 Francs jährliche Zulage.

Leopoldstadt, östreichische Festung in Ungarn an der Waag ohne Stadt; hat Magazine, 2 Arsenale und ein Invalidenhaus; 1849 von den Oestreichern auf Capitulation genommen.

Lepanto, türkische Hafenstadt am Golf von L., der durch die Castelle Rhion und Antirhion vertheidigt wird. Hier 1571 die Türken von den Spaniern und Venetianern unter Don Juan d'Austria zur See geschlagen.

Lepidus, Marcus Aemilius, römischer Consul, mußte diese Würde gegen die eines Prätors abgeben, unternahm von Gallien, Etrurien und Sardinien aus mehre rebellische Kriegszüge gegen Rom, um sich jene Würde wieder zu erzwingen, wurde aber immer wiederholt geschlagen (letztes Jahrh. v. Chr.)

Lepidus, Marcus Aemilius, schwang sich, von Cäsar protegirt, zu der höchsten Würde beim Heere auf, wurde nach Cäsars Falle Pontifex Maximus und 42 Consul; 44 n. Chr. war er der Dritte des Triumvirates, doch nahmen ihm die andern beiden Triumviren, weil irgend ein Anderer ihm gefährlicher hätte werden können. 35. v. Chr. entzog ihm Octavianus alle Würden und das Heer, und er sah, daß seine Person nur gemißbraucht worden war. Starb 13 v. Chr. aus dem öffentlichen Leben zurückgezogen.

Leppich, Franz, geb. 1775, in Franken, mechanischer Künstler, bot Napoleon I. die Erfindung eines Luftballons an, durch welchen das Feuermaterial zur Vernichtung einer ganzen Armee transportirt werden könne. Napoleon wies ihn mit Verachtung ab. L. fand beim Kaiser Alexander Aufnahme und war nun derjenige, der die Anstalten zum Brande von Moskau anordnete und leitete und dergestalt an Napoleon ein furchtbarer Rächer. Starb 1818.

Leps, Otto Friedrich von, Preuße, Adjutant des „alten Dessauers", den er in der Schlacht bei Neustadt, Jägerndorf und Kesselsdorf wichtige Dienste leistete. Starb als commandirender General 1747.

Lerida, spanische Hauptstadt der gleichnamigen Provinz, eine Zitadelle. Hier Sieg Cäsars über die Truppen des Pompejus. 1707 von den Franzosen genommen, 1810 hier die Spanier von den Franzosen geschlagen, 1813 wurde Lerida den Franzosen durch die Spanier wieder entrissen.

Lersundi, Francesco, geb. 1817, Spanier, stand seit 1833 beim spanischen Heere, machte die Erstürmungen von Oriamendi, Ulizarra und Saragossa mit, commandirte 1847 in Portugal, wurde Generallieutenant, Kriegsminister, Generalcapitain von Neucastilien, Ministerpräsident und zuletzt Marineminister.

Lesbos, altgriechische Insel, s. Griechenland, jetzt zur Türkei gehörig. 1690 und 1698 Sieg der Venetianer, 1821 Sieg der Griechen über die Türken.

Lescure, Louis Marie Marquis von, geb. 1766, eifriger Royalist, vertheidigte als Capitain Ludwig XVI. mit eigener Lebensgefahr, führte ein Commando der Vendeer, mit denen er bei Thonars und Torfou siegte und starb 1793 schwer verwundet.

Lesghier, kaukasisches Volk. S. Kaukasus und Rußland. An ihrer Spitze stand Schamyl, auch Schemyl genannt (s. d.), bis zu seiner Gefangennehmung.

Lesgis, türkische leichte Reiter, die an den Grenzen quartiert sind und hier ähnlich den Kosaken in Rußland Wachtdienst leisten müssen.

Lesle, schwedischer General, einer der Feldherren im 30jährigen Kriege (s. d.)

L'Eſtocq, Anton Wilhelm von, Hannoveraner, geb. 1738, Adjutant Ziethens im ſiebenjährigen Kriege, machte die Feldzüge gegen Holland und Frankreich 1787, 1793 und 1794 und 1806 mit, war in dieſem Jahre Diviſionsgeneral, und leiſtete bei Eilau durch rechtzeitiges und kraftvolles Eingreifen ſo Wichtiges, daß die Schlacht für die Verbündeten die ſchlimme Entſcheidung nicht betraf, die ſchon gefürchtet werden mußte. Starb 1815.

Leſuire, Georg Wilhelm von, Deutſcher, geb. 1789, diente ſeit 1807 im baierſchen Heere, machte die Feldzüge Baierns bis 1815 mit, war 1815 Adjutant des Fürſten Wrede, wurde 1833 Kriegsminiſter in Griechenland, 1835 Oberſt, 1840 Generalmajor, 1848 Generallieutenant und Kriegsminiſter in Baiern und ſtarb 1852.

Leu, Joſeph, Luzerner, geb. 1800, Viehhändler, Mitglied des Großen Rathes, des Erziehungsrathes und der geiſtlichen Commiſſion, ſetzte die Berufung der Jeſuiten an die Seminarien von Luzern durch und erregte dadurch einen kurzen Krieg, in welchem Luzern unterlag. Er wurde ermordet 1845.

Leuchtenberg, Eugen Roſe de Beauharnais Herzog von L. und Fürſt von Eichſtädt, Stiefſohn Napoleons I. von ſeiner erſten Gemahlin, geb. 1781, diente im franzöſiſchen Heere ſeit 1793 an der Seite ſeines Vaters, folgte ſeit 1796 Napoleon, ſtieg zum General ſchnell auf und wurde 1805 zum Prinzen, Vicekönig von Italien und nach dem Feldzuge gegen Oeſtreich 1805 zum Prinzen von Venedig erklärt, heirathete 1806 eine baierſche Prinzeſſin, übernahm das Commando der italieniſchen Armee, ſiegte 1809 bei Raab, ſchlug bei Wagram mit, commandirte 1812 in Rußland eine aus zwei Corps beſtehende Armee, führte beim Rückzug eine Zeit lang den Oberbefehl über das geſammte franzöſiſche Heer, nach Eröffnung des Feldzugs in Deutſchland wieder den über ſeine italieniſche Armee, kämpfte mit ihr in Italien gegen Oeſtreich bis zur Thronentſagung Napoleons und übergab dann die Lombardei an Oeſtreich, da er nun ihre Behauptung für unmöglich hielt. Ludwig XVIII. ernannte ihn zum Marſchall, doch wies er dieſe Ernennung zurück. Der König von Baiern erhob ihn zum Herzog von Leuchtenberg, gab ihm das Fürſtenthum Eichſtädt und verlieh ihm und ſeinen Nachkommen das Recht der Thronfolge nach Ausſterben des Wittelbach'ſchen Mannesſtammes. Er ſtarb 1824 in dem Rufe eines der braveſten Männer und eines höchſt bedeutenden Feldherrn.

Leuchtkugel iſt eine kugelförmige Maſſe von Feuerwerkſatz, welche aus Geſchützen in die Höhe geworfen wird, um durch ſie die Gegend des Nachts zu beleuchten; iſt vorzüglich da wichtig, wo ein Ueberfall zu fürchten iſt, oder beim Feſtungskrieg, um wahrzunehmen, ob der Feind Anſtalten zu einem Ausfalle oder andererſeits zu einem Sturm macht. Die Maſſe iſt in einem Zwillichbeutel gefüllt und wird noch beſonders durch über Kreuz laufende Eiſenbanden zuſammengehalten, damit der Schuß ſie nicht auseinander ſchmettert. Der Erleuchtungsumfang der Leuchtkugeln beträgt nach ihren Größen und der Höhe ihres Wurfes bis 200 Schritte Durchmeſſer und wird aus 7pfündigen bis auf 200, aus 50pfündigen bis auf 800 Schritte Entfernung getrieben. Die Kugel muß einen dauerhaften Mantel haben, damit ſie die Gewalt des Schuſſes erträgt. Der Mantel beſteht aus dem Zwillichbeutel und einem Ueberzug von Leim, Pech und Feuerkitt. Der Satz beſteht aus $\frac{100}{128}$ Salpeterſchwefel, $\frac{12}{128}$ Pulvermehl und $\frac{13}{128}$ Stückſchwefel.

Leuchtpatrone, mit Feuerwerkſatz von $\frac{3}{4}$ Pulvermehl und $\frac{1}{4}$ Colophonium gefüllte Blechpatrone, welche aus Musketen gefeuert wird, um mit ihnen das feindliche Terrain zu beleuchten. Sind außer Gebrauch.

Leuchtthurm, ein thurmartiges Gebäude, von deſſen Kuppel aus eine nach Erforderniß ſchwächerer oder mächtigerer Lichtſtrom auf das Meer birigirt wird, um den Schiffen gefährliche Stellen oder sichere Fahrwasser zu bezeichnen. Das Licht wird entweder durch Oel, Gas oder Electrizität hervorgebracht und der Apparat ist sehr verschieden. Die Leuchtthürme gehören insofern in das Gebiet der Kriegsbaukunst, als sie bei Kriegshäfen unentbehrlich sind. Im Kriege werden sie da, wo eine feindliche Flotte operirt, außer Action gesetzt, sofern nämlich die eigenen Schiffe nicht in hoher See sind und ihrer bedürfen. Leuchtbaken und Leuchtschiffe haben mit dem Leuchtthurm gleichen Zweck. Man bedient sich ihrer, wo ein Leuchtthurm nicht zweckentsprechend angebracht werden kann, Leuchtschiffe namentlich legt man im Innern der See an gefährlichen Stellen vor Anker.

Leuktra, böotische Stadt im alten Griechenland, wo die Spartaner durch Epaminondas 371 v. Chr. entscheidend geschlagen wurden. Nur noch in Ruinen vorhanden.

Leuthen, schlesisches Dorf von 900 Einw., wo im siebenjährigen Kriege (s. d.) Friedrich d. Gr. die Oestreicher unter Karl von Lotharingen schlug. Es war dies die berühmteste und kunstvollste Schlacht Friedrichs, gewonnen über ein doppelt so starkes feindliches Heer durch die berühmte schräge Schlachtordnung, durch welche Epaminondas bei Mantinäa, Alexander d. Gr. bei Arbela und Julius Cäsar bei Pharsalus ebenfalls gesiegt hatten. Der König Friedrich hatte 15,000 Gefangene gemacht und den Oestreichern an Todten und Verwundeten einen Verlust von 12,000 Mann (zusammen also 27,000 Mann) beigebracht; seine Eroberung belief sich auf 116 Kanonen, 51 Fahnen, 4000 Rüst- und Bagagewagen. Napoleon I. sagte über diese Schlacht: „Diese Schlacht ist geeignet den Character Friedrichs unsterblich zu machen und zeigt uns sein großes militairisches Talent; sie ist ein Meisterstück in Bewegungen, Anordnung und Entschlossenheit; sie allein würde hinreichen Friedrich unsterblich zu machen und ihm einen Rang unter den ersten Heerführern zu geben." Denksäule auf dem Schlachtfelde.

Leutram von Ertingen, Karl Magnus Graf, geb. 1680 in Deutschland, berühmter General unter Karl XII. von Schweden, nach dessen Tode östreichscher Feldmarschalllieutenant, starb 1739.

Leutram von Ertingen, Karl Sigmund Friedrich Wilhelm Freiherr, Deutscher, General der Infanterie in Italien, berühmt durch seine Thaten im östreichschen Thronfolgekriege, geb. 1692, gest. 1755.

Leutram, Karl August Emmanuel Graf, Deutscher, kämpfte im 7jährigen Kriege und erhielt dann in Sardinien den Rang eines Generallieutenants. Geb. 1732, starb 1795.

Leva, ungarischer Flecken, Sieg der Oestreicher über die Türken 1664.

Leva, Antonio Herzog von, Feldherr Kaiser Karls V., dessen Feldzüge er bis zum Jahre 1536 leitete. Geb. 1480 in Spanien, gest. 1536.

Levin, Charles de, 1585 bis 1592, in welchem Jahre er fiel, niederländischer General der Cavalerie, zeichnete sich auf verschiedenen Plätzen sehr aus.

Leyser, August Wilhelm von, geb. 1771 machte er 1806—1814 die sächsischen Feldzüge mit, wurde 1819 sächs. Generallieutenant und starb 1842.

Libya, s. Afrika.

Libyscher Krieg. Nach dem ersten punischen Kriege wendeten sich die karthagischen Miethtruppen, da sie von dem Staate nicht augenblicklich ihren rückständigen Sold erhalten konnten, gegen diesen selbst, und es entstand ein höchst verhängnißvoller innerer Krieg, der von 240 bis 237 v. Chr. währte, in welchem ungeheure Gewaltthätigkeiten begangen wurden und in welchem Hamilkar erst nach vielen glücklichen Operationen zu dem entscheidenden Siege gelangen konnte.

Liccaner Regiment, Theil der östreichisch-slavonisch-kroatischen Militair-grenze am adriatischen Meere; 48 ☐ M.

Lichnowski, Felix Maria Vincenz Andreas Fürst von L. und Graf von Werdenberg, geb. 1814, machte den carlistischen Krieg in Spanien als General mit, war 1848 Mitglied der Nationalversammlung in Frankfurt und wurde von dem gegen ihn erbitterten Volke am 18. Sept. 1848 nebst Andern ermordet.

Lichten, den Anker, heißt ihn aus dem Grunde heben.

Lichterschiffe, flache Transportfahrzeuge zum Ausladen großer Schiffe.

Lichtenstein, kleinster monarchischer Staat Deutschlands von 2 ☐ M., an die Schweiz grenzend, mit 7150 Einw., stellt zum deutschen Bundesheer ein Contingent von 91 Schützen.

Liechtenstein, Joseph Wenzel Fürst von, geb. 1696, nahm an Oestreichs Feldzügen von 1716—1745 ohne Ausnahme Theil und avancirte von 1737 —1745 vom Feldmarschalllieutenant zum Feldmarschall, als welcher er in Italien mit Glück und Geschick operirte. Starb als Generalartilleriedirector 1772.

Liechtenstein, Karl Joseph Fürst von, geb. 1730, diente Oestreich, focht im siebenjährigen Kriege und unter Joseph II. gegen die Türken, wurde Feldmarschall und starb 1789.

Liechtenstein, Johann Joseph Fürst von, geb. 1760, machte unter Kaiser Joseph II. den Krieg gegen die Türkei und dann die Feldzüge gegen Frankreich erst in den Niederlanden und Deutschland und 1799 in Italien mit Auszeichnung mit, schloß 1805 für Oestreich die Convention mit Napoleon, nahm 1809 Regensburg, leistete bei Aspern Außerordentliches, machte die Schlacht bei Wagram mit, nahm sodann als Feldmarschall den Oberbefehl und vereinbarte mit Napoleon den Frieden. Starb 1836.

Liechtenstein, Moritz Joseph Fürst von, geb. 1775, focht als Feldmarschalllieutenant bei Leipzig, machte die Feldzüge der nächsten 2 Jahre mit und starb 1819. Sein Bruder Aloys Gonzage war ebenfalls östreichscher Feldmarschalllieutenant.

Liechtenstein, Franz Prinz von, geb. 1802, östreichscher Feldmarschalllieutenant.

Liechtenstein, Friedrich Prinz, geb. 1807, östreichscher Feldmarschalllieutenant und Gouverneur von Siebenbürgen.

Liechtenstein, Eduard Prinz, geb. 1809, östreichscher Feldmarschalllieutenant.

Liechtenstein, Karl Prinz von, geb. 1790, östreichscher General der Cavalerie.

Liegnitz, schlesisch-preußische Stadt von 17000 Einw. mit Ritteracademie. Hier 1241 eine große und berühmte Schlacht der Deutschen und Polen gegen die Mongolen, in welcher diese zwar siegten, aber so ungeheure Verluste erlitten, daß sie sich zur Umkehr entschlossen. 1634 die Oestreicher von den Sachsen, 1760 die Oestreicher von den Preußen unter Friedrich II. geschlagen.

Lieutenant, bei den Nationalgarden des Jahres 1848 sehr übel verdeutscht durch Leitmann, heißt Stellvertreter, und es wurde damit früher der Stellvertreter des Hauptmanns bei der Compagnie verstanden. Als bei der Compagnie mehrere Offiziere angestellt wurden, die dieselben Functionen verrichteten wie der eigentliche Lieutenant, wenn der Capitain selbst gegenwärtig war, so wurden auch diese Lieutenants genannt und man unterschied nun zwei Classen, nämlich Ober- und Unterlieutenants, welche letztere die tiefste Offizierclasse ausmachen. Bei den Compagnien in ihrer gegenwärtigen Organisation befinden sich gewöhnlich 1 Ober- und 2 oder 3 Unterlieutenants. Jede Hauptabtheilung einer Compagnie (Zug) wird von einem Lieutenant geführt. In der Bedeutung Stellvertreter erklären sich die Titel Generallieutenant und Oberstlieutenant. Sofern

nämlich der Oberbefehlshaber einer Armee allein den Generalstitel führt, be-
zeichnet der Titel Generallieutenant nur den Stellvertreter des Generals und
Generallieutenant und Generalmajor stehen zum General der Infanterie oder
Cavalerie in sehr ähnlichem Verhältniß wie der Ober- und Unterlieutenant zum
Capitain. Die Gehalte der Unterlieutenants betragen ziemlich übereinstimmend
in allen Armeen 16—20, die der Oberlieutenants 26—30 Thlr. monatlich.
Die Gehalte der Marinelieutenants sind viel höher, und überhaupt stehen
diese in viel höherem Range: bei einigen Marinen in dem der Obersten und
Oberstlieutenants, in andern in dem der Majors und Capitains der Landarmee.
Mit Recht dürfte aber wohl gewünscht werden, daß diese Titulatur bei den
deutschen Heeren abgestellt oder auf eine allgemein richtige Aussprache
(Liöbtnang) hingewirkt würde.

Lieven, Johann Heinrich Graf, Sprößling der einzigen urlievländischen
Adelsfamilie, geb. 1670, war Generallieutenant und militairischer Rathgeber
und Gefährte Karls XII. Starb als schwedischer Reichsrath 1733.

Lieven, Karl Andrejowitsch, geb. 1765, russischer General der Infanterie
und Minister der Volksaufklärung, starb 1856.

Ligue, Karl Joseph Fürst von Areneberg-Ligne, geb. 1735, trat 1752 in
das östreichische Heer, machte den siebenjährigen Krieg und den Krieg gegen
die Türkei unter Kaiser Joseph II. mit, zeichnete sich aber ganz vorzüglich durch
Vollziehung diplomatischer Aufträge aus, wurde nach und nach Feldzeugmeister
und nach seinem Austritt aus dem Staatsdienste Feldmarschall. Starb 1814.

Ligue, französisch, bedeutet Bündniß, daher „heilige Ligue", welche der
Papst zwischen mehren Monarchen gegen seine Feinde zu stiften suchte, die
„heilige Ligue" zwischen mehren katholischen Parteien und Mächten 1756 gegen
die Hugenotten geschlossen, die „heilige Ligue", welche von den katholischen
deutschen Fürsten mit dem Kaiser Karl V. zu Unterdrückung des schmalkaldischen
Bundes, „die Katholische Ligue", welche 1609 von dem Herzog Maximilian
von Baiern und vielen deutschen Bischöfen, später auch andern deutschen Fürsten
geschlossen wurde und im 30jährigen Kriege zu großer Bedeutung gelangte.

Lilienorden, 1) für die Bekämpfung der Mauren in Navarra 1048 gestiftet,
aber bald wieder erloschen, 2) 1814 in Frankreich als bloßes Abzeichen der
bourbonischen Partei getragen, später in einen Orden verwandelt, aber 1831
aufgehoben, 3) von Papst Paul III. 1546 für die Bekämpfer der Türken
gestiftet.

Lille, französische Festung ersten Rangs an der Deule und Lys, mit der französischen Nordbahn in Verbindung, mit Stadt von 80,000 Einw. Hauptwerk
der Befestigungen ist die Zitadelle. Sie ist vollkommen regelmäßig gebaut,
hat 5 Bastionen und gilt für ein Meisterstück der Befestigungskunst. Die Stadt
selbst ist in allen ihren Theilen stark befestigt und große natürliche Vortheile
gewährt ihr die durch die Stadt fließende schiffbare Deule. Es hat sehr bedeutende Militairanstalten, ist der Sitz eines Marschalls, hat ein vorzügliches
Arsenal, große Kasernen, Militairhospital und Werkstätten. Früher spanisch,
eroberte es Ludwig XIV. 1667 und behielt es wegen seiner großen strategischen
Wichtigkeit. Nachdem es von Vauban vollkommen befestigt worden, galt es
für unüberwindlich, wurde im spanischen Erbfolgekriege aber doch von den
Oestreichern, Holländern und Engländern nach mehrmonatlicher Belagerung
genommen (1708). In späterer Zeit hat es ein ernster Angriff nicht betroffen,
außer 1792, wo es von den Oestreichern beschossen wurde. Hier Denkmäler
Mortiers und Reguiers.

Lilybäum, feste karthagische Hafenstadt, widerstand den Römern in den
punischen Kriegen siegreich.

Limburg, nassauisches Städtchen. Hier Sieg der Oestreicher unter dem Erzherzog Karl über die Franzosen unter Jourdan (1796).

Limburg-Styrum, Friedrich Graf von, geb. 1774, gest. 1858, war niederländischer Generallieutenant.

Limburg Styrum, Otto Ernst Gelderich, geb. 1762, gest. 1826, war niederländischer Generallieutenant.

Limburg-Styrum, Samuel Johann Graf von, geb. 1797, ist niederländischer Schiffscapitain und Mitglied des Hohen Militairgerichtshofs.

Limburg-Styrum, Samuel Johann Graf von, geb. 1754, gest. 1824, war niederländischer Generalmajor.

Limburg-Styrum, Leopold Graf von, geb. 1758, starb 1840, war niederländischer Chefgeneral der Infanterie und Gouverneur von Haag.

Lincoln, englische Stadt von 18,000 Einw. Hier 1141 der König von England Stephan von Blois vom Grafen Robert von Gloucester geschlagen.

Lincoln, Benjamin, geb. 1733, in Nordamerika, focht als General im nordamerikanischen Befreiungskriege mit abwechselndem Glück, aber ehrlichem Eifer, wurde Kriegsminister und starb 1810.

Lineartaktik begreift alle Bewegungen einer Truppe in Linienformation. Sie hat sich seit Gustav Adolph völlig ausgebildet.

Linger, Christian von, geb. 1669, seit 1682 beim brandenburgschen, später preußischen Heere, zeichnete sich als Artillerieofficier vorzüglich aus, namentlich durch vielfache Verbesserungen. Er machte die ersten Feldzüge Friedrichs d. Gr. mit und starb 1755 als General der Infanterie.

Linggenfeld, Johann Baptist Lingg von, geb. 1765, machte seit 1806 die badenschen Feldzüge mit, wurde 1813 Generallieutenant und starb 1842.

Linie, die Stellung einer Armee oder Flotte in Linienform. Eine Fortificationslinie entsteht durch eine Reihe zusammenhängender oder wenigstens in unmittelbarer Beziehung zu einander stehender fester Werke, gewöhnlich Flechen, Redouten und Wällen oder in alter Zeit Mauern. Man sucht durch sie ganze Landesgebiete oder Festungen sammt ihrem Außenterrain auch Lager zu decken (s. Circumvallationslinie, Contravallationslinie). In den Kriegen Deutschlands mit Frankreich spielte die „Weißenburger Linie" eine große Rolle. Fortificationslinien sind von großem Werthe, wenn ihre Ausdehnung nicht so groß ist, daß durch ihre Besetzung die Heeresmacht geschwächt wird; gefährlich dagegen, wenn die Truppenmasse durch sie so weit zersplittert wird, daß sie an freier Widerstandsfähigkeit verliert. Es ist gefährlich die Fortificationen der Linie als Ersatz zu betrachten für die Kraft, welche die Armee durch ihre verdünnte Aufstellung in der Fortificationslinie verloren hat, denn nach Ueberwältigung der Werke würde sie in ihrer gedehnten Stellung auch gar keines Widerstandes mehr fähig sein. Die Fortificationslinie muß daher, um nützlich zu sein, nicht ausgedehnter sein, als daß nach ihrer Besetzung noch ansehnliche Reserve bleibt und die Gesammtarmee auch ohne die Fortificationen in gleicher Stellung nöthigen Falls den Kampf annehmen könnte. Gegenwärtig ist die Meinung so gegen die Fortificationslinien gerichtet, daß sie schwerlich noch in Gebrauch kommen werden. (S. Befestigung und Fortification.) Linie hieß ferner das active stehende Heer zum Unterschied von Landwehr und Milizen, weil man es sich stets in Linie oder kampfbereit zu denken hat, und es in der Schlachtordnung die Hauptmasse oder Linie bildet.

Linienschiff, Kriegsschiff in einer solchen Größe, daß es bei Seeschlachten in der Linie der zu Hauptangriffen bestimmten Schiffe rangirt; ist Zwei- oder Dreidecker, hat 2 oder 3 gedeckte Batterien und führt 70—140 Kanonen. Vierdecker sind außer Gebrauch. Liniendampfschiffe haben wegen ihrer Dampftriebkraft keinen anderen Character (s. Flotte).

Linsingen, Christian Wilhelm Freiherr von, geb. 1756, diente seit 1774 beim hannoverschen Heere anfangs in den englischen Colonien, seit 1793 in den Niederlanden und Deutschland, focht bei Waterloo, avancirte zum Generalmajor und starb 1839.

Linth, Fluß in der Schweiz, hier Kampf und Sieg der Franzosen unter Soult gegen die Oestreicher wegen des Flußübergangs 1799.

Linz, östreichische Festung an der Donau mit Stadt von 34,000 Einw. mit Kasernen, Militairhospital, Militairknabenerziehungshaus, Werkstätten und Zeughaus. 32 Maximiliansthürme mit guten Verbindungswerken umgeben die Stadt und die Halbkreislinie dieser Fortificationen stützt sich mit beiden Enden auf die Donau. Im östreichschen Erbfolgekriege nahmen die Baiern, aber im folgenden Jahre schon die Oestreicher L. wieder. 1809 Gefecht zwischen Oestreichern und Franzosen.

Lionne, Pierre de, berühmter französischer Feldherr im 14. Jahrhunderte, starb 1399.

Lipan, mährischer Flecken, hier 1434 Hussitische Schlacht.

Lipowsky, Felix Joseph, geb. 1764, Lehrer an der Militairacademie in München, starb 1842.

Lippe, deutsches Fürstenthum, 106,000 Bew., monarchisch = constitutionell, mit Militairgericht, stellt an Contingent zur Bundesarmee 840 Mann Infanterie, 120 Mann Ersatz und 240 Mann Reserve, welche Gesammtmasse zur Besatzung Luxemburgs bestimmt ist. Uniform ist grün und roth mit Litzen — noch Kamaschen — Pickelhaube. Dienstzeit währt 4 Jahre — Taktik preußisch — hat eine Militairschule für Gemeine und benutzt die preußischen Militairschulen für die Offiziere. Feldzeichen ist weiß und grün mit dem Landeswappen (Hauptbilder Rose, Schwalbe, Kreuz und Stern). Zur Belohnung für Militairverdienst existirt eine Medaille nach den Classen von Silber, Bronce und Eisen (s. Deutschland).

Lippe (Schaumburg-Lippe), Fürstenthum unter Lippe-Detmoldischer Hoheit, 30,000 Einw., stellt zur Bundesarmee ein Contingent von 240 Mann und 120 Mann Reserve, bestimmt zur Besatzung von Luxemburg. Die Dienstzeit währt 4½ Jahr, die Reserve 1 Jahr. Uniform ist grün und schwarz, Pickelhaube. Aushebung durch Conscription. Landesfarbe weiß und grün. Feldzeichen mit Wappen, dessen Hauptbilder Rose, Schwalbe, Nesselblatt und drei Nägel sind. Hat blos eine Denkmünze auf den Feldzug des Jahres 1808. — Im Umfang der beiden Lippe liegt der Schauplatz des großen Kampfs von Varus mit Hermann dem Cherusker.

Lippenkanonen, solche die an der Mündung in einen Trichter ausliefen und besser treffen sollten. Schwedische Erfindung vom General Helvig. Außer Gebrauch.

Liprandi, Paul Petrowitsch, geb. 1796, machte den Kampf gegen Frankreich 1812, 1813, 1814 und 1815 mit, focht 1828 gegen die Türkei, 1831 gegen Polen, machte sich aber ganz besonders 1855 in der Krim namhaft, wo er bei Kadikoi die türkische Position nahm und den gewaltigen Angriff der englischen Cavalerie zurückwarf. Dies war die einzige russische Unternehmung von wirklichem Erfolge in der Krim, daher sie auch Liprandi in bedeutendes Ansehen setzte. Er führte als Generallieutenant in der Schlacht am Gasthause Tractir den linken Flügel.

Lischau, böhmisches Oertchen mit Artillerielaboratorium.

Lissabon, Haupt- und Residenzstadt von Portugal mit 283,000 Einwohnern am Tajo und atlantischen Meere mit Hafen, befestigt durch die Hafenforts Torre San Juliao, Torre de Bugio, Torre de San Sebastiao, San Antonio,

Cabecasecca und Belem, das Castell und die Linien von Torres Vedras, welche Wellington 1810 erbauen ließ. L. hat Arsenal, Academie der Befestigungskunst, Marineacademie, Schiffsbauschule und eine Eisenbahnverbindung mit Spanien; ferner Werfte und Stückgießerei. L. wurde 1373 von den Castiliern genommen, später von ihnen aber ohne Erfolg belagert. Seine Befestigungen auf der Landseite stammen alle erst aus diesem Jahrhundert.

Lithauen, Großfürstenthum, früher selbständiger nordischer Staat, oft mit Rußland im Kampfe, seit Wladislaw Jagiellos Besteigung des polnischen Throns mit Polen, anfangs mit Unterbrechung und bedingter Maßen, später aber definitiv verbunden. In den Theilungen Polens kam Lithauen an Rußland (s. d.), bei dem es, sowie gegenwärtig noch ist.

Littewke, kurzer Militairrock, hinten zu; jetzt nicht mehr gebräuchlich.

Liubibratisch von Trebinya, Hieronymus von, diente Oestreich im siebenjährigen Kriege, wurde Feldmarschalllieutenant und starb 1785.

Livland, russisches Gouvernement an der Ostsee, s. Rußland, war lange den deutschen Rittern untergeben, nachdem die Schwertritter ohne Erfolg gegen die Livländer gekämpft hatten. Im 16. und 17. Jahrh. war das Land wiederholt Gegenstand des Streites zwischen Rußland, Polen und Schweden, bis es im Nystädter Frieden an Rußland kam (1721).

Livorno, toskanische Hafenstadt mit starken Fortificationen am Meere und nicht unbedeutenden Fortificationen auf der Landseite, hat 92,000 Bew., Leuchtthurm, Zeughaus, Militärhospital, Marinemagazin, Werfte und Militärwerkstätten. Es wurde 1392 ummauert, unter Alexander von Medici mit Wällen umgeben und der Zitadelle versehen, wurde 1490 vergebens belagert, 1848 sehr blutiger Revolutionskampf im Innern der Stadt, Sieg der Republikaner, 1849 von den Oestreichern genommen.

Lobkowitz, Georg Christian Fürst von, aus alter böhmischer Adelsfamilie, geb. 1702, schlug die Türken, focht im östreichischen Erbfolgekriege mit ungewissem Glück, zog sich 1746 vom Dienst zurück und starb 1753.

Lobkowitz, Joseph Prinz, östreichischer Feldmarschalllieutenant, geb. 1803.

Lodi, lombardische Stadt. Friede von Lodi 1454. Sieg der Franzosen 1796 über die Oestreicher.

Loën, Leopold Freiherr von, geb. 1817, preußischer Oberstlieutenant und Militairbevollmächtigter in Petersburg.

Löffelgarde, die französische Infanterie wurde mit dieser Bezeichnung in früherer Zeit geschimpft, weil sie den Eßlöffel, ähnlich den türkischen Janitscharen an der Kopfbedeckung trug.

Log, Schnelligkeitsmesser auf Schiffen, bestehend aus einem an einer Leine hängenden Brete, welches in das Wasser gelassen und in Folge von dessen Widerstande sich die in Knoten eingetheilte Leine abwickelt. Die Zahl der Knoten, welche sich in einer gewissen Zeit abgewickelt haben, bezeichnet die Schnelligkeit der Fahrt. Die Sanduhr, welche dabei angewendet wird, heißt Loguhr.

Logement heißt im Festungskrieg ein gesicherter Platz. Wenn z. B. eine kleine Mannschaft von einem Belagerungsheer aus den Laufgräben nächtlicher Weile ausspringt und sich der Festung näher so eingräbt, daß sie vor dem Festungsgeschütz gesichert ist und doch der Festungsbesatzung mehr Schaden thun kann als aus jenen Laufgräben möglich war, so nennt man dies ein Logement. Ueberhaupt jede außer dem Angriffssystem liegende gedeckte Stellung einzelner Truppen einer Belagerungsarmee heißt Logement.

Löhnung, s. v. w. Sold. Die L. war zu allen Zeiten wie noch jetzt sehr verschieden und richtete sich bei gemeinen Soldaten nach der äußersten Nothdurft. Im Mittelalter war der Soldat auf die Beute angewiesen, gegenwärtig gehört ihm diese nicht mehr, weil durch das Beuterecht vielem Unfug Veranlassung gegeben war. Bei den Römern bekam der Soldat soviel, daß er eben auskam, und so soll auch gegenwärtig der Soldat mit seinem Solde auskommen, ohne unrechtmäßiger Weise den Civilisten, resp. seinen Quartiergeber in Anspruch zu nehmen. Bei der russischen Infanterie war unter Nikolaus der Sold so gering, daß die Soldaten an den Landstraßen die Reisenden um Gaben ansprachen und man versicherte, ein größerer Sold könne ihnen nicht gegeben werden, weil sie sonst, dem Trunk hingegeben zum Dienst untauglich seien; daher auch wurde ihnen der Sold nur äußerst selten ausgezahlt. Bei den deutschen Armeen kann der preußische Sold als Norm gelten. Er beträgt für den Gemeinen monatlich 2½ Thlr., (wozu aber Brod und Quartier kommen), der Lieutenant 19 Thlr., der Premierlieutenant 25 Thlr. monatlich nebst Servis. Der Hauptmann 2. Classe erhält 50, der 1. Classe 99 Thlr. Die Cavalerie ist höher besoldet, weil die Instandhaltung des Pferdegeschirrs an Lack, Schmiere ꝛc. etwas größere Ausgaben verursacht. Im Felde wird der Sold bei allen Waffen nach den besonderen Verhältnissen erhöhet. Die Auszahlung findet fast bei allen deutschen Heeren allzehntäglich statt.

Loison, Olivier Jean Baptiste Maurice Comte de, geb. 1770, Niederländer, trat bei Ausbruch der französischen Revolution in das französische Heer, machte die Feldzüge 1805 gegen Oestreich, später gegen Spanien und Rußland mit, focht bei Waterloo, wurde Generallieutenant und starb 1816.

Lokris, Landschaft im alten Griechenland (s. d.).

Lombardei, Theil Oberitaliens, den Namen führend von dem Reiche der Longobarden, welches Karl der Große mit dem fränkischen Reiche vereinigte. Im Jahre 1815 wurde das Reich mit den venetianischen Ländern vereint wieder hergestellt und bestand nun unter dem Namen des lombardisch-venetianischen Königreichs, in welchem sich aber die Lombardei mit ihren 392 ☐ M. und 3,000,000 Einw. wieder provinziell sonderte. Sie gehörte seit 1815—1859 Oestreich, wurde von diesem jedoch in Folge des letzten italienischen Kriegs mit Ausschluß zweier Gebiete im Festungsrayon von Mantua und Pesciera 1859 durch den Frieden von Zürich an Sardinien abgetreten. Hierdurch hob sich das lombardisch-venetianische Königreich auf und nur der venetianische Theil blieb noch als ein Bestandtheil des östreichschen Kaiserstaates. (S. Oestreich, Venedig, Italien und Sardinien.)

London, größte Stadt der Welt, mit fast 3 Millionen Einw., Haupt- und Residenzstadt Großbrittanniens, hat seit Planirung der Werke der City nur noch als Metropole des Reichs und als Sitz der höchsten Behörden vom Heer und von der Marine militairische Bedeutung. Die City, die ehemalige Festung und der Kern Londons, darf nicht einmal ein Soldat bewaffnet betreten. London hat einen Umfang von 5 geographischen ☐ M., die Themse nebst mehren Kanälen und Seitenflüssen durchströmt es und bildet in seiner Nähe den weltberühmten Hafen mit den kostbaren Docks. Zwei davon heißen die ostindischen, die zwei nächsten die westindischen, es folgen 2 Londondocks, 3 Katharinendocks, denen gegenüber am anderen Ufer der Themse die 5 Commercialdocks, die Grand Surreydocks und die Outer-Docks. Alle Haupteisenbahnen Englands, ihrer Zahl nach sieben, laufen in London zusammen. Der Tower, am Ostende der Stadt liegend, ist eine Art Castell, in alter Form, bildet ein Fünfeck, ist von hohen Mauern und nassen Gräben umgeben und hat in den Rondelen eine Armatur von 60 Kanonen und enthält ein Arsenal für Marine und Landheer, als Merkwürdigkeit die Waffen von der sogenannten unüberwindlichen Flotte Spaniens u. a. L., ist Sitz der höchsten Militairbehörden, des Kriegs-

ministeriums, des Feldmarschallats und der Admiralität, hat eine Veterinair-
schule, Seemannsschule zu Chelsea, Militairwaisenhaus zu Chelsea, Militairacademie für 1250 Schüler und eine Besatzung von 3 Regimentern Fußgarde
(5000 Mann), 3 Regimentern Gardecavallerie (1200 Mann; und 140 Mann
Yeomen of the Guard, die den Dienst im Tower und St. James-Palaste versehen. L. ist reich an Denkmälern, die großen Theils sich in Kirchen befinden,
s. z. B. die von Nelson, Abercrombie, Johnson, Reynold, Howe, Rodney,
Moore, Colingwood, Redford u. A. in der alten St. Paulskirche. Ein für
Wellington errichtetes Denkmal stellt einen kolossalen Achilles vor und ist aus
12 eroberten Kanonen gegossen. Es steht am Hydepark. Bemerkenswerth ist
der St. Jamespark, in welchem Massen von eroberten spanischen und französischen Kanonen als Siegesdenkmal aufgestellt sind. — L. ist uralt, hieß bei
den Römern Londinum, wurde von Constantin d. Gr. mit Mauern umgeben,
449 von Hengist und Horsa in Besitz genommen, im 9. Jahrhundert von den
Dänen wiederholt, 884 von Alfred d. Gr., 1016 von Kanut erobert. Wilhelm
der Eroberer von der Normandie erbaute den Tower, der von Wilhelm II.
völlig befestigt wurde. Im Kriege der rothen und weißen Rose gehörte L.
zur Partei York. Außer in der cromwellschen Revolution war L. niemals
wieder eigentlicher Kriegsgegenstand, dagegen wurde hier über Krieg und Frieden
öfter als in irgend einer andern Stadt verhandelt, z. B. 1217, 1654 Friede
mit den Niederlanden, 1756 englisch-preußisches Bündniß, 1793 Bündnisse mit
fünf verschiedenen Mächten, 1809 Vertrag mit Spanien, 1827 Bündniß wegen
Griechenlands, 1831 Conferenz wegen Belgien, 1832 Vertrag wegen der Thronfolge in Griechenland, 1834 Allianz wegen der spanischen Thronfolge, 1839
belgisch-holländischer Friedensschluß, 1840 Vertrag der Großmächte mit der
Türkei, 1841 Dardanellenvertrag, 1843 Conferenz wegen der Türkei, 1850
Vertrag mit Dänemark wegen Schleswig-Holstein, 1852 Protokollschluß wegen
der dänischen Thronfolge, 1854 englisch-französisches Bündniß gegen Rußland.

Londonderry, Charles William Vane Marquis, geb. 1778, englischer Generallieutenant, wurde während der Kriege gegen Frankreich 1793—1815 hauptsächlich mit militair-diplomatischen Aufträgen betraut, war nach dem Kriege
Gesandter an verschiedenen Höfen und starb 1854.

Longumeau, französisches Oertchen, wo zwischen den Hugenotten und Katholischen 1568 ein Friede zu Stande kam.

Longobarden, altgermanische sehr kriegssinnige Völkerschaft, deren frühest
bekannter Sitz im Lüneburgschen an der Niederelbe war. Waren zu Hermanns
Zeit wiederholt mit den Cheruskern verbündet. Im 4. Jahrhunderte zogen
sie nach Osten, ließen sich mehrmals nieder und gründeten sich endlich 568 ein
Reich in Oberitalien, welches noch gegenwärtig die Lombardei heißt und durch
Karl d. Gr. erobert und zum fränkischen Reiche geschlagen wurde (s. Deutschland und Italien).

Longo-Sardo, sardinische befestigte Hafenstadt auf einem hohen Felsen.

Longueville, s. Dunois.

Longueville, Heinrich II. Herzog von, geb. 1595, commandirte im dreißigjährigen Kriege die Armee Bernhards von Weimar nach dessen Tode und
starb 1663.

Longueville, Charles Paris von Orleans Herzog von, geb. 1649, erlangte
schnell in Frankreich militärische Würden, focht in den Niederlanden, zeichnete
sich bei den Eroberungen von Tournay, Douay, Lille und Franché-Comté aus,
focht auf Candia gegen die Türken, darauf wieder in den Niederlanden, drang
beim Uebergang über den Rhein bei Tollhuys mit unverständiger Kühnheit
vor und fiel hierbei 1672.

Longwood, Meierei und Aufenthaltsort Napoleons I. auf Helena, durch Schenkung gegenwärtig Besitzthum Napoleons III.

Longwy, irregulaire französische Festung 3. Rangs auf einem Felsen mit 2600 Einw., an der Chiers, zum Theil von Vauban befestigt, bildet ein unregelmäßiges Sechseck, ist bastionirt, hat 5 Ravelins, zwei Lünetten und ein Hornwerk, Lazareth, Arsenal, Magazine und einige Werkstätten. 1792 von den Preußen besetzt.

Lootsen, vom Staate angestellte Seeleute, welche ein- und auslaufende Schiffe durch das meist gefährliche Strandwasser steuern.

Lopez, Narcisso, Amerikaner, geb. 1798, focht mit Peru gegen sein eigenes Vaterland Venezuela, ging zu Christine nach Spanien, focht gegen Don Carlos, wurde General, 1839 Statthalter von Trinidad, stiftete zu Cubas Befreiung eine Verschwörung gegen die spanische Regierung an, floh 1848, drang 1851 mit nordamerikanischen Freischaaren in Cuba ein, wurde geschlagen, gefangen und hingerichtet (1851).

L'Orient, französische Festung 3. Rangs von 23,000 Einw., an der Mündung des Scorff und dem atlantischen Meere, mit Hafen, Marineschule, Genieund Artillerieschule für die Marine, Marinehospital, große Magazine, Werfte, Arsenal und Caserne; Kriegshafen, Seepräfectur, Station der französischen Flotte; wurde erst im vorigen Jahrhundert gegründet und zur Seefestung gemacht. 1795 französisch-englische Seeschlacht von L'O.

Los, Commando für die zeitweilige Ruhestellung, gleichbedeutend mit dem „Rührt euch" in der preußischen Taktik.

Los Gut sind beim Schiff alle die Theile, die mit dem Schiff nicht niet- und nagelfest in Verbindung stehen und bei ihrem Gebrauche eben so fest- als wieder losgemacht werden.

Lossow, Daniel Friedrich von, geb. 1722, der berühmte Führer des preußischen schwarzen Husarenregiments im siebenjährigen Kriege, starb 1783, Denkmal zu Goldapp.

Losung, s. Feldgeschrei.

Lothar, Kaiser, Sohn Ludwigs des Frommen, erhielt in der Theilung des fränkischen Reichs Baiern, wurde Mitregent seines Vaters, bekämpfte nach dessen Tode seine Brüder, wurde bei Fontaner von denen geschlagen und schloß mit ihnen den bekannten Vertrag von Verdun. Starb 855.

Lothar II., deutscher Kaiser, genannt der Sachse, ist zu den kriegerischen Kaisern zu zählen, wurde 1075 geboren, wurde Herzog der Sachsen, Gegenkönig Heinrichs V., focht am Welfesholz, bestieg nach Heinrichs Tode den Thron, verbündete sich mit den Welfen gegen die Hohenstaufen und begründete dadurch den langen guelfisch-ghibellinischen Kampf, siegte selbst, bekämpfte Unteritalien und starb 1137 (s. Deutschland).

Lotharingen, deutsches Herzogthum, nach Lothar genannt, umfaßte einen großen Theil der Niederlande und Burgund, war lange Zeit selbstständig, kam im Jahre 900 an das deutsche Reich, blieb Vasallenstaat, war wiederholt Kriegsobject zwischen Frankreich und Deutschland, zerfiel in der Mitte des 10. Jahrhunderts in Ober- und Niederlotharingen, welches Letztere zwei Jahrhunderte später in das Herzogthum Brabant überging. L. war in die meisten äußern und innern Kriege Burgunds, Frankreichs, Deutschlands und der Normandie verwickelt und führte selbst viele Kriege gegen französische Lehnsfürsten, Bischöfe und Städte. Die Herzöge von Lotharingen spielten namentlich bei den Kreuzzügen eine große Rolle, Karl I. machte sich durch Eroberung von Tunis und Befreiung der Christensclaven 1391 höchst berühmt, besonders auch durch seinen Sieg bei Nancy; er trotzte selbst Frankreich, und dieses wußte nichts besseres zu thun als ihn zum Connetable zu machen. René II. schlug Karl den Kühnen von Burgund. Im Rymweger Frieden kam L. bedingtermaßen und theilweise und im vorigen Jahrhunderte völlig an Frankreich.

Louis, St., französische kasemattirte Festung auf einer Insel im Rhein mit Brückenkopf, hat Arsenal, Kasernen und Magazin. Stadt hat 1200 Einw.

Poulé, Marquis, Portugiese, geb. 1785, warb für Napoleon I. ein portugiesisches Corps und war dessen Begleiter auf mehren Feldzügen, wurde 1824 wegen seiner politischen Gesinnung durch Meuchelmörder Dom Miguels umgebracht.

Louvois, François Michel Letellier Marquis von, geb. 1641, Franzose, wurde Vertrauter und Kriegsminister Ludwigs XIV. von Frankreich, stiftete das Haus der Invaliden zu Paris (1671), war die leitende Hand in allen Kriegen und politischen Unternehmungen Ludwigs XIV., der Erdenker der berüchtigten Reunionskammern, der ursprüngliche Vernichter des Edicts von Nantes. Er bediente sich dabei jedes Mittels, und selbst die Gunst der Mätressen war ihm nicht verächtlich. Starb 1691.

Lovisa, finnisch-russisches Küstenstädtchen mit befestigtem Hafen und Werften, 1855 von den Engländern bombardirt und eingeäschert.

Löwen, belgische Stadt an der Dyle und der Lüttich-Mechelner Eisenbahn mit mittelalterlich, besonders aus dem 14. Jahrhundert stammenden Befestigungen, war eine Zeitlang Hauptstadt von Brabant und zählt gegen 32,000 Einw. Hier wurden die Normannen 891 von Arnulph geschlagen und von ihm ein festes Schloß (das Kaiserkastell) gebaut. 1542, 1572 und 1635 wurde es vergebens belagert. Im spanischen Erbfolgekriege war es erst in französischen, dann in östreichschen, 1746 wieder in französischen Händen. 1792—1795 gehörte es abwechselnd den Franzosen und Oestreichern, in der belgischen Revolution erlitten die Belgier bei L. Verluste, nahmen aber die Stadt (im August 1831).

Löwenbund, westdeutscher Ritterbund im 14. Jahrhundert. — Ein zweiter ähnlicher Bund vom Kaiser Friedrich III. gestiftet im 15. Jahrhundert (s. Baiern und Deutschland).

Löwendal, Ulrich Friedrich Woldemar Graf von, geb. 1700, stand seit 1713 erst in östreichschen, dann in dänischen und darauf wieder in östreichschen Diensten, focht gegen Schweden und die Türkei und machte die östreichschen Feldzüge in Italien mit großer Auszeichnung mit. Er trat nun, bereits zum General emporgestiegen, in sächsische Dienste, wurde Artillerieinspector und Feldmarschall, machte den polnischen Thronfolgekrieg am Rhein mit, trat in die russische Armee, focht auch auf dieser Seite gegen die Türkei, ging 1743 in französische Dienste, focht als Generallieutenant in den Niederlanden und machte sich besonders durch Einnahme des für unüberwindlich gehaltenen Bergen op Zoom berühmt. Starb als französischer Marschall 1755.

Löwenhaupt, Adam Ludwig, geb. 1659 im schwedischen Feldlager vor Kopenhagen, machte seine Kriegsschule in Ungarn im Kampfe gegen die Türken unter östreichscher Fahne, kehrte nach Schweden zurück, wurde General und der Gefährte und Siegsgenosse Karls XII., fiel aber nach der Schlacht bei Pultawa durch Capitulation in russische Gefangenschaft und starb 1719.

Löwenhaupt, Carl Emil Graf von, geb. 1692, schwedischer Oberbefehlshaber in Finnland, capitulirte zu Helsingfors 1742, wurde Verrathes angeklagt und 1743 hingerichtet.

Löwenorden, für Militair und Civil, pfalzbairisch, gestiftet 1768, achteckiges Kreuz von Gold und blauer Emaille mit Flammen, mit Löwenbild und Devise „Merenti", an himmelblau gerandetem weißen Bande an der linken

Hüfte. Gesticktes Ordenszeichen in Kreuzform auf der linken Brust. — Kurhessischer L., für Militair und Civil, gestiftet 1770, 4 Classen, Decoration besteht aus einem gekrönten Kreuz mit Löwenbild in einem Ringe mit der Widmung „Virtuti et Fidelitati", am rothen Band an der linken Hüfte, mit Ordensstern auf der Brust. Dieser Stern auch für die zweite Classe. Das gleiche Kreuz bei der 2. und 3. Classe am Halse, bei der 4. Classe im Knopfloche ohne Krone. Die Decoration der 3 ersten Classen heißen seit 1851 Wilhelmsorden. — Badenscher Orden vom Zähringer Löwen, nur fürs Militair, 3 Cl., grün und goldenes Kreuz, grün und gelbes Band, Bild: die Burgruine von Zähringen und der Löwe, Devise: für Ehre und Wahrheit. — Braunschweigscher Orden Heinrichs des Löwen, für Militair, gestiftet 1834, für Militair und Civil, 4 Classen, achtspitziges mit Kugeln geschmücktes Kreuz in Gold und Blau, Bild: unter einer Krone Löwe über einem Helm, Devise „Immota fides", Band roth mit gelb, 1 kleiner Stern auf der linken Brust. Die Decoration 1. und 2. Classe wenig unterschieden, die der 3. und 4. besteht nur in einem Kreuz entweder aus Gold oder Silber. — Der belgische Löwenorden ist nur für Civil. — Nassau'scher Löwenorden, 1 Classe, sechsspitziges Kreuz mit Löwenbild, nur an Personen höchsten Rangs verliehen.

Löwenstern, Woldemar Freiherr, geb. 1777, Esthe, diente im russischen Heere unter Suwarow in Italien und der Schweiz, und zeichnete sich 1812 durch Wegnahme der Equipage des Marschalls Ney und in dem folgenden Jahre vielfach aus, focht 1828 und 1829 mit gegen die Türken und starb 1858.

Lübeck, deutsche Hafenstadt der Ostsee mit 30,000 Bewohnern, bildet mit ihrem Gebiete von 5½ □ M. einen souverainen deutschen Bundesstaat. Es stellt zur Bundesarmee ein Contingent von 611 Mann in einem Infanteriebataillon. Uniform ist grüner Rock mit rothem Kragen und Helm, grauen Hosen und ebensolchem Mantel. Bewaffnung: Büchse und Faschinenmesser. Dienstzeit 6 Jahre, Reservezeit 4 Jahre. Conscription. 25 Dienstjahre bringen dem Offizier 1 goldenes Kreuz, 20 Jahre ein silbernes, dem Unteroffizier und Gemeinen 25 Dienstjahre ein silbernes Kreuz, 20 Jahre eine goldene Schnalle, 15 Jahre eine silberne Schnalle. Farbe im Feldzeichen und Band der Ordensdecoration weiß und roth, desgleichen in der Flagge. Militair-, Directions- und Verwaltungsbehörde ist ein aus 2 Senatoren gebildetes Commissariat. L. hat Schiffsbauanstalten und Seemannsschule. Alle körperlich tüchtigen Bürger sind zur Landesvertheidigung verpflichtet. Kaiser Friedrich II. machte L. zur freien Reichsstadt und es wurde nun zu Land und See so mächtig, daß es Kriege gegen Dänemark und Schweden siegreich durchführen konnte. Den letzten solchen Krieg führte es 1563—1570. 1806 warf sich ein preußisches Corps unter Blücher nach Lübeck, welches eine Schlacht mit Ruhm bestand, aber vor der doppelten Uebermacht capituliren mußte. (S. Deutschland.)

Lublienski, Thomas Graf, geb. 1785, Pole, focht unter Napoleon, wurde 1814 General und erhielt 1830 mit gleichem Character in der polnischen Revolution ein Commando, zeichnete sich nirgends aus, spielte überhaupt eine zweideutige Rolle und gewann dadurch leicht des Kaisers Vergebung.

Lubomirski, Georg Sebastian Fürst von, polnischer Reichsmarschall, Sieger bei Beresteczko, Jaroslaw, Jaworow und Eroberer von Graudenz und Thorn, starb 1667 aus Polen verbannt. Sein Sohn Theodor wurde von einer Partei zum König von Polen erwählt, unterlag aber seinem Mitbewerber, wurde östreichscher Feldmarschall und starb 1745.

Lucca, souverraines mittelitalienisches Herzogthum von 24 □ M. und 260,000 Bewohnern. Militair bestand aus 713 Mann Linie mit 500 Mann Milizen. Landesfarbe gelb und roth. Hauptstadt von 67,000 Bewohnern, hat alte Befestigungen, Zeughaus, Reitschule und mehre interessante kriegerische Antiquitäten. Hier Cäsars Hauptquartier 56 v. Chr. und sein Bund mit Crassus und Pompejus. 580 von den Gothen und darauf wieder von den Griechen erobert. Im 14. Jahrh. Krieg Luccas gegen Florenz und Pistoja. Auch die ganze folgende Zeit litt L. alle Kriegsbedrängnisse Italiens mit. 1846 überwies der Herzog die Regierung dem toskanischen Herrscherhause.

Lucera, neapolitanische schwache Festung in Apulien mit 11,500 Bewohnern.

Lucien-Steig, Engpaß zwischen Tyrol und der Schweiz, mit altem Fort und einigen kleinen Nebenwerken, 2105 Fuß hoch über dem Meere, hier die Oestreicher 1499 von den Schweizern geschlagen. 1799 und 1800 fanden hier mehre Gefechte statt und der Luciensteig wurde erst von den Franzosen, dann am 16. Mai 1800 von den Oestreichern erobert.

Lucka, sächsische Stadt an der Schnauder, wo Friedrich u.t. der gebissenen Wange 1307 die Oestreicher entscheidend schlug.

Luckner, Nikolaus Graf von, geb. 1722, nahm 1741 baiernsche Dienste, machte den östreichschen Erbfolgekrieg mit, nahm 1751 holländische, 1757 hannöverische Dienste, führte ein selbst errichtetes Husarencorps als Oberst und machte den 7jährigen Krieg, meist unter dem Erbprinzen und dem Herzog von Braunschweig mit. 1767 in französische Dienste getreten, wurde er Generallieutenant, beim Ausbruch der Revolution Feldmarschall und Generalissimus der Armee an der östlichen Grenze. Nun verläumdet als Royalist endete er unter der Guillotine 1794.

Lucon, französische Stadt von 4000 Einw. Hier Niederlage der Vendéer 1793.

Lucullus, Lucius Lucinius, geb. 106 v. Chr., Römer, focht im Bundesgenossenkriege mit größter Auszeichnung, erlangte die Feldherrnwürde und führte nun den Krieg gegen Mithridates mit solchem Glück, daß er demselben nicht nur alle Eroberungen in Kleinasien nahm, sondern ihn aus seinem Reiche vertrieb, dieses, und selbst Armenien, wohin er geflüchtet war, nahm. Allein jetzt nöthigten ihn Widerwärtigkeiten zurückzukehren und das Commando abzugeben. Er feierte in Rom einen Triumph und gab sich nun ganz dem Genusse seiner unermeßlichen Beute hin. Starb 57 v. Chr.

Lucullus, Marcus Licius, Römer, Besieger der Marianer und Pannonier, 73 v. Chr. Consul.

Lüders, Alexander Nikolajewitsch von, deutscher Abkunft, geb. in Rußland 1790, nahm an den Feldzügen gegen Schweden (in Finnland) und Frankreich seit 1808 Theil, war beim polnischen Befreiungskriege 1831 bereits General, zeichnete sich beim Sturm auf Warschau aus, erhielt 1838 das Commando über ein Corps, kämpfte ziemlich glücklich im Kaukasus, wurde commandirender General, machte den Interventionskrieg in Ungarn mit 1849, nahm an den Kriegen gegen die Türkei in den Donaufürstenthümern 1854 in hervorragender Weise Theil, und führte, nachdem der Kriegsschauplatz sich in die Krim gewendet, den Oberbefehl in Bessarabien, wo er umfassende Vertheidigungsanstalten traf, erhielt 1856 den Befehl über zwei vereinigte Infanteriecorps, trat aber schon 1857 aus dem Dienste zurück.

Ludolph, der Name mehrer in der deutschen Reichsgeschichte hervorgetretener fürstlicher Personen, die jedoch kriegerisch nur geringe Bedeutung hatten.

Ludwig (Chlodwig), Sohn Karls des Großen, Kaiser, der Fromme genannt, geb. 778, ganz unkriegerisch, wurde wegen ungerechter Ländervertheilung von seinen drei ältern Söhnen (dann von seiner ersten Gemahlin) mit Krieg überzogen und 833 auf dem Rothfelde (spottweise Lügenfeld genannt) geschlagen und gefangen genommen. Starb 840.

Ludwig II., Kaiser und König von Italien, geb. 822, war kriegerisch, wurde 844 König der Longobarden, schlug die Sarazenen bei Benevent, nahm Bari und führte einen längeren Kampf gegen die Griechen. Starb 875.

Ludwig der Deutsche, Oheim des Vorigen und Sohn Ludwigs des Frommen, geb. 805, erhielt bei der Theilung des väterlichen Reichs, den Theil, welcher Deutschland begriff. Im Bruderkriege blieb er 841 mit Karl bei Fontenai Sieger gegen Lothar. Er bekämpfte die Bulgaren und Normannen, eroberte im Streite mit seinem treulosen und verworfenen Bruder Karl (dem Kahlen) ganz Frankreich, gab es jedoch wieder auf. Da Karl der Kahle durch Betrug die Kaiserkrone auf sein Haupt brachte, rüstete L. wieder zum Kriege, starb aber 876 vor Eröffnung.

Ludwig IV., deutscher Kaiser aus dem Hause Baiern, geb. 1286, einer der kriegerischsten und kriegskundigsten Beherrscher Deutschlands, war am östreichischen Kaiserhause erzogen, wurde 1314 durch Majorität zum deutschen Kaiser gewählt, nun aber durch Friedrich den Schönen von Oestreich, den Gewählten der Minorität, kriegerisch angegriffen. Friedrich war im Besitz großer kriegerischer Mittel und hatte an seinem Bruder Leopold, einem der tüchtigsten Krieger seiner Zeit, und dem Papste mächtige Helfer. L. dagegen war fast ganz auf sich selbst und seine geringen Mittel beschränkt. Aber bereits in der Fehde um die baiernsche Vormundschaft im J. 1310 hatte er sich als ein genialer Krieger bewiesen und sein Sieg mit einem kleinen Heere ganz ungeübter Bürgertruppen über das mächtige östreichsche Ritterheer bei Gamelsdorf 1313 bezeichnete seinen kriegerischen Werth, der wohl auch zu seiner Kaiserwahl 1313 mitgewirkt hatte. Friedrich I. als Nebenbuhler, griff, von seinem Bruder Leopold unterstützt, sogleich zu den Waffen. L., wiederum im Besitze eines nur sehr rohen und schwachen Heeres, schlägt damit doch den Feind bei Eßlingen. Leopold wendet sich gegen die Schweizer, die sich für L. erklärt hatten und erleidet bei Morgarten eine furchtbare Niederlage, Friedrich aber konnte in Baiern die Oberhand nicht erlangen. Nun vereinigten beide östreichsche Herzöge ihre Kraft wieder und nach dem Verrathe bei Mühldorf kostete es ihm die größte Mühe, sich gegen seine Feinde zu halten. Zugleich ließ der feindselige Papst seine Truppen in Mailand einfallen. L. vertrieb das päpstliche Heer, aber in Baiern stieg die Gefahr aufs Höchste, da Friedrich und Leopold mit 2 starken Heeren von verschiedenen Seiten heranrückten. L. griff indessen sogleich Friedrich bei Mühldorf an, schlug ihn auf das Entscheidendste und nahm ihn gefangen. Jetzt rüstete L. gegen Rom, aber der Papst that ihn in den Bann. Demungeachtet ging er 1327 mit einem Heere nach Italien. Die ghibellinischen Lombarden eilten ihm freudig zu. Er eroberte Pisa, that den König von Neapel in die Acht, und eilte nach Rom, welches sich ihm 1328 ohne Widerstreben ergab. Er ließ sich hier zum Kaiser krönen und entließ, um dem Volke keine Lasten auferlegen zu müssen, den größten Theil des Heeres. Diese bei der Untreue der Italiener so unkluge Handlung brachte ihn um alle Erfolge. Er wich vor einer vom Papst angestifteten Revolution und ging nach Deutschland zurück, um sich mit dem östreichschen Hause zu vergleichen, wozu der Tod Friedrichs Gelegenheit bot. Den Krieg in Italien ließ L. vom Könige von Böhmen fortsetzen, bis durch eine unkluge Begünstigung Oestreichs von Seiten L's. der König von Böhmen den Krieg gegen Oestreich unternahm, für welches L. Partei nahm. Der Krieg wurde schnell beendet, und wenn auch fortwährend über Deutschland die Furien des politischen Zwistes schwebten, so war doch der Krieg so weit beseitigt, daß L. 1338 einen allgemeinen Landfrieden verfügen konnte. Ein Zerwürfniß mit dem König Johann von Böhmen und die Wuth des Papstes schürten aber noch einmal den Krieg (1346), allein die Böhmen wurden geschlagen und mußten aus Tyrol flüchten und L. konnte nochmals den Beschluß fassen, seinen wüthendsten Feind, den Papst, in Italien zu bekämpfen. Vor Ausführung dieses Heerzugs starb er aber im Jahre 1347.

Ludwig, der Jüngere, Sohn Ludwigs des Deutschen, zeigte sich bei Bekämpfung der slawischen Völkerschaften seinem Vater als ein tüchtiger Held und erhielt darum desto leichter Verzeihung für eine Empörung, er erhielt Ostfranken, Thüringen, Sachsen, Friesland und später Westlothringen, schlug 880 die Normannen, 881 wieder die Slawen. Starb 882.

Ludwig, Könige dieses Namens bis zu Ludwig IX. s. unter Frankreich und anderen Artikeln.

Ludwig IX., König von Frankreich, geb. 1215, während seiner Vormundschaft fanden eine Menge Kämpfe der Vasallen gegen seine Mutter statt, in welchen diese stets obsiegte. So schlug auch L. mündig geworden Hugo de la Marche und dessen Schwager den König von England bei Taillebourg und Saintes. 1248 unternahm er einen Kreuzzug und 1270 einen zweiten, auf welchem er vor Tunis starb. Beide liefen trotz aller Heldenthaten unglücklich ab. (S. Kreuzzüge.)

Ludwig XI., König von Frankreich, geb. 1423, ein Mann von despotischem, treulosem und in jeder Hinsicht schlechtem Character, machte als Prinz einen Zug gegen die Schweizer mit, bei welchem man in ihm ein großes Feldherrntalent entdeckt zu haben meinte. Ein Aufruhr gegen seinen Vater nöthigte ihn bis zu seiner Thronbesteigung außer Landes zu leben. Als König führte er treulose Kriege gegen seinen Bruder den Herzog von Berri, den Herzog von Burgund und den Erzherzog Maximilian, in denen er aber überall nur durch List und Ränke Vortheile und Länderzuwachs gewann. Starb 1483.

Ludwig XII., König von Frankreich, geb. 1462, auf Befehl Ludwigs XI. schlecht erzogen, war dennoch ein kriegsmuthiger und tüchtiger Regent. Er machte Ansprüche auf Mailand und eroberte es 1499, eroberte darauf in Verbindung mit Spanien Neapel, gerieth aber mit Spanien selbst in Kampf und konnte dem Unterliegen nur durch eine politische Familienverbindung vorbeugen. 1512 unternahm er einen siegreichen Feldzug gegen Papst und Venedig, wurde aber von seinen Bundesgenossen verlassen und mußte alle Vortheile aufgeben und verlor selbst Mailand. 1513 nahm er Mailand wieder, verlor es aber auch sogleich wieder und verlor in demselben Jahre vor oder im eignen Lande gegen die verbündeten Oestreicher und Engländer die Schlacht bei Guinegate (spottweise Sporenschlacht), und um einen voraussichtlich gefährlichen Krieg abzuwenden, opferte L. Neapel, andere Eroberungen, Ansprüche und Geldsummen seinen Feinden. Er starb an übermäßigem Geschlechtsgenuß nach seiner 3. Vermählung 1515.

Ludwig XIII., König von Frankreich, geb. 1601, ein Mann von großer militairischer Tüchtigkeit und eben so großer persönlicher Tapferkeit, aber ganz erfüllt von dem schlimmen und tückischen Charakter seiner Mutter Maria Medici. Noch ein Jüngling stellte er sich an die Spitze eines Heeres und unterwarf die Partei seiner Mutter, unterjochte den Bearn und endete einen Krieg gegen die Hugenotten 1622 siegend. 1628 eroberte er Larochelle, das letzte Besitzthum der Hugenotten. 1629 unternahm er den Kampf in Oberitalien mit Oestreich und endete ihn mit Vortheil 1631. 1632 schlug er den aufständischen Herzog von Orleans bei Castelnaudary und eroberte 1632 ganz Lothringen. Sodann nahm er Theil am 30jährigen Kriege (s. d.) und brachte durch Mißbrauch Bernhard von Weimars, der auch wahrscheinlich durch Ludwigs Gift seinen Tod fand, den Elsaß und andere Eroberungen an sich. 1641 unterwarf L. Roussillon und starb 1643.

Ludwig XIV., König von Frankreich, geb. 1638, habsüchtig, ohne Rechtlich-
keitssinn und kriegsmuthig und auch persönlich Krieger. Durch Louvois organisirte L. ein Heer in Frankreich, welches jedes andere in Europa weit über-
traf. 1667 eroberte er einen großen Theil der Niederlande und behielt im
Frieden zu Aachen einen Theil seiner Eroberungen. 1670 riß er Lotharingen
an sich und eroberte die Niederlande zum größten Theile 1672 wieder mit
einer eines Barbaren würdigen Kriegsweise. Diesen scheußlichen Krieg setzte er
mit mehren Heeren bis 1678 fort, wo ihm England zum Frieden von Nimwegen zwang, in welchem er dennoch im Besitze der größten Vortheile blieb.
Indem L. nun in ungerechtester Weise auch alles einforderte, was jemals mit
den ihm überlassenen Eroberungen in Verbindung gestanden hatte, und sich
ohne Weiteres dessen bemächtigte, so entstand eine Trippelalliance gegen ihn,
welche 1684 den 20jährigen Waffenstillstand von Nimwegen erzwang. Zuvor
hatte L. die nordafrikanischen Küsten mit der Flotte angegriffen und sich im
kriegerischen Uebermuth des scheußlichsten Frevels an Genua schuldig gemacht,
wähnte sich darum aber im Ruhme eines Siegers. 1688 fiel L. unter den
nichtigsten Vorwänden in Deutschland ein, verheerte 1689 einige deutsche Länder mit mongolischer Gottlosigkeit wie ein Mordbrenner, eroberte die Niederlande und Savoyen und erlangte durch seine tüchtigen Generale glänzende
Siege bei Fleurus, Dieppe (zur See), Steenkerken ꝛc., wurde aber 1692 zur
See bei Lahogue gänzlich geschlagen, siegte aber 1693 bei Neerwinden. Wegen zu geringer Kriegsmittel setzte er den Krieg wieder in Mordbrennerweise
durch Verwüstung und Einäscherung der Ortschaften fort, was aber die Engländer an der französischen Küste mit Gleichem vergalten. Endlich sah sich
L. zu dem nachtheiligen Frieden von Ryswijk 1697 gezwungen. Der spanische
Erbfolgekrieg (s. d.) war wieder das Erzeugniß von Ludwigs leidenschaftlicher
Kriegsgier. Er war von allen Bundesgenossen verlassen, erschöpft an Mitteln,
aber nicht an dem kaum begreiflichen Muthe den Krieg mit halb Europa aufzunehmen. Er führte ihn mit fast ununterbrochenem Unglück von 1702 bis
1709. Nur in Spanien kämpfte er durch den Marschall Berwick mit einigem
Glück. In den Niederlanden dagegen erlitt er gräßliche Niederlagen. 1709
forderte L. um jeden Preis den Frieden. Da man ihm aber eine persönliche
Demüthigung zumuthete, setzte er unter den gefährlichsten Verhältnissen den
Krieg fort. 1710 unterstützten verschiedene Ereignisse seine Friedensforderung.
1713 kam der Frieden mit England, 1714 mit Deutschland zu Stande und
L. opferte freilich viel, aber noch bei weitem nicht Entsprechendes. L. starb
1715. War er ein nicht unbedeutender Krieger, so war er der schonungsloseste
Despot und nur als solcher vermochte er es die Kriege zu bestehen, die er
unternommen und bestanden hat.

Ludwig XV., König von Frankreich, geb. 1710, er nahm Theil am polnischen Königswahlkriege 1733 — 1738 und erwarb dadurch Lotharingen unter
gewissen Bedingungen, und am östreichschen Erbfolgekriege gegen Oestreich,
in dem er erst Unglück, 1745 aber in den Niederlanden und Italien viel Glück
hatte. In dem folgenden Jahre wurde der Krieg mit minderm Glück geführt
und 1748 Frieden geschlossen, wobei Frankreich nichts gewann. Am 7jährigen
Kriege nahm L. ebenfalls Theil, aber characterloser Weise auf Seite Oestreichs.
Der Einfluß der Maitressen verhinderte alle Planmäßigkeit in der Kriegführung und trotz einigen Siegen litten die französischen Heere furchtbar. Frankreich endete den 7jährigen Krieg mit großen Opfern, die meist England zu
Theil wurden. In diesem Kriege trat Ludwig, von seinen Ministern gezwungen,
mehre Male persönlich auf, hat sich aber nirgends den Namen eines Kriegers
erworben. War er aber als Krieger nicht zu achten, so war er in jeder Be-

ziehung höchst verächtlich und ihm mag am meisten zur Schuld geschrieben werden, was Ludwig XVI. und Frankreich in seiner großen Revolution erfahren.

Ludwig Bonaparte, Bruder Napoleons I. und Vater Napoleons III., von 1806—1810 König von Holland, ein Mann von großen Privattugenden, wurde durch seinen Bruder französischer General und Connetable, hat aber niemals ein militairisches Talent geltend zu machen gesucht.

Ludwig Wilhelm, Markgraf von Baden-Baden (s. Baden).

Ludwig Wilhelm Friedrich, Prinz von Hessen-Homburg, geb. 1770, machte bis 1815 die Feldzüge gegen Frankreich mit großer Auszeichnung mit, wurde General, eroberte im letzten Feldzuge Longwy, wurde General der Infanterie und starb 1839. (S. Hessen).

Ludwig Friedrich, Prinz von Hessen, geb. 1654, gest. 1725 als preußischer General.

Ludwig I., Gonzaga (s. d.).

Ludwig Ernst, Prinz von Braunschweig-Lüneburg, holländischer Feldmarschall, geb. 1718, gest. 1788 (s. Braunschweig).

Ludwig, Prinz von Hessen-Philippsthal, geb. 1776, war neapolitanischer General, machte sich durch seine heldenmüthige Vertheidigung von Gaëta gegen Reynier berühmt und starb 1816.

Ludwig, Joseph Anton, Erzherzog, geb. 1784, machte den östreichischen Feldzug 1809 ohne Glück mit, verlor das Commando, wurde aber später doch Feldzeugmeister und Inhaber zweier Regimenter.

Ludwig (Louis), Friedrich Christian, Prinz von Preußen, geb. 1772, wohnte 1792—1794 den Feldzügen am Rhein bei, führte als Generallieutenant 1806 bei Jena die Avantgarde und blieb im Gefechte bei Saalfeld. Denkmal bei Saalfeld.

Ludwigsburg, würtembergsche Stadt von 11,000 Einw., Hauptwaffenplatz mit Magazin und Kaserne.

Ludwigsorden, baiernscher, für alle, auch militairische Verdienste und 50jähr. Dienste, goldnes Kreuz mit Krone und Bild des Königs Ludwig, gestiftet 1827. Bandroth mit blauem Streifen. — Großherzoglich hessischer Orden für Militair und Civil, gestiftet 1807, roth und schwarzes Kreuz mit Krone, Kreuz und Aufschrift: „Gott, Ehre und Vaterland." 5 Classen. Bei den beiden ersten mit silbernem Bruststern.

Ludwigsorden, französisch, (Orden des Heiligen Ludwig), Militairorden, gestiftet 1693, 3 Classen, die ersten von 8, die zweiten von 24 decorirt. Bedingung: katholisch, 10 Jahre Dienstalter beim Heer oder Flotte, nicht in auswärtige Dienste ohne des Königs Erlaubniß zu treten. Das Einkommen von 300,000 Livres wurde jährlich an die Mitglieder vertheilt. Achtspitziges weißes Kreuz mit goldenen Lilien in den Ecken, darauf das Bild Ludwigs IX. und ein bekränztes Schwert. Dazu für die 1. Classe ein silberner Bruststern. 1. und 2. Cl. tragen ihn am rothen Bande an der linken Hüfte, 3. Cl. im Knopfloch. 1831 aufgehoben.

Luftsegel, sind schlauchartige Luftfänge von Leinwand, durch welche man gesunde äußere Luft in die tiefsten Schiffsräume einführt.

Luftstreifschüsse, Schüsse bei welchen die dicht vorübergehende Kugel nur durch die Luftpressung verwundet.

Lugger, langes, schmales, zweimastiges Schiff von 8--16 Kanonen zum Schnellsegeln.

Lukasinski, Valerian, Pole, avancirte in den Feldzügen 1806—1814 zum Hauptmann, wurde in der polnischen Nationalarmee Major, ließ sich in eine Verschwörung ein, wurde zum Tode verurtheilt, aber in Zamosc gefangen ge-

halten, erlitt angeblich wegen politischer Geständnisse auf Befehl des Großfürsten Konstantin von Rußland die fürchterlichsten Torturen, wurde nach Ausbruch der Revolution in den Kasematten und Gefängnissen gesucht, aber nicht
gefunden. Später verbreitete sich das Gerücht, der Großfürst habe ihn beim
Rückzug mitgenommen und bei Eröffnung des Kriegs auf eine Kanone gefesselt
wieder mit zurückgebracht. In dieser Lage sei er das Ziel und Opfer der
Kugeln seines eigenen Volks geworden. Wie viel hiervon zu glauben sei, läßt
sich nicht bestimmen, und ist gewiß, daß der Großfürst den größten Haß auf
L. geworfen hatte.

Lund, schwedische Stadt von 5000 Einw., dänisch-schwedische Schlacht 1676,
dänisch-schwedischer Friede 1679.

Lüneburg, hannöversches Fürstenthum (s. Hannover, Deutschland und
Braunschweig).

Lunette, aus zwei Flanken und zwei Facen zusammengesetztes selbstständiges Festungswerk, welches aber stets größeren Festungswerken zur Unterstützung
beigefügt oder auch denselben vorgeschoben wird. Spielen in der Fortifikations-
linie eine Hauptrolle, dienen auch zu Festhaltung einzelner Positionen, dürfen
dann aber nicht außer Verbindung mit andern Werken liegen. Ihre Flanken
sind circa 60, ihre Facen 160 Fuß lang, ihre Kehle ist geschlossen. Sie werden mit einigen Hundert Mann besetzt. (S. Befestigung und Fortifikation.)

Luneville, französische Stadt von 12,000 Einw. im Meurthedepartement,
ehedem lothringische Festung, jetzt offene Stadt mit altem Schloß. Hier
Friede zwischen Frankreich und Oestreich 1801.

Lunte, Strick aus Hanfgewirr, ½ Zoll im Durchmesser, um einen Stab
gewunden und zum Schutz vor Regen unter einer Blechkapsel geborgen. Die
Lunte wird am Ende angebrannt und fortglimmend dient sie dazu, die Geschütz-
ladungen zu entzünden (s. Artillerie). Um ihr die Fähigkeit des gleichförmigen
Glimmens zu geben, wird sie mit chemischer Masse geschwängert, salpetersaurer
Bleilauge oder essigsaurem Bleioxid.

Luntenrohr, die ältesten Handfeuergewehre, so genannt, weil man, mit dem
Schloß noch unbekannt, sie mit Lunte abfeuerte. Für die Lunte wurde sehr
bald am Rohr selbst eine Vorrichtung gemacht. Dem Luntenschloß folgte das
Radschloß.

Lütke, Feodor Petrow, russischer Admiral und Generaladjutant, bekannt
durch seine Weltumsegelung 1826—1829.

Lüttich, befestigte Hauptstadt der gleichnamigen belgischen Provinz, von
der Maas durchströmt und dicht an der Ourthe gelegen, hat mehre beherrschende
feste Werke, so die Karthause und Zitadelle. Die Einwohnerzahl wird auf
93,000 angegeben. Die Stadt hatte im Mittelalter starke Umfassungswerke,
die aber nach schwerer Belagerung durch Karl den Kühnen von Burgund 1467
zerstört wurden. Die Zitadelle ist stark und ihre Werke nach neuem Befesti-
gungssystem aufgeführt. Besondere Bedeutung hat L. wegen seiner großartigen
Gewehrfabrikation, die in mehren, auch einer königlichen Anstalt betrieben
wird und jährlich bis zu einer halben Million Gewehre liefert. Eben so ist
die Stückgießerei (königlich) eine der großartigsten Anstalten dieser Art. Sie
arbeitet mit 12 Oefen, hat zugleich Bohrerei, und kann in einem Jahre ein
halbes Tausend Geschütze fertig liefern. L. spielte in den niederländischen Kriegen oft eine Rolle und hat mehre Male kriegerische Unternehmungen auf eigene
Hand gemacht. 1407 und 1464 wurde es von seinen eigenen Bischöfen, die
es verjagt hatte, belagert und erobert, wobei es die fürchterlichste Mißhandlung erlitt, und die Eroberung durch Karl den Kühnen von Burgund, 1467
und 1469, war für die Stadt nicht weniger verderblich. Karls Erbe Maxi-

milkau konnte sie wenige Jahre später auch nur mit Mühe gewinnen, und 1648 und 1684 konnte sie von ihren Bischöfen auch nur nach einer Belagerung in Besitz genommen werden. 1650 wurde vom Bischof Ferdinand die Zitadelle erbaut und später durch den Bischof Egon von Fürstenberg sehr verstärkt. 1691 von den Franzosen, 1702 von den Engländern und Kaiserlichen, 1792 von den Franzosen genommen. Schlacht bei L. 1746 von den Franzosen unter dem Marschall von Sachsen-gewonnen.

Lüttwitz, Heinrich Sigismund, östreichscher Generalmajor, kämpfte gegen die Türken und machte den polnischen Königswahl- und östreichschen Erbfolge-krieg mit. In dieser machte er sich in der Schlacht bei Schördingen durch Eroberung der baiernschen Artillerie berühmt. Starb 1746.

Lützen, kleine preußische Stadt im Herzogtbum Sachsen, welthistorisch durch zwei bedeutende Schlachten, die hier 1632 und 1813, die erste von Gustav Adolph gegen die Kaiserlichen, die zweite von Napoleon I. gegen die Verbün-deten siegreich geliefert wurde (s. dreißigjähriger Krieg und russisch-deutscher Krieg). Bei L. Denkmal auf der Todesstelle Gustav Adolphs seit 1837.

Lützow, Leopold Freiherr, geb. 1786, Preuße, machte die Schlacht bei Jena 1806, darauf den östreichschen Feldzug 1809 und von 1810—1812 den Halb-inselkrieg in der englischen Fremdenlegion mit, trat in russische Dienste, machte den Krieg gegen Frankreich von 1812—1814 mit und kehrte 1815 als Oberst in preußische Dienste zurück. 1832 wurde er als General Director der allge-meinen Kriegsschule und starb als Generallieutenant und Gouverneur von Berlin 1844.

Lützow, Ludwig Adolph Wilhelm Freiherr, Bruder des Vorigen, geb. 1782, wohnte als Kind dem preußischen Feldzug 1792—1794 bei, kämpfte als Lieu-tenant 1806 und 1807, als Hauptmann im Schill'schen Corps und errichtete 1813, zum Major avancirt, das nach ihm benannte und so berühmt gewordene Freicorps, welches trotz manchen Unfällen von 1000 auf fast 4000 Mann an-wuchs, wovon der 3. bis 4. Theil aus Cavalerie bestand, die als Ulanen und Husaren constituirt war. Anfangs war selbst eine Kosakenschwadron gebildet worden. Die Infanterie bestand aus Musquetieren und Jägern und Anfangs hatte sie eine Abtheilung tyroler Schützen. Zum Corps gehörte ferner eine Batterie Artillerie. Als das Corps seine vollkommenste Organisation erlangt hatte, bestand es aus drei Jägerabtheilungen und einer Schwadron und 3 Mus-quetierbataillonen und vier Schwadronen. Dieses Freicorps bildete sich aus den Söhnen der besten Familien aller deutschen Völker, meist Studenten und jungen Beamteten, Künstlern und Geschäftsleuten. L. führte mit ihm 1813 in Deutschland und 1814 in den Niederlanden und Frankreich den kleinen Krieg. Nach der Schlacht bei Lützen wurde das Corps durch die eigenthüm-lichen Verhältnisse getrennt und der eine Theil befand sich in Schlesien, wäh-rend der andere in der Göhrde ein hartes Gefecht bestand und sich trotz seiner Verluste dann durch Streifzüge und Scheinangriffe auf Magdeburg den Feinden verderblich machte. Bei Lützen wurde ein großer Theil der Cavalerie aufgerieben, L. reorganisirte sie aber im Juli und brachte das Corps auf seine größte Stärke und in seine vollkommenste Verfassung. Es gehörte zum 3. preußischen Armee-corps, wurde aber dem russischen Corps unter Tettenborn attachirt, kämpfte aufs Neue in der Göhrde, nahm an der Einnahme von Bremen Theil, focht andern Theils bei Boitzenburg, Zarenthin und Honsdorf, bildete dann, wieder ver-einigt, die Avantgarde des Kronprinzen von Schweden, schloß sich dem russischen Corps unter Woronzow an und machte mit diesem und später mit der Schlesischen Armee den Krieg bis zur Einnahme von Paris mit. Im Feldzug 1815 wurde das Corps in die Linie aufgenommen. L. wurde bei Ligny gefangen und

erst durch den 2. pariser Frieden wieder frei. 1822 avancirte er zum Generalmajor und starb 1833.

Luv, in der Seemannssprache Luft, Wind. Luvseite, diejenige des Schiffs,
welche vom Winde getroffen wird. Das Wort dient natürlich in der Schiffer-
sprache zu mannigfaltigen Combinationen, so z. B. Luv gewinnen, Luv halten,
Luvwärts, jemandem die Luv abstechen (ihm den Wind nehmen), Luvbaum,
Anluven, Luvgierig, Luvwanten, Luvpardunen, Luvbrassen, Luvland, Luvseits ꝛc.

Luxemburg (früher Lützelburg), Hauptstadt des deutschen Großherzogthums
gleiches Namens, Besitzthum des Königs von Holland, deutsche Bundesfestung
mit 12,200 Einw., zum Theil auf dem Plateau eines nach mehren Seiten steil
abfallenden Felsens liegend. Die meisten Werke sind in den Felsen gebrochen
und in demselben befinden sich drei Gänge über einander. Der Boden ringsum
ist so felsig, daß sich Laufgräben nur mit großer Schwierigkeit herstellen lassen.
Obere Stadt ist Haupttheil der Festung, gedeckt einerseits durch die Alzette,
andererseits durch zwei Reihen Lünetten, vor denen 2 Glacis liegen. Stadt
umgeben von 9 Bastionen. Hauptbastion durch ein Hornwerk verstärkt und
abgerückt. Ravelins und Contregarden systemmäßig angelegt. 3 Bastionen mit
Ravelins, Lünetten, Glacis und einem Hornwerke detachirt. Diese Detachements
durch eine fortartige Redoute verstärkt. Untere Stadt liegt unter dem Schutze
der obern, ist aber von einer fortifizirten Linie umgeben. Drei beherrschende
Felsenhöhen an der Alpolka durch duplicirte Forts befestigt. Casernen und
Commandantur liegen in der untern Stadt. Arsenal und Magazin sind bedeutend. 12,000 M. Besatzung können untergebracht werden, 4000 M. erfordert die
Besatzung der Werke. Werke wurden schon im 10. Jahrhundert durch die
Grafen von Luxemburg angelegt, in ihr gegenwärtiges System aber unter
Ludwig XIV. durch Vauban und durch den Kaiser Karl VI. gebracht. 1443
von den Burgundern und dem Herzog Philipp, 1479, 1542 und 1543 von
den Franzosen erstürmt. Doch wurde L. den Franzosen jedes Mal schnell wieder
genommen durch die Kaiserlichen. Ludwig XIV. bemächtigte sich L. im Frieden,
mußte es aber im Frieden von Ryswick wieder herausgeben. Während des
spanischen Successionskriegs war es wieder in französischen Händen und 1795
fiel es durch Aushungerung aufs Neue in dieselben. In der belgischen Revolution blieb L. bei Holland. 1815 wurde es deutsche Bundesfestung, daher
der König von Holland deutscher Bundesfürst ist. Besetzt wird es zu ⅔ von
Preußen, wobei die Lippeschen Contingente und zu ⅓ von den Holländern. Den
Commandanten ernennt Preußen. Armirungskosten auf die Bundesstaaten
vertheilt.

Luxembourg, François Henri de Montmorency Herzog von, Marschall von
Frankreich, einer der größten Feldherren Frankreichs im 17. Jahrhundert, mehr
aber durch seinen Thatendurst und Energie als durch seine Umsicht. Geb. 1628,
Sohn des Grafen von Bouteville und Cousin des „großen" Condé. Er machte
1643, 15 Jahre alt, die Schlacht bei Rocroi und 1648 die Schlacht bei Lens
mit, wurde hier Marechal de Camp (20 Jahre alt), blieb fest bei der Partei
Condés, wurde als Generallieutenant bei Rethel in Folge von Verwundung
gefangen; befreit ging er zu Condé nach Spanien, mit ihm dann nach den
Niederlanden, nahm Laferte gefangen, entsetzte Cambrai mitwirkend, commandirte 1658 in der Schlacht auf den Dünen, wurde gefangen, gegen d'Aumont
ausgewechselt, söhnte sich nun aber mit Ludwig XIV. aus und focht für ihn.
Durch Vermählung mit der Erbtochter von Luxemburg wurde er jetzt Herzog
dieses Namens. Er machte nun den spanisch-französischen Krieg von 1667 in
den Niederlanden unter Turenne mit, wurde Generallieutenant, erhielt 1672 den
Oberbefehl, machte einen flüchtigen aber als Abenteuer berühmt gewordenen

Feldzug auf dem Eise, dem sich ein gräßlicher Rückzug in Schlamm und Morast anschloß, auf welchem die Verluste und Hindernisse ihn zu einer Wuth reizten, die er an Ortschaften und wehrlosen Menschen in ruchlosester Weise ausließ, machte die Schlacht bei Senef mit, wurde 1675 Marschall, verheerte in grausenster Weise den Breisgau, plünderte Mömpelgard, half bei Mont-Cassel siegen, war bei der Belagerung von Gent und schlug die Niederländer bei Mons. Nach dem Frieden von Nimwegen wurde er durch die schändlichsten Ränke, die von Ludwig XIV. selbst ausgingen, aus dem Dienste entfernt. Erst in schwerer Noth rief ihn der König 1690 wieder zurück und stellte ihn an die Spitze des Feldzugs nach Flandern. Hier siegte er bei Fleurus, Steenkerken und Neerwinden und eroberte Charleroi, worauf er 1695 starb.

Luxembourg, Johann von „Ligny" aus dem Geschlecht Waleran, General auf Seite der Engländer und Burgunder, berannte Compiègne, nahm hier die Jungfrau von Orleans gefangen und überlieferte sie den Engländern und starb 1440.

Luzern, souverainer schweizerischer Canton von 132,000 Bewohnern und gleichnamiger Hauptstadt mit 10,000 Einw. und Denkmal für die 1792 beim Sturme des Volks auf die Tuilerien zu Paris gefallenen Schweizer. L. stellt Contingent zur Bundesarmee 5860 Mann und zahlt zur Bundeskasse jährlich 53,137 Franken. 1844 trat L. an die Spitze der ultramontanen Cantone, führte die Jesuiten ein und verletzte mehrfach die Bundesverfassung, deshalb wurde von den andern Cantonen, an der Spitze Bern, der Krieg gegen L. unternommen und durch mehre Siege binnen 3 Wochen zu Ende gebracht (1847). (S. Schweiz.)

Luziensteig, s. Lucien-Steig.

Lybien, Land Kleinasiens (s. Asien).

Lykurgos, Logothetis, geb. 1772, leitete von 1822—1830 den Freiheitskampf auf der Insel Samos und da diese durch das Londoner Protokoll bei der Türkei blieb, ging er als Generallieutenant in das Königreich Griechenland, wo er 1851 als Senator starb.

Lynar, Rochus Graf, im 16. Jahrhundert, war eine Zeitlang Inspector der französischen Festungen und starb 1596 in brandenburgschen Civildiensten.

Lynn-Regis, englische Stadt in der Grafschaft Norfolk, mit Hafen und 2 Forts.

Lyons, Edmund, Baron Lyons of Christ-church, 1790 geb., Westindier, trat 11 Jahre alt bei der englischen Marine ein, zeichnete sich 1808 in Ostindien auf Banda Neirra aus, ging mit vor Java, eroberte Marrack und wurde Capitain. 1828 zeichnete er sich als Fregattencommandant in den griechischen Gewässern aus. Als der orientalische Krieg ausbrach, war er Viceadmiral. Er erhielt nach Abberufung des zu bedenklichen Admiral Dundas den Oberbefehl im schwarzen Meere. Er leitete hier die Operationen meist auf der französischen Flotte, unterstützte alle Angriffe auf Sebastopol, forcirte das asowsche Meer, dessen Küsten er von seinem Sohne hart angreifen ließ, nahm Redutkaleh und Kinburn, wurde Admiral der blauen Flagge und nach Schluß des Krieges Peer und Baron von Christchurch. Starb 1858.

Lyons, Sohn des Vorigen, Edmund Mombray, englischer Marinecapitain, leitete 1854 die englische Expedition im weißen Meere gegen Rußland, bombardirte Kola, wurde in das schwarze Meer commandirt, erhielt von seinem Vater den Befehl die russischen Schiffe im asowschen Meere und die Militairetablissements an dessen Strande zu vernichten, und führte diesen Befehl in höchst befriedigender Weise aus. Am 18. Juni wurde er vor Sebastopol verwundet und starb 6 Tage danach (1855).

Lys, Schlacht am, Sieg der Holländer über die Franzosen unter Houchard (1793).

Lysandros, aus Lakedämon, Feind Athens, spartanischer Feldherr, siegte zur See bei Notion, Aegospotamos, und eroberte Athen und dann auch die Insel Samos. Er nahm dann am böotischen Kriege Theil und blieb vor Haliartos.

Lysimachos, geb. um 361, Leibwächter und Liebling Alexanders des Großen, später einer von dessen Heerführern, er betrug sich edel bei der Theilung von seines Herrn Reiche und machte nur nach langer Selbstüberwindung Ansprüche. Er siegte bei Ipsos 301 v. Chr. und erhielt Kappadozien, schwächte sich durch einen nutzlosen Zug gegen die Gothen, besiegte danach den Demetrius und eroberte Mazedonien, unternahm einen Krieg gegen Seleukos und blieb bei Koros 281 v. Chr.

M.

Maas, ein militairisch höchst wichtiger Strom im Gebiete der nördlichen Westgrenze von Frankreich und in den Niederlanden (s. Frankreich und Niederlande).

Mac-Beth, Feldherr des Königs Donald VII. von Schottland, Besieger der Dänen 1040 und Usurpator des Throns; wurde vom rechtmäßigen Erben Malcolm gestürzt. Ist Gegenstand der Sage und Dichtung geworden.

Macdonald, Etienne Jacques Joseph Alexandre, Herzog von Tarent, geb. 1765, Franzose, trat 1784 in die französische Armee, wurde 1793 General, machte die Feldzüge in den Niederlanden und Italien mit großer Auszeichnung mit, leitete 1799 die Operationen in Neapel, mußte indessen vor den Russen und Oestreichern nach Toskana zurückweichen, vereinigte sich mit Moreau, nahm diplomatische Aufträge, entschied 1809 den Sieg bei Wagram (daher die Herzogswürde), ging 1810 als Marschall nach Spanien, machte den Feldzug nach Rußland mit als Commandeur des Corps der Bundesvölker, machte die Schlachten bei Lützen, an der Katzbach, bei Leipzig und Hanau und den Feldzug 1814 in den Niederlanden und Frankreich mit. Er bestimmte Napoleon zur Entsagung, blieb Ludwig XVIII. treu, wurde Pair und Majorgeneral der Garde (1819), trat 1830 aus dem Staatsdienste zurück und starb 1840.

Mäcenas, vornehmer Römer, war der nächste Rathgeber des Kaisers Augustus und leitete während aller Kriege Octavians und des nachherigen Augustus die diplomatischen Angelegenheiten. Starb 8 n. Chr.

Maciewice, polnisches Dörtchen an der Weichsel, hier Niederlage der Polen durch die Russen unter General Fersen und Gefangennahme des Dictators Kosciuszko, womit die polnische Revolution von 1794 ihr Ende erreichte.

Mack, Karl, Freiherr von Leiberich, geb. 1752, Deutscher, nahm als Gemeiner östreichische Dienste, erregte durch ungewöhnliche Bravour im Kriege gegen die Türken die Aufmerksamkeit Laudons, war bei Ausbruch des Kriegs gegen die französische Republik schon General, wurde Generalstabschef des Prinzen Josias, erhielt 1798 den Befehl über das neapolitanische Heer, operirte geschickt, nahm Rom, gerieth durch ungewöhnliche Zufälle in französische Gefangenschaft, entzog sich derselben durch die Flucht, übernahm 1805 den Oberbefehl über die Oestreicher in Deutschland, erlitt aber an der Iller eine solche

Niederlage, daß er des Commandos beraubt und zum Tode verurtheilt wurde; nach mehrjähriger Haft begnadigt, starb er von Staatsgeschäften entfernt 1828.

Mac Kellar, John, geb. 1770, leistete bei der englischen Marine in den Kriegen gegen Nordamerika und Frankreich Verdienstliches und erhob sich allmälig zum Admiral (1847). Starb 1854.

Mac Mahon, Marie Adme Patril Maurice de, Herzog von Magenta, Franzose von irrischer Abstammung, geb. 1808, auf der Militairschule von St. Cyr gebildet, ausgezeichnet seit 1830 bei fast allen großen Unternehmungen in Afrika, namentlich bei der Eroberung von Constantine, war im 18. Dienstjahre schon Generallieutenant, ging 1854 mit nach der Krim und seine Division war es, welche den Schlüssel von Sebastopol, den Malachow unter fürchterlichen Anstrengungen und Verlusten eroberte. 1859 machte er den Feldzug gegen Oestreich mit und entschied mit seinem Corps bei Magenta die Schlacht, wofür er Marschall wurde und den Titel Herzog von Magenta erhielt.

Mac Mahon, Sir, geb. 1780, britischer General in Ostindien, führte von 1839—1847 die Armee von Bombay. Starb 1860.

Madagascar, 10,500 □ M. große Insel an der Ostküste von Afrika (s. d.).

Madalinski, polnischer General, einer der tüchtigsten Helfer Kosciuszkos im polnischen Revolutionskriege 1794, half bei Braklawice siegen und vertheidigte Warschau lange mit Glück, bis endlich Suwarow die Unterwerfung der Stadt nach der blutigen Erstürmung Pragas unvermeidlich machte. Er fiel in preußische Gefangenschaft, erhielt aber desselben Jahres die Freiheit wieder und starb in Zurückgezogenheit 1804.

Madara, türkisches Dorf bei Schumla, nur von Frauen bewohnt, für die das Dorf Asylrecht hat. Fremde müssen der Wollust der Bewohnerinnen zollen. Hier wurden die Türken unter Reschid Pascha von den Russen unter Diebietz 1829 geschlagen.

Madras (s. Asien).

Madrid, Hauptstadt des Königreichs Spanien von 290,000 Bew., hat nur als Spitze des Staates, Sitz der höchsten Militairbehörden und stärkste Garnison kriegerische Bedeutung. Im Krieg ist sie als Centralpunct aller Staatsgewalt und Residenz des Königs natürlich ein wichtiges Object, ist aber weder durch Befestigung noch durch strategisches Verhältniß zu einer militairischen Bedeutung erhoben. (S. Spanien.)

Magazin, Raum zur Aufbewahrung der zur Verpflegung und Erhaltung einer Militairmacht erforderlichen Dinge, als z. B. der Nahrungsmittel, Montirungen, Lager- und Arbeitsgeräthe, der Fourage, der Munition rc. In Festungen namentlich sind große Magazine erforderlich, damit die Verpflegung der Besatzung auf eine geraume Zeit hinaus gesichert sei; aber von größter Bedeutung ist die richtige Einrichtung dieser Gebäude, welche nach der Natur dessen, was in ihnen aufbewahrt werden soll, in tiefen und kalten Kellereien, in kühlen trockenen oberirdischen Gewölben oder in hohen luftigen Hallen, oder auch eben solchen dunkeln Bodenräumen zu bestehen haben. Es werden große Baukosten und viel Platz, auf den in Festungen oft viel ankommt, erspart, wo in einem Magazingebäude Räume aller dieser Arten vereinigt werden, desto mehr aber ist darauf zu achten, daß das Magazin einen sehr sichern Platz erhalte. Bei städtischen Garnisonen räumt in der Regel die Stadtverwaltungsbehörde passende Gebäude zu Magazinen ein und während des Kriegs haben in Städten, die keine oder nicht zureichende militairische Einrichtungen hatten, oft Kirchen in Magazine umgewandelt werden müssen. Beim Kriege im eignen Lande, ist es nicht schwer oder nothwendig, die Verbindung des Heeres mit den Magazinplätzen zu erhalten. Dem Feinde muß es etwas gelten, diese Verbindung zu zerstören. Rückt die Armee im feindlichen Lande vor, so ist es nothwendig in ihrem Rücken Magazinplätze anzulegen. Diese müssen nach Umständen befestigt und besetzt werden, woraus natürlich eine Schwächung der Armee entsteht, welche bei Feldzugsentwürfen wohl in Anschlag zu bringen ist, namentlich wenn sich der Zug über Länder ausdehnt, in denen wegen ihrer Armuth auf Beihilfe durch Requisitionen nicht zu rechnen ist. Sich ganz auf Requisitionen zu verlassen ist in Feindes Lande höchst gefährlich und hat in alter und neuer Zeit die geschicktesten Feldherrn um die Frucht ihrer Siege gebracht. Oft ist es lediglich die Nothwendigkeit der Magazine, welche in Feindes Lande zu Eroberung von Festungen nöthigt, denn die Festungen sind stets die geeignetsten Magazinplätze. So hätte 1806 und 1807 schon der Magazine halber Napoleon so leicht nicht bis Polen vordringen können, wenn nicht Erfurt, Magdeburg und andere feste Plätze ihm so leicht in die Hand gefallen wären. Der Reichthum der Gegenden und Bevölkerung hätte ihm durchaus die Erhaltung seines Heeres nicht gesichert. Die Kreuzzüge blieben meist wegen dieses Umstandes ohne Erfolg, wie überhaupt darum große Kriegszüge nach sehr entfernten und unwirthbaren Gegenden mit nothwendigen Rückzügen oder dem eigenen Ruin enden, wie z. B. der russische nach Chiwa u. a. Oft erleiden die Heere viel größere Verluste durch Mangel an Verpflegung als Niederlagen, wobei auch besonders in Erwägung zu ziehen, daß der Mangel an Verpflegung zu Marodirung nöthigt, die Disciplin aufhebt und das Heer demoralisirt — gewiß das Schlimmste, was den Plan eines Feldherrn stören kann. Bei Anlegung der Magazine sind gewisse Gattungen ganz von einander zu scheiden. Vor allem sollen Pulver- und Munitionsmagazine nicht mit einander verbunden, sondern ihnen ein Platz angewiesen werden, wo bei einer möglichen Explosion die Gefahr für andere Objecte möglichst gering ist. Am liebsten baut man sie von allen andern Gebäuden entfernt, ganz oder halb unter der Erde und in Festungen stets bombenfest, auch mit Erde von allen Seiten so überschüttet, daß sie kellerartig werden. Ein Pulvermagazin darf niemals bloß ein Lokal haben, sondern ehe zu der Pulverniederlage gelangt wird, müssen mehre, wenigstens 1 Lokal zu passiren sein. In diesem, damit es benutzt wird, werden Säcke und Geräthschaften, die in der Niederlage nothwendig sind, untergebracht. Es darf im Pulvermagazin Metall nicht verwendet werden und die Thüren sollen nicht mit Eisen beschlagen sein, wo dies aber der Fall ist, soll der Beschlag in Oelfarben und Kitt eingekleidet sein. Die Thüren sollen Fallthüren sein, weder Angeln noch Haspen haben, noch weniger eiserne Angeln in eisernen Haspen gehen, am allerwenigsten aber soll eine solche Thürmechanik an einem steinernen Thürgewände angebracht werden. Der Fußboden des Magazins soll von Pfosten mit hölzernen Nägeln, nie von Stein, und ist er von Stein, mit Oelfarbe überstrichen und mit Filzdecken bedeckt werden. Das ganze Pulvermagazin muß im Innern sehr stark geölt und alles angewendet werden, was die Entwickelung von Gasen verhindert. Zu diesem Zwecke muß das Pulvermagazin Luftleitungen mit Ventilen haben, und ist keineswegs richtig, daß feuchte Kellerluft sich für Pulvermagazine am besten eigne, vielmehr hat die Erfahrung gelehrt, daß die trockenste Luft am wenigsten Explosionsgefahr bereitet. Daß Magazine einer Festung stets eine bombenfeste Deckung erhalten müssen, ist selbstverständlich. Noch ist es von Wichtigkeit solche Ortschaften zu Magazinplätzen zu wählen, mit denen die Communication leicht unterhalten werden kann, und namentlich sind dabei schiffbare Flüsse werth zu achten, welche außer dem Bereiche des Feindes liegen. Fliegende Magazine sind solche, welche das Heer begleiten. Sie sollen nur für eine Zeit ausreichen, in welcher die aufzuwendenden Vorräthe wieder nachgeschafft werden können. Beim Marsch müssen sie durch eine aus-

3*

reichende Bedeckung gesichert werden, wenn sie nicht beim Heere bleiben können
(s. Escorte). Im Lager müssen sofort für sie Gebäude aufgestellt werden, die
zunächst wenigstens die Angriffe einer feindseligen Witterung abwehren.

Magdeburg, eine der wichtigsten preußischen Handelsstädte mit 59,000 Einw.
und zugleich eine der stärksten Festungen Preußens mit einer gewöhnlichen Besatzung von 7000 Mann, die zum Theil bei den Bürgern einquartirt ist. Es
liegt an der Elbe, die sich hier in die eigentliche und die alte Elbe theilt und
mehre Inseln bildet, auf dem sich die Hauptwerke der Festung befinden. Dieselbe besteht aus vier Hauptwerken, darunter das erste und vorzüglichste die
eigentliche Stadt begreift und am linken Ufer der Elbe liegt. Es besteht aus
einem Wall, elf Bastionen ungleicher Art, davon 8 abgerückt sind, 10 Ravelins,
8 Grabenscheeren, 2 Defensionskasernen, einer Anzahl Lunetten und Contregarden, einer außenliegenden Linie von 11 Bastionen mit besonderem Graben,
bedecktem Wege und Glacis und mehren Enveloppen und Lunetten. Die Haupt-
einfassungswerke sind daher doppelt. Dicht vor den äußern Werken liegt im
Süden die Sternschanze mit drei Umwallungen. Sie bildet ein Viereck, ist
tenaillirt und kasemattirt, mit einem umfassenden Minensystem versehen und
bestreicht ihr äußeres Terrain mit Flankenfeuer durch ausspringende Winkel.
Zwischen ihr und der Stadt liegt das Verbindungswerk Fort Scharnhorst.
Jenseits der neuen Elbe auf einer Insel liegt die Zitadelle, ein bastionirtes
Fünfeck von modernem aber unregelmäßigem Bau. Sie ist ebenfalls kasemattirt
und von allen Seiten durch Wasser völlig gedeckt. Mit ihr in Verbindung,
dennoch aber durch eine Insel und zwei Elbärme getrennt, steht die Thurm-
schanze oder Friedrichsstadt. Sie ist eine fortifizirte Vorstadt von M. und muß
als Brückenkopf gelten. Sie hat regelmäßig angelegte Umfassungswerke, drei
ganze und zwei halbe Thürme und außenliegend eben so viele ganze und halbe
Bastionen mit Abschnitten, Ravelins, 4 Scheerenwerke, bedeckten Weg, Glacis
und mehre Redouten. Es darf kaum erwähnt werden, daß M. mit großartigen
Militaireinrichtungen aller Art versehen ist. An der Bastion Preußen befindet
sich das Provianthaus, auf der Südseite zwischen Dammplatz und breitem Wege
befindet sich die Artilleriecaserne, das Proviantamt und die Militairresource.
Geringere Etablissements befinden sich in der Baraquenstraße, wichtige Werkstätten und Magazine an der Elbe und auf deren fortifizirten Inseln. Das
Arsenal befindet sich in der ehemaligen Nicolaistiftskirche. M. ist das Generalcommando des 4. preußischen Armeecorps. Unter mehren Denkmälern ist ganz
besonders das des Kaisers Otto I. wegen seines hohen Alters merkwürdig.
Otto hatte M. seiner Gemahlin Editha zum Leibgedinge gegeben, und von
ihr erhielt es seine ersten festen Werke, von denen freilich nichts mehr vorhanden
ist. Strategisch höchst wichtig wird M. durch die Elbe (s. d.) und nicht ohne
kriegerischen Werth ist seine Verbindung mit mehren Eisenbahnen. Es war geraume
Zeit die Residenzstadt des gleichnamigen Erzbisthums und in vielen erz-
bischöflichen Fehden ein wichtiger Factor. 1551 wurde es vom Kurfürst Moritz
zu Vollziehung der Acht nach 14monatlicher Belagerung genommen. Die größte
militairische Bedeutung erlangte es im 30jährigen Kriege, wo bei den fortwährend Hin- und Herzügen doch keine Partei diesen wichtigsten Militairplatz
zwischen Nord- und Mitteldeutschland ohne Gefahr hinter sich lassen konnte.
Eine der größten Erscheinungen jenes Kriegs ist Magdeburgs Erstürmung am
10. Mai 1631 durch Tilly. 30,000 Bürger wurden ermordet, und nach Aus-
übung aller Schandthaten von Seite der Sieger die Stadt bis auf den Dom,
130 Häuser und noch eine Kirche niedergebrannt. Nach diesem Schicksale war
es Magdeburg nicht möglich 1636 energischen Widerstand zu leisten und wurde
abermals von den Katholischen erobert. 1806 fiel es durch Capitulation und

Napoleon schlug es in Rücksicht seiner militairischen Wichtigkeit zum Königreich Westphalen, welches er seinem Bruder Hieronymus gab.

Magenheim, aufgehobene Festung im Würtembergschen.

Magenta, lombardischer Ort von 5000 Einw. in der Provinz Pavia. Hier erfochten am 4. und 5. Juni 1859 die Franzosen und Sardinier mit schweren Opfern einen Sieg über die Oestreicher, welcher diese bewog, eine Flankenstellung zu nehmen und Mailand zu opfern, in welchem der Kaiser von Frankreich und der König von Sardinien schon am 8. Juni ihren Einzug hielten (s. Oestreich, Sardinien u. a. Artikel).

Magindanao, Philippine von 117½ □ M., zum Theil spanisches Besitzthum mit einigen Fortificationen.

Magnan, Bernard Pierre de, Marschall von Frankreich, geb. 1791, machte die französischen Feldzüge seit 1810 in Spanien und 1815 in Frankreich, 1823 in Spanien, 1832 in Belgien, später einige Jahre in Algier mit, leistete Ludwig Napoleon mit großer Ergebenheit Dienste und wurde von ihm zum Marschall ernannt.

Magnetnabel, s. Compaß.

Mago, Hannibals Bruder und Unterfeldherr, kämpfte an der Trebia und bei Cannä, zog seinem Bruder nach Unteritalien zu Hilfe, konnte eine Vereinigung nicht erzwingen und starb nach hartnäckigem Kampfe schwer verwundet 203 v. Chr.

Maharbal, Karthager, Unterfeldherr Hannibals und dessen Begleiter.

Mahon, Hauptstadt auf der spanischen Insel Minorca mit Hafen, mehren Forts und Batterien, Marinearsenal, Marinehospital und Werkstätte. 1708 von den Engländern, 1756 von den Franzosen, 1782 von den Spaniern erobert.

Mahratten, ostindisches Volk. (S. Asien.)

Mähren, östreichsches Kronland, s. Oestreich.

Maidstone, englische Stadt von 20,000 Einw., am Medway, eine Pulvermühle und Kaserne.

Maifeld, hieß der Versammlungsplatz der germanischen Völker, wo im Mai durch Volksbeschluß über Krieg und Frieden berathen und die Heerführer abgesetzt und gewählt wurden. Napoleon hielt 1815 ein Maifeld, um seinen neuen Feldzug zur Nationalsache zu machen.

Mailand, lombardische Hauptstadt, am Olona und mehren Kanälen, die die Stadt mit der Adda und dem Ticino verbinden, hat Eisenbahnverbindung mit Venedig und Piemont, eine vor dem Kriege 1848 nicht ein Mal im Bau vollendete Zitadelle, wogegen die alten Festungswerke, welche mit der Stadt unmittelbar verbunden waren, beseitigt worden sind. Unter östreichscher Herrschaft hatte es ein geographisch-militairisches Institut u. a. ähnliche Anstalten. In der italienischen Kriegsgeschichte des Mittelalters hat es, da es noch mit starken Werken umgeben war, eine große Rolle gespielt. 222 v. Chr. von den Römern, 268 n. Chr. von Claudius, 452 von den Hunnen, 489 von den Ostgothen, 539 von den Byzantinern, 570 von den Longobarden, 774 von den Franken erobert. 1037 belagerte es Kaiser Konrad II., 1158 und 1161—62 Friedrich Barbarossa, der es beide Male nahm. M. wurde nun eine freie Stadt. Ihre Podesten nahmen an den guelphischen und ghibellinischen Kämpfen Theil, bis 1395 ein Herzogthum Mailand constituirt wurde. 1796 erhielt M. durch die Franzosen seine Zitadelle. Die Oestreicher nahmen es 1799. Es wurde 1801 Hauptstadt der italienischen Republik, später des Königreichs Italien, welches 1814 aufgehoben wurde. 1848 nahm hier der östreichisch-sardinische Krieg seinen Anfang und Radetzki mußte nach mehrtägigem, erfolglosem Kampfe die Stadt räumen, nahm sie aber desselben Jahres wieder. Nach dem Feldzuge

1849 wurden die Werke von Mailand verstärkt, aber von den Oestreichern 1859 demolirt, da sie sich nach den ersten Schlägen auf sardinischem Gebiete zum Rückzuge entschließen mußten.

Maillebois, Jean Baptiste, François Desmarets Marquis von, Franzose, geb. 1682, begann seine Laufbahn im spanischen Erbfolgekriege, war im polnischen Thronfolgekriege, den er auch mitmachte, Generallieutenant, eroberte 1739 Corsica, machte als Marschall den östreichschen Erbfolgekrieg mit, erst in Deutschland, dann in Italien, erlitt bei Piacenza eine Niederlage und starb 1762.

Maillot de la Treille, Nikolaus Hubert Freiherr, geb. 1774, machte seit 1800 die baiernschen Feldzüge mit, an deren Schluß 1814 er Generalmajor war. Er wurde 1823 Kriegsminister, 1830 zum Freiherrn erhoben und starb 1834.

Mailly, Joseph Augustin, Comte de M. d'Haucourt, geb. 1708, machte den polnischen und östreichschen Thronfolgekrieg und darauf im französischen Dienste als Generallieutenant den siebenjährigen Krieg mit. In der schmachvollen Schlacht bei Roßbach fiel er bei Deckung des Rückzugs in Gefangenschaft. 1783 wurde er Marschall, vertheidigte bei Ausbruch der Revolution die Tuilerien und wurde dafür, obschon er sich für die Revolution erklärt hatte, 1794 guillotinirt.

Mainz, Hauptstadt der großherzoglich hessischen Provinz Rheinhessen, unfern der Mainmündung am Rhein, mit 37,000 Einw., Bundesfestung mit 8000 Mann Besatzung aus Preußen, Oestreichern und einem kleinen Commando Hessen bestehend. Eine Schiffbrücke verbindet M. mit dem andern Rheinufer, und dem Städtchen Kastel (s. d.) mit seinen starken, in der Hauptsache aus den Forts Kastel, Mars, Montebello und Petersaue bestehenden Werken gilt als Brückenkopf. Hauptwerke von M. sind nächst den tiefen und sorgfältig ausgemauerten und durch Wassermanoeuvre beherrschten Graben nebst Wällen, 13 Bastionen, darunter 2 halbe, ein Kronwerk und die Citadelle. Sie bildet ein Viereck mit Bastionen. Auf der Rheinseite befindet sich eine Mauer und eine Bastion mit Kasematten, deren Geschütze den Strom bestreichen. Eine zweite Linie von Befestigungen bilden die Karls-, Welsche, Elisabeth- und Philippschanze, der Luisenberg, der Haustein und das Zangwerk mit den nöthigen Verbindungswerken. Eine dritte Fortificationslinie wird durch 8 Forts gebildet, welche ebenfalls durch feste Werke mit einander verbunden sind. Ein sehr starkes detachirtes Fort steht in dem Mündungswinkel zwischen Rhein und Main und bei Weißenau ein verschanztes Lager. Sonst findet man im Festungssystem verschiedene kleine Schanzen und auf den Rheininseln mehrere Fortificationen. Die Vielfältigkeit und Größe der Werke macht im Kriege eine Besatzung von wenigstens 10,000 Mann erforderlich. M. war von den Römern Moguntia geheißen und wurde von ihnen als ein Standlager für 4 Legionen 13 v. Chr. angelegt. Viele Ueberreste der römischen Bauten sind noch vorhanden, so z. B. ein Denkmal, welches die römischen Soldaten dem Drusus, der das Lager Moguntia mit dem Castell (das jetzige Städtchen Kastel) errichtete, als Grabmonument errichtet haben. Es befindet sich in der Zitadelle und besteht aus einer nur auf einem Postamente stehenden steinernen thurmartigen Säule. In der nächsten folgenden Zeit wurden an der Mainmündung noch mehre römische Castelle erbaut und Moguntiacum der Hauptwaffenplatz der Römer in Germanien. Nach der Zerstörung durch die Alemannen, Vandalen und Hunnen, blieb nur die durch die Castelle entstandene Stadt übrig, die die Franken im 8. Jahrhundert mit Mauern umgaben. Es wurde Sitz eines Bischofs und nun ein wichtiges Object in den Fehden des Bisthums. Es wurde 1462 von Adolph von Nassau, 1631 von Gustav Adolph, 1635 von den Oestreichern, 1644 von den Franzosen, 1689 von den Baiern erobert, 1792 den Franzosen verrathen, 1793 von den Alliirten erobert, 1795 belagert und entsetzt, 1797 wieder von den Franzosen genommen.

Guſtav Adolph und Prinz Eugen von Savoyen hatten die Werke ſehr verſtärkt, das großartige Feſtungsſyſtem der Gegenwart wurde aber erſt ſeit 1816, nach Erklärung der Stadt zur Bundesfeſtung, ausgeführt. Preußen und Oeſtreich geben den Gouverneur und Commandanten alle 5 Jahre abwechſelnd, ſo daß beide Poſten von einem preußiſchen und einem öſtreichiſchen Offizier beſetzt ſind. Preußen hat die erſte Stelle im Genie-, Oeſtreich die erſte im Artilleriewesen zu beſetzen.

Maiſon, Nicolas Joſeph, Sohn eines franzöſiſchen Bauers, geb. 1770, trat beim Ausbruch der Revolution in das Heer als Gemeiner, wurde ſchon bei Jemappes Hauptmann und wegen ſeiner Tapferkeit und guten Bildung von Bernadotte weiter emporgehoben. In der Schlacht von Auſterlitz wurde er General. Er machte nun alle Feldzüge Napoleons bis 1814 mit. Er ver- theidigte an der Bereſina den Rückzug, wurde hier Baron, auf dem Schlacht- felde von Leipzig Graf. Unter Ludwig XVIII. machte er die Intervention in Griechenland mit, trieb Ibrahim Paſcha nach Aegypten zurück, wurde Marſchall und ſtarb als Kriegsminiſter 1840.

Maiſtre, Xavier de, geb. zu Chambery 1764, trat 1799, als ein ruſſiſches Heer in Italien war, aus ſardiniſchen in ruſſiſche Dienſte, wurde Generalmajor, trat aber bald in das Privatleben zurück und machte ſich als belletriſtiſcher Schriftſteller berühmt.

Major, Oberſtwachtmeiſter, letzter Grad der Stabsoffiziere, gegenwärtig Befehlshaber des Bataillons, daher in der franzöſiſchen Armee Chef de bataillon genannt, ſeit dem 16. Jahrhundert beſtehende Charge, in den erſten Zeiten hauptſächlich zur Beaufſichtigung der Disciplin und taktiſchen Ordnung be- ſtehend und daher mit einer gewiſſen Strafbefugniß betraut, weßhalb der Major einen Stab führte, mit welchem er Gemeine und Subalternoffiziere ohne ander- weites Straferkenntniß zu züchtigen berechtigt war. Gegenwärtig iſt der Major natürlicher Erſatzmann der nächſt höheren Offiziere und Chef und Führer des Bataillons, ſowie der Hauptmann, Führer und Chef der Compagnie. Er iſt auch bei der Infanterie beritten und zwar der niedrigſte Offizier, der zu Pferde fungirt. Das Bataillon iſt im Felde die kleinſte Truppe von operativer Selbſt- ſtändigkeit, daher der Major der erſte Offizier, deſſen Kenntniß in die Wiſſen- ſchaften der Strategie hineinreichen muß.

Major domus, Titel des höchſten Beamteten bei den fränkiſchen Königen, der den König in allem, aber namentlich auch im Felde vertrat, ſo daß dieſer ſich gänzlich ſeinen perſönlichen Neigungen überlaſſen konnte. Die Gewalt der Majorum domus war ſo groß, daß es ihnen nicht ſchwer wurde, ihre Würde erblich zu machen und zuletzt die Krone an ſich zu nehmen. Der letzte Major domus war Pipin der Kleine, der Vater Karls des Großen.

Makedonien, Königreich im Alterthum von etwa 1200 ☐ M. zwiſchen Theſſalien, dem Olymp, Strymon, Päonien und Illyrien, welches jedoch unter einigen Königen, namentlich Philipp und Alexander eine ganz andere Aus- dehnung gewonnen. Es wird zu dem griechiſchen Reiche gezählt, in ſofern das Volk griechiſch und ſein Stifter ein Grieche war (Karanos oder Perdikkas — beide Herakliden). Es beſtand von 724—149 vor Chr., wo es von Rom wie das übrige Griechenland und die meiſten bekannten Länder der alten Welt ver- ſchlungen wurde. Die Staatsgeſchichte von Makedonien führt in ihrer Regen- tenreihe Männer auf, die in der Kriegsgeſchichte der alten Zeit als Sterne erſter Größe glänzen, z. B. Philipp und Alexander. 480 leiſtete Makedonien den Perſern unter Xerxes Hilfe gegen Griechenland. Im peloponneſiſchen Kriege ſtand M. auf Seite Spartas. Archelaos, König von M., eroberte 410 Pydna und organiſirte ein ordentliches Heer, Alexander II. beſiegte den Tyrannen

Alexander von Pherä. 360 erlitten die Makedonier durch die von Griechen unterstützten Illyrier eine schwere Niederlage, bei welcher der König Perdikkas blieb; aber unter Amyntas wurden die Illyrier geschlagen und unterjocht und nun beginnt unter Philipp I. die glanzvolle Kriegsgeschichte Makedoniens (359). Philipp führte die Phalanx ein und erschuf ein großes Heer, mit dem er die athenischen Colonisten verjagte, Amphipolis und Pydna eroberte, nach einer harten Niederlage dennoch die Phokier und die Tyrannen von Pherä schlug, 349 Thessalien nahm, Olynthos erstürmte, 346 die Phokier schlug, Thracien und Illyrien aufs Neue unterjochte, die Triballer schlug, Amphissa 339 eroberte und die alliirten Griechen 338 bei Chäronea schlug. (S. Philipp.) Unter Alexander dem Großen, Philippos Sohn, gewann Makedonien eine förmliche Weltherrschaft. Nachdem die makedonischen mit griechischen Hilfsvölkern verstärkten Heere die Illyrier, Triballer und Geten geschlagen und das abtrünnige Theben zerstört hatten, gingen sie nach Asien, eroberten das persische Reich, drangen bis Indien vor, und nahmen fast alle bekannten asiatischen Staaten durch die Wucht ihres Schwertes und das Genie ihres Königs. Nach Alexanders Tode wendete sich das makedonische Schwert gegen sich selbst und das Riesenreich, für welches kein Bindemittel in einem alles überwältigenden Genie mehr vorhanden war, zerfiel durch innere Kriege der Mächtigsten um die Herrschaft. M. war auch fernerhin nur noch ein Schauplatz von Kämpfen herrschaftssüchtiger großer Männer, und selbst die Siege, die M. außerhalb über Geten, Kelten u. a. errang, hingen nur mit den inneren Kriegen zusammen. Bald entspann sich eine Reihe von Kriegen mit griechischen Staaten unter den Königen Antigonos I., Demetrios II., Antigonos II., Philippos III., die aber trotz vieler Siege nur zum Versinken der makedonischen Macht beitrugen. Ja unter letztgenanntem Könige trug M. noch ein Mal sein Schwert nach Asien, ja selbst bis Aegypten, aber nun gerieth es in Krieg mit Rom, der makedonische Krieg 192—189 endete trotz vieler schöner Siege für M. unglücklich, M. trat in ein Abhängigkeitsverhältniß, und nun gelang es Rom leicht, durch Förderung innerer Kriege das Reich zu zerstören, was mit dem Jahre 149 durch den Sieg des Q. Cäcilius Metellus über den Pseudo-Philippos vollbracht wurde. Bei der Theilung des römischen Reichs wurde es ein Bestandtheil des griechischen Kaiserreichs und gehört gegenwärtig zur Türkei, in der es zum Theil die Ejalate Salonichi und Rum-Ili bildet.

Malabar, ostindisches Küstenland (s. Asien).

Malacca, hinterindische Halbinsel (s. Asien).

Malachowski, Kasimir Graf von, aus einer wegen ihres Patriotismus gefeierten polnischen Familie (Stanislaw M. war Gründer der berühmten Constitution vom 3. Mai), geb. 1765, focht unter Kosciuszko als Major, nahm 1799 französische Dienste, kämpfte in Italien und auf Domingo, 1812 gegen Rußland, wurde in diesem Jahre General und in der Schlacht bei Leipzig 1813 gefangen. 1831 machte er den polnischen Freiheitskrieg mit, kämpfte bei Bialolenka und Ostrolenka, nahm den Oberbefehl nicht an und ging nach dem Falle Polens nach Frankreich, wo er 1845 starb.

Malaga, befestigte spanische Hafenstadt von 94,000 Bewohnern, hat altes maurisches Schloß, welches modern befestigt ist, mehre Forts, Mauern und Graben, Leuchtthurm, Schifffahrtsschulen und Kasernen. Alte phönizische Colonie, römisches, dann maurisches Besitzthum, 1487 von den Spaniern erobert. Hier 1704 Seeschlacht zwischen den Holländern und den Engländern einerseits und den Spaniern und Franzosen andrerseits.

Malakow (Malachow, Malachowski-Bastion), war die Centralbastion der Stadt Sebastopol vor deren Erstürmung 1855. Vom französischen General

Riel als Schlüssel des Festungssystems erkannt, wurden unter Pelissier die Hauptangriffe der Alliirten gegen dieses Werk gerichtet und durch Eroberung desselben die Eroberung der Stadt erreicht (8. September, s. Sebastopol).

Malatesta, Sigismund Pandolfo, Podesta von Rimini, schlug die Türken auf Morea, bekämpfte den Papst anfangs mit, später ohne Erfolg und starb 1468.

Malchus, karthagischer Feldherr, schlug die Lybier, wurde von Karthago verbannt und eroberte dieses Rache nehmend selbst, wurde später aber, von der Gegenpartei überwältigt, hingerichtet (6. Jahrhundert).

Malcolm, Sir John, geb. 1769, Offizier im Dienste der ostindischen Compagnie, machte seit 1792 die meisten Feldzüge in Ostindien mit, wurde 1827 Gouverneur von Bombay und starb 1835. Hat viel über Indien geschrieben.

Malediven, südasiatische Inseln, s. Asien.

Malque, Fort von Toulon.

Mallet, Claude François, geb. 1754, Franzose, wurde beim Ausbruch der französischen Revolution Capitain, 1793 Generaladjutant und 1799 Brigadegeneral, war gegen Napoleon als Republikaner wegen Errichtung eines Kaiserreichs erbittert, wurde 1805 verhaftet und suchte 1812 gegen Napoleon eine Revolution zu erregen, brachte diese aber nicht zum Gelingen, wurde verhaftet und erschossen.

Mallorca, spanisches Inselkönigreich im mittelländischen Meere (s. Spanien).

Malmö, südschwedische Hafenstadt mit Wall und dem Fort Malmöhus, Leuchtthurm, Schifffahrtsschule und 16,000 Einw. Deutsch-dänischer Waffenstillstand von 1848.

Malo St., französische Hafenstadt mit Zitadelle und 9 Forts rings von Wasser umgeben, mit Arsenal, Marineacademie, Marineschule, Marinehospital und Kaserne. Hafen flach. 1693 die Stadt durch die Engländer bombardirt und durch Anzündung eines mit 200 Fässern Pulver und 400 Bomben beladenen Schiffes fast ganz zertrümmert.

Malplaquet, französisches Dorf im Departement Nord, wo im spanischen Erbfolgekriege die Franzosen von den Alliirten geschlagen wurden (1709).

Malta, englische Gruppe von 3 Inseln im Mittelmeere mit Garnison von 2000 und Miliz von 500 Mann, eine Militaircommandantur, starke Befestigungen und zahlreiche Häfen. Ist eine Hauptmarinestation und zur Sicherung der Herrschaft über das mittelländische Meer von größter militairischer Bedeutung; hat 10 □ M. und 143,000 Bewohner; war im Besitze der Phönizier, Karthager, Römer, Vandalen, Gothen, Griechen, Mauren, wieder der Griechen, der Normannen, Franzosen, Aragonier, Johanniterritter, die lange mit den Türken und andern Feinden um diesen Besitz zu kämpfen hatten, 1799 der Franzosen und seit 1800 der Engländer.

Mamluken, wörtlich Sclavensoldaten, weil das erste Mamlukenheer vom Sultan Nodschmeddin aus 12,000 angekauften fremdländischen Sclaven gebildet wurde; doch hatten sich schon vorher in Aegypten die Beis in dieser Weise ihre Leibwachen geschaffen. Die Mamluken, durch große Beuten bereichert, bildeten bald eine kriegerische überlegene Kaste in Aegypten, setzten Männer ihres Geschlechts auf den Thron, bis nach der Eroberung Kairos durch die Türken 1517 das Sultanat gestürzt wurde, doch wurden hinfort noch Mamluken zu Beis der Provinzen ernannt. Allein die Gewalt, welche die Mamluken über den Pascha ausübten, zerschmetterte endlich in diesem Jahrhunderte Mehemed Ali durch Ermordung derselben.

Mamula, Lazarus Freiherr von, Kroate, geb. 1795, zeichnete sich im östreichischen Dienste als Befehlshaber des Cernirungscorps von Peterwardein 1849 aus, avancirte zum General und ist jetzt Feldmarschalllieutenant.

Man, englische 10 ☐ M. große Insel (s. Großbritannien).

Manfred, der Sohn des Kaisers Friedrich II. von der schönen Blanca, das echte Ebenbild seines genialen Vaters und der Liebling dessen, geb. 1231, war als Kind schon Begleiter seines Vaters auf dessen Kriegszügen und der würdigste Schüler aus des kühnen und ritterlichen Kaisers Kriegsschule. Im 20. Jahre wurde er Fürst von Tarent. Nach Friedrichs Tode übernahm er für seinen Stiefbruder, den Kaiser Konrad, die Reichsverwaltung in Italien und führte mit hoher Genialität das Schwert in einer gräßlichen Fehdeverwirrung, die der Papst durch seine feindselige Politik und Aufwiegelung des Adels bewirkte. Von 1254 bis 1257 führte er den Krieg mit dem Papste selbst und blieb immer Sieger über dessen Heere. Im Jahre 1266 sagte der Papst Karl von Anjou, seiner italienischen Creatur, die unteritalienischen Länder zu, um durch diesen die Dynastie der Hohenstaufen zu vernichten, was ihm auch gelang, da der heldenhafte Manfred 1266 bei Benevent fiel, und Konradin (s. d.) in seinen Bestrebungen schnell zu Grunde ging.

Mangalore, ostindisch-britische feste Stadt von 12,000 Bew. (s. Asien).

Mangasea, befestigte russische Stadt in Sibirien von 800 Einw. am Jenisei.

Mannheim, badensche Stadt von 27,000 Einwohner, Hauptmilitairplatz, war bis 1802, wo die Werke abgetragen wurden, Festung, hat noch starke Garnison, Zeughaus, Militairschwimmanstalt, Militairlazareth, Magazin und Werkstätten. Liegt am Rhein und Ausfluß des Neckar, über welche beide Ströme Brücken führen. War 1606 noch Dorf, erhielt in diesem Jahre die Zitadelle Friedrichsburg, wurde im dreißigjährigen Kriege drei Mal (1622, 1631 und 1644) erobert, erlitt Gleiches 1688, wurde 1794 theilweise und 1795 ganz von den Franzosen genommen, 1796 wieder belagert und 1799 von den Oestreichern genommen.

Manila, stark befestigte spanische Hafen- und Hauptstadt der philippinischen Inseln in Hinterasien, mit 150,000 Einwohnern, Arsenal, Kaserne, Hospitälern, Kanonengießerei und anderen Werkstätten. Sitz eines Generalcapitains, dazu gehörend Hafen von Civita mit Arsenal. Hauptmarinestation.

Manilva, spanisches Fort am Mittelmeere.

Manipel (Manipulus), kleine altrömische Truppenabtheilung von 120 oder 60 Mann, aus 2 Centurien bestehend und 3 eine Cohorte ausmachend.

Mänius, Cajus, römischer Consul und Dictator, Besieger der Latiner, Triumphator, Reiterstatue für ihn auf dem Forum, 3. Jahrh. v. Chr.

Munnsbach, Karl Freiherr, geb. 1789, schwedischer Generallieutenant.

Mannschaft, eine in jeder Beziehung unbestimmte Anzahl von Soldaten. Die dienende Besatzung der Schiffe vom Hochbootsmann abwärts.

Manoeuvre, heißt eigentlich die Gesammtheit aller zu einem gemeinsamen Zwecke erforderlichen militairischen Handlungen, so z. B. die ganze Behandlung des Gewehrs oder die ganze Behandlung des Geschützes im Laden bis zum Schuß, der der gemeinsame Zweck aller Handlungen des Ladens und also der Zweck dieses ganzen Manoeuvres ist. So werden auch beim Seewesen alle zusammen gehörende Handlungen, die vereint eine einzige Haupthandlung ausmachen Manoeuvre genannt. In gleicher Weise wird nun wieder die Combination jener complicirten Handlungen, oder Manoeuvre, Manoeuvre genannt, wenn sie einen gemeinsamen Zweck, z. B. Angriff, Ueberfall, Rückzug ꝛc. haben. Jede Kriegsoperation ist daher ein Manoeuvre sowohl zur See als zu Lande, doch versteht man unter Manoeuvre vorzugsweise die Operationen, welche mit größeren Truppenmassen unternommen werden, theils um sich von ihrer tactischen Tüchtigkeit zu überzeugen, theils um sie in dem streng geordneten Mit- und Ineinanderwirken zu üben und ihnen einen Begriff von dem Zwecke ihrer

Handlungen beizubringen. Derartige Manoeuvre werden gegenwärtig in fast allen europäischen Militairstaaten in bestimmten Zeiträumen gehalten und währen gewöhnlich 4—6 Wochen. Sind sie nur tactischer Art, so daß strategische Operationen ausgeschlossen sind, so bezeichnet man sie gewöhnlich mit dem Worte Uebung.

Mansfeld, Peter Ernst regierender Graf von, geb. 1517, machte Karls V. afrikanische Expedition 1535 und dann den Feldzug gegen Frankreich in den Niederlanden bis 1552, da er gefangen wurde, mit. Er spielte darauf eine Rolle im niederländischen Befreiungskriege als spanischer General, eroberte Mastricht 1579, erhielt 1588 den Oberbefehl in den Niederlanden, wurde 1594 zum Fürsten erhoben und starb 1604.

Mansfeld, Ernst Graf von, unehelicher, jedoch legitimirter Sohn des Vorigen, geb. 1585, erhielt bei Ausbruch des 30jährigen Kriegs den Oberbefehl in Böhmen, nahm Pilsen, erlitt dagegen bei Thein eine Niederlage, organisirte in den Ländern Friedrichs von der Pfalz ein Heer, schlug die Baiern bei Wiesloch, kämpfte mit Christian von Braunschweig vereint in den Niederlanden, erlitt vor Dessau durch Wallenstein eine Niederlage, wollte sich mit dem König von Ungarn vereinigen, und sah, da dieser einen Frieden mit dem Kaiser geschlossen hatte, sich genötigt, sich nach Venedig zu wenden. Auf dem Zuge dahin starb er nach dem Geiste seiner Zeit, der überall die Bravour zum höchsten Ruhm erhob. Wie sein Freund der Herzog von Braunschweig um seinen Damen und seinen Zeitgenossen zu imponiren sich vor dem ganzen Heere bei schallender Musik den Arm ablösen ließ, so mochte Mansfeld nicht liegend sterben, sondern that es in vollem Waffenschmucke aufrecht stehend und auf zwei seiner Offiziere gelehnt (1626).

Mansoura, ägyptische Stadt am Nil, wo Ludwig der Heilige von Frankreich bei seinem ersten Kreuzzuge in Gefangenschaft fiel (1248).

Mantelsack, Monturungsstück der Cavalerie, welches hinter dem Sattel auf den Rücken des Pferdes geschnallt wird und dieselbe Bestimmung hat wie bei der Infanterie der Tornister.

Manteuffel, Heinrich Freiherr von, geb. 1696, trat jung in das preußische Heer und machte schon 1715 einige kriegerische Unternehmungen an der pommerschen Küste mit. In den schlesischen Kriegen schwang er sich schnell auf, wurde im siebenjährigen Kriege (1757) commandirender General und preußischer Generalissimus in Pommern, wo er bis zu seiner Gefangennahme 1760 die Schweden an einflußreichen Unternehmungen hinderte. Starb 1778.

Manteuffel, Edwin Freiherr, geb. 1809, ist preußischer Generalmajor und Flügeladjutant des Königs.

Manteuffel, Andreas Graf, geb. 1714, machte seine Schule in östreichischen Diensten unter Prinz Eugen, und schwang sich im russischen Kriege bei den Feldzügen gegen die Türkei und denen des siebenjährigen Kriegs gegen Preußen zum Generallieutenant auf. Starb 1768.

Manteuffel, Gottlieb Graf von, geb. 1791, im russischen Dienste, trat als Knabe schon in die Armee, machte die russischen Feldzüge gegen Schweden und Frankreich mit und war in der Schlacht bei Leipzig, wo er fiel, erst 22 Jahr alt, schon General.

Mantinea, altgriechische Stadt in Arkadien, hier die Athener von den Argivern 418, die Peloponnesier von den Thebanern 362 und die Lakedämonier von den Achäern 206 v. Chr. geschlagen.

Mantua, oberitalienische Stadt und Festung, früher zur Lombardei, jetzt zu Venetien gehörend mit 30,000 Einw. M. ist auf drei Seiten von einem See, welchen der Mincio bildet, auf der vierten von unzugänglichen Sümpfen umgeben, welche vielfach von Gräben durchschnitten sind, welche der Mincio mit Wasser süllt. Diese umgebenden See- und Sumpfflächen machen M. fast unangreifbar. Die Stadt selbst ist theils durch Mauer, theils durch Wall und Graben umgeben. Eine zweite Umwallung mit 3 ganzen und 2 halben Bastionen und mehren vorgeschobenen Werken hat M. auf der Westseite, wo die Sümpfe einen geringeren Schutz zu gewähren scheinen als auf der andern Seite die Seefläche. Haupttheil der Festung ist die Zitadelle, welche vor dem See auf der Ostseite steht. Sie hat 3 ganze und 2 halbe Bastionen und ist durch eine Brücke mit M. verbunden. Im See selbst liegt auf der Südseite das Fort Giorgo mit fünf Bastionen und ebenfalls durch eine Brücke mit M. verbunden. Auf der Nordseite liegt das Hornwerk von Pradella. M. hat mehre große aus Palästen eingerichtete Kasernen, Magazine, Werkstätten, Arsenal und alles in reichem Maße, was für eine große Festung erforderlich zu sein scheint. Es hat die Schicksale des gesammten oberen Italiens erlitten, wurde 1357 von den Mailändern belagert (aber ohne Erfolg). Die Markgrafen, später Herzöge von Mantua hielten seit Ludwig III. mächtige Heere, mit denen sie andere Fürsten unterstützten, und deren Hauptwaffenplatz M. war. Im 30jährigen Kriege (1630) wurde M. von den Oestreichern erstürmt, und ebenso im spanischen Erbfolgekriege (1707) zufolge einer unverständigen Politik des Herzogs von Oestreich in Besitz genommen. Erst 1797 verlor es Oestreich durch die Franzosen nach einer achtmonatlichen Belagerung, nahm es zwar 1799 nach einem großen Bombardement wieder, mußte es aber im Frieden zu Lüneville abtreten. Die Wiener Conferenz stellte das alte Verhältniß wieder her. 1848 machten die Sardinier Anstalt die Festung zu belagern, wurden aber im Angesicht Mantua's geschlagen und vertrieben. M. ist die wichtigste Festung in dem Festungsviereck, welches unter Radetzky's Verwaltung durch die vollständige Fortifizirung von Verona, Pesciera und Legnago entstanden ist. Als Hauptfactor in diesem bedeutsamen Fortificationssysteme konnte es auch, obschon es zur Lombardei gehörte, Oestreich in dem Frieden von Villafranca nicht mit abtreten und es wurde daher zum Königreich Venetien geschlagen.

Marabas, östreichscher General, hielt von 1632—1636 im dreißigjährigen Kriege Schlesien besetzt und operirte von hier in die angrenzenden feindlichen Gebiete, jedoch ohne erheblichen Erfolg. Starb um 1640.

Marano, Flecken von 1000 Bew. in Venetien mit Fortificationen, östreichsches Besitzthum.

Marathon, attisches Oertchen im alten Griechenland, hier herrlicher Sieg der Griechen über die Perser 490 v. Chr.

Marazini, östreichscher General im 30jährigen Kriege, nachdem er mit dem sächsischen Heere seit dem Anschluß Sachsens an den Kaiser theils in Gemeinschaft, theils wenigstens in strategischer Verbindung operirt hatte, übernahm er 1639 das Obercommando über die Sachsen. Er verlor gegen Baner die Schlacht bei Chemnitz.

Marbod, altgermanischer Held vom Stamme der Markomannen, führte diesen, zum Herzog erwählt, an die obere Elbe und bildete hier ein Reich. Von großen Ideen gegen die Römer erfüllt, stiftete er einen großen Bund deutscher Stämme, den Arminn zum Zweck der großen Freiheitsschlacht, die er den Römern 9 n. Chr. lieferte, zum Beispiel genommen hatte. Der cheruskische und markomannische Völkerbund geriethen später in Conflict und im Jahre 17 n. Chr. kam es zu einem schweren Kampfe, in welchem M. unterlag. Bei einem neuen Kriege verfolgte ihn die Nemesis des Despotismus, den er sich gegen seine jedes

Drucks ungewohnten Völker angemaßt hatte. Er mußte bei seinen Feinden, den Römern, ein Asyl suchen. Starb 37. n. Chr.

Marburg, östreichsche Stadt in Steyermark von 5500 Einw. mit Militair-schwimmschule und Militairknabenerziehungsanstalt.

Marburg, hessische Stadt von 8500 Einw., einst landgräfliche Residenz und mit festem Schloß, welches jedoch 1811 durch die Franzosen zerstört worden, und Mauern und Graben versehen, wurde im dreißigjährigen Kriege mehre Male erobert. Im 7jährigen Kriege wurde M. den Franzosen genommen und im folgenden Jahre (1760) erlitten sie hier eine Niederlage. Es hat Kaserne und Garnison.

Marceau, François Severin-Desgravies, geb. 1769, Franzose, schloß sich der Revolution an, wurde binnen Jahresfrist General, führte 1793 und 1794 den Krieg in der Vendée mit Glück und Geschick, kämpfte dann in den Niederlanden und Deutschland, machte sich 1796 um die Erhaltung der Armee Moreaus verdient und starb desselben Jahres in Folge von Verwundung. Hatte sich durch Kühnheit so ausgezeichnet, daß sein Name gefeiert war und ihm mehre Denkmäler gesetzt wurden.

Marcellus, Markus Claudius, im 3. Jahrhundert v. Chr., machte sich als römischer Consul und Feldherr im Kriege mit Hannibal höchst berühmt. Unter vielen großen Thaten zeichneten sich besonders seine Eroberung von Syrakus 212 und sein Sieg bei Canusium 208 v. Chr. aus, der nach der Schlacht am vorhergehenden Tage bereits ganz in der Hand des Gegners gewesen war. Er blieb 207 bei dem Ueberfall am Liris.

Marcellus, Markus Claudius, Sohn des Vorigen, römischer Consul und Feldherr, Besieger der Bojer und Insubrer, gegen die sich schon sein Vater hohen Ruhm erworben hatte. Starb 176 v. Chr.

Marchand, Jean Gabriel, in der Dauphiné 1765 geb., schwang sich in den Feldzügen der französischen Republik, namentlich durch Auszeichnung in Italien bis 1799 zum General auf, machte den Feldzug gegen Preußen als Divisionsgeneral mit, war 1812 Generalstabschef des Königs von Westphalen, commandirte bei Leipzig 2 Divisionen deutsche Hilfstruppen, schloß sich nach dem Feldzuge 1814 Ludwig XVIII. an, wurde 1837 Pair und starb 1851.

Marchfeld, 18 ☐ M. große Fläche in Oestreich zwischen March und Donau, berühmt durch die Schlacht, in welcher Rudolph von Habsburg den König Ottokar von Böhmen 1278 schlug und sich den Besitz der östreichschen Lande sicherte. Ottokar fiel in dieser Schlacht. Auf fast derselben Wahlstatt im Marchfelde hatte Ottokar 18 Jahre früher den König von Ungarn besiegt und dadurch Steyermark an sich gebracht.

Marcianopolis, niedermösische Stadt, hier die Römer 377 n. Chr. von den Ostgothen geschlagen.

Mardonius, persischer Feldherr unter Xerxes; zerstörte 479 v. Chr. Athen und blieb in der Schlacht bei Plataä.

Marengo, piemontesisches Dorf, wo 1800 die Oestreicher von Napoleon noch geschlagen wurden, als sie schon den Sieg errungen zu haben glaubten. Diese bedeutende Schlacht entschied den Feldzug. Zu Ehren Napoleons hier ein Denkmal errichtet.

Maret, Hugues Bernard, geb. 1763, Franzose, war Advocat, spielte in der französischen Revolution eine Rolle, wurde 1799 Secretair des Consulats und später bei Napoleon Redacteur der Kriegsbülletins, wurde 1811 Senator, Minister des Aeußern und ging beim russischen Feldzuge 1812 als Chef des Verpflegungswesens mit der Armee nach Lithauen und Polen, und 1813 Kriegsminister. Nach Napoleons zweitem Sturze war er mehre Jahre flüchtig, wurde 1834

Pair und starb 1839. Napoleon hatte ihn 1811 zum Herzog von Bassano erhoben. Napoleon schenkte ihm sein ganzes Vertrauen, doch ist seine Geschäftsführung von der Kritik heftig getadelt worden.

Margaretha, dänische Prinzessin und Königin von Norwegen, geb. 1353, berühmt in der Kriegsgeschichte durch ihren Sieg bei Falköping, durch den sie Schweden gewann und Dänemark, Norwegen und Schweden vereinigte. Sie erwarb sich durch ihren kühnen männlichen Character in ihrem Jahrhunderte hinreichenden Ruhm. Starb 1412.

Margaretha, Gemahlin Heinrichs VI. von England, geb. 1425, in der Kriegsgeschichte merkwürdig als Ursache des Kriegs der rothen und weißen Rose. Sie nahm an diesem Kriege persönlich, jedoch ohne Glück Theil und starb nach harten und verworrenen Schicksalen flüchtig in Frankreich 1482.

Maria-Theresia-Orden, östreichisch, für Militairverdienste, im Anfang des 7jährigen Kriegs (1757) gestiftet, 3 Classen und eine goldene und silberne Medaille für Unadlige dazu gehörend, wird an alle Militairs ohne irgend einen Rückhalt ertheilt, ist ein achtspitzig weißes Kreuz mit Goldrand, der Namensziffer Marien Theresiens (Stifterin) und des Kaisers Franz, dem östreichschen Wappen und der Devise Fortitudini. Band roth und weiß gleichmäßig gestreift. Erste Classe trägt es am breiten Bande an der linken Hüfte, 2. Classe am Halse, 3. im Knopfloche. Im Kriege ist jeder Generalissimus, der den M.-Th.-O. erster Cl. selbst besitzt in Vollmacht des Großmeisters und vertheilt diesen Orden ohne Verzögern und Rücksicht sofort an die Würdigen. 20 Träger 1. Cl. (die ältesten Inhaber) erhalten jeder jährlich 1500 Gulden, eben so viele von der 2. Cl. 600, und die hundert Aeltesten der 3. Cl. jeder 400 Gulden Gehaltszulage. Auch haben alle Inhaber der 3 ersten Classen die Baronwürde.

Mariazell, berühmter Wallfahrtsort in Oestreich (Steyermark), hier Kugelgießerei. 1805 Treffen zwischen Oestreichern und Franzosen.

Marienburg, preußische Stadt im Regierungsbezirke Danzig, an der Königsberger Eisenbahn und Nogat, mit Fortification versehen, in das Festungssystem von Danzig gehörend, mit gut erhaltenem und für die Baukunst und Geschichte des Mittelalters sehr interessantem Schlosse, einst Residenz des deutschen Hochmeisters, war eine Hauptfeste des deutschen Ritterordens, 1410 von den Polen die Stadt ohne Schloß erobert, und 1420 das Schloß wiederum vergebens von den Polen belagert. Preußisch-schwedische Kriegsconvention von Marienburg 1757.

Marignau, Giacomo Medichino Marquese von, geb. 1495, unter Karl V. kaiserlicher General, machte die Feldzüge gegen Frankreich in Italien mit, focht mit Glück und starb 1555.

Marine (von mare, das Meer), bedeutet alles was zu einer Seemacht gehört in seiner Gesammtheit.

Marino, San, kleine Republik von 4 ☐ M. und 8000 Bew. in Mitten der päpstlichen Staaten, hat 24 Mann Militair ohne die Offiziers und 1500 Milizen, insofern jeder Staatsbürger von 16—60 Jahren zur Miliz gehört. Doch thut von diesen nur ein sehr kleiner Theil Dienst. Militairverdienstmedaille. Gleichnamige Hauptstadt ist mit 3 Forts versehen und hat nur einen Zugang. Armatur besteht aus 4 Kanonen. Die Völker haben diesen Miniaturstaat seit dem 4. Jahrhundert wie zum Scherz ungestört fortbestehen lassen.

Marius, Cajus, Sohn eines römischen Bauers, geb. 156 v. Chr., ein Mann von schlechtem persönlichen Character, aber Entschiedenheit, Klugheit und Muth, war sieben Mal Consul, erlitt namentlich nach seinem 6. Consulate die seltsamsten Schicksale, indem er durch die merkwürdigsten Zufälle der Hinrichtung entging. Er besiegte den Jugurtha, schlug 102 v. Chr. die Teutonen bei Aquä Sextä und 101 die Cimbern bei Vercellä, 99 die Marfer, 87 das von der Partei des Sulla beherrschte Rom und starb 86 v. Chr. Gegen seine persönlichen Feinde trieb er die Grausamkeit und Rohheit aufs Aeußerste.

Marketender, ein Victualienhändler, der die Truppen begleitet und für die kleinen Lebensbedürfnisse, auf welche von der Verpflegungsbehörde nicht Bedacht genommen werden kann, sorgt.

Markgraf, eine von Karl dem Großen eingeführte staatsamtliche Würde, welche später durch Einführung der Erblichkeit in eine Geburtswürde überging, bis auf dieses Jahrhundert fortdauerte und in der Mitte zwischen Herzog und Graf stand. Nachdem Karl der Gr. das Reich in Grafschaften getheilt, hießen die Grafschaften an der Grenze Markgrafschaften, da das Wort Mark die Grenze oder vielmehr das Grenzzeichen bezeichnete. Die Markgrafen waren in ihrem Gebiete zugleich Militair- und Civilgouverneure und ihnen war es besonders aufgetragen, das Reich vor Verletzung durch die barbarischen Nachbarvölker zu bewahren, daher sie eine Anzahl von Truppen stehend hielten und nur im Noth-falle an den Reichskriegen Theil nahmen. Die Markgrafschaften wurden später größern Theils in Herzogthümer verwandelt oder erhielten doch die Rechte solcher.

Markham, geb. 1805, focht seit 1824 unter englischer Fahne in Canada und Ostindien mit Ruhm, wurde 1855 General und nach der Krim comman-dirt, wo er an der Erstürmung von Sebastopol Theil nahm und desselben Jahres starb.

Markomannen, altgermanischer Volksstamm, der mit Marbod vom Main nach Böhmen zog und 166 bis 180 einen blutigen Krieg gegen Rom bestand ohne seine Selbstständigkeit zu verlieren. Ihr Name verlor sich im 4. Jahrh.

Marlborough, John Curchill Herzog von, geb. 1650, Engländer, trat 1666 in das englische Heer und machte gleich im ersten Jahre die Expedition nach Tanger mit. In den Feldzügen in den Niederlanden zeichnete er sich ungewöhnlich aus, wurde 1682 Oberst, griff durch seine Gemahlin vielfach in die Politik des Hofes ein, führte den Oberbefehl in den Niederlanden gegen Ludwig XIV. und trug glänzende Siege davon, wurde durch politische Umtriebe des Oberbefehls beraubt, erhielt ihn aber 1700 wieder und commandirte nun als Oberbefehlshaber der englischen Truppen in den Niederlanden und Deutsch-land und trug auch jetzt mit den Oestreichern unter Prinz Eugen verbündet Siege davon, die Ludwig XIV. in die höchste Gefahr versetzten. Aber Ver-läumdung durch die ihm feindliche Partei, welche den Frieden verlangte, setzte ihn in das Licht eines Betrügers und bewirkte seine Entsetzung 1712. Doch wurde ihm eine vollständige Restituirung mit der Thronbesteigung Georgs I. zu Theil. Er starb irrgeistig 1722. Er war einer der größten englischen Feldherrn, eben so muthig, als sicher in seinen Berechnungen, daher ihm seine kriegerischen Feinde nie einen ernsten Schlag beizubringen vermochten, dagegen fast unausgesetzt harte Schläge von ihm erlitten.

Marmont, Auguste Frédérik Louis Viesse de, geb. 1774, Franzose, trat 1790 in das französische Heer, machte die Belagerung von Toulon 1794, den Feldzug am Rhein 1795, den Feldzug in Italien 1796, den Feldzug in Aegyp-ten als General und Adjutant Napoleons 1799 mit, entschied 1800 die Schlacht von Marengo, schlug im östreichschen Feldzuge 1805 die Russen bei Castellnovo, nahm Ragusa und erhielt dafür den Titel eines Herzogs von Ragusa. 1809 focht er bei Wagram und schlug die Oestreicher bei Znaim, wurde Marschall, erhielt 1811 das Commando in Portugal, machte wegen schwerer Verwundung den russischen Feldzug nicht, wohl aber 1813 und 1814 die in Deutschland und Frankreich mit, erhielt den Oberbefehl in Paris und mußte capituliren. Er schloß sich an Ludwig XVIII. an, erhielt den Oberbefehl in Paris, vertheidigte 1830 Karl X. mit der Schweizergarde, jedoch mit abſichtlicher Schonung des Volks, verließ nach dieſer Revolution Frankreich und ſtarb 1852 in Venedig.

Marmora, della, ſ. Lamarmora.

Marodeur, ein wegen Ermüdung oder Krankheit auf dem Marſch zurückbleibender Soldat. Wegen der Ausſchweifungen, die oft durch Marodeurs verübt worden, auch wegen der häufigen Deſertion derſelben, läßt man den Truppen Wagen folgen, welche die Marodeurs aufnehmen.

Maroicic von Madonna des Monte, Joſeph Freiherr von, geb. 1812, öſtreichiſcher Generalmajor, zeichnete ſich unter Radetzky 1848 in Italien beſonders durch die Wegnahme von Madonna des Monte aus, daher ihm auch obiger Name geworden.

Marokko, afrikaniſches Kaiſerreich von etwa 13,500 ☐ M. mit 8 — 9 Mill. Bewohnern, einem ſtehenden Heere von 26,000 Mann und 10,000 Mann Garde, mit 24 Feſtungen und einer ganz unbedeutenden und ſchlechten Marine. Im Kriege ſind alle Waffenfähige milizpflichtig. Die gleichnamige Hauptſtadt und Reſidenz des Sultans iſt Feſtung, mit 30 Fuß hohen Mauern und einer ungeheuern Menge von Thürmen umgeben. Ihr Haupttheil iſt das Schloß des Sultans, von gewaltigem Umfang und mit beſonderen Befeſtigungen verſehen. Die Zahl der Bewohner iſt 50,000, betrug aber vor 6 Jahrhunderten 700,000, was die zahlloſen in Ruinen liegenden Häuſer glaubhaft erſcheinen laſſen. In neueſter Zeit gerieth Marokko, nachdem es ſeit lange Kriege zu vermeiden glücklich genug geweſen war, mit Frankreich und Spanien in Krieg, nämlich nach dem Thronwechſel im Jahre 1859. Die Franzoſen revangirten ſich durch Zerſtörung mehrer Ortſchaften für einen Raubzug der marokkaniſchen Grenzbewohner, die Spanier dagegen eröffneten wegen einer gleichen Verletzung einen wirklichen Krieg, den ſie mit zwei ſiegreichen Schlachten und Wegnahme der Stadt Tetuan ſchnell beendeten. Sie gewannen im Frieden einen Landſtrich von 300 Millionen Realen Werthes. Ferneres über Marokko ſ. Afrika.

Maroto, Don Rafael, geb. 1785, Spanier, machte den ſpaniſchen Krieg von 1808–1812 und darauf den in Amerika mit, worauf er General wurde. Er machte den karliſtiſchen Krieg mit, ſchlug Espartero bei Arrigoria, wurde 1838 Generaliſſimus, ſchloß den Vertrag von Bergara und begab ſich nach dieſem Ausgange der karliſtiſchen Sache nach Amerika, wo er 1847 ſtarb.

Marquiſe, ſtarke Rakete (ſ. d.).

Mars, bei den alten Römern Gott des Kriegs, nachgebildet aus dem griechiſchen Kriegsgott Ares, einer der oberſten 12 Götter, Vater des Romulus, genoß der höchſten Verehrung, ihm waren das Marsfeld, der erſte Monat und mehre prachtvolle Tempel gewidmet, wurde in Statuen geharniſcht oder doch mit dem Helm dargeſtellt. Sein Mythus iſt weniger ausgebildet als der des griechiſchen Ares.

Mars, ſo viel als Maſt und Maſtkorb (ſ. Maſt).

Marſala, ſiciliäniſche Stadt mit verſchüttetem nur noch für leichte Fahrzeuge zugänglichem Hafen, in neueſter Zeit merkwürdig durch die Landung des ſardiniſchen Generals Garibaldi (11. Mai 1860), der den gegen die Regierung aufgeſtandenen Sicilianern zu Hilfe eilte, in wenigen Monaten faſt ganz Sicilien von den neapolitaniſchen Truppen reinigte und eine eigne Regierung einſetzte.

Marſch, das Element der Evolutionen; iſt eigentlich nichts als die Bewegung der Truppen in beſtimmter militairiſcher Ordnung und Haltung. Zeitaufwand, Richtung, Formation und Zweck ändern den Character des Marſches 1) als a) gewöhnlicher Marſch, bei welchem täglich 3—4 Meilen zurückgelegt werden und am 3. oder 4. Tage geraſtet wird — b) Eilmarſch, bei welchem täglich 1 bis 2 Meilen mehr zurückgelegt werden und ſeltner ein Raſttag ein-

tritt — c) forcirter Marſch, bei welchem die Truppen Tag und Nacht mar-
ſchiren (nur bei kurzen Märſchen möglich) oder (um zur rechten Zeit auf einem
nahen Schlachtfelde einzutreffen) für Bedürfniſſe und Nahrung die gewöhnliche
Raſt nicht halten, oder transportirt werden zu Schiffe oder Wagen. 2) der
Richtung zufolge unterſcheiden ſich Frontal-, Diagonal- und Flankenmarſch.
Sie gehören ebenſo wie der Marſch im Geſchwindſchritt, im Sturmſchritt und
im Trabe zur Attaque, der Kriegstaktik an. Beim gewöhnlichen Exercirmarſch
werden 110 Schritt auf die Minute, beim Geſchwindmarſch 120 Schritt, beim
Sturmmarſch 140 und beim Angriffs- oder Attaquemarſch (Trab) 160 Schritt
auf die Minute gerechnet. Die Formation der Truppen bringt die Colonnen-
und Linienmärſche hervor. Letzterer wird durch eine Viertelkreiswendung zum
Flankenmarſche, indem dann die Leute der Rotte nicht mehr hinter-, ſondern neben-
einander ſich befinden. Dieſe Märſche gehören ebenfalls der Kriegstaktik und
der Manoeuvrirkunſt an, und können beim Reiſe- oder Beförderungsmarſche
nicht in Anwendung kommen. Beim Reiſemarſch gilt die Colonne in verſchie-
dener Stärke als Norm, ſo daß man der Marſchtruppe eine ſo große Fronte
giebt als es der Weg geſtattet, um die Truppen deſto mehr beiſammen zu halten.
Der Marſch findet alſo in Zügen, halben Zügen oder Sectionen, je nach der
Organiſation der Compagnien ſtatt. Der Marſch in halben Sectionen, zu
Vieren, flankenmäßig in Rotten oder zu Zweien kommt nur vor, wo die Nothwendigkeit gebietet, z. B. auf ſchmalen Waldpfaden, Stegen, Brücken, in Hohl-
wegen und Päſſen. Gleiches gilt auch von der Cavalerie, deren gewöhnliche
Marſchweiſe jedoch zu dreien iſt. Die Artillerie marſchirt nur ein Geſchütz
breit, weil die begleitende Mannſchaft ohnehin größern Raum in Anſpruch nimmt
und für mehre Geſchütze in gleicher Höhe ſelbſt bei der möglich kleinſten Di-
ſtance außer im Manoeuvrirfelde ſchwerlich genügender Raum vorhanden ſein
würde. Die Marſchordnung der Artillerie läßt jedem Geſchütz ſeine Bedienung,
den Geſchützen der Batterie aber die Pulverwagen und dieſen die Packwagen
folgen. Es iſt auf Friedens- wie Kriegsmärſchen Regel, daß dem Gros eine
Avantgarde (ſ. d.) vorausgehe und eine Arrièregarde folge, und beim Kriegs-
marſch begleiten noch beſondere Detachements in gewiſſer Entfernung zur Seite
das Gros und dieſe Detachements wiederum laſſen ſich zur Seite nach Außen
einzelne Poſten gehen und Cavaleriepatrouillen das äußere Terrain abſuchen,
um das Gros vor einem feindlichen Ueberfalle zu bewahren. Wichtige Dienſte
beim Marſch hat beſonders auch die Gendarmerie, weil beim Marſch der Deſertion und vielfachen Ordnungswidrigkeiten mehr Gelegenheit gegeben iſt als
im Lager, in der Garniſon oder ſonſt wo die Truppen ſich concentrirter befinden. Auch iſt den Intendanturen und Verpflegungsämtern beim Marſch oftmals eine ſchwierige Aufgabe geſtellt und gerade dieſen Falls läßt ſich der Werth
der Armeeorganiſation gut erkennen. Die Märſche ſind in den Feldzügen von
größter Wichtigkeit, und daher iſt es von größter Wichtigkeit, daß die Märſche
durch keinerlei Hinderniſſe gehemmt werden, was meiſt von der guten Organiſation des Verwaltungsweſens, aber auch von der Umſicht des Generalſtabs,
beſonders der Ingenieure und deren Zuſammenwirken mit den Verpflegungsämtern abhängt. Näher liegende Nothwendigkeiten, ſo namentlich das nächt-
liche Unterbringen der Truppen werden vom Truppencommando ſelbſt beſorgt
und es dienen hierzu beſonders vorausgeſendete Fouriers und Quartiermacher.
Auf einem Terrain, welches der Feind unſicher macht, werden derartige Maßregeln oftmals nicht möglich ſein und es tritt dann der Fall ein, daß die
Truppen möglichſt concentrirt im Freien (Bivouac) übernachten müſſen, was
aber, wenn irgendmöglich, wegen der Erhaltung der Geſundheit der Leute, vermieden werden muß. Man wählt daher gern große Ortſchaften zum Ziel der-

artiger Märsche und erzwingt hier das Quartier, weil in einer Stadt eine Armee sich am besten gegen einen Ueberfall wehren kann. Hat das Quartier wegen Unsicherheit des Terrains nicht angesagt werden können, so wird ein humaner General natürlich gern Rücksicht gegen die Bürger nehmen, wenn er sieht, daß von deren Seite das Mögliche geleistet wird.

Marschall, zusammengesetzt aus dem altdeutschen march (Pferd; Märe) und schalken (behandeln, schalten, bedienen), bezeichnet also Einen, der über die Pferde schaltet, einen Stallmeister, einen Cavalerieanführer. Das Wort ist germanischen Ursprungs und das lateinische marescalcus nur eben latinisirt. Da die Reiterei im ritterlichen Mittelalter den Vorrang vor andern Waffen erhielt, so nahmen die höchsten Befehlshaber im Felde von ihr den Titel Marschall, der in einigen Staaten jedoch sinnentsprechend nur den Obergeneralen der Cavalerie verliehen wurde, bis die Geschiedenheit der Waffen aufhörte und die großen Truppenkörper (Division und Corps) aus allen Waffen gebildet wurden. Der Marschalltitel blieb dann den Oberbefehlshabern der Corps wie in Frankreich und in Oestreich, wo er einer Abstufung unterworfen ist. In den meisten Staaten und in Preußen erlosch er in solcher Weise und blieb nur dem Chef des gesammten Heeres (s. Feldmarschall).

Marschall, Wenzel Philipp Leopold Freiherr von, geb. 1784, trat 1802 in das östreichsche Heer, wurde als tüchtiger Ingenieur 1805 in den Generalstab aufgenommen und avancirte damit zum Hauptmann. Von da ab wurde er fast nur in diplomatischen Geschäften verwendet und avancirte dabei bis 1840 zum Feldmarschalllieutenant, als welcher er 1851 starb.

Marschall, Ernst Dietrich Graf von, in östreichschen Diensten, machte den Erbfolgekrieg, die schlesischen und den siebenjährigen Krieg mit, entschied den Sieg bei Kollin, vertheidigte Olmütz, wofür er zum Grafen erhoben wurde, und starb 1771 als Feldmarschall.

Marschallstab, ein kurzer mit Edelsteinen geschmückter goldener Stab, den der Marschall als Abzeichen seiner Würde führt.

Marschcommissar, derjenige Offizier oder Beamtete, welcher auf den Etappenplätzen für Verpflegung und Unterbringung der ankommenden Truppen zu sorgen hat.

Marschordnung, heißt bei den Heeren das Arrangement der Truppen und zwar wie diese auf dem Marsch aufeinander folgen sollen. M. heißt auch das vorschriftliche Verhalten der Truppen auf dem Marsche. Ein Hauptgrundsatz der M. ist, daß die Truppe auf dem Marsche ihre organische Gliederung streng halte, so daß jeder Mann auf dem ihm gehörenden Platze sich befindet. Denn bei aller Bequemlichkeit, die den Soldaten auf dem Marsche vergönnt wird, darf die Formation der Truppe nicht verletzt werden.

Marschquartier, s. Quartier.

Marschroute, heißt die Bestimmung des Marsches nach Richtung und Zeiteintheilung.

Marseille, französische Hafenstadt am Mittelmeer, war einst starke Festung, ist jetzt aber nur noch mit den Forts St. Jean, St. Nicolas, Chateau d'Jff. Ratonneau und dem Schloß Notre dame de la Garde zum Schutze des Hafens versehen. Die Besatzung beläuft sich demungeachtet im Frieden auf 15,000 Mann. Der Hafen faßt 1200 Schiffe. Es befinden sich hier 2 Arsenale, eine Marineschule, große Magazine, Marine-Werkstätten, Werfte und mehre Militairwerkstätten. M. ist einer der Haupthandelsplätze Europas und hat nahe an 250,000 Einwohner. Entstand aus einer 600 Jahre v. Ch. gegründeten griechischen Colonie, hieß Massilia, war mit Rom verbündet, widerstand Hannibal, lieferte den Römern starke Flotten in den punischen Kriegen und beträchtliche Truppen. Im Bürgerkriege gegen Cäsar Partei nehmend, wurde es von diesem belagert und ausgehungert. Es theilte später die Schicksale des Landes, wurde im 10. Jahrhundert unter Vicomten unabhängig, im 13. eine Republik und kam im 15. an Frankreich.

Marsfeld, eine große Ebene zu Paraden und Truppenübungen. Das älteste, dem Mars geheiligt, befand sich bei Rom. Gegenwärtig haben Paris und Neapel berühmte Marsfelder.

Marsgast, auf Schiffen der Posten im Mastkorbe (Mars).

Marsin, Antoine Graf von, Franzose, ohne militärische Bildung, wurde im spanischen Erbfolgekriege an die Spitze der Armee in Savoyen gestellt, wurde bei Turin 1706 geschlagen und starb schwer verwundet am Tage nach der Schlacht.

Marston=Moor, englisches Dorf, wo die Parlamentstruppen 1644 von den Königlichen geschlagen wurden.

Marstrand, schwedisches Hafenstädtchen, mit Festung Karlstein. 1719 von den Dänen erobert.

Martellothürme, thurmartige Strandbatterien für 6 — 8 Geschütze im 16. Jahrhundert.

Marthalen, schweizerisches Oertchen, wo 360 n. Chr. vom Kaiser Julianus eine Schlacht gegen die Alemannen geschlagen wurde.

Martialgesetz, Gesetz welches die Civiljustiz aufhebt und dieselbe in die dictatorische Gewalt des Militairobercommandos legt (s. Belagerungszustand).

Martin, St., französische befestigte Stadt von 2700 Einwohnern auf der Insel Ré.

Martinesty, walachisches Dorf, wo die Türken 1789 durch die alliirten Russen und Oestreicher eine Niederlage erlitten.

Martinique, eine der kleinen Antillen, Frankreich gehörig, Sitz eines Militairgouverneurs, Besatzung, Marinestation und die Festungen St. Pierre, Fort Royal und La Trinité.

Martino, St., toskanisches Fort mit Arsenal, Stückgießerei und Gewehrfabrik.

Martino, Städtchen in Livadien, wo 1829 die Türken von den Griechen geschlagen wurden.

Marwar, 1686 ☐ M., ostindischer Staat unter englischer Oberherrschaft (s. Asien).

Marwitz, Friedrich August Ludwig von der, geb. 1777, nahm seit 1805 an den Feldzügen Preußens Theil, war 1806 Adjutant des Fürsten von Hohenlohe, machte sich 1813 bei Organisirung der Landwehr verdient, führte 1813, 1814 und 1815 selbst erst eine Brigade, später eine Division Landwehr, wurde 1817 Generalmajor und zog sich 1827 als Generallieutenant ins Privatleben zurück. Starb 1837.

Maryland, s. Amerika und Afrika.

Masada, judäische Felsenfestung am todten Meere, von Titus 79 n. Chr. nach großer Mühe erobert.

Mascara, algierische Festung mit Zitadelle, Werkstätte und Magazin.

Masinissa, König von Numidien, Bundesgenosse der Römer im zweiten punischen Kriege und Anstifter des dritten punischen Kriegs. Starb 148 v. Chr.

Mascate, asiatischer Staat (s. Asien), Heer aus den Gebieten der Vasallen des Imam gebildet, 2500 Mann Garde, Marine von 5 Fregatten und mehren kleinen Fahrzeugen.

Masciren, bedeutet in der Militairsprache verdecken. Man mascirt eine Batterie, indem man sie durch vorgestellte Truppen, Gebüsch und dergl. verdeckt, um sie bei einem feindlichen Angriffe überraschend wirken zu lassen.

4*

kleine fortificatoriſche Werke werden mascirt, damit der Bau derſelben nicht von Feinden bemerkt und beläſtigt werde.

Maſſachuſett, ſ. Amerika.

Maſſacre, franzöſiſch, Metzelei.

Maſſena, André, Herzog von Rivoli und Fürſt von Eßling, einer der größten Generale Napoleons I., geb. 1758, niederen Herkommens, lernte die Kaufmannſchaft, trat 1772 in die franzöſiſche Armee als Gemeiner, wurde 1792 Offizier und avancirte bis zum Ende des folgenden Jahres zum Diviſionsgeneral, zeichnete ſich nun in den drei italieniſchen Feldzügen ungewöhnlich aus, leitete 1799 den Feldzug in der Schweiz, capitulirte 1800 in Genua, ohne dadurch ſeinem Rufe zu ſchaden, wurde 1804 Marſchall, 1805 Oberbefehlshaber in Italien im Feldzuge gegen Oeſtreich, erwarb ſich durch ſeine Haltung den Titel eines Herzogs von Rivoli (wo er 1796 den Sieg entſchieden hatte), machte 1809 den Feldzug gegen Oeſtreich mit und zeichnete ſich bei Aspern ſo aus, daß er den Titel eines Fürſten von Eßling erhielt, operirte die nächſten zwei Jahre in Spanien und Portugal, doch war ihm hier das Glück minder hold und er verlor deshalb Napoleons Gunſt ſo, daß dieſer ihn am Feldzuge gegen Rußland nicht theilnehmen ließ, was M. damit entgalt, daß er ſich Ludwig XVIII. 1814 feſt anſchloß. Er ſtarb 1817.

Maſſenbach, Erhard Friedrich Fabian Freiherr von, geb. 1753, machte die Feldzüge Preußens von 1792 bis 1813 mit, führte 1812 die dem franzöſiſchen Heere attachirte preußiſche Cavalerie, wurde 1815 als General der Cavalerie penſionirt und ſtarb 1819.

Maſſenbach, Chriſtian Freiherr, geb. 1758, nahm 1782 würtembergiſche Dienſte, wurde ſpäter Lehrer des Prinzen Louis Ferdinand von Preußen und machte die preußiſchen Feldzüge 1787, 1792–1794 und 1806 mit, war bei der Capitulation von Prenzlau gravirt, trat als Oberſt aus dem Dienſte, gab einige militairhiſtoriſche Werke heraus, in denen er ſich dem König Friedrich Wilhelm ſo mißliebig machte, daß er 1813 kein Commando erhielt. Dafür drohete er dem Könige Staatsgeheimniſſe zu veröffentlichen und kränkte dieſen aufs Tiefſte, zog ſich dadurch aber Verhaftung und Verurtheilung zu vierzehnjährigem Feſtungsarreſt zu. Obſchon der König ihn für ſeinen haſſenswertheſten Feind hielt, weil er von Niemand ſonſt ſo tiefe Kränkung erlitten, ſo begnadigte er ihn doch nach 6 Jahren (1826). Er ſtarb im folgenden Jahre. Schrieb: „Rückerinnerung an große Männer", „Memoiren zur Geſchichte des preußiſchen Staates unter Friedrich Wilhelm II. und Friedrich Wilhelm III.", „Hiſtoriſche Denkwürdigkeiten zur Geſchichte des Verfalls des preußiſchen Staates." Er war ein Denker, aber anmaßend und tadelſüchtig und dieſe Eigenſchaften waren Urſache ſeines widrigen Geſchicks.

Maſt, Maſtbaum, für die Schiffe ſowohl wegen ihres Gleichgewichts und ebenmäßigens Gangs als auch wegen Ertheilung der Triebkraft mittelſt der Segel von größter Wichtigkeit, beſteht in einem ſchlanken, geraden, fichtenen oder tannenen Stamme, deſſen Höhe ſich nach der Größe des Schiffs richtet und ſo beträchtlich bei den großen Seeſchiffen wird, daß er aus zwei und drei Theilen zuſammengeſetzt werden muß. Die größten Seeſchiffe haben in der Regel 3 aufrechtſtehende Maſten, von denen der mittele der größte iſt und der große Maſt heißt. Er ſteigt vom Kiel auf und ſeine Länge über dem Verdeck beträgt 2¼ Segelbalkenlängen, ſelten jedoch über 110 Fuß. Der unterſte ſtärkſte Theil heißt Maſt, die nächſten 2 nach oben Stange und Brahmſtange. Der vor dem großen Maſt befindliche kleine heißt Fockmaſt und iſt um ⅑ niedriger, der hinter ihm befindliche kleinſte iſt um ¼ niedriger als der große und heißt Beſahnmaſt. Die liegenden Bäume, z. B. Bugſprit, werden nicht zum Maſt-

werfe gerechnet. Die oberen Theile des Fockmaſts heißen Vorſtange und Vor-
brahmſtange, die des Beſahnmaſtes Kreuzſtange und Kreuzbrahmſtange. Dieſe
Theile der Maſten ſind mit einander durch Einzahnung, Umſchienung, Verbol-
zung und ſtarke eiſerne Bänder verbunden. Der Maſt wird ſtellenweiſe um-
ſchalt und mit Tauen umwunden. Dieſe Stellen heißen Gewinde; ſie erhalten
durch eine vielfach wiederholte Theerung eine innige Verbindung und verleihen
dem Maſt große Feſtigkeit. Der Fuß des Maſtes, entweder ſo weit er ſich im
Schiffe birgt, oder doch vom erſten Verdeck bis zum Grunde, wo er ſich im
Spuhr befindet, iſt viereckt und hat an der ſtärkſten Stelle ¹/₄₀ ſeiner Höhe
(ungefähr 1¹/₂ Elle). Da das Holz im natürlichen Baue nach außen ſchlechter,
weicher, nämlich weiterjährig wird, es aber von Vortheil ſein muß, wenn der
Maſt durch und durch aus Kernholz beſteht, ſo wird er meiſt aus mehren
Langſtücken (5—9) des beſten Kernholzes künſtlich gefertigt. Dies iſt immer
beim großen und dem Fockmaſt der Fall, ſeltener beim Beſahnmaſt. Am oberen
Ende des Maſtes befindet ſich der Maſtkorb (Mars). Sein Fundament beſteht
aus den knieförmigen am Maſt befeſtigten Backen, die die Sohllängen tragen
und erhält noch beſonders durch das Schlotholz Feſtigkeit, welches durch den
Fuß der Stange durchgelocht iſt und auf den Sahbingen ruht. Im unterſten
Deck wird der Maſt feſtgekeilt, im Durchgang der oberen Decke aber ſteht er
frei, damit er dem Winde nachgeben kann, erhält aber eine Umfaſſung, durch
welche die Nachgiebigkeit deſſelben beſchränkt oder regulirt wird. Der Topp
des Maſtes (Spitze) wird durch einen eigenen Block geſchloſſen. Er bildet den
Schuh der Stange. Kutter, Parlen und kleinere Schiffe haben nur einen,
Schoner und Briggs zwei, Corvetten, Fregatten und Linienſchiffe drei Maſten.

Maſtkrahn iſt eine auf einem wenigſtens 130 Fuß hohen thurmartigen Gebäude befindliche Maſchine, welchen den Maſt aufrichtet, emporhebt und in die
dazu beſtimmte Oeffnung des am Fuß des Gebäudes liegenden Schiffes ein-
ſenkt. Unentbehrlich bei Docks und Werften.

Maſtricht, holländiſche Feſtungsſtadt, an der Mündung der Jaar in die
Maas, mit ſtarker Zitadelle auf dem nahen Petersberge, ſtarken Umfaſſungs-
werken, Außenwerken und vortrefflichen Waſſermanoeuvren, vermittels deren
der größte Theil des Belagerungsterrains unter Waſſer geſetzt werden kann.
Es hat ſehr bedeutende Militairanſtalten, Lazareth, Arſenal, Werkſtätten,
ſtarke Armatur. Merkwürdig wegen großer Steinbrüche unter der Zitadelle,
die bei Belagerungen zu Magazinen dienen und gewähren der unwehrbaften
Bewohnerſchaft einen ſichern Zufluchtsort. Die Bewohnerſchaft beläuft ſich über
30,000 Seelen. Der Platz iſt ſtrategiſch höchſt wichtig und als Vorfeſte zu
betrachten; hat Eiſenbahnverbindung durch die Aachen-Landener Bahn; war
ſchon zur Zeit der Franken befeſtigt, wurde in der niederländiſchen Revolution
nach langer mühſeliger Belagerung vom Herzog Alba genommen, vom Prinzen
von Oranien 1632 zurückerobert, 1634 ohne Erfolg von den Spaniern belagert,
1673 und 1794 von den Franzoſen genommen.

Maſulipatam, oſtindiſche Feſtung (ſ. Aſien),

Matroſen, iſt derjenige Theil des Schiffsvolkes, der lediglich zur Bedienung
des Schiffes beſtimmt iſt; doch müſſen auf Kriegsſchiffen die Matroſen auch
für den Kampf, das Entern, den Fauſtkampf und das Bedienen der Geſchütze
einexercirt ſein. Zum Theil ſind ſie freiwillig in den Schiffsdienſt getreten
und haben vom Schiffsjungen auf gedient, zum Theil aber ſind es militairpflichtige Leute, die ſtatt des Waffendienſtes Schiffsdienſte leiſten. In einigen
Staaten werden unter den Rekruten die körperlich paſſendſten für den Seedienſt
ohne weitere Rückſicht gewählt, in anderen Staaten dagegen wird die ganze
kriegspflichtige Mannſchaft gewiſſer Strandgebiete, wo nämlich die Bewohner

schaft vorzugsweise mit der See vertraut ist, für den Seedienst gewählt und wie die Mannschaft fürs Landheer conscribirt. Da indessen der Matrosendienst umfängliche Kenntnisse in allen Verhältnissen des Schiffswesens erfordert und die Erwerbung davon nicht so schnell geht, als das Geschick im gewöhnlichen Soldatendienst, so zieht man Leute, die von jung auf zu Schiffe waren, oder jung schon für den Seedienst gebildet wurden, vor. und darum sind in den vornehmeren Seestaaten sehr zahlreiche Schulen und Erziehungsanstalten für Seeleute dieser Classen errichtet worden.

Mathias Corvinus, König von Ungarn, beigenannt der Große, geb. 1443, bestieg nach widerwärtigen Jugendschicksalen 1458 den Thron, zeigte trotz seiner Jugend eine vollkommene Reife, behauptete sich gegen seinen Nebenbuhler den Kaiser Friedrich III., vertrieb die Türken, schlug die Böhmen unter Georg Podiebrad, erwarb dadurch Mähren, Schlesien und die Lausitz, schlug die Polen, wendete sich darauf gegen den Kaiser Friedrich III., der ihn fortwährend mit seiner tückischen Politik belästigte, brachte ihn in die äußerste Bedrängniß, und behauptete sich lange im Besitze von halb Oestreich. Kurz vor seinem Tode mußte er zum Schwerte gegen die Türkei greifen, doch starb er 1490 vor Beginn des Kriegs.

Maubeuge, französische Festung im Departement Nord an der Sambre mit 8000 Bewohnern. Ist ein Siebeneck, hat gute Umfassungswerke und wurde von Vauban erbaut. Waffenfabrik. 1649 von den Franzosen erobert, 1793 von den Oestreichern belagert, aber von Jourdan entsetzt, 1815 mit Capitulation an die Preußen übergeben.

Mauren, Bewohner des alten Mauretaniens, Urväter der Amazirghen in Marokko. Unter diesem Namen verstand man im Mittelalter überhaupt die Bewohner der Berberei und, weil die Araber, die im Mittelalter in Spanien eindrangen, aus der Berberei kamen, so wurden auch diese Mauren genannt. Ueber sie s. Spanien.

Mauritanien, altafrikanisches Reich, den nordwestlichen Theil Afrikas in zeitweise verschiedener Ausdehnung begreifend. Kriegsgeschichte nur wenig bekannt (s. Afrika, Rom, Spanien).

Mauritius, eine der schönsten Inseln im ostindischen Ocean, britisches Besitzthum, 32 □ M. Flächeninhalt, Hauptstadt Port Louis gut befestigt, gehörte erst den Portugiesen, dann den Holländern, dann unter dem Namen Isle de France den Franzosen und seit 1810 den Engländern.

Maurokordatos, Alexander Fürst, Grieche, zu Konstantinopel 1787 geboren, entflammte 1821 die Sulioten für die Befreiung Griechenlands, wurde zum Präsidenten der Regierung ernannt, leitete den Krieg, glich die im Peloponnes erlittenen Nachtheile durch einen glücklichen Heldenkampf in Missolunghi (1822) aus. Das Treiben der Parteien hemmte seine Thätigkeit und nachdem er 1824 noch einmal an der Spitze gestanden, zog er sich von den öffentlichen Geschäften zurück. Als der König Otto jedoch die Regierung angetreten hatte, wurde er an die Spitze des Ministeriums gerufen, doch war seine Thätigkeit ferner keine militairische mehr.

Mauromichalis, Georg, Petros I. und II., Elias, Kyriakulis, Griechen aus fürstlicher Familie, nahmen an den Freiheitskriegen der Griechen von 1821—1828 großen Theil. Anastasios M. gehört der Familie der Obengenannten an und war Adjutant des Königs Otto und Generallieutenant.

Maxen, Dorf im Königreich Sachsen unweit Pirna, hier Gefangennahme eines preußischen Corps von fast 3000 Mann durch die Oestreicher unter Daun 1759. Es befanden sich bei dem Corps 550 Offiziere und darunter 7 Generale. Oberbefehlshaber war der General von Fink, daher das Ereigniß von den Feinden spöttisch der Finkenfang genannt wurde.

Maxentius, römischer Kaiser im 4. Jahrhundert, unternahm aus Uebermuth einen Krieg gegen Constantin den Großen, wurde aber von diesem bei Turin und Verona und 312 am Pons Milvius gänzlich geschlagen. Bei letzter Schlacht kam M. in der Tiber um.

Maximilian I., einer der besten deutschen Kaiser, Sohn Friedrichs III., wurde durch seine Vermählung mit Maria von Burgund, der Erbin von Burgund und des größten Theils der niederländischen Gebiete, in Händel verwickelt, die bald einen kriegerischen Character annahmen. Die Niederländer erhoben sich gegen ihn und die Brügger Bürgerschaft hielt ihn sogar gefangen, bis die Drohungen seines Vaters des Kaisers ihn befreiten (1488). 1492 schlug er die Türken bei Villach und trieb sie aus dem Staate seines Vaters. Als Kaiser constituirte er das Reichskammergericht, verordnete den „ewigen Landfrieden" und errichtete stehende Truppen, mit denen die bestallten Kreishauptleute Ausbrüche von Fehden zu verhindern angewiesen waren. Durch Verbesserungen machte er sich um den Gebrauch des schweren Geschützes verdient. 1495 schloß er mit dem Papste, König von Neapel und den Erben von Mailand ein Bündniß und vertrieb die Franzosen aus Italien. Sein Feldzug in Italien 1500 hintertrieb die Hinterlist der Venetianer. Deshalb trat er der Ligue von Cambrai bei, gewann aber durch sie keine Vortheile. Der heiligen Ligue 1511 beigetreten, befreite er Italien endlich aus den Händen der Franzosen und schlug sie mit den Engländern vereint 1513 bei Guinegate gänzlich. Allein im Feldzuge Frankreichs 1515 entschied der Mangel an Mitteln gegen ihn. Er war friedsinnig und obschon er einen großen persönlichen Muth hatte, fehlten ihm die Eigenschaften eines Feldherrn und kriegerischen Herrschers. Für seinen persönlichen Muth und sein ritterliches Geschick zeigte sein siegreicher Zweikampf mit dem französischen Ritter Claude de Barre, der gleich dem Goliath, irgend Einen von der deutschen Ritterschaft zum Kampfe gegen sich höhnend herausgefordert hatte. M. starb 1519.

Maximilian I., Kurfürst von Baiern, geb. 1573, kam 1597 zur Regierung und zeichnete sich unter den regierenden Mitgliedern seines Hauses ebenso sehr durch staatsmännische Klugheit als durch einen kriegerischen und festen Character aus. In der Kriegsgeschichte ist er als Haupt der katholischen Ligue, als welches er Hauptleiter der katholischen Heere im 30jährigen Kriege war, denkwürdig geworden. Im Beginn dieses Kriegs war er oft selbst im Felde und der Sieg am weißen Berge und Eroberung der Lande des Pfalzgrafen Friedrich, wodurch dessen Rolle in Böhmen zu Ende geführt wurde, hatte Oestreich ihm fast ganz zu danken. Wiederholt stand Maximilians Generalissimus Tilly an der Spitze der katholischen Heere, wie denn auch viele Hauptereignisse, so z. B. die Eroberung Magdeburgs, durch diesen ausgeführt wurden. Mit Gustav Adolphs Auftreten änderten sich freilich die Verhältnisse und Maximilians glänzender Kriegsstern erlosch in dem Blute vieler Niederlagen und unter dem Schutte seiner Städte. Damit war ihm jedoch die Gelegenheit gegeben, zu zeigen, daß er als Vater des Volks ebenso groß und noch größer war, wie als Kriegsfürst. Er gründete das Zeughaus in München und setzte seinem würdigen Ahn, dem Kaiser Ludwig den Baier, ein schönes Denkmal. Starb 1651.

Maximilian II., Maria Emmanuel, Kurfürst von Baiern, geb. 1662, ein Fürst von entschiedenem Feldherrntalent. Er führte ein Obercommando bei der Entsetzung Wiens 1683 unter Johann Sobieski, blieb am Kriege gegen die Türken noch weiterhin persönlich betheiligt und focht am Rhein gegen Ludwig XIV., löste jedoch bei Ausbruch des östreichschen Erbfolgekriegs das Bündniß mit Oestreich und schloß sich Frankreich an, wurde wiederholt geschlagen und sein Land wurde nicht nur als erobertes hart behandelt, sondern auch als Wahlstatt der Gegenstand großer Verwüstungen. Nachdem der Friede ihm die Regierung wieder gegeben, schloß er das alte Bündniß mit Oestreich wieder und gab ihm 1517 ein Hilfscorps gegen die Türkei. Starb 1726.

Maximilian Joseph, Herzog in Baiern, geb. 1808 in Bamberg, verehrt um seines Characters und gerühmt um seiner wissenschaftlichen Bildung Willen, beliebt als Dichter und erzählender Schriftsteller, Chef des 3. baiernschen Chevauxlegerregimentes, Generallieutenant und Kreiscommandant der Landwehr von Oberbaiern.

Maximilian Heinrich, aus dem baiernschen Herzogshause, geb. 1621, erhielt 1650 das geistliche Kurthum Köln und unternahm grund ungerechter Ansprüche gegen die Kölner im Bunde mit Ludwig XIV. und dem Bischof von Münster einen Krieg gegen den Kaiser und die Generalstaaten, zog selbst in den Niederlanden zu Felde, eroberte mehre Städte, wurde jedoch 1673 durch die Belagerung Bonns durch die Niederländer zum Frieden gebracht. St. 1688.

Maximilian, von Este, Erzherzog, geb. 1782, östreichscher Generalfeldzeugmeister, berühmt als Fortificator und Erfinder der nach ihm benannten Thurme.

Maximiliansthurm, erfunden vom Vorigen, ist eine etagirte Batterie, die entweder der Form des Gebäudes nach kreisrund, oder im Halbkreis erbaut ist und gegen die Festung hin eine breite Mauer bietet, welche, wenn der Thurm vom Feinde genommen wäre, leichter von der Festung aus zertrümmert werden könnte als die kreisförmige Mauer. Der Thurm hat außer dem Erdgeschoß 3 Etagen, von denen die dritte offen ist, die Decken der tieferen aber gewölbt und bombenfest bedeckt sind. In jeder Etage befindet sich eine Batterie. Die Geschütze werden durch die Position des Thurmes bedingt. Der Thurm ist von einem Graben, Wall und Glacis umgeben. Das Parterre ist für die Besatzung eingerichtet. Im Fuße des Thurmes befindet sich das Proviantmagazin, hinter dem Thurm in entsprechender Entfernung das Munitionsmagazin. Nach ihrem Zweck sind die Maximilianschen Thürme größer oder kleiner, werden in größerem Maßstabe als Forts einzeln, in kleinem Maßstabe, für etwa 150 Mann Besatzung, linienweise aufgestellt und bilden dann eine Kette von Außenwerken wie bei mehren neueren deutschen Festungen. Der berühmte Malakow von Sebastopol war ein Maximilianischer Thurm. Das Muster zu seiner Erfindung war dem Erfinder mehrfach gegeben, so auch zu Kronstadt. Die Entfernung der Maximilianischen Thürme von einander, wenn sie eine Linie bilden, soll so groß sein, daß die Kugeln zweier Thürme sich auf ³/₄ ihrer Flugbahn begegnen. Dies würde demnach das Durchbrechen eines kühnen Feindes nicht hindern und es sind daher Reduits und Verbindungswerke doch erforderlich.

Maximinus, Cajus Julius Verus, ein Trazier, Sohn eines Hirten, wurde unter Alexander Severus römischer Feldherr, machte sich durch siegreiche Kämpfe mit germanischen Völkern berühmt, wurde 235 zum Kaiser erwählt, kam aber nach 3 Jahren in einer Revolution um.

Mazeppa, Johann, geb. um 1645, Pole. Die Schmach von einem verletzten Ehemanne, einem polnischen Adligen, nackt auf sein Pferd gebunden und seinem Schicksal überlassen worden zu sein (welches jedoch noch glücklich genug endete, da das Pferd ihn heimtrug), bewog ihn sich zu den Kosaken zu begeben, wo er sich zum Hetman aufschwang. Wegen Verrath mußte er jedoch flüchten und bewog nun (das einzige wodurch er sich in der Kriegsgeschichte denkwürdig gemacht hat) Karl XII. nach Südrußland vorzudringen, ein Unternehmen, durch welches Karls Heldenlaufbahn so schnell beendet wurde (Niederlage bei Pultawa). M. starb als Flüchtling zu Bender 1709.

Mecklenburg-Schwerin, ein deutscher Bundesstaat, Großherzogthum von 240 ☐ M., umgeben von der Ostsee, Preußen, Mecklenburg-Strelitz, Hannover,

Lauenburg und Lübeck, hat 539,000 Bew., in mehrfacher Beziehung, so namentlich durch die Stände, mit Mecklenburg-Strelitz verbunden, hat es mit diesem auch im engeren Rathe des deutschen Bundes nur eine (die 14.) Stelle, im Plenum aber für sich 2 Stimmen. Nach dem für das Jahr 1855 aufgestellten Militairetat betrug die, hinter der matrikelmäßigen Höhe zurückbleibende Stärke des Bundescontingents auf dem Kriegsfuße 4752 Mann, 1075 Pferde und 16 Geschütze; dagegen auf dem Friedensfuße 2665 Mann, 491 Pferde und 8 Geschütze und zerfällt diese Armee in 4 Bataillone Infanterie, 1 Regiment Dragoner, 1 Batterie und 1 Pionnierabtheilung. Das Militairdepartement steht unmittelbar unter dem Großherzog und zu Ludwigslust, wo das Dragonerregiment liegt, befindet sich eine Militairbibliothek. Die militairische Eintheilung des Landes, welche sich nach dem Gewässer richtet, ist für sich bestehend und weicht von der administrativen Eintheilung ganz ab. Das Land war ursprünglich von Germanen und nach der Völkerwanderung von Slaven besessen, von denen es Heinrich der Löwe nach blutigem Vernichtungskriege eroberte, doch gab er es dem Hause der eingeborenen Fürsten zurück. Im Ganzen genommen blieb M. von Kriegen verschonter als andere deutsche Staaten. Doch war es im dreißigjährigen Kriege ein Hauptschauplatz, da es der Kaiser nach Aechtung der eingeborenen Fürsten Wallenstein zu Lehen gab und dieser immer vor allem danach trachtete diese Schenkung zu behaupten oder sich in neuen Besitz derselben zu setzen. Nachdem Napoleon I. 1806 Preußen unterworfen hatte, war M.-Sch. gezwungen in den Rheinbund zu treten, aus dem es aber nach Napoleons Niederlagen in Rußland wieder schied, um in den Bund der Alliirten einzutreten. (S. Deutschland.)

Mecklenburg-Strelitz, deutsches Großherzogthum, 49½ □ M. umfassend, von Preußen und Mecklenburg-Schwerin umgrenzt, mit der Residenz und Hauptstadt Neustrelitz aus zwei durch Mecklenburg-Schwerin getrennten Theilen bestehend, stellt zur Bundesarmee 838 Mann dreier Waffen mit 2 Geschützen und 239 Mann Reserve. Diese Truppenmassen stellt es zum Schweriner Contingent und mit diesem zum 10. Bundesarmeecorps. Hat ebenfalls eine Militairbibliothek. Festungen fehlen wie in Mecklenburg-Schwerin. Einwohnerschaft 100,000 und Aushebung 1½ Procent. Im deutschen Bundesplenum hat es 1 Stimme. Hatte mit M.-Sw. eine übereinstimmende Kriegsgeschichte, die daher ebenfalls sehr arm ist, weshalb das Land zu den reichsten und glücklichsten Deutschlands gerechnet werden kann, wenn dies als Folgerung angenommen werden darf. (S. Deutschland.)

Medaille (metallenes Denkzeichen, von metallum), wurde von den Fürsten zur Belohnung kriegerischer Verdienste für Solche gestiftet, die in Rücksicht der geringen Herkunft oder des niedrigen Würdengrades mit einem eigentlichen Orden, der bis auf die Gegenwart ziemlich allgemein Adel oder einen höheren Würdengrad bedingte, nicht belohnt werden konnte. Meist sind sie als untergeordnete Classen den Orden beigefügt. (S. die betreffenden Artikel von den Orden.)

Medizin, Militair-, s. Militairheilkunde.

Medien, altasiatisches Reich, s. Asien.

Medina (al-Nebi), arabische Stadt, in welcher Mahomed gestorben ist, mit etwa 20,000 Einw., hat Citadelle mit bombenfesten Kasematten auf einem Felsenplateau und einer 90 Fuß hohen gewaltig dicken Mauer mit 40 Thürmen, gilt für eine der stärksten Festungen Asiens, geht aber dem Verfall entgegen.

Medina, de Rio Seco, spanische Stadt am Seco, hier 1808 die Spanier unter Cuesta von den Franzosen unter Bossiers geschlagen.

Megalopolis, altgriechische Stadt in Arkadien, Geburtsort Philopömens (s. d.), befestigt von Epaminondas, erobert und zerstört 222 v. Chr. von **Kleomenes III.**

Mehadia, östreichsches Oertchen in der banater Militairgrenze, früher Festung, jetzt noch mit Besatzung und Kaserne, 1789 von den Türken erstürmt. Desselben Jahres hier heiße Gefechte zwischen den Oestreichern und Türken. 1738 hier die Türken von den Oestreichern geschlagen — auch Schlacht bei Kornia genannt.

Mehemed Ali, geb. 1769, erblicher Pascha, oder Vicekönig von Aegypten, Sohn eines niedrigen ägyptischen Beamten, verwaiste früh, blieb ohne Erziehung, that sich aber bei einem Aufstande in seiner Vaterstadt Kavala hervor, und wurde nun vom Pascha beim Heere angestellt und protegirt. 1800 focht er gegen die Franzosen mit Auszeichnung, schwang sich zum General des Corps der Albanesen auf, trug zum Sturz des Pascha Khosrew von Aegypten bei, gründete sich eine starke Partei und verdrängte 1806 den neuen Pascha, gewiß, selbst zum Pascha erhoben zu werden. Nun dachte er den Kern seiner Gegenpartei, die Mammeluken, zu vernichten und da dazu einige errungene Siege nicht führten, so ließ er alle Mammelukenbais in einer einzigen Nacht nebst ihren Gefolgen nach einem Gastmahle in Kairo ermorden, schlug dann die führerlos in Oberägypten versammelten mammelukischen Truppen 1812, und vernichtete 1820 die wieder in Nubien versammelten Reste. 1816—1818 ließ er durch seinen Sohn die Wababiten in Arabien demüthigen, errichtete sich dann eine Landmacht und starke Marine in europäischer Organisation, schickte diese auf des Sultans Verlangen unter seinem Sohne Ibrahim auf den Schauplatz des griechischen Freiheitskampfes, eroberte einen großen Theil Griechenlands und würde dieses völlig unterjocht haben, hätten sich die Großmächte nicht ins Mittel geschlagen, ein Ereigniß, wodurch seine Land- und Seemacht fast ganz zu Grunde gerichtet wurde. Diese stellte er rasch wieder her, und da er den traurigen Zustand der türkischen Heeresmacht in Griechenland so gut kennen gelernt, richtete er nun sein Schwert gegen die Türkei selbst und eroberte 1831 und 1832 durch seinen Adoptivsohn Ibrahim (s. d.) ganz Syrien, das er durch Vermittlung der Großmächte, die jedoch weiteren Eroberungen mit bewaffneter Hand entgegentraten als Pachtung für seinen Sohn Ibrahim erhielt. Allein das Verhältniß zwischen ihm und der Türkei war ein provisorisches, denn er strebte nach selbstständiger und erblicher Herrschaft. 1839 begann der Krieg aufs Neue und seine Siege brachten die Türkei wieder in höchste Gefahr, bis wiederum das Schwert der europäischen Großmächte 1840 den wilden Siegen Einhalt that. Zwar wurde ihm die Erblichkeit seiner Herrschaft über Aegypten und Nubien zugestanden, diese aber durch die Oberherrlichkeit des Sultans in ihren Rechten sehr beschränkt. Starb wahnwitzig 1848.

Meiningen, (s. Sachsen-Meiningen-Hildburghausen).

Meißen, ehedem als Grenzfeste gegen die slavischen Völkerschaften militairisch bedeutsam. Nachdem Kaiser Heinrich der Vogler die Slaven hier bis gen Böhmen unterworfen, resp. zurückgedrängt, legte er 928 Meißen an, um sich vor ihren Einfällen zu sichern, und setzte einen Markgrafen ein. Das Markgrafthum Meißen ist als die Wurzel des gegenwärtigen Königreichs Sachsen zu betrachten. Mit der Verlegung der Residenz nach Dresden ist die spätere geringe militairische Bedeutung ganz von Meißen gewichen. Liegt an der Elbe und Leipz.-Dresdn. Eisenbahn in herrlicher Gegend; gegen 9000 E. (s. Sachsen).

Mekka, Geburtsort Mahomeds, in Arabien, Stadt von 40,000 Einwohnern, mit einem hochgelegenen Castell, dessen Umfassungswerke in ungeheuren Mauern und Thürmen bestehen. Die Stadt wird auf andern Seiten noch durch 2

Zitadellen geschützt, hat selbst aber keine weiteren Werke. Einwohnerzahl nach verschiedenen Angaben 18—40 Tausend. An der Spitze der Gewalt steht ein Großscherif. 1839 von Ali Pascha genommen, im folgenden Jahre aber durch den Frieden wieder verloren.

Melas, Baron, Oestreicher, nahm Militairdienste, wurde, protegirt, Adjutant Dauns, machte als solcher den siebenjährigen Krieg, so wie die nachfolgenden Feldzüge Oestreichs gegen die Türkei und Frankreich mit. Von 1792—1795 focht er in den Niederlanden und am Rhein, avancirte hier vom Generalmajor zum Feldmarschalllieutenant und wurde während des italienischen Kriegs Feldzeugmeister. Er zeichnete sich schon 1796, noch mehr aber 1799 aus, wo er mit den Russen unter Suwarow gemeinschaftlich als Oberbefehlshaber der Oestreicher operirte. Durch gelungene Siege hatte er 1800 die Franzosen fast aus Italien verdrängt, als ihm die Schlacht von Marengo dadurch, daß er den schon errungenen Sieg nicht mit der nöthigen Vorsicht gesichert hatte, verloren ging und die Früchte aller früheren Thaten zu Grunde gingen. Er starb als Hofkriegsrathspräsident 1807.

Mell, östreichsches Städtchen an der Donau mit Donau-Hafen, Dampfschifffahrtsstation und berühmtem Kloster, welches ehedem stark befestigt war und 1612 und 1685 Belagerungen der Türken aushielt.

Melos, kykladische Insel, griechisch, hier 1661 die Türken von den Venetianern zur See geschlagen.

Memel, nordöstlichste Stadt Preußens, 10,000 Bew., mit Hafen, Werkstätten für das Seewesen, Schifffahrtsschule und Leuchtthurm, 1253 gegründet, gut befestigt, Eigenthum des deutschen Ritterordens, 1807, nachdem Napoleon I. fast ganz Preußen besetzt hatte, war es bis zum Frieden Residenz des Königs von Preußen. Würde im Falle eines Angriffskriegs Preußens gegen Rußland militairisch höchst wichtig sein.

Memphis, die berühmte alte Hauptstadt Aegyptens und Residenz der Pharaonen, welche, nachdem sie mehre Kriege des Landes nur mit großem Schaden überstanden und namentlich durch Cambyses gelitten, 640 n. Chr. durch die Araber gänzlich zerstört wurde, so daß außer ihren wunderbaren Pyramiden nur noch geringe Ruinen vorhanden sind; war ungleich mehr cultur- als kriegsgeschichtlich bedeutsam.

Menage, französisch, Haushaltung, wird bei einigen Heeren, z. B. dem preußischen, das Küchenwesen genannt. Diejenigen Soldaten, welche aus der Militairküche beköstigt werden, erleiden von ihrem Sold einen Abzug, der „der Abzug für die Menage" genannt wird.

Mendoza, Don Diego Hurtado de, geb. 1503, Spanier, hatte studirt, brachte sich durch diplomatische Gewandtheit unter Karl V. zu der höchsten Würde selbst auf der militairischen Stufenleiter empor, wurde Gouverneur in Rom, war allgemein wegen seiner Grausamkeit und unzüchtigen Willkür verhaßt und starb 1575.

Menelaos, König von Lakedämon, einer der griechischen Haupthelden von Troja.

Menou, Jacques François Baron, Franzose, geb. 1750, wurde für die Militaircarriere erzogen und hatte beim Ausbruch der Revolution Generalsrang, 1793 den Oberbefehl in der Vendee, den er aber wegen einer erlittenen Niederlage abgeben mußte, erhielt aber ein Commando in Paris, schlug den Aufstand vom 2. Prairial nieder, machte als Divisionsgeneral den Feldzug nach Aegypten mit, trat dort, um eine Aegypterin zu heirathen, zum Islam über, führte nach Klebers Ermordung das Obercommando, mußte zu Alexandria an die Engländer capituliren, wurde zwar deshalb 1802 angeklagt, aber doch wieder angestellt und starb als Gouverneur von Venedig 1810.

Mentschikow, Alexander Danielowitsch, der Sohn eines moskauer Handwerkers, russischer Feldmarschall und Fürst, geb. 1672, erlernte die Bäckerprofession, kam durch zufällige Vermittlung in Dienste Peters des Großen, entdeckte eine Verschwörung der Strelitzen, wurde dafür zur Belohnung Unteroffizier bei der Garde, bald darauf Offizier, lernte nun erst lesen und schreiben, blieb bei der Person des Kaisers, avancirte schnell zu bedeutenden Würden, ging mit Peter ins Feld gegen die Schweden, zeichnete sich wiederholt aus und wurde mehr und mehr ein Liebling des Zaar, schlug die Schweden 1706 bei Kalisch allein commandirend, focht bei Ljesnoi, entschied bei Pultawa, brachte das nachziehende schwedische Corps von Löwenhaupt zur Capitulation, erhielt dafür die Würde eines Feldmarschalls, führte nun größten Theils allein den Krieg gegen Schweden in den schwedischen Ostseeprovinzen und eroberte diese bis zur Westgrenze von Pommern. Er wurde Gouverneur von Petersburg und erhielt auch im Staatswesen die höchsten Würden. Diese behielt er auch unter Katharina I., und machte sich durch die Vortheile, die ihm nach russischer Amtsgewohnheit diese boten, zum reichsten Mann des Reichs. Das Bemühen, sich durch seine Tochter mit der kaiserlichen Familie zu verschwägern, brachte ihn 1727 durch die Fürsten Dolkoruzki zum Sturz. Starb als Verbannter in Sibirien 1729.

Mentschikow, Alexander Sergejewitsch Fürst, Sohn des Vorigen, geb. 1713, trat in die russische Armee, machte die Feldzüge gegen Schweden und die Türkei mit, hatte gleich Anfangs unter dem Einflusse seines Vaters ein sehr rasches Avancement, wurde commandirender General und starb 1764.

Mentschikow, Alexander Sergejewitsch Fürst von, geb. 1789, trat 1805 in den Staatsdienst, machte die Feldzüge gegen Frankreich 1812—1815 als Flügeladjutant des Kaisers mit und stieg durch seinen Namen mehr als durch seine Thaten sehr rasch empor. 1825 wurde er Generaladjutant des Kaisers Nikolaus, der ihm das größte Vertrauen schenkte. Er machte den Feldzug gegen Abbas Mirza, dem Thronfolger von Persien, und 1828 den Feldzug gegen die Türkei mit, wurde vor Varna verwundet. Seit 1829 stand die Marine, deren Viceadmiral, später (1834) Admiral er wurde, unter seiner Verfügung und er hat sich unzweifelhaft große Verdienste um dieselbe erworben. 1853 wurde er wegen Differenzen an den Sultan gesendet und trug mit ungeheurem, fast rohem Hochmuth die Absicht seines Kaisers, die Pforte mit einem Kriege zu überziehen, zur Schau. Nachdem die Westmächte der Türkei zu Hilfe geeilt und den Kriegsschauplatz nach der Krim verlegt, stand er an der Spitze der russischen Vertheidigungsarmee, mit der er 1854 den Verbündeten bald nach der Landung die Schlacht an der Alma anbot, die er aber gänzlich verlor. Er konnte die Berennung Sebastopols nicht verhindern, blieb dennoch an der Spitze der Operationsarmee bis nach Nikolaus Tode. Alexander II., ihm weniger gewogen, rief ihn vom Obercommando ab, ließ ihn jedoch noch andere Staatswürden, um diesen Schritt nicht als einen Beweis der Ungnade erscheinen zu lassen.

Mercia, altenglisches Reich (s. Großbritanien).

Mercy, Franz Freiherr von, in Lotharingen geboren, ging in östreichsche, 1635 in bairische Dienste (ohne sich jedoch in der östreichschen Armeeliste streichen zu lassen) und machte den dreißigjährigen Krieg mit vieler Auszeichnung mit. Seine Gefangennahme des Generals Schlangen bei Waldnenburg, sein Sieg bei Duttlingen über Ranzau, seine Eroberung Freiburgs 1644 und sein Sieg 1645 bei Mergentheim über Türenne haben ihn vorzüglich berühmt gemacht. Blieb bei Allersheim 1645. War bereits seit 1643 Feldmarschall.

Mercy, Claudius Florinus Graf von, geb. 1666, in östreichschen Diensten, zeichnete sich nach der Entsetzung Wiens 1783 gegen die Türkei aus, wurde

Oberstlieutenant und hob sich nun im spanischen Erbfolgekriege durch ausgezeichnete Thaten zum Feldmarschall empor und befehligte in den darauf folgenden Kriegen gegen die Türkei. Zum Generalfeldmarschall ernannt, commandirte er in dem polnischen Königswahlkriege in Italien und fiel 1737 bei der Bestürmung von Croisetta.

Mergentheim, würtembergsches Städtchen, wo 1645 die Franzosen von den Oestreichern geschlagen wurden. S. Mercy und dreißigjähriger Krieg.

Merino, Don Geronimo, geb. 1770, Spanier, zum Geistlichen erzogen und Pfarrer in Villaoblado, folgte 1808 seiner Neigung zum Waffenhandwerk, indem er den kleinen Krieg gegen die Franzosen mit einem wilden Reiterschwarme unternahm; in dieser Weise mit einem immer mehr wachsenden Corps bis 1812. 1820 in der Revolution griff er wieder zum Schwerte und wüthete gegen die Anhänger der Constitution, wofür er Brigadier wurde, ohne jedoch in dem Heere selbst Anstellung zu erhalten. Von 1833—1838 kämpfte er als Guerillaführer für Don Carlos. Im letzten Jahre wurde sein Corps vernichtet und er ging als carlistischer Flüchtling nach Frankreich, wo er 1847 starb. In Grausamkeit hat er alle Genossen überboten und dem spanischen Charakter ein Zeugniß ausgestellt, welches die vielen seit Eroberung Amerikas schauderhaft bestätigen.

Merlin de Donai, Antoine François Eugène Graf, geb. 1778, machte die französischen Feldzüge unter Napoleon I. mit und schwang sich während derselben zum Brigadegeneral auf. Verließ 1815 den Staatsdienst, trat 1832 erst wieder ein, wurde im folgenden Jahre Generallieutenant, widmete sich aber dem civilen Staatswesen und wurde 1839 Pair.

Merovinger, das von Merwig abstammende Geschlecht der altfränkischen Könige, die vom 5. Jahrhundert bis 752 herrschten (s. d. Namen).

Mersch, van der, in französischen Diensten Oberstlieutenant und in der niederländischen Revolution 1789 und 1790 General der gesammten Volkstruppen, mit denen er mehre Siege errang; wurde aber verdächtigt und vom Commando entfernt und starb 1792.

Merseburg, preuß. Stadt von 11,000 Bew. im Herzogth. Sachsen. Cavaleriecaserne. Ueber die Schlacht bei Merseburg s. Heinrich I., Keuschberg, Deutschland.

Messenhauser, Wenzel, geb. 1813, östreichscher Oberlieutenant, als solcher jedoch demittirt, 1848 in der Revolution Obercommandant der Nationalgarde von Wien, vertheidigte Wien im October gegen die kaiserlichen Truppen unter Windisch-Grätz, mußte nach einigen Tagen capituliren und wurde standrechtlich erschossen. Schrieb „Ueber schiefe Schlachtordnung“, war auch Belletrist.

Messenien, im alten Griechenland (s. d.). Messenische Flüchtlinge die Gründer Messinas.

Messina, sicilische Stadt von 80,000 Einw., unter diesem Namen im Alterthum von messenischen Flüchtlingen gegründet, mit vortrefflichem Hafen und neuen nach dem Erdbeben von 1783 neu und höchst solid erbauten sehr umfänglichen Festungswerken, deren Haupttheile die mächtige Zitadelle und 6 Forts sind, hat ein sehr reiches und prachtvolles Arsenal, gewaltige Magazine, Militairwerkstätten, Marineanstalten und Hospitäler, ist Marinestation und strategisch der wichtigste Platz Siciliens, besonders auch wegen seiner Nähe zum Festlande und seiner Lage an der engsten Stelle der Meerenge von M. Eroberung der alten Stadt durch die Messenier 668 v. Chr., durch die Karthager 396 v. Chr., mehrmal durch die Römer in den punischen Kriegen, durch die Sarazenen 1060 n. Chr. In den unteritalienischen Kriegen der Hohenstaufen, der Franzosen, Spanier ꝛc. verwandelte sich stets die Lage Messinas, so namentlich auch in den Revolutionen im 17. und 19. Jahrhundert und namentlich 1848 litt es durch die Kämpfe des Volks und der königlichen Truppen, die die Stadt zwei Mal von der Zitadelle aus furchtbar beschossen. Hier die berüchtigte sicilianische Vesper 1282 und Seeschlacht 1676, letztere merkwürdig durch den Tod Ruiters.

Messaros, Ungar, 1796 geb., studirte, nahm Militairdienste, machte die Feldzüge 1814 und 1815 mit, wurde 1844 Oberst und führte das 5. östreichische Husarenregiment, trat 1848 der ungarischen Revolution bei, wurde ungarischer Kriegsminister, organisirte die ungarische Armee, führte eine kurze Zeit den Oberbefehl ohne Glück, erwarb sich aber in der Armeeverwaltung große Verdienste und ging mit dem Untergang der ungarischen Sache als Flüchtling ins Ausland, während das östreichische Kriegsgericht ihn zum Tode verurtheilte und im Bilde erhängte. Hat einiges Militairwissenschaftliche geschrieben.

Messung, ist eine der wichtigsten Künste und Wissenschaften des Ingenieurs. Sie zerfällt in Flächen-, Höhen-, Tiefen-, physikalische und astronomische Messung und ist die unvermeidliche Vorarbeit des Aufnehmens. Die einfachste Vermessung ist die der Fläche ihrem Inhalte nach. Da sich der Inhalt eines Dreiecks am leichtesten berechnen läßt, so wird auch jede zu berechnende große Landfläche von einer bestimmt angenommenen Basis aus in Dreiecke zerlegt und nach diesen berechnet, und man nennt daher dieses Verfahren Triangulirung. Bei militairischen Messungen ist es oft minder wichtig den Flächeninhalt zu erfahren, als die Lage der verschiedenen geographischen Marken im Verhältniß zu einander. Doch ist zur Situationsaufnahme die Flächenberechnung nicht zu entbehren, nur ist sie mehr Mittel als Zweck, und meist genügt ihre ungefähre Bestimmung, während die Lage der Ortschaften, die Richtung der Straßen, Flüsse, Waldgrenzen und die Angabe der Höhen, der Forts, Brücken, Pässe zc. die höchste Genauigkeit erfordert. Die Meßkunst gehört zwar zu den elementaren, dennoch vornehmsten und wichtigsten Kriegswissenschaften. Kaum dürfte sich ohne sie eine Belagerung richtig arrangiren oder ein Platz gut fortifiziren lassen. So gewiß ist es auch, daß ein militairisch gut vermessenes Gebiet sich mit geringeren Mitteln vertheidigen läßt, da diese durchgehend zweckmäßig verwendet werden können, was im umgekehrten Falle oft kaum möglich sein würde. (S. d. besondern Artikel.)

Metellus, Quintus Cäcilius, römischer Consul, Besieger des Prätendenten Andriscus von Macedonien im J. 148 v. Chr., daher zu Ehren Macedonicus genannt, Triumphator, starb 115 v. Chr. Sein Sohn gleiches Namens eroberte 123 und 122 v. Chr. die Balearen. Gleichfalls Triumphator und Consul.

Metellus, Quintus Cäcilius, römischer Consul, 109—107 v. Chr. Besieger des Jugurtha und daher zur Ehre Numidicus genannt. Starb 99 v. Chr.

Metellus, Quintus Cäcilius, römischer Consul, Pontifex maximus, im Bundesgenossenkriege Prätor, Sieger bei Faventia. Starb 64 v. Chr.

Metellus, Quintus Cäcilius, römischer Consul, Eroberer von Creta im Jahre 68 und 67 v. Chr., daher zur Ehre Creticus genannt und Triumphator.

Metellus, Quintus Cäcilius (Pius Scipio), römischer Consul, im Bürgerkrieg auf Pompejus Seite, focht bei Pharsalus und Thapsos, wurde zur See durch eine Flottille der Partei Cäsars 46 v. Chr. geschlagen und tödtete sich deshalb.

Metz, französische Hauptstadt des Moseldepartements, Festung 1. Rangs an der Mündung der Seille in die Mosel, gewaltige Zitadelle, theilweise doppelte Umfassungswerke, Forts, eins der berühmtesten französischen Artillerie-arsenale, bedeutende Militairwerkstätten, große Magazine und Kasernen, Lazareth, Specialschule der Artillerie, berühmte Ingenieurschule, Pionierschule, Sitz einer Militairdivision und Präfectur, Grabmal Kaiser Ludwigs des Frommen und

Statue des Marschalls Fabert († 1662), 57,500 Einwohner, ehedem Hauptstadt Austrasiens, vom Vertrage zu Verdun ·bis zum westphälischen Frieden zu Deutschland gehörig.

Meuterei heißt die Auflehnung mehrer unter einem gemeinsamen Gesetz und Oberherrn zu gemeinsamen Pflichten und Handlungen verbundener Personen gegen dieses Gesetz und gegen die befehlende Autorität. Daher vorzugsweise bei Soldaten und Schiffsvolk revolutionaire Handlungen Meute oder Meuterei genannt werden.

Mexico, mittelamerikanische Republik, 40,300 ☐ M. Land, 7,500,000 Bewohner, hat eine permanente Armee von 2 Compagnien Cadetten (200 Mann), 1 Bataillon Sappeurs (1064 Mann), 3 Bataillone Fuß- und 1 Brigade reitender Artillerie und mehre Compagnien Platzartillerie (5325 Mann), Infanterie 15,816 Mann und Cavalerie 3,948 Mann (in Summa 26,353 Mann); und eine active Armee von 692 Mann Artillerie, 51,968 Mann Infanterie und 12,286 Mann Cavalerie (in Summa 64,946 Mann) — (Gesammtmacht: 91,299 Mann). Marine besteht aus 9 kleinen Fahrzeugen mit noch nicht 40 Kanonen. (S. Amerika.)

Mézières, französische Festung 2. Rangs an der Maas, eine gut angelegte Zitadelle und mehre detachirte Werke, mit Arsenal, bedeutenden Magazinen, Gewehrfabrik, Pulverfabrik, mehren Werkstätten, Artillerie- und Ingenieurschule und einigen militairischen Anstalten in Charleville jenseits der Maas, welche in das Festungssystem von M. gehören. 5000 Einwohner.

Mezöhegyes, kaiserlich östreichisches Gestüt in csanader Comitate Ungarns, für die Armee und unter Verwaltung der Kriegsdirection, hält gegen 3000 Stuten und hat in der Regel gegen 7000 Fohlen in Züchtung. Gilt für das größte Militairgestüt im östlichen Europa.

Miaulis, Andreas Vokos, geb. 1768, gemeiner Herkunft, Grieche, zuerst Matrose bei Lambros Katzonis und kühn im Kampfe gegen die Türken zur Zeit des russisch-türkischen Kriegs, dann Kaufmann und durch Handelsspeculation reich, 1822 Befehlshaber der Flotte von Hydra, siegte bei Patras, commandirte dann die ganze griechische Flotte, verbrannte 1825 die türkische Flotte vor Modon, gab 1827 den Oberbefehl auf, erhielt ihn aber wieder, verbrannte aus Parteiinteresse 1831 einen Theil der griechischen Flotte, wurde 1832 Oberadmiral und unter König Otto Viceadmiral. St. 1835. Ist hochgefeiert als einer der vornehmsten Retter Griechenlands und galt für ein echtes Abbild der altgriechischen Heroen.

Midshipmen, englisch Seekadett, im Rang dem Fähnrich in der Landarmee gleich.

Mieczyslaw, s. Polen.

Mieroslawski, Ludwig, in Frankreich 1813 geb., Sohn eines polnischen Obersten und einer Französin, im Kadettenhaus zu Kalisch erzogen, machte als Knabe den polnischen Freiheitskampf 1831 mit, emigrirte, stand 1846 an der Spitze der polnischen Revolution in Preußen, zum Tode verurtheilt, begnadigt, befreit, stand er 1848 an der Spitze des Aufstandes in Posen, wurde, da dieser fehlschlug, an die Spitze der Aufständischen von Sicilien und darauf an die der Aufständischen von Baden berufen, hat aber in keinen dieser Obercommandos ein besonderes militairisches Talent, geschweige das eines Feldherrn, bewiesen. Lebt in Frankreich.

Miguel, Dom Maria Evarist, geb. 1802, portugiesischer Prinz, führte als Usurpator 1832 und 1833 Krieg gegen seinen Bruder Dom Pedro, wurde überwältigt und vertrieben, und hat sich so wenig als Mensch, wie als Soldat ein ehrendes Denkmal erworben.

Militair, aus dem lateinischen von **Miles**, bedeutet sowohl den einzelnen Soldaten, als die Gesammtmasse der Soldaten, ohne weitere Characterisirung. S. Armee, Heer ꝛc.

Militaircolonie, ein schon im Alterthum bekanntes Institut, welches entweder wie in Rußland den Zweck hat, ein großes Heer mit geringen Mitteln zu verpflegen, indem man den Soldaten darauf verweist, sich durch Nutzung bisher unbenutzter Ländereien selbst zu erhalten, oder auch dazu dient, entlegene eroberte Gebiete sicher zu behaupten, wie z. B. in Algier. Die Soldaten erhalten Hütten, oder das Recht sich Hütten, Ställe ꝛc. aufzubauen, das nöthige Land zur Bebauung, Samen, Vieh und alles was zur Begründung einer kleinen Landwirthschaft nöthig ist, es wird ihnen erlaubt zu heirathen und eine Familie zu gründen, man gewährt ihnen vielfache Vortheile und Begünstigungen, legt ihnen dagegen aber auch die Landesvertheidigung oder selbst wie in Rußland die allgemeine Kriegspflicht für eine lange Reihe von Jahren oder Lebenszeit auf. Die Wirthschaft geht an den Sohn über, sobald dieser kriegstüchtig, der Vater dagegen kriegsuntüchtig geworden. Hat der Militaircolonist keinen Sohn, so giebt er seine Wirthschaft dem Staat zurück, tritt dagegen in Invalidenrechte, in die Wirthschaft wird aber ein kriegstüchtiger Colonist eingesetzt, der jedoch, wenn der Vorgänger Töchter hat, gewöhnlich oder häufig Schwiegersohn dessen wird. In einigen Colonien sind mehre Soldaten-Familien auf eine Wirthschaft angewiesen und denen selbst noch unverheirathete Soldaten bis zu einer gewissen Zahl zugetheilt. Haus und Boden bleiben in der Regel Eigenthum des Staates, der Colonist hat entweder zeitweise oder erbliche Nutznießung. Eine bestimmte Zahl von Wirthschaften macht eine Colonie und diese ist unsern Dörfern nicht unähnlich. Die Colonisten bilden Gemeinden, haben Schulen und Kirchen. Wie in den Dörfern über den Bauern ein Schulze oder Richter, steht über ihnen ein Offizier und wie die Armen einer Gemeinde, werden die Invaliden aus gemeinsamen Mitteln erhalten. Eine Zahl von Colonien bildet Bataillone und Regimenter. Es ist sehr natürlich, daß die Verfassung der Colonien sehr verschieden ist. In manchen versorgt der Soldat sich nicht selbst, sondern er hat dauernd Quartier und Verpflegung beim Bauer oder Bürger, wofür dieser vom Staate ausgleichende Vortheile genießt. Die Colonien sind ein Mittel, um einem unterjochten Volke nicht nur die Kraft zur Befreiung, sondern auch die feindlich wirkenden Nationaleigenthümlichkeiten zu entziehen und es in Sitten einzuführen, die ihm die neue Herrschaft erträglich oder beliebt machen; so in Algier. Sie sind auch ein Mittel, in schwachbevölkerten Ländern die landwirthschaftliche Produktion zu vergrößern und die Nachtheile auszugleichen, welche ein stehendes Heer, indem es dem Landbau Arbeitskräfte entzieht, den finanziellen Hilfsquellen zufügt; so in Rußland. Bewaffnete Colonien, wie sie England im Caplande und anderwärts besitzt, sind aber keineswegs den Militaircolonien gleich zu achten, da ihnen militairische Macht wegen ihrer Selbsterhaltung vom Staate gegeben wird, diese dagegen den Zweck haben die militairische Macht des Staates, den sie angehören, zu erhöhen. Zu diesen gehören die russischen, algierischen und östreichschen, zu jenen dagegen die überseeischen englischen, holländischen, portugiesischen u. a. m. Die Vortheile der Militaircolonien sind genügend erwiesen, doch hat sich auch genügend gezeigt, welche Gefahren sie, wenn nicht dem Staate, doch unter Umständen der Dynastie bieten können. Polen verlor seine östlichen Länder lediglich in Folge der Militaircolonisation (s. Kosaken), denn eine gewöhnliche bürgerliche Bewohnerschaft würde keine Revolution vermocht haben wie die der Kosaken unter Chmielnicki; und so haben England, Spanien und andere Staaten viele ihrer Colonien lediglich durch die militairische Gewalt verloren, die ihnen verliehen war.

Militairgericht, s. Kriegsgericht.

Militairgrenze, ein langer schmaler Streifen Landes von 609½ □ M. und mehr als vier Millionen Bewohnern, welcher Oestreich gehörend, die Grenze längs des türkischen Reichs bekleidet und grund der militairischen Organisation seiner Bewohnerschaft eine Schutzmauer gegen die Türkei gewähren soll. Zerfällt in zwei Landes-Militair-Commanden, nämlich das kroatisch-slawonische mit dem Hauptquartier Agram, und das banatisch-serbische mit dem Hauptquartier Temeswar. Die ganze Grenze zerfällt in 14 Regimentsbezirke und das Titler Bataillonsbezirk, erstere wiederum in 12 Compagnie- und letzteres in 6 Compagniebezirke. Das Land ist unter die Compagnien vertheilt, und zwar seit 1850 nicht mehr bloß zur Nutznießung, sondern als völlig freies Eigenthum der Grenz-Communionen, wogegen aber alle männliche Individuen, welche Grenzland besitzen, oder vom Vater ein Erbrecht auf solches herleiten, verpflichtet sind vom 20. Lebensjahre an bis zu Erschöpfung ihrer Tüchtigkeit dem Staate Kriegsdienste zu leisten, die in gewöhnlichen Zeiten jedoch nur in Vertheidigung ihres Grenzgebiets bestehen. Doch ist die Kriegspflicht der Grenzer eine völlig unbedingte, so daß dieselben allenthalben dienen müssen, wohin der Befehl sie ruft. Die Einrichtungen gleichen vollkommen denen der Militaircolonien. Auf eine Wirthschaft kommt nicht bloß der Inhaber des Stammgutes und seine Angehörigen, sondern es wird derselben auch noch eine Anzahl von ledigen Grenzsoldaten zugeschrieben, über welche der Inhaber des Gutes, als gewissermaßen chargirt den Befehl führt. Solche Hauscommunionen bestehen gegen 113,000. Die Gesammtmasse der im Dienste befindlichen Grenzer beläuft sich auf 50,000, das allgemeine Aufgebot der Grenzer würde jedoch eine Armee von nahe an 200,000 Mann zusammenführen. Gegründet wurde dieses wichtige Militairinstitut vom König Sigismund von Ungarn, durch Errichtung des zengger Capitanates. Durch Ansiedlung flüchtiger Familien aus den von den Türken bedrängten Donauländern wurde das Institut in der nächsten Folge erweitert, nach den Carlowiczer Frieden aber gründlich organisirt und systematisch so erweitert, daß die Militairgrenze das türkische Gebiet, so weit Oesterreich reichte, völlig umgab. Die Regimenter des kroatisch-slawonischen Commandos sind: das Liccaner (Nr. 1), Ottocaner (Nr. 2), Oguliner (Nr. 3), Szluiner (Nr. 4), Warasdiner-Kreuzer (Nr. 5), Warasdiner St. Georger (Nr. 6), I. Banat (Nr. 10), II. Banat (Nr. 8), Brooder (Nr. 7) und Gradiskaner (Nr. 8). Die Regimenter der banatisch-serbischen Landes-Militaircommandos sind: das Peterwardeiner (Nr. 9), deutsch-banater (Nr. 12), Romanen-banater (Nr. 13), Illyrische (Nr. 14) und das Titeler Bataillon. (S. Oestreich.)

Militairheilkunde, ein Wort, welches kaum für berechtigt angesehen werden kann, da die Heilkunde fürs Militair begreiflicher Weise keine andere sein kann, als für andere Menschen. Die ärztlichen Functionen beim Heere, namentlich im Kriege, sind in der Regel freilich von denen des Civilarztes sehr verschieden. (S. darüber Ambulance, Lazareth u. a. A.)

Militairkarte, ist eine geographische Zeichnung, in welcher alle militairisch wichtigen Gegenstände hervorhebend aufgemerkt sein müssen, während militairisch unwichtige Dinge nur einer Andeutung bedürfen oder auch wohl unbezeichnet bleiben können. Von besonderer Wichtigkeit ist der Maßstab, der um so größer sein soll, je reicher die Karte an Notirungen wird. Im Allgemeinen aber ist der Maßstab zu $\frac{1}{100000}$ der passendste. Die Gradeintheilung und die richtige Stellung zu den Himmelsgegenden ist nicht zu entbehren, Anhöhen müssen durch die Zeichnung und Zahlen, schroffe Abhänge, zu Lagern passende Plätze und dergl. durch besondere Zeichen, die Weite von Pässen und die Tiefe von Furten,

Flüssen und Seen durch Zahlen angegeben werden, bei Städten ist die Zahl der Häuser oder Einwohner anzudeuten und namentlich zu bezeichnen, ob Gebäude vorhanden, die sich zu Magazinen und Lazarethen eignen, bei Festungen müssen die Werke einzeln mit besondern Zeichen angedeutet oder eine kleine Specialzeichnung am Rande oder an einer leeren Stelle der Karte beigefügt und so überhaupt alles aufs Genaueste angegeben werden, was dem Feldherrn zu wissen nöthig ist, damit er die zweckmäßigste Disposition beim Heere zu treffen im Stande sei. Hieraus leuchtet die große Wichtigkeit der Militairkarten ein. Es könnten kaum ohne gute Karten die Märsche eines Heeres arrangirt, geschweige Operationspläne entworfen werden. Der Kartirung geht die Messung voraus. Beide sind Sache des Ingenieurs und gehören zu seinen wichtigsten Künsten. Um die Vervollkommnung des Aufnehmens (s. d.), Messens und der Kartirung haben sich in Preußen der Ingenieurhauptmann Müller und in neuerer Zeit der General von Müffling, in Sachsen aber der Hauptmann Lehmann (s. d.) erhebliche Verdienste erworben.

Militairmusik, die insbesondere für das Militair arrangirte Musik, welche Streichinstrumente ausschließt und ganz auf Blas- und Schlaginstrumente angewiesen ist, weil nur diese sich während des Marsches oder Rittes mit einiger Sicherheit gebrauchen lassen. Das Bataillon ist der kleinste Truppenkörper, der ein eignes Musikcorps hat. Die der Regimenter bestehen in den deutschen Staaten in der Regel aus 36 bis 50 Mann.

Militairschule, werden theils die Anstalten genannt, in welchen Soldatensöhne unentgeltlich Unterricht erhalten oder auch die Schulen, in welchen junge Leute für den Kriegerberuf gebildet werden. (S. adlige Cadettencorps, Cadettenhaus, Divisionsschulen ꝛc.).

Militairstraße, s. Heerstraße, Etappe, Etappenstraße, Marsch ꝛc.

Militairwissenschaften, s. Kriegskunst und Kriegswissenschaften.

Miliz, heißen die außergewöhnlich zu untergeordneten Kriegsdiensten herangezogenen Truppen, welche auch unter den Namen Communalgarde, Nationalgarde, Landsturm, Bürgerwehr gekannt sind. Das Institut der Miliz ist besonders in England und Nordamerika für den inneren Dienst ausgebildet.

Millesimo, sardinisches Städtchen, wo die Oestreicher und Sardinier 1796 von den Franzosen geschlagen wurden.

Miloradowicz, Michael Andrejewicz, Graf, Russe, geb. 1770, focht unter Suwarow in Polen, Italien und der Schweiz, machte die Feldzüge gegen Frankreich 1805 und 1806 und 1807, desgleichen den gegen die Türkei 1809 mit, war 1812 bereits commandirender General, siegte bei Tarutino, Malojaroslawecz, Wiäsma und Krasnoi, spielte 1813 fast bei allen Hauptkämpfen in Sachsen und Schlesien eine Hauptrolle, namentlich bei Kulm und Leipzig, wurde, zum Grafen erhoben, Gouverneur von Petersburg und fiel bei der Rebellion der Garden 1825.

Milosch, Obrenowicz, Sohn eines serbischen Bauers Namens Obren, geb. um 1780, Serbe, hütete Vieh, machte unter Czerny (s. d.) von 1801 an die serbische Revolution mit, verdunkelte durch seinen Muth und seine Ausdauer selbst diesen kühnen Mann, und erzwang nach seiner bewunderten Vertheidigung von Rawani und ähnlichen Thaten die Anerkennung der Selbstständigkeit Serbiens von der Pforte (1816). M., dessen militairische Thätigkeit damit endete, erlangte die erbliche Fürstenwürde und Herrschaft über Serbien, zeigte sich als Herrscher aber so ungebildet und gewaltsam, daß er 1839 durch eine Revolution gestürzt wurde. Doch gelangte seine Familie später wieder auf den Fürstenstuhl.

Miltiades, athenienssischer Feldherr im Alterthum, herrlicher Sieger in der

Schlacht bei Marathon über die Perser 490 v. Chr., starb mit Undank belohnt
nach der mißlungenen Belagerung von Paros.

Mina, Don Francisco Espoc y, einer der berühmtesten Generale Spaniens
in der Neuzeit, geb. 1782, trat 1811 als Kämpfer gegen die Franzosen auf,
führte ein Guerillacorps und wurde desselben Jahres General, machte sich vor Pampelona, Saragossa und Monza 1813 berühmt, erlitt wegen Theilnahme an den
Unternehmungen der politischen Parteien widrige Geschicke, kämpfte von 1820
—1823 an der Spitze der Constitutionspartei, war mehre Male Generalcapitän
und verließ nach dem Fall seiner Parteisache Spanien, wurde aber in den
carlistischen Kriegen von Christine zurückgerufen und an die Spitze des Heeres
gestellt, war aber durch Krankheit an erfolgreichen Unternehmungen gehindert
und starb 1836. Nicht weniger durch militairisches Talent als durch maßlose
Grausamkeit und Strenge hat er sich seinem Volke unvergeßlich gemacht.

Mincio, oberitalienischer Fluß — Schlacht am, 1800 zwischen Oestreichern
und Franzosen, deren Folge Niederlage der Ersteren.

Minden, preußische Festung 3. Rangs in Westphalen, an der Weser mit
Brücke über diese und Brückenkopf, im 16. Jahrhundert angelegt, von Fried-
rich d. Gr. aufgehoben, von Friedrich Wilhelm III. wiederhergestellt, mit guten
Umfassungs- und mehren detachirten Werken, besonders durch ihre Lage an der
Weser begünstigt, hat schöne Magazine, Lazareth und sehr elegante Kriegs-
bauten. Im siebenjährigen Kriege (1757) von den Franzosen genommen, aber
gleich danach hier schwere Niederlage der Franzosen durch den Herzog von
Braunschweig.

Mine, ein wichtiges Hilfsmittel im Festungskriege, besteht in einem unterirdischen Gange, der unter das feindliche Terrain getrieben und dort zu einer
zerstörenden Explosion angewendet wird. Ein stark geneigter Minengang wird
Minenschacht, ein wenig von der Horizontale abweichender Minengallerie genannt.
Richtung und Länge müssen genau bestimmt werden. Am Ende der Gallerie
wird die Kammer angebracht, und zwar seitwärts, damit die Explosion nicht
zu weit im Schacht oder der Gallerie zurückschlage. Die Gallerie wird mit
Pfosten ausgeschalt. Ist die Kammer mit der Explosionsmasse, gewöhnlich
Pulver, angefüllt, so wird sie hintermauert oder hinterdämmt und nur
eine Oeffnung für das Luntfeuer gelassen. Hat die Mine viel Erde über sich,
so muß, damit die Explosionsmasse desto voller auf diese wirke, die Kammer
desto stärker hinterdämmt werden. Statt der Leitfeuer, Zündwürste und Raketen
bedient man sich jetzt mit größerer Sicherheit der galvanischen Zündung. Werke,
deren Behauptung unsicher ist, werden mit einer Mine unterlegt, um sie, wenn
der Feind sie eroberte, in die Luft zu sprengen. Eine solche heißt Demolirungs-
mine. Minen, durch welche ein Sturmangriff der Feinde aufgehalten oder
abgeschlagen werden soll, werden vor die angreifbarsten Puncte der Festung,
namentlich vor den ausspringenden Winkel gelegt und heißen Flatterminen. Die
Demolirungsminen werden in der Regel ausgemauert, die Flatterminen nur
ausgeschalt, auch dieses wohl nicht, wenn der Boden sehr bindend und fest ist.
Befinden sich diese Minen auf dem Vorderterrain und haben den Zweck den
Feind in der Annäherung im bedeckten Wege aufzuhalten, so heißen sie Contre-
minen. Diese werden in der Regel ausgemauert und flach gelegt. Eine ge-
ordnete größere Anzahl von Minen, welche dem ganzen Vorderterrain des Platzes
oder einem großen Theile desselben unterlegt werden, heißt Minensystem. Es
ist ein Hauptvertheidigungsmittel, und wo ein solches vorhanden, spart der
Vertheidiger gern die Kräfte bis zum Minenkriege, in welchem der Belagerer
ohne besondere Vortheile nicht leicht Ueberlegenheit erlangt, da die Vorbereitungen zu einem wirklichen Kampfe mit Minen während des allgemeinen Be-

lagerungskampfes sehr schwierig sind. Im Minensystem müssen aber nicht nur vollständig ausgebaute Minen in guter Anordnung (Minennetz), sondern in den Gallerien selbst auch wieder die Anfänge zu neuen Minen vorhanden sein, welche je nach Bedürfniß im Kampfe erst vollendet werden. Gegen das Minensystem operirt der Angreifer ebenfalls mit Minen, die, wenn sie darauf ausgehen, die jenseitigen Minengallerien einzuwerfen, Quetschminen heißen. Es kommt hier viel darauf an wahrzunehmen, wie nahe man sich bei feindlichen Minengängen befindet. Ein geübtes Ohr des Mineurs ist hier zuverlässiger als die ziemlich unvollkommenen Instrumente, die in neuer Zeit erfunden worden sind. Um in den letzten Perioden der Belagerung rasch vorzudringen, wendet der Angreifer oft auch Minen an. Der Minentrichter, der in der Nacht besetzt und schnell gekrönt wird, gewährt ihm nämlich ein vorgerücktes Logement, von welchem aus er neue Arbeiten unternimmt. Die Minen, mit welchen der Angreifer gegen die Contreescarpe und den Wall operirt, gehören in die Classen der Demolitionsminen. Die Minenladung hinsichtlich der Quantität ist höchst verschieden und richtet sich ganz nach dem Zwecke, der durch die Mine erlangt werden soll. Man hat Minen mit mehren Hundert Centnern Pulver geladen; aber auch mit einigen Centnern. Es ist begreiflich, daß eine Mine, die einen Thurm niederstürzen oder einen Trichter für eine Compagnie aufwerfen soll, eine andere Ladung braucht als eine Quetschmine, bei der es darauf ankommt, eine schwache Erdwand umzuwerfen. Der Minenkrieg ist ein Hauptact des Festungskrieges (s. d.) und fordert den ganzen Scharfsinn des Genieofficiers heraus. Lange Zeit war die Türkei im Minenkriege andern Völkern entschieden überlegen. (S. d. Art. über die Arten der Minen.)

Minenkrieg, ist von Seite des Belagerten das thätliche Bemühen, durch Minen den Belagerer vom Sturm auf die Vertheidigungswerke abzuhalten; anderer Seits das Bemühen des Belagerers, die Minenoperationen des Belagerten zu nichte zu machen und selbst durch Minenoperationen Terrain zu gewinnen. Es ist die langwierigste, mühevollste und schwierigste Art des Kampfes. (S. Festungskrieg.)

Minentrichter ist die trichterförmige Oeffnung, welche eine Mine bei ihrer Explosion in der Erde hervorbringt. Je tiefer die Mine gelegt und je stärker geladen, einen um so größeren Trichter wirft sie aus. Schwach geladene Minen machen keinen Trichter, sondern erschüttern und zerreißen nur die über ihnen befindliche Erdschicht; genügen deshalb aber doch, um Bauwerke, Mauern und Brustwehren über den Haufen zu werfen.

Minesota, Theil der nordamerikanischen Freistaaten. (S. Amerika.)

Mineur, diejenige Militairgattung, welche ausschließlich oder hauptsächlich mit Minenarbeit beschäftigt wird. Die M. sind bei großen Heeren in Compagnien vereinigt, machen in der Regel jedoch nur Abtheilungen in der Geniecompagnie aus. In einigen Heeren sind Sappeur und Mineur gleichbedeutend, so zwar, daß für Sappen- und Minenarbeit nur eine Militairclasse besteht. In den meisten Heeren sind indessen die Mineurs und Sappeurs unterschieden, doch machen jene meist Abtheilungen in den Compagnien dieser aus. Dies rechtfertigt sich dadurch, daß die Minenarbeit von der Sappen- und Schanzarbeit wesentlich verschieden ist, wie sie denn selbst in ihrer tiefen Sphäre als Wissenschaft und Kunst so umfassend ist, daß sie die Einsicht und das Geschick eines in der kurzen Zeit weniger Dienstjahre einzurichtenden Mannes völlig in Anspruch nimmt. Die Mineurarbeit ist vielfach eine wirkliche und zudem sehr schwierige Bauarbeit, bei welcher unter großen Schwierigkeiten die bedeutsamsten Gesetze, so namentlich in der Wölbung, zur Ausführung zu bringen sind. Denn bei wirklichen Minensystemen, die ins Außenterrain der Festungen gelegt werden, müssen die Gallerien ausgemauert werden, da selbst die stärkste Verschalung über kurz oder lang durch die Fäulniß zerstört werden würde. Eine Mine nackt zu lassen, ist selbst in sehr festem und bündigem Boden bei Minensystemen gefährlich, weil das Einsinken einer Gallerie oder eines Schachtes, was entweder durch die Winternässen im Frühjahr, ja selbst durch die Erderschütterung beim Explodiren feindlicher Minen möglich wird, große Störung verursachen kann. Die Mineurs befinden sich fast immer bei den Festungsgarnisonen.

Miniren, Minen bauen, s. Mine und Mineur.

Minorca, Insel in der Gruppe der Balearen, 12 ☐ M., 32,000 Bew., mit 3 Forts stark befestigte Hauptstadt Puerto-Mahon mit Hafen und Arsenal, verschiedene Küstenbefestigungen, im Mittelmeer liegend, Spanien gehörig, 1708 von den Engländern, 1756 von den Franzosen, 1782 von den Franzosen und Spaniern, 1798 von den Engländern erobert.

Minsk, russisches Gouvernement mit gleichnamiger Hauptstadt (s. Rußland).

Minutoli, Heinrich Freiherr Menu von, geb. 1772 in der Schweiz, diente unter preußischer Fahne, machte die Feldzüge 1792 und 1793 mit, wurde in Folge schwerer Verwundung kriegsuntüchtig und als Lehrer beim Cadettencorps in Berlin angestellt, wo er zum Generallieutenant avancirte. Er erwarb sich als Militairpädagog Ruhm. Allgemein bekannt wurde er durch eine wissenschaftliche Reise in Afrika (1820-1822). Starb pensionirt 1846.

Mirabeau, André Boniface Louis Riquetti Marquis de, Bruder des berühmten Staatsmannes der französischen Revolution, geb. 1754, trat in den Maltheserorden, machte in der französischen Armee den amerikanischen Befreiungskrieg mit, wurde in Frankreich Oberst, emigrirte in der Revolution, errichtete eine Emigrantenlegion, und kämpfte mit dieser nach Eröffnung des Krieges bis zu seinem Tode im September 1792.

Miranda, François, geb. im spanischen Südamerika, kam als politischer Flüchtling von großem Ruf nach Frankreich beim Ausbruch der Revolution, wurde auf diesen Ruf hin zum Divisionsgeneral gemacht und verursachte als Führer des linken Flügels durch seine Unfertigkeit 1793 die Niederlage bei Neerwinden. Nach mancherlei Schicksalen starb er 1816 in Spanien als Gefangener.

Mississippi, nordamerikanischer Freistaat. (S. Amerika).

Missouri, nordamerikanischer Freistaat. (S. Amerika).

Mitau, Hauptstadt von Kurland, 21,000 Bew., mit Wällen und Bastionen umgeben, ohne jedoch für eine Festung zu gelten.

Mithridates VI., König von Pontus, Eupator, der Große, einer der größten Krieger und Eroberer der letzten Jahrhunderte vor Chr., geb. 136 v. Chr., bestieg 12 Jahre alt den Thron des pontischen Reichs, und vergrößerte dieses in unaufhaltsamer Weise durch Eroberung der Länder auf der Ost- und Nordseite des schwarzen Meeres, nahm die griechischen Colonien, schuf dadurch das bosporanische Reich, vereinigte damit neue Eroberungen in Paphlagonien, Cappadocien, Bithynien, Phrygien und dem römischen Kleinasien. Der blutige Grimm, mit dem er hier gegen die Römer verfuhr, erregte vielleicht mehr als die Eroberung den ersten großen Krieg Roms gegen ihn, den auf Seiten Roms Sulla führte. Athen fiel und die M. verbündeten Griechen wurden bei Chäronea und Orchomenos (86 und 85 v. Chr.) und M. selbst in Mysien geschlagen, worauf 84 der Friede geschlossen wurde. Aber im folgenden Jahre wurde der Krieg wieder begonnen, und M. schloß nach vortheilhaften Operationen nun Frieden, um sich für einen größeren Kampf vorzubereiten. Dieser wurde von M. im Bunde mit seinem Schwiegersohne, dem König Tigranes von Großarmenien, 76 v. Chr., unternommen. Cappadocien und Bithynien wurden wieder genommen. Allein Lucullus benützte die Stellung der Alliirten, um sie einzeln anzugreifen, schlug Mithridates wiederholt, drängte ihn nach Pontus, vertrieb ihn auch aus diesem Reiche, verfolgte ihn nach Armenien und beslegte die Alliirten am Arsanias 68 v. Chr., mußte nun aber wegen der Meuterei der Legionen zurückkehren, worauf M. sein pontisches Reich wieder in Besitz nahm. Allein 66 trat Cnejus Pompejus mit überlegener Macht auf, schlug M. am Euphrat, desgleichen den Tigranes, konnte aber eine neue großartige Rüstung des M. nicht verhindern. Allein M. wurde durch den Verrath seiner Söhne gehemmt. Der jüngste belagerte ihn selbst in seiner Residenz und brachte den großen Vater in eine Lage, in der er es vorzog sich den Tod zu geben (63 v. Chr.). M. unterlag den Römern in Folge der geringeren Kriegstüchtigkeit seiner zum Theil ganz rohen Völker. Er selbst war als Krieger groß, vorzüglich groß aber in seinem Character, der sich namentlich in seiner wunderbaren Ausdauer zeigte.

Mitylene, Hauptstadt der Insel Lesbos, im peloponnesischen Kriege 427 von den Athenern belagert und erobert, im mithridatischen Kriege von den Römern vernichtet.

Mobil, beweglich, heißt in der Militairsprache soviel als marsch- und feldfertig und wird sowohl vom ganzen Heere als von einzelnen Truppen gebraucht. Daß eine mobile Truppe sich auf dem Kriegsfuße befinden müsse, ist von der Bedeutung des Wortes durchaus nicht bedingt. Im Gegentheil ist eine Truppe selbst im Friedensstande schon mobil, wenn sie zur Disposition gestellt und fertig ist, jeder Bestimmung, also zunächst der Marschordre, Folge zu leisten. Daß sie in solchem Verhältniß jedoch hinsichtlich ihrer Armatur, Equipirung ꝛc. kriegsfähig sein müsse, ist selbstverständlich.

Mobile Kolonnen, fliegende Corps, sind detachirte Armeeabtheilungen, denen, indem alle Waffen in ihnen vereint sind, eine Selbstständigkeit verliehen ist, die sie befähigt, auch außer unmittelbarer Verbindung mit dem Hauptheere gegen den Feind zu operiren. Dies geschieht im sogenannten kleinen Kriege (s. Krieg), wo es darauf ankommt, den Feind bald hier, bald dort zu beunruhigen, einzelne Abtheilungen zu Ueberfällen, Depots aufzuheben, Transportzüge abzufangen, Correspondenzen zu stören und durch Scheinangriffe nicht nur den Feldzugsplan des Feindes in Verwirrung zu bringen, sondern dadurch auch den Plan des eigenen Kriegsheeres desto sicherer zur Ausführung zu fördern. In insurgirten Ländern sind diese fliegenden Colonnen, indem sie die Aufstände auf den entfernten Hauptplätzen und deren Verbreitung auf das Land verhindern, von Wichtigkeit.

Mobilisiren, eine Armee, heißt sie im kriegsfähigen Zustande marschbereit machen. Auf die Marschordre folgt zunächst die Bildung der größeren Truppenkörper durch Zusammenziehung der Garnisonen. Regimenter, Brigaden, Divisionen und Corps haben ihre besonderen Vereinigungsplätze und der größere Truppenkörper entsteht natürlich systematisch dann erst, wenn die nächst kleinern sich gesammelt hatten. Die Corps erhalten ihre Stellung mit strategischer Berechnung. Da ein Corps an einem einzigen Orte nicht untergebracht werden kann, so wird seine Stellung nach dem Orte bezeichnet, an welchem sich das Hauptquartier desselben befinden soll.

Mobilisirungsplan ist die Anordnung, nach welcher die Mobilmachung einer Armee ausgeführt werden soll. Es ist dies eine der schwierigsten militairischen Aufgaben, an deren Ausführung Kriegsministerium und Generalstab zugleich betheiligt sind. Zunächst in der Regel ist die Armee auf den Kriegsfuß zu bringen und der Mobilisirungsplan giebt genau an, in welcher Weise dies geschehen soll. Die Reserven sind gleichzeitig zu bilden, müssen aber zu Vermeidung von Verwirrung ihre eignen Sammelplätze haben. Die Ersatzmannschaften werden in der Regel erst nach dem Abmarsch der Armee gebildet und es bleiben zu diesem Zwecke Stammmannschaften an bestimmten Orten zurück. Einkleidung und Armirung müssen so angeordnet sein, daß sie möglichst wenig Zeit in Anspruch nehmen. Alles was die Armee hinsichtlich ihres Polizei-, Sanitäts- und Verpflegungswesens ꝛc. erfordert, muß gleichzeitig ins Leben treten und wie groß auch die Veränderungen aller Verhältnisse beim Uebertritte einer Armee aus dem Friedens- in den Kriegszustand sind, so dürfen die verschiedenen dabei in Bewegung zu bringenden Acte sich einander nirgends hemmend berühren und vielmehr muß Alles im strengsten Systeme und völliger Harmonie sich zur Gestaltung des Ganzen rasch und sicher entwickeln. Dies beruht auf dem Mobilisirungsplane. Von ihm auch hängt es daher ab, ob die Mobilisirung rasch oder mit großem Zeitaufwand von Statten geht. Freilich müssen schon im Frieden die militairischen Anstalten auf den eigentlichen Militairzweck, auf den Krieg, vorbereitet sein, und sollte, wenn die Mobilmachung verordnet wird, erst zum Sattler geschickt werden, daß er die Geschirre für das Trainfuhrwerk fertigt, so könnte es freilich geschehen, daß der Feind das Land erobert hat, ehe das Heer zum Abmarsch gekommen ist. Die Mobilmachung erfordert jetzt in den vornehmern europäischen Kriegsstaaten viel weniger Zeit als ehedem, wo durch Werbung oder Aufgebot das Heer erst geschaffen werden mußte, und wo das Heer vorhanden war, es doch noch an den Anstalten fehlte, die zu Erhaltung desselben nöthig waren. Unter jenen Verhältnissen konnte es nicht fehlen, daß der Krieg dem Volke zur Last fiel und Bauer und Bürger den Krieger ernähren mußte, wenn derselbe nicht aus Mangel an allem bei dem ersten Schritt seines Marsches stehen bleiben und sich insolvent erklären sollte. In einer rechtlosen Zeit vermag die Gewalt freilich viel zu ersetzen, nicht zu bestreiten aber ist, daß die Schwerfälligkeit der Heere in früherer Zeit und die Langwierigkeit der Kriege lediglich aus der Kriegsunfertigkeit der Staaten hervorging, wie umgekehrt in der Jetztzeit die hohe Vollkommenheit der schon im Frieden bestehenden Kriegsanstalten und die stehenden Heere einen langdauernden Krieg fast unmöglich machen. Die Systematisirung des Wehrwesens kürzt daher die Mobilisirung wie den Krieg, erhebt dagegen aber das Wehrwesen um so mehr zu einer bedeutsamen Wissenschaft, die sich ohne schwere Folgen von unfertigen Geistern nicht gebrauchen läßt.

Mödern, kleine preußische Stadt im magdeburger Regierungsbezirke. Hier 1813 ein französisches Corps von den Preußen unter York geschlagen.

Mödern, Dorf bei Leipzig. Hier in der Schlacht bei Leipzig am 16. Oct. 1813 der furchtbarste Kampf, der in dieser Schlacht stattgefunden. Preußen unter Blücher und Franzosen unter Marmont einander gegenüber. Letztere nach grimmigem Widerstande und ungeheurem Verluste überwältigt.

Modena, italienisches Herzogthum von 110 ☐ M. und 587,000 Bew., mit einem stehenden, nach östreichschem Muster organisirten Heere von 3500 Mann und 15,000 Milizen. Gegenwärtig im Zustande revolutionärer Auflösung. Festungen und feste Städte Carpi, Mirandola (Werke verfallen), Brescello, Guastalla und das historisch hochwichtige Canossa (Werke verfallen). (S. Italien.)

Modena, Hauptstadt des Herzogthums mit 30,000 Einw., hat Militair- und Thierarzneischule, Ritteracademie, Kasernen. Die Stadt litt sehr unter den Kriegsgeschicken Italiens (s. d.).

Moblin, polnische Festung, vier Meilen unterhalb Warschau an der Weichsel und den Mündungen des Bug und der Narew. Es war ehedem ein Hauptmilitairplatz, ohne sich jedoch Festung nennen zu können. Erst Napoleon I.

machte es zur Zeit des Herzogthums Warschau zu einer solchen. 1831 war der Graf Ledochowski Gouverneur. Er beabsichtigte, es nach dem Falle Warschaus in die Luft zu sprengen, wurde daran aber von seinen Offizieren gehindert. Nach der Revolution wurde es unter der Leitung des russischen Chefgenerals vom Geniewesen, v. Dehn, zum Theil umgebaut, zum Theil verstärkt, so daß es jetzt eine der mächtigsten russischen Festungen ist. Es erhielt hierbei den Namen Nowo-Gleorgiewsk.

Modon, starke griechische Festung auf der Halbinsel Morea. 1000 Einw. Vom 12.--17. Jahrhundert ein Zankapfel der Venetianer und Türken, 1825 von den Türken unter Ibrahim, 1827 von den Franzosen im Interesse der Griechen erobert und neu befestigt. Stadt größtentheils in Ruinen liegend.

Mohacs, ungarische Stadt von 10,600 Einw. an der Donau, historisch denkwürdig durch zwei Schlachten, die erste wurde von den Türken unter Soliman II. gegen die Ungarn unter König Ludwig II., der darin umkam, am 29. August 1526 siegreich geschlagen, die zweite am 12. August 1687 von den Oestreichern gegen die Türken gewonnen, welche hierdurch Ungarn verloren.

Mohamed (Mahomed), Gründer des Islam, hat sich in der Kriegsgeschichte besonders dadurch bedeutsam gemacht, daß er seiner Glaubenslehre das Gesetz unterlegte, sie nöthigen Falls mit dem Schwerte auszubreiten, was seine Anhänger natürlich zu einem endlosen Kriege gegen Andersgläubige aufrief. Er selbst schon machte von dem Schwerte gegen seine Verfolger und Landsleute die Mekkaner Gebrauch. Anfangs beschränkte er sich ihnen durch Ueberfälle zu schaden, schlug sie dann aber auch in offener Schlacht bei Bedr, wurde zwar bei Ohod geschlagen, erlitt auch in Syrien Nachtheile, eroberte jedoch Mekka und unterwarf mehre benachbarte Fürsten. Er starb in Mekka 632.

Mohamed II., Sultan, der Große, einer der furchtbarsten Eroberer des Mittelalters, war erst 23 Jahre alt, als er die Eroberung des griechischen Kaiserreichs mit einer Armee von 300,000 M. und 500 Schiffen übernahm und Konstantinopel nach achtwöchiger Belagerung im Sturme nahm (1453). Er befestigte darauf Konstantinopel, den Bosporus und Hellespont. Nach einem erfolglosen Kriege gegen Ungarn eroberte er Albanien, Serbien, die griechischen Länder, die meisten dazu gehörigen Inseln, die genuesischen Besitzungen in der Krim, viele venetianische Besitzungen im mittelländischen Meere, suchte aber vergebens die Insel Rhodus zu erobern, unternahm dann 1481 zugleich den Krieg gegen Italien und Persien, starb aber in demselben Jahre. Es wurde ihm mit Recht der Name des Großen gegeben. Doch war er in seinen Lastern so groß, wie in seinen kriegerischen Vorzügen, und namentlich war er ohne Maß und Halt in Unmenschlichkeit und Grausamkeit. Er hatte sich Alexander den Großen zum Muster erwählt.

Mohilew, russische Gouvernements-Hauptstadt von 25,000 Einw. Hier am 23. Juli 1812 blutiges Zusammentreffen der Russen und Franzosen (s. Rußland). Schöne Kasernen und starke Garnison.

Mokronowski, Stanislaw Kostka Bogorja, Pole, geb. 1761, in Warschau zum Militair erzogen, diente in Frankreich zehn Jahre und avancirte zum Rittmeister, kehrte 1788 nach Polen zurück, nahm wieder Dienst im Heer, übernahm beim Ausbruche der Revolution 1794 die Commandantur von Warschau, schlug die Preußen bei Blonie, nahm dann den Oberbefehl in Litthauen bis zum Ende der Revolution. Uebernahm wieder nach Errichtung des Herzogthums Warschau ein Commando als General, wurde hinfort aber durch eine unheilbare schmerzvolle Krankheit an praktischer Thätigkeit gehindert und starb 1821. War berühmt als einer der gelehrtesten Militairs.

Moldau, Donaufürstenthum, unter türkischer Oberherrlichkeit, in welchem sich jedoch seit dem russisch-türkischen Frieden von Adrianopel Türken nicht aufhalten dürfen, hatte nach der Abtretung Bessarabiens an Rußland noch 735 ☐ M. mit 1,300,000 Bewohnern, ist durch die Rückgabe eines kleinen Theils von Bessarabien zu Folge des pariser Friedens 1856 wieder etwas vergrößert worden. Seine Wehrkraft besteht aus etwa 3000 Mann Linientruppen in 1 Cavalerie- und 1 Infanterieregimente, 1000 Mann Städtetrabanten und 13,000 Mann Grenzgarden und Milizen. Von den wenigen Städten sind einige mit unbedeutenden Fortificationen versehen.

Molitor, Gabriel Jean Josef Graf, Franzose, geb. 1770, machte seit 1792 die Feldzüge der französischen Republik mit großer Auszeichnung mit, wurde 1799 Brigadegeneral, 1801 Divisionsgeneral, zeichnete sich 1805 in Italien, 1807 in Norddeutschland, 1809 bei Aspern und Wagram und 1813 und 1814 in Deutschland und den Niederlanden aus. Zum Grafen war er 1807 erhoben worden. Er machte den spanischen Interventionskrieg 1823 mit größter Auszeichnung mit und wurde dafür Marschall und Pair, unter Ludwig Philipp Commandant der Invaliden, unter Ludwig Napoleon Großkanzler der Ehrenlegion und starb 1849. War auch als Militärschriftsteller namhaft.

Möllendorf, Richard Joachim Heinrich von, geb. 1725, Preuße, als Page Begleiter Friedrichs d. Gr. in den ersten schlesischen Kriegen. Im zweiten schlesischen Kriege wurde ihm durch eine heldenhafte Vertheidigung eines Convoys ein Sprungavancement zum Hauptmann zu Theil, wurde Flügeladjutant des Königs, und avancirte in den folgenden Feldzügen Friedrichs, stets in Folge kühner Unternehmungen zum Generalmajor. Die weitern Avancements zum Feldmarschall fanden in den Jahren 1774, 1787 und 1793 statt. Am Feldzuge 1806 nahm er wegen hohen Alters (80 Jahre) wider Willen Theil, zog sich nun auch aus dem Dienste zurück und starb 1816. Er war auch Großkreuz der französischen Ehrenlegion.

Mollwitz, preußisches Dorf im Breslauer Regierungsbezirke. Hier lieferte Friedrich d. Gr. seine erste Schlacht, mit der auch sein erster Sieg über die Oestreicher verbunden war. Ueber den Gang der Schlacht falsch unterrichtet, hielt sie Friedrich vor ihrem Ende für entschieden und verloren, entfernte sich vom Schlachtfelde und legte wunderlicher Weise flüchtend auf seinem Schimmel, der danach spöttisch der lange oder mollwitzer Schimmel genannt wurde, in einem Tage 13 Meilen zurück, während das Heer des erschreckten jungen Königs im Jubel des Sieges frohlockte und der Flucht desselben heiterem Spott nachsendete. Dieses drollige Ereigniß hatte aber auf den Kriegscharacter Friedrichs den ernstesten und mächtigsten Einfluß, denn in der Folge hielt er es für Ehrensache Augenzeuge jedes größeren Ereignisses und Unternehmens in der Schlacht zu sein.

Molo, gemauerter Damm an Häfen, der die Versandung und Verschlemmung des Hafeneingangs verhindert, noch öfter aber auch den Hafen selbst theilweise, oder selbst ganz bildet, indem er in Form zweier gekrümmter Arme in das Rhedewasser hinausgreift und einen Theil dessen einfriedet. In das Ende des Molo werden in der Regel bombenfest bedeckte Batterien gelegt, welche den Hafenmund zu vertheidigen haben.

Monaco, Fürstenthum von 2½ ☐ M., Enclave Sardiniens, welches darüber Schutz- und Hoheitsrechte ausübte, aus 3 Gemeinden bestehend, ohne militairische Bedeutung.

Moncey, Bon Adrian Jeannot, Franzose, geb. 1754, mit den Vorurtheilen seiner Aeltern und dem Wunsche ihnen zu willfahren, trat er drei Mal in das französische Heer ein und blieb erst seit 1774 fest bei der militairischen Carriere. 1794 wurde er bei der Pyrenäenarmee Brigadegeneral und in demselben Jahre

Divisionsgeneral, wurde 1795 Oberbefehlshaber der Pyrenäenarmee und vollendete mit Ruhm den Krieg gegen Spanien. Ausgezeichnet in Italien, namentlich bei Marengo, wurde er Inspector der Nationalgendarmerie, 1804 Marschall, 1805 Herzog von Conegliano, leistete im Kriege in Spanien Bedeutendes, wurde zweiter Befehlshaber der pariser Nationalgarde, half als solcher 1814 mit Bravour Paris vertheidigen, wurde unter Ludwig XVIII. Pair, führte 1823 in Spanien das vierte Corps und brachte Mina zur Capitulation, wurde 1833 Gouverneur der Invaliden von Paris und starb 1842 allgemein hochgeachtet.

Moncontour, Städtchen im nördlichen Frankreich. Hier schwere Niederlage der Hugenotten durch die Katholischen unter dem Herzog von Anjou 1569.

Mondovi, sardinische Festung mit Stadt von 18,000 Einwohnern am Ellero. Hier 1796 die Oestreicher unter Beaulieu von den Franzosen unter Massena und Augerau geschlagen.

Monge, Gaspard, Franzose, einer der größten Physiker und Militairmathetiker seiner Zeit, Erfinder der descriptiven Geometrie, geb. 1746, war schon in seinem 19. Lebensjahre Professor, machte in dieser Jugend mehre wichtige Erfindungen fürs Geniewesen, wurde in der Revolution Kriegsminister und Director der Gewehrfabriken, Stückgießereien und Pulverfabriken des Reichs, gründete die polytechnische Schule in Paris. Er starb 1818. Er hat über Stückgießerei und Anderes geschrieben. Seine wichtigsten Schriften sind mathematischen Stoffs.

Monk, Georg, Engländer, Herzog von Albemarle, geb. 1608, machte die Expedition nach Spanien 1625 mit, diente 10 Jahre in den Niederlanden, ging 1639 mit Karl I. nach Schottland, darauf nach dem insurgirten Irland, und führte hier nach Zwischentritt verschiedener Schicksale den Krieg gegen die Royalisten. Von Cromwell zum Generallieutenant ernannt, machte er die Schlacht bei Dunbar mit, nahm an dem Seezuge gegen Holland 1653 Theil und schlug die holländische Flotte unter Tromp vor Nieuwpoort und zum zweiten Male vor Katwijk. 1160 trat er zur Partei Karls II. und hob in der That diesen wieder auf den Thron. Er erlangte nun die höchsten Würden und die Würde eines Herzogs von Albemarle, drückte die Revolution nun allenthalben nieder, commandirte 1666 wieder gegen Holland, wurde vor Dünkirchen geschlagen, schlug aber die Holländer vor North-Foreland. Starb 1670.

Monmouth, James Herzog von, natürlicher Sohn Karls II. (jedoch zweifelhaft), englischer Prätendent, ohne militairisches Talent, bei Bridgewater geschlagen 1685 und auf Tower Hill hingerichtet. 1649—1685. S. Großbritannien.

Mons, starke belgische Festung auf einer Anhöhe an der Trouille und einem nach Frankreich führenden Kanale mit starken Umfassungs- und detachirten Werken, Arsenal, großer Kaserne und anderen Werken, welche, nachdem die Franzosen sie nach der Schlacht bei Jemappes 1792 geschleift, seit 1818 stärker wieder hergestellt worden sind. Die Stadt hat 25,000 Bewohner ohne die Garnison. 1572 von Ludwig von Nassau und gleich darauf von den Spaniern, 1701, 1746 und 1792 wieder von den Franzosen erobert.

Montalembert, Marc René Marquis, Franzose, geb. 1714 in vornehmer Familie, ausgezeichneter Genieoffizier, machte zuerst den polnischen Königswahlkrieg in den Niederlanden und dann den östreichschen Erbfolgekrieg mit, trat im Frieden mit Verbesserungen der Fortificationen und des Artilleriewesens hervor, war im siebenjährigen Kriege bei den Schweden und Russen Kriegscommissar, unterzog sich als solcher der Fortificirung von Anklam und Stralsund, und widmete im Frieden seine Thätigkeit besonders den Artilleriewerkstätten und der Befestigung verschiedener Plätze. Er erfand die niedrige Rahmenlaffete (s. Laffete) und machte sich durch Einführung der runden etagirten Thürme, von denen die Maximiliansthürme (s. d.) nur eine Nachahmung sind, und sein Perpendicular-Fortificationsfystem berühmt. Er gab viele gemeinschaftliche Schriften heraus, von denen seine La fortification perpendiculaire on l'art défensif superieur à l'offensif ihren Werth bis auf die Gegenwart behauptet hat. (S. Befestigung, Fortification, Festung.)

Montebello, venetianisches Dörtchen, wo 1796 die Franzosen von den Oestreichern, 1800 und 1805 aber die Oestreicher von den Franzosen geschlagen wurden.

Montecuculi, Raimund Graf, Modenese, geb. 1608, trat 1627 in das östreichsche Heer und machte im 30jährigen Kriege ein so rasches Avancement, daß er schon nach 8 Jahren Oberst war. Nach zweimaliger Gefangenschaft trat er 1642 wieder thätig auf und erregte durch eine von ihm ersonnene neue Angriffsweise große Erwartung, ging aber schon 1643 als General der Cavalerie in modenesische Dienste, kehrte aber im folgenden Jahre als Feldmarschalllieutenant in östreichsche Dienste zurück und führte nun neben dem Erzherzog Leopold den Krieg auf den verschiedensten Schauplätzen (Böhmen, Schlesien, Sachsen und Westdeutschland — s. dreißigjährigen Krieg). 1657 bekämpfte er Rakoczy in Ungarn im Interesse Polens, wurde Feldmarschall, eilte dann mit kaiserlichen Hilfstruppen nach Dänemark, entsetze Kopenhagen. 1660 zurückgekehrt, zog er sogleich gegen die Türken, gegen die er 1664 den Sieg bei St. Gotthard errang und führte in glänzender Weise das Obercommando gegen Frankreich in dem 1672 ausgebrochenen Kriege mit einer kurzen Unterbrechung 1674. Er war Hoffkriegsrathspräsident und wurde zum deutschen Reichsfürsten und zum neapolitanischen Herzog von Malfi erhoben. Beim Einzuge in Linz wurde er durch einen niederstürzenden Balken verwundet. Sein Tod war eine Folge dieses Unfalls. In der Militairliteratur hat er durch mehre sehr gediegene Schriften seinem Namen Bedeutung gegeben.

Monten, Dietrich, geb. 1799 in Düsseldorf, verdient auch hier wegen seiner außerordentlich schönen Schlachtengemälde genannt zu werden. Er malte für den König von Baiern, den Kaiser von Rußland und andere Monarchen. Seine Gemälde behandeln meist Scenen aus den jüngsten Kriegen. Hauptarbeiten sind: Die Schlachten bei Belgrad, bei Arcis sur Aube, bei Saarbrücken und der Kampf des Herzogs von Braunschweig-Oels mit den Westphalen, ferner der Tod Gustav Adolphs, der Tod Piccolominis, der des Herzogs Friedrich Wilhelm von Braunschweig und der des Herzogs von Braunschweig-Oels, ferner das Luftlager bei Augsburg und die Costume des deutschen Bundesheeres. Er starb 1843.

Montenegro, Czarnagóra (bedeutet Schwarzberg), Fürstenthum von 72 ☐ M. mit 120,000 Einw., von Oestreich und der Türkei, und zwar dem Kronland und Dalmatien, der Herzegowina, Bosnien und Albanien umgrenzt, mit einer Festung. Das ganze Land ist mit seinen starren Felsgebirgen eine natürliche Festung. Jeder Montenegriner ist kriegspflichtig, doch besteht kein stehendes Heer, sondern nur eine Leibgarde des Wladika von 30 Männern, die gewissermaßen eine Ehrenrolle spielen und die zu diesem Dienste mehr durch Familienrecht als durch Dienstpflicht berufen sind, und eine Nationalgarde von 800 Mann für den Polizeidienst. Das allgemeine Aufgebot vereint jedoch eine Armee von 15—20,000 Mann. Die einzige Festung Zettinje ist Residenz des Wladika und Ort der Volksversammlungen. Es besteht aber nur aus 1 Kloster, dem Palaste des Fürsten und 27 Häusern, ist von Mauern und Gräben umgeben und überhaupt nach altem Styl fortificirt. M. hat seine Freiheit gegen die Türken mit wunderbarem Muth und Erfolg vertheidigt, so namentlich in dem Vertilgungskriege, den der Pascha von Skutari 1796 unternahm, in welchem er aber selbst mit 30,000 Mann umkam. M. hat kein geschriebenes Gesetz, Brauch und Herkommen ist der Maßstab in Familie und Staat. Alle Staatsangelegenheiten berathet und entscheidet die Volksversammlung, die bei Zettinje unter freiem Himmel gehalten wird, und überhaupt herrschen noch alle Verhältnisse, die man bei den Völkern im Alterthume, namentlich den Germanen gefunden hat.

Montenotte, piemontesisches Dorf, hier nachtheiliger Kampf der Oestreicher gegen die Franzosen 1796.

Montereau, an der Yonnemündung in die Seine, französische Stadt von 4500 Einw. Hier vortheilhafter Kampf Napoleons gegen den Kronprinzen von Würtemberg 1814.

Montevideo, Hauptstadt von Uraguay, wichtiger Seeplatz, an der La-Plata-mündung, Hafen, starke Festung, 40,000 Bewohner, s. Amerika.

Montgomery, Gabriel de, schottischer Herkunft aus altadeliger Familie, in Frankreich geboren, tödtete den König Heinrich II. von Frankreich im Turnier gegen seine Absicht und zu seinem eigenen größten Leid 1559, er nahm an den Kriegen der Hugenotten Theil und wurde einer der tüchtigsten Führer der-selben, vertheidigte Rouen, commandirte bei St. Denis, focht in Béarn, fiel in die Bretagne ein, mußte sich aber im Schloß Domfront gefangen geben und wurde auf Verlangen der Katharina von Medici hingerichtet (1574).

Montholon, Charles Tristan de, Graf von Lee, Franzose, geb. 1782, diente zuerst in der französischen Marine, später im Heere. Er nahm seit 1798 an fast allen Feldzügen Napoleons Theil, schwang sich in denselben zum Brigade-general auf, commandirte auch bei Waterloo, folgte mit seiner Familie Na-poleon nach St. Helena, wurde einer der Testamentsvollstrecker Napoleons, schrieb eine Geschichte der Gefangenschaft Napoleons auf St. Helena, unter-stützte den Usurpationsversuch Ludwig Napoleons 1840, wurde deshalb zu 20jähriger Haft verurtheilt, war ein sehr thätiger Freund Ludwig Napoleons in und nach der Revolution 1848 und starb 1853.

Montijo, Graf von Teba, Banos und Herzog von Penaranda, Vater der Kaiserin Eugenie von Frankreich, Spanier, machte in Frankreichs Interesse den Halbinselkrieg mit, verlor als Befehlshaber der Artillerie vor Salamanca ein Auge und ein Bein, wurde von Napoleon in vorzüglichster Weise ausgezeichnet, vertheidigte bei dem Angriff von Paris die Höhen von St. Chaumont, jedoch ohne Erfolg, gegen die Preußen und starb in Spanien 1839.

Montmartre, Flecken auf einem Berge dicht bei Paris, den Napoleon 1814 zur Vertheidigung von Paris fortifiziren ließ und wo vor Paris 1814 und 1815 die bedeutendsten Kämpfe stattfanden. (S. Paris.)

Montmedy, französische Festung 3. Rangs im Maasdepartement in den Ardennen. Die eigentliche Festung mit einem Stadttheile liegt auf einer Felsen-höhe. Der andere Stadttheil im Thale hat jedoch ebenfalls einige Fortifica-tionen. 3200 Einw.

Montmorency. Anne de, Franzose, geb. 1493, wurde, durch seine Herkunft so sehr als durch seine Talente protegirt, schon Marschall, ehe er das 30. Lebensjahr erreicht hatte. Er fiel mit Franz I. 1525 bei Pavia in Gefangen-schaft. Gleiches Schicksal hatte er 1557 bei St. Quentin und wiederum bei Dreux, wo er jedoch siegte. Bereits 1538 war er Connetable von Frankreich geworden. Er schlug die Hugenotten bei St. Denis 1567, starb aber am folgenden Tage an der erlittenen schweren Verwundung. Er galt für einen der größten Krieger seiner Zeit. Drei seiner Söhne erlangten ebenfalls die höchsten militairischen Würden, ohne sich jedoch eben so bedeutsam in der Kriegsgeschichte zu machen.

Montmorency, Heinrich Herzog von, Franzose, geb. 1595, wurde schon 17 Jahre alt zum Admiral von Frankreich ernannt, bekämpfte mit Glück die Hugenotten, schlug 1630 die Spanier in Oberitalien und wurde Marschall. Da er sich der Interessen des Herzogs Gaston von Orleans, der aus dem Reiche vertrieben worden war, annahm, ihm und seiner bewaffneten Begleitung den Eintritt in Frankreich gestattete, so wurde er vom König zum Hochverräther erklärt und zum Tode verurtheilt. Da er sich nicht stellte, wurde eine Armee gegen ihn geschickt, mit der M. bei Castelnaudary den Kampf unternahm 1632. Allein er erlitt eine Niederlage, wurde schwer verwundet, gefangen und im October desselben Jahres hingerichtet.

Montpellier, französische Stadt am mittelländischen Meere, Hauptplatz einer Militairdivision, Citadelle, Genieschule, Thierarzneischule, mathematische- und Zeichnenschule, Sitz eines Präfecten, 45,900 Einw.

Montrose, James Graham Marquis, Schotte, geb. 1612, Führer der königlichen Partei in Schottland in der cromwellschen Revolution, vernichtete das Corps des Grafen Argyle bei Inverlochy, desgleichen den General Baillie bei Kilsith, erlitt gleich darauf eine schwere Niederlage bei Selkirk (1645), worauf er nach Deutschland ging und Oestreich seine Dienste anbot. Er erhielt Generalsrang. 1650 ging er wieder nach Schottland, um an der Spitze der Royalisten den Krieg von Neuem zu beginnen, wurde aber geschlagen, durch Verrath gefangen und desselben Jahres gehängt.

Montirung, militairische Bekleidung. Große Montirungsstücke sind Rock, Jacke, Mütze, Hose und Mantel; zu den kleinen Montirungsstücken gehören die Wäschstücke, Halsbinde und Schuhe oder Stiefeln. Bei den meisten Staaten wird die Montirung vom Staate geliefert und es bestehen Bestimmungen, in welchen Zeiträumen der Soldat die verschiedenen Montirungsstücke neu zu bekommen hat (Montirungsetat). Bei einigen Heeren dagegen muß der Soldat sich die Montirung selbst schaffen und erhält darum einen um so viel höheren Sold. Der durch Schonung der Montirung entstehende Nutzen wird dann dem Soldaten zu Theil. Jeder Soldat ist im Besitze eines Buches, in welches der Empfang der neuen Montirungsstücke eingetragen wird und aus welchem er seine etwaigen Ersparnisse nachweist. Die Montirung, in sofern sie eine übereinstimmende Kleidung mehrer Personen bezeichnet, entstand zunächst aus den Abzeichen, welche zusammengehörende Kriegsleute trugen, um sich überall zu erkennen. Aus dem gleichen Zeichen an der Kopfbedeckung, wurde eine gleiche Kopfbedeckung, aus einer gemeinschaftlichen Armbinde, eine gemeinschaftliche Art des Wamses rc. Mit dem stehenden Heere (zuerst der fürstlichen Leibmannschaft) nahm auch der Schönheitssinn seinen Antheil und dieser hat in den letzten Jahrhunderten über das Montirungswesen vielfache Wandelungen gebracht.

Moore, Sir John, Engländer, geb. 1761, trat 15 Jahre alt in das englische Heer, machte den Krieg in Nordamerika, die Expedition nach Gibraltar und Corsika, desgleichen die Belagerung von Calvi mit, wurde 1795 General, führte dann den Befehl auf St. Lucia, ging 1798 nach Holland, dann nach Aegypten, focht bei Abukir, Kairo und Alexandrien, erhielt 1808 den Oberbefehl in Portugal, drang kühn in Spanien ein, gerieth aber zwischen mehre französische Corps, mußte unter ungünstigen Verhältnissen am 16. Jan. 1809 eine Schlacht annehmen, die zwar ein Zeugniß seines großen kriegerischen Talents war, aber ihm das Grab öffnete.

Mordschlag, eine metallene kurze Hülse mit einer Oeffnung und Zündloch; erhielt Musketenladung, auch mehre Kugeln und wurde in den Satz der Brandkugeln gebracht, damit der Feind diesen nicht zu löschen suche. Allein der Mordschlag wurde oft zu früh entzündet und durch ihn die Brandkugel zersprengt und deren Wirksamkeit verhindert oder geschmälert. Darum längst außer Gebrauch.

Moreau, Jean Victor, Franzose, geb. 1761, hatte die Rechte studirt, wurde aber in der Revolution zum Commandeur eines Bataillons Freiwilliger gewählt, trat in die Armee Dumouriez' und zeichnete sich 1793 und 1794 so aus, daß er in dieser kurzen Zeit zum Generallieutenant avancirte. 1796 wurde er Befehlshaber der Rhein- und Moselarmee und führte nun mit großem Glanz den Krieg gegen Oestreich in Deutschland bis ins Jahr 1797. 1798 erhielt er den Oberbefehl in Italien, wo die Franzosen durch das Ungeschick Scherers in die übelste Situation gerathen waren; er war freilich nicht im Stande wieder zu gewinnen, was die verloren hatten, die ihm in Folge politischer Ränke vorgezogen worden waren, doch rettete er die Armee. 1800 leitete er wieder in äußerst glänzender Weise den Feldzug gegen Oestreich in Deutschland und trug hier nicht weniger zu dem Frieden von Luneville bei als Napoleon in Italien. Moreau stand so groß da wie Napoleon, daher ihm dessen Aufschwung zum Kaiserthrone nicht gerecht erscheinen konnte. Er nahm daher eine oppositionelle Stellung gegen denselben an, Napoleon aber suchte sich seiner, obschon er ihn für den größten seiner Feldherren hielt, zu entledigen. Er ließ ihn in einen Proceß verwickeln, der mit einer Verweisung Moreaus' endete. Er ging nach Amerika. 1813 kehrte er nach Europa zurück, schloß sich den Alliirten an und wurde der Begleiter des Kaisers Alexander. Hier wurde er, als er neben dem Kaiser Alexander auf der räcknitzer Höhe bei Dresden das Schlachtterrain überblickend stand, das Ziel eines französischen Geschützes. Er verlor durch die Kugel beide Beine und starb nach einigen Tagen am 2. September. Es wurden ihm mehre Denkmäler errichtet und der Ruhm eines außerordentlich großen Feldherrn ist nicht verdunkelt worden.

Morena, Vincenz Gonzalez, Spanier, geb. 1778, machte schon 1792—1794 den Krieg mit, führte als General 1808—1812 die bedeutendsten Commandos, war 1813 Vicekönig von Granada, führte dann die spanischen Truppen in Südamerika, führte im carlistischen Kriege 3 Jahre lang den Oberbefehl, unterwarf sich aber nach Don Carlos Sturz der Königin und zog sich ins Privatleben zurück.

Morgenstern, schweizerische Keule, welche am dicken Ende mit eisernen Spitzen beschlagen war und durch sie die Form eines Sterns annahm.

Morillo, Don Pablo, Spanier von geringen Aeltern, geb. 1777, trat zuerst bei der spanischen Marine ein und zeichnete sich schon bei dieser aus, machte dann den Halbinselkrieg zu Lande mit und schwang sich von 1808—1813 zum commandirenden General auf, errang aber 1815—1820 seinen höchsten Ruhm in Südamerika im Kampfe gegen die aufständischen Colonien, deren politische Umwandlung er jedoch nicht verhindern konnte. (S. Amerika.) In dem spanischen Bürgerkriege 1822 und 1823 spielte er eine mehr politische Rolle und capitulirte ohne Kampf an die Franzosen. Auch gegen Don Carlos kämpfte er mit Rücksicht und befriedigte darum die Erwartungen nicht. Man nahm ihm das um so übler, als an seinem großen Feldherrntalente nicht gezweifelt werden konnte. Er hatte mehrmals ein Generalcapitanat und sich zu einem Grafen von Cartagena und Marquis de la Puerta erhoben. Starb 1838.

Moritz, Herzog, später Kurfürst von Sachsen, geb. 1521, ein Mann von wissenschaftlicher und militärischer Bildung, gewaltigem Geist und großer Energie. Mit seinem Vetter Johann Friedrich zerfiel er (wahrscheinlich in Berechnung kräftiger Unternehmungen) und zog gegen ihn zu Felde, ließ es jedoch nicht zu einem ernsten Zusammenstoß kommen, daher dieser Krieg (Gladenkrieg) bespöttelt worden ist. Obschon Protestant und verwandtschaftlich mit den vornehmsten Mitgliedern des schmalkaldischen Bundes verbunden, gab er sich doch das Ansehen, als ob er ganz den kaiserlichen Interessen zugewendet sei und erwarb sich namentlich des Kaisers Vertrauen durch seine Stellung zum Kurfürsten Johann Friedrich. 1542 stand er dem Kaiser mit seinen Truppen gegen die Türken und 1542 gegen Frankreich bei, erwarb sich durch seine ausgezeichnete Energie des Kaisers volles Vertrauen und stand demselben nun auch im schmalkaldischen Kriege gegen seine nächsten Blutsverwandten und seinen Schwiegervater Philipp von Hessen bei, ja er selbst eröffnete diesen Krieg, indem er, vom Kaiser mit der sächsischen Kur und den Kurlanden beschenkt, als Achtsvollstrecker letztere eroberte und dieselben nach der Schlacht bei Mühlberg behielt. Diese Machtvergrößerung scheint nur das Mittel zu seinem versteckten und klugen Plane gewesen zu sein, der darin bestand der protestantischen Kirche das durch List sicherer zu gewinnen, was die schmalkaldischen Bundesgenossen im Wege der Offenheit zu gewinnen nach seiner Meinung nicht hoffen durften. Er erhielt den Auftrag die Reichsacht an der Stadt Magdeburg zu vollstrecken, brachte dazu ein starkes Heer zusammen, und im Besitze dieser Macht stellte er nun seine bestimmten Forderungen, deren Pointe in der Freilassung seines Schwiegervaters Philipp zu liegen schien. Da der Kaiser diese Forderungen zurückwies, eröffnete Moritz sogleich den Krieg gegen ihn und betrieb ihn mit solcher Vehemenz, daß der Kaiser keine Vorkehrungen zu treffen im Stande war und zu Innsbruck kaum Zeit behielt seine Person zu retten. Er trieb den Kaiser so in die Enge, daß dieser sich auf Unterhandlungen einlassen mußte und erzwang nun nicht nur die Freigebung des unglücklichen Kurfürsten von Sachsen Johann Friedrich und Philipps von Hessen, sondern auch die großen Religionszugeständnisse an die Protestanten, welche in dem Vertrage von Passau enthalten sind. Da der Markgraf von Brandenburg, kaiserlicher noch als der Kaiser selbst seiend, diesen Vertrag verwarf, kehrte er das Schwert gegen diesen, schlug ihn entscheidend bei Sievershausen 1553, blieb selbst aber in der Schlacht, oder starb vielmehr 2 Tage nach der Schlacht an einer schweren Wunde. M. war nicht nur einer der energischsten und gebildetsten Kriegsführer seiner Zeit, sondern auch ein ausgezeichneter Staatsmann und zählt zu den größten Männern des sächsischen Fürstenstammes.

Moritz, von Oranien, Prinz, Graf von Nassau, Enkel des Vorigen, geb. 1567, studirte, 1584 zum Statthalter eines Theils der Niederlande erwählt, stellte sich sogleich an die Spitze seiner Kriegsmacht, die er zum Theil neu organisirte, gewann durch kühne und glückliche Operationen entscheidendes Uebergewicht über die Spanier und vertrieb sie aus fast allen Theilen der Niederlande. Sein Heer galt für eine Musterschule. Starb 1625.

Moritz, genannt Marschall von Sachsen, außerehelicher Sohn des Kurfürsten August des Starken von Sachsen, erhoben zu einem Grafen von Sachsen, geb. 1696 von Aurora von Königsmark, entwarf in seinem 16. Jahre eine neue Taktik, focht im spanischen Erbfolgekriege unter Eugen mit größter Auszeichnung, nahm 1710 an der Belagerung von Stralsund Theil und erregte die Bewunderung durch seltene Kühnheit, focht unter Eugen gegen die Türken und führte bei Belgrad ein Commando, studirte darauf in Paris die Kriegswissenschaften gründlich, wurde französischer Oberst, 1726 Herzog von Kurland, vertheidigte Mitau mit 60 Mann siegreich gegen 800 Russen. Nach Frankreich zurückgekehrt wurde er General, kämpfte bei Ettlingen, vor Philippsburg, wurde Generallieutenant, nahm im östreichschen Erbfolgekriege Prag und Eger und beim Rückzug die Fortificationen von Lauterburg. Zum Marschall ernannt leitete er nun 1744 und 1748 die Feldzüge in den Niederlanden, die ihn so berühmt gemacht haben. Bereits 1747 wurde er zum Marschall aller französischen Armeen erhoben. Starb 1750. Seine Geschichte erzählt fast nur von Siegen, aber auch wo er wie 1744 auf Siege verzichten mußte, zeigte er sich als außerordentlichen Feldherrn.

Mörser, 7-, 10-, 16-, 25-, 48-, 50- und 60-pfündig, zählt zu den Geschützen, ruht entweder auf einer Laffete und hat dann die Schildzapfen am Mittelstück, oder auf einem Schaft, oder auf einem eignen Fuße, ist eingerichtet das Geschoß mit einer Elevation von annähernd 45 Graden zu werfen, wird zum Werfen von Kartätschen, steinernen und metallenen Vollkugeln, vorzüglich aber Hohlkugeln, Bomben und Granaten gebraucht, besteht aus Kessel und Kammer oder Rohr und Kammer und wird hauptsächlich beim Festungskriege und zur See gebraucht, kommt aber im Felde fast nie zur Anwendung, da seine Wirkung ganz von der Sicherheit seines Standes abhängt. (S. Geschütz.)

Mortara, piemontesische Stadt von 4500 Einwohnern an der Arbegna. Hier 1849 Sieg der Oestreicher über die Piemontesen, durch welche zu der Entscheidung des fünftägigen Feldzugs wesentlich beigetragen wurde.

Mortier, Eduard Adolph Casimir Joseph, Franzose, geb. 1768, studirte, trat aber 1791 ins Heer. Obschon er sich in den Feldzügen in den Niederlanden und Deutschland sehr auszeichnete, avancirte er doch langsamer als viele Andere und wurde erst 1799 General, avancirte aber desselben Jahres sogleich wieder. 1803 führte er das Obercommando in Hannover, wurde 1804 Artilleriechef bei der Garde und Marschall. Er machte die Feldzüge 1805, 1806 und 1807 in solcher Weise mit, daß er zum Herzog von Treviso erhoben wurde, machte den Halbinselkrieg bis 1812 mit und spielte 1812 als Commandeur der jungen Garde und Gouverneur von Moskau eine große Rolle, erwarb sich beim Rückzug große Verdienste, führte in allen großen Schlachten des Jahres 1813 ein Hauptcommando, und vertheidigte 1814 Paris. 1815 hatte er die Inspection der nördlichen und östlichen Festungen und blieb bei Ludwigs XVIII. zweiter Rückkehr in seinen militairischen Würden, da er diesem große Dienste erwiesen hatte und von ihm selbst seines Eides entbunden worden war. Unter Ludwig Philipp war er eine kurze Zeit Kriegsminister, 1835 wurde er ein Opfer des Attentates Fieschi's auf den König. War einer der größten französischen Generäle und erhielt mehre Denkmäler.

Moses, s. Asien und Judäa.

Moshaisk, russische Stadt von 3000 Einw., hier am 7. September 1812 Schlacht zum Nachtheile der Russen mit ungeheuren Opfern der Franzosen geschlagen, wird auch Schlacht bei Borodino (s. d.) und Schlacht an der Moskwa genannt.

Moskau. russisch Moskwa, an den Flüssen Moskwa und Jausa, eingetheilt in Kreml (Kaiserschloß), Kitaigorod, Beloigorod, Semlänoigorod und 30 Vorstädte (Slobodi). M. ist mit Graben und Wall umzogen, doch ist vorzugsweise der Kreml als fest zu bezeichnen. Gouvernementsstadt, Kriegsgubernatorium, 2 Cadettenschulen, Offizierkinderinstitut, Ingenieurschule, militair-chirurgische Academie. 470,000 Einw., Garnison 25,000 Mann, Veteranen und Invaliden 20,000 Mann. Mehre großartige Militairhospitäler, große Kasernen. Unter erstern ist das allgemeine Kriegshospital für 1840 Kranke mit 25 Aerzten besonders bemerkenswerth. Ein großartiges Arsenal, Exercirhaus. Vor dem Kreml zum Andenken 875 französische Kanonen, welche 1812 genommen wurden, in einer Pyramide aufgestellt. 56 Wachen, 4 große Paradeplätze, Militairbadeanstalten und Militairwerkstätten in großartigstem Maßstabe und von jeder Art. M. ist die alte Haupt- und Residenzstadt Rußlands, vom Fürst Dolgorucki von Kiew 1147 gegründet, 1248 verlieh M. dem Reiche den Namen Moskowien und es wurde Residenz und Reichsmittelpunkt und dies blieb es bis 1753, wo der Hof nach Petersburg übersiedelte. Doch blieb Moskau hinfort die Metropole des Reichs und die Krönungsstadt. Durch Feinde erobert und zerstört wurde es 1176, 1237, 1571 und 1812. Außerdem erlitt es mehre Belagerungen und im 17. Jahrhundert Eroberungen durch die Polen, wodurch ihm jedoch geringerer Schaden zugefügt wurde. Auf die Eroberung 1812 durch die Franzosen, welche am 14. und 15. September nach der Schlacht an der Moskwa (bei Borodino und Moshaisk) stattfand, folgte unmittelbar der Brand, der bis zum 20. September dauerte und 9158 Häuser nebst der Hälfte der Kirchen verzehrte (s. Rußland und russisch-deutscher Krieg).

Mösklirch, badensches Städtchen, hier Oestreicher 1800 von den Franzosen geschlagen.

Mosskwa, Fluß in Rußland, der Moskau den Namen gegeben hat. In seinen Gebieten 1812 die Schlacht bei Borodino (s. d.) oder Moshaisk (s. russisch-deutscher Feldzug).

Mosskwa, Fürst von der, s. Ney.

Moys, preußisches Dorf bei Görlitz. Hier siegreicher Ueberfall der Preußen unter Winterfeld durch die Oestreicher unter Nadasdy 1757 (s. siebenjähriger Krieg).

Mozambique, Theil der Ostküste von Südafrika, portugiesisch. (S. Afrika).

Mucius, Cajus, beigenannt Scävola (Linkhand), ein Muster der Selbstverläugnung, Römer, ging (507 v. Chr.) während der Belagerung Roms ins Lager des feindlichen Königs Porsenna, erstach statt dessen dessen Schreiber. Von Porsenna um Geständnisse bedrängt, hielt er seine rechte Hand ins Feuer, ließ sie verbrennen und versicherte, daß er mit gleichem Muthe für seine Geheimnisse einstehe. Zugleich aber versicherte er dem erstaunten Könige, daß 300 Jünglinge gleicher Art gegen des Königs Leben verschworen seien. Dies bewog den König, die Belagerung aufzuheben und M. blieb in Rom der Gegenstand hoher Feier. — Die späteren Nachkommen Publius Licinius Crassus Mucianus und Cajus Licinius Crassus Mucianus haben sich im letzten und vorletzten Jahrhundert v. Chr. einigen Kriegsruhm erworben.

Müffling, Friedrich Ferdinand Karl Freiherr von, geb. 1775 in Halle, zum Militair erzogen, trat 15 Jahre alt ins Heer, wendete sich vorzüglich den Geniewissenschaften zu und wurde früh bei Generalstabsarbeiten verwendet, war 1805 schon Hauptmann, machte von 1806—1815 die preußischen Feldzüge und zwar die Kämpfe bei Jena, Lübeck, Großgörschen, an der Katzbach, bei Leipzig, in den Niederlanden und Frankreich mit und wurde 1815 Gouverneur von Paris. Wurde 1820 Chef des Generalstabs der Armee, 1832 commandirender General, 1837 Gouverneur von Berlin und 1847 bei seiner Pensionirung Feldmarschall, vermittelte den Frieden von Adrianopel, und schrieb „Grundsätze der höheren Kriegskunst für östreichse Generale", „Operationsplan der preußisch-sächsischen Armee 1806", „die preußisch-russische Campagne 1813", „Geschichte des Feldzugs von 1815", „Betrachtungen über die großen Operationen und Schlachten", „Napoleons Strategie 1813" u. a. Starb 1851 hochgeachtet.

Mühlberg, preußische Stadt von 3200 Einw. Hier 1547 Schlacht zwischen den Kaiserlichen und dem Kurfürsten von Sachsen als Mitglied des schmalkaldischen Bundes. Niederlage der Sachsen und Gefangennahme ihres Kurfürsten.

Mühldorf, oberbaierische Stadt von 1500 Einw. Hier Sieg Ludwigs des Baiern über Friedrich den Schönen und dessen Gefangennahme 28. Sept. 1322. Hierdurch Ludwig der Besitz des Kaiserthrones gesichert.

Mulgrave, Constantin John Philipps, Lord, und Henri Philipps Phipps, Lord, jener 1744, dieser 1755 geb., Engländer, zwei Brüder, dienten beide im

Kriege mit den Colonien, widmeten sich dann hauptsächlich der politischen Laufbahn, machten mehre Entdeckungsreisen, und erstiegen die höchsten Würdenstufen
bei der englischen Marine. Jener starb 1792, dieser 1831.

Müller, Ludwig Christian, geb. 1744, gest. als preußischer Geniemajor
1804, einer der besten Ingenieure im Heere Friedrichs des Großen, hinterließ
ausgezeichnete Schriften über Terrainlehre und Lagerkunst und gab bei seinem
Leben Vorschriften zum militairischen Planzeichnen und Anweisung zu den
Verschanzungen bei Winterpostirungen, desgleichen einige militair-historische
Schriften heraus.

Multan, starke ostindische Festung, s. Asien.

Mummius, Lucius, römischer Consul, 146 Sieger bei Leukopetra, Eroberer
von Korinth, beigenannt Achaicus, Triumphator.

München, Haupt- und Residenzstadt Baierns mit 127,000 Einwohnern incl.
der Garnison, 119,000 excl. derselben, eine der schönsten Städte Deutschlands,
aber vielmehr durch Friedens- als Kriegswerke charakterisirt, die Metropole
der bildenden Künste Deutschlands, erhielt 1253 die Ludwigsburg, wurde 1254
und die folgenden Jahre durch Ringmauer, Wälle und Gräben befestigt, erhielt
im 16. Jahrhundert die Maxburg, während des dreißigjährigen Kriegs durch
Maximilian I. das Zeughaus und ein Denkmal Ludwigs des Baiern, verlor
aber unter Karl Theodor im vorigen Jahrhundert durch Schleifung die festen
Werke, erhielt bald darauf aber die Kaserne des Infanterie-Leibregimentes und
später in neuer Zeit eine zweite Infanteriekaserne am Türkengraben und eine
Cavalleriekaserne, eine schöne königliche Reitbahn und ein prachtvolles Palais
für das Kriegsministerium (1824), eine Statue Maximilians I., eine prächtige
Feldherrnhalle mit den Statuen Wredes und Tilly's, ein Siegesthor in Form
altrömischer Triumphbogen und eine ungeheure Statue der Bavaria. M. hat
eine polytechnische Schule, ein Cadettencorps, eine Thierarzneischule, ein Pagen-
institut, ein Militairhospital, eine Erzgießerei und eine Kanonenbohrerei. Als
Centralstadt des Staates ist M. oft wichtiges kriegerisches Object gewesen,
doch hat die Stadt selbst fast nie eine kriegerische Gewalt zu ihrer Vertheidigung entwickelt und ihren Schutz fast stets durch die Operation der Heere
im Felde erhalten.

Münden, hannöversche Stadt von 6000 Einw., 1626 von den Baiern und
Oestreichern unter Tilly erstürmt.

Munition, Schießbedarf, Scharfladung für Schießgewehre aller Art, Pulver,
Blei und Zündhütchen zusammen bei den Jägern, Patronen, Kartouchen und
dergl. m. Die M. wird in 3 Chargirungen eingetheilt, die welche der Soldat
sogleich erhält und dem Geschütz auf ein Mal zugetheilt wird, die welche in
Bereitschaft gehalten wird und eine dritte, die für den äußersten Fall zum Er-
satze dient. 60 Infanterie-, 40 Cavaleriepatronen und 200 Kartouchen machen
in der Regel eine Chargirung aus.

Munkacs, ungarische Festung an der Latorcza, jetzt Gefängniß, klein aber
stark, berühmte dreijährige Vertheidigung unter Helene Zriny und endliche Uebergabe 1688. In den Türkenkriegen oft belagert.

Münich, Burkhard Christoph Graf von, geb. 1683 in Oldenburg, trat
nach einander in darmstädtische, hessenkasselsche, sächsische, schwedische und russische
Dienste, in denen er sehr bald Generallieutenant und zum Grafen erhoben
wurde. 1731 wurde er Feldmarschall und Reichsrathspräsident. Er stiftete
das Cadettencorps in Petersburg, leitete von 1736 bis 1739 den Krieg siegreich gegen die Türkei. Von 1741 bis 1762 war er nach Sibirien verbannt,
dann aber von Peter III. begnadigt. Katharina II. bestätigte ihn in seinen
Würden. Starb 1767.

Münster, preußische Stadt in Westphalen, Sitz des Generalcommandos vom 7. Armeecorps, 25,000 Einwohner, gegen die Wiedertäufer 1533 vom Bischof und von einem zweiten Bischof 1661 gegen die Bürger mit Sturm genommen. Früher Festung mit Zitadelle, jetzt offene Stadt.

Münzer, Thomas, Religionsschwärmer in Thüringen, der sich im Bauern-stande großen Anhang verschaffte und die Waffen gegen den Staat ergriff, aber am 15. Mai 1525 bei Frankenhausen gänzlich geschlagen, gefangen und hingerichtet wurde. War eigentlich Geistlicher.

Murat, Joachim, Sohn eines Gastwirths, Franzose, geb. 25. März 1767, studirte Theologie und widmete sich dann dem militairischen Berufe, machte die Feldzüge der französischen Republik mit großer Tapferkeit mit, und war 1794 Oberst, wurde 1796 Adjutant Napoleons, machte mit größter Auszeich-nung die Feldzüge in Italien und Aegypten als General mit, trieb am 18. Bru-maire den Rath der 500 auseinander, commandirte in den Feldzügen 1800 und 1801 die Cavalerie, heirathete 1800 Napoleons Schwester, wurde 1804 zum Marschall und Prinzen ernannt, leistete im Feldzuge 1805 gegen Oestreich als Chefgeneral der Cavalerie das Wesentlichste zum günstigen Ausgange, wurde dafür zum souverainen Großherzog von Berg erhoben, vernichtete 1806 durch seine Verfolgung die geschlagene preußische Armee, kämpfte bei Eylau, Friedland und in Spanien und empfing von Napoleon, seinem Schwager, die Königskrone von Neapel. 1810 scheiterte seine Eroberung Siciliens. 1812 commandirte er die französische Cavalerie in Rußland und gab zu Napoleons Heer selbst ein Contingent von 10,000 Mann. An der Moskwa leistete er Außerordentliches, führte beim Rückzuge eine Zeitlang den Oberbefehl über das französische Heer. Nach der Schlacht bei Leipzig schwankte er zwischen Anschluß an Napoleon oder die Alliirten, wendete sich aber Napoleon wieder zu, brach ein mit Oestreich geschlossenes Bündniß und führte seine Armee gegen Oestreich, als Napoleon 1815 in Frankreich seine Herrschaft restituirte. Vergebens wurde ihm vom Wiener Congreß der Friede unter günstigen Bedingungen angetragen. Allein das Kriegsglück war ihm abhold. Wiederholt geschlagen flüchtete er im Mai nach Neapel, bald darauf gezwungen nach Frankreich und nach der Schlacht bei Waterloo von hier nach Corsica. Von hier aus suchte er 1815 mit wenigen Leuten Neapel wieder zu erobern, indem er darauf rechnete, daß die dortige Bevölkerung sich für ihn erhebe. Allein seine aus 7 Transportschiffen bestehende Flottille ging durch Sturm zu Grunde und er landete mit nur 26 Mann, wurde gefangen und am 13. October 1815 nach dem Urtel eines vom König von Neapel beherrschten Kriegsgerichts erschossen. Er war ein großer Krieger, aber schlechter Politiker und letztes war Ursache seines Untergangs. Unter den napoleonischen Generalen zeichnete er sich durch seine comödiantenhaft phanta-stische Tracht aus.

Murawiew, Nikolai Nikolajewitsch, geb. 1768 in den russischen Ostsee-provinzen, studirte in Frankreich, diente dann ehrenvoll auf der russischen Marine, seit 1796 im Landheer und machte sich als Gründer und Eigenthümer der bei Moskau befindlichen Academie für Generalstabsofficiere berühmt. Diese über-gab er später dem Senate. Machte die Feldzüge gegen Frankreich 1812, 1813 und 1814 als Oberst mit, und wurde sodann Generalmajor, als welcher er 1840 starb. In Rußland als Schriftsteller berühmt.

Murawiew, Nikolai, Sohn des Vor., geb. 1793, war im russischen Heere schon 1826 Generalmajor, machte 1828 und 1829 mit großer Auszeichnung den Krieg gegen die Türkei und 1831 den Kampf gegen Polen mit, wurde 1848 Chef des Grenadiercorps und erlangte im orientalischen Krieg 1855 durch die Einnahme von Kars einen Namen.

Murawiew, Alexander, aus anderer Familie, russischer Generallieutenant, starb 1842. Nicht mit diesem zu verwechseln ist der Generallieutenant und Gouverneur von Ostsibirien Murawiew.

Murawiew, Sergiei, russischer Oberstlieutenant, leitete 1825 beim Thronwechsel die Revolution gegen Nikolaus, wurde gefangen und hingerichtet (1826).

Murcia, s. Spanien.

Murray, Sir George, Engländer, geb. 1772, diente seit 1793, machte gegen Frankreich die Feldzüge in den Niederlanden, Aegypten und auf der pyrenäischen Halbinsel mit, wurde 1823 Generallieutenant der Artillerie, später Generalfeldzeugmeister und starb 1846. Gab die Depeschen des Herzogs von Marlborough heraus.

Murten, schweizerisches Städtchen, 1800 Einw., hier Niederlage der Burgunder unter Karl dem Kühnen durch die Schweizer am 22. Juni 1476.

Muskete, Handfeuergewehr, seit dem 16. Jahrh. gebräuchlich, anfangs 15 ℔ schwer, für dreilöthige Kugeln und zum Auflegen, später auf ihre jetzige Form gebracht. S. Gewehr.

Musketier, mit Muskete bewaffneter Soldat. In Preußen machen 2 Musketier- und 1 Füsilierbataillon ein Infanterieregiment. (S. Infanterie.)

Mustapha, Kara, Sohn eines Spahi, 1676 Großvezier der osmanischen Pforte, bewog 1677 die Türken zu einem unglücklichen Kriege mit Rußland, revoltirte Ungarn und brachte 1682 die Türken wieder zu einem Krieg mit Oestreich. belagerte 1683 Wien, wurde hier und bald danach bei Parkany furchtbar geschlagen, verlor Gran und wurde nun auf Befehl des Sultans erdrosselt. Habsucht und Hochmuth waren die Triebfedern seiner ungeheuerlichen Unternehmungen.

Mykale, ionische Stadt, hier 479 v. Chr. die persische Flotte von den Griechen unter Xanthippos vernichtet.

Mykene, altgriechische sehr feste Stadt, 464 v. Chr. von den Argivern vernichtet.

Mysore, s. Asien.

N.

Nadir, geb. 1688 in Chorassan als Sohn eines Befehlshabers, machte sich zuerst als Räuberhauptmann namhaft, wurde vom Schah Tahmasp zum Obercommando berufen, machte sich durch glänzende Siege berühmt, usurpirte den Thron, machte 1739 einen großen Kriegszug in das Reich des Großmoguls, das er zerstörte und ganz ausraubte und wurde 1747 ermordet. (S. Asien.)

Näfels, schweizerischer Ort in Glarus, hier schöner Sieg der Schweizer über die Oestreicher 1388. Denkmal der Schlacht.

Namur, belgische Festungsstadt an der Sambre und Maas mit Fort Wilhelm und Zitadelle, 23,000 Einw. Wurde 1692 von Cöhorn gegen die Franzosen unter Vauban vertheidigt, mußte sich aber nach 1 Monat ergeben. 1695 eroberte sie Wilhelm III. wieder. 1746 neue Einnahme durch die Franzosen. Die alten Werke durch Joseph II. geschleift, aber bald nach ihm neu befestigt und seit 1816 sehr verstärkt. Grabort Don Juans d'Austria.

Nancy, französische Stadt an der Meurthe mit 41,000 Einw., hat von seinen alten Festungswerken nur noch die Zitadelle.

Nanking, zweite chinesische Residenzstadt. S. Asien.

Nantes, französische Seehafenstadt an der Loire mit festem Schloß, Militair-division, Schifffahrtschule, Schiffsbauanstalten. Liegt innerhalb des Landes. Litt im Vendéekriege sehr.

Napier, Sir Charles, Engländer, geb. 1786, trat als Knabe 1799 in die Marine, war schon 1809 Capitain und erhielt wegen der Bravour, die er in den Kämpfen mit den Franzosen zeigte, den Beinamen „Hay". 1809 bombardirte er Fort Edouard auf Martinique, und erstürmte es, er selbst einer der Ersten unter denen, die die Mauern erstiegen, dann nahm er die französische Fregatte Hautpoult von 74 Kanonen, 1811 und 1812 eroberte er im Mittelmeer über 100 französische Fahrzeuge, und nahm Palinuro und Ponza, davon er den Titel eines Cavaliers de Ponza erhielt. 1833 zerstörte er im Dienste Dom Pedros die Miguelistische Flotte, 1840 kämpfte er im englischen Dienste gegen Mehemed Ali, siegte bei Kelbson, nahm Sidon und half bei Beyrut und St. Jean d'Acre und schloß mit Mehemed Ali die Friedenspräli-minarien ab. Beim orientalischen Kriege erhielt er 1854 den Oberbefehl über die gegen Rußland geschickte Flotte in der Ostsee, blokirte die feindlichen Häfen, zerstörte durch Bombardement einige Strandplätze und feindliche Vertheidigungs-etablissements, griff aber Kronstadt nicht, wie erwartet ward, an, und wurde deshalb der Verzagtheit beschuldigt, wälzte aber in öffentlichen Zeugnissen die Schuld auf die Verwaltung ab. Nach Zurückführung der Flotte im Herbste legte er das Commando nieder. Gestorben 1860.

Napier, Sir Charles James, Engländer, geb. 1782, trat in das englische Landheer, machte zuerst die Feldzüge gegen die irländischen Insurgenten und dann seit 1807 den Halbinselkrieg mit. 1812—1814 kämpfte er in Amerika und in demselben Jahre vor Paris, worauf er Oberst wurde. 1837 wurde er General und ging 1841 nach Ostindien, übernahm den Oberbefehl in Sind und Beludschistan und unterwarf bis 1845 diese Länder. 1849 über-nahm er wieder den Oberbefehl in Ostindien, kehrte 1851 nach England zurück, wo er sich literarisch beschäftigte. Starb 1853.

Napier, Sir George Thomas, geb. 1784, Bruder des Vor., machte den Halbinselkrieg im englischen Heere mit und wurde Gouverneur des Caplandes.

Napier, Sir William Francis Patrik, ebenfalls englischer General, berühmt als Verfasser der „Geschichte des Kriegs auf der Halbinsel und in Frankreich".

Napoleon I., Bonaparte, Corsicaner, 2. Sohn eines Advocaten, der sich in den Freiheitskämpfen der Insel ganz dem Waffenhandwerke hingab. Er wurde zum Soldaten erzogen, 1779 in die Militairschule nach Brienne und 1784 in die von Paris geschickt. In beiden zeichnete er sich durch ungeheure Lernbegierde und eine über sein Alter gehende Characterausprägung aus. Als Schüler schon begann er eine militairische Geschichte Corsicas zu schreiben und gewann durch eine philosophische Arbeit den Preis bei der Academie zu Lyon. Beim Ausbruch der Revolution opferte er aus vollem Herzen den Grundsätzen der Demokratie, ging zwei Mal nach Corsica und focht hier mit der republi-kanischen Partei und ging, als diese 1793 unterlag, wieder nach Frankreich. Hier nahm er an der Belagerung von Toulon Theil, befehligte das Be-lagerungsgeschütz, gab selbst den Operationsplan und der große Erfolg hatte 1794 seine Beförderung zum General zur Folge. Darauf zeigte er sich in Piemont als ausgezeichneten Artilleriebefehlshaber. Nach vielen Wechselfällen und boshaft zurückgesetzt, erhielt er ein Commando in Paris, schmetterte den Aufstand vom 13. Vendémiaire nieder, wurde dafür Divisionsgeneral und

Oberbefehlshaber der „Armee im Innern", und erhielt im Frühjahr 1796 den Oberbefehl in Italien, wo er durch seine raschen Bewegungen und das Geschick den Feind in getheilter Stellung zu überraschen Sieg auf Sieg häufte und die Franzosen im Fluge zu Herren ganz Oberitaliens machte. Hiermit begann Napoleons europäischer Ruf, und die Vortheile die er Frankreich durch die Verträge zuwendete, verschafften ihm eine omnipotente Autorität, so daß er es wagen konnte, auf eigene Hand die cispadanische und transpadanische Republik zu gründen, wodurch er wiederum seine Machtvollkommenheit zu einer ungeheuern Höhe emporhob. 5 östreichische Armeen vernichtete er in diesem Feldzuge, deren jede stärker als die seinige war und schließlich vermochte ihm nichts von dem Eindringen in die östreichischen Staaten abzuhalten, als die Zugeständnisse, die Oestreich in den Präliminarien von Leoben machte. Nach dem Frieden mit Oestreich mußte er den Plan einer Eroberung Aegyptens zur Annahme zu bringen, weil er wußte, daß Ruhe seinem aufs Höchste gestiegenen Ansehen schade. Im Mai 1798 ging er mit 30,000 Mann auf 27 Kriegsschiffen ab, nahm im Fluge Malta und landete nach 1½ Monaten von der englischen Flotte vergebens gesucht in Aegypten, eroberte Alexandria, schlug die Nilflotte der Mameluken, ein Reiterheer unter Murad Bei und sodann die ganze ägyptische Armee bei Kairo, das er nun besetzte. Die Vernichtung der französischen Flotte bei Abukir hielt N. in seinen Operationen nicht auf, rückte nun dem entfernteren Feinde nach Syrien entgegen, gelangte nach unsäglichen Schwierigkeiten und großen Verlusten an den Jordan, siegte hier, konnte aber St. Jean d'Acre nicht erobern, mußte sich zur Rückkehr unter den gefährlichsten Verhältnissen entschließen und errichtete nach derselben ein 18,000 Mann starkes Janitscharenheer bei Alexandria. Die üblen politischen Verhältnisse in Frankreich bewogen ihn jetzt fast heimlich dahin ohne Heer zurück zu kehren, denn dies ließ er unter Klebers Befehle, einem sicheren Untergange ausgesetzt, zurück. In St. Cloud sprengte er nun mit seines Bruders, Murats u. A. Beihülfe den Rath der 500 und erhob sich zum ersten Consul, dessen Gewalt königlich war. Nachdem er das Staatswesen geordnet, zog er eine Armee von 60,000 Mann zusammen, und führte diese über die Alpen nach Italien, wo Frankreich bereits alle Eroberungen an Oesterreich wieder verloren hatte. Der entscheidende Sieg bei Marengo gab sogleich der Lage der Verhältnisse eine gänzliche Wendung, brachte Oberitalien aufs Neue in die Gewalt Frankreichs und nöthigte Oestreich schließlich zu dem Frieden von Lüneville. N. erschien den Völkern und namentlich dem französischen Heere wie ein Zauberheld. Was Andere verdorben, wendete sich sofort, wenn er erschien, und sein Riesengenie schien ihm eine unbesiegliche Ueberlegenheit über die Welt zu geben. In der That aber waren seine Zaubermittel nur der Scharfsinn, mit dem er die strategischen Verhältnisse beherrschte, die feurige Energie, mit der er seine Unternehmungen angriff und den Gegner fast stets überraschte und nach dem Schlage nicht wieder zum Arrangement kommen ließ, ganz besonders aber die Kunst, die Fehler des Feindes und der alten Schulen zu seinem Nutzen auszubeuten. 1802 wurde auch der Seekampf mit England durch den Frieden von Amiens geschlossen. 1802 erhielt er das Consulat auf Lebenszeit. Verschwörungen gegen N. hoben ihn nur höher und setzten ihn in den Stand sich 1804 zum erblichen Kaiser und König von Oberitalien machen zu können. In Italien machte er im Interesse seiner nächsten Anverwandten die willkürlichsten Arrangements und beleidigte dadurch Oestreich, welches sehr bald im Bunde mit Rußland und England aufs Neue zum Schwerte griff. Napoleon dagegen schloß mit Baiern, Baden und Würtemberg Bündnisse und wälzte nun seine überlegene Macht auf Oestreich allein und operirte so geschickt, daß er gleich im Anfang des Feldzugs (1805) nicht nur die Oestreicher der Verbindung mit den Russen beraubte, sondern auch ihre beiden Flügel trennte. Die unermeßlich ungeschickte Heeresleitung der Oestreicher, in Folge deren ein Corps nach dem andern zu Grunde ging und nirgends eine Concentrirung bewirkt werden konnte, erleichterte dem so kühnen als scharfsinnigen Napoleon alle Operationen, die er zuletzt mit dem ungeheuern Siege bei Austerlitz krönte, der das russische Heer fast vernichtete. Der Friede von Preßburg folgte und hob Napoleon auf den Hochpunkt seiner Macht. Er ernannte seinen Stiefsohn zum Vicekönig von Italien, schlug Genua und Parma zu Frankreich, gab Lucca seiner Schwester, vermählte seinen Stiefsohn mit einer baierschen Prinzessin, seine Adoptivtochter mit einem badenschen Prinzen, erklärte die neapolitanische Dynastie für unfähig zu regieren, gab Neapel seinem Bruder, machte seinen Schwager zum Großherzog von Kleve und Berg (s. Murat), den Marschall Berthier zum Herzog von Neuchatel, seine Schwester Pauline zur Herzogin von Guastalla, seinen Bruder Ludwig zum König von Holland, errichtete einen Erbadel und 1806 den berüchtigten Rheinbund, zu dessen Protector er sich machte und wodurch er Gewalt über einen großen Theil Deutschlands erlangte. Da entstand die englisch-preußisch-russisch-schwedische Quadrupelalliance und Preußen hatte allein den Stoß auszuhalten. Napoleon, obschon schwächer, umging den linken preußischen Flügel und entschied mit einem Male den Krieg in der Schlacht bei Jena (1806), wonach Preußen fast ganz in die Hände Napoleons fiel. Uebrigens war die Schlacht bei Jena ein Meisterstück der Feldherrnkunst und ein Beweis, daß doch nur er in seiner Zeit der Meister der Kriegskunst war. Er bewog hierauf Sachsen zum Anschluß an den Rheinbund und verhängte die berüchtigte Continentalsperre gegen England, die später die Grube wurde, in die er selbst stürzte. Napoleon war ein Kind des Glücks, aber dennoch ein großer Soldat und ein Genie, weil er wie keiner sein Glück scharfsinnig zu benutzen wußte. Da die preußischen Festungen sich in erbärmlicher Kleinmüthigkeit übergaben, so rückte er sogleich bis an die Ostgrenze Preußens vor und griff sogleich den preußischen Bundesgenossen Rußland an. Der Sieg bei Mohrungen, und die unentschiedene Schlacht bei Eylau, die blutigste, die N. geliefert hat, machte eine kurze Unterbrechung, aber der Sieg bei Friedland (1807) entschied den Feldzug. Nach der Unterredung der 3 Monarchen auf dem Niemen kam der Friede von Tilsit zu Stande, der Preußen auf die Hälfte reduzirte, das Herzogthum Warschau aus dem preußischen Antheile von Polen und aus der westlichen Hälfte Preußens das Königreich Westphalen bildete. Noch immer stieg Napoleons Glück. Seinem Bruder Hieronymus, dem verächtlichsten Subjecte, gab er eine Prinzessin von Würtemberg zur Gemahlin und in seinem Reiche machte sich N. zum Herrn jeder Gewalt. Allein jetzt kam es, da Portugal Napoleon nicht anerkannt hatte, und mit England zusammen hielt, zum Halbinselkriege, der die schwersten Verhängnisse für Napoleon hatte, da England hier seine Macht nun auch zu Lande entfaltete und der Macht empörter Nationen Nerv und Sicherheit gab. Schon 1807 war Portugal erobert und 1808 ließ Napoleon 80,000 Mann in Spanien eindringen, anfangs unter dem Schein, als ob es zum Zwecke des Beistands geschehe. Darauf machte N. seinen Bruder Joseph zum König von Spanien. Dies öffnete den Spaniern die Augen über den Betrug und jetzt eigentlich erst begann der Krieg. Während die Franzosen von den Engländern aus Portugal vertrieben wurden, wurde ein französisches Corps in Spanien bei Baylen gefangen genommen. Dann kehrte Napoleon mit einem starken Heere nach Spanien zurück, siegte allenthalben und setzte seinen Bruder unter den scheinbar besten Garantien auf den Thron. Doch war Spanien noch keineswegs zur Ruhe gebracht und

Napoleon konnte das Land nicht ohne eine sehr starke Besatzung lassen. Das bewog Oestreich abermals zum Schwerte zu greifen, um seine im Preßburger Frieden verlorenen Länder wieder zu gewinnen. Es führte 250,000 Mann unter den Erzherzögen Karl und Johann ins Feld. Napoleon hatte mit den deutschen Hilfsvölkern etwa 200,000 Mann, operirte aber geschickt, indem er sich mit der Hauptmacht auf den linken östreichschen Flügel warf und den rechten durch Davoust fixiren ließ. Er siegte bei Landshut, Eckmühl, nahm Regensburg, schlug bei Ebersberg, besetzte Wien, erlitt zwar bei Aspern schwere Verluste, gewann aber durch den Sieg des Vicekönigs von Neapel über den Erzherzog Johann neuen Vorsprung und bedeutende Verstärkung, so daß er den großen Sieg bei Wagram am 30. Juni 1809 erringen konnte, durch welchen das östreichsche Heer fast vernichtet wurde. Es folgte hierauf der Friede von Wien, der Oestreich schrecklich reduzirte. Hierauf beging Napoleon den politischen Fehler sich mit einer östreichschen Prinzessin zu vermählen, womit er vielfache Rücksichten auf die alte Dynastie und deren politische Traditionen übernehmen mußte. Dann gerieth er mit seinem Bruder, dem König von Holland, in Streit und schlug Holland zu Frankreich, und gleich darauf auch einen großen Theil Deutschlands. Dies gab zu neuen Reibungen Anlaß, für welche sich die nordischen Monarchen, die diese Gestaltung der Welt nimmer gut heißen konnten, längst vorbereitet hatten. Rußland begann den Zwist, indem es die Continentalsperre nicht mehr respectirte und eine drohende Stellung gegen das Herzogthum Warschau annahm. Napoleon reiste deshalb 1811 nach Deutschland, veranstaltete eine Fürstenversammlung und nöthigte die Versammelten ihm für einen russischen Feldzug bedeutende Hilfstruppen zuzusagen. Darauf zog er ein Heer von 500,000 Mann zusammen, proclamirte das Königreich Polen und rückte 1812 gegen Rußland vor, siegte bei Smolensk und an der Moskwa, rückte in Moskau ein, mußte sich aber in den von seinen Bewohnern verlassenen Ortschaften selbst verproviantiren, fand auch in Moskau, welches gleich nach seinem Einzuge von den Russen niedergebrannt wurde, keinen Unterhalt für sein Heer und mußte sich am 15. October zum Rückzug entschließen. Bereits durch Kämpfe und Krankheiten war sein Heer schrecklich gelichtet, jetzt wurde es durch die Kälte und die Kämpfe an der Beresina ganz zertrümmert. In Paris hieß es, N. sei umgekommen, und es entstand eine Revolution gegen seine Dynastie, die zwar gleich unterdrückt wurde, aber auf N. den peinlichsten Eindruck machte. Er eilte nach Paris und errichtete aus Jünglingen ein neues Heer von 200,000 Mann. Unterdessen fiel Preußen ab und der Rheinbund löste sich auf. Dann eilte er im Frühjahr 1813 nach Deutschland, siegte noch ein Mal bei Lützen, Bautzen (hier unentschieden), Wurschen, Dresden; aber er konnte die strategische Situation nicht mehr bewältigen, seine Corps wurden vereinzelt, nachdem auch Oestreich und Schweden den Alliirten beigetreten waren, bei Kulm, Großbeeren, Dennewitz und an der Katzbach geschlagen und in der Weltschlacht bei Leipzig erlitt Napoleons concentrirte Macht vom 16.—19. October die furchtbarste Niederlage. Noch erkämpfte er sich bei Hanau und am Rhein den Rückzug, und suchte in Frankreich ein neues Heer von 300,000 Mann auf die Beine zu bringen, fand aber energischen Widerstand. Er hatte sich im Wahne seines Volkes einen Gott gewähnt, mußte aber jetzt dessen nüchterne Beurtheilung zu seinem Schmerz erfahren. Mit einem ungenügenden Heere von 80,000 Mann mußte er nun 1814 den mächtigen Feinden auf dem Boden Frankreichs entgegentreten, verlor bei Brienne. Jetzt boten ihm die Alliirten den Frieden und die Herrschaft über Frankreich innerhalb der alten Grenzen an. Allein er verwarf diesen Antrag wie früher einen viel günstigeren mit Stolz. Noch ein Mal lächelte

ihm das Glück in einigen Gefechten im Februar und von Neuem erhob sich
sein Uebermuth zu anmaßlichen Friedensanträgen. Da schlossen die Alliirten
den Vertrag von Chaumont (s. d.), lieferten dem Feinde die schwere Schlacht
bei Arcis sur Aube und drangen nun nach Paris vor, das sie am 31. März
nahmen. Napoleon kam zu spät es zu vertheidigen. Er wurde abgesetzt erklärt und erhielt die souveraine Herrschaft über die Insel Elba, wo er eine
Garde von 400 Mann behalten durfte (1814). Die Verhältnisse gestalteten
sich so, daß er hoffen durfte, nochmals die Gewalt Frankreichs in seine Hand
zu nehmen. Er kehrte daher Ende Februar 1815 mit 900 Mann nach Frankreich zurück, verscheuchte schnell und leicht Ludwig XVIII. Das französische
Heer erklärte sich rasch für ihn und am 20. März hielt er seinen Einzug in
Paris. Er versicherte nun die europäischen Fürsten, daß er an der neuen
Gestaltung des Erdtheils nichts ändern und in den Frankreich gegebenen Grenzen friedlich regieren wolle, allein er fand keinen Glauben und man antwortete
ihm von allen Seiten als Einem, der beschworene Verträge gebrochen hat.
Während nun die Alliirten ihre Truppen gegen Frankreich vordringen ließen,
brachte Napoleon sein Heer auf 400,000 Mann, wovon bei Eröffnung des
Feldzugs aber nur 120,000 Mann disponibel waren und um das Volk zu
eifriger Theilnahme zu bewegen, verlieh er eine Repräsentativverfassung und
Preßfreiheit. Unterdessen hatten sich die Preußen und Engländer in den Niederlanden versammelt. Napoleon rückte ihnen entgegen und schlug die Preußen
bei Ligny, wurde von beiden vereint aber ganz entscheidend bei Waterloo
geschlagen (18. Juni) und bald danach rückten diese wieder in Paris ein,
wo N. durch dieses letzte Unglück allen Anhang verloren hatte. N. stellte sich
nun unter Englands Schutz, wurde aber als Gefangener behandelt und als
Verbannter nach St. Helena gebracht, wo er am 5. Mai 1821 starb. 1840
lieferte England seinen Leichnam an Frankreich aus, der nun im Dome der
Invaliden zu Paris beigesetzt wurde. Er hinterließ historisch wichtige Memoiren. Er war Meister in der Kriegskunst und beherrschte durch seine
Menschenkenntniß die Heere moralisch. Doch hätte er sich als Soldat nie zu
dieser Höhe emporgeschwungen, sondern seine Kühnheit als Politiker unter-
stützte ihn mächtig. Doch ist nicht zu leugnen, daß die Verwahrlosung der
Völker unter entarteten Dynastien ihm den mächtigsten Vorschub geleistet hat.
Ueber ihn besteht die reichhaltigste Literatur wie vielleicht sonst über keinen
Menschen in der Welt, auch dürfte er wohl für den größten Eroberer aller
Zeiten gehalten werden, denn, was das weltbeherrschende Rom nur in Jahr-
hunderten vermocht, war bei ihm das Werk zweier Jahrzehnte.

Napoleon III., Ludwig, Bonaparte, dritter Sohn des ehemaligen Königs
von Holland und der gefeierten Hortense Eugenie Beauharnais, geb. 1808
zu Paris, wurde zu Arenenberg erzogen und erhielt vom General Dufour Unterricht in den Kriegswissenschaften, in denen er sich sehr ausbildete. Er hatte
an der italienischen Revolution Theil genommen und war von seiner Mutter
nur mit Mühe von der Gefangennahme gerettet worden. 1836 suchte er Frankreich zu insurgiren und den Thron seines Oheims für sich zu errichten, wurde
aber gefangen und nach Amerika gebracht. 1840 machte er einen neuen gleichen
Versuch, wurde aber wieder gefangen und auf Ham in Haft gebracht. Nach 5 Jahren entfloh er. 1848 kehrte er in der Revolution nach Frankreich zurück, um jetzt
seine politischen Pläne durchzusetzen, er wurde durch Abstimmung zum Präsidenten
der Republik erwählt und stellte nach vielfachen Machinationen 1852 den ge-
stürzten Kaiserthron wieder her, den er als Napoleon III. bestieg. Bereits
als Präsident hatte er mit Waffengewalt die römische Republik niedergeworfen
und den Papst nach Rom zurückgeführt. Beim Ausbruch des Krieges Rußlands
gegen die Türkei nahm er für Letztere Partei, erklärte, nachdem er England in

den Bund gezogen, Rußland im Jahre 1854 den Krieg, ſchickte eine Flotte
und einige Truppen in die Oſtſee, eine viel ſtärkere Flotte und ein ſehr ſtarkes
Heer in das ſchwarze Meer und eroberte 1855, verbunden mit der Türkei,
England und Sardinien die ſüdliche Hälfte von Sebaſtopol und einen kleinen
Theil der Krim. Nach dieſen Erfolgen, mit denen nun die Gefahren erſt begonnen, bot er klüglich den Frieden an, der auch im folgenden Jahre abge-
ſchloſſen wurde und ihm das Anſehen eines europäiſchen Schiedsrichters verlieh.
Nicht zu leugnen iſt, daß er dieſe kriegeriſchen Reſultate wenigſtens mit eminenter
Energie zu erringen geſtrebt hatte, ein ungünſtiger Erfolg würde ihn, den
frevelhaften Emporkömmling, aber freilich bei ſeinem Volke in die übelſte Situation verſetzt haben, und er war daher gezwungen etwas zu wagen. Seine
zweifelhafte Stellung nöthigte ihn, ſein Volk in ſteter Spannung zu erhalten
und er unterſtützte daher die Kriegsgelüſte Sardiniens 1858 und nahm als
Hauptperſon Theil an deſſen Kriege gegen Oeſtreich 1859. Hier betheiligte
er ſich perſönlich und erwarb ſich den Ruf eines unerſchrockenen Mannes; die
Siege waren aber in der That nur ſeinen in Algier und der Krim trefflich
geſchulten Generalen und Soldaten zuzuſchreiben. Nach den Siegen von Magenta und Solferino rückte er bis an das berühmte Feſtungsviereck von Mantua,
Peſchiera, Verona und Legniano vor, aber wie in der Krim brach er auch hier,
wo die Gefahr anfing, den Krieg ab, indem er ſchlau als Sieger und gleichwie
zum Beweiſe ſeiner Mäßigung den Frieden anbot, den Oeſtreich auch unkluger
Weiſe mit Verzicht auf die Lombardei annahm. Dadurch hatte er, ohne wirklich
Großes gethan zu haben, ſich wieder bei den Blödſichtigen, deren Zahl ſtets
überwiegend iſt, in größtes Anſehen geſetzt. Durch ſeinen Frieden von Villafranca hatte er durch die Beſtimmung der Nichtintervention Italien Gelegenheit
gewährt ſich revolutionair zu entwickeln, was eben jetzt der Fall iſt. N. ſteht
dieſer Bewegung ſchützend zur Seite. Kaum aber können die Großmächte
Napoleons ſchlaue Geſpinnſte gut beißen und es iſt zu erwarten, ob er
ſich einer größeren Macht, als er ſie jetzt zu bekämpfen hatte, gegenüber als
ein Held, ebenbürtig jenes großen Napoleon, zeigen werde. Vor dem Krieg
Sardiniens gegen Oeſtreich 1859 hatte er ſich von Erſterem Savoyen und
Nizza ausbedungen. Dies leugnete er geraume Zeit und entwickelte bei der
Beſitznahme eine ſehr niedrige Schlauheit, die ihm den Ruhm der Biederkeit
gänzlich raubt. Heer und Marine ſind durch ihn auf einen vorzüglichen Standpunct gebracht worden, er hat für ſeine Armee eine einzige Art Granatkanonen
eingeführt und als Militairſchriftſteller hat er ſich durch ſein „Manuel sur l'Artillerie" bekannt gemacht.

Rerſes, Verſchnittener am Hofe Juſtinians I. zu Byzanz, wurde Schatz-
meiſter und ſpäter Feldherr, machte den perſiſchen Krieg mit, führte dann neben
Beliſar ein zweites Heer in Italien und übernahm nach deſſen Abberufung
den Oberbefehl, ſchlug bei Tagina die Oſtgothen, deren König hier fiel, nahm
Rom und lieferte den Gothen eine zweite ſiegreiche Schlacht, in der ihr neuer
König Tejas fiel. Darauf ſchlug er 554 die Allemannen bei Capua, unterwarf ganz Italien und regierte es nun als Statthalter bis 567. Sein Ende
iſt umfabelt.

Narvaez, Don Ramon, Spanier, 1795 geb., trat während des Halbinſel-
kriegs in das ſpaniſche Heer, machte den Inſurrectionskrieg 1823 mit, war
beim Ausbruch des carliſtiſchen Kriegs Oberſt, zeichnete ſich unter Chriſtinens
Banner ſo aus, daß er bald General wurde. Nach der Niederlage der karliſtiſchen Sache widmete er ſich ausſchließlich dem Staatsweſen, erlangte die
Würde eines Herzogs von Valencia, und ſtand wiederholt an der Spitze der
Verwaltung.

Narwa, russische befestigte Stadt an der Narowa mit 5000 Einw., Hafen, Arsenal, Kaserne, Hospital. Hier 1700 Sieg der Schweden unter Karl XII. über die Russen unter Peter (8200 gegen 80,000 Mann). 1553 Eroberung durch die Russen, 1581 durch die Schweden, 1590 und 1658 von den Russen belagert, 1704 von den Russen mit Sturm erobert.

Nassau, deutscher Bundesstaat, Herzogthum von 86 ▢ M. mit 450,000 Bewohnern, umgrenzt von Preußen, Hessen-Cassel, Hessen-Darmstadt, Hessen-Homburg und Frankfurt, bestehend aus Nassau-Usingen, Nassau-Weilburg und den Grafschaften Niederkatzenellenbogen, Schaumburg, Eppstein, Holzappel, Wied, Sayn, den Fürstenthümern Dietz, Dillenburg, Hadamar u. a. Herrschaften; Hauptgebirge Taunus und Westerwald; Hauptströme: Rhein (Grenze bildend) und Main; konstitutionelle Monarchie; Dynastie: Nassau-Walram; Heer 4542 Mann mit zwei Generalen. Nur diese Mannschaft hat N. zum deutschen Bundesheere zu stellen, doch ist seine Militairorganisation auf 5500 Mann eingerichtet, die in 4 Infanteriebataillone, 1 Jägerbataillon, zwei schwere Batterien, 1 Pionierabtheilung und 1 Ersatzbataillon eingetheilt sind. Festungen hat N. nicht, reich ist es dagegen an Ueberresten alter römischer Befestigungen. Aus dem Hause Nassau sind mehre gerühmte Helden hervorgegangen (s. ihre Namen). Im Weiteren über das Land s. Deutschland.

Nassau-Siegen, Johann Moritz Graf, geb. 1604, Neffe Wilhelms von Oranien, machte jung einen Theil des siebenjährigen Kriegs unter holländischer Fahne mit, ging als Oberbefehlshaber der holländischen Truppen 1637 nach Südamerika, entriß den Portugiesen einen großen Theil Brasiliens, machte sodann Eroberungen an der afrikanischen Küste, worauf er seine Werke in Brasilien fortsetzte. 1644 zurückgekehrt wurde er Chefgeneral der holländischen Cavalerie, später Feldmarschall, worauf er in brandenburgische Dienste trat und Statthalter von Kleve wurde. Starb 1679.

Nassau-Siegen, Karl Heinrich Nicolas Otto Prinz von, einer der genialsten Krieger seiner Zeit, weniger wegen seiner Kriegskunst als seiner Kriegslust, geb. 1745, trat als Knabe in das französische Heer und avancirte bis 1765 zum Rittmeister, worauf er eine Reise um die Welt machte, und wieder in das Heer eintrat. Kämpfte für Spanien gegen England, nahm an der Belagerung Gibraltars mit größter Auszeichnung Theil, wurde spanischer General, trat als Viceadmiral in russische Dienste, vernichtete im schwarzen Meere die türkische Flotte, in der Ostsee zum Theil die schwedische, wurde aber von dieser überraschend angegriffen und selbst furchtbar geschlagen. Hierauf schied er aus dem Dienste und starb 1805.

Nasser Graben, s. Graben.

Nationalarmee, eine Armee, welche nur aus Eingebornen eines Landes besteht, zum Unterschied von einer andern im Lande befindlichen aus Nichteingeborenen bestehenden Armee; so von 1815—1830 die Nationalarmee in Polen zum Unterschiede von der in Polen stehenden russischen, so auch bis 1849 die ungarische zum Unterschiede von der in Ungarn stehenden östreichschen.

Nationalgarde, s. v. w. Communalgarde (s. d.), Miliz (s. d.), Volkswehr (s. d.).

Natolien, westliche Halbinsel Kleinasiens, türkisch, s. Asien.

Naumachia, griechisch Seegefecht, später bei Griechen und Römern eine theatralische Vorstellung, deren Hauptinhalt ein Seetreffen war.

Nauplia, griechische See- und Hafenstadt von 14,000 Einw., stark befestigt durch die Forts Palamidi, Albanitika und Itschkali. Zeughaus, Militairschule, Spital. 1539 von den Türken, 1686 von den Venetianern, 1715 von den Türken, 1823 von den Griechen erobert.

Navarin, berühmte griechische Hafenstadt auf Morea mit Zitadelle von 2000 Einw., dazu gehörig Kastron Alt-Navarin zum Schutz des Hafens. 425 v. Chr. große Seeschlacht im peloponnesischen Kriege, 1827 am 28. Oct. Seeschlacht und Vernichtung der türkisch-ägyptischen Flotte durch die englisch-französisch-russische Flotte.

Navarra, ehedem kleines Königreich zwischen Frankreich und Spanien, lange Zankapfel zwischen diesen Staaten, von Heinrich IV. mit Frankreich verbunden (s. Frankreich und Spanien).

Naxos, schöne Insel des griechischen Archipels mit einem alten Thurme des Achilles. (S. Griechenland.)

Neapel, prachtvolle Hauptstadt des Königreichs Beider Sicilien, 5 Meilen im Umfange, am Sabato und Meere, zwischen Vesuv und Posilippo, mit der Garnison 425,000 Bew., kleiner künstlicher Hafen mit großer Rhede, ohne Mauern und Gräben, aber von 6 starken Forts umgeben, darunter die stärksten St. Elmo, Castel dell' Uova und Castel Nuovo; Militaircollegium, Militairschule, Militairacademie, Marinesternwarte, Seekartensammlung, topographisches Bureau, Sammlung von Feldmeßinstrumenten, Statuen Karls II., III., Ferdinands I. u. v. A. Bemerkenswerth noch die polytechnische Schule. War Hauptmilitairplatz des Königreichs.

Neapel, Königreich, s. Sicilien (-Beide) und Italien.

Nearchus, verdienstvoller Admiral Alexanders des Großen, Entdecker der Tigris- und Euphratmündungen.

Nebukadnezar, 604—563 v. Chr., Wiederhersteller des Königreichs Babylon, großer Eroberer, Zerstörer des jüdischen Reichs (s. Asien).

Neerwinden, belgisches Dörtchen. Hier Niederlage der Engländer durch die Franzosen unter dem Herzog von Luxemburg 1693 und Niederlage der Franzosen unter Dumouriez 1793.

Neikologie, die Lehre vom in sich vernünftigen Zusammenhange des Streites (Krieges). Grundriß zur Neikologie von P. v. P.

Neipperg, Wilhelm Graf von, in östreichischen Diensten, schloß den schlechten Frieden von 1739 und verlor gegen Friedrich den Großen die Schlacht bei Mollwitz, wurde später Commandant von Wien und starb 1773.

Neipperg, Albert Adam Graf von, geb. 1775, in östreichischen Diensten, machte im Generalstabe die Feldzüge gegen Frankreich seit 1792 mit, zeichnete sich besonders 1809 und 1813 bei Leipzig aus, avancirte zum Feldmarschalllieutenant und starb 1829. Soll morganatisch mit der zweiten Gemahlin Kaiser Napoleon I. vermählt gewesen sein.

Neipperg, Alfred Graf von, geb. 1807, würtembergischer General.

Neisse, preußische Festungsstadt in Schlesien von 13,000 Einw. mit 3½ Tausend Garnison, Hauptartilleriewerkstatt, Königl. Pulverfabrik, Königl. Gewehrreparaturanstalt, an der Neisse und Biele, verbunden mit der oberschlesischen Eisenbahn, seit 1350 ummauert, 1594 mit Bastionen und Schanzen, 1643 mit Wall und Gräben versehen und im siebenjährigen Kriege von Friedrich d. Gr. mit großartigen Vertheidigungswerken versehen, die N. zu einer Festung I. Rangs machen. Im dreißigjährigen Kriege mehrmals, 1741 von den Preußen, 1807 von den Franzosen genommen.

Nelson, Horatio, Viscount, Engländer, Sohn eines Pastors, geb. 1758, ging 12 Jahre alt zu Schiff, wurde 1777 Lieutenant, zeichnete sich als solcher in den amerikanischen Gewässern heldenmäßig aus, wurde 1784 Capitain, erhielt 1793 ein Commando im mittelländischen Meere, nahm Calvi auf Corsica, wo er ein Auge verlor, wurde 1795 Commodore, in der Schlacht bei St. Vincent Contreadmiral durch ausgezeichnete Heldenleistungen, blockirte Cadiz, verlor bei St. Cruz einen Arm, vernichtete die französische Flotte bei Abukir, wofür er zum Baron erhoben wurde. Als Admiral der blauen Flagge leitete er 1801 das Unternehmen auf Kopenhagen, wurde nun Viscount, trug 1805 den großen Seesieg bei Trafalgar davon, der ihm das Leben kostete, da er im Mastkorbe die Schlacht beobachtend, von einer Kugel tödtlich getroffen wurde. War einer der größten Seehelden Englands, doch hat er seinen Ruf durch Neigung zu Despotismus und Grausamkeit befleckt.

Reograd, früher ungarische Festung, 1685 durch Entzündung der Pulvermagazine bei einem Gewitter zerstört.

Nepal, ostindisches Königreich, s. Asien.

Neresheim, würtembergsches Städtchen, hier 1796 unentschiedene Schlacht zwischen den Oestreichern und Franzosen.

Nero, Lucius Domitius, später Claudius Drusus, berüchtigter römischer Kaiser, unkriegerisch, s. Rom.

Nertschinsk, russische Festungsstadt an der chinesischen Grenze in Sibirien.

Nestor, Held der griechischen Mythe, machte den Kampf gegen die Centauren, den Argonautenzug und die Belagerung Trojas mit.

Nettelbeck, Joachim, geb. zu Kolberg an der Ostsee 1738, lernte als Brauer, ging aus Neigung in langjährige Schiffsdienste, zeichnete sich bei der Belagerung Kolbergs im siebenjährigen Kriege durch energische Theilnahme aus, machte sich aber bei der Belagerung Kolbergs durch die Franzosen 1807 zu einem Gegenstande der höchsten Feier in ganz Deutschland. Er bewirkte durch den König die Abrufung des nachlässigen und unzuverlässigen Commandanten Loucadou, für welche Gneisenau die Commandantur übernahm. Er wurde Bürgeradjutant bei diesem, erhielt die Direction der Wassermanoeuvre und die wichtigsten Functionen bei den Lösch- und Verpflegungsanstalten. Den nahenden befreundeten Schiffen diente er unter den gefährlichsten Verhältnissen als Pilot. Seinen außerordentlichen Diensten wurde die siegreiche Behauptung des Platzes bis zum Tilsiter Frieden hauptsächlich verdankt. Er hatte dem Siege Kolbergs selbst sein Vermögen geopfert, gleichwohl belohnte ihn der König ziemlich unköniglich mit einer Medaille, der Erlaubniß Admiralitätsuniform zu tragen und 7 Jahre vor seinem Tode mit einem kleinen Gnadengehalt von jährlich 200 Thlr. Starb 1824.

Neuburg, baiernsche Stadt an der Donau von 7000 Einw., bemerkenswerth wegen einer schönen Waffensammlung auf dem Schlosse.

Neucaledonien, s. Amerika.

Neuenburg, 22. schweizer Canton, s. Schweiz.

Neuengland, s. Amerika.

Neufundland, s. Amerika.

Neugranada, s. Amerika.

Neuguinea, s. Australien.

Neuhampsire, s. Amerika.

Neuhäusel, ungarische Stadt an der Neutra von 6700 Einw., berühmt durch das Hunyadysche Gestüt. Früher gute Festung. 1663 von den Türken mit großem Blutvergießen, 1685 von den Oestreichern erobert.

Neuhebriden, s. Australien.

Neuhof, Theodor Baron von, in Westfalen geboren, flüchtete wegen eines Duells, wurde spanischer Lieutenant, machte den Krieg in Afrika mit und fiel in Gefangenschaft des Dei von Algier. 1735 wurde er als Offizier eines algierischen Regiments den Corsicanern zu Hilfe geschickt, leistete zur Befreiung Corsicas Außerordentliches, wurde 1736 von den Corsicanern zum Könige erwählt und vertheidigte sein Königreich so lange siegreich bis Genua von Frankreich Hilfe erhielt (1738). Flüchtig starb er 1756 in England in dürftigen Verhältnissen

Neuholland, s. Australien.

Neujersey, s. Amerika.

Neumexico, s. Amerika.

Neusatz, serbisch-ungarische Stadt von 19,000 Einw., gegenüber Peterwardein an der Donau, 1849 von den Oestreichern unter Jellachich genommen, aber alsbald von den Ungarn eingeäschert.

Neuschottland, s. Amerika.

Neuseeland, s. Australien.

Neustadt, 6 Meilen von Wien, an der Südbahn und dem neustädter Kanal, 13,000 Einw., nach dem Brande 1834 neu und schön aufgebaut, von Graben und Mauer umgeben. Mauer durch Thürme verstärkt. Schanzen außenliegend. Hier Militairacademie für 500 Zöglinge, Standquartier eines Raketencorps in 2 Kasernen, Militairhospital, Artilleriewerkstätten. Hier Niederlagen der Ungarn und der Böhmen 1246 und 1271. 1486 von den Ungarn genommen, 1529 und 1683 von den Türken belagert.

Neustadt, Stadt von 7000 Einw. in Schlesien, 1779 von den Oestreichern zusammengeschossen.

Neustadt, holsteinisches Städtchen an der Ostsee, 1850 hier siegreiches Gefecht dreier dänischer Kriegsfahrzeuge gegen ein holsteinisches, welches durch seinen Capitain in die Luft gesprengt wurde.

Neusüdwales, s. Australien.

Neuß, preußische Freihafenstadt am Rhein und der Erft, 1474 von Herzog Karl dem Kühnen von Burgund belagert, aber nach 11 Monaten von Kaiser Friedrich III. entsetzt. 11,000 Einw.

Neutral, heißt eine staatliche Macht, wenn sie sich an dem Kriege zweier anderer Staaten weder direct noch indirect betheiligt. Durch die Neutralität wird sie den kämpfenden Mächten gegenüber unverletzlich. Bewaffnete Neutralität heißt der Zustand eines Staates, in welchem er sich nur darum kriegsfertig hält, um seine Neutralität gegen die Anmaßungen einer der kriegführenden Parteien zu vertheidigen. Ewige Neutralität, für alle Zeiten einem Staate von den anderen Mächten zugestandene Neutralität, von der die Schweiz jetzt ein Beispiel giebt.

Neuwales, s. Amerika.

New-York, s. Amerika.

Nevers, französische Departements- und Flußhafenstadt an der Loire und Eisenbahn mit 18,000 Einw., berühmt durch ihre Kaiserliche Geschützgießerei für Marine und Landheer.

Neville, William Graf von, Engländer, schwang sich in den Kriegen gegen Frankreich und Lancaster zum Großadmiral auf und starb 1462.

Ney, Michael, Franzose, Sohn eines Böttchers, geb. 1769 in Saar-Louis, trat vor der Revolution ins Heer, wurde Unteroffizier, beim Ausbruch der Revolution Lieutenant, stieg in den Feldzügen bis 1794 zum Rittmeister und wurde Klebers Adjutant. Unter Jourdan erzwang er den Uebergang über die Regnitz und wurde dafür General. 1799 schwang er sich durch die Wegnahme Manheims zum Divisionsgeneral auf und erhielt bald danach den Oberbefehl über die Rheinarmee, den er aber bald wieder abtrat. 1804 wurde er Marschall, 1805 schlug er die Oestreicher bei Günzburg, forcirte die Befestigungen von Elchingen, brachte Ulm zur Uebergabe und wurde dafür zum Herzog von Elchingen erhoben. 1806 zeichnete er sich in Preußen aus, brachte Magdeburg zur Capitulation, verhütete 1807 bei Eylau eine Niederlage und trug das Meiste zum Siege bei Friedland bei, gab 1808 in Spanien den französischen Waffen das entschiedenste Uebergewicht, machte aber aus Unzufriedenheit den östreichischen Feldzug 1809 nicht mit. Doch ging er 1812 mit nach Rußland, entschied die Siege bei Smolensk und Borodino, wurde zum Fürsten von der Moskwa erhoben, deckte die Armee auf dem Rückzuge, entschied 1813 wieder bei Lützen, Bautzen und Dresden, wurde aber von den Preußen bei Dennewitz geschlagen, vertheidigte in der Schlacht bei Leipzig am längsten den Platz und machte alle Hauptschlachten 1814 mit. Nach Napoleons Sturz schloß er sich Ludwig XVIII. an. 1815 wurde er von Ludwig XVIII. dem Kaiser Napoleon entgegengeschickt, um diesen am Zuge nach Paris zu hindern. Allein seine Truppen fraternisirten mit denen Napoleons und er selbst trat zu Napoleon über, da ihm unter solchen Verhältnissen die Herrschaft der Bourbonen unhaltbar erschien. Er erhielt das Commando über den linken Flügel des Heeres gegen die Engländer, ging auf Napoleons Plan, die Preußen von den Engländern zu trennen, nicht genügend ein und verschuldete daher deren Vereinigung bei Waterloo. Hier suchte er den Fehler, jedoch vergebens, durch verzweifelte Bravour gut zu machen. Nach dieser Schlacht erhob sich in Paris die bourbonische Partei, verhinderte, daß N. ein Commando zur Vertheidigung von Paris erhielt, und zeigte ihm die feindseligste Gesinnung. Das Schlimmste fürchtend, wollte er sich in die Schweiz begeben, wurde aber verhindert. Er wurde erst von einem Kriegsgerichte, dann von der Pairskammer des Verraths am Könige angeklagt, als Hochverräther zum Tode verurtheilt und am 7. Dec. 1815 erschossen.

Rey, Napoleon Heinrich Edgar Graf von, geb. 1812, General und Adjutant Napoleons III.

Rey, Michael Louis Felix Graf, Bruder des Vorigen, geb. 1804, französischer General.

Nicaragua, s. Amerika.

Nicias, athenischer Feldherr im peloponnesischen Kriege, machte den sicilischen Zug mit, siegte bei Syracus, kam aber bei der Niederlage 413 v. Chr. um.

Niederlande. Die Niederlande sind eine Königsmonarchie und bestehen seit Abtretung Belgiens aus den Provinzen Nordbrabant, Geldern, Holland, Zeeland, Utrecht, Friesland, Oberyssel, Gröningen, Drenthe und der Hälfte von Limburg. 640½ ◻M. Bevölkerung 3,300,000 Menschen. Staatsform monarchisch-constitutionell. Dynastie: Oranien-Nassau. Stände heißen Generalstaaten. Ministerium verantwortlich. Armee 58,647 Mann, davon 20,500 activ. Davon 43,969 Mann Infanterie, 4370 Mann Cavalerie, 8956 Mann Artillerie. Infanterie besteht aus einem Regiment Grenadiere und Jäger, 8 Linienregimentern, jedes mit einem Lehr- und 1 Depotbataillon, 1 Disciplinardepot und dem Stabe. Cavalerie besteht aus 4 Dragonerregimentern, 1 limburger Jägerregiment und dem Stabe; die Artillerie aus 1 Feldregimente von 11 Batterien und 3 Festungsregimentern zu 4 Batterien. Sonst besteht 1 Geniecorps, 1 Pontonniercorps, 1 Sappeur-, 1 Mineur- und 1 Pontonniercompagnie und 1 Maréchausseescorps (Gensdarmeriescorps). Sonst besteht noch 1 Bürgerwehr von 96,636 Mann, wovon 63,000 Mann activ sind. Für Luxemburg stellen die Niederlande ein Contingent zum deutschen Bundesheere (s. Deutschland). Die Flotte zählt 84 Schiffe mit 2000 Geschützen und 58 Kanonenschaluppen mit 174 Geschützen. Die größeren Schiffe sind 2 zu 84 und 3 zu 74 Kanonen, 15 Fregatten, 12 Corvetten, 10 Briggs, 18 Goeletten und 19 Dampfer. Bemannung besteht aus 1 Admiral, 1 Admirallieutenant, 2 Viceadmiralen, 4 Contreadmiralen, 20 Capitains, 30 Capitainlieutenants, 300 Lieutenants, 140 Cadeten, 83 Aerzten, 81 Verwaltungsbeamten, gesammte Bemannung 4770 Mann; außerdem 1 Seesoldatencorps. An der Spitze stehn die Provinzialcommandos und die Marinedirection. Als wichtigste Festungen sind zu nennen Mastricht,

Breda, Bergen op Zoom, Herzogenbusch, Bliessingen, Holder und Converden. Hauptkriegshäfen sind Amsterdam nebst Medenblik, der Dezel und Rieuwe Diep und Rotterdam mit Hellevoetsluis und Blissingen. — Die Urbewohner der Niederlande waren zum Theil Gallier, zum viel größeren Theile Germanen. Einer der ersten Kriege, der wenigstens gewissermaßen ein inländischer genannt werden konnte, war 70 n. Chr. der Freiheitskampf unter Claudius Civilis. Bis zur völligen Vereinigung der Niederlande gehörten dessen Kriege Germanien, Gallien, den einzelnen Stämmen, den Franken, Burgund, Lotharingen, der Normandie und den später gebildeten kleinen Grafschaften an. Von Burgund kam ein Theil der Niederlande an das Kaiserhaus und Karl V. vereinigte sämmtliche Provinzen. Von da ab spielten die Niederlande nur als Zubehör des Kaiserstaates oder der spanischen Monarchie eine Rolle in der Kriegsgeschichte; diese war aber trotz jener Unselbstständigkeit darum desto bedeutsamer, da die Niederlande meist selbst das kriegerische Object waren. Der größte Krieg der Niederlande war ein Revolutionskrieg, der durch Philipps II. fanatische Grausamkeit hervorgerufen wurde und im westfälischen Frieden die Selbstständigkeit der Niederlande zur Folge hatte. In diesen vielverzweigten Kriegen waren fast alle Staaten Europas beschäftigt und ihnen entwuchs die ungeheure Seemacht, mit welcher die Niederlande sich die Oberherrschaft jenseits des Meeres in weit überwiegendem Maße erworben. Vom westfälischen Frieden an folgten die Niederlande auf dem europäischen Kriegstheater dem Hause Habsburg, dem sie gewissermaßen angehörten. 1792 wurden sie in den Kriegen zwischen Oestreich und Frankreich wieder ein Object des Kampfes und der vorzüglichste Tummelplatz des Krieges. 1795 verwandelten sich die Niederlande unter der Wucht der französischen Siege in eine Republik und 1806 in ein bonopartisches Königreich, welches bis 1814 dauerte. Beide folgten natürlich ganz der französischen Politik und waren Theilhaber an Frankreichs Kriegen. 1814 wurden die Niederlande mit wesentlicher Vergrößerung und Territorialveränderung unter dem souverainen Hause Oranien wiederhergestellt. 1816 nahmen die N. am Kampfe gegen Algier Theil. 1819 wurden Nationalmiliz und Linie vereinigt, das Heer im Allgemeinen vermindert, aber die Schuttery (Landwehr) eingerichtet. 1830 rissen sich die katholischen Südprovinzen in einer Revolution vom Königreich los und bildeten das eigene Königreich Belgien. Dabei kam es zu einigen kriegerischen Gängen, die für die Belgier weniger ehrenvoll waren als für die Holländer. Ueberhaupt war das Schwert der Holländer ganz von der auswärtigen Politik gebunden. So wurden die Belgier 1831 bei Hasselt und Löwen geschlagen, allein die französisch-englische Politik und ein französisches Heer, welches 1832 Antwerpen eroberte, entschieden diesen durch die Diplomatie erbärmlich zerklüfteten Krieg, dessen Erfolg die Trennung Belgiens von Holland war.

Nile, Siegesgöttin der alten Griechen, ursprünglich gleichbedeutend mit Athene.

Nilobaren, 19 kleine Inseln in den ostindischen Gewässern, s. Asien.

Nikolajew, Hauptschifffstation Rußlands fürs Schwarze Meer, an einer limanartigen Erweiterung des Dniepr, 1789 von Potemkin gegründete prächtige Stadt von 30,000 Einw. mit 2 Häfen. Hier die Hauptanstalt für den Bau der Kriegsschiffe Rußlands im Süden; Sitz der Admiralität; Seemannsschule; Schiffsbauschule; Arsenal; Gießereien; riesenhafte Magazine; starke Garnison; durch die Lage tief im Lande von dem Angriffe feindlicher Flotten ganz sicher.

Nikolaus, Pawlowitsch, 3. Sohn Kaisers Paul 1. von Rußland, geb. 1796, bestieg den väterlichen Thron 1825, führte 1826 gegen Persien, 1828 und 1829 gegen die Türkei, 1831 gegen das insurgirte Polen siegreiche Kriege, führte einen ununterbrochenen Krieg gegen die kaukasischen Völker, und gewann durch unermeßliche Opfer mehr und mehr die Gewalt über dieselben, ohne indessen ihre völlige Unterwerfung zu erringen. Ein Eroberungszug gegen Chiwa mißglückte ganz. 1853 suchte er den langgehegten Plan der Eroberung der Türkei zur Ausführung zu bringen, fand aber an England nicht den erwarteten Bundesgenossen, sondern einen Feind. Doch ließ er seine Heere in die Donaufürstenthümer einrücken und Silistria angreifen. Diese Operation mißglückte und 1854 standen ihm die Türkei, England und Frankreich verbündet in der Krim gegenüber, schlugen sein Heer an der Alma und demüthigten die russische Fahne in solcher Weise, daß er, wie behauptet wird, aus Gram starb 1855. Ausgenommen an dem türkischen 1828 hat er an keinem seiner Kriege persönlich Theil genommen und auch in diesem wirkte seine Gegenwart nicht fördernd, sondern hemmend, so daß ihm vielleicht nicht ohne Grund Feldherrntalente abgesprochen worden sind; doch hat er das russische Militairwesen, freilich ohne Rücksicht auf die Kraft des Landes, auf eine noch nie dagewesene Höhe gebracht und ganz besonders dankt ihm Rußland den Glanz seiner Seemacht. (S. Rußland.)

Nimwegen, niederländische Stadt von 22,000 Bewohnern, befestigt, an der Waal, Ruine einer Burg von Karl d. Gr., 1585 von den Spaniern, 1591 von den Niederländern erobert.

Ninive (s. Asien).

Ninus, König und Gründer des assyrischen Reichs (s. Asien).

Nisib, asiatische Stadt am Euphrat, hier 1839 Niederlage eines türkischen Heeres durch die ägyptische Armee.

Nivellement, Höhenmessung, geschieht durch Summirung der Differenzen je zweier verschiedener, doch einander am nächsten gelegener Höhepuncte, deren Abstand durch ihren Parallelismus in der Horizontale gefunden wird. Wo man dem einzelnen Punkte der Erdsteigung, wie z. B. bei zerklüfteten Gebirgen, nicht beikommen kann, muß die barometrische Messung eintreten; die Höhenmessung in beiden Verfahrungsarten gehört zu den Geniewissenschaften und ist in denen von großer Wichtigkeit, namentlich wegen der Festungsbauten.

Niegosch (Petrowitsch), gegenwärtige montenegrinische Dynastie (s. Montenegro).

Noailles, Antoine de, Franzose, geb. 1504, Admiral von Frankreich, gest. 1562.

Noailles, Anne Jules Herzog von, geb. 1650, französischer General, focht mit Auszeichnung gegen Spanien, starb 1708.

Noailles, Adrian Maurice Herzog von, geb. 1678, französischer General, focht im spanischen Erbfolgekriege rühmlich, 1733 eroberte er die Linien von Ettlingen, wurde Marschall, 1734 schlug er als sardinischer Feldherr die Oestreicher, wurde aber an der Spitze des französischen Heeres 1743 bei Dettingen von den Oestreichern gänzlich geschlagen, gab aus Verdruß das Obercommando ab. Doch kehrte er mit dem Könige selbst zur Armee zurück, beschäftigte sich jedoch nun vorzugsweise mit dem Staatswesen und starb 1766.

Noailles, Louis Herzog von, geb. 1713, französischer Marschall, focht im siebenjährigen Kriege, starb 1793.

Noailles-Mouchy, Philippe Herzog von, geb. 1715, kämpfte in den Niederlanden, wurde Marschall, und fiel ein Opfer der Revolution 1794 auf dem Blutgerüste.

Nola, neapolitanische Stadt von 9000 Einw., 313 v. Chr. von den Römern erobert, hier 216 und 215 v. Chr. Hannibal von den Römern geschlagen.

Nordamerika, s. Amerika.

Nordischer Krieg, 1700—1721; 1697 bestieg Karl XII., funfzehn Jahre alt, den schwedischen Thron. Die Jugend des Königs ermuthigte Dänemark, Polen und Rußland die früher verlorenen Länder Schweden wieder zu entreißen. Der Bund, durch den rachsüchtigen Patkul gestiftet, wird geschlossen. Schnell wendet sich Karl XII. 1700 gegen Dänemark, greift Kopenhagen an und zwingt Dänemark zum Frieden, eilt nach Livland gegen Polen und Russen, drängt erstere zurück und zersprengt mit 8000 Mann bei Narwa die russische Armee von 80,000 Mann, schlägt die Polen und Sachsen bei Riga 1701, Klissow 1702, Pultusk 1703, erobert ganz Polen, siegt bei Fraustadt 1706, erobert Kursachsen, erzwingt den Frieden von Altranstädt 1707, wendet sich wieder nach Polen und bringt, von den rebellischen Kosaken verlockt, anstatt in Westrußland in Südrußland ein, wo er, von seinen Hilfsquellen abgeschnitten, bei Pultawa gänzlich geschlagen wurde und in die Türkei flüchten mußte 1709. Auf Karls Betrieb greift nun die Türkei Rußland an, schließt aber schnell Frieden. Im Norden erwachen nun die Feinde, Stenbock siegt 1712 bei Gadebusch, muß sich aber bei Oldeswort eingeschlossen ergeben; Preußen und England treten zu dem Bunde; unerwartet kehrt Karl 1714 aus der Türkei zurück, entreißt Preußen das in Besitz Genommene, muß aber vor den vereinten Armeen der Feinde aus Pommern weichen, und wendet sich nun 1716 gegen Dänemark allein in Norwegen, fällt aber 1718 bei der Belagerung von Friedrichshall. Seine Nachfolgerin Ulrike Eleonore schloß mit Aufopferung bedeutender Gebietstheile Frieden und setzte den Krieg nur gegen Rußland fort, der aber nach heftigem Kampfe von beiden Seiten mit dem Frieden von Nystadt endete, in welchem Schweden die Ostseeprovinzen an Rußland überließ. Schweden hatte durch diesen Krieg seine hohe kriegerische Bedeutung verloren.

Nördlingen, baiernsche Stadt am Egerbach von 7000 Einw., hier 1634 Bernhard von Weimar von den Kaiserlichen und 1645 die Kaiserlichen von den Franzosen unter Condé geschlagen. 1796 und 1800 hier die Oestreicher von den Franzosen angegriffen.

Norfolk-Howard, Herzog von, Engländer, Generalcapitain der englischen Land- und Seemacht, gefallen 1485 in der Schlacht bei Bosworth.

Norfolk-Howard, Herzog von, Thomas, bekriegte 1495 und 1513 Schottland siegreich und starb 1524.

Norfolk-Howard, Thomas Herzog von, Engländer, geb. 1474, führte 1522 ein englisches Heer gegen Paris, schlug 1537 mit Militairmacht eine Revolution nieder, bekämpfte 1542 Schottland und zog 1544 wieder gegen Frankreich, erntete den bittersten Undank, wurde selbst zum Tode verurtheilt und starb 1554.

Normandie, s. Frankreich und Großbritannien.

Normann-Ehrenfels, Karl Friedrich Leberecht Graf von, geb. in Stuttgart 1784, machte seit 1799 die östreichschen, seit 1803 die würtembergischen Feldzüge unter Napoleon mit, befleckte sich 1813 bei Kitzen durch einen verrätherischen Angriff auf das Lützow'sche Freicorps, ging bei Leipzig zu den Alliirten über, zog sich dann, von Strafen bedroht, ins Privatleben zurück, erhielt beim griechischen Aufstande ein bedeutendes Commando, focht auch mit Glück vor Missolunghi, starb aber schon 1822.

Normannen, Norweger, Skandinavier, besonders Norweger und Dänen, begannen in der Kriegsgeschichte seit 787 eine große Rolle zu spielen, indem sie mit ihren Flotten und Heeren die Nachbarstaaten mit größter Verwegenheit angriffen. Bis 1013 hatten sie ganz England erobert und gaben ihm Dynastien, die weithin fortdauerten. Seit 870 griffen dieselben auch Nordwestdeutschland an, setzten sich in Friesland fest und drangen 843 in Frankreich ein, griffen von der Seine aus selbst Paris an. 887 zogen sie selbst nach Burgund und später bis in das Herz Frankreichs. Gleichzeitig unternahmen sie ihre kriegerischen Raubzüge in die Rheinlande und schon im 9. Jahrhundert drangen sie in Spanien ein und zu Schiffe selbst bis an die afrikanischen Küsten und Griechenland vor, während zugleich andere normannische Haufen Schottland und Irland angriffen. 912 erwarben die Normannen einen Theil des nördlichen Frankreichs und gründeten die Normandie, deren Dynastien nun mächtig in die Geschichte Frankreichs und Englands, das die N. in der Mitte des 11. Jahrhunderts eroberten, eingriffen. Fast in derselben Zeit zogen normannische Schaaren mit ihren Fürsten auch nach Unteritalien und machten sich 1071 völlig zu Herren des Landes. Auch Sicilien fiel in normannische Gewalt. Aber schon in der Mitte des folgenden Jahrhunderts hörte hier die normannische Herrschaft auf. In der Kriegsgeschichte ihrer Zeit spielten die N. eine sehr hervorragende Rolle, doch bestanden ihre Unternehmungen wie die der Ungarn jener Zeit fast nur in wilden Raubzügen ohne staatlichen Zweck.

Northumberland, Henry Lord Percy, Graf von, kämpfte für Heinrich IV. von England, wurde dessen Feind, ließ gegen ihn durch seinen Sohn die furchtbare Schlacht von Shrewsbury schlagen, in der sein Sohn blieb, und fiel selbst im Kampfe 1408.

Northumberland, Hugh Percy Herzog von, geb. 1742, Engländer, kämpfte als General gegen die insurgirten nordamerikanischen Colonien und starb 1817.

Northumberland, Algeron Percy Herzog von, Engländer, geb. 1792, diente in der Marine seit 1805 und wurde rücksichtlich seiner hohen Herkunft schon nach 10 Jahren Capitain ersten Rangs und später Contreadmiral und erster Lord der Admiralität.

Norwegen, selbstständiges, jedoch seit 1814 mit Schweden verbundenes Königreich mit 1,400,000 Einwohnern, umgeben vom Eismeer, Rußland, Schweden, Skagerac, Nordsee und atlantischem Ocean, 5838 ☐M. begreifend, größten Theils in einer Polarzone, die die Bewohnung hindert. Staatsverfassung monarchisch, dennoch vollkommen demokratisch und die freisinnigste in ganz Europa. Kriegsherr ist der König; kann aber ohne Beschluß des Storthing (Volksvertretung) weder Krieg noch Frieden erklären, weder das Heer in seinen Zuständen verändern, noch fremde Truppen in das Land ziehen. Doch besetzt er die Offizierstellen, vergiebt Orden, darf aber kein Adelsdiplom für Norwegen vergeben, wie überhaupt der Adel und jedes Standesvorrecht in N. verpönt ist. Das Veto des Königs erlischt nach dreimaligem Beschluß des Storthing. Jeder Waffenfähige ist zur Landesvertheidigung verpflichtet. Armee besteht aus 12,000 Mann Infanterie, 1100 Mann Cavalerie, 1400 Mann Artillerie und 9200 Mann Landwehr. Die Marine enthält 5 Dampfschiffe, 5 Schooner, 1 Brigg, 4 Corvetten, 2 Fregatten und gegen 140 Kanonenboote. Hauptstation der Kriegsmarine ist Horten in Christianiafiord. Hauptstrandhafen sind Frederikssteen, Frederikstad, Kongsoinger und Aggerhuus. Die erste Periode der Kriegsgeschichte N. erfüllen die Raubzüge der Normannen (s. d.) und innere Kämpfe, die zweite Periode erfüllen die Kriege mit Dänemark, in dessen Gewalt es wiederholt und 1380 dauernd kam, bis 1814 N. von den Großmächten Schweden wegen seines Beitritts zu den Alliirten zugesagt und Dänemark wegen seines dauernden Bündnisses mit Frankreich entrissen wurde; doch mußte es der Kronprinz von Schweden erst erobern.

Nostitz, Friedrich Moritz Graf von, geb. 1721, avancirte in der östreichischen Armee bis 1796 zum Feldmarschall und Präsidenten des Hofkriegsraths und starb in demselben Jahre.

7*

Nostitz, Johann Nepomuk Graf von, geb. 1768, diente im östreichschen Heere und avancirte in den Feldzügen von 1788 bis 1815 zum Feldmarschall-lieutenant, trat 1820 aus dem Dienste und starb 1840.

Nostitz, Georg Ludwig Graf von, geb. 1709, in polnisch-sächsischen Diensten, wurde Generallieutenant, und starb 1758 nach der Schlacht bei Leuthen schwer verwundet.

Nostitz, August Ludwig Ferdinand Graf von, geb. 1777, studirte, trat 1802 in die preußische Armee, machte die Feldzüge von 1806 und als Adjutant Blüchers 1813, 1814 und 1815 mit, rettete Blüchern bei Ligny das Leben und wurde Oberstlieutenant und 1825 General. Den russisch-türkischen Krieg 1828 machte er an der Seite des Kaisers Nikolaus mit, wurde 1838 preußischer Generallieutenant, 1840 Regimentsinhaber und wendete sich nun den diplomatischen Geschäften zu.

Novi, sardinische Stadt von 10,000 Einw., hier 1799 die Franzosen unter Joubert von den Oestreichern und Russen geschlagen.

Noyon, französische Stadt an der Oise von 6000 Einw., hier die Römer von Chlodwig 486 n. Chr. geschlagen.

Nubien, s. Afrika.

Nugent, Sir Georg, geb. 1757, Engländer, focht gegen die nordamerikanischen Colonien, in den Niederlanden, Irland und Ostindien und avancirte bis 1846 zum Feldmarschall. Starb 1849.

Nugent, Sir Charles Edmund, geb. 1759, focht in der Marine vor Rodney, seit 1792 gegen Frankreich, wurde 1803 Admiral der blauen Flagge, 1833 Admiral der gesammten Marine und starb 1844.

Nugent, Laval Graf N. von Westmeath, 1780 in Böhmen geb., diente im östreichschen Heere, machte seit 1805 die Feldzüge gegen Frankreich mit bis 1815, wurde General und 1817 Oberbefehlshaber der neapolitanischen Armee, später östreichscher Feldzeugmeister, focht unter Radetzky 1848 und 1849 gegen Sardinien, desgl. 1849 gegen die Ungarn und wurde zum Feldmarschall erhoben.

Numa Pompilius, s. Rom.

Numantia, altspanische Stadt, deren Unterwerfung Quintus Fulvius Nobilior, Quintus Pompejus, Marcus Popilius Länas, Cnejus Hostilius Mancinus vergebens von 153 v. Chr. bis 134 versucht hatten. Erst Publius Cornelius Scipio vollbrachte das Werk nach funfzehnmonatlicher Belagerung 133, nachdem fast die ganze Besatzung, die entschieden die Uebergabe verweigerte, durch Hunger umgekommen war.

Numidien, s. Afrika.

Nürnberg, gegenwärtig militairisch von geringer Bedeutung, war doch im Alterthum militairisch merkwürdig, führte mit den Burggrafen verschiedene Fehden, war der Versammlungsplatz derer, die 1532 den Religionsfrieden und 1538 den Heiligen Bund schlossen, litt sehr im dreißigjährigen Kriege.

Nyeborg, dänische Stadt auf Fünen, befestigt, hier Sieg der Dänen über die Schweden 1659 zur See.

Nyköping, schwedische Stadt von 3000 Einw., 1719 von den Russen zerstört.

Nystadt, schwedische Hafenstadt von 3000 Einw., hier Friede zwischen Rußland und Schweden 1721 mit großer Aufopferung von Seiten Schwedens.

O.

Oberst, Obrist, Militairwürde zwischen Oberstlieutenant und General, gewöhnlich Regimentscommandeur, als Feldoberst früherer Zeit soviel wie Feldmarschall, überhaupt sehr abhängig von den Titulationsgrundsätzen bei den verschiedenen Armeen.

Oberstlieutenant, Charge auf den Oberst folgend. Fehlt bei vielen Armeen, z. B. in der rufsischen, und ist eine Charge zum Ersaß für den Oberst.

Oberstwachtmeister, s. v. w. Major.

O'Brien, irländischer Held, fiel 1014 in der Schlacht bei Cloutarf.

Observation, Beobachtung.

Observationsarmee, eine Armee, die zur Beobachtung eines feindlichen Heeres aufgestellt wird. Wird namentlich zur Deckung der Belagerungscorps vor Festungen gebraucht, wenn es nicht unwahrscheinlich ist, daß der Herr der Festung Entsaßheere ins Feld stellt.

Occupation, militairische Besetzung, Beschlagnahme eines kriegerischen Objectes, gewaltsame einstweilige Expropriation zu Erzwingung irgend einer Forderung oder zu Erfüllung irgend einer gegen die Dynastie des occupirten Landes übernommenen Pflicht.

Ochsenbein, Ulrich, Schweizer, geb. 1811, Director der eidgenösfischen Militairangelegenheiten, schweizerischer Stabshauptmann, Führer des mißglückten Freischaarenzugs gegen Bern 1845, 1847 auf dem Zuge gegen Bern Führer der Reservedivision, hiernach wiederum Director der schweizerischen Militairangelegenheiten und um das Heerwesen der Schweiz sehr verdient.

Octavius, Cnejus, römischer Prätor auf Sardinien in 2 punischen Kriegen, ausgezeichnet in der Schlacht bei Zama 202 v. Chr.

Octavius, Cnejus, Sohn des Vor., Prätor im macedonischen Kriege und Admiral Roms. St. 162 vor. Ch.

Oczakow, einst starke türkische Festung an der Nordküste des schwarzen Meeres, 1737 und 1788 unter großem Blutvergießen von den Ruffen erstürmt und jetzt in rufsischem Besiß. 5000 Einw., einst groß und kriegerisch sehr bedeutsam.

Oder, dritter Fluß Deutschlands, Hauptoperationslinie gegen Nordosten (Polen und Rußland), daher unter bestimmten Verhältnissen militairisch bedeutsam und zur Herstellung einer Festungslinie benußt, deren Hauptpunkte Kosel, Brieg, Großglogau, Küstrin und Stettin sind. (S. Deutschland).

Odessa, rufsische Stadt an der Nordküste des schwarzen Meeres, erst 1794 gegründet, jetzt 70,000 Einwohner zählend, mit von 2 Molos gebildeten Handelshafen und starke Vertheidigungsbatterien, sowohl am Strande als in den Spißen der Molos. Hier Observatorium, Schifffahrtsschule und Admiralitätsamt. Die militairischen Anstalten sind lediglich auf den Schuß des Verkehrs in der Handelsschifffahrt berechnet. 1854 wurde O. einen Tag von der englischen Flotte beschossen und erlitt dadurch nicht unerhebliche Beschädigungen.

Odin, Allvater, Wuotan, mächtigster Gott in der altgermanischen Mythologie. S. Asen.

Odoaker, rugischer Herkunft, trat in das römische Heer und erhob sich zum Feldherrn, stürzte den Usurpator des Kaiserthrones Romulus Augustulus, zog mit seinem aus Germanen bestehenden Heere nach Italien, das er ganz unter seine Herrschaft brachte, züchtigte mit dem Schwert die Rugier, wurde aber vom ostgothischen Könige Theoderich angegriffen, bei Aquilega, Verona, an der Abda geschlagen, drei Jahre lang in Ravenna belagert und nach der Uebergabe ermordet 493 n. Chr.

O'Donnell von Tyrconnel, Karl Graf von, irischer Herkunft, machte im östreichischen Heere den östreichischen Successionskrieg und die schlesischen Kriege mit, focht im siebenjährigen Kriege bei Kollin, Hochkirch und Mazen, mußte aber Schweidnitz übergeben, erhielt als Feldzeugmeister in den Niederlanden 1764 den Oberbefehl und starb 1770.

O'Donnell von Tyrconnel, Maximilian Karl Lamoral Graf von, Flügeladjutant des Kaisers Franz Joseph von Oestreich, geb. 1812.

O'Donnell von Abispal, Joseph Heinrich Graf von, diente seit 1795 im spanischen Heere, focht von 1808—1811 gegen die Franzosen und wurde General, nach dem Frieden 1814 Generalcapitain von Andalusien. Im Insurrectionskriege 1823 spielte er eine wenig glänzende Rolle und ging nach Ende des Kriegs als Flüchtling nach Frankreich. Starb 1834.

O'Donnell von Abispal und Lucena, Leopold Graf von, machte sich zuerst im Kampfe gegen Don Carlos berühmt, schlug Cabrera bei Lucena 1839 als Divisionsgeneral, mußte 1841 bei Erregung einer Revolution gegen Espartero flüchten, stand 1854 an der Spitze der Militairrevolution, durch die Espartero abermals an die Spitze des Cabinets gebracht wurde, und bewies sich auch hier als ein kühner Soldat. Später trat er nach Esparteros Sturze an die Spitze des Cabinets und wurde 1860 an die Spitze des Heeres gestellt, welches Befehl erhielt Marokko zu bekämpfen. Durch mehre glänzende Siege erzwang er in einigen Monaten den Frieden, der Spanien nicht nur eine Erweiterung des Gebietes von Ceuta, sondern auch andere erhebliche Vortheile brachte.

Odysseus, Ulysses, mythischer Heros der Griechen, der bei der Belagerung Trojas eine große Rolle spielte und an der Spitze derer stand, welche sich in dem hölzernen Pferde befanden und durch wüthenden Kampf in der Stadt die Entscheidung gaben.

O'Farril, Don Gonzalo, auf Havana 1753 geb., in Frankreich erzogen, trat 1766 in das spanische Heer, focht vor Mahon und Gibraltar, 1793, 1794 und 1795 gegen Frankreich, war 1808 Kriegsminister unter Ferdinand und später unter Josef Napoleon. Nach der Restauration wurde er zum Tode verurtheilt und starb 1831 als Flüchtling in Frankreich.

Ofen, Hauptstadt Ungarns mit Festung, welche den Haupttheil der Stadt bildet und auf einem 192 Fuß hohen Felsen an der Donau liegt, Hauptquartier eines Armeecorps, welches auch Siebenbürgen mit besetzt hält. Die Festung ist von 6 Vorstädten umgeben und nur auf einer Seite frei. Sie besteht aus riesenhaftem mittelalterlichen Mauerwerk, sehr starken gedeckten Batterien und mehren Castells. Sie enthält ein kaiserlich königliches Schloß, dessen Länge fast 600 Fuß mißt, und eine Hofkirche, in der die ungarischen Reichskleinodien aufbewahrt werden, auf dem St. Georgsplatze ein Denkmal des Generals Hentzi, der 1849 in Vertheidigung der Feste fiel, ein großes Zeughaus, Kriegsrathspalais, Sternwarte, mehre hohe Civilämter, Niederlagen, Werkstätten und etliche Privatpaläste. In den Vorstädten liegen das kaiserliche, sechs Stock hohe Castell, die Monturanstalt mit Castell, die sehr großen Kasernen und Lazarethe. Auch befinden sich in dem gegenüberliegenden Pesth viele zur Festung gehörige Anstalten, so z. B. das Munitionsdepot, ein Invalidenhaus, die Artilleriekaserne u. a. Seit 1852 wurde von der Brücke aus ein tunnelartiger Zugang im Innern des Berges gebaut. Die Festung war Residenz mehrer ungarischer Könige. 1526 wurde es von den Türken, 1686 aber von den Oestreichern erobert. 1849 nahmen es die Ungarn im Sturm, wurde aber nach 2 Monaten wieder übergeben. Im Kampfe mit den Türken und Oestreichern in früheren Jahrhunderten erlitt O. in 300 Jahren 20 Belagerungen.

Offenburg, badensche Stadt von 4500 Einw. Hier die Franzosen 1707 von den Oestreichern geschlagen. Litt im 30jährigen Kriege sehr und wurde 1689 von den Franzosen in Trümmer gelegt.

Offensive, Angriff, unterscheidet sich im Kampfe selbst durchaus nicht von der Defensive, sondern nur in den Voranstalten, die darauf berechnet sind, den Angriffen des Feindes zuvorzukommen und ihn daher in den Zustand der Defensive (Vertheidigung) zu zwingen, weil dieser dem Kämpfenden ungleich weniger Vortheile bietet als die Offensive. Die Offensive beim Kampfe selbst heißt taktische O., die Offensive in den Feldzugsoperationen strategische O. Ueber erstere s. Angriff und Defensive, über Letztere Strategie, Feldzug, Krieg.

Offiziere, heißen alle Militairs, welche amtsberufmäßig ein Commando führen, also alle vom Lieutenant bis zum Feldmarschall. Alle Offiziere, welche Truppen führen, die zu selbstständiger Operation organisirt sind, also von der Armee bis zum Bataillon oder der Schwadron heißen Stabsoffiziere; alle die kleine und nur bedingungs- und außerordentlicher Weise selbstständig operirende Truppen, also Compagnien oder Schwadronen und deren Hauptheile (Züge) führen, heißen Subalternoffiziere. Erstere begreifen die Chargen vom Major aufwärts, Letztere die vom Hauptmann abwärts bis zum Unterlieutenant. S. die Artikel über die Chargen ins Besondere.

Ohio, s. Amerika.

Ohrulew, Nikolai Alexandrowitsch, geb. 1792, erhielt wissenschaftliche Erziehung in Petersburg, machte die Feldzüge gegen Frankreich 1812 bis 1815 theils unter russischer, theils unter preußischer Fahne, 1828 den Krieg gegen die Türkei und 1831 unter Paskewitsch den Kampf in Polen mit, für den er den Plan entworfen hatte. 1831 wurde er Generalmajor und Generaladjutant des Kaisers, 1840 Generallieutenant und starb 1851.

Olaf, der Heilige, König von Norwegen, geb. 995, machte sich als Prinz schon durch seine Seezüge berühmt, ergriff 1019 die Krone, vertheidigte sie gegen Knut von Dänemark mit hohem Heldenmuth, jedoch mit unstätem Glück bis er 1030 in der blutigen Schlacht bei Stikleftad fiel.

Oldenburg, Großherzogthum, deutscher Bundesstaat, 115 ☐ M., 285,000 Bew., dazu gehören die Herrschaft Jever, Fürstenthum Lübeck, Fürstenthum Birkenfeld, umgrenzt von Nordsee, Weser und Hannover; Regierungsform monarchisch-constitutionell; in der engern Versammlung des Bundestages ⅓, in dem Plenum ⅓ Stimme; Bundescontingent fast 3000, die zur 3. Brigade der 2. Division des 10. Corps gehören. Doch besteht 1 Armee von fast 4000 Mann mit 3000 Mann Infanterie (4 Bataillone), 500 Mann Cavalerie (3 Schwadronen) und fast 400 Mann Artillerie und Pioniere. Zur Erziehung der Offiziere besteht in der Stadt Oldenburg eine Cadettenanstalt, in der auch die Offiziere für die 3 Hansestädte gebildet werden. Haus- und Verdienstorden auch für militairische Auszeichnung. O. ursprünglich Sitz der Chauken, später der Friesen; nach Heinrichs des Löwen Sturze Grafschaft; 1811 widerrechtlich von den Franzosen besetzt und Frankreich einverleibt, 1814 die Zustände mit geringer Veränderung wieder hergestellt. (S. Deutschland).

Oldenburg, Residenzstadt des gleichnamigen Großherzogthums mit 10,000 Bew., Garnison, schöner Kaserne, Marstall, Cadettenhaus.

Oliva, preußischer Flecken an der Ostsee, hier Friede 1660 zwischen Schweden, welches für Curland Livland, Esthland und Oesel erhielt, Rußland, Polen, Brandenburg und dem Kaiser. Schweden erhielt durch diesen Frieden ein großes Uebergewicht, kraft dessen es die großen Kriege gegen Dänemark,

Rußland und Polen bis 1721 führen konnte, in denen es zwar hohen Ruhm erlangte, aber jene Macht wieder verlor.

Olmütz, östreichsche Festung 1. Rangs in Mähren, früher Hauptstadt dieser Markgrafschaft, auf einer Insel der March, hat sehr umfängliche Werke von durchgehend solidem Bau und ziemlich vollkommene Wässermanoeuvre, um die sich in neuerer Zeit der Graf Radetzky von Radetz verdient gemacht hat, hat ein ansehnliches Arsenal, Kaserne, Werkstätte, bedeutende Magazine, Lazareth, Artillerieacademie, Infanterieschule, Equitationsanstalt, Militaircadettencompagnie und 13,000 Einw. 1642 von den Schweden, 1741 von den Preußen genommen; 1758 von diesen belagert, aber entsetzt.

Omajjaden, eine vom Khalifen Omajja-Ben-Abd-Schems (6. Jahrhundert) stammende, Anfangs zu Tamask herrschende, 755 nach Spanien verpflanzte arabische Dynastie, unter welcher das Khalifat von Cordova zu einer großen Macht und Vollkommenheit in seiner Organisation gelangte. Die O. führten die großartigsten und glücklichsten Kriege gegen die christlichen Könige der Halbinsel, bis sie im 10. Jahrhundert erschlafften und 1031 mit der Thronentsagung Heschams IV. vom Schauplatze abtraten.

Omer Pascha, christlicher kroatisch-östreichscher Herkunft und ursprünglich Lattas geheißen, 1811 geb., wurde auf der Militairnormalschule seiner Vaterstadt erzogen, trat in das Oguliner Grenzregiment, arbeitete in einer Geniekanzlei, flüchtete wegen Straffälligkeit 1833 in die Türkei, kam aus Privatdiensten als Schreiblehrer in eine Militairanstalt zu Konstantinopel, wurde Schreiblehrer des Prinzen Abd-el-Medschid und als solcher Capitain, bei dessen Regierungsantritt Oberst, machte den syrischen Feldzug 1840 mit und wurde Brigadegeneral. Vom Seraskier Khosrew protegirt, erhielt er gegen die Aufstände Albaniens, Kurdistans, Bosniens und der Herzegowina, so wie der Donaufürstenthümer 1842, 1843, 1846, 1847, 1848, 1850 und 1851 das Commando und schwang sich zum Pascha und Muschir der 3. Ordu auf. 1853 erhielt er mit der Vezirwürde den Oberbefehl über die gegen die Russen an die Donau geschickte Armee, schlug den Feind am 4. Novbr. bei Oltenitza, später bei Zetate, befestigte Kalafat, nahm nach dem Donauübergange der Russen, des Verhaltens von Silistria gemäß, eine harrende Stellung, um sich seine Armee ungeschwächt für die durch Englands und Frankreichs Beitritt eintretenden Verhältnisse zu erhalten. Er nahm nun an den Kriegen in der Krim erheblichen Antheil, doch wurde seine Thätigkeit durch die vorragenden Rollen der englischen und französischen Feldherrn ganz ins Dunkel gestellt, zum Theil auch gehemmt.

Onosander, ältester wirklicher Militairschriftsteller, Grieche, lebte in Rom im 1. Jahrhundert n. Chr., schrieb ein berühmtes Werk über die Kunst der Kriegführung (Strategetikos), welches noch vorhanden.

Operation nennt man die Mittel zu irgend einem Zwecke, in der Militairsprache aber besonders die Bewegungen und Stellungen, welche auf einen bestimmten summarischen Zweck berechnet sind und bei einzelnen kriegerischen Acten, z. B. bei Schlachten taktischen, bei großen complicirten Unternehmungen z. B. Feldzügen, aber strategischen Characters sind (s. Krieg und Kriegskunst).

Operationsbasis ist die Grundstellung einer Armee. Sie charakterisirt sich durch 2 Bedingungen. 1. muß sie zur Erhaltung, zweitens zu den Unternehmungen der Armee die nöthigen Mittel bieten, d. h. für den ersten Fall, die Armee muß in dieser Stellung in gesichertem Besitze der Verbindung mit allen ihren Hilfsquellen sich befinden, so daß keine die Erhaltung betreffenden Nebenverhältnisse in dieser Stellung ihre Operationsfähigkeit beschränken oder stören; im anderen Falle heißt es, daß diese Stellung der Armee für ihre planmäßige Operation eine sichere Deckung und Stütze dergestalt gewähre, daß sie, wenn sie geschlagen würde, zurückgehend hier einen Ruhepunkt und eine Situation fände, in der sie neue Widerstandskraft gewinnt. Die Operationsbasis kann ein Strom, eine Festungslinie, ein Gebirg, ja selbst eine einzelne Festung sein. S. darüber unter Basis.

Operationsfeld wird das Terrain genannt, auf welchem ein Operationsplan ausgeführt wird.

Operationsobject ist der Gegenstand, zu dessen Erreichung eine kriegerische Unternehmung gemacht wird. Dieser kann materiell, geistig oder verhältlich sein und in einem Lande, einer Stadt, Festung u. dgl., einem Rechte oder einer Position ꝛc. bestehen. Das Object ist daher oft zugleich Ursache und Zweck des Kampfes; doch treten bei großen Kriegsunternehmungen häufig neue Objecte ein, die mit der Ursache des Kriegs in keiner Verbindung stehn.

Operationsplan, der Plan, nach welchem eine kriegerische Operation ausgeführt, d. h. die Operationsmittel zu Erreichung des Operationszieles (Objectes) zur Anwendung gebracht werden sollen.

Operationssubject heißt der Platz, auf welchem alle zur Operationsfähigkeit der Armee erforderlichen Elemente concentrirt sind.

Oporto, portugiesische Stadt am Duero und dem atlantischen Meere mit großem und sehr gutem Hafen, mit starkem Hafenfort, Arsenal, Werkstätten, Magazin, See- und Landlazareth, Seemannsschule, starker Garnison und 80,000 Einwohnern.

Oran, Provinzialhauptstadt in Algerien (s. d.), am mittelländischen Meere gelegen, mit 2 Häfen, ist seit 1831 von den Franzosen stark und modern befestigt worden, wobei jedoch die Ueberreste der frühern nicht minder starken spanischen Fortificationen, die zum Theil maurischen Ursprungs waren und aus gewaltigen Mauerwerken bestanden, benutzt worden sind. Sitz einer Provinzialmilitairverwaltung, hat Arsenal und Werkstätten. 26,000 Einw. 1509 von den Spaniern, 1708 von den Türken, 1732 von den Spaniern, 1792 von den Türken und 1831 von den Franzosen erobert.

Oranien, s. Nassau.

Ordalien, s. Gottesurtheil.

Orden, ein äußeres Kennzeichen gewisser Verdienste, welches als Schmuck am Körper getragen wird. Das Recht Orden zu verleihen, hat nur der Landesherr. Tapferkeit im Kampfe oder sonstige ausgezeichnete Dienste wurden anfänglich mit Waffen von ausgezeichneter Schönheit belohnt. An deren Stelle sind seit 4 Jahrhunderten die Orden getreten. Ueber sie s. Weiteres in den besondern Artikeln. Orden wurden auch gewisse Verbrüderungen und Vereine im Mittelalter genannt, unter denen viele einen kriegerischen Zweck hatten, wie der Kreuzritter-, Malteserritter-, Johanniterritter-, Schwertbrüderorden u. a. (s. d.). Auch diese trugen äußere schmückende Abzeichen und die heutigen Orden sind in sofern ihnen ähnlich, als auch sie gewisse Vereine, Collegien oder Capitel bilden.

Ordonnanz heißt in der Militairsprache Vorschrift, Befehl; desgleichen heißt der Bote, welcher den Befehl des höheren Befehlshabers irgend einem niedrigen zu überbringen hat, Ordonnanz. Die Ordonnanzen sind nur zeitweilig commandirt, in der Regel auf 24 Stunden. Die zu den Generalen commandirten Ordonnanzen sind Offiziere, die Ordonnanzen niedrigerer Befehlshaber sind Unteroffiziers und Gemeine. Die Ordonnanzen erhalten ihre Aufträge in der Regel durch die Adjutantur, ebensowohl aber auch vom Befehlshaber direct.

Ordonnanzcompagnien wurden 1445 in Frankreich von Karl VII. aus

Soldrittern, deren jeder noch ein Gefolge von einigen Mann bei sich hatte, gebildet und hatten den Zweck die königliche Macht von der der Vasallen unabhängig zu machen. Diese O., deren Zahl zuerst 15 war, waren der Anfang der stehenden Heere und erloschen dann (1660), als das Institut der stehenden Heere sich vollkommen ausgebildet hatte. Sie waren einzig und allein dem Könige verpflichtet und waren stets bereit dessen Befehle zu vollziehen: daher ihr Name.

Oregon, s. America.

Orestes, weströmischer Feldherr, entfernte den Kaiser Julius Nepos, setzte Romulus Augustulus auf den Thron, wurde von Odoaker in Pavia gefangen und 476 hingerichtet.

Orgelgeschütz, aus mehren Läufen zusammengesetztes Geschütz. S. Geschütz.

Oriflamme, die Reichsfahne Frankreichs, zugleich Fahne der Abtei St. Denis, roth, vorgeblich aus dem Leichentuche des heiligen Dionisius (Schutzpatrons), galt für heilig und Sieg bringend, wurde im Mittelalter wie die deutsche Reichsfahne und heilige Lanze dem Heere vorangetragen, welcher Gebrauch aber unter Karl VII. ablam, hing panierförmig an einem goldenen Lanzenstabe herab in 5 Zipfeln endend. Die Querstange war mit grünen Quasten geschmückt.

Orleans, französische Hauptstadt des gleichnamigen Departements an der Loire, ehedem gute Festung, merkwürdig durch die hartnäckige Belagerung 1429 und noch merkwürdiger durch die Befreiung von dieser durch Johanna d'Arc (s. d.). Denkmal derselben auf dem Platze du Martroy.

Orleans, Philipp Herzog von, geb. 1640, Bruder Ludwigs XIV., von absichtlich verwahrloster Erziehung, leitete eine Zeit lang den Krieg in den Niederlanden und errang 1677 bei Kassel einen denkwürdigen Sieg. Starb 1701.

Orleans, Louis Charles Philippe Rafael Prinz von, Herzog von Nemours, geb. 1814, nahm 1846 und 1847 an den Feldzügen bei Konstantine Theil und hatte an der Eroberung der gleichnamigen Stadt bedeutenden Antheil.

Orleans, François Ferdinand Philippe Louis Marie von O., Prinz von Joinville, geb. 1818, unter seinem Vater Ludwig Philipp Viceadmiral von Frankreich, holte 1840 die Leiche Napoleons von Helena, commandirte 1844 eine Expedition gegen Marokko und gab eine tadelreiche Schrift über die französische Marine heraus.

Orleans, Prinz Heinrich Eugen Philipp Louis von, Herzog von Aumale, geb. 1822, Sohn Ludwig Philipps, focht in Algier und brachte 1847 Abdelkader dazu, sich zu ergeben.

Orlow, Gregor, Graf von, Russe, geb. 1734, diente im siebenjährigen Kriege, wurde der Liebhaber Katharinas II. als Großfürstin, ergriff deren Interesse, beseitigte im Bunde mit seinen Brüdern Katharinens Gemahl, den Kaiser Peter III. und hob Katharina auf den Thron, lebte nun im rücksichtslosesten Umgange mit dieser und zeugte mit ihr Kinder (daher entstand die Familie der Grafen Bobrinsky). Unter solchen Verhältnissen schwang sich O. ohne eine andere Mühe als die der sinnlichen Opfer in den Grafenstand und zum Generalfeldzeugmeister auf. Er st. 1783. Sein Bruder Alexei, geb. 1735, wie behauptet worden, der eigentliche Mörder Peters III., leistete auf militairischem Gebiete vielmehr, brachte den Türken schwere Niederlagen bei, wurde Generaladjutant Katharinas und Generaladmiral (1768), zerstörte die türkische Flotte bei Tschesme und gewann die höchste Gunst Katharinas, erlitt aber unter Kaiser Paul eine gänzliche Zurücksetzung und starb als Mörder Peters verachtet 1808.

Orlow, Michael Graf, geb. 1785, Russe, Flügeladjutant Kaiser Alexanders I., machte die Feldzüge gegen Frankreich bis 1814 mit und starb 1841 als General, im Verdachte an der Verschwörung Murawiews Theil gehabt zu haben.

Orlow, Alexei Graf von, geb. 1787, Adjutant des Großfürsten Konstantin (s. d.), später Generaladjutant des Kaisers Nicolaus, machte 1828 den Türken-krieg mit als Cavaleriegeneral, war indeſſen meiſt bei der Perſon des Kaiſers, wurde dann hauptſächlich in militair-diplomatiſchen Geſchäften verwendet, wurde 1833 General eines Cavaleriecorps und 1844 Chef der Gendarmerie. Er wird beſchuldigt den General Dibitſch 1831 beſeitigt zu haben, ja das ſchwellende Gerücht hat ſeine Hand ſogar mit dem plötzlichen Tode des Großfürſten Kon-ſtantin, und ſelbſt dem von deſſen Gemahlin in Verbindung geſetzt.

Orlow-Deniſſow, Waſil Graf von, geb. 1777, machte von 1807 bis 1814 die Feldzüge gegen Frankreich mit und zeichnete ſich als Befehlshaber der Gardekoſaten 1812 durch Gefangennahme einer ganzen franzöſiſchen Diviſion und bei Leipzig durch einen brillanten und höchſt erfolgreichen Cavalerieangriff aus. Starb als General der Cavalerie 1843.

Dropus, altgriechiſche ſehr feſte Stadt, von der nichts mehr vorhanden.

Orſini, Nicolo Graf von Petigliano, geb. 1442, venetianiſcher Feldherr, eroberte im Kriege mit der Ligue von Chambray Padua und vertheidigte es 1509 gegen Maximilian I. mit großer Kraft. Starb 1510.

Oskar, ſ. Schweden.

Osmaniſches Reich, in Europa aus der illyriſchen Halbinſel (9335 □ M.), in Aſien aus Natolien, Armenien, Kurdiſtan, Meſopotamien, Irak Arabi, Sy-rien und Arabien (25,000 □ M.) und in Afrika aus den Vaſallenſtaaten Aegypten, Nubien, Tripolis und Tunis (30,000 □ M.) beſtehend. Einwohner circa 35,000,000 auf über 64,000 □ M. An der Spitze der Militairmacht ſteht der despotiſch-herrſchende Sultan. Die Unkoſten für die Landmacht betragen jährlich 30,000,000 Gulden, die für die Marine 3¼ Millionen, für das Kriegs-material, Artillerie und Feſtungen 3 Millionen. Das Heer zerfällt in die active Armee, die Redif (Landwehr) und die Hilfstruppen der Vaſallenſtaaten. Erſtere beſteht aus 6 Ordus oder Corps. Jedes Ordu hat 6 Fuß-, 4 Cava-lerie- und 1 Artillerieregiment, welche Truppenmaſſe in 2 Diviſionen oder 6 Brigaden zerfällt und 20,980 Mann mit 12 Batterien umfaßt. Das Ordu wird von einem Muschir (Marſchall), die Diviſion von einem Ferik, die Brigade von einem Mira-Liva commandirt. Bei jedem Ordu beſteht ein Kriegsrath und ein Verwaltungsrath, in dem die Generale Mitglieder ſind. Die Grad-ſtufen entſprechen im Weſentlichen denen bei den weſteuropäiſchen Heeren, ſo-wie überhaupt die Gliederung der osmaniſchen Heere der jener ziemlich ent-ſpricht. Das geſammte active Heer enthält 178,000, wovon 100,800 Mann Infanterie in 36 Regimentern, 17,280 Mann Cavalerie in 24 Regimentern, 7800 Mann Artillerie in 6 Regimentern zu 12 ſchweren Batterien, 5200 Mann Feſtungsartillerie in 4 Regimentern, 1600 Mann Genietruppen in 2 Regi-mentern, 8000 Mann detachirte Truppen in 4 Regimentern in Kandia, 4000 M. ebenſolche in 2 Regimentern in Tripolis und 4000 M. in 2 Regimentern in Tunis. Dazu kommt eine Gendarmerie von 30,000 Mann. Von dieſer Armee ſtehen 2 Ordu in Europa und 4 in Aſien und zwar in den Hauptquartieren Skutari (Garde), Konſtantinopel, Monaſtir, Marberut, Damaskus und Bagdad. Haupt-garniſonsplätze ſind Smyrna, Magneſia, Kutajab, Isparta, Karahiſſar, Konieh, Juzghat, Kaſtemuni, Adrianopel, Uskub, Schumla, Babadhagny, Tyrnowa, Kaupruli und Kandia — Skutari in Albanien, Berat, Ochri, Janina, Arta, Proweza, Jeniſcheher-Fenar, Sophia, Niſch, Belgrad, Siliſtria — Diarbekr, Mardin, Erzerum, Bitlis, Kars, Elwos, Malatija, Hysni-Manſur, Siwrek, und Pertik-Dſcheſireh — Haleb, Beirut, Deir-el-Kamer, Tripolis in Syrien, Lataklieh, Homs, Akra, Saideb, Huran und Moſſul. Die Redif beläuft ſich auf eine Stärke von 126,000 Mann, ſo daß das geſammte Heer über 300,000

Mann stark ist. Die Eintheilung der Redif ist unbekannt, stimmt aber wahrscheinlich mit der activen Armee überein. Hierzu kommen nun noch die Hilfstruppen aus den Vasallenstaaten, die über 110,000 Mann enthalten. — Die Marine hat sich nach dem Kriege von 1854 und 1855 sehr verändert, ist aber wahrscheinlich dem Bestande von 1853 wieder nahe gebracht worden. Dieser belief sich auf 2 Linienschiffe von 120 Kanonen, 4 desgleichen von 70—90 Kanonen, 10 Fregatten von 40 bis 60 Kanonen, 6 Corvetten von 22 bis 26 Kanonen, 14 Briggs zu 12 bis 20 Kanonen, 16 kleinere Fahrzeuge von 4 bis 12 Kanonen, 6 Dampffregatten und 12 Dampfcorvetten. Die ganze Zahl der Schiffe von Rang war 70. Die Bemannung betrug 38,000 Köpfe, dabei 4000 Marinesoldaten. Diese Marine wurde von 1 Großadmiral (Kapudan Pascha), 5 Admiralen, 3 Viceadmiralen und 8 Contreadmiralen commandirt. Früher waren nur Muselmänner militairfähig, wogegen die Andersgläubigen die Kosten durch drückende Steuern aufbringen mußten, allein seit 1855 hat sich durch Einfluß der Westmächte dieses Verhältniß im Sinne der politischen Gleichheit geändert, so daß die Christen nicht nur in das Heer eintreten, sondern selbst zu jeder Offizierwürde gelangen können, das Reichswappen ist ein silberner Halbmond im grünen Felde. Der erste türkische Militairorden wurde 1799 in Rücksicht Nelsons gestiftet (Halbmondorden), ein zweiter von Mahmud II., welcher nicht mehr besteht, und ein 3. von Abdul Medschid 1852 (Medschidjeorden). Die Osmanen wurden von den Mongolen im 13. Jahrhundert nach Kleinasten gedrängt, setzten sich in Phrygien fest und begannen von hieraus ihre Unternehmungen, die sie auf lange an die Spitze aller kriegerischen Völker stellten. Unter Osman, nach dem sich die Türken nun nannten, eroberten sie Karahissar 1289. Es folgten nun die Eroberungen von Brussa 1326, Nikomedien 1327, Nicea 1330 (jetzt wurde das stehende Heer der Janitscharen, Spahi und Zaim gegründet). 1357 drangen die Osmanen in Europa ein, eroberten 1362 Adrianopel, darauf Macedonien und mit der Schlacht auf der Kosowa Pola einen Theil der Donauländer (1389). Der Sieg bei Nikopolis 1396 hätte schon jetzt zur Eroberung Konstantinopels geführt, wenn nicht die Mongolen 1402 eine große Diversion gemacht hätten, deren Opfer der Sultan Bajazed mit dem größten Theile seines Heers wurde. Jetzt traten die Kriege mit Siebenbürgen und Ungarn ein, die Murad II. Anfangs ohne Glück führte, später aber mit Glück fortsetzte. Er errang 1444 bei Varna und 1448 auf Kosowa Pola große Siege. Nun erfolgte unter Mahomed II. 1453 die Eroberung Konstantinopels, der sich die Eroberung Moreas 1456, Trapezunts 1460, Epirus 1456, Bosniens 1470, 1475 eines Theils der Tatarei, 1517 Aegyptens, Syriens und Palästinas und sodann Arabiens anschloß. Die Eroberung von Rhodus 1522, eines Theils von Ungarn 1526, die Unterwerfung der Moldau, Mesopotamiens, Georgiens, eines Theils von Nordafrika und der meisten mittelländischen Inseln brachte die türkische Macht auf den höchsten Gipfel, doch lähmten sie die Mongolen in Asien und hinderten das zweimal versuchte weitere Vordringen der Osmanen nach Deutschland. Die Türkei blieb in fast ununterbrochenem Kriege, und Prevesa 1538, Temeswar 1552, Konieh 1559, Sigeth 1566, Lepanto 1571, Aresch in Persien 1578, Kereszedes 1596 waren Zeugen des osmanischen Muthes, aber auch Zeugnisse der nunmehr eingetretenen Ueberspannung der kriegerischen Kräfte des osmanischen Staates. Der politische Einfluß der Janitscharen und das Serailleben der Sultane förderten den Verfall des Staates, der eigentlich nie ein geordneter Staat gewesen war, und gleichsehr das Sinken der kriegerischen Macht. Der Sieg bei Erlau wurde weit durch die Siege der Perser bei Tauris und Bagdad überboten. Ein Krieg mit Polen 1621 unternommen, wird durch die Schlacht bei Choczim sehr ungünstig entschieden, ein Krieg mit Persien 1635 bis 1639 führte jedoch zu einigen Eroberungen, allein die schweren Niederlagen in der Dardanellenschlacht 1657, bei Gotthard 1664, bei Choczim 1673, bei Wien 1683, bei Bojan 1685, bei Ofen 1686, Mohacz 1687, Belgrad 1688, Mitylene 1690 (zur See), Salankamen 1691 und Zentha 1696 zeigte wie sehr die Türkei jetzt schon in der Kriegskunst und kriegerischen Organisation überflügelt worden. Der Krieg gegen Rußland im Anfange des 18. Jahrhunderts gewährte keine großen Vortheile und was durch die Eroberung Moreas 1715 gewonnen wurde, ging in den Donauländern nach den schweren Schlägen bei Peterwardein 1716 und Belgrad 1717 und in Persien bei Duldscheilk und Arbatschai (1718 und 1735) wieder verloren. Der Krieg gegen Rußland war sehr unglücklich, doch erlitt Oestreich gleichzeitig Nachtheile, da es ungenügende Kräfte aufwendete (1737—1739). Ein neuer Krieg mit Rußland 1768—1774 und die Schläge bei Choczim 1768, Skio, Tschesme, Andros, Karga, Kagul und Bukaresch richteten die türkische Militairmacht fast zu Grunde und kosteten ein großes Ländergebiet und wichtige Staatsrechte. Ein neuer Krieg 1787—1792 war ebenso unglücklich. Hauptzusammenstöße in denselben geschahen bei Sebastopol, Dubicza, Dezakow, Choczim, Fokschani, Martinestje und Ismail. Ein gleichzeitiger Krieg gegen Oestreich hatte einen bessern Anfang als Ende. Die Ermattung der Türkei zeigte sich von Krieg zu Krieg und erklärte sich unabweisbar in der zurückgebliebenen Cultur und in der politischen, welche die Soldatesca dominirend und einseitig ausschweifend spielte. Wohl war der Thron Angesichts so großer und immer wiederholter Länderverluste zur Erkenntniß der wahren Ursache gelangt und sehnte sich nach dauerndem Frieden, um neue und bessere Verhältnisse zu begründen; aber kaum hatte sich der natürliche Nebenbuhler, Rußland, zum Frieden bequemt, als der alte Freund, Frankreich, es 1799 durch seinen Einfall in Aegypten und Syrien in neue Bedrängniß versetzte. Die Türkei leistete in der That nur Weniges, d. h. ihrer Lage Entsprechendes, und hätten nicht die Schwierigkeiten und die Zwecklosigkeit des französischen Feldzugs und die Engländer mächtige Hilfe geleistet, so würden die Türken sehr übel davon gekommen sein. Hauptereignisse fanden bei Chebrissa, an den Pyramiden, dreimal vor Abukir, am Tabor, vor Akre, bei Heliopolis und Ramanieh statt. Hatte Frankreich die Türkei jetzt als Feind in Kriegsbedrängniß gebracht, so that es dasselbe 1806 als falscher Freund, um Rußland an einer Theilnahme am preußischen Kriege zu hindern. Die Pforte erlitt nicht bloß die Niederlage zur See bei Lemnos, sondern es brachen auch die zerrüttendsten Janitscharenrevolutionen aus, die von Ermordung des Sultans und anderer Großen begleitet waren und unter den günstigsten politischen Verhältnissen zu dem höchst ungünstigen Frieden von Bukaresch führten. Eine neue schwere Prüfung hatte die Türkei durch den griechischen Befreiungskrieg zu bestehen von 1821—1828. Hauptereignisse fanden in demselben bei Dragaschan, Arta, Tenedos, Termopylä, Lamia, Missolunghi und Navarin statt. Ein großes Ereigniß in der Militairgeschichte der Türkei war 1826 die gewaltsame Aufhebung der Janitscharen, die so oft durch ihre politische Anmaßung die Türkei in die verhängnißvollste Lage versetzt hatten. Uebrigens ging dieser große Act nur unter furchtbarem Blutvergießen von statten (s. Janitscharen). An die Stelle der Janitscharen trat nun ein nach europäischer Weise organisirtes Heer. Allein dieses war noch bei weitem nicht reif, als der Sultan glaubte Rußland damit die Spitze bieten zu können. 1828 begann der Krieg. Die Ereignisse 1828 bei Achalzik, Varna, Silistria und 1829 bei Milliduse, Kullatscha und Sliwno, sowie in Asien bei Erivan und andern Plätzen führten zu dem höchst nachtheiligen Frieden von Adrianopel. Ueberhaupt schien es als ob das Fundament der türkiſchen Militair- und Civilorganiſation ſo unterfault ſei, daß keine Hilfe und kein Kunſtgriff mehr nütze. Die Eroberung Algiers durch die Franzoſen war der Türkei indirect von großem Nachtheil, brachte es aber wenigſtens nicht in Kriegsbedrängniß, allein 1853 hielt es Rußland für an der Zeit einer Erkräftigung der Türkei zuvorzukommen und, nach dem Ausdrucke des Kaiſers Nikolaus, die Erbſchaft des „kranken Mannes" anzutreten. Der Krieg begann 1853. Die Türken wurden nur durch den Beiſtand Frankreichs und Englands gerettet. Doch iſt nicht zu leugnen, daß die Behauptung von Kalafat und Siliſtria dem türkiſchen Schwerte zur Ehre gereichen. Die Einnahme von Eupatoria, Sebaſtopol, Kertſch, des aſowſchen Meeres, Petro Paulowsk ꝛc. war nur das Werk der engliſchen und franzöſiſchen Waffen und den Gewinn eines kleinen Theils von Beſſarabien verdankt die Türkei im Pariſer Frieden lediglich ſeinen Bundesgenoſſen. Ebenſo würden die Türken 1832, 1839 und 1840 den Waffen des rebelliſchen Paſcha Ali von Aegypten erlegen ſein, wenn nicht die europäiſchen Großmächte den Fall der Türkei aus politiſchen Rückſichten mit ihrem Schwerte aufgehalten hätten. Hauptereigniſſe in dieſen zwei Kriegen fanden bei Homs und Konieh 1832 und bei Niſib 1839 und Akre 1840 ſtatt.

Oſtende, niederländiſche Stadt an der Nordſee, mit ſchwierigem Hafen, einigen Befeſtigungen, Seemannsſchule und 14,000 Einw., war von Wilhelm v. Oranien ſehr ſtark befeſtigt worden und hielt nach einander von Bere, Karl van Noot, Daniel von Herling und Marquette vom 5. Juli 1601 bis 4. September 1604 eine ſchwere Belagerung durch die Spanier aus und war erſt hiernach zur Capitulation genöthigt.

Oſtermann-Tolſtoi, Alexander Graf von, geb. 1775 in Rußland, war ſchon als Knabe beim Heere in den Feldzügen gegen die Türkei und Polen, avancirte ſchnell, focht 1807 gegen Napoleon und führte 1812 die bedeutendſten Commando's. 1813 an den wichtigſten Schlachten betheiligt, wurde er von der von Leipzig nur durch ſchwere Verwundung abgehalten. Geſtorben 1816. Denkmal bei Kulm, wo er einen Arm verlor.

Oſtindien, ſ. Aſien.

Oſtpreußen, ſ. Preußen.

Oeſtreich, Kaiſerſtaat, hervorgegangen aus dem 709 ☐ M. großen Erzherzogthum Oeſtreich, beſteht aus 12,120 ☐ M. mit 39 Millionen Bewohnern und iſt zuſammengeſetzt aus dem Erzherzogthum O., ob und unter der Ens, Herzogthum Salzburg, Herzogthum Steiermark, Herzogthum Kärnten, Herzogthum Krain, Grafſchaft Görz und Gradiska, Grafſchaft Tyrol und Vorarlberg, Markgrafſchaft Mähren, Königreich Böhmen, Herzogthum Schleſien, Königreich Galizien, Herzogthum Bukowina, Königreich Dalmatien, Königreich Venetien, Königreich Ungarn, Königreich Kroatien und Slavonien, Großfürſtenthum Siebenbürgen, Militairgrenze und Wojewodſchaft Serbien. Erſtere 11 mit 13 Millionen Bewohnern gehören zum deutſchen Bunde. An der Spitze des Staates ein gegenwärtig conſtitutioneller Kaiſer aus dem Hauſe Habsburg-Lotharingen. Erbfolge gemiſcht. Orden: a) vom goldenen Vließ, Maria-Thereſia-, Stephans-, Leopolds-, der eiſerne Kronen-Orden, das militairiſche Eliſabeth-Thereſien-Stiftskreuz und Franz-Joſephs-Orden. Außerdem Militairehrenkreuze und Medaillen. An der Spitze des geſammten Heerweſens ſteht das Armeeobercommando, in ſich begreifend die Militaircentralkanzlei des Kaiſers und vier Sectionen. Dieſes Obercommando vertritt die Stelle des Kriegsminiſteriums. Natürlicher Oberbefehlshaber iſt der Kaiſer, die eigentlichen höchſten Commandeurs nur ſeine Stellvertreter. Die Eintheilung des Heeres iſt eine nicht ganz gleichmäßige und wandelt ſich theilweiſe nach der eigenthümlichen Organiſation der einzelnen Staaten der Monarchie. Das Heer,

für welches im Frieden ſich die Koſten auf die ſchwankende Summe von 100
bis 120 Millionen Gulden jährlich belaufen, hat zwar in den Regierungsver-
ordnungen Kaiſer Maximilians ſchon ſeine Wurzel, allein es beſtand bis zum
Jahre 1648 eigentlich nur aus Haustruppen und hatte weder eine feſte Organiſation noch eine eigentliche Stätigkeit, da der Kaiſer ſeine Heeresmacht
zumeiſt aus den Vaſallenſtaaten ſchöpfte und ſich auf dieſe verließ. Nachdem
dieſe durch den weſtfäliſchen Frieden Souverainetät erlangt hatten, war Oeſtreich
gezwungen, ſich ein ſeiner Stellung angemeſſenes eigenes Heer zu errichten.
Gegenwärtig iſt das Heer folgender Maßen organiſirt. Es beſteht aus 4
Armeen mit 14 Corps, eine fünfte bilden Kroatien, Slavonien, das Banat
und die Militairgrenze. Jede jener Armeen bildet unter einer Centralober-
behörde einen Militairkreis, und zwar den 1. Böhmen, Mähren, beide Herzog-
thümer Oeſtreich, Schleſien, Salzburg, Steiermark und Tyrol. Sitz des
Obercommandos iſt in Wien, die Hauptquartiere der Corps befinden ſich zu
Wien, Bregenz, Prag, Brünn und Gräß. Den 2. Militairkreis umfaßt Vene-
dig, Kärnten, Krein. Es hat 1859 durch den Abgang der Lombardei eine
Veränderung erlitten. Hauptquartiere ſind zu Venedig, Verona, Görz und
Bologna. Der 3. Militairkreis begreift Ungarn und Siebenbürgen und die
Hauptquartiere der 4 Corps ſind zu Hermannſtadt, Peſth, Preßburg und
Großwardein. Der 4. Militairkreis umfaßt Galizien und die Bukowina.
Das Hauptquartier iſt zu Lemberg. Die Garde iſt äußerſt ſchwach und bildet
nur eine Leibwache des Kaiſers. Sie beſteht aus Arzieren, Trabanten, Gendarmerie und Hofburgwache, zuſammen ½ Tauſend Mann. Die geſammte
Infanterie beſtand vor dem Kriege von 1859 aus 394 Bataillonen, und zwar
aus 20 Grenadierbataillonen, 63 Linienregimentern zu 4 und 5 Bataillonen
(dabei 35 deutſche und polniſche, 20 ungariſche, 8 italieniſche), 14 Grenzregi-
mentern zu 3 Bataillonen, 1 Tſchaikiſtenbataillon, 7 tyroler Schüßenbataillonen,
21 Jägerbataillonen, 2 Grenzcordonbataillonen, 3 Sanitätsbataillonen, 6 Gar-
niſonsbataillonen und 5 Disciplinarcompagnien. Die Cavalerie beſteht aus
40 Regimentern und zwar 8 Küraſſier-, 8 Dragoner-, 12 Huſaren- und 12
Ulanenregimentern. Ferner zur Cavalerie gehörig 1 Schwadron Stabsdragoner.
Die Artillerie umfaßt 5 Regimenter Feldartillerie mit 125 Batterien å 8
Geſchüßen und 10 Artilleriereſervecompagnien; ferner ein Bombardiercorps von
16 Batterien mit 8 Corps Reſerven; ferner 3 Feſtungsartilleriebataillone; 12
Compagnien Zeugartillerie, 3 Raketenzeugcompagnien. Ins Beſondere für die
Artillerie beſtehen eine Artilleriezeugverwaltung und 2 Artillerieacademien. Zu
dem Heere als beſondere Corporation gehören ferner das Geniecorps in 2
Regimentern, wovon jedes 3 Feldbataillone und 1 Lehrbataillon hat; das
Pioniercorps, welches 4 Bataillone enthält, ein Donauflotillencorps, das Mi-
litairingenieurgeographencorps aus Offizieren beſtehend und der Generalquartier-
meiſterſtab aus 145 Offizieren beſtehend. 1852 erlitt die Organiſation des
Heeres einige Veränderungen. Jedes Regiment erhielt 1 Grenadier- und 5
Füſiliercompagnien und 1 Depotbataillon; je 1 ſtarkes oder 2 ſchwache Jägerbataillone erhielten 1 Depotcompagnie, das tyroler Kaiſerregiment 3 ebenſolche,
Garniſonbataillone wurden auf 4 beſtimmt, die Cavalerie wurde um 2 Regimenter vermehrt und jedes Regiment erhielt eine Depoteſcadron. Im Kriegs-
ſtande beläuft ſich dieſe Armee auf 480,000. Die Rekrutirung beruht auf
dem Loos. Stellvertretung darf unter beſonderen Verhältniſſen ſtattfinden.
Die Dienſtzeit dauert 6 Jahre, worauf der Soldat in die Reſerve auf 2 Jahre
eintritt. In den Militairgrenzdiſtricten herrſcht ein anderes Verhältniß (ſ.
Militairgrenze). — Die Marine enthält nach den ſtatiſtiſchen Angaben von
1855 6 Fregatten, 5 Corvetten, 7 Briggs, 5 Goeletten, 2 Prame, 1 Bom-

bardierſchiff, 34 Penichen, 18 Kanonenboote, 5 Schooner-Briggs, 9 Trabakel
und 10 Dampfer. Dieſe 102 Fahrzeuge führen eine Armatur von 762 Geſchützen. Auf der Donau, dem Po, dem Gardaſee, dem Lago maggiore und
zu Venedig befinden ſich noch Flotillen, 5 an der Zahl, die vor dem Jahre
1859 16 Dampfſchiffe und 50 Schleppſchiffe mit einer Bevölkerung von faſt
3000 Mann enthielten. Obercommandirender iſt der Kaiſer. Der eigentliche
Befehlshaber unter ihm iſt ein Viceadmiral. Weiter Befehlende ſind 4 Cor-
vettenadmirale, 4 Linienſchiffscapitaine, 11 Fregattencapitaine, 14 Corvetten-
capitaine, 36 Linienſchiffslieutenants und 42 Fregattenſchiffslieutenants, 47
Linienſchiffsfähnriche, 34 Fregattenfähnriche und 127 dienende Cadetten. Sitz
der Admiralität zu Trieſt. Zur Bildung der Marineoffiziers beſteht eine
Marinecadettenanſtalt zu Trieſt. Hauptkriegshäfen ſind Venedig mit einem
großen Marinearſenale, Trieſt, Porto-Quito, Pola, Zara, Cattaro und Liſſa.
— Die wichtigſten Feſtungen Oeſtreichs ſind: Thereſienſtadt, Joſephsſtadt
und Königskrätz in Böhmen, Olmütz in Mähren, Komorn in Ungarn, Peter-
waldein in der Militairgrenze, Eſſeg in Slavonien, Cattaro in Dalmatien,
Venedig, Mantua und Verona in Venetien. Als Verbindungsfeſtungen und
unbedeutendere Plätze ſind zu bezeichnen Gradiska, Karlſtadt, Karlsburg,
Chioggia, Peschiera, Legnago, Zara, Raguſa, Liſſa, Sebenico, Prag, Lemberg,
Krakau, Linz, Kufſtein, Nauders und Franzensveſte. Als Bildungsanſtalten
für das Heer und die Marine ſind noch zu erwähnen 12 Ober- und 12 Unter-
militairerziehungshäuſer, 5 Schulcompagnien für die Infanterie, 3 Militair-
grenzerziehungshäuſer, 5 Artillerieſchulen, 1 Genieſchule, 1 Pionniercorpsſchule,
1 Flottillencorpsſchule, 1 Marineſchule, 5 Grenzſtabsſchulen, 4 Kadetten-
Inſtitute, 1 Militairacademie, 1 Artillerieacademie, 1 Genieacademie, 1 Marineacademie, 1 Militairlehrerbildungsinſtitut, 1 Centralequitationsinſtitut, 1 Kriegs-
ſchule. — Die Militairgrenze theilt ſich in die Gouvernements zu Agram und
Temesvar (ſ. Militairgrenze). Für die Juſtizpflege beim Heere beſtehen 1
oberſter Militairgerichtshof, 1 Militairappellationsgericht und die Militairgerichte 1. Inſtanz, abſonderlich für die Criminalrechtspflege die Stabs- und
Garniſonsauditoriate und für die Civilrechtspflege bei jedem Corps 1 Judicium
delegatum militare, für die Marine 1 Juſtizdepartement. Zur deutſchen Bundesarmee ſtellt Oeſtreich 3 Armeecorps (ſ. Bundesarmee). — Der öſtreichſche
Kaiſerſtaat iſt aus der um das Jahr 800 entſtandenen Markgrafſchaft Oeſtreich
hervorgegangen. 1282 kam dieſe an das Haus Habsburg und bildete die
Hausmacht des Kaiſers Rudolph, aber bereits unter den Babenbergern hatte
ſich Oeſtreich durch kriegeriſche Thaten hervorgethan. Leopold I. eroberte Mölk
in Ungarn und ſchreckte dadurch das wilde Volk dieſes Landes. An den innern deutſchen Kriegen war die Markgrafſchaft weniger betheiligt als andere
deutſche Staaten, dagegen hatte ſie vielfache Kämpfe mit den ſlaviſchen Völkern
und den Ungarn zu beſtehen und nahm endlich Theil an den auswärtigen
Kriegen der Kaiſer. Unter Heinrich Jaſomirgott nahm das jetzt ſchon ſo
bevorrechtete Herzogthum an dem 2. Kreuzzuge Theil. Unter Leopold VI. befand ſich Oeſtreich faſt ununterbrochen im Kampfe mit Ungarn und andern
öſtlichen Mächten. Von 1246 bis 1282 wurde O. der Gegenſtand blutigen
Streites zwiſchen den weiblichen Nachkommen Herzog Friedrichs und dem
Kaiſer, die ſchon jetzt darauf dachten, aus O. ſich eine Hausmacht zu bilden.
1260 wurde O. im Kampfe mit Ungarn von Ottokar von Böhmen erworben.
Aber die Kämpfe, in die dieſer mit dem zum Kaiſer erwählten Rudolph dem
Habsburger durch eigene Schuld verwickelt wurde und denen ſein Leben zum
Opfer fiel, brachten das ſchöne Herzogthum mit verſchiedenen jüngſt erſt dazu
gekommenen Nachbarländern in des Kaiſers Hand, der es auch aufs beſte

einzurichten wußte, dieſe Länder bei ſeinem Hauſe zu erhalten. Unter Albrecht hatte Oeſtreich ſchwere Kämpfe gegen Ungarn und Baiern zu beſtehen. Von ihm aber wird die Geſchichte Oeſtreichs innigſt mit der Geſchichte Deutſchlands oder des römiſch-deutſchen Kaiſerreichs verbunden, daher wir auf den Artikel Deutſchland verweiſen. Als ein mehr ſelbſtſtändiges Reich tritt O. erſt nach dem dreißigjährigen Kriege (ſ. d.) auf, als es bereits ſeinen größten Umfang erreicht hatte und nunmehr einen großen Rückſchritt zu thun gezwungen war. Von hier ab wurde O. in die ſchwerſten Kriege mit Ungarn und der Türkei, zum Theil durch eigne Schuld, gezogen und 1683 war es bereits ſo durch die Türkei gefährdet, daß es, ohne die Hülfe König Sobieskis von Polen leicht eine Beute derſelben geworden wäre. Allein die Niederlage der Türken vor Wien führte Oeſtreich zum Siege in Ungarn, das 1687 ganz in ſeine Gewalt fiel. Das Recht Oeſtreichs auf den ſpaniſchen Thron führte zum ſpaniſchen Erbfolgekriege (ſ. d.), der 1714 vortheilhaft zu Ende ging und O. militairiſche Ehre eintrug. Der polniſche Thronfolgekrieg war für O. höchſt nachtheilig und eben ſo ſchlimm endete ein neuer Krieg mit der Türkei 1739. Kaum waren dieſe erſchöpfenden Kriege zu Ende, als Maria Thereſias Regierungs-antritt den öſtreichſchen Erbfolgekrieg (ſ. d.) hervorrief. Mit dieſem zuſam-men fielen der 1. und 2. ſchleſiſche Krieg (ſ. d.), die für O. ebenſo ungünſtig endeten als der Erbfolgekrieg wegen der ungeſchickten Operationen Frankreichs und des Todes Karls von Baiern günſtig. Die Ruhe auf andern Seiten ermuthigte Oeſtreich zum 3. ſchleſiſchen, dem ſogenannten ſiebenjährigen Kriege (ſ. d.), deſſen Ende der Verluſt Schleſiens bekräftigte, der aber in ſofern nütz-lich wirkte, als die öſtreichſchen Militaireinrichtungen, an den genialen Inſtitutionen Friedrichs des Großen geprüft, zu großer Vollkommenheit ſich erhoben. Gleich-wohl war O. in einem 1788 gegen die Pforte erhobenen Kriege nicht glück-lich. Während dieſer Kriege hatte O. wiederholt auch in den Niederlanden zu kämpfen und es läßt ſich wohl behaupten, daß es mehr als die Hälfte ſeiner Zeiten mit Kriegen ausgefüllt habe. Dadurch erklärt ſich die Erſchöpfung, Folge deren es in den nachfolgenden ſchweren Napoleoniſchen Kriegen niemals zum Obſiegen kommen konnte. Nach Ausbruch der franzöſiſchen Revolution begann es 1792 zuerſt den Krieg gegen Frankreich, ſetzte ihn zwar mit ehren-voller Beharrlichkeit fort, mußte ihn aber ermattet im Frieden von Campo formio 1797 mit Verluſt der Niederlande und Lombardei beenden. Der Bund mit Rußland 1799 und die Unfälle Frankreichs in Aegypten ließen Oeſtreich hoffen, das Verlorene wieder zu gewinnen; allein trotz großen An-ſtrengungen und oft ſehr glücklichen Wendungen, endete doch auch dieſer Krieg mit dem Frieden von Luneville ſehr unglücklich. 1804 und 1806 gab Oeſtreich die römiſch-deutſche Kaiſerwürde auf und conſtituirte ſich zu einem Erbkaiſer-thum Oeſtreich, um Napoleon, ſofern er die römiſche Kaiſerwürde uſurpirte, nicht weitere gefährliche Anſprüche zuzulaſſen. Ein neuer Bund mit Rußland und England ermächtigte Oeſtreich 1805 zu einem neuen Kriege, den aber die Schlacht von Auſterlitz wiederum höchſt unglücklich entſchied und O. ſchwere Länderverluſte verurſachte. Der Uebermuth Frankreichs bewog O. 1809 wie-derum zum Krieg und dieſe wiederholten ungeheuren Anſtrengungen durften wohl einen Maßſtab für die Größe der öſtreichſchen Hülfsquellen geben, die aber nie mit voller Energie ausgebeutet worden waren. Auch dieſer Feldzug endete mit der Niederlage bei Wagram höchſt unglücklich und Oeſtreich mußte an 2000 □ M. ſeines Gebietes abtreten. Der Kaiſer, faſt abhängig, mußte eine ſeiner Prinzeſſinnen Napoleon zur Gemahlin geben und mit ihm 1812 ein Bündniß gegen Rußland ſchließen, allein und trotz jenem bedurfte es nur der franzöſiſchen Niederlage in Rußland, um O. zu veranlaſſen, mit rüchtigem Tacte wieder am Ende ſeiner früheren Politik anzuknüpfen. Es trat der nordiſchen Alliance gegen Frankreich bei und errang ſich bei Leipzig und auf franzöſiſchem Gebiete 1813 und 1814 unbeſtreitbar große Waffenehre, desgleichen auch in Italien, wo es zugleich den Krieg allein führte. Der Congreß zu Wien erſtattete ihm reichlich alle Verluſte. Er erlangte nun eine längere Ruhe, die einige Male nur die Pacification einzelner italieniſcher Staaten unterbrach. Die Hülfe, welche O. 1840 der Türkei gegen Aegypten leiſtete, war kein außerordentliches Ereigniß; bedeutſamer aber war der Krieg, den Sardinien 1848 im Bunde mit der allgemeinen italieniſchen Revolution gegen O. unternahm. Obſchon durch ſeine eigene Revolution gelähmt, beſtand O. dieſen Sieg mit großem Glanz und es zeigte ſich, wie geſund die Militairkräfte des Staates waren und wie mächtig, wenn ſie eben nur von einem genialen Geiſte gehandhabt wurden; dieſer war Radetzky von Radetz (ſ. d.). Folge deſſen war der blutige Sieg über die von der Revolution aufgeſchwellte Reſidenz Wien. Im folgenden Jahre (1849) hatte O. zugleich auf zwei Seiten, nämlich in Ungarn und Italien zu kämpfen. In Italien gab Radetzky wieder glänzende Beweiſe von der Tüchtigkeit des öſtreichſchen Heeres. Binnen 5 Tagen beendete er durch 3 große Siege den Feldzug glänzend. Allein in Ungarn fehlte ein Radetzky und O. kam hier in Folge wiederholter Schläge in ſo ſchwere Bedrängniß, daß es die Hilfe Rußlands in Anſpruch nehmen mußte und nur mit dieſer erſt 1849 den Sieg über das rebelliſche Land erlangte. Bei dem orientaliſchen Kriege 1854 und 1855 nahm O. eine zuwartende, zweideutige und durch Bündniß mit der Türkei gewiſſermaßen feindſelige Stellung gegen Rußland, wodurch es dadurch vollkommen berechtigt war, daß Rußland ſeine Pläne gegen die Türkei ganz ohne Zuziehung Oeſtreichs entworfen hatte. Dieſe Spannung mit Rußland mochte nicht wenig dazu beitragen, daß Frankreich und Sardinien 1859 um den Beſitz Oberitaliens den Krieg gegen Oeſtreich unternahmen. O. unternahm den Kampf übereilt und fand an dem längſt vorher gerüſteten Frankreich bald einen an Zahl und Tüchtigkeit überlegenen Feind vor ſich. Geſchlagen bei Voghera, Paleſtro und Magenta, entfernte der Kaiſer den Oberbefehlshaber Gyulai und ſtellte ſich ſelbſt an die Spitze. Unter ſehr ungünſtigen Terrainverhältniſſen unternahmen nun die Oeſtreicher den Kampf bei Solferino, brachten den Gegnern furchtbare Verluſte bei, erlitten aber ſelbſt ſolche und konnten das Feld nicht behaupten; nicht daß es erſchöpft geweſen wäre, ſondern um ſeine Intereſſen nicht der Politik fremder Staaten preiszugeben, nahm O. von Napoleon das Friedensanerbieten an, ſchloß den Waffenſtillſtand zu Villafranca und den Frieden zu Zürich, in welchem es die Lombardei abtrat (ſ. Sardinien) und auf Entwürfe einging, die durch die italieniſche Revolution von 1860 und ſchon durch die unverzögerten Machinationen Sardiniens über den Haufen geworfen wurden. Die Revolution, von Sardinien geleitet und von Frankreich begünſtigt, hat 1860 Italien mit Verletzung vielfacher Rechte und mit dem Raube Neapels, der Herzogthümer und eines Theils der Kirchenſtaaten faſt vereinigt und hat es ſich zur Aufgabe gemacht, Venetien als den fehlenden Reſt nicht in Oeſtreichs Hand zu laſſen. Es ſteht daher O. ein ſchwerer Krieg bevor, von dem man aber faſt glauben kann, daß er die Werke der italieniſchen Revolution wieder zerſtören werde.

Oeſtreichſcher Erbfolgekrieg, ſ. Erbfolgekrieg.

Oſtrog, Konſtanty Fürſt von, Pole, als gewaltiger polniſcher Feldherr und Beſieger der Tataren und Ruſſen bewundert (16. Jahrhundert).

Oſtrog, Konſtanty Waſil Fürſt von, Pole, Feldherr, Großhetmann von Litthauen, Beſieger der Ruſſen bei Orſza 1514. Starb als Wojewode von Wilno.

Oftrolenka, polnische Stadt an der Narew von 2000 Einw. Hier Gefecht zwischen Russen und Franzosen 1807 und Schlacht 1831 zwischen Russen unter Diebitsch und Polen unter Skrzynecki, die hier mit großen Verlusten den Uebergang erzwangen, aber wegen der schlechten Stellung auf einem Bruch-damme ihre Position nicht behaupten konnten.

Oftrowski, berühmter polnischer General unter Wladislaw Jagiello, focht bei Tannenberg.

Oftseeprovinzen, s. Rußland, Preußen, Schweden.

Otto, römisch-deutscher Kaiser, der Große, geb. 912, 936 auf den Thron erhoben, einer der kriegerischsten deutschen Kaiser, zwang durch einen 14 Jahre langen Krieg den König Boleslaw von Polen zu Anerkennung der deutschen Oberherrlichkeit (950), demüthigte die rebellischen Vasallen, Herzog von Baiern, Eberhard von Franken, seinen Stiefbruder Thankmar und selbst dessen Bundes-genossen, den König von Frankreich. Trotz seines Kriegsglücks behauptete er stets Mäßigung und Edelsinn. Er unterwarf die nordslawischen Völker, schlug den Dänenkönig Harald gewaltig, nöthigte Hugo von Paris zu einem nachtheil-igen Frieden, schlug Berengar II. 951 und setzte sich die lombardische Krone auf. Nach einem blutigen inneren Kriege errang Otto den wundervollen Sieg über die Ungarn, der ihren Raubzügen für immer ein Ende machte (955). Die Streitigkeiten mit dem päpstlichen Stuhle führten ihn zur Eroberung Unter-italiens. Starb 973 im Kloster Memleben in Thüringen.

Otto II., Sohn des Vorigen, römisch-deutscher Kaiser, geb. 955, 961 schon deutscher König, kämpfte zuerst gegen den rebellischen Herzog Heinrich von Baiern und dessen Verbündete, die Fürsten Polens, Böhmens und Däne-marks, blieb nach langem Kampfe Sieger, wendete sich 978 gegen Frankreich, schlug es und zerstörte einen Theil von Paris, unterwarf das empörte Italien, verlor aber durch unglücklichen Zufall die Schlacht von Basantello 982, rettete sich in der abenteuerlichsten Weise, beschloß einen neuen Feldzug, starb aber vor Beginn desselben 983.

Otto III., Sohn des Vorigen, römisch-deutscher Kaiser, geb. 980, schlug 986—991 die slawischen Völker, und in drei Römerzügen die Italiener 996, 998 und 1001, starb aber schon 1002 in seinem 22. Lebensjahre. Bei längerem Leben würde er einer der größten Fürsten aller Zeit muthmaßlich geworden sein.

Otto IV., römisch-deutscher Gegenkaiser, geb. 1174, Sohn Heinrichs des Löwen, bewies seine Tapferkeit in den Kriegen Englands gegen Frankreich und in den Kämpfen der politischen Verwirrung im Innern des Reichs. Erlitt dennoch wiederholt Unglück und starb 1218. (S. Deutschland.)

Ottokar II., König von Böhmen von 1253 — 1278, erkämpfte sich gegen Baiern und Ungarn das Herzogthum Oestreich, unternahm 1254 einen sieg-reichen Kriegszug gegen die Preußen, war der Gründer von Königsberg am Pregel, schlug die Ungarn 1260 entscheidend, wiederum 1273 um sich die Erb-schaft von Kärnthen und Krain zu erzwingen. Er lehnte die Kaiserkrone zwei Mal ab. Die Wahl Rudolphs von Habsburg erkannte er hartnäckig nicht an und gab dadurch dem Kaiser Gelegenheit, sich hier eine Hausmacht zu gründen. Kaiser Rudolph besetzte Oestreich als eröffnetes Reichslehen, desgl. Steiermark, Kärnthen und Krain und O., von seinen Vasallen verrathen, konnte dem Kaiser nicht widerstehen und mußte ihm jene Länder abtreten und über Böhmen und Mähren des Kaisers Lehensherrlichkeit anerkennen. Darüber entbrannte aber 1278 ein neuer Krieg, den die Schlacht an der March zu Rudolphs Gunsten entschied. Hier fiel O., über dessen große Heldeneigenschaften ein hoher Ruf verbreitet war.

Oudenaarde, belgische befestigte Stadt an der Schelde von 6000 Einw. Hier schwere Niederlage der Franzosen durch die Engländer und Kaiserlichen 1708.

Oudinot, Charles Nicolas, Sohn eines französischen Kaufmanns, geb. 1767, beim Ausbruch der Revolution Bataillonscommandant, 1792 Vertheidiger des Schlosses Bitsch gegen die Preußen und zur Belohnung Oberst, 1793 in Folge großer Auszeichnung bei Moorlautern General, machte die Feldzüge gegen Oestreich mit, wurde 1799 Divisionsgeneral und machte sich in Italien durch wunderbare Bravourstärke berühmt. Eben so verdankt Napoleon seiner glühenden Energie den raschen Fortgang des Feldzugs von 1805. Bei Friedland leistete er das Meiste und wurde dafür zum Grafen erhoben. 1809 siegte er bei Pfaffenhoven und Ebersberg, focht bei Aspern und trug zum Siege bei Wagram bei. Wurde hierauf zum Herzog von Reggio erhoben. 1812 schlug er die Russen bei Polock und Borisow, erleichterte den Rückzug, erhielt 1813 drei Armeecorps, wurde aber bei Großbeeren und Dennewitz von den Preußen geschlagen, focht bei Leipzig mit beispielloser Bravour und ebenso bei Arcis sur Aube. Er hatte 23 schwere Verwundungen erlitten. Ludwig XVIII. machte ihn zum Pair, Generalmajor der Garde und Commandanten der Nationalgarde von Paris. Er focht 1823 in Spanien. Unter Ludwig Philipp Großkanzler der Ehrenlegion und Gouverneur des Invalidenhauses. Starb 1847.

Oudinot, Nicolas Charles Victor Graf von, Sohn des Vorigen, geb. 1791, machte die Feldzüge Napoleons von 1809—1814 mit, wurde 1815 General, focht in Algier, wurde hier Generallieutenant, führte 1849 die Expedition gegen Rom und hemmte 1851 seine Carriere durch Collision mit Napoleon.

Oxenstierna, schwedischer Staatskanzler (s. dreißigjähriger Krieg).

P.

Pacification, Wiederherstellung des Friedens, kann durch Gewalt oder friedliche Uebereinkunft geschehen.

Padischah, Fürst, König, Titel des Sultans.

Padua, venetianisch-österreichische Stadt von 55,000 Einw., starke Garnison, Militairlazareth und Invalidenhaus. Zuerst von Karl d. Gr. und 1405 von Benedig erobert.

Paez, Jose Antonio, geb. 1780, diente als Viehhirt, ergriff mit Feuer die Revolution von Caracas 1810, schwang sich rasch zum Volksführer und Reitergeneral auf, befreite Varinas, constituirte nach vielen Großthaten die Republik Columbia, deren Präsident er wurde. Wurde später 2 Mal Präsident von Venezuela, wurde im Kriege 1846 Dictator, mußte aber nach manchen Schicksalen dem Strudel der Parteien weichen, behielt jedoch den Ruhm eines edeln und großen Namens (s. Amerika).

Paixhans, französischer Ingenieur und Militairschriftsteller, Verbesserer der schweren Geschütze und Laffeten dazu (s. Geschütz).

Palafox Melzi, Don Jose de, berühmter spanischer General, zuletzt Generalcapitain der Garde (1837). Als solcher zog er sich aus dem öffentlichen Leben zurück. Wirkte mehr als Politiker als Krieger. 1836 zum Herzog von Saragossa erhoben, geb. 1780, gest. 1847.

Palästina, s. Asien.

Palermo, Hauptstadt Siciliens, eine der schönsten südeuropäischen Städte mit 200,000 Bewohnern. Hafen von 2 Forts beherrscht, schon im Alterthum durch Mauern und umgebende Castells gut befestigt, mit königlichem Schloß, Sternwarte, nautischem Collegium, nautischem Seminar, militairischer Schule der Künste, Militairbibliothek, Militaircommando, starker Garnison, Lazareth, Werkstätten, ursprünglich phönizische Colonie, karthagische Hauptstation im 1. punischen Kriege, nach Karthagos Unterliegen römisch, im Mittelalter nach einander von den Ostgothen, Griechen, Mauren und Normannen erobert, in der Folge stets Hauptobject des Kriegs auf Sicilien, 1847 hier Anfang der europäischen Revolution, 1848 von den königlichen Truppen bombardirt, verlassen und 1849 eingenommen, 1860 hier erster Hauptact der italienischen Revolution und Einnahme durch die Freischaaren unter dem sardinischen General Garibaldi.

Palffy, Johann Graf von, aus ungarischer Familie, in der viele Glieder die höchsten militairischen Würden errangen, war 1659 geb., nahm zuerst am kurpfälzischen Kriege und dann an den Feldzügen gegen Ludwig XIV. Theil, zeichnete sich vorzüglich im Anfange des spanischen Erbfolgekriegs aus, wurde 1704 Ban von Kroatien, unterdrückte mit Waffengewalt die ungarische Insurrection 1709—1711 und nahm aufs Neue als Feldmarschall, jedoch unter Oberbefehl des Prinzen Eugen am Kriege gegen die Türkei Theil. Maria Theresia verdankte im Anfang ihrer Regierung den Beistand der Ungarn vorzüglich ihm. Starb 1751.

Palffy, Paul Karl Graf von, Sohn des Vorigen, östreichscher Generalfeldmarschall, starb 1774.

Palikaren, albanesische Feldtruppen zur Zeit der türkischen Herrschaft. Jetzt alle freiwillige Krieger in Griechenland.

Palissaden, Tonnbaue, Sturmpfähle, sind oben zugespitzte 12—16 Fuß lange, bis zu 12 Zoll starke Balken von hartem Holz, werden einander berührend senkrecht oder vorgeneigt zum Schutz des Terrains fortificatorischer Werke in die Erde mindestens 4 Fuß tief eingegraben, auch wohl durch Querbalken mit einander verankert und bilden im Uebrigen emporragend eine hölzerne Mauer, die aber gedeckt aufgestellt wird, damit sie vom Feinde nicht niedergeschossen werde. Man stellt sie so, daß sie vor ihrer Fronte bestrichen werden kann, damit der Feind nicht unmittelbar gegen sie operiren oder gar an ihr Schutz finden könne. Die an der Berme horizontal in den Wall gemauerten P. heißen Sturmpfähle. Wird durch solche P. ein Terrain abgesperrt, so heißen sie Tonnbaue. Bei den neuen Festungsbauten vermindert man sie wegen ihrer Kostspieligkeit, oder setzt die Palissaden erst zur Zeit der Gefahr, da ihre Dauer durch Luft und Regen sehr beschränkt wird. Bei Lagern, welche befestigt werden sollen, sind sie ein gutes und schnelles Hilfsmittel.

Palmannova, östreichsche Stadt von 3000 Einw. mit Festung in Venetien, am Kanal La Roja. Hat Lazareth, große Kaserne, Arsenal, einige Werkstätten. Die Werke, nach Vaubans System erbaut, durch große Kasematten ausgezeichnet. Hat niemals eine wirkliche Belagerung erlitten.

Pampelona, wichtige spanische Festung mit Stadt von 15,000 Einwohnern an den Pyrenäen und der Arga, ist Sitz eines Generalcapitains, hatte schon im Mittelalter sehr starke Werke, die 1808 von den Franzosen, welche sich hier die Pyrenäenstraße und Navarra sichern wollten, nicht nur modernisirt und verstärkt, sondern auch durch Außenwerke vermehrt. Werke bestehen in Graben, Wall, Mauer und Forts. Die Festung hat eine Kugelgießerei und

verschiedene Militairwerkstätten, Magazine und Lazareth. 778 von Karl dem
Großen genommen. Von den Mauren wiederholt, 1521 von den Spaniern
belagert, 1813 von den Franzosen 14 Monate lang vertheidigt und sodann
übergeben.

Banesowa, östreichsche Militaircommunität in der Militairgrenze des Ba-
nates, und Stabsort des deutschen Banater Grenzregimentes, an der Donau,
11,000 Einw., hier 1739 die Türken von den Oestreichern, 1849 die Ungarn
von den Oestreichern geschlagen.

Banduren, leichte und irreguläre slawische Infanterie im östreichschen Heere
der letzten 2 Jahrhunderte, führte den kleinen Krieg, machte sich oft so lästig
als nützlich und konnte so wenig bei entscheidenden Unternehmungen mit Verlaß
verwendet werden wie die Kosaken. Wurde in die Regimenter der Grenzer
eingereiht.

Pankration, eine Art Boxkampf der alten Griechen.

Panzer, metallene Körperbekleidung für Krieger, zum Zweck der Unver-
wundbarkeit, bestand aus Helm, Rumpfstücken, Arm- und Beinschienen, Panzer-
schuhen, Schuppenhandschuhen und ähnlichen Stücken. Diese Art der militairischen Bekleidung kam schon bei den alten Griechen auf, vervollkommnete sich
mehr und mehr und erreichte in Deutschland im 13. und 14. Jahrhundert
ihren Hochpunct, wo man selbst die Pferde mit schweren Panzern umgab.
Ihren Werth verloren sie gänzlich durch die Einführung des Geschützes und
verloren sich hiernach auch schnell aus dem Gebrauche. Als ein Ueberrest befindet sich beim gegenwärtigen Kriegerstande noch der Küraß (s. d.), der Helm
(s. d.) und die Pickelhaube (s. d.), allein diese Stücken sind kaum noch als
Schutzwaffen zu betrachten und dienen vielmehr als Schmuck und als Abzeichen
gewisser Waffengattungen. (S. Harnisch, Rüstung.)

Panzerhemd, ein enganschließendes hemdartiges Kleid, welches vom Hals
bis auf die Schenkel reichte, gewöhnlich aus Wildleder gefertigt und mit metallenen Schuppen dicht besetzt war. War bei den Rittern des Mittelalters
die leichtere Art der Panzerung, die namentlich der Reiterei sehr vortheilhaft
war. Schon die Hunnen trugen Panzerhemden, in den Kreuzzügen waren sie
im Ritterstande fast allgemein und gegenwärtig werden sie noch bei einigen
kaukasischen Völkern gefunden.

Paoli, Pascal, geb. 1726 auf Corsica, das sich unter genuesischer Herrschaft
befand. Er unternahm als Generalcapitain und Führer der demokratischen
Partei einen energischen Kampf gegen die Genuesen und überwältigte diese
dergestalt, daß sie Frankreich um Hilfe angingen und 1768 das Land an
Frankreich geradezu abtraten. Nach einem fast ein Jahr währenden Kampfe
war Frankreich Herr der Insel und P. mußte flüchten (1769). 1789 kehrte
er zurück, 1793 suchte er Corsica frei zu machen und stellte sich als Generalissimus an die Spitze der Gewalt. Selbst zu schwach, nahm er englische Hilfstruppen auf und vertrieb die Franzosen. Da die Engländer sich aber die
Gewalt anmaßten, zog er sich ins Privatleben zurück und starb 1807 bei London.

Papirius, Lucius Cursor, im 3. Jahrhundert v. Chr. fünf Mal römischer
Consul, einer der größten Feldherrn seiner Zeit, wiederholt Besieger der Sa-
mariter, Triumphator. Sein Sohn Lucius Papirius Cursor war ebenfalls
Consul, Feldherr und Triumphator.

Pappenheim, Gottfried Heinrich Graf von, geb. 1594, hatte zu Tübingen
eine gelehrte Bildung erlangt, wurde Protestant und trat in das Heer der
Ligur, focht als Oberst 1620 bei Prag, commandirte 2 Jahre lang die Spanier
in Oberitalien, schlug mit blutiger Energie 1626 den östreichschen Bauernauf-
stand, schlug mit Tilly die Dänen, half Magdeburg erobern und entehrte sich

hierbei durch Blutsucht, verschuldete durch blinde Kampfsucht die Niederlage
bei Breitenfeld und fiel 1632 in Folge schwerer Verwundung in der Schlacht
bei Lützen. Er war der heldenhafteste kaiserliche General im dreißigjährigen
Kriege.

Pappenheim, Karl Theodor Friedrich Graf von, geb. 1771, Oestreicher,
machte von 1792 an die Feldzüge gegen Frankreich bis 1795 mit, trat später
in baiernsche Dienste, und nahm als baiernscher General 1813 und 1814 in
sehr rühmlicher Weise an den Feldzügen der Alliirten Theil. In der Folge
erstieg er die hohen Stufen eines baiernschen Generalfeldzeugmeisters und
Ehrenchefs eines Regiments. Wurde auch Generaladjutant des Königs.

Parade (in der Fechtkunst), die Abwendung eines Hiebes oder Stoßes
durch die eigene Waffe (s. Fechtkunst) — (In der Reitkunst) das kunstvoll
plötzliche Anhalten des Pferdes im Laufe (ganze Parade), oder das kunstvoll
allmählige Anhalten desselben auf kurzer Distance (halbe Parade) — (In der
militairischen Taktik) so viel wie Schaustellung oder Aufzug; letzter Act das
Defilement der Truppen vor dem obersten Befehlshaber und dessen Suite.
Solche Parade nach dem Gottesdienst heißt Kirchenparade. Aufstellung der
Truppen, die zu Besatzung der Hauptwachen abgeordnet werden sollen, heißt
Wachtparade. An Galatagen findet die Parade in besten Montirungen und mit
voller Decoration statt und heißt Große Parade.

Parademarsch ist der Schlußact jeder Parade, nämlich das Defilement
vor dem obersten Befehlshaber oder derjenigen Person, welcher zu Ehre die
Parade veranstaltet worden. Der Marsch der Infanterie geschieht in gemessenem
Tempo, der Cavalerie in Trab oder Galopp, wobei ebenso salutirt wird,
als bei der Schaustellung, wenn die Person naht, der die Parade gilt, oder
die sie abnimmt. Es kommt hier alles auf die schöne Haltung des Mannes
und der Truppenkörper an; namentlich sollen die Fronten schnurgerade Linie halten.

Paraguay, s. Amerika.

Parallele, Angriffslinie, gewöhnlich der angegriffenen Linie parallel laufend,
daher der Name. (S. Festung, Belagerung, Laufgraben ꝛc.)

Pardon, Erbarmung, Gnade, in der Kriegssprache stehender Anruf Des-
jenigen, der vom stärkeren Gegner Einstellung des Kampfes fordert. Es
verbindet sich damit die Ergebung des Pardonfordernden in die Gewalt des
Stärkeren. Pardonverweigern gilt für regelwidrige Unmenschlichkeit, wenn
diese Verweigerung nicht zum Gesetz erhoben, Grundsatz der Truppe ist, der
man angehört. Bei Truppenmassen ist vom Pardon nicht die Rede, sondern
vom Strecken des Gewehrs und Capitulation.

Parga, türkische Stadt in Albanien, unbesiegbare Feste auf einem kegelför-
migen von drei Seiten vom Meere umgebenen Felsen, am Fanar, früher von
Griechen bewohnt, wehrte sich erfolgreich gegen die Herrschaft der Pforte und
zuletzt des Pascha Ali von Janina, und da es von England 1819 mit verräthe-
rischer Politik der Pforte überliefert wurde, verließen es die Bewohner sämmtlich.

Paris, Person der altgriechischen Sage, Entführer der Helena, Veranlasser
des trojanischen Krieges.

Paris, Haupt- und Residenzstadt von Frankreich mit 1¼ Millionen Ein-
wohnern, zu beiden Seiten der Seine, politisch viel bedeutsamer als militairisch,
obschon hier die Spitzen des Heerwesens ihren Sitz haben und die ganze
Organisation desselben sich hier concentrirt. Es ist das Hauptquartier einer
Militairdivision, der Garden und bedeutender Attachements, hat die großartig-
sten Militairanstalten, Werkstätten sowohl, als Depots und Institute. Das
Arsenal erregt Erstaunen. Die Sammlung der militairischen Schriften in der
Bibliothek des Arsenals gilt für eine Seltenheit. Die Berühmtheit der Kriegs-

schule in ihrem riesigen Palaste ist bekannt. Die polytechnische Schule ist von größter militairischer Bedeutung, ebenso die Schule für Ingenieure, Geographen und die practische Schule des Generalstabs, wo Professoren die Militairverwaltung, Topographie, Geographie, Statistik, Kriegskunde, Kriegsgeschichte, Befestigungskunst, Geschützfabrikationskunst, Theorie der Tactik und Strategie lehren und deren Cursus jeder Offizier durchgemacht haben muß, der seine Carriere beim Generalstabe machen will. Die Schule für Mathematik und Zeichenkunst ist als Militairvorbereitungsanstalt von Bedeutung. Für militairische Ausbildung bestehen außer vielen anderen ferner noch das Centralmuseum der Artillerie und eine herrliche Sammlung von Büchern, Karten, Handschriften und Plänen im Kriegsdepot, ferner im Invalidenhause eine herrliche Sammlung von den Plänen der Kriegsplätze in erhabener Arbeit, ein Schiffsmuseum mit höchst kunstvollen Modellen und einer großen Sammlung von Seekarten und Plänen, ein Depot der Marine. P. (St. Denis) hat ferner ein Erziehungshaus für Töchter der Ritter der Ehrenlegion, mehre Schulen für Soldatenkinder, Militairwaisenhäuser, zu Vincennes eine Normalschießschule mit herrlichem Waffensaale in einem alten festen Schlosse. Unter den Militairsammelplätzen zeichnet sich besonders das berühmte Marsfeld aus, an dessen einer Seite sich das prachtvolle Palais der Kriegsschule befindet. An militairischen Denkmälern ist Paris vorzüglich reich. Besonders zeichnen sich die Siegessäule, die Julisäule auf dem Bastilleplatze, die Triumphsäule von Austerlitz, vier Triumphbogen und unter vielen Statuen verstorbener Helden die von Ludwig XIV. aus. Die Kasernen, zum Theil sehr großartige Bauten, sind zur Defensive eingerichtet, so bildet die beim Stadthause eine förmliche Festung. Unter den Militairhospitälern zeichnet sich das der Invaliden aus. Das Invalidenhaus ist von Ludwig XIV. gegründet. Es ist mit einer herrlichen Kirche verbunden, in welcher gegenwärtig Napoleon I. ruht. Paris ist nichts weniger als eine Festung, doch sind seine 56 Barrieren mit Vertheidigungswerken versehen und die Stadt mit einer Linie von Forts und einer Ringmauer und Graben umgeben. Diese Fortificationen wurden 1840 unter dem kriegsschwärmerischen Ministerium Thiers angelegt. Sie machen Paris bei seinem ungeheuren Umfange keineswegs zu einem haltbaren Platze und können höchstens nur beim Kampfe im Weichbilde der Stadt gegen einen andringenden Feind Unterstützung und Vortheile gewähren, der Stadt aber gar keine Gewähr geben. P. war v. Chr. schon so bedeutend, daß Julius Cäsar hier eine Volksversammlung hielt und den Platz, auf der Seineinsel gelegen, befestigen ließ. Unter Chlodwig wurde es Residenz. Im 9. und 10. Jahrhundert erlitt es von den Normannen wiederholte Belagerungen, und selbst eine zwei Jahre währende, jedoch vergebliche Belagerung. Auch von den Deutschen unter Kaiser Otto erlitt die Stadt einen Angriff, wobei die Vorstädte in Trümmerhaufen verwandelt wurden. 1367—1383 wurde P. mit neuen weiteren Wällen und Mauern umgeben. 1370 wurde die Bastille erbaut und konnte als Zitadelle betrachtet werden. Ludwig XIV. ließ die Wälle in Promenaden verwandeln, da er die Stadt durch seine zahlreichen neuen Grenzfestungen für genügend geschützt hielt, gründete dafür in Paris aber viele militairische Anstalten, unter denen besonders das Invalidenhaus zu nennen ist. — Der zweimalige Sturz Napoleons wurde durch eine zweimalige Eroberung von Paris schließlich bewirkt (1814 und 1815). Gegen Ende des März 1814 rückten die Alliirten 80,000 M. vor Paris, das von 30 und einigen Tausend Mann vertheidigt wurde. Die Wegnahme der Hauptpositionen durch die Preußen und Russen, des Montmartre und der Höhen auf der östlichen Linie und die Eroberung von 110 Kanonen entschieden in einem Tage den Kampf und zwangen Paris zur Capitulation. 1815 nach der Schlacht bei Waterloo befolgten die Engländer und Preußen den strategischen Plan von 1814, rückten nun unaufhaltsam gegen Paris vor. Sie fanden jetzt die Stadt gewissermaßen befestigt. Um eine lange Belagerung zu vermeiden blieben die Engländer vor den Linien stehen, die Preußen aber umgingen die Stadt, um die Erstürmung derselben von der Versailler Seite allein auszuführen. Dies gelang ihnen nach einem zweitägigen furchtbaren Kampfe nach Eroberung der Höhen von Meudon und Sèvres am 2. und 3. Juli. In Paris commandirte Davoust und seine Armee war 60,000 Mann stark. Preußischer Seits commandirte Blücher, englischer Seits Wellington.

Park, Geschütze und Heerfuhrwerk depotmäßig aufgestellt, um die Bewachung zu erleichtern. Kommt bei Belagerungen mit den zu verwendeten Geschützen und in Lagern vor.

Parker, Sir Hyde, englischer Viceadmiral, 1781 Sieger von Doggerbank über die holländische Flotte. Im Schiffbruch 1783 umgekommen.

Parker, Sir Hyde, Sohn des Vorigen, englischer Admiral der weißen Flagge und Ritter, focht gegen die aufständischen Kolonien in Amerika, nach 1802 gegen die französischen Besitzungen in Amerika, von 1800 ab gegen Frankreich in den europäischen Gewässern.

Parker, Sir William, Admiral der blauen Flagge, Engländer, geb. 1780, 21 Jahre alt Capitain, durch Auszeichnung gegen Frankreich 1809 Ritter des Bathordens, 1830 Contreadmiral, 1841 Oberbefehlshaber der gegen China operirenden Flotte (drang siegend bis Nanking vor und erzwang den Frieden), zog sich 1851 vom Dienste zurück. 1844 war er zum Baronet erhoben worden.

Parker, Sir Georg, geb. 1766, 1825 Viceadmiral, gest. 1847 als Admiral der rothen Flagge.

Parlamentair, militairischer Geschäftsträger, Unterhändler, Gesandter. Unverletzlich. Läßt einen Trompeter und Träger einer weißen Fahne vor sich hergehen, damit man seinen Character von fern erkenne.

Parma, durch die italienische Revolution von 1860 aufgehobenes Herzogthum (s. Italien und Sardinien).

Paros, griechische Insel, s. Griechenland.

Parteigänger, Führer einer Truppenmasse, die sich dem kleinen Kriege widmet, und als Frei-, Streif- oder fliegendes Corps zu bezeichnen ist.

Parteigängerkrieg, die Operation selbstständiger Streifcorps, darauf ausgehend den Feind zu beunruhigen, durch Ueberfälle vereinzelter Massen, Wegnahme von Convoys ꝛc. Schaden zu thun. Corps müssen mindestens in indirecter Verbindung mit der ihr angehörenden Armee bleiben, ohne daß sie sich indessen streng an deren Operationen kehren. Indem sie den Feind beirren und derangiren, sind sie vor großen Unternehmungen die Vorarbeiter und nach dem Siege die Nacharbeiter der Armee (s. Krieg).

Parthien, s. Asien.

Partisane, 6—7 Fuß langer Spieß, längst nicht mehr gebräuchlich.

Pascha, bedeutet Königsstütze, Titel der höchsten Osmanischen Staatsbeamten. 3 Rangclassen, wonach dem Pascha 1, 2 oder 3 Roßschweife vorangetragen werden.

Paskiewicz, Iwan Fedorowitsch, Graf von Eriwan, Fürst von Warschau, Statthalter von Polen, geb. 1782 in Pultawa, war Leibpage bei Kaiser Paul, trat 1800 ins Heer, focht 1806—1812 gegen die Türkei, schon 1810 General, focht 1812 gegen Napoleon, bei Smolensk, Borodino, Jaroslawez und Krasnoi ausgezeichnet, focht bei Leipzig und Paris als Generallieutenant, commandirte 1826 das russische Heer gegen Persien, erwarb sich hier die Grafenwürde und den Ehrennamen Eriwanski, focht gleich danach siegreich gegen die Türkei in

Aſien, wurde 1829 Feldmarſchall, kämpfte im Kaukaſus, wurde 1831 zur Ab-
löſung Diebitſch's nach Polen geſchickt, eroberte in 2 blutigen Tagen Warſchau,
wurde dafür in den Fürſtenſtand erhoben, führte 1849 die Interventionsarmee
nach Ungarn, und wurde 1854 zur Armee in die Donaufürſtenthümer geſchickt,
zunächſt um die Erſtürmung Siliſtrias zu bewirken, das er jedoch nicht vermochte. Hier ſeinen Kriegsruhm auf dem Spiele ſehend, zog er ſich von dem
mit Unwillen übernommenen Obercommando zurück, jedoch unter Angabe der
Verwundung. In der That war er auch ſchon lebensmüde und überlebte dieſe
letzte mißlungene Kriegsthat nicht lange.

Paſſau, niederbaieriſche Stadt von 11,000 Einw. und Feſtung. Haupttheile der Feſtung Oberhaus und Niederhaus, erſteres auf 400 Fuß hohen
Felſen, an Donau und Inn, große ſchöne Kaſerne (früher Abtei), einige Werkſtätten, gutes Lazareth.

Paß, ſ. Defilee.

Paßkugeln, werden auch die Kanonenkugeln genannt.

Paßwan-Oglu, geb. 1758. Sohn eines Paſchi, der ſich mit Verwegenheit
durch furchtbaren Janitſcharenaufſtand die Würde eines Paſcha von Widdin
erzwang. Starb 1807.

Patkul, Johann Reinhold von, geb. 1660 in Livland, diente in Schweden,
das er politiſch bedroht als Capitain verließ. Ging in ruſſiſche Dienſte, wurde
Geſandter, rächte ſich an Schweden, indem er den nordiſchen Krieg erregte,
übernahm ſelbſt ein ſächſiſches Commando, verdächtigte ſich aber und wurde
verhaftet. Dem Könige von Schweden vertragsmäßig ausgeliefert, ließ ihn
1707 dieſer aufs Grauſamſte bei Poſen hinrichten

Patroklos, Held der altgriechiſchen Sage vor der Belagerung Trojas.

Patrone, die Combination des Pulvers und der Kugel in einer Hülſe zum
Zwecke ſchnelleren Ladens, vorzugsweiſe für Muskete und Carabiner, muß nach
dem Caliber gearbeitet werden. (S. Gewehr und Feuern.)

Patrontaſche, Kapſel, in welcher der Soldat die Patrone und ſonſtigen
Schießbedarf bei ſich trägt. Bei der Infanterie und Cavalerie meiſt auf dem
Rücken, bei den Schützen und Jägern, die jedoch keine eigentlichen Patronen
haben, meiſt vor dem Leibe.

Paul, Kaiſer, ſ. Rußland.

Pauſanias, Feldherr und König von Sparta, Sieger bei Platää 479, Eroberer Thebens, erlitt in Folge von Verrätherei den Hungertod in einem Tempel.

Pavia, lombardiſche Stadt nahe dem Po am Ticino, 26,000 Einw., ehedem
ſtark befeſtigt, wichtig in der Geſchichte der italieniſchen Kriege, alte Hauptſtadt
der Lombardei (ſ. d.), 1796 von den Franzoſen erſtürmt.

Pedro Dom, Exkaiſer von Braſilien, Regent und Prinz von Portugal
(ſ. Portugal).

Peilen, in der Seemannsſprache meſſen, ſowohl einer Tiefe, einer Höhe
als einer Richtung.

Peking, ſ. Aſien.

Pelasger, Urbewohner Griechenlands (ſ. d.).

Pelet, Jean Jacques Germain Baron von, Franzoſe, geb. 1779, Ingenieur, machte als Adjutant Maſſenas die franzöſiſchen Feldzüge von 1803—
1814 mit, war zuletzt Generalmajor, wurde unter Ludwig Philipp Generallieutenant und Pair. Berühmt durch eine vortreffliche Militairkarte von
Frankreich.

Peleus, Held der altgriechiſchen Mythe.

Pellas, Held der altgriechiſchen Mythe.

Pelopidas, thebaniſcher Feldherr, mordete die Tyrannen, vertrieb die Spartaner aus der Stadt, half sie bei Leuktra schlagen, wo er die „heilige Schaar" führte, und fiel nach verwickelten Schicksalen bei Kynoskephalä 364 v. Chr.

Peloponnes (s. Griechenland).

Peloton, Abtheilung einer Compagnie, Zug, von einem Lieutenant geführt.

Pelotonfeuer, Gesammtfeuer, Salve, im Gegensatz zum Rottenfeuer (s. Tactik).

Pembroke, Graf, s. Großbritannien.

Pendschab, s. Asien.

Pensylvanien, s. Amerika.

Penthesilea, Königin der Amazonen, den Trojanern beistehend, wurde sie von Achilles getödtet.

Pepe, Gabriel, geb. 1781, Neapolitaner, trat 1799 in das neapolitanische Heer, diente dem König Joseph Bonaparte, von 1808 Murat und nach dessen Sturze Ferdinand I. als Oberst. Er litt wegen Betheiligung an der Revolution 1820 eine zweijährige Gefangenschaft in Oestreich und zog sich dann ins Privatleben zurück.

Pepe, Florestan, Bruder des Vorigen, geb. 1780, machte für den König Joseph den Krieg in Spanien mit (1808—1811), wurde General, befand sich 1812 beim Nachzug in Preußen und Lithauen, kämpfte 1815 für Murat, trat dann unter Ferdinands Fahnen, unterwarf 1820 das aufständische Sicilien, und schied aus dem Dienste, da man die Mäßigung seiner politischen Grundsätze nicht billigte.

Pepe, Guglielmo, Bruder des Vorigen, geb. 1782, seit 1799 im Heer, rastlos gegen die königliche Partei in Waffen, seit 1806 in König Josephs, seit 1809 in Murats Diensten und dessen Ordonnanzoffizier, zuletzt unter diesem Generallieutenant. Schloß sich Ferdinand I. an, ergriff aber 1820 die Partei der Revolution und führte dieser seine Truppen zu und erzwang die Konstitution, konnte aber 1821 den Kampf gegen die Oestreicher nicht bestehen und floh ins Ausland. 1848 zurückgekehrt führte er das neapolitanische Hilfscorps nach Oberitalien, trat aus den Diensten Neapels, da dessen Politik sich änderte, und nahm von der Revolutionspartei die Berufung zum Oberbefehle in Benedig an, vertheidigte dies mit Energie und persönlichem Muth bis 1849, und ging beim Fall der Stadt nach Frankreich, ganz sich ins Privatleben zurückziehend. Wird von den Italienern sehr verehrt als Mensch wie als Soldat.

Percussion, Entzündung durch schnelle Compression einer Zündmasse, erst in diesem Jahrhundert auf Feuergewehre durch Fortsythe angewendet (s. Gewehr).

Percy, Pierre François Baron von, geb. 1754, französischer Generalinspector des Militairmedizinalwesens, berühmt als Gründer der chirurgischen Ambulancen. Starb 1825.

Perczel, Moritz, Ungar, geb. 1814, zum Ingenieur gebildet, errichtete 1848 eine ungarische Freischaar (Zriny-Schaar), nahm einen Theil des Jellachichschen Corps gefangen, wurde schnell zum General erhoben, führte höchst glückliche Waffenthaten bei Letenya, Szolnok, Zombor, Strig, Horgos, Peterwardein, St. Thomas, Tomasovacz und Uzbin aus und brachte trotz einiger Unfälle dadurch die ungarische Revolution auf ihren Hochpunkt, konnte aber, zuletzt unter Dembinski fechtend, ihren Fall nicht aufhalten. Er flüchtete in die Türkei und siedelte später nach England über.

Perdikkas (s. Griechenland).

Perignon, Dominique Catharina Marquis de, Franzose, geb. 1754, bei Ausbruch der französischen Revolution Oberst, erhielt den Oberbefehl über ein Operationscorps in den Pyrenäen, war 1794 Oberbefehlshaber und Generallieutenant, brachte den Spaniern bei Escola und Figueras die furchtbarsten

Niederlagen bei, focht 1798 und 1799 in Italien, wo er in Gefangenschaft gerieth, wurde 1804 Marschall und übernahm später ein Gouvernement in Italien. Starb 1818 in Frankreich.

Peronne, französische Festung an der Somme mit 4200 Einw., unbedeutend, 1815 von den Briten erstürmt.

Perpignan, starke französische Festung in den Pyrenäen am Tet mit starker Zitadelle, Fort, Graben, Wall, Mauern und Bastionen, Arsenal, Lazareth, Werkstätten, Magazine. Nahe am mittelländischen Meere. 22,000 Einwohner. Gegen Spanien militairisch höchst wichtig.

Perponcher-Sedlnitzky, Georg Heinrich Graf von, Niederländer, geb. 1773, focht von 1793 und 1794 gegen Frankreich und machte sich durch Bravour um die Person des Prinzen Friedrich und des Prinzen Karl von Nassau verdient, trat 1796 in östreiche Dienste, focht 1801 mit den Engländern in Aegypten, nahm Anfangs am Halbinselkriege Theil, unternahm 1813 den Kampf gegen die Franzosen in Holland und kämpfte 1814 und 1815 gegen dieselben. Wurde Generallieutenant, zum Grafen erhoben und starb 1842.

Perseus, Held der altgriechischen Mythe.

Persien, s. Asien.

Peru, südamerikanischer Freistaat mit 4 Großmarschällen, 4 Divisions- und 21 Brigadegeneralen, einem stehenden Heere von 6 Infanteriebataillonen, 3 Cavalerieregimentern, 1 Artilleriebrigade und Miliz (s. Amerika).

Pescara, Fernando Francesco Avalos Marchese de, Neapolitaner, geb. 1489, im Dienste Karls V., focht in bedeutenden Commandos bei Vicenza, Mailand, Como, Bicoca (im Oberbefehl), Genua und Pavia (1525). Starb in diesem Jahre.

Pescara, Alfonso, Sohn des Vorigen, ebenfalls Feldherr Karls V., focht mit geringerem Glück und erlitt die Niederlage bei Cerisoles. St. 1546.

Peschiera, 1500 Einwohner, die nördlichste der Festungen des berühmten lombardisch-venetianischen Festungsvierecks, am Gardasee und Mincio, deckt die Straße von Tyrol, zuerst von Napoleon I. befestigt, vorzüglich stark durch Fort Mantella und Fort Salvi, Correspondenzfeste von Mantua, 1848 von den Sardiniern durch Capitulation, aber desselben Jahres ebenso wieder von den Oestreichern erobert. Wichtige Werke auf einer Insel im Gardasee. (S. Oestreich).

Pesth, ehemalige Residenz der ungarischen Könige, das vorher Ofen gewesen war, an der Donau, mit der Festung Ofen in der innigsten Verbindung, schönste und größte Stadt Ungarns mit 120,000 Einw. und einer Garnison von 9000 Mann. Hier befinden sich vorzugsweise die zur Festung Ofen, mit der Pesth durch eine prachtvolle Kettenbrücke verbunden, befindlichen Militairanstalten, auch die wichtigsten Militairanstalten für das Land. Darunter sind zu nennen die großartige Artilleriekaserne mit dem Hauptgeschütz- und Munitionsdepot aus vier Quarrees von gewaltigen Gebäuden bestehend, die große Invalidenkaserne, das Hospital im Gebäude der Militairacademie, das große Lagerspital, mehre andere Kasernen, große Magazine, Werkstätten, eine Artillerieschule, Filial-Equitations- und Fechtschule. P. ist im 10. Jahrhundert entstanden, wurde 1241 von den Mongolen eingeäschert und erlitt in der Folge zugleich mit Ofen alle Belagerungen dieser Feste, oder litt wenigstens unter diesen Belagerungen, je nachdem der Angriff von östlicher (türkischer) oder westlicher (östreicher) Seite ausging. (S. Ofen).

Petarde, Sprengapparat, metallene mit Pulver gefüllte große Hülse, welche bei der Explosion bombenartig wirkte und durch welche man früher Festungsthore durchzuschlagen und Pallisaden niederzuwerfen suchte. Seit man angefangen, alles durch das Geschütz zu bewerkstelligen, nicht mehr im Gebrauche.

Peter I., Czar von Moskowien, später „Kaiser aller Reußen", geb. 1672 zu Moskau, groß als Krieger, größer noch als Staatsmann, entging mit Mühe den mörderischen Verschwörungen seiner Halbschwester Sophia, ergriff, noch ein zarter Jüngling, die Regierung, errichtete durch Hilfe befreundeter Ausländer ein Heer in europäischer Form und Organisation, schlug mit sehr unvollkommen maritimen Mitteln die türkische Flotte und eroberte Azow (1696), wodurch er dem Reiche die natürliche Grenze des schwarzen Meeres zu gewinnen suchte. 1697 erlernte er unter falschem Namen die Schiffszimmerkunst, vernichtete 1698 das rebellische Strelitzencorps, ersetzte es aber durch neue Truppen, begann 1700 den Krieg gegen Schweden und erlitt bei Narwa eine der furchtbarsten Niederlage, wußte sich demungeachtet eine gute Situation zu verschaffen, gründete 1703 Petersburg als Festung, vernichtete 1709 das schwedische Heer bei Pultawa, wendete sich nun rasch gegen Norden und eroberte Livland und Karelien, mußte sich alsbald aber gegen die Türken wenden, von denen eingeschlossen, er sich nur durch großartige Bestechung und Herausgabe von Azow die Freiheit erkaufen konnte. 1712 und 1713 eroberte er Finnland und führte 1721 den nordischen Krieg dergestalt zu Ende, daß Schweden ihm Livland, Esthland, Ingermanland, Wiburg und Kexholm überlassen mußte (s. nordischen Krieg und Nystadt). Hiernach gab er sich den Titel Kaiser aller Reußen. 1722 und 1723 unternahm er einen Krieg gegen Persien und behauptete die sehr ansehnlichen Eroberungen Ghilan, Asterabad und Masanderan. Starb 1725. Er ist der Gründer des Reichs in sofern er diesem die Küstengrenze im Osten und Süden erwarb, auch der Gründer der gegenwärtigen russischen Armeeverfassung und namentlich der Flotte. Ist auch Stifter des Alexander-Newski- und des St. Katharinenordens. Prachtvolles Denkmal zu Petersburg von Katharina II. errichtet.

Peter II., s. Rußland.

Peter III., s. Rußland.

Peter, der Grausame, König von Castilien und Leon, geb. 1334, vielmehr ein wollüstiger und blutdürstiger Wütherich als ein Held; fiel in der Schlacht auf der Ebene von Montiel 1369 durch die Hand seines Bruders Heinrich.

Petersburg, neue Residenz- und Hauptstadt von Rußland, voll der großartigsten Militairetablissements, Stiftung Peters des Großen, ursprünglich als Strandfestung gegen die Schweden angelegt, an der Newa und dem finnischen Meerbusen, auf mehren Newainseln erbaut, hat einen Hafen, jedoch von geringer Tiefe und Schiffswerfte, ist theilweise von Wall und Graben umgeben und hat eine geräumige Zitadelle, die aber geringe kriegerische Bedeutung hat. Die eigentliche Feste von P. ist seewärts Kronstadt (s. d.), landseits hat P. kaum einen Angriff zu fürchten, und besäße in diesem Falle bei seinem ungeheuren Umfange und seiner Anlage keine Widerstandskraft. Es hat an 550,000 Einw. und ist der Centralplatz des gesammten russischen Staates und Militairwesens, Sitz des Kriegsministeriums, eines Generalgouvernements, des Generalstabs. Der wundervolle Palast des Generalstabes ist mit einer Triumphpforte (deren Petersburg 2 hat) und einer Siegesgöttin geziert, und umfaßt alle Bureaus der Militairverwaltung. Vor ihm erhebt sich das Alexandermonument 154 Fuß hoch. Die Admiralität befindet sich in einem ebenfalls zu den Wunderwerken gehörendem Prachtpalaste, der große Schiffswerfte umschließt, auf welchen Linienschiffe gebaut werden. In ihm befindet sich das Marinemuseum mit den reichsten und kostbarsten Sammlungen von

Maschinen, Modellen, Karten und Büchern. Es befinden sich hier eine Artillerieschule, ein] Marine- und 2 Landkadettenkorps, eine Schifffahrtsschule,
eine Ingenieurschule für Land- und Wassercommunication, ein Militairinstitut
der Pagen, eine Schule für Schiffsbau und Handelsmarine, eine Thierarzneischule, eine Centralsternwarte, eine Fähnrichschule, mehre Militairwaisenhäuser,
eine Gesellschaft der Militairwissenschaften, ein Bergwerksinstitut, ein altes und
ein neues Arsenal, dessen Bau 2,800,000 Silberrubel gekostet, das Kriegs-
collegium, eine der schönsten Reitbahnen Europas, eine höchst merkwürdige
Sammlung von Waffen und Kriegerkleidungen aller bekannten Völker der Welt
und aller Zeiten in einem großfürstlichen Palaste u. a. Die Kasernen gehören zu den prachtvollsten und größten Gebäuden der Stadt und namentlich
zeichnen sich die Kasernen der Garderegimenter Ismailowski, Pawlowski,
Moskowski und der Gardecavalerie aus. Noch ist der Invalidenanstalt im
Tschesmepalaste Erwähnung zu thun. Unter sehr vielen militairischen Ehren-
denkmalen zeichnen sich die von Peter dem Großen, Potemkin, Suwarow,
Kutusow und Barclay de Tolly aus, doch ist die Zahl derartiger Denkmäler
in P. sehr groß. In der Citadelle befindet sich die Peter Paulskirche und in
ihr sind die von Trauerpracht strotzenden Kaisergräber. In Petersburg liegen
die Garde (s. Rußland). P. ist der Endpunct aller russischen Haupteisenbahnen und Telegraphen. 1703 gegründet. Kriegsstürme hat es nie erlebt, doch
befreite es vielleicht nur das Verhältniß Frankreichs zu England und dessen
Seemacht 1812 von einem Angriffe Napoleons I. (s. Rußland).

Peterwardein, östreichsche Festung ersten Rangs an der Donau, gegenüber
Neusatz; die eigentliche Festung, ein alter riesenhafter Bau auf einem steilen
Felsen, hat in dem Rufe der Uneinnehmbarkeit gestanden; zu ihm gehört die
gut befestigte Stadt am Fuße des Felsen mit 4500 Einw., Kaserne; hat
großes Militairlazareth, Kaserne, vortreffliche Magazine, 2000 Mann Besatzung,
aber Einrichtungen für 10,000 Mann. Hier Sitz des Generalcommandos der
3 slawonischen Grenzregimenter und des tuler Grenzbataillons. Zeughaus mit
großen Waffenvorräthen, enthält auch eine große Sammlung eroberter türkischer Waffen und Trophäen. Hier 1716 furchtbare Niederlage der Türken
durch die um fast ²/₃ schwächern Oestreicher unter Eugen.

Petropawlowsk, russische Strandfestung auf Kamtschatka mit Hafen. Die
Werke enthalten 9 Batterien für 54 Kanonen und sind modern und mit großer
Solidität ausgeführt, wozu namentlich der orientalische Krieg 1854 veranlaßte.
Commandant ist ein Capitain, der vom Generalcommando in Ochotzk seine
Befehle empfängt. 1854 wurde P. bereits, jedoch ohne erheblichen Erfolg
angegriffen, und beim Angriff durch die französisch-englische Flotte 1855, waren
Stadt und Festung von Besatzung und Bewohnerschaft, jedoch mit Wahrung
der Armatur, verlassen. Drei zurückgebliebene Bürger, dabei ein angesiedelter
Franzose, erklärten drolliger Weise Stadt und Festung für ihr Privateigenthum,
um von erster die Sprengung abzuwenden. Durch diese konnte wenigstens die
Auswechselung einiger Gefangenen von dem sich versteckt haltenden Capitain
Martinow bewirkt werden. Die Werke wurden gesprengt, von den Russen aber
bald nach Abzug der feindlichen Flottille völlig wiederhergestellt.

Peucker, Eduard von, geb. 1792 in Schlesien, machte seit 1809 die preußischen Feldzüge gegen Frankreich mit, indem er zum Capitain avancirte, ersann
erhebliche Verbesserungen des Artillerie-, namentlich des Geschützwesens, avancirte 1848 zum General, wurde Militaircommissar beim deutschen Bunde, war
in den Jahren 1848 und 1849 Reichskriegsminister, wurde Generallieutenant
und machte als solcher preußischer Seits den Feldzug in Baden mit.

Pfaffenhofen, bairisches Städtchen an der Ilm, hier 1745 Niederlage der

Baiern und Franzosen durch die Oestreicher, 1809 die Oestreicher geschlagen von den Franzosen.

Pfalz, s. Baiern und Deutschland.

Pfanne, Theil des jetzt meist abgeschafften Steinschlosses am Schießgewehr (s. d.).

Pfeil, aus Stab und schneidender mit Widerhaken versehener Metallspitze bestehendes Geschoß, welches durch die Schnellkraft einer gespannten Bogensehne geschleudert wurde. Vor der Einführung der Feuergewehre allgemein gebräuchliche Hauptschußwaffe, jetzt nur noch bei einigen wilden Völkerschaften in Gebrauch. Berühmte Pfeilschützen waren die Hunnen.

Pforte, hohe, Regierung des osmanischen Reichs (s. d.).

Pforzheim, Helden von, 400 Bürger der Stadt P., welche ihrem Markgrafen Georg Friedrich als Leibgarde 1622 gegen das bairisch-östreichische Heer folgten, die Schlacht bei Wimpfen (s. d.) mitschlugen und eine gänzliche Niederlage des markgräflichen Heeres dadurch abwendeten, daß sie in einem Engpasse die Verfolgung der Feinde aufhielten, bis alle gefallen waren.

Pfuel, Ernst von, geb. 1781, Preuße, focht schon 1806 bei Jena, machte 1809 den Feldzug Oestreichs, 1812 den Rußlands gegen Frankreich mit, und trat 1813 wieder unter preußische Fahne, machte die Kämpfe gegen Napoleon mit und wurde 1815 Commandant von Paris und General. Später wurde er als General der Cavalerie Gouverneur von Berlin, als welcher er bei der Revolution 1848 dem Könige zur Seite stand. Desselben Jahres leitete er die militairischen Anstalten gegen die aufständischen Polen im Herzogthum Posen mit Glück, trat aber desselben Jahres, nachdem er noch eine kurze Zeit Kriegsminister gewesen war, aus dem Dienste zurück. Stifter einer Militairschwimmanstalt in Berlin.

Phalanx, die Kerntruppe in der Schlachtordnung, bei den alten Griechen von 4000, bei den Macedoniern von 8000 Mann, aus dem schweren Fußvolk gebildet 12—16 Glieder tief, eng geschlossen, jeder Mann den Spieß anlegend, das vorderste Glied horizontal, die ferneren Glieder mehr und mehr gehoben, jeder Mann sich mit dem Schilde deckend, die Schilder gesammt aber sich schuppenartig aufeinanderlegend. So bildete die Phalanx eine metallene, undurchdringliche Mauer, die bei Angriffen gewaltig wirkte, aber wegen ihrer dichten und künstlichen Stellung durch irgendwelche Hindernisse oder Ereignisse leicht in Unordnung gerieth.

Pharao, s. Aegypten.

Pharnabazos, Perser, Satrap von Bithynien, spielte in dem spartanisch-athenischen Kriegen im 4. und 3. Jahrhundert v. Chr. eine bedeutende Rolle, ohne jedoch sich irgendwo als Helden zu zeigen.

Pharnaces II., König des Bosporanischen Reichs, nahm Partei für die Römer gegen seinen Vater Mithridates, belagerte diesen 63 v. Chr. und bedrängte denselben so, daß er sich ermordete. Später erhob er sich selbst gegen die Römer, vertrieb die Römer aus Armenien, Kappadozien und dem Pontus, wurde aber bei Zela 47 v. Chr. von Cäsar gänzlich geschlagen und in demselben Jahre ermordet.

Pharsalus, thessalische Stadt am Enipeus, hier die Macedonier von den Römern und 48 v. Chr. die Pompejaner in einer großen Schlacht von den Cäsarianern geschlagen. (S. Cäsar, Pompejus.)

Philippos II., König von Macedonien, als Geißel Zögling des Epaminondas, usurpirte 359 v. Chr. den Thron, führte die Phalanx ein, schlug die Phocenser, eroberte die griechische Küste von Byzanz in Thrazien, benutzte die griechischen Parteistreite Amphisa mit Krieg zu überziehen und zu erobern,

schlug die verbündeten Griechen bei Chäronea, nahm Theben und würde Griechenland erobert haben, wäre er nicht 336 ermordet worden. War Vater Alexanders
des Großen und an Geist und Bildung seiner Zeit sehr überlegen.

Philipp III. von Macedonien war kein Held, obschon er seine Oberherrschaft
über Griechenland gegen die Römer zu vertheidigen suchte. Geschlagen bei
Kynoskephalä (197 v. Chr.), verlor er diese ganz. Starb 179.

Philipp III., König von Spanien, Sohn Kaiser Karls V., geb. 1527,
merkwürdig wegen seines unaufhörlichen Glaubenskampfes gegen seine Niederlande, des Seeflegs bei Lepanto über die Türken und seiner sogenannten
unüberwindlichen Armada (s. d.), die höhnend durch Sturm und Muth
der englischen Admirale jämmerlich vernichtet wurde. P. hat an keinem der
Kriege persönlich Theil genommen und seine kriegerische Energie war nur da
lebendig, wo sie aus seinem katholischen Fanatismus Trieb erhielt. Starb, nachdem er das Reich zu Grunde gerichtet, 1598, an der Läusesucht.

Philipp III., Philipp IV. (s. Spanien).

Philipp II., August, König von Frankreich, geb. 1165, merkwürdig wegen
eines Kreuzzugs, den er mit König Richard von England unternahm. Half
Ptolemais erobern (1191), kehrte dann aber nach Frankreich zurück, um meuchlerisch die englische Normandie anzugreifen, die er auch eroberte. Er schickte
sich 1213 sogar an, England zu erobern. Doch wurde seine Flotte 1214 vernichtet und die Deutschen drangen in Frankreich ein. Diese besiegte er bei
Bovines, der Krieg aber erschlaffte nun in politischen Machinationen. Starb
1223. War ein heldenhafter, gebildeter, aber treuloser Fürst.

Philipp III., Philipp IV. (s. Frankreich).

Philipp VI., König von Frankreich, geb. 1293, in der Kriegsgeschichte
hauptsächlich merkwürdig als Anstifter des furchtbaren ein Jahrhundert langen
Krieges zwischen Frankreich und England, der 1339 begann und erst in der
Mitte des folgenden Jahrhunderts endete. Er erlitt vor Sluis zur See eine
Niederlage, wüthete mit fürchterlicher Blutsucht gegen alle Gegner, die in seine
Gewalt fielen, 1346 schlug er die Schlacht bei Crecy mit Verlust von 30,000
Mann. Starb 1350.

Philipp der Kühne, Herzog von Burgund, geb. 1342, berühmt durch die
Bravour, mit welcher er in der Schlacht bei Poitiers das Leben seines Vaters
zu retten suchte. Später war er viel in die flandrischen und französischen
Kriegsmanoeuvre verwickelt, ohne daß er sich jedoch den Namen eines großen
Kriegers erworben oder hätte erwerben wollen (s. Burgund und Frankreich).
Starb 1404.

Philipp I., Landgraf von Hessen, der Großmüthige, geb. 1504, ergriff die
Regierung 1518, half die Bauernrevolution unterdrücken, half Franz von Sickingen unterwerfen, stand mit an der Spitze des schmalkaldischen Bundes, bekämpfte
1542 Braunschweig mit Erfolg, fiel aber nach der Schlacht bei Mühlberg in
des Kaisers Gewalt, aus der ihn erst der Kurfürst Moritz von Sachsen 1552
durch den passauer Vertrag befreite. Starb 1567.

Philipp, Landgraf von Hessen-Homburg, August Friedrich, geb. 1779, nahm
erst holländische, 1795 östreichische Dienste, machte die Feldzüge gegen Frankreich
1799—1801, 1805, 1809 mit, focht in allen Hauptschlachten 1813, drang 1814
in Südfrankreich vor, focht 1815 bei Straßburg, 1821 in Unteritalien, wurde
1832 Feldzeugmeister und schied 1839 aus den östreichschen Diensten, um die
Regierung in seinem Lande zu übernehmen. Doch übernahm er desselben Jahres
das Amt eines Gouverneurs der Bundesfestung Mainz. Starb 1846.

Philippi, makedonische Stadt, hier 42 v. Chr. Cassius und Brutus von
Antonius und Octavianus besiegt, was die Pläne Octavians mächtig förderte.

Philippinen, s. Asien und Australien.

Philippsburg, badensche Stadt an der Salzbach und dem Rheine von 2000 Einw., war kurz vor 1618 in eine starke Festung verwandelt worden, wurde im 30jährigen Kriege 4 Mal, zuletzt von den Franzosen, 1676 von den Kaiserlichen, 1688 und 1734 wieder von den Franzosen erobert, desgleichen auch 1799. Hierauf sind die Werke geschleift worden.

Philoktetes, Bogenschütze, ein Held der altgriechischen Mythe, Ueberwinder des Paris.

Phokion, athenienfischer Feldherr, Schüler Platos und Xenokratis, war 377 v. Chr. am Sieg bei Naxos betheiligt, siegte bei Euböa und schlug Philipp aus dem Peloponnes, später führte er das Heer im Befreiungskampfe gegen Antipator. Da er mit klugem Verständniß der Verhältnisse und mit Ueberwindung seines eigenen patriotischen Gefühls zum Frieden rieth, nannten ihn seine Feinde einen Verräther und brachten es dahin, daß er den Giftbecher trinken mußte.

Phocis, griechische Landschaft, veranlaßte den phocischen Krieg von 355—346 v. Chr. (s. Griechenland.)

Phönizien, s. Asien.

Phrygien, s. Asien.

Piast, Gründer des polnischen (sarmatischen) zweiten Königshauses, war ein Bauer, weniger von ihm bekannt, als von den ihm vorhergegangenen Königen aus dem Hause Lech.

Piccolomini, Octavio, Herzog von Amalfi, geb. 1599, Italiener, trat jung in das spanische Heer und führte schon in der Schlacht bei Lützen ein Regiment. 1634 verrieth er Wallenstein eben so, wie dieser den Kaiser verrathen wollte, er leitete die Ermordung Wallensteins und erhielt dafür von dessen Gütern einen großen Theil, focht als General 1635 mit Glück in den Niederlanden gegen Frankreich, eroberte 1640 Höxter, entsetzte 1641 Freiberg in Sachsen, 1644 übernahm er den spanischen Oberbefehl in den Niederlanden, wurde 1648 kaiserlicher Feldmarschall, 1649 Reichsfürst und starb 1656.

Pichegru, Charles, Franzose, geb. 1761, bürgerlich und arm, durch Vermittelung auf der Militairschule in Brienne erzogen, erhielt hier eine untergeordnete Lehrerstelle und war in dieser Napoleons I. Lehrer. 1792 übernahm er die Führung eines Bataillons und schon 1793 hatte er sich bei der Rheinarmee zum Divisionsgeneral aufgeschwungen, erhielt den Oberbefehl über die Nordarmee und eroberte ganz Holland durch seine Siege über Holländer und Engländer. Hierauf knüpfte er eine verrätherische Verbindung mit den Emigranten an, weshalb er vom Heere entfernt wurde. Später deportirt, gelangte er doch als Flüchtling nach England und stand 1804 an der Spitze einer Verschwörung gegen Napoleon. Verhaftet fand man ihn im Gefängniß erdrosselt, unentschieden ob durch seine eigene, oder auf Napoleons geheimen Befehl durch fremde Hand.

Pickelhaube, Unterordnung des Helms, statt des Kammes mit Knauf oder Spitze im Scheitel, mit Nacken- und Gesichtschirm und Metallbeschlag. Im dreißigjährigen Kriege von den Pikeniren und früher von den Hellebardieren getragen. Jetzt bei den Preußen und Russen wieder eingeführt.

Piemont, s. Sardinien und Italien.

Pike, ein verkürzter Spieß, 8—10 Fuß lang, Stange vom festesten Holz mit einem Eisenbandbeschlag, oben in einem zweischneidigen Messer, oder 3- oder 4kantiger Eisenspitze (wie bei den Kosaken) endend, vor dem Feuergewehre Hauptwaffe des Fußvolks, welches entweder eine Art Phalanx bildete und mit ausgelegten Piken den Feind erwartete oder ihn, schrittweise vorrückend, so attakkirte. Später bildeten sie das erste, oder die ersten Glieder vor den Schützen, bei Sturmangriffen aber geschlossene Haufen. Die Pike der Kosaken wird ganz in der Art der Pike des früheren Fußvolks gebraucht, nicht wie die Lanze der Ulanen, bei denen außer dem Stoße der Schwung zu pariren und der Schlag üblich ist.

Pillau, preußische Stadt von 4000 Einwohnern und, zwar nicht große, aber sehr starke Festung zwischen frischem Haff und Ostsee, in dieser Lage militairisch wichtig, hat ein vom Kurfürsten Friedrich Wilhelm höchst vortheilhaft angelegtes und vom König Friedrich Wilhelm I. ausgebautes und durch äußere Werke sehr verstärktes Fort. Hat einen Leuchtthurm und Schiffahrtsschule, deckt Königsberg und sperrt den Eingang zum Haff.

Pilot, Schiffsführer, namentlich im Gebiete der Küste, wird einlaufenden Schiffen zugeschickt, damit er sie sicher an den Ankerplatz oder Hafen führe.

Pilsen, böhmische Stadt, 11,500 Einw., hier Kaiser Otto II. von Heinrich II. von Baiern geschlagen 976. Erfolglos von den Hussiten belagert 1433 und 1434.

Pionnier, Scharz- und Sappengräber. Seine Kunst begreift alle Arbeiten, durch welche man sich beim Angriffe einen territoriellen Schutz und Vortheil erzeugen oder einen solchen dem Gegner entziehen will. Sie spielen daher im Festungs- und Gebirgskriege, in welchem letzteren ein steter Kampf auch mit dem Terrain zu bestehen ist, eine bedeutende Rolle, namentlich auch auf den Märschen, wo sie entweder Wege zu bahnen oder beim Rückzuge Wege zu verlegen oder zu durchschneiden haben. Wird vom gemeinen Pionnier aber nicht viel mehr gefordert, als daß er den Gebrauch seiner Arbeitszeuge verstehe, so beruht die Thätigkeit des Offiziers doch auf sehr umfassenden Wissenschaften, die einen großen Theil der Fortificationskunst umfassen. Namentlich muß auch der Pionnieroffizier mit der Geschützkunde und der Operationsweise der Waffen vertraut sein, denn es hängt beim Bau von Feldfortificationen in der Regel eben soviel von deren Anlage, als ihrer Ausführung ab. (S. Fortification.) Die Pionnierkunst begreift zum großen Theil auch die Kunst der Sappeurs, Mineurs und Pontoniers, und diese vier Arten von Genktruppen sind sich überhaupt so nahe verwandt, daß sie bei einigen Heeren gar nicht geschieden werden.

Pipin, von Heristal, Held des Alterthums, erzwang sich 687 n. Chr. durch den Sieg bei Testri die Würde eines Major domus in den drei fränkischen Reichen und machte sich berühmt durch wiederholte immer siegreiche Kriege gegen Alemannen, Baiern und Friesen. Starb 714.

Pipin, der Kleine, Enkel des Vorigen, Major domus des letzten Merovingers Childerich, schlug 743 mit seinem Bruder die Baiern und Alemannen, riß mit Unterstützung des Papstes 752 die Königskrone an sich, schlug dem Papste zum Dank die Lombarden 754 und 755 und schenkte dem Apostolischen Stuhle das Exarchat, wodurch dieser seine weltliche Macht erhielt, schlug noch die Aquitanier, trieb die Mauren aus Frankreich, bekämpfte auch die Sachsen und starb als eigentlicher Gründer des großen Frankreichs, welches sein Sohn Karl der Große vollendete im Jahre 768.

Piquet, eine Truppenabtheilung, welche namentlich für die Nacht den Feldwachen- oder Vorpostenlinien attachirt, aber so aufgestellt wird, daß sie den Raum zwischen jenen und dem Gros oder Lager besetzt. Bildet eine Reserve oder Ersatz, entweder als Unterstützung auf den Fall eines nächtlichen Angriffs oder zur Verstärkung der Vorpostenkette. Die Piquets werden von der Infanterie oder Cavalerie gebildet. Für die Tageszeit werden sie zurückgezogen. Sind große Armeen dicht bei einander gelagert, so werden zur Abwehr eines

Ueberfall Piquets ausgestellt, die aus allen Waffen bestehen und dem Observationscorps zu vergleichen sind. (S. Felddienst.)

Pirmasens, pfalzbaierische Stadt von 6000 Einw., berühmt durch den Sieg
der Preußen über die Franzosen unter Moreau, worauf die Erstürmung der
Weißenburger Linien folgte (1793).

Pisa, kriegerische hochberühmte Stadt Italiens, am Arno und dem Meere
in Toscana, früher Hauptstadt der gleichnamigen Republik, 46,000 Einwohner (früher 150,000). Es war sehr stark befestigt, namentlich der Hafen,
wovon noch die Hafenkette Zeugniß giebt, die die Genuesen hier erobert und ·
in ihrem Hafen als Siegestrophäe aufgehängt haben. P. eroberte Sardinien,
Corsika und die balearischen Inseln, stand dem Kaiser gegen die Guelfen bei,
wurde aber von Genua zur See bei Molara gänzlich geschlagen, fiel 1406 in
die Gewalt von Florenz, diesem entriß es sich wieder, wurde aber nach einer
dreimaligen schweren Belagerung 1509 überwunden und blieb fortan mit Toscana vereinigt.

Pisander, Trojaner, Held der altgriechischen Sage.

Pisander, Admiral des Agesilaos, verlor Sieg und Leben bei Knidos.

Pistoja, italienische Stadt, berühmt durch ihre Fabrikation vortrefflicher
Gewehrläufe, 13,000 Einw.

Pistole, kurzes Feuergewehr, darauf eingerichtet mit einer Hand gebraucht
zu werden. Ihre Einrichtung ist übrigens der Flinte ganz gleich, Lauf glatt
oder gezogen, nicht unwichtig im Einzelkampf, namentlich der Cavalerie. Die
Genietruppen tragen sie bei einigen Heeren, um bei etwaigem Ueberfall schnell eine
Waffe zu ihrem Schutze zur Hand zu haben. Gewöhnliche Länge 12—20 Zoll.

Pizarro, Eroberer von Peru, niedrigster Herkunft, Spanier, außerordentlich an Muth und Umsicht, aber einer der schändlichsten Wütriche, durch Verschwörung der Seinigen ums Leben gebracht 1541 (s. Amerika).

Pizzighettone, lombardische Stadt von 4000 Einw. und kleine alte Festung.
Zur Zeit der östreichischen Herrschaft Verbindungsfestung zwischen Mailand und
Mantua. Früher wiederholt von den Oestreichern und Franzosen, zuletzt durch
Letztere 1799 erobert.

Plan, Berechnung und Entwurf einer auszuführenden militairischen Handlung nach Verhältniß der zu Gebote stehenden Mittel und der Umstandsver-
hältnisse. Der Plan zu einem Maneuvre oder einer Schlacht ist die in Worten ausgeführte Vorschrift für alle mitwirkende Machtelemente, gestützt auf eine
darstellende Situationszeichnung, in welcher sich alle Terrainverhältnisse, aber
hauptsächlich auch die Grundstellung der Armee, erkennen lassen. Ein Feldzugsplan ist eine eben solche Vorschrift; die ihm zur Erläuterung dienende
bildliche Darstellung muß natürlich weit umfassender sein und den ganzen
territorialen Raum begreifen, den der Feldzug einnehmen soll oder möglichen
Falls einnehmen kann. Pläne für kriegerische Bauten, selbst für ganze Festungen, sind vielmehr auf die Zeichnung beschränkt, da die in die Fortifications-
und Baukunst Eingeweihten, aus der Zeichnung selbst die Bedingungen und
Art der Ausführung erkennen. Doch sind hier mehre zum Theil ganz ins
Detail und Partielle eingehende Zeichnungen erforderlich, die alle nach einem
Maßstabe gearbeitet sein müssen und unter denen die Situationszeichnung als
Grundlage zu betrachten ist. Perspectivische Zeichnungen haben dabei aber nur
den Zweck, einen endlichen Begriff von dem Totaleindrucke der vollendeten
Sache auf die Sinne zu geben, für den Gebrauch zur practischen Ausführung
des Werkes sind sie aber nicht zuläßlich, da bei ihnen der Maßstab keine Anwendung finden kann, der demnach von größter Wichtigkeit für den Baumeister
ist. Topographische Militairpläne halten sich streng an den Grundriß, sind

aber mit Erläuterungen in Worten, Zahlen oder gewissen Zeichen versehen, durch welchen alles das nachgewiesen wird, was die Zeichnung nicht zur Darstellung bringen kann. So müssen auch bei geographischen Militairkarten, die auch nicht selten Pläne genannt werden, die Höhenverhältnisse durch Zeichen oder Zahlen angegeben werden. Der Anblick wird in der Zeichnung überall vertikal gedacht und die Gegenstände stellen sich dar, wie sie sich in die Horizontale eindrücken. Die Höhenangaben in geographischen Militairzeichnungen durch die Zeichnung selbst ist eine Aufgabe, die seit lange die denkendsten Ingenieurs beschäftigt hat, aber noch jetzt nicht genügend gelöst worden ist und schwerlich gelöst werden wird. Am meisten haben sich darum der sächsische Ingenieur Lehmann und der preußische General Müffling verdient gemacht. Um dem Mangel zu begegnen, ist man so weit gegangen, geographische Pläne plastisch auszuführen, und herrliche Arbeiten dieser Art befinden sich im Generalstabspalais in Petersburg. Im Felde sind aber natürlich derartige Pläne nicht brauchbar und wohl weit unsicherer als die bisherigen Zeichnungen, in denen mit Zeichen und Zahlen die Nachweise mit größter Genauigkeit ausgeführt sind.

Planta, Friedrich Freiherr von, genannt Kirchner (Name seiner Mutter), geb. 1761 in Paris, zum Soldaten erzogen und in den Geniewissenschaften aufs Gründlichste ausgebildet, wurde von Napoleon hoch geschätzt und schnell zum Generallieutenant beim Geniewesen erhoben, machte sich 1807 durch Leitung der Belagerungsarbeiten von Danzig berühmt, war fast immer an Napoleons Seite und fiel neben dieser 1813 zugleich mit dem Marschall Duroc von ein und derselben Kanonenkugel bei einer Recognoscirung unsern Bautzen, und zwar als die Schlacht schon geschlagen war.

Plantagenet, englische Dynastie, s. Großbritannien.

Platää, altgriechische Stadt, im peloponnesischen Kriege zum 2. Male zerstört und jetzt nur noch in Ruinen vorhanden. Hier die berühmte Schlacht 479 v. Chr., in welcher ein großes persisches Heer vernichtet wurde.

Plater, Emilie Gräfin von, Lithauerin, geb. 1806, wurde 1830 von den polnischen Freiheitsgefühlen so ergriffen, daß sie zugleich mit mehren Verwandten, in Männertracht und als Führerin einer Jägercompagnie die Kämpfe in Lithauen gegen die Russen mitmachte. Nach dem Fall der Lithauischen Sache suchte sie sich verkleidet zur polnischen Armee zu Fuß durchzuschleichen, was ihr aber wegen körperlicher Ermattung nicht gelang. Starb 1831 am 23. Dec.

Platow, Matwei Iwanowitsch Graf von, russischer Kosakenhetmann, berühmt aus den letzten Feldzügen gegen Frankreich. Geb. 1757, machte die Feldzüge gegen die Türkei 1770 und 1771, 1782 und 1783 und 1789 und 1790 mit solcher Auszeichnung und so raschem Avancement mit, daß er schon 1801 Hetmann der donischen Kosaken war. Er machte den östreichschen und preußischen Feldzug gegen Frankreich 1805 und 1806 und 1807 und dann den gegen die Türkei mit. 1812 war er der fürchterlichste Verfolger der Franzosen, der ihnen unermeßliche Verluste beim Rückzuge beibrachte und sie um so eifriger zu kämpfen zwang, je unfähiger sie waren. Eben so eifrig und glücklich war er 1813 in Deutschland, wo er namentlich nach der Schlacht bei Leipzig das flüchtige Heer unablässig bedrängte. 1814 erstürmte er Nemours und kämpfte vor Paris. Zum Grafen wurde er nach der Schlacht bei Leipzig erhoben. Starb 1818.

Plön, alte Stadt von 3000 Einw. im Herzogthum Holstein, war im Mittelalter stark befestigt.

Plünderung, die Besitznahme des bürgerlichen Eigenthums von Seiten der Soldaten. Bei uncultivirten Völkern ist die P. ein selbstverständliches Recht, so früher bei den Hunnen, Normannen, Vandalen, Mongolen und noch jetzt bei den Wilden. Mit dem Fortschritt der Bildung und der Entstehung eines geregelten Kriegswesens und bestimmteren Völkerrechts wurde die Plünderung nur noch als Kriegsstrafe beibehalten, so z. B. für Städte, die Verrätherei ausgeübt oder ihren Widerstand bis zur Nothwendigkeit des Sturms fortgesetzt hatten. Der Grundsatz der Schonung des Privateigenthums dürfte in der Neuzeit auch diese Art der Plünderung ganz beseitigen, umsomehr als der Sieger durch die Räuberei seiner gemeinen Leute keine Vortheile, nur Nachtheile haben kann. Das Plündern der Soldaten auf Märschen, ohne Befehl und Wissen der Befehlshaber, wird als Raub sehr schwer, bei einigen Armeen sogar mit dem Tode bestraft.

Plymouth, englische Küstenfestung am britischen Kanal, auf zwei Seiten von dem Plym und Tamar gedeckt. Dazu gehören Devonport, ein Anbau von 50,000, und Stonehouse ein Dorf, welches für Vorstadt gilt. Gesammtbevölkerung über 102,000 Menschen. P. hat drei verschiedene Häfen, die zusammen einen der schönsten und größten Häfen Europa's bilden, der Hafen Hamoaze ist der eigentliche Kriegshafen, eine Hauptstation der britischen Flotte. Der Breakwaaterdamm, eins der Wunderwerke der Neuzeit, am tiefen Fuße im Meere 300 Fuß, auf dem 60 Fuß über dem Wasserspiegel emporsteigenden Rücken 36 Fuß breit und 4600 Fuß lang, hält die Wogen vom Hafen ab und trägt 2 Leuchtthürme. Ein dritter 80 Fuß hoher Leuchtthurm steht auf einer Klippe im Meere vor der Bucht. Das eigentliche P. ist durch gewaltige Werke und ein Kastell fortifizirt. Mächtige Batterien schützen den Hafen und machen ihn fast unangreifbar. Es befinden sich hier die großartigsten Militairwerkstätten, namentlich für die Marine. Das Arsenal ist ein Riesenbau aus vielen prachtvollen Gebäuden bestehend, die ungeheure Magazine und Werkstätten einschließen. 2 riesige Kasernen, davon die in Stonehouse 6000 Mann faßt, ein großes Marinehospital, die Docks und bedeckte Werfte, auf denen über 4000 Menschen stets arbeiten, das Süß-Wasserreservoir, jeder Zeit ausreichend für 75 Linienschiffe, die astronomische Anstalt und die königliche Marineschule sind Gegenstände von höchster militairischer Bedeutung, wie überhaupt P. zu den wichtigsten Küstenplätzen Großbritanniens gehört.

Po, wichtiger Grenzstrom Venetiens und der Lombardei. (S. Italien.)

Podiebrad, Georg Boczko von und Kunstat, böhmischer Edelmann, später König und als solcher einer der heldenhaftesten und rühmlichsten. Geb. 1420, stellte sich an die Spitze der Utraquisten, trieb den von der Gegenpartei zum König ausgerufenen Albrecht zurück, bemächtigte sich 1449 Prags und vertrieb die Katholischen, drang zur Rache im Meißnischen ein und operirte hier mit so glänzendem Erfolge, daß selbst die Gegenpartei sich ihm zuneigte und er zum Statthalter ernannt, ja 1458 sogar zum König erhoben wurde. Der Papst erregte eine Revolution und einen Kreuzzug der Deutschen gegen ihn, aber er schlug das Kreuzheer total 1466, unterdrückte die Revolution, schlug wiederum ein schlesisches und ein neues deutsches Heer, ließ einen Rachezug nach Oestreich ausführen, zwang ein ungarisches Heer zur Capitulation und zwang Mathias von Ungarn zum Frieden, worauf er 1471 starb.

Podolien, s. Polen und Rußland.

Poitiers, französische in mittelalterlicher Weise befestigte Stadt von 29,000 Einw. am Clain. Hier die berühmte Schlacht Karl Martells über die aus Spanien hervorgedrungenen Mauren, deren angeblich 375,000 auf der Wahlstatt geblieben sind. Ferner Schlacht 1356 zwischen den Engländern unter dem Schwarzen Prinzen 12,000 Mann stark und den Franzosen unter König Johann 60,000 Mann stark. Letztere gänzlich geschlagen und der König gefangen.

Polen, Provinz des russischen Reichs, die gegenwärtig den Titel eines Königreichs führt, den aber die nur gewissermaßen gesonderte Verwaltung kaum rechtfertigt. Nach einer 1000jährigen Selbstständigkeit, mit welcher es in der europäischen Staatenfamilie eine große Rolle gespielt und die zahlreichsten Kriege mit Rußland, den heidnischen Preußen, dem deutschen Reiche, Ungarn, den Mongolen und Schweden geführt, hörte es 1794 durch die Gewaltthat der Nachbarstaaten zu bestehen auf, erhielt 1807 als Herzogthum Warschau eine scheinbare Wiedererweckung und trat 1815 zu Rußland in der Form eines attachirten in seiner Existenz jedoch selbstständigen und verfassungsmäßig orga-nisirten Reichs, von welchem jedoch in Folge der Revolution von 1830 und 1831 nur die äußere Form übrig geblieben, aber der wahre Sinn und Kern, nämlich das Nationalheer, Selbstverwaltung und Verfassung verloren gegangen sind. Es hat 2331 ☐ M. mit ungefähr 5,000,000 Menschen, ist von Preu-ßen, Oestreich und Rußland umgeben, ist in 5 Wojwodschaften oder Gouver-nements eingetheilt, stellt seine Rekruten zum russischen Heere, die den am ent-ferntesten stationirten Regimentern zugetheilt werden, und ist von einer russischen Armee, die gewöhnlich ein Corps ausmacht, besetzt. Bis zur Revolution 1830 besaß Polen nur 2 Festungen, nämlich das von Napoleon I. hergestellte Mod-lin und das vom Krongroßfeldherrn Zamoiski erbaute und ihm angehörende Zamosc, früher noch die Klosterfestung Czentochau. Allein nach der Revolution sind nicht nur jene beiden Festungen von den Russen sehr verstärkt, sondern auch neue erbaut worden, nämlich Zwangorod (Demblin), Alexandrowsk (War-schau) und Brzesc Litewski. In dem alten Polen befanden sich als Festungen jedoch auch noch Glogau, Thorn und Danzig. Ueber die Kriege Polens bis zum Eintritt in sein gegenwärtiges Verhältniß s. Boleslaw, Kazimierz, Wla-dislaw, Sigismund, Stephan Batory, Johann (Sobieski), August, nordische Kriege, Kosciuszko u. a. A., über die Militairverhältnisse Polens in der neuesten Zeit s. Rußland.

Polygon, Vieleck, mehr als vierseitiges Schanzwerk, Festung von mehr als vier Expositionen, in dem System der verschiedenen Festungsbaumeister ver-schieden behandelt. (S. Festung, Fortificationssystem u. a. A.)

Polysperchon, Aetolier, Feldherr Alexanders d. Gr., verlor im Kampfe mit Kasander um die Reichsverwaltung und Vormundschaft über die Kinder Alexanders Sieg und Leben.

Polytechnische Schulen, Bildungsanstalten für industrielle Zwecke. Die berühmte polytechnische Schule zu Paris ist jedoch fast ausschließlich militai-rischen Zwecken gewidmet und erzieht ihre Jünglinge für das Geniewesen, die Artillerie, Marine, Militairbauwesen und Generalstab. Doch ist sie nur eine Vorbereitungsanstalt für die höheren Militairinstitute, z. B. die Artillerie-, Genie- und Marineacademie. Ist in der Regel von mehren Tausend Zög-lingen besucht, mit großen wissenschaftlichen Sammlungen ausgestattet. Ihre Zöglinge nahmen im republikanischen Sinne öfter an der Revolution thätigen Antheil.

Pommern, preußische Provinz, s. Preußen.

Pompejus, Cnejus, genannt der Große, aus einer bereits zur Berühmtheit gelangten römischen Familie, geb. 106 v. Chr., begann im Bundesgenossen-kriege unter seinem Vater Cnejus Pompejus Strabo, der ein Heer führte, seine kriegerische Laufbahn, zeichnete sich 83 v. Chr. gegen die Marianer aus, wurde ein Günstling Sullas, erhielt das Obercommando in Etrurien und Afrika (82—81), kehrte als Sieger zurück und brachte den bisher von Crassus geführten Sclavenkrieg siegreich zu Ende, führte als Oberbefehlshaber von unbeschränkter Machtvollkommenheit den Krieg gegen die Seeräuber im J. 67 v. Chr. und schlug im J. 66 den König von Pontus, Mithridates den Großen. 60 und 56 v. Chr. war er zwei Mal der Dritte im Cäsarischen Triumvirate, zerfiel aber aus Eifersucht 49 v. Chr. mit Cäsar und 48 entbrannte zwischen Beiden der Krieg, dessen Schauplatz Griechenland wurde. P. siegte bei Dyrrhachium, aber von seinen übermüthigen Soldaten ganz gegen seine Einsicht und seinen Willen bei Pharsalus zur Schlacht gezwungen, verlor er und wurde auf der Flucht nach Aegypten meuchlerisch ermordet.

Pompejus, Cnejus, Sohn des Vorigen, fiel in der Schlacht bei Munda gegen die Cäsarianer (45).

Pompejus, Sextus, Bruder des Vorigen, führte schon unter seinem Vater, Pompejus dem Großen, ein Commando in Afrika, kämpfte im Interesse seines Vaters mit seinem Bruder in Spanien, eroberte dann Sardinien und Corsica, lieferte dem Octavian mehre glückliche Schlachten, wurde aber bei Messana von Agrippa geschlagen und in Kleinasien, wohin er flüchtete, treulos hinge- richtet (35 v. Chr.).

Pompiers, Feuerwehr, in Paris und den größten Städten Rußlands aus dem Heere rekrutirt, vollkommen militairisch eingerichtet, sogenannte Brigaden bildend, beritten, nach ihren Functionen abgetheilt und in verschiedenen Feuer- wachen, die mit Spritzenremisen, Stallungen und hohem Wartthurm versehen sind, concentrirt.

Ponbichery, s. Asien.

Poniatowski, Stanislaw, geboren 1677, Pole, Freund und Begleiter Karls XII. von Schweden, rettete diesem in der Schlacht bei Pultawa das Leben, bewog als Karls Gesandter die Pforte zum Krieg gegen Rußland, spielte hinfort eine große Rolle in der wirren Politik Polens und starb 1762.

Poniatowski, Stanislaw August, König von Polen, unkriegerisch, 1732 —1798.

Poniatowski, Andreas, östreichischer Feldzeugmeister, deutscher Reichsfürst, ohne kriegerischen Ruf, Vater des Folgenden.

Poniatowski, Joseph Anton Fürst von, geb. 1762, trat unter seinem Vater in das östreichische Heer, 1789 aber in das polnische, in dem er von seinem Oheim, dem Könige, sogleich Generalsrang erhielt. 1792 war er Oberbefehls- haber und ließ sein Heer zum Schutze der Constitution vom 3. Mai gegen die Russen rücken, wurde plötzlich aber an aller kriegerischen Thätigkeit durch den Beschluß des charakterschwachen Königs gehindert. Unter seinem Befehle stand hier Kosciuszko. Als Kosciuszko 1794 an die Spitze der kriegerischen Patrioten Polens berufen wurde, trug der edle junge Fürst kein Bedenken, als Freiwilliger unter seinen Befehl zu treten und in dem belagerten Warschau eine Division gegen die Preußen zu commandiren. Nach der letzten Theilung Polens wies er das Anerbieten, als Generallieutenant in russische Dienste zu treten, ab, wurde im Herzogthum Warschau Kriegsminister, übernahm den Oberbefehl und operirte mit Vortheil, jedoch nicht ohne einige Rücksicht gegen die Oestreicher unter dem Erzherzog Ferdinand, und behielt den Oberbefehl des warschauischen Heeres beim Anschluß an das französische 1812. In Ruß- land focht er auf den bedeutsamsten Schauplätzen, machte die Kämpfe 1813 in Deutschland, und zuletzt namentlich bei Leipzig mit. Hier übernahm er den Befehl über die Arrieregarde, trat aber den Rückzug erst an, als die Brücken abgebrochen waren und kam am 19. October im Elsterflusse, den er zu Pferde durchschwimmen wollte, um. An derselben Stelle ein Denkmal. Seine Leiche ruht zu Krakau.

Poninski, Adam, Pole, General unter Kosciuszko, verschuldete in sofern den Untergang Polens, als er mit seinen Truppen auf dem Schlachtfelde bei

Macieowice nicht dem Befehle gemäß eintraf und dadurch die folgeschwere
Niederlage verursachte. Er wurde mit Recht für einem Landesverräther erklärt.

Ponte-Corvo, Herzog von, s. Bernadotte.

Ponton, Kahn, der das Balkenwerk der Brückenjoche trägt und so die
eigentliche Stütze einer Brücke bildet. Bei gewöhnlichen Schiffbrücken sind
die Joche viel höher gebaut als bei den im Kriege aufzustellenden Brücken,
bei denen die Tragbalken gewöhnlich auf den Bords der Pontons, jedoch nicht
unmittelbar, liegen. Die für den Krieg gefertigten transportablen Pontons
bestehen ihrem Haupttheil nach jetzt meist aus starkem Eisen- oder Kupferblech
und haben mehre Abtheilungen, so daß in jeder ein Leck bewirkt werden müßte,
um ein Sinken des Pontons zu bewerkstelligen. Die Pontons werden auf
Haquets transportirt. Eine hohe Vollendung hat das Pontonierwesen in
Rußland erreicht. Im deutschen Bundesheere machen die Pionniere und
Pontonniers den hundertsten Theil des Heeres aus, jedes Contingent, welches
mehr als ein Armeecorps beträgt, also das preußische und östreichsche, stellt
ein Brückentrain für große Ströme, jedes Armeecorps aber für sich eins von
400 Fuß Länge, also für mittlere Ströme (s. Brücke).

Pontonnier, Soldat, dessen Thätigkeit lediglich dem Ponton- oder Brücken-
wesen zugewiesen ist. Er soll nicht bloß das Aufstellen und Einziehen der
Pontonbrücken verstehen, sondern auch den Bau der Pontons und sonstigen
Brückentheile. Man wählt daher zu Pontonniers am liebsten Handwerker,
die in Holz- und Metallarbeiten bewandert sind, namentlich Zimmerleute und
Schmiede. Der Pontonnier soll aber auch in der Herstellung jeder andern
Brückenart bewandert und geübt sein. Da indessen Damm-, Schanzkorbbrücken
u. a. mehr Sache der Pionniere sind, so sind beide Truppenarten bei vielen
Heeren mit einander vereint oder Pontonnier- und Pionnierwesen sind ein und
derselben Truppe überwiesen. Eben sowohl lassen sich Sappeur und Mineur
vereinigen, wogegen die Vereinigung der Letztern mit Erstern seltener vorkommt.
Bei einigen Heeren befinden sich Pontonniers bei der Artillerie, jedoch stets
nur attachirt; bei andern Heeren bilden sie mit den übrigen Genietruppen ein
besonderes Corps (s. Genie, Heer). Die P. sind in der Regel beritten und
bilden die Bedeckung ihrer Brückentrains.

Pontremoli, italienische Festungsstadt von 5000 Einw., mit Fort Bonnette
am Paß von Pontremoli im Parmesischen gelegen, in seinen Fortificationen
größten Theils von Castruccio (s. d.) erbaut.

Porsenna, König von Clusium, bemächtigte sich 507 v. Chr. wahrscheinlich
Roms und zwang es zu einem nachtheiligen Frieden, der indessen später ge-
mildert wurde. Die römische Sage dagegen erzählt, daß Horatius Cocles
(s. d.) durch Heldenmuth ihn abgewehrt, Mucius Scävola (s. d.) durch wunderbare Selbstverläugnung ihm so imponirt habe, daß er der beste Freund
Roms geworden sei.

Porteépée, Quaste am Seitengewehr, meist bloßer Schmuck, bei einigen
Heeren auch zur Unterscheidung der Compagnien durch die Farbe. Macht den
Gebrauch der Waffe unbequem und wird daher im Kriege von der Infanterie
meist abgelegt. Bei der Cavalerie dagegen dient es dazu, den Säbel im Hand-
gelenk zu verhängen, so daß, wenn er der Hand entschlüpfte oder entschlagen
würde, er doch nicht fallen kann. Beim Offizier, Feldwebel und Fähnrich von
Silber- oder Goldfäden, beim Unteroffizier und Gemeinen von Wolle.

Portsmouth, Hauptstation der englischen Marine, starke Seefestung und
Hafenstadt Englands am britischen Kanal auf der Insel Portsea, mit dem
großen Anbau Portsea 73,000 Einw. Das eigentliche P. ist durch Gräben,
Wall, Mauern und Forts mächtig fortifizirt, der Hafen mit Forts und Bat-

terie besetzt, zu Portsea, welches jetzt 2 Mal größer als P. ist, befindet sich
das bewunderte Marinearsenal auf einem Flächeninhalte von 100 Acres mit
mehren großen Dampfmaschinen und allen Arten von Werkstätten, deren die
Marine bedarf. Im Frieden arbeiten in dem Arsenal ununterbrochen gegen
4000 Handwerker. Nahe dem Arsenal befindet sich die königl. Seemanns-
und Schiffsbauschule und das Marinecollegium mit einem Marinemuseum, in
welchem sich Modelle und Zeichnungen von den Schiffsarten aller Länder und
aller Zeiten, namentlich aber auch von allen Maschinen und Hilfsmitteln der
Marine befinden. Das Marinehospital in einem prachtvollen riesenhaften
Gebäude nimmt 3000 Kranke auf. Portsea ist mit den mächtigsten Festungswerken umgeben, wie überhaupt P. zu den stärksten Festungen der Welt gehört,
wozu namentlich die Lage des nahen Gosport auf der jenseitigen Landzunge
mit seinen nicht minder gewaltigen Festungswerken, seinen Docks, Kasernen,
Kugel- und Geschützgießereien und riesenhaften Magazinen beiträgt. Gosport
ist als zu P. und Portsea gehörig anzusehen und bildet militairisch mit diesen
beiden Städten ein Ganzes. Die Rhede von P. heißt Spithead und befindet
sich bei der Insel Wight. Im Hafen stationiren in der Regel 100 Kriegsschiffe.

Portugal, europäisches Königreich, äußerste südwestliche Spitze Europas
bildend, Provinzen Minho, Trasos Montes und Beira, zusammen 1772 □ M.
mit 3,600,000 Einw. außer den überseeischen Besitzungen; Haupt- und Residenzstadt Lissabon; Staatsschuld 131,574,485 Mil-Reis; Infanterie: 18 Regimenter zu 9 Compagnien im Frieden und zu 17 im Kriege, und 9 Jägerbataillone zu 8, respective 16 Compagnien — zusammen 18,350 Mann Infanterie. Cavalerie: 2 Regimenter Lanziers und 6 Regimenter reitende Jäger
zu 6 Schwadronen; Artillerie 3 Regimenter zu 10 Batterien; Genie: 1 Bataillon — Gesammtmasse 25,935 Mann. Außerdem: Munizipalgarde, Veteranen, Telegraphencorps und Sanitätscompagnie; ferner 4996 Mann mit 34
Pferden. Reserve in 11 Jägerbataillonen, 1 Schwadron und 1 Artillerieregi-
mente; die Truppen der überseeischen Besitzungen betragen in 1. Linie 8268,
in 2. Linie 9572 Mann. Festungen sind im schlechten Zustande — Namen:
Elvas, Jerumenha, Campo Mayor, Marvao, Peniche, Monsando, Almeida und
Lissabon. Die Flotte besteht aus 1 Linienschiff von 80 Kanonen, 1 Fregatte
von 50, 3 Corvetten zu 18, 4 Briggs von 14—18, 11 Schoonern, 17 kleinen
Fahrzeugen zu circa 6, und 13 Dampfern, zusammen 50 Schiffen mit 365 Kanonen. Marineoffizierrcorps besteht aus 216 Mann, darunter 1 Viceadmiral,
1 Geschwadercommandant oder Contreadmiral, 4 Divisionscommandanten, 10
Linienschiffs- und 20 Fregattencapitains. Die einzige Marinefestung ist Lissabon,
und hier befinden sich eine Marinesternwarte, eine Marine-Academie und eine
königliche Schiffsbauschule. Die Generalität des Landheeres besteht aus 42
Personen unter einem Obermarschall. Unter anderen Militairanstalten bestehen
in Lissabon das königliche Militaircollegium, die Ingenieur- und Artillerieacademie. Das Heer ist in vorwiegend englischem System organisirt und ge-
schult. Ueberseeische Besitzungen sind in Europa Madeira, Porto Santo und
die Azoren; in Afrika Cap Verdischen Inseln, St. Thomé, Principe, Angola,
Benguela, Mozambique; in Ostindien Goa, Bardez, Saluto, Damao, Diu;
in China und Oceanien Macao, Timor und Solor — zusammen 20,000 □ M.
Erbfolge in beiden Geschlechtern. Regierung königlich, beschränkt durch die
Charte von 1842. Für Gesetzgebung: Cortes in 2 Kammern, Pairskammer,
Deputirtenkammer. Orden: der militairische Christusorden, gestiftet 1319;
der Militairverdienstorden des heiligen Benedict von Avis, gestiftet 1162 und
umgewandelt 1789; der Thurm- und Schwertorden für Militairs, gestiftet 1459
und erneuert 1808; der Militairorden der heiligen Jungfrau von Villa Vicosa,

gestiftet 1819, und der Orden des heiligen Johannes von Jerusalem. — P. hatte im Alterthum das Schicksal Spaniens getheilt, wurde von den Römern, später von den Gothen und Arabern unterjocht und erhielt den Anfang seiner staatlichen Entwickelung im 11. Jahrhundert, indem es zum Theil von Castilien erobert wurde. 1109 hatte die um Oporto gebildete Grafschaft Portucale ihre Selbstständigkeit durch glücklichen Kampf und glückliche politische Gestaltung gewonnen. Bald darauf unternahm Portugal den Krieg gegen die Mauren und erweiterte sich durch den Sieg bei Ourique die Eroberung von Evora und anderer. Fast gleichzeitige Kriege mit Castilien endeten zu Gunsten Portugals. Die glücklichen Kriege gegen Castillen im zwölften und dreizehnten Jahrhundert schufen eigentlich den portugiesischen Staat und wäre in jener Zeit schon ein einiges Spanien vorhanden gewesen, würde ein Königreich Portugal schwerlich je zum Dasein gekommen sein. Eine Verbindung mit Castilien wurde nach dem Aussterben der männlichen Linie durch Johanns I. Sieg bei Aljubarota 1385 abgewendet. 1415 eroberte P. Ceuta und mit dem schnellen Anwachsen der portugiesischen Marine machte P. um diese Zeit seine ersten, für die Folge so hochwichtigen auswärtigen Eroberungen, die nach Entdeckung des Seeweges nach Ostindien (1497) bald ihre größte Ausdehnung erreichten. Ein Jahrhundert lang verwendete P. seine Kriegsmacht in den überseeischen Besitzungen und führte namentlich in Afrika blutige, aber nicht immer glückliche Kriege. 1580 starb der sogenannte unechte burgundische Regentenstamm aus und Spanien unter Philipp bemächtigte sich Portugals. Dieses wurde nun von Spaniens Feinden angegriffen und verlor nun durch die Holländer einen großen Theil seiner überseeischen Besitzungen, die es auch nicht zurückerhielt, nachdem es sich durch eine Revolution des Adels 1640 von Spanien wieder losgerissen hatte. Es entstand nun ein Krieg mit Spanien, der im Frieden von Lissabon günstig für das unabhängige P. endete und ihm den Besitz Brasiliens wieder verschaffte. Unter Pombals Regierung als Minister wurde das ganz in Verfall gerathene Heerwesen in der Mitte des vorigen Jahrzehends reorganisirt. Nach Ausbruch der französischen Revolution war P. mit England im Bunde und litt unter der überwiegenden Gewalt Frankreichs. 1807 begann in P. der Halbinselkrieg und P. hat ihn mit großer Aufopferung siegreich beenden helfen. In der Folge wurde das Land nur durch innere Kriege, die zum Theil nur Revolutionen waren, aber doch in kurzen Zeiträumen aufeinanderfolgten, bewegt. Der heftigste dieser Kriege war der zwischen dem Infanten Dom Miguel und dem Kaiser Dom Pedro von Brasilien, welches Land sich 1822 von P. losgerissen hatte, von 1826 bis 1834. Derselbe endete mit Miguels Unterwerfung nach der Niederlage bei Pomar durch die Capitulation von Evora.

Posen, preußische Hauptstadt der gleichnamigen Provinz mit 39,000 Einw. a. d. Warthe, ist seit Uebernahme von Seite Preußens 1815 in eine Festung 2. Rangs umgewandelt worden, hat Citadelle, Umwallung und wird auf allen Seiten von gewaltigen Forts gedeckt. Hat große Magazine, Kasernen, Lazareth und einige Werkstätten. Sitz des Provinzialgouverniums und Corpscommandos.

Position, Stellung; Stellung von Truppen, namentlich im Verhältniß zum Feinde; befestigte Stellung ist diejenige, in welcher sich die Truppen durch Feldfortificationen einen höheren Grad von Behauptungsfähigkeit geben. Je mehr Hindernisse der Feind im Angriff findet, desto besser ist die P. des Angreifenden. Der Kampf zur Behauptung einer Position ist stets Defensivkampf.

Posten, der zur militairischen Beobachtung ausersehene Platz; desgleichen die auf diesem Platze zu gleichen Beobachtungszwecken ausgestellte Mannschaft oder einzelne Soldat. Mehre mit einander correspondirende Posten zur Beobachtung eines Terrains, welches ein einzelner Posten nicht beherrschen kann, heißt Postenlinie oder Postenkette. Im Felde bestehen die P. aus 2 Mann. Der P. hat die strengsten Verhaltungsinstructionen und das Strafmaß gegen ihn ist bedeutend erhöht. Feldposten müssen vom Außenterrain kommende unbekannte Leute in gehöriger Entfernung zum Stillstehen commandiren, ihnen die Erkennungszeichen abfordern und bei geringster Verdächtigkeit zur Examination stellen. Die Bedingungen zum Passirenlassen sind nicht immer dieselben und richten sich ganz nach den Verhältnissen, unter welchen operirt wird. Das Kriegsrecht verfügt die schwerste Strafe gegen Widersetzlichkeit gegen die Posten. Der Posten in der Kette darf seinen Standort in der Regel gar nicht verlassen und muß stets das Außenterrain und die zu beiden Seiten nächststehenden Posten im Auge behalten. Der Wachtposten vor Depots u. dgl. darf sich nur so weit entfernen, als zu besserer Ueberblickung der Umgebung nöthig ist, ohne daß dadurch der Schutz des Objectes verringert wird. Das Postenwesen gehört sowohl dem Feld- als Garnisondienst an und es bestehen in beiden besondere Reglements für dasselbe, die genügend dessen Wichtigkeit beweisen.

Poterne, Verbindungsweg zwischen verschiedenen Festungswerken, ist ganz oder zum Theil unterirdisch angelegt, in den Außenwerken oft provisorisch, soll wenigstens so viel Raum haben, daß zwei Mann neben einander gehen, und unter gewissen Umständen selbst Geschütze und Utensilien in demselben transportirt werden können, besteht aus 2 Mauern mit bombenfester Balkendecke oder einer ebenfalls bombenfesten Wölbung. Soll die P. zugleich als Vertheidigungswerk dienen, so werden ihre Mauern crenelirt. (S. Fortification, Festung, Belagerungskunst u. a. A.)

Potocki, Stanislaw Felix Graf von, Pole, Chefgeneral der polnischen Artillerie unter Stanislaw August, Stifter der Conföderation von Targowice, deshalb 1794 als Vaterlandsverräther verurtheilt und im Bilde erhängt, nach dem Fall der polnischen Sache aber von der Kaiserin von Rußland zum Oberfeldherrn ernannt (1795), gest. 1803.

Potocki, Claudina Gräfin von, geb. 1802, beaufsichtigte 1831 während des polnischen Freiheitskampfes mit heldenmäßiger Aufopferung die Ambulancen und Lazarethe, war auf den Schlachtfeldern persönlich thätig und erwarb sich im gleichen Maße die Bewunderung und Verehrung. Starb im Exil 1836.

Potsdam, wichtige Militairstadt Preußens, Sommer-Residenzstadt des Königs mit nahe 41,000 Einw., reicher als irgend eine Stadt des Staates an den verschiedenartigsten Militairanstalten, mit schönem von zahlreichen kriegerischen Denkmälern geziertem Paradeplatze, Obelisk mit den Bildern des großen Kurfürsten und den 3 ersten Königen, einem großen Reit- und Exercierhause, Arsenal und bedeutenden Magazinen, großen Kasernen für alle Waffen, namentlich schöner Cavaleriekaserne, Lazareth, königl. Gewehrfabrik und Werkstätten zum Fertigmachen der Feuergewehre, Cadettenanstalt, Unteroffizierschule und sogenanntem großen Militairwaisenhause, außer vielen Militairdenkmälern einem prächtigen Triumphbogen, mehren königlichen Grabstätten, vielen königlichen und prinzlichen Palais, von Friedrich Wilhelm I. mit einer Mauer umgeben, an der Havel und Berlin-Wittenberger Eisenbahn.

Prag, Hauptstadt von Böhmen und ehemalige königliche Residenz, 124,000 Einw., Hauptcentralmilitairplatz Böhmens, 10,000 Mann Besatzung, von einer Mauer, hohen Wällen und einigen Werken (meist früheren Ursprungs) umgeben, die jedoch P. nicht zu einer eigentlichen Festung machen. Als Festung, oder vielmehr Zitadelle zu betrachten ist der Wyszograd (Wischerad), welcher auf einem steil abfallenden Felsen, zwar außerhalb der eigentlichen Stadt, aber doch innerhalb deren Mauern und Wällen liegt. In Beziehung zu Wyszograd stehen der Hradszin und der befestigte Laurenzberg. Das große Arsenal befindet sich in Wyszograd. Diese Befestigungen sind Denkmäler des Mittelalters und haben fortificatorisch in späterer Zeit keine erheblichen Veränderungen erlitten. P. liegt an der Moldau und Eisenbahn von Dresden nach Wien. Auf dem Hradszin befindet sich die königliche Burg. Von Militairanstalten sind zu bemerken das Landesmilitaircommando, Militairobererziehungsanstalt, eine Artilleriefchule, Invalidenhaus, das große Militairhospital, das Artilleriehospital, die Militairverwaltungscommission, die Militairfchwimmfchule, Zeughaus, mehre sehr große Kafernen, darunter die Königshofer und die der Artillerie fich auszeichnen. In gewisser Beziehung zum Militairwesen stehen die Thierarzneifchule und Sternwarte. Unter mehren Denkmälern zeichnet fich durch Schönheit das des Kaisers Franz I. aus. P. war oft ein kriegerisches Object. 1420—1438 spielte es in den hussitischen Kriegen eine Hauptrolle, war Hauptwaffenplatz und wiederholt Kampfplatz. Hier Sieg der Hussiten über die Kaiserlichen 1420. 1424 erlitt es eine Erstürmung. Hier nahm der dreißigjährige Krieg seinen Anfang. 1620 Sieg der Kaiserlichen. 1631 von den Sachsen und danach von den Kaiserlichen genommen. 1742 von den Franzosen genommen. 1757 hier Sieg der Preußen über die Oestreicher. 1813 vergeblicher Congreß zum Zwecke des Friedens.

Praga, Stadt in Polen von 8000 Einw., mit Warschau durch eine Brücke verbunden, auf dem niedrigen rechten Ufer der Weichsel, gewöhnlich für eine Vorstadt von Warschau gehalten, voll von müsten Stellen, die nach der furchtbaren Einäscherung durch Suwarow nicht wieder bebaut worden sind, war nie befestigt, auch 1794 nur von Feldwerken umgeben. Die Polen versuchten hier 1794 ihren letzten Kampf und vertheidigten P. 30,000 Mann stark vergebens gegen 22,000 Russen, die nach der Erstürmung die scheußlichsten Ausschweifungen, die je ein Krieg mit fich gebracht hat, begingen. 15,000 Polen blieben, ebensoviele wurden gefangen, und über 15,000 Bürger wurden niedergemetzelt. Suwarow berichtete an die Kaiserin mit folgenden Worten: „Praga, Hurrah, Suwarow," und Katharina antwortete darauf: „Bravo Herr Generalfeldmarschall!" P. ist auch jetzt noch eine völlig offene Stadt, doch liegt auf ihrem Gebiete, der Alexanderfestung von Warschau gegenüber, der mächtige Brückenkopf mit seinen Nebenwerken. Alles Mauerwerk desselben besteht aus Backstein. Die Dächer sind mit Zink gedeckt, doch das Balkenwerk auf den zur Bombenfestigkeit erforderlichen Aufschutt eingerichtet.

Präsentiren, das vorzüglichste Honneur mit dem Gewehre. Beim Degen oder Säbel besteht es in Niedersenkung der Spitze, beim Gewehr in senkrechtem Vorrücken desselben vor das Gesicht, was gewöhnlich auf 2 Tempo und zwar ebensowohl aus dem rechten Arme als aus der linken Hand geschieht. Das Präsentiren des Gewehrs gehört zur Taktik und ist bei allen bekannten Heeren ziemlich übereinstimmend.

Prätoria, cohors, im alten Rom die Leibwache des Feldherrn, unter den Kaisern die Garde; ursprünglich bestand nur 1 Cohorte, unter Augustus 10 von zusammen 10,000 Mann, war die Elite des Heeres, wurde aber zu demselben nicht gerechnet; genoß erhebliche Vorzüge und spielte unter den Kaisern eine große politische Rolle, bis Constantin der Große eine völlige Umgestaltung dieser so stolzen als übermüthigen Militairclasse bewirkte.

Pressen, heißt das willkürliche und gewaltsame Rekrutiren solcher Leute, die zum Dienste keine Verpflichtung haben und unterscheidet fich dadurch von der russischen Branka, daß bei dieser nur konscribirte Truppen und also Pflichtige überfallen und gewaltsam unter die Fahne geschleppt werden (s. Branka). In England war noch in diesem Jahrhundert das Pressen gebräuchlich und fast unvermeidlich, da durch freiwilligen Eintritt und Werbung das Heer, namentlich das Schiffsvolk nicht auf die erforderliche Stärke gebracht werden konnte. Das Pressen war vor Friedrich dem Großen auch in Preußen ge-bräuchlich und in Hessen wurde es während des nordamerikanischen Freiheits-krieges auf Befehl des Landesherrn in der schamlosesten Weise betrieben. Ge-genwärtig dürfte es in den civilisirten Staaten wohl kaum noch je vorkommen.

Preußen, größter deutscher Staat, aus zwei getrennten Theilen bestehend, wovon der eine den nordöstlichen Theil Deutschlands, der andere einen Theil des westlichen Mitteldeutschlands einnimmt; beide militairisch durch Etappen-straßen verbunden, die östliche Hälfte ist von Rußland, Polen, Galizien, östreichisch Schlesien, Mähren, Böhmen, Sachsen, Reuß, Schwarzburg, Hessen, Hannover, Braunschweig, Mecklenburg und der Ostsee; der westliche Theil von Hannover, Oldenburg, den Niederlanden, Schaumburg-Lippe, Lippe-Detmold, Braunschweig, den 3 Hessen, Waldeck, Nassau, Rheinpfalz, Frankreich, Luxem-burg und Belgien umgeben. Gesammtflächeninhalt 5103 ☐ M. mit einer Bevölkerung von 18 Millionen Menschen; darunter 11 Millionen Protestanten, 6½ Millionen Katholiken, 14,148,000 Deutsche, 2,036,000 sarmatische Slawen, 137,000 Lithauer und 10,000 Franzosen. Zahl der Städte 994 mit 5¼ Mill. Einwohnern, an deren Spitze Berlin mit 450,000 Einw.; Staatseinnahme ca. 132 Millionen Thaler; Staatsschuld 283,545,609 Thaler. Die Unkosten für das Heer belaufen sich auf 31,500,000, die für die Marine auf 1 Mill. Thaler. An der Spitze des Staates ein durch Repräsentativverfassung mäßig beschränkter erblicher König aus dem Adelsgeschlecht der Hohenzollern. Der König oberster Befehlshaber des Heeres und im Besitz des nur durch die Verantwortlichkeit des Kriegsministers geschmälerten Rechts Krieg zu führen und Frieden zu schließen. Das Heer besteht aus 1 Gardecorps und 8 Armee-corps, jedes Corps aus 2 Divisionen. Im Kriegsstande hat das Corps 25 Bataillone mit 25,000 Mann, 32 Escadrons mit 4800 Mann und 11 Ba-terien mit 88 Kanonen, die jedoch nach der neuen Organisation auf 12 Bat-terien in einem Regiment erhöht werden sollen, so daß die Artillerie des ge-sammten activen Heeres 1056 Geschütze führen wird. Zur Besatzung der Festungen sind 26 Bataillone bestimmt, die zum größeren Theil aus der Land-wehr genommen werden, ferner 8 Schwadronen, desgleichen von der Landwehr. Zum Ersatz sind vom 2. Aufgebot 116 Bataillone und 104 Escadrons be-stimmt. Die Artillerie in jedem Regiment ist aus 6 zwölfpfündigen Batterien, 3 Haubitzbatterien und 3 reitenden Batterien zusammengesetzt. Die Stärke des Heeres im Frieden ist an Linieninfanterie 118,000, Landwehrinfanterie 108,000, an Reserve für diese 64,000, an Landwehrinfanterie vom 2. Aufgebote 83,000 Mann; an Liniencavalerie 28,000, an Landwehrcavalerie 1. Aufgebotes 20,000, an dergleichen 2. Aufgebotes 12,500; an Artillerie 19,000, an Genie-truppen 8000 Mann. Nach der Bestimmung soll das active Heer im Frieden 160,000 Mann betragen, davon an Cavalerie 30,000 Mann. Die Landwehr ist nicht bereit, und bei ihren Stämmen befinden sich nur 4123 Mann mit 348 Pferden. Linie und Landwehr 1. Aufgebotes machen ein Heer von 300,000 M. aus. Dieses Heer kann jedoch nicht nur im Kriegsfuße verdoppelt, sondern auch außerordentlicher Weise über das Vierfache gebracht werden, denn an Militairpflichtigen für das active Heer befinden sich im Staate (nach der Zählung von 1858) 779,000, für die Landwehr 1. Aufgebotes und der Re-serve 1,100,000, für das 2. Aufgebot 900,000 Mann, also in Summa 2,779,000 Mann. Das Heer ist eingetheilt in 4 Garderegimenter zu 3000 Mann, 1 Gardereserveregiment von 2000, 4 Gardelandwehrregimenter zu 3000 Mann (hierzu Ersatz des 2. Aufgebotes), 2 Garde-Jäger- und Schützenbataillone von 2000 Mann, 32 Linieninfanterieregimenter zu 3000 M., 8 Reserveinfanterieregimenter zu 2000 M., 36 Ersatzbataillone zu 1000 M., 3 Landwehrinfanterieregimenter zu 3000 M. mit dem Ersatz des 2. Aufgebotes, 8 Jägerbataillone zu 1000 M., 10 Jäger- und Schützenersatzcompagnien zusammen 1600 M., 8 Bataillone Landwehrreserve, zusammen 14,400 M., 2 Gardekürassierregimenter zu 2 Schwadronen, 2 Gardehusaren- und Dragonerregimenter zu 2 Schwadronen, 2 Gardeulanenregimenter zu 2 Schw., 2 Gardelandwehrregimenter zu 2 Schw., 8 Kürassierlinienregimenter zu 4 Schw., 8 desgl. Landregimenter zu 4 Schw., 4 Dragonerregimenter zu 4 Schw., 4 desgl. Landwehrregimenter zu 4 Schw., 12 Husarenregimenter zu 4 Schw., 12 desgl. Landwehrregimenter zu 4 Schw., 8 Ulanenregimenter zu 4 Schw., 8 desgl. Landwehrregimenter zu 4 Schw. und 8 Landwehrreserveschwadronen. Die Stärke dieser Cavalerie beträgt 78,000 M. Den 3. Theil des Heeres nimmt die Artillerie ein, welche aus 1 Garde- und 8 Linienregimentern, zusammen 36,000 Mann, besteht; den 4. das Geniecorps von annähernd 8000 M. und den 5. das Trainwesen in einer Stärke von 45,000 M. Pr. ist reicher mit Festungen besetzt als andere deutsche Staaten und zählt ihrer mit Einschluß der beiden Bundesfestungen Mainz und Luxemburg, wo es nur ein partielles Besatzungsrecht, resp. Besatzungspflicht, hat, 20. Die Namen der weiteren sind: Saarlouis, Coblenz, Cöln, Wesel, Minden, Erfurt, Magdeburg, Wittenberg, Torgau, Spandau, Küstrin, Stettin, Stralsund, Kolberg, Groß-Glogau, Kosel, Glatz, Schweidnitz, Neisse, Posen, Graudenz, Thorn, Swinemünde, Marienburg, Danzig, Pillau, Königsberg und Lötzen. Die Kriegsmarine ist nur in den 2 letzten Jahrzehnten erst zu einem gewissen Grade von Bedeutung gestiegen. Besteht aus 2 Segelfregatten, einer mit 38, die andere mit 48 Kanonen, 2 Schraubencorvetten zu 28 Kanonen, 1 Dampfcorvette von 12 Kanonen, 1 Segelcorvette von 12 Kanonen, 1 Wachtschiff von 9 K., 1 Transportschiff von 6 K., 3 Schoonern von je 2 K., 6 Jöllen von je 1 K., 1 Bugsirdampfer, 36 Kanonenschaluppen von je 2 Kanonen, also 55 Fahrzeuge mit 265 K. Die Bemannung besteht kriegsmäßig aus 3200, im Frieden aus ungefähr 1200 Mann. Zur Bundesarmee stellt Preußen 3 Corps (s. Bundesarmee). P. hat 641 Meilen Eisenbahn mit 1206 Locomotiven und seine wichtigern Militairplätze sind fast alle durch diese mit einander verbunden. Die Länge der Heerstraßen des Staates beträgt 1798 M. Die Strecke der Telegraphenleitungen beträgt 794 Meilen und hat 112 Stationen. — Das Militairbildungswesen ist wie in Frankreich zu hoher Vollkommenheit gelangt. Es bestehen bei der Infanterie Regiments- und Bataillonsschulen, bei der Artillerie Brigade- und Oberfeuerwerkerschulen. Diese Anstalten bezwecken hauptsächlich die Bildung tüchtiger Unteroffiziere. Für die höhere militairsche Bildung bestehen in Berlin ein Cadettencorps und anderwärts noch 4 ähnliche Anstalten. Zu jenem gehört eine Selectaklasse. Bei jedem Corps befindet sich eine Bildungsanstalt, früher Divisionsschule genannt. Als vorzüglichste Anstalten sind die Artillerie- und Ingenieurschulen und allgemeine Kriegsschule zu nennen. Ueber diesen Anstalten stehen die „Generalinspection des Militairerziehungs- und Bildungswesens", die „Militairstudiendirection" und die „Obermilitairexaminationscommission". Alle Verwaltungsangelegenheiten concentriren sich im Kriegsministerium und unter ihm steht namentlich auch das gesammte Militairbildungsund Erziehungswesen. Das Kriegsministerium zerfällt in 2 Departements zu je 4 Abtheilungen. Die persönlichen, Invaliden- und Remonteangelegenheiten stehen unmittelbar unter dem Kriegsminister. Unter das eine Departement gehören alle Angelegenheiten in Organisation und Verwendung des Heeres und der Marine, unter das andere die Militairökonomie, wobei das Cassen-, Verpflegungs-, Bekleidungs-, Lazareth-, Lager-, Armatur- und Trainwesen.

Hauptsächlich sind aber dem Kriegsministerium auch die Commandos, Kriegsgerichte, Inspectionen und Generalstäbe untergeordnet, der sogenannte große
Generalstab beigeordnet. Kriegsgerichtliche Urtel von größerm Belang werden
im Kriegsministerium begutachtet und vom König bestätigt oder verworfen.
Alle Preußen ohne Unterschied des Standes sind vom 20. Jahre an dienst-
pflichtig. Dienstzeit 3 Jahre, wird aber bei der Linieninfanterie auf 2½ gekürzt.
Gewisse Personen, die durch eine Prüfung nachweisen, daß sie in ihrem Berufe
vorzügliche Tüchtigkeit erlangt haben und daher die Unterbrechung desselben
durch die längere Dienstzeit einen Nachtheil für das Allgemeine herbeiziehen
würde, erhalten das Recht nur 1 Jahr zu dienen, heißen Einjährigfreiwillige
und werden nach ihrer Dienstzeit und nach Ablegung einer besondern militairischen Prüfung in das Offiziercorps der Landwehr aufgenommen. Nach
der Dienstzeit erhält der Soldat einen zweijährigen Urlaub und gehört zur
Reserve, tritt darauf in das 1. Aufgebot der Landwehr, die sich alljährlich
nur zu einigen Sonntagsübungen, abtheilungsweise alle zwei Jahre aber zu
einer mehrwöchigen Uebung vereint. Mit dem 32. Lebensjahre tritt er in das
2. Aufgebot der Landwehr und mit dem 40. Jahre in den Landsturm. Letztere
beide Classen treten nur bei größerer Kriegsnoth zusammen. Das Landwehr-
institut ist auf eine bewunderte Vollkommenheit gebracht worden, der es hauptsächlich zuzuschreiben ist, daß Preußen bei einer unbedeutenden Bevölkerung
von 18 Millionen Menschen über 2¼ Millionen Kriegstüchtige aufstellen kann.
Der König besetzt alle Offizierstellen. Die Militairjustizverwaltung, ausschließend das Militaircriminalwesen umfassend, ruht in der Hand eines General-
auditoriates, welches an der Spitze sämmtlicher Militairgerichte steht. Das
Militair ebenso wie der Beamtenstand ist steuerpflichtig. Der exemirte
Gerichtsstand der Offiziere, den diese mit den Beamteten gemein hatten,
existirt nicht mehr. Die Ehrengerichte für Subaltern- und Stabsoffiziere,
hauptsächlich auf Beseitigung der Duelle berechnet, sind eine Schöpfung Friedrich Wilhelms IV. Die körperliche Züchtigung, so wie die Haft auf Latten
existiren nicht mehr. Die Strafen für Gemeine und Unteroffiziers sind Arrest
in 3 Graden, Festungsstrafarbeit, Lebensstrafe durch Pulver und Blei und
Versetzung in die zweite Classe (s. d.), für welche noch körperliche Züchtigung
gilt und welche den Verlust der bürgerlichen Ehrenrechte zur Folge hat. Die
Strafe für Offiziere sind Festungsarrest, Lebensstrafe und Ausstoßung nicht
nur aus dem Offizier-, sondern überhaupt aus dem Militairstande. Zum
Avancement ist jeder ohne Ansehung der Herkunft berechtigt, wenn er durch
Atteste und eine Prüfung seine moralische und wissenschaftliche Fähigkeit nachweist. Für die Offizierswürde wird Universitätsreife gefordert. Orden sind
der schwarze Adlerorden (s. d.), der rothe Adlerorden in 4 Classen, der Militairorden, Pour le mérite, der Hausorden von Hohenzollern, Johanniterorden,
der rein militairische eiserne Kreuzorden in 3 Classen, Louisenorden für Frauen,
die sich um die Krankenpflege in den Hospitälern und dergl. verdient gemacht
haben, Verdienstkreuz für 25jährige Offiziersactivität, Auszeichnung für Unteroffiziere und Gemeine für gewisse Dienstzeit, eine andere für Thaten in den
Jahren 1848—1850, und ein allgemeines Ehrenzeichen. Das Hauptbild des
Staatswappens ist der schwarze Adler mit Reichsapfel und Scepter, Landes-
farben sind schwarz und weiß. P. ist die 5. europäische Großmacht, der 2.
deutsche Großstaat, hat in der engern Bundesversammlung 1 und in Plenum
4 Stimmen. In Betreff der Marine ist noch zu erwähnen, daß Swinemünde
und Danzig Stationen sind. Swinemünde ist Standquartier des Seebataillons,
zu Stralsund, Stettin und Danzig sind Marinedepots und zu Stralsund befinden sich ein Schiffsjungeninstitut, eine Schifffahrtsschule und ein Seecadet-

tencorps. Die Jahdemündung im Oldenburgschen ist zum Kriegshafen einge-
richtet. — Die Wurzel des Königreichs Preußen ist das Kurfürstenthum
Brandenburg, welches Friedrich VI. im 15. Jahrhunderte erwarb. Die ersten
Kämpfe fanden zwischen dem Kurfürsten (als solcher Friedrich I.) und seinem
Adel statt und ersterer blieb Sieger, indem er mit einer 24pfündigen Kanone,
der berühmt gewordenen „faulen Grete", die Burgen niederschoß. Den
Hussiten war Brandenburg nicht gewachsen und wurde durch sie furchtbar
verheert. Unter Friedrich II. folgte ein erfolgloser Krieg mit Böhmen und
Stettin. Den Krieg mit Stettin setzte Albrecht Achilles fort. Johannes Cicero
unterdrückte das Fehdewesen, unter Joachim II. kämpften die Brandenburger
gegen die Türken im kaiserlichen Interesse. Unter ihm fand 1537 die Erbver-
brüderung mit dem Herzog Friedrich von Liegnitz statt, aus welcher 1740
Friedrich d. Gr. seine so bedeutsamen Ansprüche auf Schlesien herleitete. 1618
wurde das Herzogthum Preußen mit Kurbrandenburg vereinigt. In die blutige Verwirrung des 30jährigen Kriegs (s. d.) wurde natürlich auch Brandenburg hineingerissen und litt in Folge seiner unentschiedenen Politik nur desto
mehr, bis 1640 der große Kurfürst die Regierung übernahm. Dieser war der
Begründer des preußischen Heerwesens und der selbstständigen Stellung Preußens. Unter ihm nahm Brandenburg an dem schwedisch-polnischen Kriege Theil
und glänzte in Schlachten bei Warschau und Lobiau, schloß sodann mit Polen
einen Frieden und befreite dadurch P. von der Lehensherrlichkeit Polens, schlug
die Schweden in Pommern. Er nahm sodann am Kriege gegen Frankreich
Theil, wendete sich aber sofort gegen die Schweden, als diese in seinem Rücken
in sein Land eingefallen waren, und schlug sie entscheidend 1675 bei Fehrbellin.
Friedrich III. erhob 1700 Brandenburg zu einem souverainen Königreich und
gab ihm den Namen Preußen, weil er im Herzogthum Preußen die Souverainität besaß. Preußen nahm unter ihm an mehren Kriegen, wenn auch nicht
in hervorragender Weise Theil. Unter Friedrich Wilhelm I. waltete zwar eine
fast unveränderte Friedenspolitik, aber das Heerwesen wurde auf einen hohen
Grad der Vollkommenheit gebracht, auch Stettin erworben. Eine kriegerisch
viel bedeutendere Rolle begann Preußen aber mit Friedrich II. zu spielen, nicht
nur daß es in beiden schlesischen Kriegen (s. d.) gegen Oestreich, sondern auch
im siebenjährigen Kriege gegen fast halb Europa in bewunderungswürdigster
Weise den Kampf siegreich bestand. Unter diesem Könige wurde Preußen fast
auf das Doppelte vergrößert und das Militairwesen in solcher Weise ausgebildet, daß dasselbe den meisten anderen Staaten zum Muster diente. Diese
— so selbst Spanien und Portugal — ließen Angehörige in Preußen Dienste
nehmen, um deren Kenntnisse dann bei Verbesserung ihres Heerwesens zu benutzen. Unter Friedrich Wilhelm II. betheiligte sich Preußen an dem Kriege
gegen Polen, der der letzten polnischen Theilung vorausging und an den Feldzügen gegen die französische Republik. Der Erfolg bei erstem war zwar gewinn-
bringend aber wenig ehrenvoll, der bei letztem durch Eifersucht gegen Oesterreich fast bis auf nichts abgeschwächt. Von Napoleon vielfach gekränkt und
verletzt erhob P. 1806 den Krieg gegen Frankreich, verlor aber durch Uneinig-
keit und Untüchtigkeit seiner Feldherren die Schlachten bei Auerstädt und Jena
und kam mit Verlust der Hälfte seiner Länder in eine förmliche Botmäßigkeit
Frankreichs. Nachdem aber 1812 die französischen Heere in Rußland zertrümmert worden, erhob sich auch Preußen wieder gegen Frankreich und entwickelte
für diesen Krieg eine außerordentliche Kraft, so daß die Siege der Alliirten
von 1813 und 1814, aber namentlich die von 1815 vorzugsweise Preußen zu
danken sind. In diesem Jahre erhielt das preußische Heerwesen eine völlige
Reformation in jeder Beziehung und es wurde der Grund zu den Institutionen

kriegt, die es zu einem der erſten Militairſtaaten Europas erhoben haben. Erſt im Jahre 1849 machte P. von ſeinem Heere wieder kriegeriſchen Gebrauch, indem es in Sachſen und Baden zur Unterdrückung der Revolution intervenirte. Zugleich führte P. im Namen des deutſchen Reichs den Krieg um Schleswig-Holſteins Rechte gegen Dänemark und drang ſiegreich bis nach Jütland vor, opferte dann aber die Erfolge einer ſchwankenden und abhängigen Politik. 1850 machte Preußen in Angelegenheit Heſſens gegen Oeſtreich und Baiern mobil, doch kam es nicht zum Kriege, ſondern zu der ſcherzweiſe ſogenannten Schlacht bei Bronzell. Von da ab kam das preußiſche Heer zu keiner berufsmäßigen Verwendung, doch wurden 1859 ſechs Armeecorps zum Schutze Deutſchlands bei Gelegenheit des italieniſchen Kriegs mobil gemacht, aber auch gleich nach dem Frieden von Villafranca wieder in Friedensſtand verſetzt. Nachdem der König Friedrich Wilhelm IV. ſeinen Bruder, den gegenwärtigen König Wilhelm zum Regenten ernannt, wurden mehrfache organiſche Veränderungen im Heerweſen und namentlich in der Landwehr veranſtaltet, welche die Vergrößerung der Wehrkraft des Landes bezweckte, aber wie eben erwähnt nur zum kleinſten Theile zur Reife gediehen ſind, daher ſich gegenwärtig Mittheilungen darüber noch nicht machen laſſen.

Preveſa, früher ſtark befeſtigte türkiſche Stadt in Albanien mit 8000 griechiſchen Bewohnern, die immer wiederholt mit den Waffen gegen die türkiſche Herrſchaft gekämpft, ohne ſich ihrer entledigen zu können.

Prévôt, ſ. v. w. Profoß (ſ. d.).

Priamos, König von Troja, während deſſen Regierung die 10jährige Belagerung Troja's durch die Griechen ſtattfand.

Princeps (bed. der Erſte), Titel der römiſchen Kaiſer, daraus Prinz entſtanden.

Priſe heißt jedes erbeutete feindliche Schiff (ſ. Kreuzer, Kapern und Kaperrecht).

Prittwitz, Karl Ernſt von, geb. 1790, machte ſchon als Knabe die Schlacht bei Auerſtädt unter preußiſcher Fahne, 1812 den Feldzug nach Rußland im Generalſtabe und 1813, 1814 und 1815 die Feldzüge gegen Frankreich mit, wurde 1822 Flügeladjutant des Königs, 1824 Oberſtlieutenant und bis zum Jahr 1850 commandirender General der Garden. 1848 commandirte er in den Märztagen in Berlin und im folgenden Jahre hatte er das Obercommando gegen Dänemark in Schleswig. Schrieb über den Feldzug von 1813. Zog ſich 1853 ins Privatleben zurück.

Probus, Marcus Aurelius, Pannonier von Geburt, römiſcher Kaiſer im 3. Jahrhundert v. Chr. (276—282), Beſieger der Franken, Burgunder, Alemannen, Vandalen, der Blemmyer, Gothen, Alanen, Iſaurier und Perſer. Schlug die Gegenkaiſer, regierte gerecht, hielt ſtrenge Zucht beim Heere und wurde darum von ſeinen Soldaten erſchlagen.

Proclamation (Anruf, Verkündigung) kommt auch beim Heere vor und beſteht in einem Schriftſtücke, in welchem der Fürſt oder Feldherr das Heer über gewiſſe Umſtände oder Abſichten aufklären will, um dadurch jedem Einzelnen ein moraliſches Intereſſe dafür zu geben.

Proconſuln, im altrömiſchen Staate Männer, die an die Spitze der Verwaltung und Kriegsmacht einer Provinz geſtellt wurden. Hatten Gewalt über Leben und Tod, daher Beile mit Ruthenbündeln vor ihnen hergetragen wurden. Wurden in der Republik auf 2 Jahre gewählt, unter den Kaiſern bis auf weitere Verfügung beordert und glichen den heutigen Kriegsgubernatoren Rußlands.

Procopius, dieſes Namens zwei Böhmen, die ſich als große Feldherren im 15. Jahrhundert berühmt gemacht haben und durch die Beibezeichnungen „der

Große" und „der Kleine" unterschieden wurden. P. d. Gr. war Mönch, wurde bei Ziska Hauptmann, machte sich zuerst durch den Sieg bei Kremser berühmt und übernahm 1424 an Ziskas Stelle den Oberbefehl über die Hussiten. Fast jedes Jahr unternahm er große Verwüstungs- und Rachezüge in die Nachbarländer, dergleichen Teutschland bis dahin nur von den Römern, Hunnen, Ungarn und Normannen erlitten hatte. (S. darüber Hussiten.) Als vorzüglich glänzende Waffenthaten sind aber ins Besondere zu bezeichnen der Sieg bei Aussig über das meißenische und sächsische Heer 1426, der Sieg über ein dreimal stärkeres deutsches Kreuzheer 1427, die Vernichtung eines ebensolchen deutschen Heeres 1431 bei Tauß und Riesenburg, der Sieg bei Taucha, und endlich war selbst die Niederlage bei Böhmischbrod durch eine böhmische Gegenpartei 1434 eine glänzende Waffenthat Procops, ein wahrer Selbstopferungskampf. Hier fiel er mit seinen besten Führern, weil er lieber sterben als der Uebermacht weichen wollte. P. der Kleine war Unterfeldherr P's. d. Gr., führte viele bedeutsame Kriegszüge, Belagerungen und Schlachten selbstständig, noch mehre aber mit jenem P. vereint aus und fiel an dessen Seite 1434. Mit beider Procope Tode unterlag die Partei der Taboriten entschieden und der römische Kaiser Sigismund erlangte endlich nun erst seine Anerkennung als König von Böhmen.

Projectil, s. v. w. Geschoß.

Prokesch-Osten, Anton Freiherr von, geb. 1795, Oestreicher, bürgerlicher Herkunft, studirte, machte die Feldzüge gegen Frankreich von 1813 bis 1815 mit, wurde darauf in mehren Generalstäben und später in den wichtigsten diplomatischen Geschäften verwendet, wobei er die militairische Stufenleiter bis zum Feldmarschalllieutenant emporstieg. Namentlich hat er sich zuletzt als Bundespräsidialgesandter und als wissenschaftlicher Schriftsteller bedeutsam gemacht.

Prometheus, Held der altgriechischen Mythe.

Prony, Gaspar Clair François Marie Riche Baron von, Franzose, geb. 1755, einer der berühmtesten französischen Ingenieurs und Kriegsbaumeister, Professor an der polytechnischen Schule, wurde 1828 in den Adelstand erhoben und starb als Pair 1839. Er hat viele physikalische, architektonische und mathematische Werke von großer Bedeutung herausgegeben.

Protesilaos, altgriechischer Held aus einem thessalischen Königsgeschlechte, der erste Grieche, der den trojanischen Boden betrat und vor Troja fiel und darum sprüchwörtlich geworden. Gegenstand einer schönen Mythe.

Protze, Protzwagen, Protzkarren ist der zweirädrige Vorderwagen der Geschütze, die von diesem getrennt werden, wenn sie zur Action gebracht werden sollen.

Protzkasten, ein viereckter Kasten auf dem Protzkarren, in welchem die für das Geschütz auf eine bestimmte kurze Zeit nöthige Munition untergebracht wird.

Provence, s. Frankreich.

Proviant, die für die Truppen nöthigen Nahrungsmittel; ihre Beschaffung, Verwahrung, Transportirung und Verwendung ist Sache der Intendantur und ein wichtiger Zweig der Militairökonomie.

Pruth, Fluß zwischen der Moldau und Bessarabien. Hier russisch-türkischer Friede 1711, nachdem die Russen unter Peter dem Großen von der Capitulation durch die Klugheit und Opferung der Kaiserin befreit worden waren (s. Peter und Karl XII.).

Ptolomäos, Name von 16 ägyptischen Königen einer Dynastie, die von 311 v. Chr. bis 30 v. Chr. reichte, und von dem Feldherrn Alexanders des Großen gleiches Namens gegründet worden war. (S. Aegypten.)

Publilius, Philo Quintus, Consul in der altrömischen Republik, Besieger der Lateiner und Samniter (4. Jahrhundert v. Chr.).

Pugatschew, geb. 1726, gemeiner Kosak, Abentheurer, machte den sieben-jährigen Krieg in preußischen und östreichischen Diensten mit, erwarb sich dabei Kenntnisse der Kriegskunst, kehrte in sein Vaterland an den Don zurück, gab sich für den Czar Peter III. unter dem Vorgeben aus, daß an dessen Stelle ein gemeiner Soldat bestattet worden sei, fand großen Anhang, bildete ein bedeutendes Heer, bemächtigte sich mehrer russischer Festungen und bedeutender Städte, schlug eine russische Armee mehrmals, beabsichtigte schon Moskau zu erobern, wurde aber von Suwarow geschlagen und gefangen und 1775 in Moskau hingerichtet. Eine Zeit lang befand sich Rußland durch ihn in ernst-licher Gefahr.

Puisaye, Joseph Graf von, Franzose, 1755 geb., spielte in der französischen Revolution eine Rolle, nannte sich Generallieutenant des Königs, führte eine Zeit lang die royalistische Partei in der Bretagne, leitete die verunglückte Ex-pedition auf Quiberon 1794, machte bis 1797 noch mehrfache Versuche gegen die Republik vergeblich, flüchtete nach England und starb 1827.

Pulawy, polnische Stadt an der Weichsel von 3000 Einw., bekannt durch das Gefecht der Polen und Oestreicher 1809, den Kampf der Polen gegen die Russen 1831 und die Plünderung durch die Russen in demselben Jahre.

Pultawa, russische Stadt von 25,000 Einw. an der Pultawa in der Ukraine mit Zitadelle, von den Kosaken gegründet, hier große Niederlage der Schweden unter Karl XII. (s. d.) durch die Russen unter Peter dem Großen (s. d.) am 27. Juni 1709. (S. nord. Krieg.) Denkmal auf dem Schlachtfelde.

Pultusk, polnische Stadt 6 Meilen nördlich von Warschau, 3800 Einw., hier 1703 die Polen und Sachsen von den Schweden, 1806 die Russen von den Franzosen überwältigt, 1831 Diebitsch hier gestorben.

Pulver, s. Schießpulver.

Pulverkammer, auf Schiffen der Aufbewahrungsort der Munition, stets in den tiefsten Räumen befindlich.

Pulverraum, auf Schiffen das tief unten befindliche Lokal, in welchem das lose Pulver aufbewahrt wird.

Punische Kriege, deren gab es drei, sie wurden zwischen Rom und Kar-thago geführt und hatten den Untergang des Letzteren zur Folge. Der erste 264 v. Chr. Hauptschauplatz war Sicilien. Ursache die Feindseligkeit der Karthager und des ihm verbündeten Königs Hiero auf Sicilien gegen die Mamertiner. Die Römer setzten als Bundesgenossen der Mamertiner ein Heer nach Sicilien über, gewannen den Hiero, kämpften mit zweifelhaftem Glück zu Lande, schlugen aber die Karthager bei Mylä und Eknomos 260 und 256 zur See, setzten nach Afrika über, wurden aber 255 hier geschlagen, setzten nun den Krieg auf Sicilien fort, siegten bei Panormus, wurden aber wiederholt durch Hamilkar Barkas geschlagen, entschieden gleichwohl zuletzt den Kampf zu ihren Gunsten durch den großen Seesieg vor den Aegatischen Inseln. Hiermit verlor Karthago sein ganzes Gebiet auf Sicilien. Im Jahr 218 v. Chr. erhob sich aber der Krieg, der sogenannte „zweite punische Krieg" aufs Neue. Die Karthager unter Hannibal fielen in Spanien ein, warfen hier und in Gallien jeden Widerstand nieder, drangen über die Alpen in Italien ein, schlugen die Römer am Ticino, der Trebia, dem Po, den Trasi-menischen See, bei Cannä, bedrohten Rom, versäumten aber die Zeit mit diplo-matischen Operationen und erlitten dadurch Nachtheile bei Nola 216 v. Chr., schlugen aber wiederum die Römer mehrfach, behaupteten dadurch Unteritalien, konnten aber, da sie keine Unterstützung erhielten, nicht hindern, daß in ihrem

Rücken Sicilien von den Feinden erobert wurde. Da nun auch Hannibals Bruder Hasdrubal, der ihm ein Hilfsheer aus Spanien zuführte, 207 auf dem Marsche überrascht und geschlagen wurde, so hatte Hannibal keine Aussicht den Feind zu überwältigen. Doch behauptete er sich noch bis 203, als Karthago selbst angegriffen und Hannibal zum Schutze der Stadt zurückgerufen wurde. Aber bereits waren hier die Karthager mehrmal geschlagen worden und auch Hannibal vermochte es nicht, mit den desorganisirten Truppen bei Zama 202 gegen Scipio den Sieg zu erringen. Hiermit endete der zweite punische Krieg. Der Friede beschränkte nicht nur das Gebiet, sondern auch die Rechte und Macht Karthagos sehr. Rom, um Karthago gänzlich an sich zu bringen, zog 150 v. Chr. den dritten punischen Krieg mit Uebermuth herbei, forderte, daß Karthago übergeben werden solle und die Einwohner sich im Innern des Landes anbauten. Zwei Jahre lang widerstunden die Karthager siegreich, 146 aber erstürmte Publius Cornelius Scipio Aemilianus die Stadt nach einer einjährigen Belagerung und hiermit endete das karthagische Reich und der dritte punische Krieg.

Pydna, mazedonische Stadt, ist das Grab des mazedonischen Reichs, indem hier Perseus, der letzte König, durch die Römer unter Aemilius Paulus geschlagen und vernichtet wurde (168 v. Chr.).

Pyrenäischer Friede, zwischen Frankreich und Spanien nach einem vier-undzwanzigjährigen Kriege 1659 auf der Grenze beider Reiche in den Pyrenäen abgeschlossen und daher nach diesen genannt. Spanien verlor in demselben sein Gebiet diesseits der Pyrenäen an Frankreich, desgleichen in den Niederlanden Artois und das Meiste von Flandern, Hennegau und Luxemburg.

Pyrmont, deutsches Fürstenthum mit dem Fürstenthum Waldeck verbunden (s. Waldeck).

Pyrrhos, Sohn des Achilles, Held zu Troja während dessen zehnjähriger Belagerung. Seine Geschichte zum größten Theil der Mythe angehörend, als Heros verehrt.

Pyrrhos, geb. um 300 v. Chr., aus königlichem Geschlecht, wurde von seinem Pflegevater, dem König Glaukos von Illyrien, schon als Knabe mit Waffengewalt auf den Thron von Epirus gesetzt, eroberte Mazedonien für eine kurze Zeit, bekämpfte als Verbündeter der Tarentiner die Römer, schlug sie bei Heraklea und Asculum (280 und 279 v. Chr.), schlug die Karthager auf Sicilien 278, wurde aber von diesen zur See geschlagen, zog wieder nach Italien gegen die Römer, wurde aber von denen 275 bei Benevent so besiegt, daß er in sein Reich zurückkehren mußte. Hier fiel er bei der Belagerung von Argos 272 v. Chr. Von ihm lernten die Römer die griechische Taktik und Heeresorganisation, durch deren Ausbildung später ihre Heere eine so bedeutende Ueberlegenheit über die Heere anderer Völker erlangten.

Q.

Quadriga, der Kampf- oder Streitwagen der alten asiatischen Völker und der späteren Griechen und Römer. Hatte den Namen davon, daß er ähnlich der russischen Czwórka von 4 neben einander gespannten Pferden gezogen wurde. War zweiräbrig, niedrig, vorn mit Brustwehr, die sich nach hinten verjüngte, so daß der Wagen hinten völlig offen war. War nur für einen Wagenlenker und einen Kämpfer eingerichtet, der vornehmlich vom Wurfspieß Gebrauch machte. Als in späterer Zeit die Schlachten nur noch mit compacten Massen ausgeführt wurden, verlor sich die Q. und behauptete sich nur noch bei den Kampfspielen vornehmlich wegen des schönen Anblicks, den sie gewährte.

Quarré, eine in der Kriegstaktik höchst wichtige Formation, die einer Truppenmasse die Kraft ihrer Behauptung in vorzüglichem Maße verleiht. Das Characteristische dieser Formation ist, daß die Truppe in vier gleiche Theile sich theilend vier verschiedene Formen annimmt, und da sie ihre Linien nicht unterbricht, vielmehr die Mannschaften nur enger schließen, ein gleichseitiges und rechtwinkliches Viereck bildet. Indem die Truppe durch ihre vier Fronten sich eingerichtet den Angriff auf jeder Seite abzuweisen, muß sie freilich bei einem nur ein- oder zweiseitigen Angriffe zum Theil unthätig bleiben, doch wird dieser Nachtheil durch die Sicherheit der Position im Quarré völlig überwogen. Bei der Formation eines Quarrés wird stets ein all- oder mehrseitiger Angriff vorausgesetzt. Es geht daraus hervor, daß ein Q. nur geschlossen wird, wenn man sich vor einem an Zahl weit überlegenen Feinde befindet, namentlich einem solchen, der groß genug ist die angegriffene Truppe einzuschließen, denn einem gleichen oder kleineren Feinde von gleicher Waffe, dem nur ein einseitiger Angriff möglich ist, wird man durch gewöhnliche Linienstellung natürlich eine viel Mal längere Feuerlinie und daher eine umfassendere Gewalt entgegenstellen. Dies gilt von Infanterie gegen Infanterie. Dagegen ist die Infanterie oft in der Lage Q. gegen eine geringere Cavaleriemasse zu formiren, da diese durch ihre Beweglichkeit zu verschiedenartigen Angriffen befähigt ist und die Art davon sich nicht voraussehen läßt. Ueberhaupt ist das Q. vorzugsweise eine Maßregel der Infanterie gegen Cavalerie. Gegen Artillerie würde die Quarréformation wegen der duplicirten und verdichteten Massen große Nachtheile mit sich führen. Es ist leicht begreiflich, daß das Q. eine Nothmaßregel wenig umfänglicher Truppenmassen ist. Am häufigsten kommt das Q. beim Bataillon, seltener beim Regiment und niemals bei großen Truppenkörpern, z. B. Division und Corps, deren Operationen zum Theil strategischer Natur sind und die mit der Quarréformation auf die weit größeren strategischen Vortheile und mit denen auf die völlige Entfaltung ihrer Kräfte verzichtet würden. Auch würde selten ein Terrain gefunden werden, welches einer so großen Truppenmasse die Möglichkeit zu einer Quarréformirung gewährte. Das Q. wird durch Stehenbleiben eines und Aufmarsch oder Schwenkung dreier Theile der Truppe formirt und ebenso umgekehrt die Linie wiederhergestellt. Beim Bataillon wird gewöhnlich von jeder Compagnie eine Fronte eingenommen. In dem hohlen inneren Raume befinden sich die Fahne, Befehlshaber, Wagen ec. Die Masse im Q. ist in der Regel nicht tiefer als eine Linienstellung, also entweder 2 oder 3 Glieder tief. Indessen wird zu Erhöhung der Widerstandskraft bei einigen Heeren die Quarrélinie auch durch eine doppelte Mannschaft hergestellt. Das erste Glied fällt das Bajonnet, nachdem es abgefeuert hat und bleibt nun während des Angriffs in dieser Stellung. Dagegen setzen man die hinteren Glieder das Feuer fort. Befinden sich beim Bataillon Geschütze, so werden diese entweder in der Mitte der vier Quarréseiten oder auf den Ecken und zwar bei einigen Heeren vorgeschoben, bei andern zurückgezogen, aufgestellt. Bei Cavalerie und Artillerie kommt die Quarréformation fast niemals vor, und wo sie vorgekommen, beruhte ihr Erfolg nur auf Verblüffung des Angreifenden; namentlich wird die Macht der Cavalerie durch das Q. gänzlich reducirt, indem sie nur auf den Angriff angewiesen ist und zur Vertheidigung, der doch das Q. allein gewidmet ist, fast gar keine Fähigkeit besitzt. Die Quarréformation war eine der wichtigsten Acte in der Napoleonischen Taktik und hat in der Folge gleiche Bedeutung auch bei anderen Heeren erlangt.

Quartier, das Obdach des Soldaten beim Civilisten. Dem Soldaten des Landes auf Forderung der Militairbehörde Quartier zu geben ist der Civilist in allen Staaten durch das Gesetz verpflichtet und zwar dringenden Falls nicht bloß der Hausbesitzer, sondern auch der Abmiether. Doch finden Abschätzungen statt, damit dem Quartiergeber nicht mehr zugemuthet werde als er zu leisten im Stande ist. Für den gemeinen Soldaten wird wenigstens eine gesunde Kammer und wo diese nicht vorhanden, Antheil an der Familienwohnung gefordert. Aber auch für die nöthigste Bequemlichkeit hat der Quartiergeber zu sorgen, so namentlich wenigstens für Streue, Strohtuch, Kopfkissen und Decke. Bei einem Quartier ohne Verpflegung sind dem Soldaten wenigstens Salz, Feuermaterial und Kochgeschirr zu gewähren. Lediglich hierfür wird dem Quartiergeber eine Entschädigung oder Vergütung gewährt, die dann verhältnißmäßig größer ist, wenn der Soldat mit dem Quartier auch Verpflegung erhält, oder wenn der Einquartierte eine Charge bekleidet und daher größere Ansprüche (die jedoch gesetzlich bestimmt sind) machen darf. In einigen Staaten, so z. B. in Rußland sind die Hausbesitzer verpflichtet gewisse Lokale ihres Besitzthums stets in Bereitschaft zu halten und dürfen sie, wenn sie auch mit Einquartierung nicht besetzt sind, weder selbst gebrauchen noch vermiethen. Thun sie dies dennoch, so haben sie als Entschädigung die Summe zu erlegen, auf welche das Quartier abgeschätzt ist. Vornehme und reiche Hausbesitzer weisen die Einquartierung ab und zahlen alljährlich die Abschätzungssumme, doch kommt es ganz auf die Behörde an dies anzunehmen. Hieraus erhellt, daß in Rußland keine Quartiervergütung gewährt wird, und dieses System wird Quartierzwang genannt. Es ist nur in wenigen Staaten gesetzlich, kommt aber unter dringenden Verhältnissen überall vor, ebenso wie die sogenannte Quartiersteuer, die in einigen Staaten denjenigen Hausbesitzern auferlegt wird, die von Einquartierung verschont geblieben sind. In den human regierten Staaten gleicht begreiflicher Weise die Vergütung den unvermeidlichen Quartierzwang aus.

Quatre Bras, ein einzelnes Gut in Belgien, hier heftiger Zusammenstoß der Franzosen und Engländer während der Schlacht bei Ligny 1815.

Quebek, Hauptstadt von Canada, 45,000 Einw., stärkster englischer Militairplatz in Nordamerika, sehr stark befestigt und mit einer beherrschenden Zitadelle versehen, am Lorenzstrom, Sitz des Gouverneurs, hat große Kasernen für alle Waffen, Zeughaus mit großen Geschützlagern, Hafen, Werfte, Docks, Garnisonbibliothek. Von den Franzosen gegründet 1608. Seit 1629 Gegenstand des Kampfes zwischen den Engländern und Franzosen. 1763 an England abgetreten. 1775 von den Nordamerikanern belagert und heftig bestürmt, aber von den Engländern 1776 entsetzt.

Quesnoy, Le, französische Stadt im Nord-Departement von 4000 Bewohnern mit starken Festungswerken, nassen Gräben, Wall, Ravelins, acht Bastionen und Außenwerken. 1477 von den Franzosen, darauf von den Oestreichern, 1654 wieder von den Franzosen, 1712 wieder von den Oestreichern, desselben Jahres wieder von den Franzosen, 1713 von den Oestreichern, 1794 wieder von den Franzosen und 1815 von den Niederländern genommen.

Quiberon, eine Landzunge an der französischen Westküste. Hier 1795 Landung einer kleinen royalistischen Armee unter dem General Puisaye, nachdem die französische Flotte die Schlacht von Lorient verloren hatte. Hier aber auch kurz darauf furchtbare Niederlage dieser Armee durch die Republikaner unter dem General Hoche.

Quinctius, Titus Flaminius, 198 v. Chr. römischer Consul, schlug den König Philipp III. von Macedonien am Kynoskephalä 197, desgleichen den Tyrannen Nabis von Sparta, hielt in Rom einen glänzenden Triumph und stand an der Spitze der Gesandtschaft, die die Auslieferung Hannibals vom Könia von Bithynien fordern sollte.

Quirinus, Beiname des römischen Kriegsgottes Mars, bedeutet den Speerbegabten.

Quiroga, Antonio, geb. 1784, Spanier, trat, nachdem er studirt, zuerst zur Marine, dann in das Landheer, machte in diesem den Halbinselkrieg gegen die Franzosen mit und avancirte in demselben zum Oberstlieutenant, nöthigte als General 1820 den König die Constitution von 1812 anzunehmen, commandirte und vertheidigte 1823 Coruna eine Zeit lang gegen die Franzosen, mußte beim ungünstigen Ausgange des Kriegs Spanien flüchtend verlassen, wurde aber amnestirt, zum Generalcapitain von Granada ernannt und starb 1841.

R.

Raab, ungarische Stadt an der Raab und Donau, 16,500 Einwohner, Dampfschifffahrtsstation der Donau, einst starke, jedoch mehrmals wieder aufgehobene Festung, 1595 von den Türken, 1598 von den Kaiserlichen, 1849 wieder von den Oestreichern unter dem Kaiser Franz Joseph erobert. 1809 hier Sieg des Vicekönigs Eugen von Italien.

Raclawice (Reklawice), polnisches Dorf, hier Sieg der Polen unter Kosciuszko über die Russen 1794.

Raczynski, polnische adelige Familie, aus der Einige im ehemaligen Polen beim Heere hohe Würden erstiegen, so namentlich Kazimierz, der General von Großpolen war.

Radetzky, Josef Wenceslaw Graf von Radetz, geb. 2. November 1766, einer der größten Generale Oestreichs, geborener Böhme, trat 1784 in das Heer, machte unter Joseph II. den Krieg gegen die Türkei und 1792—1795 die Feldzüge gegen Frankreich mit, in denen er Rittmeister wurde. War Beaulieus Adjutant, wurde 1797 zum Geniewesen versetzt und bei Befestigung der Alpenpässe verwendet. 1799 war er Oberstlieutenant und Generaladjutant des Feldzeugmeisters Melas, zeichnete sich bei den meisten großen Ereignissen, namentlich bei Marengo und bei Hohenlinden, sogar in einem heldenhaften Zweikampfe aus. Mit dem Frieden wurde er Oberst, 1805 Generalmajor. In diesem Feldzuge focht er zuerst in Italien und half bei Caldiero siegen, wurde dann aber nach Deutschland zu Beobachtung des Marmont'schen Corps geschickt. 1809 avancirte er zum Feldmarschalllieutenant und Inhaber des 5.

Husarenregiments. Er commandirte zuerst die Avantgarde und nach der
Schlacht bei Wagram die Arrieregarde, wurde Chef des Generalquartiermeisterstabes und Mitglied des Hofkriegsrathes. Er erwarb sich bei Reorganisation
des östreichischen Heeres die größten Verdienste. 1813 wurde er auf den
Schlachtfeldern von Kulm und Leipzig und später auf dem von Brienne mit
Orden belohnt. Die Disposition zur Schlacht von Leipzig war von Radetzky
entworfen worden und ebenso war der Plan des Feldzugs von 1814 zum
großen Theil sein Werk, namentlich bewirkte er östreichscher Seits die Annahme
des Marsches auf Paris. Er erhielt nach den Kriegen verschiedene Commandos, darunter 1821 das von Olmütz von erheblicher Bedeutung war. Seine
höchste Stellung aber nahm er endlich 1831 als Commandeur der Militairmacht des lombardisch-venetianischen Königreichs, als welcher er 1836 auch
Feldmarschall wurde, ein. Da die 1848 in Mailand ausgebrochene Revolution
den König von Sardinien zur Unterstützung hatte, zog sich Radetzky nach
den ersten vergeblichen Versuchen, die Revolution zu unterdrücken, nach Verona
zurück, um hier erst seinen Feind kennen zu lernen und sein Heer zu sammeln
und zu verstärken, welches Letzte ihm durch den Hofkriegsrath in Wien sehr
erschwert wurde. Am 27. Mai begann er nun seine Operationen gegen das
sardinisch-italienische Heer, überwältigte es bei Curtatone, erlitt einige Nachtheile bei Goito, konnte aus strategischen Rücksichten Peschiera nicht retten,
nahm nun aber die südlichen Positionen von Sona, Sommacompagna und
Custozza und schlug nun am 25. Juli die Sardinier bei letzterem Orte entscheidend. Er folgte dem Feinde auf den Fersen, trieb ihn aus Mailand und
bewilligte endlich auf sardinischem Gebiete dem Könige Karl Albert den er-
betenen 9monatlichen Waffenstillstand. Nach Ablauf desselben griffen die
Sardinier, die Verlegenheit Oestreichs in Ungarn benutzend, wieder zu den
Waffen. Allein der dreiundachtzigjährige Radetzky hatte sich vollständig vorbereitet und schlug die Sardinier auf ihrem eigenen Gebiete binnen 3 Tagen
bei Vigevano, Mortara und Novara gänzlich, so daß der König Karl Albert
abdankte und Sardinien es für besondere Gunst ansehen mußte, bloß mit
Tragung der Kriegskosten wegzukommen. Diese zwei Feldzüge haben Radetzky
den vorzüglichsten Feldherrn der Neuzeit an die Seite gestellt. Er glänzte
durch seine militairische Bildung und die Organisation seiner Truppen gab von
ihr ein Zeugniß. Er trug fast alle Orden der civilisirten europäischen Staaten.
Er starb am 5. Januar 1858 zweiundneunzig Jahre alt, nachdem er noch ¾
Jahre vor seinem Tode einen Schenkelbruch erlitten, der nicht vollständig wieder
heilte, ihn aber doch nicht abhielt, selbst bis 3 Wochen vor seinem Tode die
Paraden zu besuchen. Er starb in den Armen seines einzigen Sohnes, des
östreichischen Generalmajors Theodor von Radetzky und seines Freundes Eläger
von Waldburg. Heer und Flotte trauerten um ihn 14 Tage. Seine Leiche
wurde unter großen Trauerfestlichkeiten in das Heldenmausoleum bei Wetzdorf
unfern Wien gebracht. In Wien führte der Kaiser den Leichenzug selbst.
Seit Blücher hatte kein europäischer General so sehr das Interesse der Mitwelt
gewonnen, wie er. „Er war ein weitschauender Staatsmann, ausgezeichnet
in der Civilverwaltung der italienischen Provinzen, groß als Feldherr, groß
als fühlender liebender Mensch. Die seltene Vereinigung dieser Eigenschaften
macht ihn zur hervorragendsten Persönlichkeit unserer Zeit."

Radowitz, Joseph von, geb. 1797, Preuße, wurde zur Zeit Napoleons I.
auf der Kriegsschule in Paris erzogen, diente dann bei der Artillerie des
Königs Hieronymus von Westphalen, machte in dieser die Schlacht bei Leipzig
mit, focht nach Aufhebung des Königreichs Westphalen unter hessischer Fahne
gegen Frankreich, wurde nach der Rückkehr aus Frankreich Lehrer am Cadetten-

Institute in Kassel, ging als Hauptmann 1823 in preußische Dienste, wo er beim Generalstabe beschäftigt und als ein ausgezeichneter Mathematiker und Artillerist 1830 zum Chef des Artilleriegeneralstabs ernannt wurde, nachdem er 2 Jahre zuvor bereits zum Major avancirt war. 1836 wurde er Militair-bevollmächtigter für Preußen beim Bundestage, 1839 Oberstlieutenant, 1840 Oberst, 1845 General. Der nächste Vertraute und Gesinnungsgenosse König Friedrich Wilhelms IV., wurde seine Thätigkeit jetzt eine fast ausschließlich staatsmännische. Er wurde Mitglied der deutschen Nationalversammlung und als solcher Führer der Rechten, war der Stifter des Dreikönigsbündnisses, Mitglied der provisorischen Bundesverwaltung und durfte überhaupt für den Leiter der preußischen Politik in den unruhigen Jahren 1848 bis 1850 angesehen werden, wie er denn bei wichtigen diplomatischen Erörterungen überall als Vertreter Preußens thätig war. 1850 wurde er Minister des Auswärtigen, blieb es aber nur kurze Zeit. Starb 1853. Er hat zahlreiche mathematische, reinmilitairische und staatswissenschaftliche Schriften herausgegeben. Unter den zweiten ist namentlich seine „Theorie des Ricochets" hervorzuheben.

Radschloß, Schloß an Feuergewehren, bei welchen die Friction auf Schwefel-kies die Funken erzeugt. Veraltet und längst außer Gebrauch.

Radziwill, Leo Fürst von, geb. 1808, diente in der polnischen National-armee bis 1830, blieb beim Ausbruch der Revolution unter der russischen Fahne und avancirte im russischen Dienst zum General, wurde aber fast nur in diplomatischen Geschäften verwendet.

Radziwill, Wilhelm Fürst von, geb. 1797, preußischer Generallieutenant, Sohn des Fürsten Anton Heinrich, der Statthalter von Posen und Gemahl einer preußischen Prinzessin war.

Radziwill, Michael Geron Fürst von, geb. 1778, Pole, kämpfte unter Kosciuszko 1794, trat als Oberst in die Armee des Herzogtums Warschau, machte den Feldzug nach Rußland 1812 mit, avancirte in diesem zum Brigade-general, trat nach Ausbruch der polnischen Revolution 1830 in das polnische Nationalheer, erhielt nach Chlopicki's Weigerung den Oberbefehl, den er aber nur unter der Bedingung annahm, daß Chlopicki als Rathgeber ihm zur Seite bleibe, war auf dem Schlachtfelde von Grochow thätig, wo aber Chlopicki tödtlich verwundet wurde. Dies bewog ihn sich vom Oberbefehl zurückzuziehen und die Ernennung Skrzynecki's mit Eifer zu betreiben. Starb in Dresden 1850 mit dem Ruhm eines, zwar nicht großen Kriegers, aber sehr edeln Menschen.

Ragusa, österreichische Stadt in Dalmatien von 6000 Einw., mit Hafen, alten Festungsmauern, dem unvollendeten Fort Imperial, den Hafenforts Lorenzo und Leveroni, Werften, nautischer Schule und Militairhospital. Der fran-zösische Marschall Marmont erhielt nach dieser Stadt den Herzogstitel.

Rahden, Wilhelm Baron von, geb. 1793, Preuße, für den Soldatenstand erzogen, trat er 1810 in die Armee, machte von 1812—1815 die Feldzüge gegen Frankreich und meist Hauptschlachten mit, ohne nach Gebühr mit Avance-ment belohnt zu werden, 1832 war er noch Capitain. Um sich nun eine bessere Bahn zu brechen, trat er in holländische Dienste, machte die Vertheidigung von Antwerpen mit, ging nach Ausbruch des spanischen Bürgerkriegs nach Spanien und focht unter Don Carlos Fahnen. Hier fand sein militairisches Talent An-erkennung und er avancirte beim Geniecorps rasch zum Obersten und 1839 zum General. Viele Wunden bezeugten seine Bravour. 1848 und 1849 machte er die Feldzüge in Schleswig und Baden mit. Ueber den carlistischen Krieg hat er eine Geschichte geliefert.

Rakete, besteht aus einer mit Treibsatz gefüllten langen Papp- oder Blech-hülse, welche oben fest geschlossen, unten offen und so eingerichtet ist, daß die entzündete Masse gewaltsam nach unten ausströmt und dadurch die R. in entgegengesetzter Richtung fortgetrieben wird. Damit ihr Flug ein gerader und gleichmäßiger sei, ist mit der Hülse ein Stab verbunden, der nach unten um die drei- bis vierfache Länge über die Hülse hinausragt, aber in dem nötbigen Gewichtsverhältniß zur gefüllten Hülse stehen muß. In senkrechter Stellung entzündet steigt die R. senkrecht empor und erreicht je nach ihrer Construction eine Höhe von 500 bis 1000 Fuß. Soll die R. zum Signalisiren dienen, so wird in ihren Kopf mit losem Pulver ein Schuß gelegt, der nach Verhältniß der Pulvermasse und der Festigkeit der umschließenden Hülse einen stärkeren oder schwächeren Knall giebt; dient die R., wie namentlich im Festungskriege, zur Erleuchtung des Terrains, so wird ihr im Kopfe ein Satz Leuchtfeuer gegeben. Damit sie sich aber so lange, als dieses brennt, auf ihrer höchsten Höhe erhalte, giebt man ihr eine Art Fallschirm, der sich erst bei ihrer rückgängigen Bewegung entfaltet. 3. werden die R. auch als Brandwerkzeuge gebraucht und erhalten als solche Treibsatz und Brandsatz, welcher letzte den Character hat durch angebrachte Oeffnungen nach allen Seiten auszusprühen oder flammend auszufließen. Derartige R. sind mit einer eisernen Spitze versehen, damit sie sich in dem Gegenstande, auf welchen sie fallen, besonders auf hölzernen Dächern, einbohren. Auch giebt man ihnen einen Sprengschuß nach Verhältniß ihrer Größe mit Flintenkugeln, Posten oder Bleistücken geladen. Dieser soll verhindern, daß man der R., wo sie gefallen, nahe und die Gefahr, die sie bereitet, beseitige. Endlich dienen die R. auch zu Zerstörungsgeschossen. Als solche tragen sie Voll-, Hohlkugeln- oder auch Kartätschenbüchsen, die erst am Orte ihres Falles explodiren und nach Verhältniß dieses Hauptgegenstandes des Geschosses furchtbar sind. Man hat die Raketen dieser Art in Proportionen hergestellt, die sie eine Zeit lang als eines der gewaltigsten Kriegswerkzeuge erscheinen ließen. Ihr Erfinder war Congreve (s. d.), ein Engländer. Wenn auch weniger gegen Wall und Mauern, so ist ihre Wirkung gegen die Cavalerie doch unleugbar sehr groß. Diese Raketen werden im flachen Bogen getrieben und die Richtung ihnen gegeben, indem sie in metallene Rinnen eingelegt werden, die sich beweglich auf einem dreifüßigen Gestell befinden. In England und Oestreich ist der Raketengebrauch auf einen hohen Grad der Vollkommenheit gebracht worden, in letzterem Staate namentlich durch den Generalartilleriedirector von Augustin (s. d.), und hier bestehen für die R. seit zwei Jahrzehnten eigne Corps.

Rakosy Georg II. Fürst von Siebenbürgen, Bundesgenosse Karls XII. von Schweden, wurde von seinen Unterthanen entthront und von diesen und den Türken bei Klausenburg 1660 geschlagen. Starb desselben Jahres.

Rakosy, Franz II., Fürst von Siebenbürgen und Dictator Ungarns, wurde als Kind zu Munkacs von den Oestreichern gefangen genommen und in östreichischen Anstalten erzogen, trat der ungarischen Erhebung im Anfange des vergangenen Jahrhunderts bei, stand 1703 an der Spitze der Nation, brachte einen Theil Mährens in seine Gewalt und erhielt 1707 durch Wahl auch Siebenbürgen. Zweimal wies er die polnische Königskrone zurück, dagegen erklärte er Ungarn frei und hoffte ohne Frage den Thron dieses Reichs zu besteigen, wenngleich er für denselben einen baierschen Prinzen in Vorschlag brachte. Allein durch die Parteispaltungen gewannen die östreichischen Waffen das Uebergewicht wieder, und R., der seinen Staatsbau am Widerspruch seiner eigenen Genossen zu Grunde gehen sah, verließ Ungarn, um 1735 in Bessarabien als Flüchtling zu sterben.

Raleigh, Sir Walter, geb. 1552, Engländer, focht gegen die katholische Partei in Frankreich und die Spanier in den Niederlanden, widmete sich aber

1579 der Marine. Doch focht er 1580 in Irland und erwarb sich durch seine
Bravour die Gunst der Königin Elisabeth. Nachdem er an dem Kampfe gegen
Spanien sich wiederholt betheiligt, machte er die Expedition gegen Cadix mit
(1596), eroberte 1597 allein die Insel Fayal, gerieth durch Partei-Intriguen
in lange Gefangenschaft, wurde als Generallieutenant 1617 an die Spitze einer
Entdeckungsexpedition gestellt und endete als ein Opfer der Parteifeinde und
der politischen Rücksicht gegen Spanien 1618 auf dem Schaffot zum großen
Vorwurfe des Königs.

Rassement, die Vereinigung zerstreut gewesener Mannschaften, z. B. der
Tirailleurs.

Rampe, schiefer, scharf ansteigender fahrbarer Weg, namentlich in Batterien
zum Aufführen der Geschütze. (S. Festung.)

Ramses, der Name von 14 ägyptischen Königen, unter denen sich Ramses II.
und Ramses III. im Alterthum als außerordentliche Helden und Eroberer auszeichneten. Die Jugendzeit Mosis fällt in die Regierungszeit Ramses II., und
dessen Tochter ließ ihn erziehen. (S. Aegypten.)

Ramsgate, englische Seestadt mit einem durch einen Molo hergestellten und
mit starken Batterien besetzten Hafen.

Rancheros, irreguläre Reiterei Mexicos. Im Frieden leben sie als Landleute und Viehhirten und bilden eine eigene Volksklasse.

Rangiren, ordnen, sagt man von Truppen, wenn sie nach ihren orga-
nischen Verhältnissen aufgestellt werden, so daß jeder Mann da seinen Platz
erhält, wo er seinem individuellen Verhältniß gemäß seine Thätigkeit im Ein-
klang mit der Truppengesammtheit zur vollkommensten Wirkung bringen kann.

Rangun, birmanische Seehafenstadt (s. Asien).

Rantzau, Johann von, geb. 1492, Generalissimus in Dänemark, führte die
Dänen in mehren Kriegen und commandirte mit Geschick bei dem Kampfe im
Innern des Landes, welchen Christian II. veranlaßte. Starb 1565.

Rantzau, Daniel von, geb. 1529, dänischer Generalissimus, führte schon
in den Kämpfen gegen die Dithmarsen eines der obersten Commandos, 1565
brachte er den Schweden eine große Niederlage auf Halland bei, schlug sie
wiederholt 1567 und 1568, belagerte 1569 Warburg und fiel hier.

Rantzau, Josias von, geb. 1609, nahm erst dänische Dienste, trat aber
während des dreißigjährigen Kriegs in französische, machte die französischen
Feldzüge dieser Zeit mit solcher Auszeichnung mit, daß er zum Marschall avancirte. Da er aber auf den Schlachtfeldern ein Bein und einen Arm verloren
und sonst noch körperliche Beschädigungen erlitten hatte, die ihm das Leben
im Felde beschwerlich machten, so wurde er zum Commandanten von Dünkirchen
ernannt. Er starb 1650.

Ranzion, das Lösegeld für Gefangene, welches früher genau, z. B. auf
30,000 Thlr. für einen commandirenden General, auf 4 Thlr. für einen Gemeinen bestimmt war. Ist jetzt ein veralteter Gebrauch, da jetzt nur Gefangene gegen Gefangene ausgewechselt, die Freigebung der unausgewechselten Gefangenen aber stets Friedensbedingung ist.

Rapp, Jean Graf von, 1772 geb., deutscher bürgerlicher Herkunft, nahm
1788 französische Dienste. Machte die Feldzüge der französischen Republik
am Rhein, in Italien und Aegypten mit, avancirte wegen seiner deutschen
Herkunft aber ungeachtet seiner großen Talente und Bravour nur so langsam,
daß er erst nach der Schlacht von Marengo Oberst wurde. Den Feldzug 1805
machte er als General mit, wurde auf dem Schlachtfelde von Austerlitz zum
Divisionsgeneral ernannt, machte die Feldzüge von 1806, 1807, 1809 mit,
wurde Gouverneur von Danzig, beim Feldzuge nach Rußland 1812 leistete er

vorzügliche Dienste, vertheidigte 1813 Danzig mit großer Energie, fiel aber
endlich 1814 in Gefangenschaft. Nach dem Frieden freigegeben, kehrte er nach
Frankreich zurück. Er erhielt auch 1815 ein Commando, wurde deshalb nach
Napoleons Fall flüchtig, wurde aber 1818 wieder in die französische Armeeliste
eingetragen, wurde sogar Pair und erhielt ein hohes Hofamt. Außer Würde
und Orden war ihm auch die Erhebung in den Grafenstand zu Theil geworden. Er starb 1821.

Rapport, soviel wie Meldung, Bericht, Mittheilung, gleichviel ob mündlich
oder schriftlich, im Garnison-, Wacht- oder Felddienste, in der Verwaltung
oder bei der operativen Action. Der R. ist die Berichterstattung des Augenzeugen an den Vorgesetzten, der nicht Augenzeuge in allen Thätigkeitskreisen
sein kann, die seiner Verwaltung oder Beaufsichtigung anvertraut sind. Der
R., den dieser höher Angestellte an seinen Vorgesetzten erstattet, ist eine Zusam-
menfassung der verschiedenen erhaltenen Rapporte und daher ein complicirter
Rapport, als welcher er jedoch stets eine summarische und einheitliche Fassung
haben muß. Ueber die Form der Rapporte herrschen bestimmte Vorschriften.
Als Hauptgrundsatz gilt die größte Einfachheit und die strengste Beschränkung
auf die Thatsachen mit möglichst geringem Wortaufwande.

Rastatt, deutsche Bundesfestung und Hauptstadt des badenschen Mittelrhein-
kreises von 6500 Einw., liegt an der Murg, hat Eisenbahnverbindung, 6500
Einw. und eine Garnison von 6000 Mann aller Waffen. Die Festung wurde
1840 angelegt, bis 1848 im modernen Style vollendet und gilt zu Folge der
Stärke ihrer Umfassungs- und Außenwerke und der sehr soliden Ausführung
ihrer fortificatorischen und inneren Kriegsbauten für eine der mächtigeren deutschen Festungen. Sie hat ein bedeutendes Waffendepot, große Magazine und
einige Werkstätten. Als ein schönes Bauwerk ist in der Stadt besonders das
großherzogliche Schloß zu bemerken. Im spanischen Erbfolgekriege war hier
1713 ein Friedenscongreß, der den Frieden auch zur Folge hatte. Ein eben-
solcher fand hier nach den Präliminarien von Campo Formio 1797 statt, der
besonders 1799 durch die Ermordung der französischen Gesandten, die diese
durch ihren Uebermuth gewissermaßen verschuldet hatten, denkwürdig. 1849
ging Rastatt durch die Meuterei der Besatzung in die Hände der republikanischen Partei Badens über, aus denen es jedoch die executirende preußische Armee
desselben Jahres wieder riß, was darum nicht ohne Schwierigkeit war, weil
die Festung selbst nach Möglichkeit geschont werden mußte.

Rasumowski, Alexei Grigoriewicz Graf von, Sohn eines russischen Bauers,
geb. 1709, wurde erst Sänger, als solcher der Liebhaber der Großfürstin Elisabeth und heimlich sogar deren Gemahl. Als seine Gemahlin den Thron
bestiegen hatte, wurde er zum Grafen erhoben und erhielt die Würde eines
Generalfeldmarschalls. Starb 1771.

Rasumowski, Cyrill Grigoriewicz, des Vorigen Bruder, geb. 1728, wurde
von seiner Schwägerin, der Kaiserin, um seines Bruders willen ebenfalls zum
Grafen erhoben und zum Feldmarschall des Reichs und Hetmann der Kosaken
ernannt, verlor die Activität in dieser Würde aber mit der Thronbesteigung
Katharinas II. Starb 1803.

Ravelin, ein zwischen zwei Bastionen, vor dem Hauptgraben zur Deckung
der Flanken und der Courtine aus 2 Facen oder 2 Facen und 2 Flanken
bestehendes Festungswerk. Gegen das Ricochetfeuer wird das R. mit einem
Bonnet versehen, zur Verstärkung ihm auch ein Reduit gegeben. Die Facen
der Bastionen und die Spitze des Ravelin fällt in gleiche Linien, daher mit
zwei R. nicht nur ein Kreuzfeuer vor einer Bastion, sondern auch ein zwei-
theiliges Defilement erzielt wird. (S. Festung, Fortification ꝛc.)

Ravenna, päpstliche Stadt in der Romagna mit 16,000 Einwohnern und schlechtem Hafen. Hier Sieg der Franzosen über die Spanier und Päpstlichen 1512 und dabei Tod des französischen Feldherrn Gaston de Foix.

Rayon, eigentlich Halbmesser, dann Vertheidigungsbezirk einer Festung. Man spricht von einem ersten oder inneren Rayon und dehnt diesen bis zur äußern Gebietsgrenze der Außenwerke, einen zweiten oder äußeren bis zur äußeren Gebietsgrenze der detachirten Werke aus. Innerhalb dieses doppelten Rayons darf sich nichts befinden, was der Operation des Feindes Vorschub leistet oder das Vertheidigungssystem stört.

Razzia, nach maurischem Begriff ein Kriegszug zum Zwecke der Beraubung oder Beschädigung des Feindes an seinem Eigenthume. In Algier wird die Razzia als executive Gewaltmaßregel gegen widerspenstige Stämme angewendet. Das Wort ist zuerst in die französische und sodann in die anderen europäischen Sprachen übergegangen. Die R. wird stets mit leichten und wenigen Truppen ausgeführt und man rechnet bei ihr vorzüglich auf den Erfolg der List und Ueberraschung.

Ré, französische Insel im atlantischen Meere, nahe der Küste vor Larochelle, auf den Hauptküstenpuncten sehr stark befestigt, hat 4 bedeutende Forts und 2 Häfen, umfaßt 3 ☐ M.

Rechtsum, Commando zu einer Elementarbewegung der Taktik, welche in einer Viertelkreiswendung des Mannes zur Rechten besteht und entweder durch Drehen auf dem linken Absatze und gleichzeitigem Beitreten mit dem rechten Fuße oder in Drehen auf dem rechten Absatze und (im 2. Tempo) Beisetzen des linken Fußes ausgeführt wird.

Rechtsum kehrt, Commando und Act in der Elementartaktik, bestehend in einer Halbkreiswendung zur Rechten, so daß der Mann die Stellung nach der gerade entgegengesetzten Seite erhält. Ausgeführt wird diese Bewegung durch Drehen auf dem linken Absatze und gleichzeitiges Beitreten mit dem rechten Fuße, ist aber bei den meisten Armeen nicht gebräuchlich, indem ausschließlich Linksumkehrt für diese Bewegung angewendet wird.

Recognoscirung ist eine nicht unwichtige Operation im Felde, die in der Regel von höheren commandirenden Offizieren und beigezogenen Ingenieuren ausgeführt wird und die Erforschung der Terrainverhältnisse oder der Stellung und Anstalten des Feindes zum Zwecke hat. Wo ein Angriff von Seite des Feindes nicht denkbar ist, wird die R. stets ohne militairischen Schutz ausgeführt, und man vermeidet diesen gern, um die Aufmerksamkeit des Feindes nicht zu erregen. Daher werden bei Recognoscirungen soweit als möglich verdeckte Wege eingeschlagen und eben solche Stellungen gewählt. Man pflegt bei der R. einen Abriß der Gegend, die das Interesse vorzugsweise in Anspruch nimmt, aufzunehmen und die wichtigsten Objecte mit möglichster Genauigkeit zu markiren. Muß die R. auf einem vom Feinde gefährdeten Gebiete ausgeführt werden, so ist eine militairische Bedeckung nothwendig, mit welcher man einem Ueberfalle begegnen kann. Wie stark diese Bedeckung sein müsse, hängt ganz von den obwaltenden Verhältnissen feindlicher Seits, auch sehr von den Terrainverhältnissen und davon ab, wie weit sich die Recognoscirung über das Gebiet hinaus erstrecken soll, welches die eigne Armee beherrscht. Oft ist es nothwendig eine Recognoscirung gewaltsam auszuführen. Hat z. B. eine Belagerungsarmee ihre Postenlinien und Observationstruppen sehr weit hinausgeschoben, und beabsichtigt man zur Unterstützung eines Ausfall dieselbe entscheidend im Rücken anzugreifen, so müssen vor Allem die Terrainverhältnisse, d. h. die Zugänglichkeit des Lagers und die Machtverhältnisse erkundet werden, denn nur mit Kenntniß dieser kann der Plan zum Gefecht mit einiger Sicherheit entworfen werden. Zur R. der Verhältnisse ist also ein wirklicher Angriff erforderlich. Man verwendet dazu natürlich keine größere Macht, als zum Zurückwerfen der vorgeschobenen Detachements des Feindes erforderlich ist, rechnet auch wohl dabei die Ueberraschung des Feindes an, muß aber durchaus darauf vorbereitet sein, mit ansehnlichen Theilen des feindlichen Gros, die natürlich ihren Detachements zu Hilfe geschickt werden, in den Kampf verwickelt zu werden. Daher ist es sehr nothwendig, den Observationstruppen eine starke Reserve zu geben. Tüchtige Ingenieurs, welche mit schnellem Blick die wichtigen Objecte zu erkennen im Stande sind, müssen das Observationscorps begleiten. Verwandt mit dieser R. ist die einer Armee, welche die Schlacht beabsichtigt oder zur Schlacht bewogen werden soll. Es kommt hier darauf an, die Vertheilung der Waffen, resp. Machtmittel, sowie überhaupt die Stellung des Feindes kennen zu lernen. Man muß ihn also mit einer angemessenen Truppenmasse angreifen, damit er seine Mittel zum Vorschein bringe, und es ist nöthig, den Feind in den Wahn zu versetzen, daß er mit der Gesammtmacht angegriffen werde, damit er dann keines seiner Mittel zurückhalte. Derartige Recognoscirungen, die in die Kategorie der Scheinoperationen zu setzen sind, dürfen jedoch mit zu schwachen Mitteln nicht ausgeführt werden, weil der Kampf sehr leicht ein ernstlicher wird. Infanterie darf dabei niemals ohne Cavaleriedeckung gebraucht werden, Cavalerie aber eben so wenig allein, weil sich dadurch sogleich die wahre Absicht des Angriffs kundthut. Eine andere Art der Recognoscirung ist endlich die sogenannte statistische, bei welcher das Land nach seinen Mitteln erforscht werden soll. Dies geschieht durch Patrouillen und Spione. Man läßt zunächst Detachements auf verschiedenen Straßen bis zu gewisser Entfernung vorgehen und diese erst bilden die Patrouillen und senden die Spione ab. Letztere bedienen sich stets der Verkleidung, um unerkannt zu bleiben und offenere Mittheilungen zu erlangen. Patrouillen und Spione ziehen sich nach geschehenem Geschäft auf das ihnen zustehende Detachement zurück, wo bestimmte Offiziere die Rapporte sofort schriftlich aufzunehmen haben.

Redif, türkische Landwehr (nach der preußischen eingerichtet), s. osmanisches Reich.

Reding, Don Theodore de, Schweizer, geb. 1778, nahm in Spanien Kriegsdienste, avancirte schnell zum General, und focht 1808 und 1809 als Generallieutenant mit großer Bravour gegen die Franzosen. Namentlich zeichnete er sich bei Baylen, Cardedon, Llinas und Valls aus. Starb an seinen Wunden 1809. Er war namentlich durch seinen Oheim Nazario de Reding, der Gouverneur von Palma war, protegirt, überglänzte diesen aber bald bei weitem.

Redoute, geschlossenes Schanzwerk mit ausgehenden Winkeln, gewöhnlich von einfachster Construction, dessen Haupttheile der Graben und Wall sind. In der Regel nur für wenige Geschütze eingerichtet und vierseitig. Gehört zu den kleinsten Arten der Schanze und wird meist als detachirtes Werk gebraucht, daher desto mehr es mit einem Reduit versehen sein soll. Sie kommen, obschon ihnen die eigene Seitenvertheidigung fehlt, häufig isolirt, beim Festungssystem aber stets in Verbindung mit andern Werken vor, durch welche sie flankirt werden. Es ist eine der einfachsten Fortificationen und man wendet sie daher sehr häufig im Felde oder bei Plätzen an, die in großer Eile in Vertheidigungsstand gesetzt werden müssen. Bei solchen stellt man sogar ganze Linien von Redouten her. (S. Festung, Fortification u. a. A.)

Reduction, Zurückführung, sagt man von einer Armee, wenn sie auf einen geringeren Umfang beschränkt, z. B. vom Kriegsfuß auf den Friedensfuß gesetzt wird.

Reduit heißt soviel als Rückzugs- oder Zufluchtsort und bezeichnet denjenigen Theil eines Festungswerkes, der lediglich den Zweck hat, der Besatzung dieses Festungswerks den Rückzug zu sichern. Das Reduit liegt daher im Rücken des Werkes, zu dem es gehört, wird durch dieses gedeckt und beherrscht das Innere desselben dergestalt, daß der etwa eingedrungene Feind sich in demselben nur dann würde behaupten können, wenn er im Stande ist, sich Deckung gegen das Reduit zu verschaffen, was in der Regel durch eine Erdbrustwehr geschieht. Das Reduit liegt oft auch in dem Werke selbst, wenn dieses von bedeutender Größe ist, jedoch stets im hinteren Theile. Es ist ein batterieartiges Erdwerk, oder, wie namentlich im Graben oder überhaupt bei den inneren Werken, ein starkes Mauerwerk. In der Regel ist es für Geschütz und Infanterie, nicht selten für Geschütz oder Infanterie allein eingerichtet. Es darf, wenn das Hauptwerk angegriffen wird, durchaus nicht unbesetzt sein, doch hat es entweder eine volle oder eine bloße Wachtbesatzung. Im ersteren Falle würde die Mannschaft des Hauptwerkes, wenn sie den Kampf nicht mehr bestehen kann, sich hinter das Reduit zurückziehen, um sich da von Neuem festsetzen und von da aus den Kampf gegen seinen nunmehr vielleicht in das Werk eingedrungenen Feind in Verbindung mit der Reduitbesatzung von Neuem zu beginnen. Im andern Falle aber besetzt die Mannschaft des Werkes das Reduit selbst und setzt von ihm aus den Kampf fort, dessen Zweck ist, den Feind an der Besetzung des Werkes zu hindern oder ihn wieder hinaus zu werfen. Zur Sicherung des Rückzugs haben namentlich detachirte Werke oft mehr als ein Reduit, und diese sind in der Regel von solcher Größe, daß sie die Ersatzmannschaften für die Besatzung des Werkes mit aufnehmen können. Gegenwärtig werden fast allen größeren Festungswerken, namentlich aber den Bastionen, Ravelins, gedeckten Wegen, und den detachirten Schanzwerken Reduits gegeben; früher nur den gedeckten Wegen und den Ravelins. Palissaden kommen jetzt seltener in Anwendung als früher, meist werden sie jetzt gemauert. Hauptgrundsatz ist, daß sie eine Lage haben, in welcher sie nur dann erst vom Feinde beschossen werden können, wenn er das Hauptwerk bereits erobert hat. (S. Festung, Fortification, Belagerung u. a. A.)

Reefe, durch Leinenzüge bezeichnete Abtheilungen der Schiffssegel, deren die größeren in der Regel 4 ihrer Höhe nach übereinander haben.

Reef ausstechen, heißt das Segel durch Abrollung und Nachlassen des Leinenwerks entfalten, was je nach der Stärke des Windes bis zum 2., 3. oder letzten Reef geschieht.

Reef einstechen, reefen, heißt das Aufziehen des Segels bis zu einem gewissen Reef.

Rees, rheinpreußische Stadt von 4000 Einw., hier 1758 Niederlage der Franzosen.

Regensburg, alte deutsche Stadt, gegenwärtig Hauptstadt der Oberpfalz im Königreich Baiern, unmittelbar an der Donau, mit 25,000 Einw., hat noch seine mittelalterlichen Befestigungen, die festen Thore, Mauern und tiefen Wallgräben. Sitz der Donaudampfschifffahrtsdirection, Donaufreihafen, Museum römischer Alterthümer, Garnison, lange Zeit Sitz des deutschen Reichstags, der im Rathhause tagte, Denkmal des letzten deutschen Reichskanzlers Fürsten von Dalberg. Merkwürdig als eine der ältesten von den Römern angelegten Städte Deutschlands; noch mehr durch einige kriegerische Ereignisse, z. B. den wegen des Donauaufbruchs nicht zum Erfolg gelangten Ueberfall des Reichstags durch Baner im dreißigjährigen Kriege, das fast ganz gleiche Ereigniß durch den Herzog Moritz, der hier Kaiser Karl V. zu überfallen gedachte, vorzüglich aber die Schlacht vom April 1809, in welcher die Oestreicher fünf Tage gegen die Franzosen kämpften und die Stadt durch Geschütze und Brand ungeheuern Schaden erlitt.

Regent ist die Bezeichnung eines jeden Monarchen, ins Besondere aber einer Person, die vertretungsweise, z. B. als Vormund, die monarchischen Gewalten ausübt.

Reggio, ein erloschenes Fürstenthum Italiens, dessen Gebiet von Modena aufgenommen worden ist. (S. Italien).

Regierung, ist die höchste Staatsgewalt, die der Verfassung gemäß entweder legislativ und executiv, oder bloß executiv ist, indem nämlich die Gesetzgebung vom Volke ausgeht. Indessen kann die Regierung beide Gewalten in sich vereinigen und doch beschränkt sein, wie es z. B. in den constitutionellen modernen Staaten der Fall ist.

Regillus, See unfern Rom, an seinem Gestade Schlacht und Sieg der Römer über die Latiner 496 v. Chr.

Regiment, die größte aus nur einer Waffe bestehende, zu selbstständigen Operationen befähigte, jedoch nur auf taktische Wirksamkeit angewiesene Truppencorporation; das größte in seiner Form, Action, wie in seiner Verwaltung einheitlich organisirte und darum streng abgeschiedene Glied in jeder Armee und jeder Waffe. Das Regiment ist bei der Infanterie nach Bataillonen, bei der Cavalerie entweder nach Divisionen oder Schwadronen und bei der Artillerie nach Compagnien oder Batterien gegliedert. Bei der Infanterie machen 2, 3 auch 4 Bataillone ein Regiment aus und die Stärke desselben liegt je nach der bestehenden Organisation zwischen 2 und 4 Tausend Mann. Die Bataillonzahl ist nach der Gattung der Infanterie in der Regel verschieden. So bestehen die Jägerregimenter bei den meisten Heeren aus nur 2 Bataillonen, während die Linieninfanterieregimenter aus 3 oder 4 Bataillonen bestehen. Das Geniewesen concentrirt sich gewöhnlich in selbstständigen Bataillonen, deren Stärke von den andern Infanteriebataillonen abweicht; und wo die Genietruppen in Regimenter zusammengefaßt werden, sind diese meist viel schwächer als die Linienregimenter. An der Spitze des Regiments steht ein Oberst, mit dessen Functionen die des Majors beim Bataillon und des Hauptmanns bei der Compagnie völlig übereinstimmen. Wegen der Ausdehnung des Regiments in Linienstellung oder der Tiefe einer Regimentscolonne, die die Vernehmbarkeit einer menschlichen Stimme in allen Theilen desselben unmöglich macht, wird das Commando durch Signal gegeben oder durch die Adjutanten an die Bataillonscommandeurs befördert. Als Stellvertreter des Obersten fungirt ein Oberstlieutenant. Als besondere Ehrenerweisung gilt die Ernennung zum Titularbefehlshaber, Ehrenchef oder Inhaber eines Regiments. Gewöhnlich wird eine solche nur fürstlichen Personen und hohen Generals zu Theil. Ist der Inhaber eines Regiments bei einer Parade anwesend, so pflegt er in einigen Staaten an die Stelle des eigentlichen Commandeurs zu treten, während jedoch dieser neben ihm die Befehle ertheilt; in andern Staaten dagegen nimmt er an der Seite derjenigen hohen Person Platz, vor welcher die Parade abgehalten und defilirt wird. (S. Armee, Heer).

Reglement, heißt die schriftliche bestimmte Aufzeichnung des Systems, nach welchem die verschiedenen Functionen des Militairs auszuführen sind. Es giebt Reglements für die Taktik, sogenannte Exercierreglements; für den Felddienst, welche lehren, wie Führer und Folgender sich bei den verschiedenen Dienstleistungen zu verhalten haben; Verpflegungsreglements, welche das Verhalten der Proviantverwaltung, des Quartiergebers und des Soldaten vorschreiben; Wachtdienstreglements, welche das Verfahren des Commandirenden so wie das Verhalten der Gesammtwachtmannschaft und der Posten vorschreiben.

Es giebt für alle vorhandene militairische Wirkungskreise Reglements, so namentlich auch für den Gebrauch der verschiedenen Waffen. Sie dienen dazu die practische Ausbildung des Soldaten durch theoretische Nachhilfe zu beschleunigen und in allen Thätigkeitsarten des Heeres eine vollkommene Gleichmäßigkeit herzustellen.

Regulus, Markus Atilius, römischer Consul im J. 267 v. Chr., schlug die Salentiner, 256 mit Lucius Manlius Vulso die Karthager in einer furchtbaren Seeschlacht bei Ecnomus, dann in Africa außer an mehren andern Plätzen bei Karthago, wurde aber 255 von den vereinten Karthagern und Spartanern furchtbar geschlagen und gefangen, darauf zu Vermittelung des Friedens nach Rom geschickt und nach seiner Rückkehr furchtbar hingerichtet, da er in Rom selbst vom Frieden abgerathen hatte.

Reichenbach, preußische Stadt in Schlesien von 6000 Einw. Hier 1762 die Oestreicher von den Preußen geschlagen (s. siebenjähriger Krieg), 1790 östreichisch-preußische und 1813 preußisch-englische, englisch-russische und russisch-preußisch-östreichische Convention, die Seitens der Alliirten die Grundlage der Feldzüge von 1813 und 1814 und theilweise auch der Wiener Conferenzverhandlungen war.

Reichenbach, preußische Stadt in Schlesien von 1500 Einw. Hier im Mai 1813 die Alliirten von den Franzosen geschlagen.

Reichenberg, böhmische Stadt von 15,000 Einw., hier im siebenjährigen Kriege 1757 ein östreichsches Lager von 20,000 Mann durch die Preußen erstürmt.

Reichsapfel, Attribut der Herrschaft, eigentlich der Weltherrschaft.

Reichsarmee, diejenige Armee, welche die deutschen Reichsstände nach der Wormser Matrikel von 1521 durch ihre Contingente für den Fall eines Reichskriegs dem Kaiser zur Verfügung stellen mußten. Betrug zuerst 4000 Mann Cavalerie und 20,000 Mann Infanterie, wurde später aber sehr vergrößert und hat nach Aufhebung des römisch-deutschen Kaiserreichs in der deutschen Bundesarmee (f. d.), welche freilich eine ganz andere Größe und Formation hat, ihr Fortbestehen gefunden.

Reiterei, s. Cavalerie.

Reitkunst ist einer der beiden Haupttheile der Kunst des Cavaleristen. Der Cavalerist hat es zunächst mit dem Pferde und dann mit den Waffen zu thun. Seine erste Kunst besteht nun darin, sich mit dem Pferde und das Pferd mit sich so zu identifiziren, daß beide gewissermaßen ein Wesen ausmachen und unwillkürlich demjenigen Gebote folgen, welches der Character des Kriegers, resp. die Anwendung der Waffen dem Reiter auferlegt. Denn nur, wenn die Fertigkeit des Reiters und die strengste Folgsamkeit des Pferdes sich vereinen, ist der Cavalerist im Stande, seine physische Kraft vollkommen in die Waffen zu legen; und dies ist nicht möglich, wenn er wegen Reitunfertigkeit oder Eigenwilligkeit eines schlecht dressirten Pferdes seine Aufmerksamkeit theilen muß. Die Reitkunst theilt sich zunächst in die Schule des Pferdes und die Schule des Mannes. Der Zweck der Ersteren ist, daß das Pferd willig den Mann trage und in allem seinem Willen folge (s. Dressur). Die Schule des Mannes dagegen umfaßt a) die Kenntniß von der Natur des Pferdes und den Grenzen der Anforderungen, welche an das Pferd zu stellen sind, 2) die Kenntniß der zum Reiten nöthigen Hülfsmittel und zwar des Zügel- und Sattelzeugs seinen Eigenschaften und seiner Anwendung nach, 3) die Kenntniß von dem Verhalten des Reiters vor dem Besteigen, und 4) die Kenntniß von den Gesetzen der Haltung des Reiters im Sattel. Die Wissenschaft wird nur durch die praktische Anwendung zur Kunst und es kommt ganz besonders auf den letzten Theil, den sicheren Sitz zu Pferde viel an, daher auch der Ritt selbst vorzugsweise geübt wird. Es geschieht dies zuerst auf dem nackten Pferde und hat den Zweck, den Reiter von der Naturmäßigkeit der Schenkellage zu überzeugen, ihn wahrnehmen zu lassen, daß Schluß und Balance sich die Hand bieten müssen und falsche Mittel, wie z. B. das Einklemmen der Waden, nur zur Unsicherheit des Sitzes beitragen. Hat der Reiter in diesem vortheillosesten Ritte solche Fertigkeit erlangt, daß er mit dem festen Sitze auch eine gute und sichere Körperhaltung vereint, so läßt man ihn auf der Decke, dann auf dem Sattel ohne Bügel, zuletzt im Sattel mit Bügeln reiten, und erst wenn er in allen Theilen der unteren Reitkunst fertig ist, wird der Cavalerist in der Anwendung seiner Waffen zu Pferde geübt, nachdem er die gleichen Uebungen zu Fuß durchgemacht hat. Hier kommt es nun darauf an, daß der Cavalerist beide Künste, die Waffen- und die Reitkunst so innig mit einander in Verbindung bringe, daß er beide gleichmäßig mit seiner Aufmerksamkeit zu beherrschen im Stande sei und namentlich soll ihm alles was die Reitkunst fordert, zur instinctivischen Nothwendigkeit werden, so daß seine geistige Thätigkeit sich ohne Störung den Waffen widmen kann. Nun beginnen auch die Uebungen in der höheren Reitkunst, so weit sie dem Soldaten von Wichtigkeit sind, namentlich im Voltigiren. Schon im Alterthume war die Reitkunst auf einen hohen Grad der Cultur gebracht worden, mehr jedoch im Circus als auf dem Schlachtfelde. Die Parther zeichneten sich als kriegerische Reiter aus, später eben so die Hunnen und Ungarn. In der Gegenwart sind als solche die Araber, Czerkessen und Perser berühmt, letztere jedoch machen die Kunst zur Künstelei, suchen eine Force darin aufrecht im Sattel zu stehen, im vollen Laufe des Pferdes mit rücklings herabhängendem Körper einen bestimmten kleinen Gegenstand von der Erde aufzuheben und Aehnlichem.

Rekrut heißt jeder, der zum Kriegsdienst, sei es durch Werbung, Conscription &c., herangezogen worden ist bis nach seiner Ausexercirung, Eintheilung und ersten Parade. (S. Soldat.)

Religionsfriede, 1532 zwischen Kaiser Karl V. und den im schmalkaldischen Bunde vereinten protestantischen Reichsständen abgeschlossen, befreite den Kaiser aus der Gefahr eines Angriffs. Er wurde 6 Mal erneuert, dennoch durch den schmalkaldischen Krieg gebrochen, aber durch den passauer Vertrag und im folgenden Jahre durch den Augsburger Religionsfrieden in viel umfänglicher Fassung wiederhergestellt. Die größte Ausdehnung erhielt der Religionsfriede aber erst im westphälischen Frieden 1648, wo auch die Reformirten mit eingeschlossen wurden.

Remonte heißen die Ersatzpferde für die Cavalerie und Artillerie. Das Bedürfniß der Remonte beläuft sich im Frieden auf $\frac{1}{8} - \frac{1}{12}$, im Kriege auf ein unbestimmtes viel größeres Verhältniß. Die Remontepferde müssen am Depotplatz sofort zugeritten werden, und es bleibt für dieses Geschäft die erforderliche Mannschaft zurück. Ein ungeschultes oder gar ganz rohes Pferd, darf nie zur Armee abgegeben werden. Die Remonte wird aus den Gestüten, den bäuerlichen Wirthschaften und durch Ankauf aus dem Auslande gezogen. In den letzten deutschen Kriegen lieferte Polen den größten Theil der Remonte. Dieselbe wird zuerst für die verschiedenen Militairgattungen abgetheilt, in die Depots derselben abgeführt und hier geritten und rangirt.

Rencontre ist das Gefecht zweier zufällig zusammentreffender Truppen, auch wohl der beabsichtigte Zusammenstoß mit einer darauf nicht vorbereiteten feindlichen Mannschaft. Es handelt sich beim R. besonders um die schnelle Ergreifung der Terrainvortheile und die Benutzung der Ueberraschung des Feindes dadurch, daß man ihn durch schnellen Angriff nicht zur Formirung kommen läßt. Im Uebrigen aber stimmt das Gefecht des Rencontres vollkommen mit jedem anderen Gefechte überein (s. Gefecht).

Rendez-vous, Sammelplatz.

Rendsburg, holsteinische Stadt an der Eider von 11,000 Einw., welche im Jahre 1849 so stark befestigt war, daß sie wenigstens zu den deutschen Festungen 2. Rangs gerechnet werden durfte. Ihre Stärke lag eben so sehr in den tüchtigen Werken, die nicht bloß aus den regelmäßigen Umfassungs-werken, sondern auch aus zahlreichen detachirten Werken bestanden, als in der sehr vortheilhaften Lage an der Eider, die die Festung mit der Nord- und mittel-bar mit der Ostsee in Verbindung setzt. Sie beherrscht die cimbrische Halb-insel und gewährt einer nach Norden operirenden Armee vermöge ihrer Lage eine vortreffliche Basis. Haupttheil der Festung ist das Kronwerk mit den Magazinen, Kasernen, Werkstätten, Arsenal und Artilleriedepots. Der zweite Haupttheil ist das Neuwerk, der dritte die auf einer Eiderinsel liegende Altstadt. Sie war bis 1848 der Hauptwaffenplatz der Schleswig-Holsteiner, die sie in demselben Jahre einnahmen. 1851 wurde es zum Theil von deutschen Reichs-truppen (Preußen und Oestreichern) besetzt. Nach dem Zurückzug der deutschen Truppen demolirten die Dänen diejenigen Werke, die einem nach Norden operirenden Feinde von erheblichem Vortheil werden konnten und suchten R. dem schleswigschen Gebiete einzuverleiben. Gegenwärtig ist R. von Dänen besetzt und erhält in Aussicht des bevorstehenden Kriegs neue Befestigungen.

Rennes, französische Stadt im Departement Ille-Vilaine, an der Ille und Vilaine, mit 40,000 Einw., Artillerie- und Feuerwerkerschule.

Repli, nennt man jede Unterstützungsmannschaft, die hinter einer operirenden Mannschaft zurückbleibt, um ihren Rückzug zu sichern, z. B. die Feldwachen und Piquets (s. Felddienst). Sie lagern sich gedeckt und stellen für sich ins Besondere wieder Posten aus.

Repnin, Nikolai Wasiljewicz Fürst von, geb. 1734, Russe, avancirte, ob-schon meist in diplomatischen Geschäften verwendet, rasch zum General, führte im Kriege gegen die Türken 1770 ein Hauptcommando, machte sich durch mehre große Siege und Erstürmungen berühmt, hatte in den Kriegen, die Oestreich und Rußland 1788 gegen die Türkei unternahmen, das Obercommando russi-scher Seits, und erkämpfte bis 1791 wiederum große Siege, drängte durch seine Anmaßung als Gesandter in Polen, die Polen zu der unglücklichen Revo-lution, der die letzte Theilung folgte, und starb als Generalgouverneur der russischen Ostseeprovinzen 1801.

Repnin-Wolkonski, Nikolai Fürst von, Russe, Enkel des Vorigen, hatte, durch seinen Oheim protegirt, ein sehr schnelles Avancement, machte als Oberst den Feldzug von 1805 gegen Frankreich mit, kehrte nach zweijähriger Gefangen-schaft nach Rußland zurück, machte die Feldzüge von 1812 und 1813 als Ca-valeriegeneral mit, wurde nach der Schlacht bei Leipzig Generalgouverneur von Sachsen, kehrte nach dem Frieden nach Rußland zurück und starb 1845.

Repressalie heißt im Kriege eine Zwangsmaßregel, die auf dem Grund-satze beruht, Gleiches mit Gleichem zu vergelten, aber den Zweck hat, den Feind, der zu dieser Maßregel veranlaßt, von derjenigen Handlung oder Handlungs-weise zurückzubringen, die die R. hervorruft. Carlistische Generale suchten sich in Spanien dadurch furchtbar zu machen, daß sie ihre Gefangenen erschießen ließen. Um dies für die Folge abzuwenden, ließen christinische Generale jedes Mal eine gleiche Anzahl ihrer Gefangenen erschießen; das war eine Repressalie. Mißachtung des Privateigenthums und muthwillige Verheerung in Feindes Lande, haben im Repressivwege eine eben solche Verheerung im eigenen zur

Folge. Derartige Repressalien waren im Mittelalter gebräuchlich. Gegenwärtig verdammt sie die öffentliche Meinung und das sittliche Gefühl dürfte sie bei allen civilisirten Völkern verhindern; oder wenigstens würde man der unsittlichen und völkerrechtswidrigen Handlungsweise des Feindes eine R. von nicht gleichem Character folgen lassen. Eine solche gegen eine Verheerung ausgeführte R. würde z. B. die bloße Beschlagnahme feindlichen Eigenthums sein, durch welche man den Gegner zum Schadenersatz zwingt. Erlangt freilich der Gegner den Sieg und die Gewalt dem Feinde vorzuschreiben, so wird das Loos, Unbill ohne Genugthuung erlitten zu haben, kaum abzuwenden sein, wenn nicht, wie in Europa die Großmächte, neutrale Staaten in schiedsrichterlicher Weise das Friedensgeschäft vermitteln.

Republik, Verfassung in welcher die Gesetzgebung allein vom Volke ausgeht, das Staatsoberhaupt vom Volke nur für gewisse Zeit berufen und unter dem Gesetze stehend, keine Gewalt zur Abänderung der Verfassung hat. In den Republiken ist die Wehrpflicht in der Regel allgemein und das Heer bildet sich aus Bürgern oder Söldnern.

Requisition, Zwangserhebung von Nahrungsmitteln für die Truppen und durch die Truppen selbst, d. h. durch Vereinbarung ihres Commandeurs oder ihrer Requisitionsbeorderten mit den Civilbehörden. Oft ergeht auch der Zwang an diese Behörden selbst und diese haben dann für die Beschaffung der den Bürgern auferlegten Lieferungen zu sorgen. Das Requisitionswesen, welches erst seit dem Ende des vorigen Jahrhunderts besteht und in Frankreich seinen Ursprung hat, ist jedoch strengen Bestimmungen unterworfen und nicht in die Willkür der einzelnen Befehlshaber gestellt, damit die Hilfsmittel, die eine Gegend den Truppen bietet, nicht mit Ungebühr ausgebeutet und erschöpft werden. Namentlich müssen bei längerem Verweilen der Truppen auch entfernte Gegenden mit zu Lieferungen herangezogen und selbst die Magazine in Anspruch genommen werden. Ein gutes Requisitionssystem gestattet nicht, daß die Mannschaften die Lieferungen selbst von den Privatleuten erheben, weil dadurch Ungebührnisse kaum zu verhüten sind, und stets sollen, wenn namentlich die Civilbehörde nicht mitwirkt, nur bestimmte mit gehöriger Instruction versehene Personen mit diesem Geschäft beauftragt werden. Im eignen Lande eine Armee im Wege der R. zu erhalten, dürfte sich zwar nicht unmöglich, aber sehr verderblich erweisen. Das Requisitionssystem wird nur in Feindes Lande mit bedingten Vortheilen angewendet, und sollte, wenn gleich nicht zu leugnen, daß es der Beweglichkeit der Truppen förderlich, doch nur dringenden Falls zur Aushülfe davon Gebrauch gemacht werden.

Reserve sind die in Vorbehalt gestellten Truppen. So heißen die Mannschaften, welche nach dem Dienste mit dem Vorbehalte, sie erforderlichen Falls wieder einzuberufen, entlassen werden, Heeres- oder Armeereserve; andere, welche bei der Rekrutirung, mit dem Vorbehalt ihrer Dienstpflichtigkeit auf den Fall eines Kriegs freigelassen werden, Kriegsreserve. Ins Besondere werden aber mit diesem Worte im Kriege alle diejenigen Truppen bezeichnet, welche zum Ersatz und zur etwa nöthigen Unterstützung im Rücken des operirenden Heeres gehalten werden; desgleichen diejenigen Mannschaften, welche bei Schlachten und ähnlichen Unternehmungen zurückgehalten werden, um durch sie im passenden Momente den Sieg zu entscheiden, bei ungünstigen Wendungen den Kampf wieder herzustellen oder den Rückzug zu sichern. Einige Feldherren haben die schwächsten, und namentlich die irregulairen Truppen in Reserve behalten, andere, und namentlich Napoleon, die besten. Bei ihm, dem Sieggewöhnten, waltete stets die Absicht vor, im Stadio der Entscheidung durch die Reserven ein doppeltes Gewicht in die Wagschale zu werfen, und seine Berechnung hat ihn selten getäuscht. In einigen Staaten, z. B. Rußland, bestehen im Frieden bestimmte Reserven für den Krieg, die also einen anderen Character als die gewöhnlichen Ersatzmannschaften haben. Für die Stärke der Reserven bei kriegerischen Operationen giebt es keine Norm. Sie hängt vielmehr ganz von den Absichten und der Berechnung des Feldherrn ab. Namentlich hängt es sehr von dem beiderseitigen Stärkeverhältniß, von dem Terrain, aber auch von der Schule des Feldherrn ab, ob durch einen großen und nachhaltigen Angriff mehr zu gewinnen ist als durch eine strategische Entwickelung. Für letztere wird stets eine starke Reserve zu empfehlen sein. Die Reservearmeen zum Zweck des Ersatzes oder erforderlichen Falls der Hilfe, haben ebenfalls keine bestimmte Stärke und können eben sowohl ½ als ¹/₁₀ der operirenden Armee betragen, was theils von der Gesammttruppenmenge, theils von besondern Zwecken der Reservearmee abhängt. Einer der wichtigsten dieser Sonderzwecke ist die Deckung oder Besetzung eines gewissen Gebietes, einer Provinz, eines Gebirges ꝛc. Im Weiteren s. Armee, Heer.

Retirade, s. v. w. Rückzug.

Retraite, Rückzug, Abendsignal, auf welches sich die Soldaten zur Ruhe zu begeben oder wenigstens in ihre Quartiere zurückzuziehen haben. Das Retraitesignal wird in den Garnisonen durch Blasinstrumente, im Lager auch durch einen Kanonenschuß gegeben. Bei der Infanterie heißt es Zapfenstreich (s. d.) und wird durch das Horn oder die Trommel gegeben.

Reuß-Greiz, oder Reuß älterer Linie, deutsches Fürstenthum von 6½ □M. mit 39,000 Einw., 148,000 Thaler Einnahme, 377,000 Thaler Staatsschuld, landständische Verfassung, an der Spitze des Staates ein regirender Fürst, Truppenmasse 260, Contingent zum Bundesheere 223 Mann, die mit dem Contingent des Fürstenthums Reuß jüngerer Linie ein Infanteriebataillon bilden.

Reuß-Schleiz-Lobenstein-Ebersdorf, oder Reuß jüngerer Linie, deutsches Fürstenthum, 15½ □M. mit 81,806 Bewohnern. Landständische Verfassung, an der Spitze des Staates ein regirender Fürst, Staatseinnahme 375,000 Thlr., wovon der Hof allein 100,000 Thlr. in Anspruch nimmt; die Unkosten für die Truppen betragen 54,341 Thlr., Stärke der Truppen 609 Mann, bilden mit der Mannschaft des Fürstenthums Reuß älterer Linie ein Bataillon von 5 Compagnien. Die Kriegsgeschichte geht in der Deutschlands und dessen größeren Staaten auf. Der Name Reuß entstand, indem Einer des Hauses Weida wegen seiner Vermählung mit einer Fürstin von russischer Herkunft den Beinamen Reuße erhielt. Mehrere Angehörige des reußischen Regentenhauses haben sich in sächsischen und kaiserlichen Diensten zu bedeutenden Militairwürden erhoben. Einer derselben war kaiserlicher Feldhauptmann, Heinrich VI. Feldmarschall des Königs von Polen und Kurfürsten von Sachsen, der 1697 im Kampfe gegen die Türken fiel, und gegenwärtig ist Fürst Heinrich LXIV. von Reuß (Köstritz) östreicher General der Cavalerie.

Reutlingen, würtembergische Stadt, 12,500 Einw., Pulvermühlen, früher Reichsstadt, berühmt durch siegreiche Fehde mit dem Landgrafen Raspe von Thüringen, durch die Schlacht gegen Ulrich, des Greiners Sohn, 1377, aber 1519 von Ulrich von Würtemberg erobert, jedoch wieder befreit im Bunde mit den schwäbischen Städten.

Reval, Hauptstadt des russischen Esthland an einer Bucht des finnischen Meerbusens, in reizender Lage mit 24,500 Einw., hat einen der höchsten Thürme Rußlands. R. ist der dritte russische Kriegshafen im europäischen Norden und Station einer halben Marinedivision. Der Hafen ist sehr stark befestigt und durch diese Befestigungen auch der Handelshafen beschützt. Beide sind durch ein Molo getrennt. Vor dem Hafen auf einer Insel liegt die

Kesselbatterie mit 62 Kanonen, auf den benachbarten Inseln Nargö und Karlsö befinden sich zwei Batterien mit zusammen 96 Kanonen auf Kreuzfeuer angelegt; am Strande befinden sich einige kasemattirte Werke; den Domberg und einen Theil der mittlern Stadt umgeben noch die von den Schwertrittern angelegten festen Werke, bestehend aus Graben, Wall, Mauern und Bastionen, aber durch Bauten unterbrochen und nicht mehr vollständig. Aus einem Theile der Ringmauer und Bastionen sind große Kasernen erbaut worden. Während des orientalischen Kriegs ließ der Kaiser Nikolaus die Garnison verstärken, die Behörden nach Weißenstein übersiedeln und die Vorstädte unterhalb der am Strande befindlichen Westbatterie in einer Ausdehnung von 150 Faden rasiren. Doch erlitt R. keinen ernsten Angriff. R. hat 2 Leuchtthürme, am Tage aber ist sein riesiger 429 Fuß hoher Thurm den Schiffen der beste Wegweiser.

Reveille, Morgensignal. Die Stunde, zu welcher es gegeben wird, richtet sich nach der Jahreszeit, im Felde nach den Bestimmungen des Commandireuben.

Reventlow. Christian Detlev Graf von, geb. 1671, Holsteiner, avancirte in dänischen Diensten zum General, führte die Dänen im Anfange des spanischen Erbfolgekriegs in Italien, wurde in die kaiserliche Armeeliste als Feldmarschalllieutenant eingetragen, wurde Oberbefehlshaber der gesammten dänischen Landmacht, und starb 1738.

Revers wird die Rückseite der Laufgräben genannt, welche kein Schutzwerk erhält.

Revolutionskriege, sind die, welche aus der französischen Revolution von 1790 entstanden und von der und gegen die französische Republik geführt wurden. Der erste begann 1792, währte bis zum Baseler Frieden 1795 und wurde von Oestreich, Preußen, den meisten deutschen Staaten, Holland, England, Savoyen und Toscana gegen Frankreich geführt, endete zu Frankreichs Vortheil und hatte die Verwandlung der Niederlande in die Frankreich verbündete batavische Republik zum Erfolg. Der zweite währte von 1795 bis 1797, wurde hauptsächlich von Oestreich und den süddeutschen Staaten gegen Frankreich geführt, endete mit dem Frieden von Campo Formio und hatte die Errichtung Frankreich verbündeter Republiken in Italien zum Erfolge. Der dritte, in welchem Oestreich, Rußland, England und die Türkei, Neapel und Portugal gegen Frankreich kämpften, begann 1798, wurde in den Niederlanden, ganz Italien, Deutschland, zur See und in den Colonien geführt, währte bis 1801, endete mit den Friedensschlüssen zu Lüneville und Amiens und hatte eine völlige Umgestaltung Italiens, eine ungeheure Reduction Oestreichs, eine große Veränderung in Deutschland, eine ungeheure Verstärkung Frankreichs zu Lande, aber eine eben so große Verstärkung Englands zur See zur Folge. Im innigsten Zusammenhange mit diesen Kriegen stehen die des ersten französischen Kaiserreichs. (S. Frankreich, Holland, Italien, England, Oestreich und Napoleon.)

Revolver, Pistol, bei welchem 6 bis 8 Läufe in einer Kreislinie mit einander vereinigt sind, sich am Schaft drehen und bei der vorrückenden Kreiswendung derselben einer rasch nach dem andern abgefeuert werden kann. Ist erst in diesen Jahren in Nordamerika erfunden, aber nicht als Kriegswaffe eingeführt worden.

Reynier, Jean Louis Ebenezer Graf von, bürgerlicher Herkunft, Schweizer, geb. 1771, zu Paris zum Ingenieur gebildet, trat beim Ausbruch der Revolution in die französische Armee, machte die Feldzüge unter Dumouriez, Pichegru und Moreau mit, war schon 1795 General, focht mit größter Auszeichnung in Aegypten, kam als wegen Widerspenstigkeit gegen Menou Angeklagter nach Frankreich zurück, erhielt dennoch 1805 ein Corpscommando, eroberte Neapel, wurde aber bei Maida geschlagen. Machte nun die Feldzüge 1809 in Deutschland, sodann in Spanien, 1812 in Rußland, 1813 in Deutschland mit, wurde bei Leipzig gefangen und starb nach seiner Freilassung 1814. War einer der gebildetsten Generale Napoleons, verhinderte dessen besondere Gunst aber durch republikanischen Stolz.

Rhede, der geschützte Raum vor dem Hafen.

Rheims, früher die Krönungsstadt der französischen Könige, hat 46,000 Einwohner. Hat Denkmäler Ludwigs XIII. und XV. und von römischen Denkmälern einen Triumphbogen, ein Marsthor und einen Circus. 1813 die Russen hier geschlagen und St. Priest gefallen.

Rhein, der schönste Strom Europas, der größte, aber auch strategisch wichtigste Deutschlands mit einer Strombahn von 150 M., einem Stromgebiete von 4080 □ M. und 12,200 Nebenflüssen. Er entspringt in der Schweiz über 7000 Fuß hoch, berührt im Bodensee zuerst deutsches Gebiet, bildet bis Basel die deutsche Südgrenze, von Basel bis Lauterburg die deutsche Westgrenze, dringt zwischen Baden, der Pfalz und Hessen zur preußischen Rheinprovinz vor, begrenzt hier auf einer Strecke Nassau, tritt bei Nimwegen in das holländische Gebiet und fällt in viele kleine Arme getheilt in die Nordsee. Der Rhein ist bei einem Kriege mit dem europäischen Westen entweder die wichtigste Operationslinie für die deutschen Heere oder die bedeutsamste Brustwehr, daher auch in dem Kriege mit Frankreich vorzugsweise die Rhein- und Niederlande Schauplatz der Kämpfe waren. Rücksichtlich der Defensive ist daher auch der Rhein vor allen anderen deutschen Strömen mit Befestigungen stark besetzt worden. Die bedeutendsten deren sind Wesel, Köln, Koblenz, Mainz und Rastatt, welches letztere jedoch nicht unmittelbar am Rhein liegt. Furten hat der Rh. selbst beim niedrigsten Wasserstande unterhalb seiner Fälle nicht. Hier ist seine Wassertiefe nirgends und nie unter 3 Faden, in der Regel aber abwechselnd zwischen 6 und 24 Faden; die größte Tiefe ist über 50 Faden, die größte Breite 2500 Fuß, die durchschnittliche Breite 1800 Fuß, das Wasser sehr gewaltsam. Daher sind die militärischen Rheinübergänge bei aller Cultur des Pontonnierwesens doch sehr schwierig; demungeachtet häufig genug an verschiedenen Stellen ausgeführt worden. Cäsar bewirkte den Uebergang auf einer Pfahlbrücke, am öftesten ist er auf Floßbrücken bewirkt worden. Unter den Feldherren, welche den Rhein mit militairischer Gewalt in neuester Zeit überschritten haben, sind Gustav Adolph, der Herzog von Lotharingen, der Herzog von Braunschweig, Jourdan und Moreau zu nennen. Der Rhein wird von zwei Eisenbahnen auf französischer und deutscher Seite begleitet, hat 11 Häfen, bedeutende Dampfschifffahrt, steht durch Kanäle mit der Donau, der Rhone und Marne in Verbindung und gestattet die größten Transporte von Kriegsmaterial nach verschiedenen Seiten, namentlich auch durch die einmündenden schiffbaren Ströme (Mosel, Maas, Neckar und Main). Der Rhein als östliche Landesgrenze ist stets das brennendste Verlangen Frankreichs gewesen, dem aber das nicht minder eifrige Bestreben Deutschlands diesen echt deutschen und hochbedeutsamen Strom zu behaupten entgegenstand. Doch ist es Frankreich gelungen, durch Erwerbung des Elsaß auf einer bedeutenden Strecke bis an seine Gestade vorzudringen. Diesen Mißstand wieder aufgehoben zu sehen, dürfte aber bei den getheilten Interessen der deutschen Staaten kaum zu hoffen sein.

Rheinsberg, preußische Stadt und früher starke Festung unfern Wesel, 1703 von den Niederländern genommen und geschleift. Hier 1760 der Prinz von Braunschweig von den Franzosen geschlagen.

Rheinbund, von Napoleon I. 1806 durch den Reichserzkanzler bewirkte Verbündung einer Anzahl von deutschen Fürsten, unter denen die von Würtemberg, Baiern und Baden die mächtigsten waren. Nachdem Oestreich im Feldzuge von 1805 alle Macht jenseits des Rhein verloren, suchte Napoleon es durch diesen Bund gänzlich seiner Macht zu berauben, indem das Verhältniß, welches den Kaiser mit den Reichsfürsten natürlich verband, dadurch vernichtet wurde, daß Napoleon den Bundesfürsten volle Unabhängigkeit und Souverainität zuerkannte und sie vom Kaiser trennte, indem er sie zu seinen eigenen Bundesgenossen machte, ja sich unter dem Namen eines Protectors an die Spitze dieses Bundes stellte. Hierdurch war das deutsche Kaiserreich in Trümmer gegangen, so daß Kaiser Franz seine Kaiserwürde auf Oestreich beschränkte und ihr danach den Namen geben mußte. Im Jahre 1808 traten auch Oldenburg und die beiden Mecklenburg bei, so daß das Territorium des Rheinbundes fast 6000 ☐M. mit 14½ Mill. Bewohnern umfaßte. Hauptgrundsätze des Bundes, dem natürlich auch Westphalen beitreten mußte, waren feste Verbindung der Mitglieder unter einander und insBesondere der Deutschen mit Frankreich; Aufstellung eines Bundesheeres, das jedes einzelne Mitglied in seiner Gesammtheit zu vertheidigen hatte, Anerkennung der Souverainität jedes Mitgliedes in seinen Staaten, Garantie aller für Besitz und Rechte jedes Einzelnen, und Gleichheit aller im Bunde. Gleichwohl waltete Napoleon ganz eigenwillig und verletzte die Gebiete der Bundesgenossen, wo es ihm beliebte. In der That waren die Rheinbundsfürsten nur die sclavischen Diener Napoleons, der ohne Scheu zeigte, daß er diesen Bund nur gestiftet habe, um sich einen Theil Deutschlands zur Unterjochung ganz Deutschlands botmäßig zu machen. Die Rheinbundsarmee betrug in ihrer größten Stärke 119,000 Mann. Sie hat Napoleon in den Feldzügen von 1806, 1807, 1809 und 1812 die größten Dienste geleistet. 1813 löste sich der Bund auf und hatte auf die ferneren politischen Gestaltungen keinen Einfluß.

Rheinfelden, schweizerisches Städtchen, früher Festung, 1744 von den Franzosen geschleift; hier 1638 Niederlage der Kaiserlichen und Baiern durch Bernhard von Weimar.

Rheinfels, Burg in der preußischen Rheinprovinz, früher sehr starke Festung, von dem Grafen Diether von Katzenellenbogen erbaut, später in Besitz abwechselnd der beiden Hessen übergegangen, 1692 von den Franzosen vergebens belagert, aber 1794 von den Franzosen genommen und 1797 geschleift.

Rhodus. Insel von 21 ☐M. im mittelländischen Meere an der kleinasiatischen Küste, im Alterthum durch seinen befestigten Hafen und den sogenannten Koloß berühmt, im Alterthum von Alexander dem Großen, später den Römern, im Mittelalter von den Arabern, später den Kreuzfahrern erobert, 1309 von dem Johanniterorden in Besitz genommen, 1522 von den Türken erobert. 20,000 Einw. Hat Hauptstadt gleichen Namens mit befestigtem Hafen und eigener aus 2 Gräben und 3 Wällen bestehender Befestigung.

Rhone. Strom Ostfrankreichs (s. Frankreich).

Richard I., König von England, beigenannt Löwenherz, geb. 1157, ein Mann von wildritterlichem Sinn, dürstend nach Abenteuern ohne höhere Heldeneigenschaften als die des Muthes und der Selbstsucht. Er nahm unkindlicher Weise an den Kämpfen gegen seinen Vater Theil, wurde 1189 König, unternahm 1190 im Bunde mit dem König Philipp von Frankreich, dem sich auch aus Deutschland viele Ritter anschlossen, einen Kreuzzug, langte 1191 vor Ptolemais an, nachdem er Cypern erobert. Das bereits 3 Jahre belagerte Ptolemais wurde nun mit Sturm genommen und König R. erregte durch persönliche Tapferkeit die größte Bewunderung, aber durch schamlose Anmaßung den

Haß der verbündeten Fürsten und namentlich des Königs Philipp von Frankreich
und des Herzogs Leopold von Oestreich. Diese kehrten in ihre Staaten zurück,
doch ließ Philipp noch 10,000 Mann bei Richards Heere, und dieser schlug nun
die Araber bei Assur, setzte einen König von Jerusalem ein, erlitt an seinem
Heere aber durch Krankheiten großen Schaden. Da er Kunde erhielt, daß
in Europa England durch Frankreich bedroht werde, beschloß er die Rückkehr,
wurde aber bei seiner Reise durch Oestreich verrathen und von dem beleidigten
Herzog Leopold gefangen genommen und blieb ein Jahr erst in Leopolds,
dann in des Kaisers Haft, bis er sich durch die damals ungeheure Summe
von 150,000 Mark loskaufte. Sogleich unternahm er die größten Rüstungen gegen
Frankreich, schlug die Franzosen furchtbar bei Freteval, brach aber ihre Macht
dadurch so wenig, daß der Krieg mit großer Wuth sechs Jahre fortdauerte.
Nach Abschluß des fünfjährigen Waffenstillstands 1199 belagerte R. aus Habsucht Limoges und hier fiel er 1199 durch einen Pfeilschuß.

Richard II., König von England, unkriegerisch, 1400 durch Hunger umgebracht (s. England).

Richard III., König von England, der Bucklige, verächtlichen Characters,
geb. 1450, gefallen 1485 in der Schlacht bei Bosworth. Mit ihm ging der
Krieg der rothen und weißen Rose zu Ende. (S. England.)

Richard, Graf von Cornwallis und Poitou, Neffe von Richard Löwenherz,
und Bruder des Königs Heinrich III. von England, geb. 1209, befehligte in
dem englisch-französischen Kriege eine Zeitlang einen Theil des englischen Heeres,
unternahm dann einen erfolglosen Kreuzzug, wurde 1256 zum deutschen Kaiser
gewählt, bewies sich als ein edler, aber dem Kriege wenig geneigter Fürst.

Richelieu, Armand Jean Duplessis Herzog von, Cardinal, Kriegsminister
und Kanzler von Frankreich, geb. 1585, wurde 22 Jahre alt Bischof, darauf
Almosenier und dann Minister des Auswärtigen und Kriegs, als welcher er,
die Geistesbeschränkung des Königs benutzend, die ganze Staatsgewalt in seine
Hand riß und diese selbst mit großer Schlauheit, List und Grausamkeit gegen
seine sich immer wieder gegen ihn aufrichtenden Feinde bis zu seinem Tode
behauptete. Oft stellte er sich selbst an die Spitze des Heeres und zeigte seinen
gewaltigen Geist nicht minder in militairischem Wirken. So entriß er den
Spaniern und Päpstlichen das Veltlin, unternahm 1627 den Krieg gegen die
Hugenotten, eroberte 1628 Larochelle selbst, schickte dann ein Heer nach Italien
gegen Oestreich, an dessen Spitze der König selbst war, 1629 erhielt er die
Würde eines Principalministers und Generallieutenants des Königs und drang
selbst in Italien ein. 1631 wurde er zum Pair und Herzog erhoben, oder
erhob sich eigentlich selbst dazu. 1632 ließ er durch den General Schomberg
den Herzog von Orleans, der die Waffen gegen ihn ergriffen hatte, bei Castel-
naudry schlagen und ihn in Lothringen siegreich bekämpfen. Sein Bund mit
Schweden hatte auf den dreißigjährigen Krieg großen Einfluß. Den Herzog
Bernhard betrog er, indem er dessen Eroberungen an Frankreich brachte, und
der Glaube, daß er den Herzog habe vergiften lassen, hat die größte Berechtigung. Der Graf von Soisson und die Herzöge von Bouillon und Guise
rüsteten 1641 eine Armee gegen Richelieu und schlugen seine Truppen bei
Sedan 1641 mit Oestreichscher Hilfe, konnten aber doch dessen Stellung nicht
erschüttern, sahen sich vielmehr von ihm ganz übermältigt. Gleichzeitig unterstützte er mit französischen Truppen eine catalonische Revolution. Starb 1642.
Frankreich wurde völlig durch seine Willkür regiert, die Parlamente waren
völlig seine Werkzeuge, auf seinen Befehl sind Tausende eingekerkert und im
Gefängniß umgebracht worden und seinetwegen haben Hunderte das Schaffot
besteigen müssen

Richelieu, Louis François Armand Duplessis Herzog von, geb. 1696, Enkel des Vor., Franzose, wurde aus Verwandtschaftsrücksicht in seinem 16. Lebensjahre Adjutant des Marschalls Villars, 1738 Marechal de Camp und Generallieutenant von Languedoc, focht nicht unverdienstlich, und wenigstens mit ritterlichem Muthe bei Fontenoi 1745, vertheidigte ebenso Genua gegen die Engländer unter Brown, wurde Marschall, belagerte 1756 Port-Mahon, commandirte 1757 im siebenjährigen Kriege und schloß die Convention von Kloster Seven, gab 1758 den Oberbefehl ab und starb 1788. Er war ohne Kenntnisse, ausschweifend und fortwährend in zahllosen galanten Verwicklungen mit Frauen.

Richelieu, Armand Duplessis Herzog von, Enkel des Vorigen, geb. 1766, Franzose, wanderte nach Ausbruch der Revolution nach Rußland aus, schwang sich im Feldzuge gegen die Türken 1790—1792 zum Generallieutenant auf, wurde 1803 Gouverneur von Odessa, um das er sich die größten Verdienste erwarb und wo ihm in der Folge ein Denkmal errichtet worden ist. 1814 kehrte er nach Frankreich zurück, war unter Ludwig XVIII. wiederholt Minister und starb 1822.

Richmond, Charles III. Herzog von M. und Lennox, geb. 1735, machte bei der hannoverschen Armee den siebenjährigen Krieg mit, erhielt mehr Ehren- als Verdienstes halber zuletzt die Würde eines Feldmarschalls und starb 1806.

Richtung heißt in der Taktik der Infanterie die Bemühung des einzelnen Mannes, in der Grundlinie der Formation den ihm zustehenden Punct und die richtige Stellung seiner Person aufzufinden. Da bei Aufmärschen der erste und zweite Mann vom Flügel zuerst in die neuanzunehmende Linie einrücken, aber zwei Puncte genügen, um eine gerade Linie zu bezeichnen, so haben alle übrigen Leute sich mit der nöthigen Augenwendung nach jenen zwei ersten zu richten, während diese sich, und namentlich der Flügelmann, beim Einrücken mit entgegengesetzter Augenwendung nach dem für den anderen Flügel ausgestellten Mann mit richten. Damit nicht Lücken entstehen ist bei Annahme der Richtung besondere Aufmerksamkeit auf die Fühlung (s. d.) zu verwenden. Die ist am richtigsten nach dem stehenden Flügel, also dahin, wohin auch die Richtung ist. Doch hat sich eine durchaus falsche Vorschrift für die Fühlung in vielen Staaten bis auf die Gegenwart erhalten. Bei Schiffen bezeichnet „Richtung" die Fahrtlinie, sowie bei Geschützen die Schußlinie.

Ricimer, suevischer Prinz und weströmischer Feldherr, schlug 456 die Vandalen, die Alanen bei Bergamo wiederholt, erlitt indessen durch die Vandalen Nachtheile und konnte Gallien vor den Westgothen nicht schirmen, veranlaßte eine furchtbare bewaffnete Revolution in Rom, in der er gegen den Kaiser Anthemius Sieger blieb. Starb 472. Er war nicht weniger Politiker als Krieger, hatte im weströmischen Reiche die ganze Gewalt in seine Hand gerissen, stürzte Kaiser, setzte andere auf den Thron und besaß genügende Klugheit, um sich Dolch und Gift seiner Feinde ungefährlich zu machen.

Ricochetschuß ist derjenige, bei welchem die Kugel durch schwache Ladung und geringe Elevation, oder selbst Depression so getrieben wird, daß sie bei ¼ — ½ Kraft unter sehr spitzem Winkel die Erde berührt, hierdurch wieder emporgelenkt wird, und so mit mehren Sprüngen und zuletzt rollend ihren Lauf vollendet. Dieser Schuß ist vorzüglich beim Defilement wirksam. (S. darüber Geschütz, Artillerie, Belagerung und Festungskrieg.)

Ried, östreichscher Flecken, hier 1813 Convention zum Anschluß Baierns an die Alliirten.

Riego y Nunez, Don Rafael del, geb. 1786, Spanier, machte den Halbinselkrieg als Hauptmann mit, bis er in französische Gefangenschaft gerieth.

1819 nahm er sich als Oberst für die Cortez der Revolution an, besetzte die Insel Leon, mußte dieselbe aber wieder verlassen, erhielt aber, nachdem der König die Constitution angenommen, den Oberbefehl auf Leon wieder, wurde bald danach Generalcapitain von Aragonien, half die Gegenrevolution von 1822 unterdrücken und wendete die Waffen 1823 gegen die Franzosen. In Gefangenschaft gerathen, wurde er der königlichen Behörde ausgeliefert und hingerichtet.

Rienci, s. Rom.

Riga, Hauptstadt der drei russischen Ostprovinzen in Livland, an der Düna, 14 Werst von dem Rigaischen Meerbusen, 66,000 Einw., von nassen Gräben, Glacis und starkem Wall mit Bastionen umgeben, hat eine starke beherrschende Zitadelle und mehre Außenwerke, großes Zeughaus, Magazine, Werkstätten, Kriegshospital, Marinehospital, Marinewerkstätten, Brückenkopf und Kasernen. Zu R. gehört der zwei Meilen unterhalb befindliche doppelte Hafen am Meerbusen. Er wird zum Theil durch die Dünamündung gebildet und beherrscht durch die Festung Dünaburg, die als Vorfeste von Riga zu betrachten ist. Auf dem Hafenmolo steht ein Leuchtturm. Als Handelsplatz ist R. so bedeutsam wie als Kriegsplatz. 1855 wurde von den Franzosen ein leichter Angriff auf R. gemacht, doch leistete Dünaburg, und namentlich die Batterie Bullen so guten Widerstand, daß die beiden feindlichen Dampfer sich nach kurzem Gefecht zurückzogen. 1621 wurde es von Gustav Adolph erobert, 1701 von den Polen und Sachsen vergebens belagert, aber 1710 von den Russen erobert. Denkmal an den Krieg von 1812.

Rigny, Heinrich Graf von, geb. 1783, Franzose, hatte als französischer Contreadmiral großen Theil am Siege bei Navarin, wurde Viceadmiral und Minister und starb 1835.

Rigny, Alexander Graf von, Bruder des Vorigen, machte unter Napoleon I. die Feldzüge von 1807, 1809 bis 1812 in Spanien, dann von 1813 mit, wurde bei Leipzig gefangen, avancirte beim Invasionskriege von 1823 zum General, focht 1836 in Algerien, büßte aber hier sein Commando ein, indem der Marschall Clauzel ihn zum Träger seiner eigenen Sünden machte und ihm namentlich das Verunglücken der Expedition nach Constantine fälschlich aufbürdete.

Rinteln, hessisches Städtchen und früher Hauptstadt von Schaumburg und Festung.

Rio Janeiro, Hauptstadt des brasilischen Kaiserreichs mit 280,000 Einw., am atlantischen Meere, hat einen der schönsten und größten Häfen der Welt, ist durch großartige Befestigungen auf der Landzunge und Schlangeninsel und ein fortifizirtes Kloster geschützt, ist Sitz des Kriegs- und Marineministeriums, hat Zeughäuser für Marine und Heer, Marineacademie, Ingenieur- und Artillerieschule, Sternwarte, Caserne, Lazarethe für Heer und Marine, große Militair- und Marinewerkstätten ꝛc. (S. Amerika.)

Riquet de Caraman, Paul de, geachteter französischer General im spanischen Erbfolgekriege, starb 1730.

Riquet de Caraman, Victor Pierre von, französischer General, starb 1760.

Ritter, im Mittelalter ein abliger Krieger; sinnverwandt mit Reiter, weil die Abligen nur zu Pferde Kriegsdienste leisteten. Ursprünglich waren alle Freien zum Kriegsdienst verpflichtet. Später machten vorzugsweise die Geleite den Kriegsdienst zu ihrem Geschäft, während andere Freie, d. i. Grundbesitzer, durch Geld einen Ersatz für ihre Person leisteten. Während nun diese mehr und mehr von ihren Rechten verloren, dagegen jene davon gewannen, bildete sich ein berechteter Kriegsadel als Stand, der durch die Staatsorganisation Karls des Großen und die Entstehung der großen Vasallen, welche größere Truppenmassen zum Kriege aufführen mußten, ein völliges Zunft- und Erb-

recht erlangte, die Stütze der Gaumacht bildete, die Umgebung des Gaubeherr-
schers war und sich zwischen diesem und die friedlichen Grundbesitzer als denjenigen Adel stellte, der noch jetzt zwischen Bürger und Fürsten eine abgeschlossene Stufe einnimmt. Als Stand bildete dieser Adel, der durch seine
Gewalt und kriegerischen Verdienste in der Folge alle Grundrechte an sich zu
bringen wußte, die Ritterschaft. Nach Verhältniß seines Grundbesitzes hatte
nun der Ritter eine verhältnißmäßige Mannschaft auf den Sammelplatz zu
führen, deren Leistungen nun aber stets ihrem Führer zu Gute kamen, doch
bildeten die Ritter bei auswärtigen Kriegen oft abgeschlossene Rittercorps,
so namentlich in denen gegen die Schweiz und in den späteren Kreuzzügen.
Diese Sonderung im Kriege gab zu der Schließung von Ritterorden Anlaß,
von denen einige, wenn auch in veränderter Form bis auf dieses Jahrhundert
fortbestanden gehabt haben. Die ständische Abgeschiedenheit gab natürlich dem
Ritterwesen auch eine tiefere moralische Geltung, die dem gemeinen Kriegertbum
nicht innewohnte, und diese mußte natürlich auch bald in der äußeren Erscheinung hervortreten, sowohl in der Art der Schutz- und Trutzwaffen, als auch
in deren Gebrauche. Die Rüstung zunächst bezeichnete den Ritter. Hatte sie
den Zweck, ihren Träger unverwundbar zu machen, damit er dem Gegner desto
gefährlicher sei, so wurde sie auch als Auszeichnung, als Schmuck- und Staats-
tracht des adligen Kriegers betrachtet. Zur Rüstung gehörten der Helm, Harnisch, die Arm- und Beinschienen, Schurvenschube und Handschube. Eine andere
und ältere Art der Rüstung war die Brünne oder das Panzerhemd, welches
aus kleinen eisernen Ringen zusammengenietet fast den ganzen Körper umschloß.
Die Rüstung wurde mit möglich größter Pracht ausgestattet und oftmals nicht
bloß viel edles Metall und selbst Edelsteine, sondern auch die kunstvollste Arbeit
an dieselbe verwendet. Da aber der Ritter dann seiner Macht zum großen
Theil beraubt war, wenn ihm das Pferd getödtet worden, so gab man in
späterer Zeit auch diesem einen Panzer und vervollständigte denselben so, daß
von dem Thiere nur Augen und Füße zu sehen waren. Der Panzer dessen
bestand wie der des Mannes aus zusammengenieteten Metallplatten, die in
einigen Theilen, z. B. auf dem Hals des Pferdes, eingerichtet waren, sich zu-
sammenzuschieben und die freie Bewegung des Kopfes zu gestatten. Zu den
Waffen gehörte vor allem der Schild, der aus einer entweder ovalen oder runden, größeren oder kleineren Metallscheibe bestand, die in eine leichte Höhlung
ausgetrieben und im Inneren mit Leder stark unterfüttert, mit einem metallenen
Handgriff und ledernen Armhaltern versehen war. Der Schild war nicht
weniger ein Gegenstand von kunstvoller und prächtiger Ausstattung und namentlich trug er das Wappen des Ritters, an welchem man diesen, wenn er todt
auf dem Schlachtfelde gefunden wurde, leicht erkennen konnte. In frühester
Zeit deckte der Schild den ganzen Mann bis zum Kopfe, die Schilde im Mittelalter waren jedoch nur so groß, daß sie den Oberkörper deckten. Die Stoß-
lanze mit ihrem nach unten sehr anschwellenden Schafte, in welchem sich der
eigentliche Handgriff befand, war vornehmlich die Angriffswaffe und zu seinem
großen, kreuzförmigen Schwerte griff er erst, wenn die Lanze ihm nicht mehr
zu Gebote stand oder er, des Pferdes beraubt, zu Fuß kämpfen mußte. Die
Handhabung der Lanze wurde zu großer Kunst ausgebildet, wozu sie auch bei
ihrer eigenthümlichen Gestaltung, und namentlich bei der zweckmäßigen Verlegung des Gewichtes in den Hinterschaft ganz geeignet war. Die Lanze
trotz ihrer Gesammtschwere wurde mit einer Hand regiert und ein gut geschulter
Ritter hatte sie mit einer Hand so in der Gewalt, daß er mit ihr die verschiedenartigsten Stöße ausführen, Finten geben und selbst pariren konnte, was indessen meist mit dem Schilde geschah. Die Fechtkunst mit dem Schwerte war

minder ausgebildet und gerade darum artete die Waffe selbst ganz aus. Ihre Schwere und Größe wurde so übertrieben, daß sie nur noch mit zwei Händen gehandhabt und vom Schilde neben ihm kein Gebrauch mehr gemacht werden konnte. Doch erhielten sich die unförmigen Schwerter, die vom Erdboden bis fast zur Schulter des Ritters emporragten, bis in die letzte Zeit des Ritterthums. Die Pallasche unserer Kürassiere sind von ihm nur eine sehr verjüngte Darstellung. Speere waren nur in der ersten Zeit des Ritterthums in Gebrauch und es scheint, daß man Fernwaffen als ein Instrument der Feigheit gehaßt habe. Dagegen kamen in der letzten Zeit des Ritterthums die Armbrüste sehr in Gebrauch, wurden aber bald durch den Gebrauch des Schießpulvers verdrängt und dieses war überhaupt das Grab des Ritterthums, denn Feldschlangen und Donnerbüchsen konnten die Ritter nicht ebenso zur Verfügung stellen wie ihre Lanze, die Fürsten waren daher bald zur Errichtung einer eigenen Artillerie gezwungen und damit trat bald die Errichtung eines stehenden immer verfügbaren Heeres in Verbindung, das nun für den einzelnen Mann ganz andere Verpflichtungen erheischte, als der Ritter sie dulden mochte. Das Waffenwerk erlernten die Ritter nicht in Instituten, und von einer theoretischen Bildung war nicht die Rede, sondern der Edelknabe begab sich in den Waffendienst irgend eines angesehenen Ritters, bestand als Begleiter dessen eine gewisse Probezeit und wurde sodann zum Ritter geschlagen, was nicht selten unter großen Feierlichkeiten geschah. Der Ritterschlag verlieh die Mündigkeit und nach ihm erst durfte der Ritter ein Geleit führen und Fehde erklären. Nach Erlöschen des Ritterthums blieb der Ritterstand als Adel abgeschlossen und behauptete selbst bis zur Gegenwart, in vielen Ländern wenigstens, einen Theil seiner politischen Vorrechte, zu denen hier und da auch noch die Steuerfreiheit des ritterlichen Grundbesitzes gehört.

Ritterharnisch, der Harnisch wie ihn die Ritter mit wesentlicher Auszeichnung trugen. Eine vollständige Rüstung von Metall zu tragen war das Vorrecht des Ritters. Gemeinen Kriegsknechten war es nur erlaubt einzelne Rüstungsstücke, z. B. den Brusttheil des Harnisches zu tragen, auch durften die einzelnen Theile der Rüstungsstücke, die sie trugen, nicht mit Metallbändern, sondern mit Riemen aneinander befestigt, nicht von glänzendem Metall ꝛc. sein (s. Ritter).

Ritterorden waren ritterliche Waffenverbrüderungen mit dem Zwecke, die Waffen für ein gewisses heilig geachtetes Object, z. B. die Befreiung des gelobten Landes von den Ungläubigen, zu führen. Sie entstanden zur Zeit der Kreuzzüge, hatten fast alle eine religiöse, wenigstens niemals eine rein politische Tendenz, und banden den Eintretenden durch ein heiliges Gelübde an die von der Ordensregel ausgehende Pflicht. Derartige Orden bildeten sich nach Art der Mönchsorden in fast allen Ländern, einige erlangten große politische Bedeutung, so z. B. der der deutschen Ritter die souveraine Herrschaft über weite Länder. Mit der Zeit erloschen jedoch fast alle, in Deutschland der Johanniterorden zuletzt, und nur die Ordensabzeichen haben sich theilweise von einigen zum Andenken erhalten. (S. Orden.)

Ritterpferd, mit diesem Worte wurde im Mittelalter die Kriegshilfe bezeichnet, die ein Vasall seinem fürstlichen Lehnsherrn im Kriege zu leisten hatte. Sinnverwandt dem Worte Banner. Wie viel Ritterpferde, d. h. geharnischte ritterliche Krieger mit der gehörigen Gefolgschaft, der Fahne des Lehnsherrn zugeführt werden mußten, hing natürlich von der Größe und Bevölkerung des Lehnsgebietes und der Zahl der auf ihm befindlichen Rittersitze ab. Mit Einführung der stehenden Heere entstand aus diesem persönlichen Kriegsbeistande eine adlige Kriegssteuer, die aber ihren alten Namen behalten hat.

Ritterschaft, s. Ritter.

Ritterschwert, durch Länge und Bau des kreuzförmigen Griffs von dem Schwerte des gemeinen Kriegsknechtes unterschieden. In einigen Ländern und zu gewisser Zeit war auch das Tragen eines Schwertes ritterliches Vorrecht. (S. Ritter).

Ritterthum (s. Ritter).

Ritterwesen (s. Ritter).

Rivoli, venetianisches Dorf im östreichschen Besitze, hier 1797 zweitägige Schlacht, in welcher die Oestreicher von den Franzosen geschlagen wurden. Oestreichscher Seits commandirten Alvinczy und Provera, französischer Seits Napoleon und unter ihm Augereau, Massena, Joubert, Vial, Berthier, Rey, Leclerc und Lasalle. Die Oestreicher verloren 46 Kanonen und die Folge war der Verlust von Mantua.

Riäsan, Alt-, untergegangene große Stadt in dem gleichnamigen russischen Gubernium, zum Theil wieder durch Ausgrabung an das Licht gefördert; das interessanteste Stück ist ein altes Castell. Der Ueberrest der Stadt besteht in einem Dorfe.

Robert II., genannt der Teufel, Herzog der Normandie, Vater Wilhelms des Eroberers, einer der mittelalterlichen Helden, die die Volksdichtung verewigt hat, führte mehrjährigen Krieg gegen sein eigenes Volk und erwarb sich als grausamer Sieger jenen Beinamen. Er schlug die Grafen von Flandern, Oddo von Champagne und den Herzog von Bretagne, unternahm einen Krieg gegen den König Knut von Dänemark und zeigte sich überall als einen der ersten Helden seiner Zeit. Starb auf einer Pilgerschaft zum heiligen Grabe 1035 vergiftet.

Robert I., s. Bruce und Schottland.

Robespierre, s. Frankreich.

Rochambeau, Jean Baptiste Donatien de Vimeur Graf von, geb. 1725, Franzose, trat als Jüngling zur Zeit des östreichschen Erbfolgekriegs in das französische Heer und machte diesen mit, focht auf Minorca und im siebenjährigen Kriege, wurde in diesem General, und wurde als solcher Führer der französischen Truppen im nordamerikanischen Freiheitskriege (s. Amerika), wurde nach Ausbruch der Revolution Commandeur der Nordarmee, 1791 Marschall, entging dem Henker Robespierres nur durch einen seltsamen Zufall, lebte darauf in Zurückgezogenheit, wurde aber doch von Napoleon als Marschall bestätigt und starb 1807.

Rochambeau, Donatien Marie Joseph de Vimeur Vicomte de, Sohn des Vorigen, geb. 1750, begleitete seinen Vater auf seinen Feldzügen in Nordamerika, wurde schon hier Oberst, beim Ausbruch der Revolution Generallieutenant, wurde 1791 nach Westindien commandirt, vertrieb die Engländer und Royalisten von Domingo, Martinique, Guadeloupe und St. Lucie, focht 1800 in Italien, aber zwei Jahre später schon wieder in den Colonien, erhielt 1803 den Oberbefehl auf Haiti, fiel aber mit seinen Truppen in englische Gefangenschaft. Er machte den Feldzug von 1813 mit und fiel in der Schlacht bei Leipzig. Seiner Tapferkeit wegen sehr geachtet.

Roche-Aymon, Antoine Charles Etienne Paul Graf von, geb. 1775, Franzose, wanderte nach Ausbruch der Revolution aus, diente im Emigrantencorps, trat aber nach dessen kurzem Bestehen in preußische Dienste, in denen er die Feldzüge von 1806 und 1807, 1812, 1813, 1814 mitmachte und sich sowohl durch Tapferkeit, als kriegswissenschaftliche Bildung zum General erhob. Nach Napoleons Sturz kehrte er in französische Dienste zurück und machte 1825 den Invasionskrieg in Spanien mit großer Auszeichnung mit. Er erwarb sich Verdienste durch seine Schriften, unter denen sich die über die Taktik der Cavalerie auszeichnen, auch leistete er viel für die Reorganisation des preußischen Heeres 1807—1812, das Exercirreglement, welches um diese Zeit eingeführt wurde, entstammte ihm.

Rochefort, französische Kriegshafenstadt an der Charante, 1¼ Meile von deren Mündung. Neben dem Kriegshafen ein Handelshafen. Sehr bedeutende Befestigungen, darunter das alte und vier neue Forts die Haupttheile sind. Sitz einer Seepräfectur, hat Schule für Schiffsärzte mit Bibliothek, Schifffahrtsschule, mathematische Schule, Modellsammlung für Seewesen, Schiffsausrüstungsmagazine, Baßins für Schiffsreparaturen, eine Tandreherei, ungeheure Werfte, Kanonengießerei, großes Marinezeughaus und Arsenal für die Landarmee, eines der größten Marinehospitale Europas. R. hat starke Garnison und ist 3. Hauptmarinestation.

Rodney, Georg Brydges, Engländer, geb. 1718, für die Marine erzogen, bombardirte 1759 als Admiral Havre de Grace und eroberte später Martinique, schlug 1780 die spanische Flotte, wobei er große Beute machte, eroberte 1781 St. Eustache, Martin und Saba, machte hier eine Beute von 200 Schiffen, und schlug 1782 in einer großen Schlacht die französische Flotte vor St. Domingo, wobei der französische Admiral sammt seinem Schiff gefangen genommen wurde. Starb 1792.

Roeskilde, dänisches Städtchen, hier dänisch-schwedischer Friede 1658.

Roger I., Sohn Tancreds von Hauteville, Normanne, führte nebst seinem Bruder Robert zahlreiche normannische Schaaren nach Unteritalien, schlug die Sarazenen 1061 bei Enna, eroberte Sicilien und Malta, unterstützte die Eroberungen seiner Brüder und Verwandten auf dem italienischen Festlande, erregte durch tapfere Thaten Bewunderung, nicht weniger aber durch seine staatlichen Einrichtungen auf Sicilien, das er als Souverain beherrschte. St. 1101.

Roger II., Sohn des Vorigen, erst Graf, dann König von Sicilien, eroberte 1127 Apulien und Calabrien. In einem Kriege gegen den Kaiser Lothar und Emanuel und den Papst Innocenz behauptete er siegreich seinen Königstitel und Apulien, Calabrien und Capua 1140. 1146 überzog er den König Emanuel mit Krieg, nahm Korfu und verheerte Dalmatien und Griechenland, 1147 schlug er die Zoreiden in Afrika und machte hier große Eroberungen. Starb 1154.

Rogniat, Joseph Vicomte de, geb. 1767, Franzose, berühmter französischer Geniegeneral, leitete im Halbinselkriege die wichtigsten Belagerungen, machte auch die Feldzüge von 1809 und 1813 in Deutschland mit, zog sich nach der Schlacht bei Leipzig aus dem Dienste zurück, nahm aber 1815 wieder Theil an Napoleons Unternehmungen. Unter Ludwig XVIII. wurde er Inspector des Geniewesens, Vicomte und später Pair. Starb 1840. Schrieb mehres über die Kunst der Kriegführung und über Festungskrieg.

Rohan, Henri Herzog von, geb. 1579, Franzose, Protestant, Freund und Vertrauter Heinrichs IV., stand an der Spitze der Hugenotten und leitete deren Hauptkämpfe, vertheidigte sich, nachdem La Rochelle schon verloren war, mit einer geringen Schaar gegen sechs Armeen und erzwang den Frieden von 1629. 1631 trat er als Obergeneral in venetianische Dienste, aber desselben Jahres übernahm er wieder ein französisches Commando, führte 1635—1637 einen siegreichen Krieg gegen die Spanier und Oestreicher im Veltlin, legte aber diesen Oberbefehl nieder, da ihm Richelieus Intriguen überall Schwierigkeiten bereiteten. 1638 vereinigte er sich mit Bernhard von Sachsen und starb verwundet desselben Jahres. Grab und Denkmal zu Genf.

Roland, Hruodlandus, Paladin Karls des Großen, führte auf dem Rückzuge aus Spanien die Nachhut, dieſe aber wurde in den Pyrenäen von den Baskonern überfallen und er getödtet. R. wurde nun ein Sagenheld, der eine vielfache Geſtaltung erhielt, aber ſtets der Repräſentant des Großen und Heldenhaften blieb. Unterſtützt von den Sagen nahm Rolands Name die Bedeutung eines großen und gewaltigen Beſchützers an, daher in vielen Städten ſein Bild aufgeſtellt wurde.

Roßſchuß, ſ. Geſchütz, Feſtungskrieg und Ricochet.

Rom, Hauptſtadt der päpſtlichen Staaten und des früheren römiſchen Kaiſerreichs, ſowie der vorhergehenden Republik und des alten Königreichs, an der Tiber in Mittelitalien, mit 176,000 Einw., 753 v. Chr. angeblich vom König Romulus gegründet, in der Folge über 7 Hügel ausgebreitet, ſchon von Romulus mit einer Mauer umſchloſſen, von Servius Tullius durch einen Wall gedeckt und durch die folgenden Herrſcher mehr und mehr zu einer großen und feſten Stadt ausgebildet. Ancus Martius legte einen neuen Wall an und erbauete eine Brücke, und Servius Tullius erweiterte die Mauern, gab ihnen Thürme und legte Wall und Gräben vor. Die Republik übernahm die Stadt als eine der größten und feſteſten Städte der damaligen Welt. Schon in den früheſten Zeiten hatte die Stadt für militairiſche Zwecke, die zum Theil religiöſen Characters waren, ihr Marsfeld. Eine Zerſtörung durch die Gallier 390 v. Chr. ſtörte die Fortbildung der Stadt nur kurze Zeit, außer vielen Tempeln und öffentlichen Staatsgebäuden entſtand 220 v. Chr. der Flaminiſche Circus, an kriegeriſchem Character gewann ſie aber namentlich gegen Ende der Republik und während des Kaiſerreichs. Unter Agrippa wurde das Mars- feld mit prächtigen Gebäuden und Denkmälern ausgeſtattet. Dieſes bildete unter Auguſtus den 7. und 9. ſtädtiſchen Bezirk. Auguſtus that das Außer- ordentlichſte an der Stadt, aber wenig für ihre Befeſtigung. Tiberius gab einem Theile der bereits trefflich organiſirten Beſatzung ein Standlager auf der nordöſtlichen Seite, unter den folgenden Kaiſern wurde wenig oder nichts für die Fortifizirung der Stadt gethan, obſchon die alten feſten Werke durch die Ausbreitung der Stadt und die mannigfachſten Anbaue ganz an ihrer Be- deutung verloren hatten. Aber Kaiſer Aurelianus fortifizirte die Stadt von Neuem, indem er ſie mit einer neuen 2¼ Meilen langen Mauer, Wall, Gra- ben, Thürmen und 14 befeſtigten Thoren umgab. In Bauten anderer Art trat der kriegeriſche Character Roms vielmehr hervor, ſo namentlich in ſeinem Marstempel, in welchem der Senat ausgezeichneten Siegern den Triumph feierlich gewährte; ihrem Tempel des Honor und der Virtus, dem Tempel der Bellona, von deſſen Kriegsſäule der Fetial bei der Kriegserklärung eine Lanze nach der Seite hin ſchleuderte, wo ſich das Land des Feindes befand; dem Pantheon im Marsfelde, dem der Victoria und ſelbſt dem von Vespaſian erbaueten Friedens- tempel. Auch die Circus hatten einen kriegeriſchen Character. Unter ihnen hervorragend waren der circus maximus und das Amphitheatrum castrense beim Lager der Prätorianer; nicht weniger die großartigen und prachtvollen Triumph- bogen, deren einige mit unermeßlichen Geldſummen erbaut worden ſind. Vor- zugsweiſe berühmt war die Porta triumphalis am Ende des Marsfeldes, durch welche in der früheren Zeit ſich ſtets die Triumphzüge bewegten, und die Triumphbogen des Titus, des Septimus Severus, Konſtantius d. Gr., des Druſus, des Dolabella und des Gallienus. Kriegeriſche Denkmale, theils Bilder im Forum, theils Statuen in Tempeln und auf öffentlichen Plätzen gab es in ſehr reicher Zahl, wie denn überhaupt im alten Rom die Kunſt mit Vorliebe dem Mars und der Bellona diente. Eins der älteſten war die Bild- ſäule des Horatius Cocles. Von beſonderer Schönheit waren die Statuen der Kaiſer Auguſtus, Domitian, Trajan und Marcus Aurelianus. Auch wurden viele Siegessäulen errichtet, z. B. dem Mänius, dem Duilius, dem Trajan, dem Marc Aurel und dem Kaiser Phocas. Sehr zahlreich waren auch die Obeliste, und häufig wurden die Gräber der Helden zu prachtvollen Denkmälern gemacht. Einige Kaiser baueten sich solche noch bei ihrer Lebenszeit selbst. Am berühmtesten unter ihnen ist das Mausoleum Hadrians geworden, das von so ungeheurer Größe war, daß Belisar es als Zitadelle benutzte und auf seinen Grundmauern in der Folge die Engelsburg (s. d.) errichtet wurde. Außer durch innere Kämpfe litt Rom furchtbar durch zahlreiche Belagerungen. Die erste davon war die durch die Gallier unter Brennus, durch welche Rom bis auf das Capitol vernichtet wurde. Nicht weniger verderblich war der Kampf des Sulla gegen die Marianer am 1. Nov. 82 v. Chr. 410 n. Chr. wurde R. durch die Westgothen unter Alarich erstürmt, im Juli 455 von den Vandalen unter Geiserich erstürmt und schrecklich verheert, 545 von den Ostgothen belagert und 546 von Totilas, 552 wieder von den Griechen unter Belisar erobert, 1082 vom Kaiser Heinrich IV. belagert und 1084 von demselben erobert, wobei die Leopolis vernichtet wurde; am 6. Mai 1527 erstürmte der Connetable von Bourbon mit den Kaiserlichen die Stadt und verheerte sie, 1798 wurde sie von den Franzosen besetzt und 1848 war sie der Tummelplatz revolutionairer Massen, vor denen der Papst flüchten mußte. In späterer Zeit hatte sich um die Befestigung der Stadt namentlich der Papst Leo IV. Verdienste erworben. Im weitern s. Engelsburg. Der erste Krieg Roms, kurz nach Gründung des Staates, war der gegen die Sabiner, veranlaßt durch den Raub der sabinischen Frauen und Mädchen, zu denen sich die ersten Römer durch den gänzlichen Mangel an weiblichen Personen gezwungen sahen. Ueber Krieg und Frieden entschied bei der frühesten Verfassung das Volk in seinen Curiatcomitien. Unter Tullus Hostilius wurde Alba longa zerstört, unter Ancus Martius ein Theil von Latium unterworfen und der Hafen Ostia eingerichtet. Unter Tarquinius Priscus Besiegung der Sabiner und Lateiner. Unter Servius Tullius die Grundlage zum Militairstaate gelegt, jeder Bürger kriegspflichtig, nach dem Vermögen besteuert und nach der Steuer im Heere rangirt und verpflichtet. Kriegerische Berathungen in den Centuriatcomitien auf dem Marsfelde. Die Patricier stellten die Reiterei, die übrigen Stände das Fußvolk. Unter Tarquinius Superbus Kriege mit den Lateinern, Hernikern und Volskern, 509 und die folgenden Jahre innerer Krieg der Republik mit dem vertriebenen König und den Etruskern, der schließlich durch den König Porsenna Nachtheile für Rom herbeiführte. 498 Besiegung der Lateiner. Es folgten innere Kämpfe des Volkes gegen Coriolan, dann die Kriege mit den Vejentern, Aequern, Sabinern und Volskern. In diesen Kriegen kam zuerst die Besoldung des Heeres auf. Veji wurde 395 v. Chr. zerstört und die Kriege allseits durch Siege beschlossen. Aber 390 v. Chr. erhoben die senonischen Gallier einen furchtbaren Krieg, Rom wurde bis auf das Capitol von Brennus erobert, dieser aber auf der Heimkehr vernichtet. Die wieder aufgestandenen Nachbarvölker mußten aufs Neue bekämpft und besiegt werden. 367 wurde das Militairtribunal aufgehoben. In dieser Zeit wurde die römische Kriegskunst in den Kriegen mit den Tiburtinern, Hernikern, Etruskern und Galliern in hohem Maße ausgebildet. 343 der erste römisch-samnitische Krieg mit den Schlachten am Gaurus und bei Suessula. Es folgte bis 340 der lateinische Krieg. An diesen schloß sich der zweite samnitische Krieg von 326 bis 304, in welchem sich fast alle Völker der Halbinsel gegen Rom erhoben. Doch endete er siegreich. Der 3. samnitische Krieg von 298—290 mit den Schlachten bei Sentium und Aquilonia war eine Wiederholung des zweiten samnitischen Krieges und endete ebenfalls siegreich. 283—280 siegreicher Krieg mit den senonischen und bojischen

Galliern und Etruskern. Gleichzeitig begann der samnitisch-tarentinisch-römische Krieg, mit dem sich ein schwerer Krieg mit Pyrrhus von Epirus verknüpfte, der nach mehren großen Niederlagen durch den Sieg bei Benevent 275 beendet wurde. Tarent selbst 272 erstürmt. 266 war nach Besiegung der Umbrer ganz Italien erobert. Es begannen nun die Kriege mit Karthago, das einen großen Theil von Sicilien beherrschte. 264—242 erster punischer Krieg (s. d.). Zugleich fanden siegreiche Kriege mit den Liguriern und Jllyriern statt. Es folgte 219—202 der zweite punische Krieg (s. d.), nachdem kaum erst der schwere gallische Krieg (225—222) mit Mühe bewältigt worden war. Doch endeten beide siegreich, wie viele Niederlagen auch Rom erlitt. In der That rettete Rom seinen Erfolg nur durch seine Zähigkeit, die ihm Gelegenheit gab den Wechsel der Verhältnisse zu benutzen. Von nun an trug Rom sein Schwert weit über seine bisherigen Grenzen hinaus. Zuerst nahm es Rache an der karthagischen Bundesgenossen, dem Könige von Makedonien. 200 begann der Krieg, 197 der Sieg bei Kynoskephalä, und hiermit begann die Einmischung in die griechischen Angelegenheiten, die bis zur Unterjochung Griechenlands kaum eine Unterbrechung erlitten. Es schloß sich an den macedonischen ein syrischer Krieg, da Antiochus von Syrien in Griechenland eingedrungen war. Wurde 190 durch den Sieg bei Magnesia beendet. 189 die Antoler geschlagen. In Spanien dauerte seit dem punischen Kriege der Krieg fort, und der zweite macedonische Krieg nach vielen Niederlagen 168 siegreich entschieden und Rom erlangte in Osten eine völlige Omnipotenz. Die Siege bei Skarphea und Leukopetra und die Zerstörung Korinths brachte fast ganz Griechenland in römische Botmäßigkeit, so auch Makedonien und Jllyrien. Zu derselben Zeit wurde auch der 3. punische Krieg geführt und Afrika erobert. Zu gleicher Zeit brachen in Spanien furchtbare Empörungen los, gegen die ein regelmäßiger Krieg geführt werden mußte. Doch erlitten die Römer furchtbare Niederlagen und nur ihre hartnäckige Ausdauer verschaffte ihnen endlich mit Scipios Siegen die Eroberung 133 v. Chr. In demselben Jahre wurde auch Pergamos gewonnen. 112 v. Chr. wurde dem König von Numidien Jugurtha der Krieg erklärt und römischer Seits lange ohne Glück geführt. 109 kehrte der Sieg zu Roms Fahnen zurück und endete 106. 113 drangen die Cimbern und Teutonen ein, und erst nach vielfachen schweren Niederlagen wurden sie 102 und 101 bei Aqua Sextiae und auf den raudischen Feldern geschlagen und vernichtet. Nach zehnjähriger Ruhe folgte der Bundesgenossenkrieg 90 und 89, in welchem Acerrae und Stabiae, und gleich darauf der erste mithridatische Krieg 86-84, in welchem Chaeronea und Orchomenos die Hauptmomente bildeten. In diese Zeit fallen die blutigen schweren Kämpfe der Parteien, an deren Spitze Sulla und Marius standen, und welche das Reich in der weitesten Ausdehnung erschütterten. Als Hauptplätze dieses wüthenden Kampfes, der der erste Bürgerkrieg genannt wird, sind zu bezeichnen Canusium, Sacriportus, Clusium, Faventia, vor allem aber Rom selbst. An diese schloß sich 76 und 75 der Sertorianische Krieg (Lauron, Italica, Segovia, Valentia und Lucro) an und 75 hatte nun auch der schwere zweite mithridatische oder pontische Krieg (75-66) seinen Anfang genommen. Hauptschauplätze sind Chalcedon, Kyzikos, Tenedos, Cabira, Tigranokerta, Artaxata und Dastira. In die Zeit dieses Kriegs fällt 71 der Gladiatorenkrieg. Nach einer Ruhe von wenigen Jahren unternahm Julius Cäsar den gallischen Krieg, der von 58—51 währte, ganz Gallien bis zum Rhein zum Reiche brachte und die römische Herrschaft selbst nach Britannien hinübertrug (Bibracte und Besontio). 53 unglücklicher Feldzug gegen die Parthen in Asien (Carrhae). 49 begann der furchtbare zweite Bürgerkrieg, der durch die Eifersucht der als Staatsmänner und Helden gleich großen Consuln Pompejus und Cäsar erregt wurde. Er endete mit dem Untergange des Pompejus und seiner Partei 44. Hauptschauplätze Dyrrhachium, Pharsalus, Thapsus und Munda. Die Ermordung Cäsars bezeichnet das Ende dieses Bürgerkriegs, allein der dritte römische Bürgerkrieg, in welchem Cäsars Erbe Octavianus die Hauptrolle spielte, war eine ununterbrochene Fortsetzung und währte von 44—31. Hauptereignisse bei Mutina, Philippi und Actium. Nach der Schlacht bei Actium feierte Octavian drei Triumphe, schloß den Janustempel und von hier beginnt die Zeit der Kaiserherrschaft, indem Octavianus unter dem Namen Augustus das Imperium übernahm. Er war der Oberbefehlshaber des Heeres, unter ihm commandirten die Legaten, das Heer wurde nicht wesentlich verändert, aber die Besatzung von Rom entsprechend organisirt. Unter Augustus wurden noch mehre Unterwerfungskriege zu Erweiterung des Reichs, nicht weniger aber zum Zwecke der Beruhigung im Innern geführt. Zu nennen sind der Cantabrische Krieg in Spanien bis 19, der salassische Krieg in Gallien 25, der ägyptische Krieg 22, der rhätische Krieg bis 16, der ostgermanische (dalmatisch-pannonische) bis 9 und der westgermanische von 12 v. Chr. bis 16 n. Chr. Hauptereignisse in diesem waren die Schlacht im teutoburger Walde 9 n. Chr. und die Schlacht bei Idistavisus 16 n. Chr. Unter den inneren Kämpfen dieser Zeit tritt besonders der zwischen Otho und Vitellius (Bedriacum, Placentia) 68 und 69 hervor. Mit ihm zusammenfällt der Kampf gegen die empörten Bataver unter Claudius Civilis (71). Auf der andern Seite wüthete der Krieg in Judäa und Jerusalem wurde erobert. Unter Domitian wurde gegen Germanen, Dacien und Britannien Krieg geführt, aber nur gegen letzteres glücklich, unter Trajan dagegen wurde gegen die Parther und Dacier mit Glück gekämpft, und diese Kriege dauerten fort bis nach Marc Aurel und dazu kamen noch Kriege gegen die Markomannen und Quaden. Unter der Gewalt der Prätorianer und Legionen fand nach ihm ein wiederholt gewaltsamer Thronwechsel statt, bis Septimius Severus 193—194 diesem Treiben ein Ende machte und die Gegenkaiser entscheidend schlug (Issos, Kyzikos, Nikäa). Er focht in Asien glücklich, verstärkte das Heer der Prätorianer auf 50,000, erhöhte die Kriegsmacht überhaupt und that viel für Herstellung der Zucht und Ordnung. Unter Alexander Severus Krieg mit Persien. Während jetzt Rom in seinen Kriegen meist der angreifende und siegende Theil gewesen, trat jetzt zunächst von Seite Deutschlands ein anderes Verhältniß ein, was für das römische Reich um so gefährlicher war, da im Innern fortwährend Thronrevolutionen und Verschwörungen mit einander wechselten. So brachen 251 die Gothen in Mösien ein, drangen bis Kleinasien vor und gewannen während der Reichsverwirrung unter den 30 Tyrannen eine furchtbare Macht (Abrutum, Naissus). Der Krieg währte bis 270 und erhielt durch Claudius ein günstiges Ende. Unter Aurelian die Markomannen, Alemannen, die Gothen in Mösien und die Königin Zenobia geschlagen und Rom befestigt. Unter Probus Defensionskrieg gegen die Germanen, unter Carus 283 und 284 Krieg mit Persien, Diocletian führte kurze, aber nicht unglückliche Kriege gegen die Barbaren. Unter ihm war das Reich in vier Theile getheilt. Unter Constantin d. Gr. 306—337 war nach Unterwerfung der Nebenbuhler (Hauptschauplätze: die Milvische Brücke, Adrianopel, Cibalis und Chalcedon) eine ruhige Zeit, die nur 223 durch Bekämpfung des Licinius und in der letzten Periode seiner Regierung durch Unruhen im Innern gestört wurde. Unter Constantin die Civilverwaltung von der Militairverwaltung getrennt. Constantins 3 Söhne und Neffen führten einen blutigen Krieg um die Krone, aus welchem Constantius als Sieger, aber auch mit der Schmach des Meuchelmörders hervorging (351). 361 unglücklicher Kampf des Kaisers gegen Julianus. Dieser Besieger der Alemannen bei Straß-

burg 355. Unter Julian Krieg mit Persten und 366 schwerer Kampf auf den
catalaunischen Feldern. Unter Valentinian und seinem Bruder Valens getheilte
Herrschaft und Krieg mit den Ostgothen, der dem Reiche den Untergang drohete
(Marcianopel, Adrianopel, wo Valens blieb, Polentia Verona, Fäsulae und
Rom, welches 410 von den Gothen unter Alarich erstürmt und zerstört wurde).
Der Krieg währte von 377—410. 409 hatten auch die Vandalen und Sueven
Spanien, und Britannien mußte aufgegeben werden. Das weströmische Reich
hatte sich bereits constituirt, in Gallien wurde die Herrschaft zweifelhaft durch
die Franken, die Burgundionen und Alemannen machten sich frei, die Vandalen
rissen 429 Afrika an sich und Rom wurde von ihnen 455 genommen und vom
15. bis 29. Juli schrecklich verwüstet, in demselben Jahre von den Gothen hart
belagert und 455 von Totilas erstürmt. 451 vermochte Rom nur noch mit
germanischer Hilfe auf den catalaunischen Feldern zu schlagen, aber 452 nicht
den Einbruch Attilas in Italien zu wehren. Unter fortwährenden blutigen
Thronrevolutionen ging Rom nun mit Eile seinem Untergange entgegen, dem
es endlich durch Odoaker (Abba, Ravenna) erfuhr (476). Italien war zerrissen
und von einem römischen Reiche keine Rede mehr. Doch spielte Rom noch
eine kurze Rolle als Kriegsobject, und Belisar entriß es 552 den Ostgothen,
von da ab hatte es aber nur noch als Stadt und Residenz des ersten Bischofs
der Christenheit, aber nicht mehr als Staat Bedeutung. Die römische Kaiserwürde ging auf die Könige von Deutschland über, und diese haben im Streite
mit dem Papste die Stadt sehr oft besetzt oder erobert, so namentlich 1082,
1084, 1527. In neuester Zeit ist R. zwar oft politisch, aber nicht militairisch
bedeutsam gewesen. Gegenwärtig ist es von einem französischem Heere unter
dem General Goyon besetzt, welches sich den Schein giebt den Papst schützen zu
sollen. (S. Engelsburg und Italien.)

Romanus, Pedro Caro y Sylva Marquis von, geb. 1770, Spanier, in
Deutschland erzogen, machte unter spanischer Fahne den Feldzug 1793 mit,
stand 1807 an der Spitze des spanischen Corps unter Napoleon, verließ diesen
aber 1808 und ließ sich von englischen Schiffen nach Spanien zurück bringen,
wendete hier seine Waffen gegen Napoleon und war der Errichter der Guer-
rillas (irregulairen Volkswehr). Er starb 1811 mit dem Ruhm, seinem Vaterlande große Dienste geleistet zu haben.

Romanow, Name des jetzt Rußland beherrschenden Geschlechtes, von 1613
—1730 in männlicher, von da bis jetzt in weiblicher Linie; der Ursprung mit
Fabeln ausgeschmückt; historisch beglaubigter Stammvater Andrei, im 14.
Jahrhundert aus Preußen eingewandert und zum russischen Feldherrn emporgestiegen; zum Czaren erhoben wurde der von seinem Vorgänger adoptirte
junge Fürst Michail Feodorowicz Romanow. (Siehe für Weiteres Rußland).

Römerzug, die Reise der deutschen Könige nach Rom, um vom Papste
mit der Krone des Augustus gekrönt zu werden. Als die Streitigkeiten zwischen den Päpsten und Kaisern losgebrochen waren, waren die Römerzüge nicht
friedliche Prachtreisen, sondern Heerzüge, durch welche die Krönung vom Papst
erzwungen wurde.

Romulus, nach der Sage Sohn des Mars, wodurch die Römer den
kriegerischen Charakter ihres Staates andeuten wollten, Gründer Roms.
(S. Rom.)

Romulus Augustulus, letzter römischer Kaiser (s. Rom).

Ronceevalles, navarresisches Thal und Paß in den Pyrenäen. Hier die
Nachhut Karls des Großen 778 überfallen und der berühmte Paladin Roland
(s. d.) getödtet; 1794 die Spanier von den Franzosen, 1813 die Franzosen
von den Engländern geschlagen.

Ronde, s. v. w. Visitirpatrouille, von einem Offizier geführt, fungirt in Festungen und Lagern des Nachts (s. Wachtdienst).

Roquelaure, Antoine Baron von, geb. 1543, trat in navarresische Dienste, focht für Heinrich IV. und trat unter diesem in französische Dienste. Er wurde 1615 Marschall und starb 1625.

Roquelaure, Jean Gaston Baptiste Marquis von, Sohn des Vorigen, geb. 1617, focht unter Ludwig XIII. in den Niederlanden, den Pyrenäen, unter Ludwig XIV. abermals in den Niederlanden, wurde 1652 zum Pair und Herzog erhoben, leitete die Belagerung von Mastricht 1673 und starb 1683.

Roquelaure, Antoine Gaston Jean Baptiste Herzog von, Sohn des Vor., Franzose, geb. 1656, machte den spanischen Erbfolgekrieg mit, wurde 1724 Marschall und starb 1738.

Rosamel, Claude Charles Marie du Campe de, Franzose, geb. 1774, diente seit 1792 bei der französischen Marine, machte 1796 die erfolglose irländische Expedition mit, fiel bei einem von ihm geleiteten Seegefecht im adriatischen Meere 1811 in Gefangenschaft, wurde 1814 frei, 1818 Contreadmiral, führte 1830 bei der algerischen Expedition ein Commando mit großer Auszeichnung. 1830 wurde er Seepräfect von Toulon, 1836 Marineminister und 1840 Viceadmiral, worauf er bald gestorben.

Rosas, Don Juan Manuel de, geb. 1793, schwang sich durch kühne Waffenthaten gegen die politischen Gegenparteien und Indianer zum Gouverneur und Dictator von Buenos-Ayres auf, ordnete als solcher den Staat, beging aber aus Habsucht unerhörte Grausamkeiten, verwickelte sich 1850 in einen Krieg mit Brasilien, wurde 1852 bei Buenos-Ayres entscheidend geschlagen und flüchtete nach England. (S. Amerika.)

Rose. Krieg der weißen und rothen, wüthete in England 1452 bis 1485 zwischen den fürstlichen Häusern York, welches als Feldzeichen eine weiße, und Lancaster, welches eine rothe Rose führte. Das königliche Haus der Plantagenet wurde dadurch vernichtet und über eine Million Menschen kamen in diesem Volkskriege um (s. Großbritannien).

Rosen, Georg Baron von, geb. in den russischen Ostseeprovinzen, machte unter Suwarow die Schlacht von Praga, den Feldzug von 1807, 1809 und 1812 als General, und die von 1813 und 1814 als Generallieutenant mit, wurde während des persischen Feldzugs General der Infanterie, commandirte unter Diebitsch bei Grochow und Wawre, wurde aber bei Dembe und Iganie geschlagen und mit großem Verluste nach Siedlce zurückgetrieben. Nach der Einnahme von Warschau gelangen ihm jedoch einige Treffen in Südpolen. Glücklicher kämpfte er im folgenden Jahre im Kaukasus, doch konnte er gegen Schamyl nichts ausrichten. Starb 1841.

Rosen, Roman Baron von, geb. 1780, focht 1812, 1813 und 1814 gegen Frankreich, 1830 und im folgenden Jahre im Kaukasus, wurde 1845 commandirender General und starb 1848.

Rosen, Alexis Baron von, Director der Artillerieschule in Petersburg und Generallieutenant in russischen Diensten.

Roßbach, preußisches Dorf im Herzogthum Sachsen unfern Merseburg, hier im siebenjährigen Kriege 1757 die vereinigte Reichsarmee und französische Armee unter dem Prinzen Soubise von den Preußen unter Friedrich dem Großen trotz dem Mißverhältniß von 1—3 dergestalt geschlagen, daß eine völlige Auflösung der Armee der Alliirten erfolgte. Die Preußen eroberten 63 Kanonen und 22 Fahnen und machten 7000 Gefangene.

Roßschweif, Abzeichen der türkischen Großwürdenträger, welches vor ihnen hergetragen wird. Vor dem Sultan werden 6, vor den Paschas 3, 2 oder 1 Roßschweif getragen.

Rostoptschin, Fedor Graf von, Russe, Generalgouverneur von Moskau, wird als derjenige genannt, der den Brand von Moskau 1812 veranstaltet und befohlen hat. Starb 1826.

Rotherthurm-Paß, Trajans Pforte, Felsenpaß in Siebenbürgen, mit einem Fort, dem sogenannten Rothenthurm. Ehedem hier ein festes römisches Lager; hier 1442 und 1443 die Türken von den Ungarn geschlagen, 1849 von den Ungarn unter Bem besetzt.

Rothrußland, s. Rußland.

Rotte, das kleinste Glied einer militairischen Linie, welches aus den einzelnen hinter einander stehenden Soldaten besteht. Die Tiefe der Rotte beträgt bei der Cavalerie 2, bei der Infanterie 2 oder 3 Mann, da die Linien jetzt nur in 2 oder 3 Gliedern aufgestellt werden. Bei der bedeutenden Tiefe der Linienstellung in früheren Jahrhunderten waren natürlich die Rotten sehr stark, 10—20 Mann. Ein Mann derselben stand in höherem Rang und hatte die Aufsicht über die Rotte wie jetzt der Unteroffizier über seine Section. Daher hieß dieser Rottmeister, eine Benennung, welche sich hie und da bis jetzt, namentlich bei den Bürgerwehren, erhalten hat.

Rottmeister, s. Rotte.

Rouen, französische Stadt an der Seine, mit 100,000 Bew., Garnison und Navigationsschule.

Roussin, Alboin Reine Baron von, Franzose, geb. 1781, trat schon als Knabe in französischen Marinedienst, machte seit 1794 die Kämpfe gegen England mit, setzte sich durch Vermessungen und Aufnahmen in Ansehen, wurde 1822 Contreadmiral und mit Einrichtung der Marineschule zu Brest betraut, nach vielen, aber kriegerisch nicht sehr bedeutsamen Verwendungen wurde er 1840 Marineminister und starb 1854 als Senator.

Rouvroy, Theodor Freiherr von, geb. 1728, Oestreicher, trat in östreichische, darauf beim Geniewesen in sächsische, nach mehren Jahren wieder in östreichische Dienste. Machte als Commandeur der Artillerie des Laudonschen Corps den siebenjährigen Krieg mit, in dem er vom Major zum Obersten avancirte. 1763 General, 1775 Feldmarschalllieutenant, 1787 Feldzeugmeister. Machte unter Joseph II. den Krieg gegen die Türken mit und starb 1789, schwer verwundet. Hatte sich große Verdienste um die östreichische Artillerie erworben und namentlich die reitende Artillerie organisirt.

Rouvroy, Freiherr von, Sohn des Vorigen, Oestreicher, stieg durch seinen Vater protegirt rasch zu den höhern Würden auf, machte mit Auszeichnung die Feldzüge von 1805 und 1809 mit und blieb bei Wagram, wo er als Feldmarschalllieutenant commandirte.

Rouvroy, Friedrich Gustav von, geb. 1771, sächsischer Artillerieoberst, starb 1839.

Roveredo, östreichische Stadt in Südtyrol, von 8000 Einw., mit Fort. Hier 1796 die Oestreicher mit Verlust von 25 Geschützen von den Franzosen unter Massena geschlagen.

Rovigo, Herzog von, s. Savary.

Rückzug, die Bewegung einer Armee ihrer Operationslinie entgegen, kann freiwillig oder gezwungen sein. Im erstern Falle können ökonomische oder strategische Ursachen zu Grunde liegen und dieser Rückzug selbst der offensiven Operation zum Hülfsmittel dienen, namentlich wenn er den Zweck hat, den Feind in eine Position zu locken, in welcher er sodann mit wohlberechneten Vortheilen um so wirksamer angegriffen werden soll. Derartige strategische

Rückzüge waren Hauptregeln in der Kriegskunst vieler früheren Völker, so namentlich der Parther, der Scythen und Germanen und oft verdankten sie dieser
Operation die großartigsten Siege. In dieser Weise machten auch die Ungarn
vom Rückzuge Gebrauch, ja sie wie die Hunnen machten selbst den kleineren,
den tactischen, Rückzug für sich zur Kriegsregel, die natürlich auch einem ge-
wandten Reiterheere große Vortheile gewährt. Der strategische Rückzug, der
den sich Zurückziehenden durch Annäherung an ihre Hilfsquellen und andere
Vortheile ebenso erkräftigt als er den nachfolgenden Feind durch entgegenge-
setzte Verhältnisse entkräftet, wird namentlich stets da zu empfehlen sein, wo
der Gegner an Zahl und Waffenkunst überlegen auftritt. Aber auch zufällige
organische Unvollkommenheit kann die besten Heere zum Rückzug zwingen und
es ist wohl kaum in Abrede zu stellen, daß Radetzky 1848 den Glanz und die
Schnelligkeit seiner nachherigen Operationen hauptsächlich seinem klugen Rückzuge unter die berühmten vier Festungen verdankte. Ganz andere Verhältnisse
treten ein, wenn der Rückzug zu Folge unglücklicher Ereignisse unmittelbar
vor dem Feinde ausgeführt werden muß, in welchem Falle eine fortdauernde
Vertheidigung nöthig wird. Nach einer nicht völlig entschiedenen Schlacht
wird meist der Rückzug strategische Vortheile bezwecken, sei es, daß durch ihn
nahe Verstärkungen gewonnen werden können oder eine bessere Stellung etwa
in der Flanke des Feindes zu erlangen ist, von welcher aus der Kampf neu
aufgenommen werden kann. Ein solcher Rückzug wird stets in größter Ordnung ausgeführt werden. Dazu gehört, daß eine kräftige und genügende
Truppenzahl vorhanden sei, um das Gros sicher zu vertheidigen und die Bewegung zu decken. Es kommt dabei jede der drei Waffen zur Verwendung
und jede gute Position muß von der Arrieregarde benutzt werden, sich zu setzen,
um den Feind aufzuhalten. Uebereilung ist beim Rückzuge stets der gefähr-
lichste Fehler. Dies gilt namentlich von dem Rückzuge nach einer verlorenen
Schlacht und bei heftigem Nachdrängen des Siegers. Die deckenden Truppen
müssen mit Aufopferung kämpfen und der Feldherr der Ueberzeugung huldigen,
daß die Opfer des zur gehörigen Anordnung nöthigen Widerstandes bei weitem
so groß nicht sind wie die eines übereilten zu Flucht und Auflösung führenden
Rückzugs. Die Schlachten bei Roßbach, Jena und Waterloo bezeugen dies
genügend. Die Deckung des Rückzugs gehört zu den schwierigsten tactischen
Operationen und es ist nothwendig, daß die kämpfenden Truppen sich ablösen,
d. h. die einen kämpfen, während die anderen sich entfernter zu neuem Kampfe
festsetzen; bei einer schwachen und matten Verfolgung dürfen auch wohl die
Truppen im Marsche bleiben und es genügt, daß das hinterste Glied mit stetem
Umkehren im Feuern bleibt, während, wo es das Terrain gestattet, die Batterien von Zeit zu Zeit Stand nehmen und auf den Feind zurückfeuern. Indessen wird die Verwendung der Artillerie bei Rückzügen großer Heere lediglich
von den Terrainverhältnissen abhängen. (S. Arrieregarde.) — Operationslinie
ist diejenige Linie, auf welcher der Rückzug ausgeführt werden muß. Gewöhnlich läuft diese Linie vertikal auf die Operationsbasis.

Rüdiger, Fedor Wassiliewitsch Graf von, Kurländer, geb. 1780, machte
die Feldzüge von 1807, 1812, 1813 und 1814 mit, wurde schon 1812 General und focht in den folgenden Jahren unter Wittgenstein, als Generallieutenant machte er 1828 den Feldzug gegen die Türkei mit und zeichnete sich bei
vielen Gelegenheiten, namentlich beim Balkanübergange und bei Selimno aus,
machte 1831 den Feldzug gegen Polen mit, in welchem er das Dwernizkische
Corps in Podolien auf österreichisches Gebiet drängte, den Kaminskischen und
Rozyckischen Corps erheblichen Schaden zufügte und Kleinpolen in seine Gewalt
brachte. 1849 commandirte er als Chef eines Corps in Ungarn und ihm

ergab sich Görgei bei Vilagos. Im folgenden Jahre trat er aus dem Dienste zurück.

Rudolph I., 1218 geboren als Graf von Habsburg, Sohn Albrechts des Landgrafen vom Elsaß und Grafen von Habsburg, trat 18 Jahre alt in die Waffendienste Kaiser Friedrichs II., der sein Pathe war, und es ist nicht zu verkennen, daß der Character des erhabenen Heldenkaisers Friedrich den größten Einfluß auf Rudolph gehabt habe. Friedrich schlug ihn 1238 selbst zum Ritter und nahm sich, als Albrecht auf einem Kreuzzuge gefallen war, seiner als Vater an. 1242 kehrte er aus Italien auf seine Schlösser in der Schweiz zurück und erwarb sich mit einzelnen edlen Handlungen und durch erhabene Gesinnung ohne besondere Absicht Freunde, die für sein späteres Leben von großem Einfluß wurden. Während des Zwischenreichs warf sich R. in den Strom der Verhältnisse und Zeit und es ist Thatsache, daß er sich selbst zur Wegelagerung erniedrigt habe. Gegen seine Nachbarn, die Grafen von Lanzenburg, Kyburg und Taufenstein, führte er blutige Fehden, ermordete Letzteren mit eigener Hand und erwarb sich den Ruhm eines Helden, aber auch eines edlen Menschen durch manche Characterzüge. 1260 leistete R. dem König Ottokar von Böhmen Hilfe gegen die Ungarn, half dem Bischof Walther 1262 Straßburg unterwerfen und wurde sogar von den Unterworfenen zu ihrem Schirmvoigt erwählt. 1264 erbte er die kyburgschen Güter. Um diese Zeit wurde er von verschiedenen Seiten um Waffenhilfe angegangen und verweigerte sie Niemanden, dessen Sache gerecht war, namentlich erkannte er dem Adel ja Fehdesachen nie einen Vorrang zu. Als Schirmherr von Zürich führte er gegen die Grafen von Regensberg, Toggenburg, Ribbau, Aarberg und Rapperschwyl gewaltige Fehde und zwang ihnen 1268 den Frieden auf, dann befehdete er mit wechselndem Glücke die Stadt Basel und ihren Bischof und eben stand er 1273 im Lager vor Basel als er zum Kaiser erwählt wurde. Diese Wahl war von längst vergessenen Leuten, denen er vor langer Zeit Gutes gethan hatte, nämlich dem Erzbischof von Mainz und dessen Capellan, bewirkt worden. Nur 2 Kurfürsten, nämlich der König Ottokar von Böhmen und der Herzog Heinrich von Baiern, hatten gegen ihn gestimmt. Als der Bischof von Basel die Wahl Rudolphs erfuhr, rief er aus: Lieber Gott, jetzt sei auf der Hut, denn jetzt wird sich dieser Raufbold selbst vor Dir nicht fürchten. Aber zu des Bischofs Erstaunen schenkte R. Basel sogleich den Frieden. Sein erstes Geschäft war der Verwirrung im Lande durch Vernichtung der Raubritter zu steuern. Er ließ viele derselben hängen, zerstörte ihre Burgen, und das Volk nannte ihn das wandelnde Gesetz. Ottokar von Böhmen war zugleich Herzog von Oestreich. Da er sich weigerte diese deutschen Reichslande von R. in Lehen zu nehmen, sprach ihm R. dieselben ab, und rückte mit einem Heere in Oestreich ein. Er belagerte und eroberte Wien, ging über die Donau auf einer Schiffbrücke und wurde deshalb von Vielen der Erfinder der Schiffbrücken genannt. Ottokar zog die Unterwerfung der Entscheidung einer Schlacht vor und verzichtete auf seine deutschen Länder. Allein Ottokar kündigte 1277 den Vertrag. Der Krieg wurde durch einen glänzenden Sieg Rudolphs auf dem Marchfelde am 26. August 1278 entschieden. Ottokar fiel und R. erlangte dadurch für sich und sein Geschlecht den sicheren Besitz von Oestreich, Steiermark, Krain und der windischen Mark. 1275 vertheidigte er die Berner siegreich gegen den Herzog von Savoyen. 1283 und 1284 bekriegte R. denselben Herzog abermals siegreich. 1289 besiegte er den Grafen Otto von Hochburgund und zwang ihn Besançon an das Reich zurückzugeben und brachte mit Schwertesgewalt die Hohenstaufenschen Güter an die rechtmäßigen Erben und züchtigte die Stadt Wetzlar dafür, daß sie einem falschen Friedrich II.

Beistand geleistet hatte. Er starb auf einer Reise zu Germersheim am 30. Septbr. 1291. Er war das Muster eines Helden und der Gründer des östreichischen Staates.

Rudolph II., römisch-deutscher Kaiser, s. Deutschland.

Rudolph von Schwaben, Herzog, Gegenkönig Kaiser Heinrichs IV., stand 1075 diesem in der Schlacht an der Unstrut tapfer bei, wendete sich aber dann gegen ihn, verlegte ihm, jedoch ohne Erfolg, die Alpenpässe, schlug ihn aber 1078 bei Mellrichstadt und 1080 bei Fladenheim und bei Mölsen, empfing in letzter Schlacht aber Wunden, an denen er des andern Tags starb. Im Dom zu Merseburg begraben.

Rügen, Insel in der Ostsee, Preußen gehörig, 18 ☐ M., 45,000 Bew., ohne besondere militairische Bedeutung (s. Preußen).

Rugier, altgermanischer Volksstamm, der auf und um Rügen her saß. Er zog nach Süden, namentlich Oestreich und spielte im 5. Jahrhundert hier eine kriegerische Rolle.

Rühle von Lilienstern, Johann Jakob Otto August, geb. 1780, in dem Cadettencorps zu Berlin erzogen, machte die Feldzüge von 1806 und 1807 mit und widmete sich hiernach in solcher Weise den militairischen Wissenschaften, daß er in der Folge für einen der gelehrtesten Offiziere gehalten worden ist. Dem Feldzuge von 1809 wohnte er nicht bei, dem von 1813 bis nach der Schlacht bei Leipzig machte er aber mit, nahm an den wichtigsten militairischen Berathungen Theil, wurde Generalcommissar der deutschen Bewaffnung, war Mitglied der Militairconferenzen zu Wien 1814, trat 1816 in den großen Generalstab, wurde 1822 General, 1826 Director der allgemeinen Militair-studiencommission, 1835 Generallieutenant, 1837 Director der allgemeinen Kriegsschule und starb 1847. Er hat sich durch viele Schriften einen dauernden Namen erworben. Zu nennen sind: „Berichte eines Augenzeugen von dem Feldzuge des Jahres 1806", „Handbuch für Offiziere", „Zur Geschichte der Pelasger und Etrurier", „Historiogramm des preußischen Staates", „Historiographische Skizzen des preußischen Staates", „Universalhistorischer Atlas", „Rudimente der Hydrognosie" und „Vaterländische Geschichte von der frühesten Zeit bis zum Ende des 13. Jahrhunderts". Auch existirt von ihm eine sehr geschätzte Karte von Sachsen.

Rumelien, ein einen großen Theil der europäischen Türkei umfassendes Muschirat (Osmanisches Reich).

Rumford, Benjamin Thompson, Amerikaner, geb. 1752, kämpfte für Nordamerikas Freiheit als Reiteroberst und erhielt später beim Kurfürsten von Baiern den Rang eines Generallieutenants, doch waren seine Verdienste fast nur philantropischer Art. St. 1814.

Rumjanzow, Alexander Iwanowitsch, Russe, geb. 1684, General Peters des Großen, erwarb sich von 1728—1743 in den Feldzügen gegen Persien, die Türkei und Schweden die größten Verdienste, wurde in den Grafenstand erhoben und starb 1749.

Rumjanzow-Sadunaiskoi, Peter Alexandrowitsch Graf von, Sohn des Vorigen, Russe, geb. 1725, befehligte bei Kunnersdorf gegen Friedrich II. das Centrum, eroberte Colberg. In dem Feldzuge gegen die Türkei 1770—1774 führte er den Oberbefehl und errang oft mit geringer Macht Siege, die Europa in Erstaunen setzten, so z. B. an der Moxila, an der Larga und bei Kagul. 1774 zum Feldmarschall erhoben, starb er 1796. Denkmäler zu Zarskoe-Selo und Petersburg. Hier ein anderes Denkmal für gemeinschaftlich ihn, seinen Vater und Sohn, welcher Letztere Reichskanzler wurde und sich als Staatsmann die größten Verdienste erworben hat.

Runbſchit=Sing, geb. 1782, geſt. 1839, kriegeriſcher oſtindiſcher Fürſt, großer Eroberer, Beherrſcher des Pendſchab (ſ. Aſien).

Ruprecht, Gegenkaiſer, ſ. Teutſchland.

Ruprecht, Prinz von der Pfalz, geb. 1609, focht im dreißigjährigen Kriege, ging 1642 nach längerer Gefangenſchaft nach England, deſſen König ihm nahe verwandt war. Hier erhielt er in den Bürgerkriegen das Commando über die königliche Reiterei, wurde aber von den Parlamentstruppen wiederholt geſchlagen und ſeines Commandos wieder beraubt. Er zeigte ſich ſtets als einen kriegsſinnigen und thatenluſtigen Mann, aber nirgends als einen Helden. Gleichwohl erhob ihn Karl II. zum Admiral. Karl I. hatte ihm bereits die Würde eines Herzogs von Cumberland verliehen. Starb 1682.

Rurik, warägiſcher Fürſt, Eroberer, Gründer des ruſſiſchen Reichs, 9. Jahrhundert, ſ. Rußland.

Rußland, Kaiſerreich oder Czarthum von 375,000 ☐ M. mit 65 Millionen Bewohnern, wovon 100,400 ☐ M. mit 60 Millionen Einwohnern in Europa, 247,700 ☐M. mit 5 Mill. Einwohnern in Aſien und 27,200 ☐ M. mit 54,000 Einwohnern in Amerika. Dieſe Angaben ſind aber ſo wenig zuverläſſig wie die amtlichen, welche den Gebietsumfang auf 333,468 und die Bevölkerung auf 71,243,616 Seelen angeben; dagegen berechnet der berühmte ruſſiſche Statiſtiker von Koppen nur 62½ Mill. Seelen. Das Reich beſteht aus Großrußland mit 19 Gouvernements (ca. 42,000 ☐ M.), Kleinrußland mit 4 Gouvernements (ca. 3800 ☐M.), Südrußland mit 6 Gouvernements (ca. 8200 ☐M.), Weſtrußland mit 8 Gouvernements (ca. 7600 ☐ M.), Oſtſeeprovinzen mit 4 Gouvernements (ca. 2700 ☐ M.), Finnland mit 8 Gouvernements (ca. 6800 ☐ M.), Czarthum Kaſan mit 5 Gouvernements (ca. 11,200 ☐ M.), Czarthum Aſtrachan mit 5 Gouvernements (ca. 15,600 ☐ M.), Königreich Polen mit 5 Gouvernements (ca. 2300 ☐ M.), Transkaukaſien mit 6 Gouvernements (ca. 3800 ☐ M.), Sibirien mit 9 Gouvernements (ca. 244,000 ☐ M.) und den amerikaniſchen Beſitzungen (27,000 ☐ M.). Es wird begrenzt vom nördlichen Eismeer, vom großen Ocean, in Amerika vom Ocean und dem britiſchen Nordamerika, von der Südſee, dem chineſiſchen Reiche, der freien Tartarei, dem caspiſchen Meere, Perſien, dem türkiſchen Armenien, dem ſchwarzen Meere, der Türkei, Moldau, Galizien, Preußen, der Oſtſee, Schweden und Norwegen. Reſidenzen ſind Petersburg (ſ. d.) und Moskau (ſ. d.). Die Bevölkerung beſteht aus 100 verſchiedenen Völkern, die an 40 Sprachen reden. Vorherrſchend iſt die ſlaviſche Nationalität mit mehr als 55 Millionen Seelen. Die herrſchende Kirche iſt die griechiſch-katholiſche. Der Kaiſer iſt unbeſchränkter Gebieter und ſteht als ſolcher natürlich auch an der Spitze der Kriegsmacht. Sie zerfällt in die Landmacht, welche jährlich angeblich 71, in Wahrheit aber an 100 Millionen Rubel koſtet und die Marine, deren Erhaltungskoſten 26½ Mill. Rubel betragen. Das Heer wird lediglich aus den unterſten beſitzloſen Ständen gebildet, indem der Adel, die Kaufleute erſter Gilde und einige andere Stände der Militärpflicht nicht unterworfen ſind. Die Stellvertretung iſt geſetzlich, kommt aber faſt nie vor, und das Loskaufen für 1000 Papierrubel iſt geſtattet. Die Aushebungen finden nicht in regelmäßigen Zeiträumen ſtatt, ſondern werden je nach Bedürfniß durch kaiſerlichen Ukas verordnet und zwar ſo, daß 1—5 und mehr Mann auf 1000 Bewohner genommen werden. Das Reich iſt betreffs der Rekrutirung in eine öſtliche und weſtliche Hälfte getheilt und die Rekrutirungen wechſeln in beiden. Die Rekrutirung beſteht in 2 Acten: der Conſcription, bei welcher die Mannſchaft nach ihrer Tüchtigkeit beſichtigt und die auszuhebenden Perſonen im Geheimen verzeichnet werden, und der Branka (Ergreifung), bei wel-

cher die Bezeichneten, ehe sie etwa die Flucht ergreifen können, nächtlich überrascht, aus ihrer Wohnung geholt und unter Bewachung zur Militairkreisstadt
abgeführt werden, wo sie eingekleidet und kahl geschoren werden, damit man sie
bei etwaiger Flucht überall erkenne. Die Dienstzeit währt 15, früher 25, Jahre.
Die Verpflegung findet theils durch die Bürger, theils aus den Magazinen
statt. Der Soldat erhält an Naturalien, selbst Tabak, ein genügendes Maß,
darum aber einen desto geringeren Sold. Dieser betrug unter Nikolaus bei
der Infanterie nur 3 Pfennige pro Tag und wurde allviermonatlich ausgezahlt. Der Zweck dieser Maßregel war, den Soldaten die Mittel zum Brannt-
weingenuß zu entziehen. Der irregulaire Kosak (Feldkosak), welcher sich und
sein Pferd selbst versorgen mußte, erhielt dagegen 5 Silbergroschen an Werth.
Doch entspricht dieser geringe Soldsatz den Verhältnissen des Landes, und
man darf nicht glauben, daß der russische Soldat Noth litte, oder aus Noth
zu Verbrechen und Bettelei (allerdings nicht selten vorkommende Dinge) gezwungen wäre. Das Avancement ist Jedem zugesichert, aber von Prüfungen
abhängig gemacht wie in Preußen. Die Kunst des Lesens und Schreibens ist
so selten, daß Lese- und Schreibfertige gleich Unteroffiziersrang erhalten und
in den Bureaus angestellt werden. Der Adel berechtigt zur Offizierwürde.
Offiziere, welche weder lesen noch schreiben können, waren früher sehr zahlreich;
jetzt selten. Bei den Offiziercorps der Artillerie und Cavalerie ist Bildung
ziemlich allgemein. Bei den Kosaken (s. d.) weichen die Verhältnisse sehr ab.
In Finnland besteht statt der Branka Werbung; eben so auch in Grusien.
Unter dem Kaiser Alexander ist das Heer sehr reducirt und theilweise neu
organisirt worden, doch sind die früheren Verhältnisse großen Theils als Norm
beibehalten worden; auch gilt der Stand der russischen Landmacht beim Beginn
des orientalischen Krieges für das Maximum des Leistbaren. Das Gesammtheer besteht aus der Garde, die die Garnison der beiden Hauptstädte ausmacht
und im Nothfalle als Reserve gebraucht wird, der Operationsarmee und der
Standarmee, welche die Posten im Innern des Reichs besetzt und die Grenz-
cordons (Militairlinien) bildet. Die Garde besteht in 1 Corps von 3 Divisionen Infanterie, 3 Divisionen Cavalerie, 1 Division Artillerie. Die Infanterie zerfällt in 12 Regimenter oder 37 Bataillone mit zusammen 45,600
Mann; die Cavalerie in 12 Regimenter oder 60 Schwadronen von zusammen
16,600 Mann, wozu noch 17½ Schwadronen irregulairer Cavalerie kommen;
und die Artillerie in 5 Brigaden zu 15½ Batterien mit 116 Geschützen, wozu
noch 2 Schwadronen und 1 Bataillon Genietruppen kommen. Unter ähnlichem
Verhältniß steht das Grenadiercorps. Es zerfällt in 3 Divisionen, 6 Brigaden, 12 Regimenter oder 37 Bataillone Infanterie; 1 Division in 2 Brigaden, 4 Regimenter oder 32 Schwadronen regulairer Cavalerie und 1 Division
von 4 Brigaden oder 14 Batterien (112 Geschütze) Artillerie. Zur Artillerie
gehört ein Bataillon Sappeurs. Zur Infanterie gehören 1 Musterregiment
von 2000 Mann und 2 Geniebataillone. Zur Cavalerie gehören 1 Musterregiment von 600 Mann und 2 Pionnierschwadronen zu ca. 400 Mann. Zur
Artillerie gehört noch besonders 1 Lehrbrigade von 3 Batterien. Jede Batterie
hat 6 Kanonen und 2 Haubitzen. Die Infanterie des Gardecorps ist etwa
46,000, die Cavalerie 17,000, die Artillerie 5300 Mann stark. Das Grenadiercorps hat ca. 42,000 Mann Infanterie, 7000 M. Cavalerie und 3400 M.
Artillerie. Die Pionnierdivision jedes dieser beiden Corps führt 32 Pontons.
Den Haupttheil des Heeres bilden die 6 Armeecorps der Linie oder der
Operationsarmee. Jedes Corps besteht aus 3 Infanteriedivisionen, oder 6
Brigaden oder 12 Regimentern. Das Regiment hat normal die Stärke von
4000 Mann. Dazu kommen 2 Hilfsbataillone (Sappeurs und Schützen), jedes

zu 1000 Mann, so daß die Infanteriemasse etwa 50,000 Mann beträgt. Zu jedem Corps gehört 1 Division Cavalerie (2 Brigaden, 4 Regimenter). Das Regiment ist 1500 Mann stark, die Division also 6000 Mann. Zu jedem Corps gehört 1 Division Artillerie, nämlich 3 Brigaden zu 4 Batterien, 1 Parkbrigade in der Stärke von 2 Batterien und 1 berittene Brigade von 2 Batterien, zusammen 16 Batterien. Jede Batterie hat 8 Geschütze und ca. 200 Mann Bedienung. Zu jedem Corps gehören ferner 1 Sappeurbataillon und 1 Pontonnierdivision. Die Pontonniers der 6 Corps führen 200 Pontons. Die Stärke der drei Hauptwaffen in diesen 6 Corps ist also: Infanterie 330,000 — Cavalerie 40,000 — Artillerie über 20,000 Mann. Es bestehen ferner 2 Reservecavaleriecorps, jedes zu 2 Divisionen, 4 Brigaden, 8 Regimenter oder 48 regulaire Schwadronen und 1 Artilleriedivision von 4 Batterien. Ferner besteht ein Dragonercorps von 2 Divisionen (4 Brigaden, 8 Regimenter, 80 Schwadronen), 2 Ingenieurschwadronen und 1 Artilleriedivision (von 32 Geschützen). Dies ergiebt 11 Corps in der ungefähren Stärke von 650,000 Mann mit über 1400 Geschützen. Außer dieser Armee besteht nun noch eigens für den Kaukasus eine Armee. Diese besteht aus 21 Regimentern Infanterie zu ca. 5500 Mann, wovon 12 Regimenter bataillonsweise operiren, 54 Regimenter Cavalerie (Kosaken) zu ca. 800 Mann und 1 Dragonerregiment zu ca. 2200 Mann. Die kaukasische Artillerie enthält 16 Batterien zu 10 Geschützen. Die Infanterie beträgt also 115,500, die Cavalerie 45,400 und die Artillerie 5000 Mann mit 160 Geschützen. Hierzu kommt nun ferner noch das über ganz Rußland ausgebreitete Heer der Kosaken, welches auf 126,000 Mann mit 124 Geschützen berechnet worden ist und welches zu ⅔ aus Cavalerie besteht. Ferner werden in Reserve gestellte Mannschaft und Halbinvalide auch auf mehr als 100,000 Mann berechnet, so daß die Gesammtzahl aller Wehrfähigen und Wehrpflichtigen Rußlands zu 1,200,000 Mann, die Geschützzahl zu 1800 angegeben worden ist. Doch haben sich derartige statistische Angaben über Rußland meist sehr unzutreffend erwiesen, nicht selten selbst wenn sie amtlichen Characters waren. Unter Alexander II. ist für die Friedenszeit jedes Gardeinfanterieregiment auf 2 Bataillone und 1680 Mann, jedes Linieninfanterieregiment auf 1800 reducirt worden; 2 Regimenter wurden neu errichtet, dafür aber 10 Bataillone am schwarzen Meere aufgehoben, dagegen sind 9 Büchsenschützenbataillone auf 45 und 9 Dragonerregimenter auf 18 vermehrt, dagegen die Reserve ungefähr auf ¼ vermindert worden; das Reservecavaleriecorps ist aufgehoben und die Militaircolonien haben eine Umformung erfahren, die sie für den Krieg ungleich weniger bedeutsam macht. Unter Peter dem Gr. war das russische Heer 108,000, unter Katharina II. 360,000, unter Paul 394,000, unter Nikolaus wie oben angegeben über 600,000 Mann stark. In Zeiten dringender Kriegsnoth bildet Rußland neben seinem stehenden Heere eine Art Landsturm (Druschinen), der mit der Reserve vereint wird oder einen Ersatz für die Reserve bildet. Dieser wurde schon im Kriege mit Napoleon und während des orientalischen Krieges zum 2. Male zu den Waffen gezogen und sollte nach den Berechnungen auf eine Stärke von 700,000 Mann kommen, was aber nicht der Fall war. An Festungen ist Rußland eben nicht reich. Wichtige Seefestungen sind Kronstadt (wird für unüberwindlich gehalten), Sweaborg und Helsingfors, früher auch Sebastopol, auch ist Nikolajew dazu zu rechnen. Doch giebt es eine Anzahl von Städten, die wie Reval und Riga ihrer Häfen wegen befestigt sind, und viele Küstenpunkte, namentlich in Finnland, die man mit Batterien versehen hat. Als wirkliche Festungen im Innern des Reiches werden genannt Petersburg (sehr schwach), Moskau, Smolensk, Warschau, Modlin (Nowo Giorgiewsk),

Demblin (Jwangorod), Zamosc, Brzesc litewski, Petropawlowsk. Kleine Befestigungen, die etwa als Forts oder befestigte Lager bezeichnet werden dürften, sind sehr zahlreich, namentlich in den kaukasischen Ländern, wo bei jedem Orte, der eine Besatzung hat, sich wenigstens ein Schanzwerk befindet. Die Befestigungen auf den Militairlinien (Cordons), die Sibirien durchziehen und die europäisch-asiatische Grenze begleiten, bestehen aus Blockhäusern und Erdwerken von geringer Bedeutung. — Die russische Flotte hat sich im Laufe von 150 Jahren zu großer Bedeutung emporgehoben. Ihr Gründer war Peter der Große. Am meisten hat in der späteren Zeit Nikolaus für sie gethan. Vor dem Ausbruch des orientalischen Krieges bestand sie aus der Ostseeflotte und der Schwarzen-Meerflotte, von denen jene aus 3, diese aus 2 Divisionen bestand. Jede Division besteht aus 9 Linienschiffen von 84—120 Geschützen, 6 Fregatten, 1 Corvette, 4 Kutterbriggs und einer Anzahl von Dampfschiffen verschiedener Größe. Die 3 Divisionen des baltischen Meeres blieben während des orientalischen Krieges erhalten, wogegen die 2 Divisionen des schwarzen Meeres fast ganz zu Grunde gegangen sind. Zu der Ostseeflotte sollten 800 Kanonenboote gehören. Allein diese Fahrzeuge waren an der langen Küste entweder dünn vertheilt oder die Angabe beruhte auf Uebertreibung. Die Flotte des schwarzen Meeres hatte vor dem Kriege 18 Linienschiffe, 12 Fregatten, 2 Corvetten, 8 Kutterbriggs und eine beträchtliche Anzahl Dampfer und Kanonenboote. Von ihr hat der Krieg nur wenig übrig gelassen. Die Bemannung der Gesammtflotte soll 42,000 Matrosen und 20,000 Seesoldaten und Artilleristen, die Geschützzahl 9000 betragen haben. Die gegenwärtige russische Marine besteht aus den Flotten der Ostsee und des schwarzen Meeres und den Flottillen des weißen Meeres, des caspischen Meeres und großen Oceans. In der Ostsee befinden sich 71 Dampfer und 25 Segelschiffe, im schwarzen Meere 21 Dampfer und 22 Segelschiffe, im weißen Meere 3 Dampfer und 3 Segelschiffe, im caspischen Meere 12 Dampfer und 5 Segelschiffe, die gegenwärtige Schiffszahl im ochozkischen Meere ist unbekannt, dürfte aber nur wenig stärker sein als die im weißen Meere. Die Zahl der Matrosen beläuft sich über 20,000 und die der Offiziere auf 1384. Die Matrosen werden theils geworben, theils gepreßt, jedoch in anderer Art wie in England. Rußland hat 10 Flottenhospitäler und 17 Stationsspitäler. Für die Marine existiren 10 Lehranstalten, darunter 1 Cadettencorps, 4 Matrosenschulen, 2 Lehrcompagnien und 3 Schulen. Kriegshäfen sind Kronstadt, Sweaborg, Rewal, Archangelsk, Ochotsk und Petropawlowsk. Die Kriegshäfen im schwarzen Meere Nikolajew, Sebastopol, Cherson und Taganrog haben seit dem Pariser Frieden von 1856 streng genommen diesen Charakter verloren. Die höchste Behörde der Marine ist die Admiralität zu Petersburg, mit welcher großartige Institute unmittelbar in Verbindung stehen (s. Petersburg). Die Klassifizirung des Offizierstandes ist von der anderer Seemächte wenig unterschieden. Die Dienstzeit der Matrosen war vor 1859 22, jetzt nur noch 14 Jahre. Für das Landheer bestehen 32 Hospitäler, 5 Invalidenhäuser und 1 großes Waisenhaus. In Petersburg befindet sich ein Pagencorps, eine Gardejunkerschule, eine Hauptingenieur- und eine Artillerieschule, außerdem im Reiche 27 Militairschulen. Höchste Behörde des Landheeres ist nach dem Kaiser das Kriegsministerium, das mit dem hohen Generalstabe so innig in Verbindung steht, wie das Marineministerium mit der Admiralität. — Der erste Fürst Rußlands war Rurik, ein Waräger (nordischer Germane). Er eroberte die Länder am finnischen Meerbusen, wo die Russen, ein nordisch-gothisches Volk, wohnten. Die Russen und Waräger verschmolzen in den vorigen Jahrhunderten mit den immer weiterhin unterworfenen Slawen. Ruriks Stiefsohn Dir schlug die

Chazaren und gründete in Kiew einen zweiten russischen Staat. Swätoslaw schlug die Petschenegen. Im Anfange des 11. Jahrhunderts wütheten furchtbare Kriege zwischen Wladimirs Söhnen um den Thron. Jaroslaw eroberte Chazarien. 1223 brachen die Mongolen in Rußland ein, eroberten es in einem 15 Jahre langen furchtbaren Kriege und machten es sich zinsbar. Zugleich wütheten Kriege mit den Litthauern, Schweden, Polen und Schwertrittern. Jaroslaw von Wladimir eroberte Finnland, Alexander newski schlug an der Newa die Schweden (1241), ein Sieg, den Jurje mehrmal wiederholte. Endlich kehrte man das Schwert wieder gegen die Mongolen. Sie wurden von Demetrius auf dem Kalikower Felde 1380 geschlagen. 1320 führte ein Krieg mit den Litthauern den Verlust Volpyniens und Kiews herbei. 1478 eroberte Iwan I. Nowgorod, 1487 Kasan, wurde aber 1502 von den Schwertrittern bei Pskow geschlagen. Wasili eroberte 1509 Pskow, 1513 Smolensk, wurde aber von den Tataren, die Moskau eroberten, geschlagen (1521). Iwan II. errichtete ein stehendes Heer, die Strelitzen, eroberte in grausamster Weise Kasan, das letzte Besitzthum der Tataren 1552, 1554 das Königreich Astrachan und 1570 die Freistadt Nowgorod, wo er 60,000 Menschen niedermorden ließ. Es traten jetzt die blutigen Kriege der falschen Demetrii (s. d.) ein und Rußland brauchte lange Zeit sich von diesen verwüstenden Streichen zu erholen. Peter der Große schlug nach schweren Niederlagen die Schweden 1709 bei Pultawa und behauptete dergestalt das Uebergewicht, daß Schweden ihm die Erweiterung des Reichs bis an die Ostseeküste nicht wehren konnte. Ein gleichzeitiger Krieg mit der Türkei mußte durch Nachgiebigkeit beschwichtigt werden. Der nordische Krieg (s. d.) wurde bis 1721 geführt und es folgte nun 1737—1739 ein Krieg gegen die Türkei, an dem Oestreich Theil nahm und in welchem bei Oczakow, Banjaluka, Choczim, Grozka und Panczowa die Hauptereignisse stattfanden. Ein Krieg gegen Schweden wurde 1741 durch die Eroberung Finnlands und den Sieg bei Wilmanstrand beendet. Rußland nahm am siebenjährigen Kriege Theil, siegte bei Großjägerndorf, verlor bei Zorndorf, siegte aber wieder bei Kunnersdorf. Ein Krieg gegen Polen und die Türkei hatten einen günstigen Erfolg. Schauplätze der Hauptereignisse waren Choczim, Skio, Tschesme, Andros, Karga, am Kagul und Bucharest (1768—1771). Von dem berühmten Rumjanzow wurde der glänzende Friede von Kutschuk-Kainardschi 1774 nach einem der brillantesten Kriege der russischen Geschichte geschlossen. Auf diesen Krieg folgte bald der furchtbar blutige Krimkrieg, den Potemkin 1783 mit der Eroberung Tauriens schloß, und an diesen schloß sich ein neuer Krieg gegen die Türkei, der in Gemeinschaft mit Oestreich von 1788 bis 1792. Die Hauptschauplätze waren Sebastopol, Dubicza, Oczakow, Choczim, Fokschani, Martinistje und Ismail. Rußland gewann dadurch den Rest des nördlichen Gestades am schwarzen Meere. Im folgenden Jahre kämpfte Rußland in Polen zum Zweck einer neuen Theilung (Zaslaw und Dubienka), und dieser Krieg wiederholte sich 1794 heftiger und endete mit dem Untergange Polens (Scelce, Maczieowice, Praga). An dem Kampfe Englands und Oestreichs gegen Frankreich (1798—1801) nahm Rußland thätigen Antheil und seine Armee focht unter Suwarow in Italien und der Schweiz mit Glück, wenn auch ohne Erfolg. Rußland nahm an den Feldzügen gegen Frankreich 1805 und 1807, jedoch ohne Aufbietung außerordentlicher Kräfte Theil. Mit großer Kraft aber wurde 1809 der Krieg gegen Schweden geführt und Finnland erobert, und mit gleicher Energie von 1808—1811 der gegen die Türkei (Arpetschai, Tenedos, Lemnos, Silistria, Battin, Akapulko und Rustschuk). Fast gleichzeitig vortheilhafter Krieg mit Persien. Einen der furchtbarsten Kriege bestand Rußland aber von 1812—1814 (s. Russisch-deutscher

Krieg). Von hier ab hatte Rußland, abgesehen von den Kriegen im Kaukasus, Ruhe bis 1826, wo durch den Persischen Thronfolger Abbas Mirza ein Krieg mit Persien herbeigeführt, aber von dem russischen General Paskiewicz sehr glücklich zu Ende gebracht wurde. 1828 nahm Rußland Gelegenheit zu einem neuen Kriege gegen die Türkei und bei der Schwächung der Türkei durch den Krieg mit Griechenland und die Zerrüttung ihres Heerwesens durch die Vernichtung der Janitscharen wurde es Rußland nicht schwer Siege zu erringen und bis Adrianopel vorzudringen, wo es den Frieden, wie immer zu seinem großen Vortheile, dictirte (1829). Hauptschauplätze waren Achalzik, Varna, Silistria, Milliduse, Kalewtscha und Slivno. Kaum war dieser Krieg beendet als die polnische Revolution ausbrach und alle Kräfte auf Polen geworfen werden mußten (1831). Schwere Zusammentreffen fanden bei Wawre, Grochow, Dembe, Iganie und Ostrolenga statt, aber der Sieg wurde erst in einer zweitägigen Schlacht vor Warschau mit größter Anstrengung entschieden. Von da ab wurde der Krieg im Kaukasus energischer betrieben, doch wurde jeder kleine Gewinn mit großen Opfern erkauft; doch führte die Ausdauer dem Ziele immer näher. Eine Expedition gegen Chiwa mißglückte 1839. 1849 nahm Rußland, aufgefordert, Theil an Oestreichs Kampfe gegen die ungarische Insurrection, wobei es jedoch mehr auf den moralischen Eindruck als auf Kriegsthaten rechnete. 1853 nahm Rußland seinen Eroberungsplan gegen die Türkei wieder auf und Kaiser Nikolaus sprach es unverhohlen gegen den englischen Gesandten in „vertraulichen Unterredungen“ aus, daß er es an der Zeit halte, die Türkei zu vernichten und als Erbe einzutreten. Desselben Jahres rückten die russischen Truppen in die Türkei ein und vor Sinope vernichtete die russische Flotte einen Theil der türkischen. Dies bewog England und Frankreich, später auch Sardinien, thätlich Partei für die Türkei zu nehmen. 10. Februar 1854 zerstörten die Russen die türkische Donauflottille und überschritten im März die Donau. England und Frankreich dagegen schickten ihre Flotten nach der Ostsee, dem weißen Meere, großen Ocean. In das schwarze Meer waren sie bereits eingelaufen. Zugleich wurden französische und englische Truppen in die Türkei übergeschifft. Während dessen kämpfte Rußland heftig, jedoch unglücklich, an der Donau und belagerte vom 14. April bis 21. Juni Silistria vergebens. Bis dahin hatten bereits mehre russische Küstenstädte, so Gustavsvärn, Bomarsund, Kala, Odessa u. a., die Wucht eines Bombardements erfahren. Zu Anfang September setzten die Alliirten nach der Krim über und hier erlangte der Krieg nun gewissermaßen eine Concentrirung in der Belagerung von Sebastopol, welche erst nach der Schlacht an der Alma möglich und unter furchtbarem Kampfe fortgesetzt wurde bis zum theilweisen Falle dieser Feste am 5. September 1855. Hiermit trat eine Wendung ein und der Krieg ging sichtbar dem Frieden entgegen, der nach vorausgegangenen Unterhandlungen im März 1856 zu Paris geschlossen wurde. Das Heerwesen, welches Kaiser Nikolaus auf eine außerordentliche Höhe der Vollkommenheit gebracht hatte, war durch diesen Krieg gänzlich zertrümmert und ein Theil der schönen Flotte vernichtet worden. Kaiser Alexander konnte eine Reorganisation nur unter Beihilfe einer sehr erheblichen Reduction bewirken. Der Friede legte R. die Verpflichtung auf, die Kriegshäfen im schwarzen Meere, seine Kriegsflotte daselbst, Bomarsund und die Donaumündungen mit einem Theil Bessarabiens aufzugeben. Dies war seit fast einem Jahrhundert die erste Gebietsbeschränkung Rußlands und der erste Krieg, der ihm zur Demüthigung gereichte.

Russisch-deutsch-französischer Krieg. Die Stellung, welche Frankreich durch seine glücklichen Feldzüge von 1792 bis 1807 in Europa eingenommen hatte, war auch für Rußland in hohem Maße demüthigend. Die Trennung von seinen alten und natürlichen Verbündeten und der Bund mit Frankreich von 1808 war nur eine Bestätigung von um so verletzenderer Art, je willkürlicher Napoleons Politik 1810 mit jeglichem fremden Recht und Besitzthum schaltete. Die Einverleibung verschiedener Länder in Frankreich und namentlich das willkürliche Verfahren Napoleons gegen Oldenburg reizte Rußland zur Feindschaft, die es in seiner Lossagung von dem System der Continentalsperre kund that. So kam 1812 der Krieg zum Ausbruch. Napoleon unternahm den Feldzug wie einst Attila nicht nur mit Aufbietung aller eigenen, sondern auch ungeheurer fremder Kräfte. Es befanden sich bei seinem Heere eine italienische, niederländische, preußische (20,000 Mann) und östreichische Armee (34,000 M.) und Contingente aller deutschen Staaten. Sein Heer war 640,000 Mann stark. Die Anstalten zur Verpflegung waren so großartig, daß nach menschlicher Voraussicht Mangel nie eintreten konnte. Den Kern bildete die sogenannte große Armee von 232,000, den rechten Flügel die östreichische Armee von 34,000, den linken Flügel die preußische Armee und das 10. Armeecorps zusammen von 32,000 M. Reserven bildeten die Armee des Vicekönigs von Italien (72,000) und des Königs von Westphalen (89,000 Mann). Die Geschützzahl belief sich auf 1372. Das russische Heer bestand aus einer 1. und 2. Westarmee (127,000 Mann unter Barclay de Tolly und 48,000 Mann unter Bagration), einer Observationsarmee von 43,000 M. unter Tormassow, einer Armee unter Kutusow, die durch den Frieden mit der Türkei gerade disponibel wurde, einem finnischen Corps von 16,000 Mann und einem Kosakencorps unter Platow. Die Russen rechneten mit Recht darauf, daß trotz den ungeheuer umfassenden Verpflegungsanstalten französischer Seits, die Verpflegung des französischen Heeres bei der zunehmenden Entfernung von den Hauptmagazinplätzen und der Größe des Bedarfs endlich äußerst schwierig, selbst unmöglich werden müsse und trafen darauf hin ihre Anstalten, noch ehe sie völlig vom Operationsplane Napoleons unterrichtet waren. Anstatt daß Napoleon den Feldzug in Rußland im Frühjahre beginnen sollte, begann er ihn bei nahendem Herbste. Erst Anfangs Juli hatten die Franzosen Litthauen besetzt. Nach einigen erfolglosen Operationen Davousts und des Königs von Westphalen. Am 27. Juli mußte eine sächsische Brigade capituliren. Während die französische Armee auf allen Punkten verrückte, suchte die russische Armee nur ihre Vereinigung. Ein großes Reitertreffen bei Krasnoi und harte Kämpfe bei Smolensk, Gadeonowo und am Stragan öffneten den Franzosen zwar den weiteren Weg, kosteten ihnen aber sehr bedeutende Opfer. Am 7. September fand die furchtbare Schlacht bei Borodino statt, in welcher die Franzosen, bei denen hier alles auf dem Spiele stand, die Russen aus einer stark verschanzten Stellung werfen mußten. 130,000 Russen gegen 133,000 Franzosen. Sieg auf Seite der Franzosen. Rückzug der Russen geordnet. Verlust auf jeder Seite gegen 40,000 M. Moskau wurde nicht weiter vertheidigt und am 14. September von den Franzosen besetzt, aber von den Russen, die hier zurückgeblieben waren, niedergebrannt, so daß Napoleon nicht hoffen konnte, sich in dem Trümmerhaufen und mitten in einer weithin verheerten Gegend den Winter durch zu halten. Von den Russen gedrängt, wurde der Rückzug in der Mitte October angetreten. Die Franzosen werden auf die verödete Straße von Smolensk geworfen. Die Franzosen öffneten sich durch siegreiche Verzweiflungskämpfe den Rückweg. Aber eintretender Schnee und Frost und Mangel an Proviant brachten das schrecklichste Verderben über das französische Heer, das seinen Höhepunkt bei dessen Uebergange über die Beresina (s. d.) erreichte, wo die Russen von zwei Seiten heftig andrängten und alles aufboten nichts vom Feinde dem Untergange entgehen zu lassen. Eine Division wurde gefangen, aber viele Tausende kamen um, und die Verbindung der Sachsen und Oestreicher mit der großen Armee war aufgehoben worden, was das Unglück sehr steigerte. Den 3. December verließ Napoleon das Heer und übergab den Oberbefehl an den König von Neapel. Bald darauf erklärte sich das preußische Hilfscorps neutral und die Oestreicher setzten den Rückzug nach Oestreich fort, wie die Sachsen nach Sachsen. So war die große Armee ihrer Auflösung nahe. Im Februar sagte sich Preußen von dem Bündniß mit Frankreich los und alliirte sich Rußland mit einer neugebildeten starken Armee. Im März waren die Franzosen so zurückgedrängt, daß ein russisches Corps bis Hamburg vordringen konnte. Russen und Preußen drangen gleichzeitig bis in die Mitte Sachsens vor. 5. April den Franzosen nachtheiliges Treffen bei Möckern. Desselben Monats führte Napoleon eine neue Armee auf den Schauplatz und war den Alliirten wieder um ein Drittheil überlegen. Am 2. Mai mit großen Opfern erkaufter Sieg der Franzosen bei Lützen (Groß-Görschen). Franzosen besetzen Hamburg wieder. 20. und 21. Mai Schlacht bei Bauzen, durch deren Ausgang die Alliirten zur Fortsetzung des Rückzugs nach Schlesien gezwungen werden; doch schlug Blücher auf diesem Rückzuge die französische Arrieregarde. 4. Juni Oudinots detachirtes Corps bei Luckau geschlagen. Von da ab Waffenstillstand bis 16. August. Vor Ablauf traten Oestreich und Schweden der Alliance bei; aber Dänemark verbündete sich mit Frankreich. Die Armee der Alliirten war über 500,000, die französische Armee auf 440,000 Mann gebracht worden. 26. die Franzosen unter Macdonald von Blücher geschlagen, nachdem die Franzosen unter Oudinot am 23. August auch von den Preußen unter Bülow geschlagen worden waren (Großbeeren). 28. Aug. erfolgloser Angriff der Alliirten auf Dresden und Rückzug derselben; aber am 29. französisches Corps von Vandamme bei Kulm vernichtet, nachdem auch die Franzosen unter Girard am 27. August bei Hagelsberg geschlagen worden. 6. September die Franzosen unter Ney bei Dennewitz von Bülow geschlagen. 3. October Sieg bei Wartenberg und Uebergang Blüchers über die Elbe. 7. October zieht sich Napoleon von Dresden auf Leipzig zurück, wo die Franzosen sich zu concentriren suchen und die Alliirten von allen Seiten nachrücken. Völkerschlacht bei Leipzig am 16., 17., 18. October. Schwere Niederlage der Franzosen, Abfall der meisten deutschen Hilfsvölker und Auflösung des Rheinbundes. 19. October Rückzug der Franzosen. 30. October schlagen sich die Franzosen bei Hanau durch und über den Rhein. 10. December Dänemark bei Sehest geschlagen und zum Frieden gezwungen. Ende December gehen die Alliirten über den Rhein. 24. Januar Sieg der Alliirten bei Bar sur Aube. 29. Januar unentschiedener Kampf bei Brienne. 1. Februar Sieg Blüchers bei La Rothiere. 10. Februar Sieg Napoleons bei Chapeaubert, am 11. bei Montmirail, am 14. bei Etoges, 17. bei Nangis, 18. bei Montereau und 7. März bei Craone; aber am 9. und 10. März von Blücher bei Laon und am 20. März bei Arcis sur Aube geschlagen. Es folgt der Marsch der Alliirten auf Paris; am 25. März die Franzosen bei La Fere Champenoise und am 30. März bei Paris geschlagen, worauf die Einnahme von Paris, am 2. April die Absetzung Napoleons folgte. Napoleon erhielt die Souverainität von Elba, welches einer gelinden Verbannung glich. 4. Mai bestieg Ludwig XVIII. den französischen Thron. Im Februar 1815 kehrte Napoleon aber wieder nach Frankreich zurück und bemächtigte sich mit geringer Mühe aufs Neue der Herrschaft. Die Alliirten verwarfen die Unterhandlungen mit ihm, und England und die Niederlande stellten sehr bald eine Armee von 100,000, Preußen eine von 150,000 Mann auf den Kampfplatz. Napoleon brachte bei der Kürze der Zeit nur 150,000 Mann zusammen, siegte am

15. Juni bei Charleroi über die preußische Avantgarde, am 16. bei Ligny über das preußische Gros, wurde aber am 18. von den vereinten Engländern, Niederländern und Preußen so furchtbar bei Waterloo geschlagen, daß hier der Krieg völlig entschieden wurde. 22. Juni entsagte Napoleon dem Throne und wollte nach Amerika flüchten, wurde aber von den Engländern zum Gefangenen erklärt und nach St. Helena ins Exil geführt. Am 7. Juli besetzten die Engländer und Preußen Paris abermals und am 9. kehrte Ludwig XVIII. zurück, womit der Krieg factisch sein Ende erreicht hatte. Am 20. November jedoch erst wurde der Friede zu Paris geschlossen.

Rußschuk, türkisch-bulgarische Stadt an der Donau, von 30—40,000 Einwohnern, bis zum Frieden von Adrianopel Festung und nach Ausbruch des Kriegs 1853 aufs Neue befestigt. 1810 von den Russen erobert, aber desselben Jahres nach geschehener Zerstörung aufgegeben. Im orientalischen Kriege würde sie ein wichtiges Object geworden sein, wenn sich der Schauplatz nicht von der Donau abgewendet hätte. 5 Forts, nahe Donauinseln fortifizirt.

Ruyter, Michiel Adriaanszoon de, Holländer, Lieutenant-Admiral-General, geb. 1607, niedrer Herkunft, ging als entlaufener Seilerlehrling zu Schiffe und war schon 1641 Contreadmiral. Focht gegen Spanien, England, die afrikanischen Staaten, die Türkei, Schweden, führte 1666 und 1667 den Oberbefehl gegen England und schlug die englisch-französische Flotte 1673. 1676 kämpfte er gegen Frankreich und starb desselben Jahres verwundet.

Rybinsky, polnischer General, der 1831 die Polen 24,000 Mann stark bei Stompe auf preußisches Gebiet führte, wo sie die Waffen ablegten.

Ryswijk, holländisches Dorf mit Schloß, hier Friede von 1697 zwischen Ludwig XIV. und Deutschland und dessen Alliirten.

S.

Saalfeld, Stadt an der Saale von 5500 Einw., hier vor der Schlacht bei Jena Prinz Ludwig von Preußen im Gefecht gefallen. Denkmal.

Saarlouis, preußische Festungsstadt von 5000 Bewohnern, an der Saar, Geburtsort des Marschalls Ney, Werke bestehen aus einer regelmäßigen Festung Baubanschen Systems links der Saar und einem Hornwerk rechts derselben. Stark armirt. 1705 siegreich vertheidigt.

Saaz, böhmische Stadt von 6000 Bewohnern, 1419 ohne Erfolg von einem deutschen Heere belagert.

Sachsen, alter deutscher Volksstamm, der mit dem gegenwärtigen Volke der Sachsen nicht nur nicht eins ist, sondern in geringer Berührung steht. (S. Deutschland.)

Sachsen, deutsches Königreich, umgeben von der preußischen Oberlausitz, Böhmen, preußischen Niederlausitz, preußischen Provinz Sachsen, Sachsen-Altenburg, Sachsen-Weimar, Reuß und Baiern. 271¼ □M. Flächeninhalt. 4 Kreisdirectionsbezirke: Dresden, Leipzig, Zwickau und Bautzen. 15 Amtshauptmannschaften. 142 Städte. Darunter mit Garnisonen: Dresden, Leipzig, Chemnitz, Zwickau, Freiberg, Plauen, Glauchau, Zittau, Meerana, Bautzen,

Reichenbach, Krimmitzschau, Meißen, Annaberg, Großenhain, Werdau, Schnee-
berg, Mittweida, Frankenberg, Zschopau, Döbeln, Pirna, Grimma, Marienberg, Waldheim. 2,122,148 Bewohner. Jahresstaatseinnahme 9,400,000 Thlr.
Staatsausgabe 9,250,500 Thlr., davon für das königliche Haus 861,906 Thlr.
und für das Militairdepartement 1,986,921 Thlr. Für außerordentliche Staats-
zwecke werden jedoch noch 5,242,000 Thlr. für 3 Jahre angewiesen. Ueberhaupt beträgt das ordentliche Budget über 11 Mill., und der wirkliche Gesammt-
staatsbedarf fast 13 Millionen Thaler. Staatsschuld 40,729,552 Thlr. Eisen-
bahnstrecke gegen 80 Meilen, wichtigste Plätze durch die Bahnen bereits mit
einander verbunden. Bedeutendster Strom die Elbe und militairisch höchst
wichtig; daran im Innern des Landes gelegen die zu Folge ihrer Natur-
beschaffenheit fast uneinnehmbare einzige Festung des Landes Königstein. Das
Militair wird conscribirt. Sechsjährige Dienstzeit vom 21. Jahre an. Nach
der Dienstzeit 3 Jahre Reserve. Stellvertretung oder Loskaufung für 300 Thlr.,
für welche der Staat den Stellvertreter einstellt, und wozu diejenigen gebraucht
werden, welche sich durch längere Dienstzeit Anwartschaft auf Staatsversorgung
erwerben wollen. Da die Rekrutenzahl das Bedürfniß übersteigt, findet Aus-
loosung statt. Das vorhandene Heer besteht aus 2 Infanteriedivisionen, à 2 Brigaden zu 4 Linien- und 1 leichten Bataillon, also 16 Linienbataillonen und
4 Jägerbataillonen (1 Brigade), erstere 15,748, letztere 4005 Mann enthaltend.
Cavalerie besteht aus 1 Division von 2 Brigaden, à 2 Regimenter zu 5 Schwadronen, also 20 Schwadronen zu 158 Mann mit 154 Pferden. Gesammtmasse
der Cavalerie 3,208 Mann. Artillerie 1,040 Mann, führt 50 Geschütze.
Pioniere und Pontoniere bilden 2 Compagnien, zusammen 250 Mann. Train
1,130 Mann stark mit 1950 Pferden. Stärke der Armee 25,396 Mann (Strei-
tende), dazu 1232 Nichtstreitende. Bundescontingent ist zu stellen 12,000 Mann.
Die Sachsen bilden die erste Division des 9. Bundesarmeecorps. Der Commandeur dieses Corps wird von Sachsen ernannt. Gegenwärtig kommen bei
der Artillerie gezogene Kanonen zur Einführung. Montirung vorzugsweise
hellblau; bei den Jägern grün, Beinkleider schwarz. Schießübung während
des Sommerhalbjahrs unausgesetzt. Commandirt wird die Armee von 45 Generalen, Stabs- und Oberoffizieren. Höchster Befehlshaber ist der König,
dem zur Seite ein Kriegsminister steht; dieser verantwortlich. Auch die Militairangelegenheiten, soweit sie ins Besondere das Finanzwesen berühren, unterliegen der Berathung der Landstände, durch welche die königliche Gewalt beschränkt und die Legislatur geleitet wird. Militairverdienstorden ist der von
St. Heinrich in 4 Classen. Dazu gehört für niedrige Militairpersonen die
goldene und silberne und Militairmedaille. Ferner für Militair- und Civil-
personen der Albrechtsorden in 5 Classen. Communalgarde besteht in den
größeren Städten, hat aber keine Verbindung mit dem Heere. Für das militairische Bildungswesen bestehen in Dresden eine Kadettenanstalt und eine
Artillerieschule. Sonst besteht noch eine Garnisonschule für Kinder wirklich
dienender Soldaten und eine Erziehungsanstalt für Soldatenkinder zu Klein-
struppen. Die Länder des jetzigen Königreich Sachsens waren im Alterthum
von den Slawen in Besitz genommen. Heinrich I. machte sie größten Theils
frei und gründete die Markgrafschaft Meißen (928). Während der sächsischen
Kaiser war natürlich Sachsen vorzugsweise an den Kriegen Deutschlands betheiligt. (S. Deutschland.) Der Name S. verlor hier jedoch ganz seine Geltung
und Meißen und Thüringen waren lange im Besitze der Länder des heutigen
Sachsens, dessen Name auf ganz anderen Gebieten haftete. Erst unter Friedrich dem Streitbaren, der sich gegen die Hussiten und den Kaiser Sigismund
Verdienste erworben hatte, kam mit der Kurwürde der Name Sachsen auf

die Markgraffchaft Meißen und die damit verbundenen Länder, die im Wesent-
lichen das heutige Sachsen ausmachen. 1445—1451 Bruderkrieg wegen der
thüringischen Theilung. Die Reformation brachte Sachsen wiederholt in Kriegsbedrängniß. Es stand an der Spitze des schmalkaldischen Bundes, erfuhr mehr-
malige kriegerische Execution und erlitt nach dem unglücklichen Ausgange des
schmalkaldischen Kriegs zwangsweise einen Regentenwechsel. Unter Mortz spielte
S. mehrmals eine hervorragende kriegerische Rolle, erzwang durch einen kühnen
Heerzug vom Kaiser den Passauer Vertrag und bekämpfte den Markgrafen
Albrecht von Kulmbach siegreich. In der nächsten Folge wurden die Deutschen
fast in allen ihren Kriegsunternehmungen von S. unterstützt, namentlich gegen
die Türken. Im dreißigjährigen Kriege operirte S. mit wetterwendischer Politik erst auf Seiten des Kaisers (s. dreißigjähriger Krieg). An der Befreiung
Wiens von den Türken nahm Sachsen 1683 Theil, hätte aber fast Verderben
verursacht, indem der Kurfürst ehrgeizig nach dem Oberbefehle verlangend ver-
derbliche Zwiste hervorrief. Wenige Jahre danach erhielt Sachsen eine bedingte
Verbindung mit dem Königreich Polen, die es in fast alle polnische Kriege, so
namentlich in den nordischen, hineinzog und ihm großes Verderben brachte, es oft
selbst zum Kriegsschauplatze machte, wie vor dem altranstädter Frieden. Die
polnische Krone mußte sich Friedrich August erkämpfen, was mit sächsischen
Truppen geschah und Sachsen große Opfer kostete, aber keinerlei Vortheile
verschaffte. Im ersten schlesischen Kriege war S. Preußen verbündet, in den
folgenden Destreich. Es erwarb sich als Bundesgenosse dessen weder Ruhm
noch Vortheile, im Gegentheile erlitt es die schwersten Schläge und war fast
stets Schauplatz des Krieges. (S. siebenjähriger Krieg, schlesischer Krieg.)
An den Kriegen gegen die französische Republik nahm Sachsen von 1793—1796
mit einem bundesmäßigen Truppencontingente Theil. Zu dieser Zeit bestand
die sächsische Armee aus 13 Infanterie- und 8 Cavalerieregimentern und hatte
eine Stärke von 25,000 Mann. 1806 war S. Preußens Bundesgenosse und
stellte 22,000 M. ins Feld. Dann wurden 6000 Mann bei Jena gefangen, die
übrigen Truppen kehrten in schlechtem Zustande zurück und der Kurfürst trat
mit dem Titel eines Königs in den Rheinbund und die Napoleonische Bundesgenossenschaft (Posener Friede), aus welcher zunächst 1807 die Verbindung
S's. mit dem Großherzogthum Warschau hervorging. Das sächsische Rhein-
bundscontingent betrug 20,000. Als Bundesmitglied kämpfte es 1809 gegen
Destreich, 1812 mit 21,500 Mann gegen Rußland. Die Sachsen waren meist
mit den Destreichern vereinigt und fochten bei Smolensk und Kalisch. Nach
der französischen Niederlage in Rußland schloß sich Sachsen den Alliirten,
gleich nach Eröffnung des Feldzugs von 1813 aber wieder Napoleon an. Doch
gingen die sächsischen Truppen gegen ihres Königs Willen zu den Alliirten
über, und fochten mit denen im weitern Feldzuge, während der König in Gefangenschaft derselben gehalten wurde. Für den Feldzug 1814 mußte Sachsen
eine Armee von 28,000 Mann aufbringen und für den Feldzug von 1815
10,000 Mann stellen. Für den deutschen Bund hatte Sachsen für ferner
12,000, nach Maßgabe seiner Volkszahl, ¼ Reserve und ⅛ Ersatz zu stellen.
Die Niederdrückung der Revolution wurde in Dresden durch Gewalt des
Heeres, jedoch unter Beistand eines preußischen Regimentes vollbracht. Die
letzte Waffenthat der sächsischen Truppen fand zu gleicher Zeit in Holstein und
Schleswig im Kampfe Deutschlands gegen Dänemark statt und brachte ihm
Ehre. (S. Schleswig-Holstein.) In der Cultivirung des Militairwesens hat
Sachsen stets mit den größeren Nachbarstaaten gleichen Schritt zu halten gesucht.
In der Uniformirung ist man letzlich dem Beispiele Preußens gefolgt, erst durch
Einführung der Röcke, gegenwärtig in Einführung der leichten runden Mützen.

Der König von Sachsen ist Mitglied des deutschen Bundes und hat als solches die vierte Stelle und im Plenum vier Stimmen.

Sachsen-Altenburg, s. Altenburg.

Sachsen-Coburg-Gotha, Herzogthum in Deutschland, in 2 Theilen, umgrenzt von Baiern und Sachsen-Meiningen, und von Schwarzburg, Weimar, Kurhessen, Meiningen und Preußen; entstanden durch Erbtheilung im sächsischen Hause; 35⅔ ☐ M. Flächeninhalt; 156,000 Bewohner; Monarchie mit Landständen von beschränkenden Rechten; Staatsschuld 1,525,221 Thlr., in Papiergeld 350,000 Thlr.; Militairetat 82,200 Thlr.; Conscription; Stellvertretung, 6 Jahre Dienst; 2 Jahre Reserve; Bundescontingent 1240 Mann Linie und 620 Mann Reserve; 1 Regiment in 2 Bataillonen oder 8 Compagnien und 1 Ersatz-compagnie; Militairwesen vom Ministerium geleitet; Oberbefehlshaber der Herzog; Herzog im Plenum des deutschen Bundes 1 Stimme. (S. Deutschland und Sachsen.)

Sachsen-Meiningen-Hildburghausen, Herzogthum in Deutschland; durch Erbtheilung im sächsischen Hause entstanden; 45⅔ ☐ M. Flächeninhalt; 168,900 Bewohner; Staatsschuld incl. Papiergeldes 4,049,327 Gulden; Militairetat 133,000 Gulden; Conscription, Stellvertretung, 6 Jahre Dienst, 2 Jahre Reserve; Bundescontingent 1150 Mann, 1 Regiment von 2 Bataillonen oder 8 Compagnien Linie von 1726 Mann; Oberbefehlshaber der Herzog. (S. Deutschland und Sachsen.)

Sachsen-Weimar-Eisenach, deutsches Großherzogthum, aus mehren Theilen; umgrenzt von Preußen, Sachsen, Baiern, Kurhessen, den sächsischen Herzogthümern, Schwarzburg und Reuß. 66 ☐ M. Flächeninhalt; 262,524 Bew.; Jahreseinnahme 1,625,190 Thlr., Staatsschuld 5,705,790 Thlr., Militairetat 144,259 Thlr., Conscription, Stellvertretung, 6 Jahre Dienst, 2 Jahre Reserve, 3,350 Mann; 3 Linieninfanteriebataillone oder 12 Compagnien, 37 Mann Cavalerie, 1 Batterie von 6 Geschützen Artillerie. Militairbibliothek in Weimar von 6000 Bänden. 3350 Mann Contingent zur Bundesreserveinfanteriedivision. Oberbefehlshaber der Großherzog. Orden „vom weißen Falken" und Militair-ehrenzeichen. Monarch durch die Rechte der Landstände beschränkt. Titel des Monarchen „Königliche Hoheit". (S. Deutschland und Sachsen.)

Sacken, (Fabian Wilhelm von der Osten von Sacken), geb. 1752, Russe, deutscher Herkunft aus den russischen Ostseeprovinzen, trat 1766 in das russische Heer, machte in Südrußland die Kämpfe gegen die Türkei und in Polen vor dessen letzter Theilung mit, wurde 1797 General, zwei Jahre darauf General-lieutenant, machte unter Suwarow den Feldzug in Italien 1806 und 1807, den in Preußen und Polen gegen Frankreich mit großer Auszeichnung mit, führte 1812 ein Corps, kämpfte 1813 in Deutschland, mit besonderem Ruhme an der Katzbach und bei Leipzig, und 1814 in Frankreich, wo er an den wich-tigsten Thaten betheiligt war. 1821 wurde er zum Grafen, 1826 zum Feld-marschall, 1832 zum Fürsten erhoben. Starb 1837.

Sacken, (Demetrius Freiherr von der Osten von Sacken), geb. 1790, Russe deutscher Abstammung, machte die Feldzüge von 1812—1814 gegen Frankreich mit, war bei der Thronbesteigung des Kaiser Nikolaus bereits General, machte unter Paskiewicz den Feldzug 1826 in Persien, 1828 und 1829 gegen die Türkei und 1831 unter Paskiewicz, dem er auch im Kaukasus zur Seite ge-standen hatte, gegen Polen mit, wo er namentlich den litauischen Aufstand bekämpfte, aber auch an der Erstürmung Warschaus den erheblichsten Antheil nahm. 1843 wurde er General der Cavalerie, führte 1849 in Ungarn die Reserve, 1854 nahm er an der Belagerung von Silistria Theil, verstärkte darauf Menczikow in der Krim, und erhielt mit der Thronbesteigung Alexanders II. sogar den Oberbefehl an Menczikows Stelle.

Sacken (Reinhold von der Osten von Sacken), russischer Marine-Capitainlieutenant, wurde 1788 von einem türkischen Geschwader vor Oczakow angegriffen und sprengte, sich selbstopfernd, sein Schiff in die Luft, um es nicht in die Hände des Feindes gerathen zu lassen.

Sacken (Karl Graf von der Sacken von Osten), russischer General, Adjutant des Fürsten Gorczakow, hatte Theil an dem orientalischen Kriege 1853—1855.

Saint-Cyr, französisches Dorf 3 Meilen von Paris, hier Militairschule zur Bildung von Offizieren für die Infanterie, Cavalerie, Generalstab un Marine. 300 Zöglinge.

Saint-Cyr, Louis Gouvion Marquis de, Franzose, geb. 1764, beim Ausbruch der Revolution als Capitain in ein Freiwilligenbataillon getreten, ging sogleich auf den Kriegsschauplatz am Rhein ab, wurde schon 1793 General, 1794 Generallieutenant, machte die Feldzüge in Italien mit, commandirte 1799 unter Jourdan in Deutschland und darauf mit größter Auszeichnung in Italien, 1800 wieder in Deutschland, wurde 1804 Generaloberst der Küraffiers, führte im Feldzug 1805 ein Hauptcommando in Oberitalien, machte die Feldzüge 1806 und 1807 gegen Preußen und Oestreich mit, machte 1812 den Feldzug in Rußland mit, führte eine Zeitlang den Oberbefehl und wurde in Rußland Marschall, 1813 war er Commandeur in Dresden, wo er sich nach der Schlacht bei Leipzig mit einem Corps von 16,000 gefangen geben mußte. Unter Ludwig XVIII. Pair und Kriegsminister, später Marineminister und dann wieder Kriegsminister. Vom König erst zum Grafen und dann zum Marquis erhoben. Starb 1830. War zum Maler erzogen worden, und nur der Zufall der Revolution führte ihn auf die militairische Bahn. Ausgezeichnet durch seine Humanität.

Saint-Denis, Abtei und Stadt nahe bei Paris, Grabstätte der französischen Könige, große Erziehungsanstalt für Töchter von Rittern der Ehrenlegion. 600 Zöglinge.

Saint-Dizier, französische Stadt von 6000 Einw. an der Marne, früher Festung, hier 1814 mehre Treffen zwischen Franzosen und Verbündeten.

Saint-Germaine en Laye, französische Stadt von 12,000 Bewohnern und königliches Schloß, hier unter Napoleon Cavalerieschule für Offiziere, jetzt statt deren Militairzuchthaus für 500 Individuen. Hier Abtheilung der Erziehungsanstalt für Töchter der Ritter der Ehrenlegion.

Saint-Omer, französische Festungsstadt von 23,000 Bew., im Departement Pas de Calais, in Sümpfen gelegen, mit sehr ausgedehntem Festungssystem, Wällen, nassen Gräben, sechs umgebenden Forts und zahlreichen weit vorgeschobenen und sehr starken Werken, mit Militairwerkstätten, Hospital, großen Kasernen, Arsenal und bedeutenden Magazinen. Durch Aa und den Kanal Neuf Fosse mit dem Meere in Verbindung.

Saint-Quentin, französische Stadt an der Somme und einem Kanal mit 30,000 Bewohnern. Hier 1757 furchtbare Niederlage der Franzosen durch die Spanier und Engländer und Eroberung der Stadt durch Letztere in demselben Jahre.

Saint-Vincent, John Jervis Baron Meaford Graf von, geb. 1734, Engländer, ging als Kind zur Marine, machte den Krieg in Nordamerika mit großer Auszeichnung mit, nach welcher er Contreadmiral wurde. Er eroberte 1794 die französische Colonie Martinique und St. Lucie. 1797 schlug er die spanische Flotte am Cap St. Vincent. Hierfür wurde er zum Grafen von Vincent und Oberbefehlshaber im mittelländischen Meere erhoben, war 1801

—. 1805 erster Lord der Admiralität. Starb 1823 im Besitze der höchsten Würde bei der Marine.

Saladin (Salah eddin Jussuf Ebn Agub), Kurde und Sohn eines militairischen Befehlshabers, geb. 1137, wurde durch verdienstliche Waffenthaten jung Vezier von Aegypten, bemächtigte sich selbst der Herrschaft in Aegypten, die er nach Nureddins und dessen Sohnes Tode völlig unbeschränkt machte und über Syrien erweiterte. Nahm den Titel Sultan an und wendete nun sein Schwert gegen die Kreuzfahrer in Jerusalem, schlug diese 1187 bei Tiberias und brachte bald danach fast ganz Palästina und Jerusalem in seine Gewalt. Allein gegen die Kriege Philipp Augusts und später Richards von England vermochte er nicht glücklich zu kämpfen und mußte einen Theil des heiligen Grabes wieder herausgeben. Starb 1193 in dem Ruhme eines edeln Helden und ruhmwürdigen Herrschers.

Salamanca, spanische Stadt von 8000 Einw. am Tormes. Hier 1812 die Franzosen unter Marmont von den Engländern geschlagen.

Salamis, griechische Insel, hier der berühmte Seesieg der Griechen unter Themistokles über die große persische Flotte 480 v. Chr.

Saldanha Oliveira e Daun, Joao Carlos Herzog von, Portugise, geb. 1780, spielte seit 1810 in den portugisischen Kriegen eine hervorragende Rolle, erlangte die Würde eines Marschalls, erhielt wiederholt den Oberbefehl und das Kriegsministerium, wirkte aber fast nur als Politiker und Staatsmann, selten als Krieger, und als solcher hat er nie große Thaten gethan.

Saldern, Friedrich Christoph von, Preuße, geb. 1719, machte die schlesischen Kriege und den siebenjährigen Krieg mit vieler Auszeichnung mit, wurde 1759 mit Ueberspringung einer Rangstufe General. Erlangte nach dem Kriege die Würde eines Generals der Cavalerie, schrieb „Taktik der Infanterie" und „Taktische Grundsätze", stand bei Friedrich dem Großen in großen Ehren und starb 1785.

Salisbury, englische Stadt von 10,000 Einw. zwischen Avon und Bourne, hier Sieg Cerdics 552.

Salisbury, William Graf von, natürlicher Sohn König Heinrichs II. von England, Kampfgenosse König Richards im Morgenlande, einer der Hauptführer in den bürgerlichen Unruhen, galt für einen der heldenhaftesten Ritter. Starb 1226.

Salisbury, William de Montacute Graf von, einer der bedeutendsten englischen Feldherren in dem Kriege gegen Karl VII. von Frankreich, focht bei Crecy und Poitiers, schlug die Schotten und starb 1397.

Salisbury, Thomas de Matacute Graf von, ausgezeichneter englischer Feldherr im Kriege gegen Karl VII. von Frankreich, fiel bei der Belagerung von Orleans 1428.

Salm-Kyrburg, Friedrich, ehedem regierender Fürst von, geb. 1789 in Paris, wurde in der Militairschule von Fontainebleau gebildet, wurde Ordonnanzoffizier Napoleons, machte 1807 den Feldzug in Portugal mit, erlitt 1808 in Spanien die widerwärtigsten Schicksale, nahm am Feldzuge 1809 gegen Oestreich Theil, wurde Oberst, worauf er seinen Abschied nahm.

Salm-Reifferscheidt, Nikolaus Graf von, geb. 1458, nachdem er in der Schweiz gegen Burgund gefochten, kämpfte er unter östreichischer Fahne unter Karl V., schwang sich zum Feldherrn auf, entschied 1525 die Schlacht bei Pavia, schlug die Ungarn unter Zapolya, vertheidigte Wien siegreich gegen Soliman II. und fiel in diesem Kampfe 1530.

Salmanassar, assyrischer König, unterjochte 729 v. Chr. das israelitische Reich und löste es nach der siegreichen Eroberung von Samaria 722 auf.

Salona, griechische Stadt von 4000 Einw., hier im griechischen Freiheitskriege verschiedene hitzige Treffen zwischen Griechen und Türken.

Salutiren, Rangehre erweisen, geschieht beim Offizier durch Senkung des
Säbels oder Degens mit der Spitze zur Erde, bei der Fahne durch Senkung
derselben, bei Militairbegräbnissen durch Schüsse, bei Schiffen durch Auf- und
Niederheben der Flaggen und bei Festungen ebenfalls durch Kanonenschüsse und
Aufziehen der Flagge. Selbstverständlich wird nur vor höhern militairischen Subjecten salutirt, und diese erwiedern den Ehrengruß in einer Form
geringeren Grades, so z. B. das Schiff vornehmern Ranges oder die Festung
mit einer geringern Zahl von Schüssen, auch giebt, wenn sich zwei Schiffe
begegnen, das geringern Grades die Ehrenschüsse zuerst. Stehende Truppen
salutiren vorüberziehenden, wenn deren Befehlshaber höher im Range ist als
der jener, und namentlich wenn sie geschlossen und parademäßig marschiren.
Vor der Fahne, wo sie offen getragen wird, wird in jedem Falle salutirt, während die Fahne wiederum vor dem Oberbefehlshaber durch Senkung salutirt.
Salutirt wird bei den verschiedenen Völkern in sehr verschiedenen Formen,
jedoch in England, Frankreich und Deutschland ziemlich übereinstimmend, auch
hat das Salutiren zur See bei den europäischen Marinen ziemlich allgemein
die englische Form.

Salve, Gesammtfeuer, gleichzeitiges Abfeuern aller Gewehre bei einer In-
fanterietruppe, geschieht stets unmittelbar vor einem Sturm, um den Feind
plötzlich zu schwächen und zu derangiren. Bataillonssalven werden auf Commando, Regimentssalven, die jedoch sehr selten vorkommen, auf Signal, Quarré-
salven Abtheilungs- oder Gliederweise gegeben. Batteriesalven kommen fast
nur in Festungskriegen vor, um durch die Gesammtwirkung die zerstörende
Gewalt zu erhöhen und es werden bei solchen alle Geschütze auf einen Punct
gerichtet. Bei den Russen ist es fast zur Gewohnheit geworden durch große
Artilleriesalven den Angriff zu eröffnen und der Zweck hat seine Berechtigung;
doch ist es oft genug verderblich gleich Anfangs die Position der Batterien zu
verrathen.

Salzburg, östreichsches Herzogthum (s. Oestreich). Oestreichsche Stadt an
der Salzach von 19,000 Einw., Sitz eines Festungscommandos, hier ein Tele-
graphenamt, Cavaleriekaserne, Sommerreitschule, schönes Schloß auf hohem
Felsen, welches für eine Citadelle gilt.

Salzburg, Dorf in Siebenbürgen, hier die Ungarn unter Bem 1849 von
den Oestreichern unter Püchner geschlagen.

Samniter, mittelitalienische Völkerschaft, die zwischen den kleinen italienischen
Völkerschaften im Alterthum eine kriegerische Rolle spielte und Eroberungen
ausführte. 1. samnitischer Krieg 343—341 v. Chr. von den Campanern und
Römern siegreich geendet; 2. samnitischer Krieg 126—304, in welchem die S.
mit mehren benachbarten Völkerschaften verbündet waren, wurde theilweise sehr
glücklich gegen die Römer geführt, aber nicht so beendet. Der 3. samnitische
Krieg von 298—272 war voll von furchtbaren Blutscenen und politischen Wendungen. Er endete mit der Unterwerfung der S. Von da ab gehört die
Geschichte Samniums Rom an. (S. Italien und Rom.)

St. Gallen, 14. Canton der Schweiz, 40 ◻ M., 170,000 Bew. (s. Schweiz).

St. Helena, kleine britische Felseninsel im atlantischen Ozean südlicher
Hälfte, erst portugisisches, darauf holländisches und nach wiederholten Unterhandlungen seit 1673 britisches Besitzthum, durch Batterien und ein Fort stark
befestigt, mit guter Rhede und nur einem Hafen. Berühmt als Verbannungs-
ort Napoleons I. (s. d.)

St. Jacob, schweizer Dörfchen bei Basel. Hier vertheidigten 1444 1600

Schweizer ihr Vaterland gegen ein französisches Heer von 20,000 und opferten sich bis auf 10 Mann. Obschon somit die Franzosen die Positionen eroberten, hatten sie doch so furchtbare Verluste erlitten, daß sie zum Rückzuge um so mehr schreiten mußten, als das glänzende wenn auch schmerzliche Ereigniß wie mit Zauber alle wehrhaften Schweizer unter die Waffen rief. Frankreich beugte indessen weiteren Kämpfen durch einen Friedensschluß vor und die Schweiz durfte ihren Kampf bei St. Jacob mit Recht als einen ihrer schönsten Siege feiern. Denkmal auf der Wahlstatt. Der auf derselben wachsende Wein zum Andenken „Schweizerblut" genannt.

St. Pölten, östreichische mit doppelter Umfassungsmauer befestigte Stadt von 6000 Einw. mit Militairknabenerziehungsanstalt.

San Ildefonso, spanischer Flecken an der Cresma, hier 1796 Bündniß zwischen Spanien und Frankreich.

San Marino, s. Marino.

San Salvador, mittelamerikanischer Staat von 308 □ M., 300,000 Bew. und einem Heer von 700 Mann (s. Amerika).

Sandschak, türkisch Banner, auch der Bezirk dessen Kriegsmannschaft dem Banner des vorgesetzten Begs zu folgen hatte.

Sandwich-Inseln, im stillen Ozean, 327 □ M., etwa 120,000 Bewohner, nationale, jedoch von Frankreich und England sehr beeinflußte königliche Regierung von europäischer Form, mit einem stehenden Heere, dessen Oberbefehlshaber der König, dessen Unterbefehlshaber die Vorsteher der einzelnen Inseln. Militairpflicht allgemein. Eine Garde besteht beim königlichen Hofe.

Santa-Anna, Antonio Lopez de, Mexicaner, geb. in den neunziger Jahren des vorigen Jahrhunderts, brachte sich an die Spitze einer bewaffneten Volkspartei, stürzte 1824 den Kaiser Iturbide, wurde aber geschlagen, wurde dennoch 1829 Kriegsminister und Obergeneral, stürzte 1830 die Regierung und brachte Pedrazza auf den Präsidentenstuhl, bestieg ihn 1833 aber selbst, schlug mehrmals die Gegenpartei und erhielt 1835 dictatorische Gewalt. Den Krieg mit Texas führte er 1836 sehr unglücklich, vertheidigte 1837 Veracruz, verlor hier ein Bein, wurde 1841 wieder Präsident, 1845 wieder gestürzt, 1846 wieder berufen, wurde Oberbefehlshaber der Armee, 1847 gänzlich geschlagen, doch zum Dictator erwählt und darauf wiederholt aufs Neue geschlagen, in Folge dessen er floh. In einer neuern Revolution 1853 wurde er wieder zurückgerufen. Er ordnete nun mit Festigkeit den Staat, hatte aber fortwährend mit den Gegenparteien gefährliche Kämpfe zu bestehen. (S. Amerika und Mexico.)

Santarem, portugiesische Festungsstadt von 9000 Einw. am Tejo, hier 1834 die Miguelisten entscheidend geschlagen.

Santerre, Antoine Josephe, Franzose, geb. 1752, Bierbrauer in Paris, wurde bei Ausbruch der Revolution erst Bataillonsführer, dann Generalcommandant bei der Nationalgarde von Paris, rettete einen Theil der Schweizer, wurde desselben Jahres (1792) sogar zum Divisionsgeneral ernannt, führte 20,000 Mann gegen die Vendée, wurde aber 1793 geschlagen und zog sich dann ins Privatleben zurück. Starb 1809.

Santiago, spanische Hauptstadt von Cuba, 24,000 Einw., guter Hafen, stark befestigt.

Santillana, Inigo Lopez de Mendoza, Marquis von und Graf von Manzanares, Spanier, geb. 1398, zeichnete sich in dem Kriege gegen Aragonien und Granada aus, eroberte die Markgrafschaft Santillana, die er zur Belohnung behielt. Er besiegte darauf den König von Navarra und eroberte Torrija. Starb 1458.

Sapieha, Lew Fürst, Lithauer, geb. 1557, hat zu Leipzig studirt, nahm an Polens Kriegen unter Bathori Theil, wirkte aber mehr als Unterhändler. Er wurde 1625 Großkronhetman, führte ein Heer gegen Gustav Adolph, jedoch ohne Erfolg, und starb 1633.

Sapieha, Jan Piotr Fürst von, geb. 1569, einer der größten polnischen Feldherren, focht zuerst gegen die Schweden, dann gegen Rußland, wo er bis Moskau unbesieglich vordrang. Hier starb er 1611, muthmaßlich an Gift. Die Großhetmanwürde von Lithauen hatte aus der Familie Sapieha in der Folge auch Kazimierz S. unter Augnst II. und Kazimierz S. unter Stanislaw August.

Saporoger, Kosaken.

Sappe, Laufgräben, welche unter dem Schutze von Sappenkörben gebaut werden müssen und deren Grabenerde dann zur Verstärkung der Korbbrustwehr dient. Gemeine Sappe s. v. w. Laufgraben im Allgemeinen — Flüchtige S., wie oben beschrieben, bei welcher die Richtung markirt und die Sappenkörbe partienweise aufgestellt und zugleich gefüllt werden — Völlige S. s. v. w. solider Sappenbau, wobei unter Schutzmitteln die S. nur schrittweise, aber stets mit vollkommner Ausführung hergestellt wird. Diese S. muß besonders auf dem Feuergebiete der Festung angewendet werden. Doppelte S. s. v. w. S. mit 2 Brustwehren; die vorliegende nur 12 Fuß entfernt. Bedeckte S. s. v. w. Laufgraben, der durch eine Bohlendecke und einen Erdaufschutt vor den feindlichen Kugeln gesichert ist. Aus der Richtung geben die Bezeichnungen Gerade S., Wende-S., Kubische S. hervor. Letztere bildet die sogenannten Zickzackgänge, welche nach rechts und links unter rechten Winkeln auf den Angriffspunkt vorgehen. Sie ist die gebräuchlichste Art der Laufgräben. Die Winkelerweiterungen müssen durch Traversen gedeckt werden. (S. Festung, Befestigungskunst, Fortification u. a. A.)

Sappenbündel, Faschinen, mit denen der Winkelraum zwischen den Sappenkörben ausgefüllt wird. (S. Faschinen.)

Sappeur, Laufgangsgräber. Gehört zu den Genietruppen und befaßt sich lediglich mit dem Sappenbau. Ist bei vielen Heeren mit Pionnier eins und wird bei Schanzbau und selbst bei Minen verwendet. Die Sappeurs arbeiten in Brigaden von 6–8 Mann, deren Beschäftigungen genau in einander greifen (s. Genie).

Saragossa, spanische Stadt am Ebro, mittelalterlich schlecht befestigt, aber berühmt durch seine heldenhafte Vertheidigung von 1808 bis 21. Februar 1809. Die erste Belagerung währte erfolglos vom Juni bis 15. August, wo die Franzosen unter Verdier abzogen. Die zweite Belagerung wurde von Mortier und Moncey am 20. Dec. unternommen und bis 21. Febr. fortgesetzt. Die Energie des Widerstandes grenzte an das Wunderbare und die Franzosen hatten sich bereits eines großen Theils der Stadt bemächtigen müssen, ohne daß die Vertheidiger sich zur Capitulation entschlossen. Von Bürgerschaft und Besatzung waren 54,000 Mann gefallen. Commandant in S. war Palafox.

Sarazenen, s. v. wie Araber.

Sardinien, zu Italien und dem sardinischen Königreich gehörendes Inselland von 436 □ M. mit 577,000 Bew. (S. Sardinien Königreich.)

Sardinien, Königreich, welches gegenwärtig als ein Theil des Königreichs Italien betrachtet wird. Doch ist letzteres Königreich eine nur halb geborene Frucht, und es ist kaum mit Gewißheit anzunehmen, daß Italien zur Vollendung gelangen werde, wie es der König von Sardinien und die Revolutionspartei, welche sich jedoch Nationalpartei nennt, hoffen und wollen. Es läßt sich daher hier Sardinien nur betrachten, wie es bisher ohne die Verbindung mit den italienischen Staaten bestanden hat, welche sich ihm zu Folge der Revolution

angeschlossen haben, welche Verbindung aber noch der Anerkennung anderer
Staaten entbehrt. Nur der Anschluß der Lombardei und die Abtretung eines
Theils von Savoyen sind hier in Rücksicht zu nehmen. Haupttheile: Piemont,
Savoyen, Genua, Lombardei und die Insel Sardinien. 17,22 □ M. — 7,893,500
Bew. — Provinzen: Turin, Coni, Novara, Alessandria, Chambery, Annecy,
Genua, Nizza, Cagliari, Sassari, Mailand, Brescia, Como, Bergamo, Pavia,
Cremona, Sondrio. Staatsbedarf jährlich 157,000,000 Lire; wird durch die
Staatseinnahme (149 Millionen) nicht gedeckt. Staatsschuld 1,202,391,806
Lire. Conscription nach dem Gesetze von 1857. Loosung. Aushebung im
Belang von 9000 Mann mit Ausschluß der Lombardei. Die Ueberzahl zur
Reserve geschrieben, hat nur jährlich eine vierzigtägige Uebung, ist aber kriegs-
pflichtig. Nationalgarde allgemein, Verpflichtung vom 20. bis 34. Lebensjahre.
Obliegenheit die Provinzialvertheidigung. Heer besteht aus 10 Brigaden Linie
à 2 Regimenter, à 4 Bataillone, 10 Bataillonen Bersaglieri und 1 Bataillon
Jägern, zusammen 31,570 Mann, die im Kriege auf 60,450 vermehrt werden,
in 4 Linienregimentern und 5 leichten Regimentern Cavalerie in der Stärke von
5,103 Mann, im Kriege 6,840 Mann; — 3 Artillerieregimentern und einem Genieregiment zusammen 4,212, im Kriege 8,260 Mann; — Train und gesondertem
Corps 23,100 Mann, zusammen im Frieden 49,533, im Kriege 112,135 Mann.
Nach Anschluß der Lombardei wurde die Armee neu organisirt, durch 6 Schützenbataillone, 3 leichte Regimenter, eine lombardische Grenadierbrigade und 5 lombardische Linieninfanteriebrigaden vermehrt, so daß das Heer in der neuen
Verfassung 50,500 (im Kriege 96,000) Mann Infanterie, 6900 (im Kriege
9000) Mann Cavalerie, 4200 (im Kriege 8300) Mann Artillerie und Genie,
30,000 Train, Depots und gesonderte Corps, zusammen im Frieden 61,600,
im Kriege 143,000 Mann haben muß. Militairbildungsanstalten sind die
Militairacademie für Offiziere, die Cavalerieschule (beide in Turin) und die
Militairschule zu Jvrea. Festungen sind auf der Insel Sardinien Cagliari
und Sassari, auf dem Continente Alessandria, Casale, Genua, Tortona, Jvrea;
Städte mit Zitadellen Turin, Savona, Nizza, Cuneo, Novi, Coni, Mendovi
und Fossano. Marine beträgt: 7 Segelkriegsschiffe mit 248 Kanonen, 3 Briggs,
4 Schraubenfregatten von 220 Kanonen, 2 Schraubendampfer von 20 Kanonen,
6 Raddampfer von 24 Kanonen, zusammen 22 Schiffe mit circa 516 Kanonen
und 2922 Mann Volk, commandirt von 1 Viceadmiral, 2 Contreadmiralen,
7 Schiffs- und 6 Corvettencapitainen. Marinedepartements sind Genua, Villafranca und Cagliari. Generalcommando zu Genua. Neben den Seemanns-
schulen zu Villafranca, Savona und Spezzia besteht zu Genua eine Haupt-
marineschule. Die wichtigsten Plätze Sardiniens sind durch Eisenbahnen verbunden, das Land von guten Heerstraßen durchzogen, Telegraphenverbindungen
mit den Hauptplätzen, Frankreich, der Schweiz, Mittelitalien, und unterseeisch
mit der Insel Sardinien hergestellt. Sardinien ist zu Folge seiner Lage zwischen Meer und Alpen eine natürliche Festung. Alle Einrichtungen sind Zeugniß des Militairstaates, als welches Sardinien Preußen sehr ähnlich ist. Oberster
Befehlshaber des Heeres ist der König. Unter ihm befehligen gegen 40 Generale und 3500 Offiziere. Macht des Königs durch eine Verfassung und
verantwortliche Minister beschränkt. Militairische Orden sind der Militairverdienstorden und das Kreuz der Treue. Die sardinische Monarchie ist erst
durch Vertrag von 1720 und Verbindung des Herzogtums Savoyen (Stamm-
land der Dynastie) mit Sardinien entstanden. Im polnischen Thronkriege
war es Frankreich verbündet und erwarb dadurch einen Gebietszuwachs von
Oestreich. 1792 war es mit Oestreich verbunden, unterlag aber 1796 den
französischen Waffen und mußte 1798 alle Besitzungen auf dem Festlande Frank-

reich zur Verfügung stellen und sie wurden 1802 mit Frankreich vereinigt.
1814 erhielt Sardinien sein Land zum größten Theil und 1815 vollständig
wieder. 1821 wurde der Staat von Militairaufständen erschüttert, aus denen
eine umfängliche Revolution und ein Thronwechsel hervorgingen, welcher Erfolg
jedoch durch die einschreitende östreichsche Militairmacht annullirt wurde. 1848
erklärte sich der König Karl Albert von S. für die Interessen der Nationalpartei, um durch diesen verstärkt die Macht zu Eroberungen auf italienischem
Gebiete zu gewinnen. Im März 1848 rückte ein 30,000 Mann starkes sardinisches Heer, welches bald auf 65,000 ohne die zahlreichen italienischen Freischaaren gebracht wurde, in die Lombardei zu dem Zwecke ein, zunächst die
östreichschen und sodann jede andere antinationale Regierung in Italien zu
stürzen. Allein der Feldzug wurde vom Könige höchst ungeschickt geführt, die
Kräfte unzweckmäßig verwendet, so daß er nach mehren schweren Niederlagen,
namentlich nach der von Custoza, um einen Waffenstillstand bitten mußte.
Nach Ablauf dessen begann S. mit 85,000 Mann den Krieg aufs Neue, wurde
aber von Oestreich binnen drei Tagen zwei Mal (bei Mortara und Novara)
so entscheidend geschlagen, daß Karl Albert, um nicht die Existenz seines Staats
aufs Spiel zu setzen, sofort mit Entsagung der Krone Frieden schloß. Sardinien hatte nur 75,000,000 Lire Kriegskostenentschädigung zu zahlen. Victor
Emanuel bestieg den Thron. 1855 und 56 nahm Sardinien an dem orientalischen Kriege mit 17,584 Mann Theil, die unter Alfons della Marmora zwar
keine hervorragende Rolle spielten, aber doch einen Verlust von 2532 Mann
erlitten. Verbündet mit Frankreich unternahm S. im Frühjahre 1859 von Neuem
den Krieg gegen Oestreich, um gestützt auf die italienischen Nationalideen zunächst Oberitalien an sich zu bringen, worauf Napoleon III. um so eifriger
einging, als ihm Sardinien vorher einen Theil seines Gebietes, namentlich
einen großen Theil Savoyens zugesagt hatte. Nach 3 schweren Schlachten,
welche Frankreich mit Aufbietung aller Kraft schlug und die von Oestreich verloren wurden, in welchen aber auch die sardinische Armee ehrenvoll mitgewirkt
hatte, endete der Feldzug in kaum 2 Monaten mit dem Vorfrieden von Villafranca und dem Definitivfrieden von Zürich, in welchem Oestreich die Lombardei
an S. abtrat. (S. Oestreich.) Wenig später wurde die Abtretung der oben-
erwähnten sardinischen Gebiete an Frankreich in schlauester Weise eingeleitet und
unter dem Schilde einer Volksabstimmung ausgeführt. Die Revolution machte
mit Hilfe der Einflußlosigkeit, zu der Oestreich gezwungen wurde, die kleinen
mittelitalienischen Staaten Parma, Modena, Romagna und Toscana herrenlos
und die Nationalpartei derselben erklärte den Anschluß derselben an S., ob aber
dieser zu Recht bestehe, haben die Mächte noch zu entscheiden. Um seinem
Zwecke näher zu kommen, schürte S. die Revolution in Italien unausgesetzt
und 1860 brach dieselbe zuerst in Sicilien aus und verbreitete sich reißend schnell
im Königreich Neapel. Ein sardinischer General stellte sich im rechten Augenblicke an die Spitze der Revolution auf Sicilien und bei den obwaltenden
Umständen war es ihm sehr leicht die Regierungsgewalt bis auf einige Forts
zu vernichten. Er begab sich sodann nach Neapel, wo ihm die Revolution ebenfalls den Weg schon völlig geöffnet hatte, so daß er ohne Waffenthat in Neapel
einziehen konnte. So sehr Garibaldi in Italien als Held gefeiert wird, läßt
sich nicht anders sagen, als daß er der Revolution nicht voran-, sondern ihr
nachgegangen ist. Voreilig flüchtete sich der König Franz II. von Neapel in
die Festung Gaëta, seinen Einfluß auf das Land aufgebend. Und während
durch den sardinischen General Cialdini in mehrmonatlicher Belagerung Gaëta
zum Fall gebracht und König Franz aus seinen Staaten getrieben wurde, hielt
Victor Emanuel in Neapel seinen Einzug und proclamirte im Wiederhall der

Revolution das Königreich Italien, welches aber noch der Anerkennung der Mächte und der Erwerbung der päpstlichen Staaten und Venetiens bedarf. Diese letzte Ländererwerbung Sardiniens hat indessen großer militairischer Kräfte durchaus nicht bedurft, da die Revolution und die falsche Haltung des Königs Franz so vollkommen vorgearbeitet hatten, daß in der That Victor Emanuel nur zu kommen und zu nehmen brauchte.

Satz wird die aus Brennstoffen gemischte Füllmasse für Hohlkugeln, Raketen, Leuchtkugeln ꝛc., jedoch nicht ohne Beibezeichnung genannt. Der Satz ist je nach dem Zwecke des Geschosses verschieden. (S. d. besondern Artikel.)

Saul, König von Israel um 1070 v. Chr., Besieger der Ammoniter, Philister, Edomiter, Moabiter u. a. Völker. Fiel im Kampfe gegen die Philister.

Saumur, franz. Stadt an der Loire, hier starke Cavaleriegarnison, prachtvolle Kasernen, Reitschule, Pulverfabriken. Merkwürdig durch zwei noch vollständig vorhandene feste Lager Julius Cäsars. 1793 die republikanische von der royalistischen Partei geschlagen.

Sauvegarde, militairische Schutzmannschaft, Bedeckung.

Savary (Anne Jean Marie René), Franzose, geb. 1774, trat vor der Revolution ins Heer, machte die Feldzüge am Rhein, in Italien, Aegypten und aufs Neue in Italien mit, wurde aber erst 1799 Obern, 1802 Polizeicheff, war Vorsitzender des Kriegsgerichts, welches den Herzog von Enghien verurtheilte. 1804 Divisionsgeneral. Er machte den Feldzug 1806 und 1807 mit, wurde in Polen Commandeur eines Corps und schlug am 16. Febr. 1807 bei Ostrolenka die Russen, wirkte noch bei einigen Hauptaffairen mit, und wurde zum Herzog von Rovigo erhoben. Er wurde hierauf vorzugsweise diplomatisch beschäftigt und wurde 1810 Polizeiminister. Erst unter Ludwig Philipp trat er wieder in einer militairischen Rolle auf, indem er 1831 Bona in Afrika eroberte und die Militaircolonisation in Algier einrichtete. Starb 1833.

Savigliano, sardinische Stadt von 20,000 Einw., nur theilweise und mittelalterlich befestigt. Hier 1799 die Franzosen von den Oestreichern geschlagen.

Savona, sardinische Hafenstadt von 17,000 Einw., 1525 von den Genuesern verheert, 1745 von den Engländern beschossen, 1746 von den Sardiniern erstürmt, 1809 von den Franzosen genommen, 1745 hier die spanisch-französische Flotte von der englischen geschlagen.

Savoyen, Theile von Sardinien und Frankreich, s. Sardinien.

Schachowskoi, Iwan Leontjewicz Fürst von, Russe, diente seit Ende des vorigen Jahrhunderts im russischen Heere, war 1805 Oberst, machte den Feldzug 1807 ehrenvoll mit, hatte 1812 ein Divisionscommando, machte den Feldzug von 1813 und namentlich die Hauptschlachten mit und wurde bei Leipzig Generallieutenant, 1826 Corpscommandeur, operirte 1831 während der Schlacht bei Grochow in detachirter Stellung sehr schlecht, kämpfte aber gut bei Ostrolenka und noch besser mit der Reserve bei der Erstürmung Warschaus. Später erhielt er hohe Würden bei der Militairverwaltung, erst im Auditoriat, dann im Reichsrath.

Schaffhausen, 12. Canton der Schweiz, 5 □ M., 35,000 Bew. (S. Schweiz.)

Schah, persisch Herrscher.

Schaluppe, die großen Boote bei den Schiffen. Kriegsschiffe haben 4—6. Dienen an der Küste zum Verkehr. Stehen in der See auf dem Verdeck in einander. Kanonenschaluppen sind Beifahrzeuge bei der Flotte und führen ein Geschütz im Vordertheile so, daß sie über Bug feuern und dem Feinde ein möglichst kleines Ziel bieten.

Schanze, ein durch Erdbrustwehr und Graben umschlossener Raum, in welchem eine Truppe ihre Stellung oder sonst ein Object mit größerer Kraft zu vertheidigen sucht. Dergestalt ist jedes geschlossene Erdwerk dieser Art, welche Form es auch habe, eine Schanze. Die Vertheidigungskraft wird oft durch Palissaden verstärkt und selbstverständlich nach Umständen jedes bei andern Feldfortificationen gebräuchliche Annäherungshinderniß im Außenterrain angewendet. (S. Befestigung.) Schanze heißt bei der Marine auch derjenige armirte Aufbau auf dem Oberdeck, der in der Regel Castell genannt wird. (S. Castell.)

Scharfschützen, s. v. w. Schützen oder Jäger (s. d.).

Scharnhorst, Gerhard David von, Hannoveraner, geb. 10. Nov. 1756 in einer bürgerlichen Familie, in der Kriegsschule zu Wilhelmstein gebildet, trat 1776 ins Heer, wurde als Lieutenant Lehrer an der Artillerieschule, wurde 1792 Hauptmann, machte die Feldzüge 1793 und 1794 mit, erwarb sich in diesem Jahre durch Auszeichnung das Avancement zum Major und wurde 1796 Oberstlieutenant, trat 1801 ins preußische Heer, wurde 1803 Quartiermeisterlieutenant, 1804 Oberst und geadelt, focht 1806 bei Auerstädt, theilte die Gefangenschaft Blüchers, focht wieder bei Eylau, wurde hierauf General und trat 1810 als Chef an die Spitze des gesammten preußischen Militairverwaltungswesens, in welcher Stellung er sich als Organisator unvergängliche Verdienste erworben hat, die in der That auch nur ein Mann von so tiefer Wissenschaftlichkeit wie S. zu erwerben im Stande war. Er war der Gründer der Landwehr. 1812 wurde er Generalstabschef bei Blücher und Generallieutenant. Er starb zu Folge schwerer Verwundung bei Lützen 1813. Er hatte 1810 ein System entworfen und zur Anwendung gebracht, durch welches binnen einigen Jahren die ganze wehrhafte Nation kriegstüchtig gemacht werden sollte, und zwar indem allviermonatlich eine neue Altersclasse recrutirt und einexercirt, dann aber entlassen wurde. Hierdurch legte er den Grund zu Preußens gegenwärtigem Militairsystem, das den Staat an die Seite der mächtigsten Militairstaaten stellt. Schriften von ihm sind „die Wirkung des Feuergewehrs“, „Taschenbuch für Offiziere“, „Militairische Denkwürdigkeiten“, „Handbuch für Offiziere in den angewandten Theilen der Kriegswissenschaften“ u. a. Standbild in Berlin. Schriften über S. vielfältig und alle übereinstimmend in dem erhabensten Lobe desselben.

Schärpe, Offizierabzeichen, über die Schulter oder um den Leib, aber nur im Dienste getragen, in großen Quasten endend, von Gold, Silber oder farbig.

Schäsburg, siebenbürgensche Stadt von 7500 Einw., hier die Ungarn unter Bem 1849 von den Russen geschlagen.

Schaumburg-Lippe, s. Lippe.

Scheerenflotte, schwedisch, Strandflotte, aus leichten Flachseglern bestehend.

Schamyl (Schamil), Tschetschenze, Fürst und Oberpriester der kaukasischen Bergvölker, vertheidigte deren Freiheit seit 1824 unter wundervollen Schicksalen gegen die anerkanntesten russischen Generale. 1824 entging er dem Tode bei der Vertheidigung von Himry gegen General Rosen wunderbar, und ebenso 1839 bei der Vertheidigung von Achulko gegen General Grabbe und schlug die Russen nun wiederholt in solcher Weise, daß er ihnen furchtbare Verluste beibrachte und sie kriegsunfähig machte, wodurch er sich immer wieder Zeit verschaffte seine Macht wiederherzustellen. Das Einschließungssystem Woronzows war russischer Seits eine Anerkennung der Unüberwindlichkeit Schamyls. 1845 verlor er Dargo, nahm dafür 1846 den Russen bei einem furchtbaren Rachezuge Gerghebil, vertheidigte diese Feste siegreich, erlitt in den folgenden Jahren Nachtheile, kämpfte aber von 1850 bis 1853 mit großem Glück zur Erweiterung seines Gebietes. Trotz aller Aufforderung versäumte er es während des orientalischen Kriegs die Russen mit Krieg zu bedrängen, und als nach diesem Kriege nun Rußland seine Macht gegen den Kaukasus concentrirte, erlitt S.

wiederholte Nachtheile und hatte selbst das Unglück in russische Gefangenschaft zu gerathen, in der er ein Loos hatte ähnlich dem Abdelkaders in Frankreich.

Scheremetjew, Boris Petrowicz Graf von, Russe, geb. 1652, Freund Peters d. Gr., erlangte bald die vornehmsten militairischen Würden, kämpfte in den Ostseeprovinzen mit glücklichstem Erfolg gegen Schweden, führte als Feldmarschall den Oberbefehl bei Pultawa, wurde für diesen Sieg Graf und behauptete seine hohen Würden bis an seinen Tod 1719. Sein Sohn Michael starb als Generalmajor vor ihm 1714.

Scherer, Barthelemy Louis Josef, Franzose, Fleischers Sohn, geb. 1750, entlief seinen Aeltern und wurde östreichischer Soldat, wurde als Deserteur 1792 französischer Offizier und avancirte bis 1794 beim Feldzug am Rhein und in den Niederlanden zum Generallieutenant, hatte sich dieses Avancement aber durch die Eroberung von Mons, Landrecy, Quesnoy, Condé, Valenciennes und mehre glückliche Waffenthaten erworben. Schon 1795 war er Oberbefehlshaber. Leitete den Krieg erst in den Pyrenäen, dann in Italien, siegte bei Loano, wurde 1797 Kriegsminister, übernahm 1799 den Oberbefehl wieder in Italien, hatte aber so wenig Glück, daß er durch Moreau ersetzt wurde und sich vom Dienst zurückzog. Starb 1804.

Scheveningen, holländisches Dorf am Gestade, hier Seesieg der Engländer über die Holländer und Tod des Admirals Tromp 1653.

Schießbaumwolle, Baumwolle mit Mischung von $\frac{1}{2}$ englischer Schwefel- und $\frac{1}{2}$ rauchender Salpetersäure getränkt, gewaschen und gekrämpelt giebt ein Brennmaterial von großer Explosionskraft, welches unter gewissem Verhältniß das Schießpulver mit Vortheil ersetzt, wegen zu großer Entzündlichkeit, ungleicher Wirkungskraft und ähnlichen Eigenschaften aber für das Heerwesen unbrauchbar zu sein scheint. Erfindung datirt von 1846, Erfinder sind Schönbein in Basel und Böttcher in Frankfurt. Erfindung von Oestreich 1853 angekauft, welches noch immer Versuche macht aus der Erfindung Vortheile für das Kriegswesen zu ziehen.

Schießen heißt das Aussenden eines zerstörenden Gegenstandes auf einen zu zerstörenden Gegenstand vermittelst einer Maschine. Die Maschine ist Bogen, Armbrust, Ballist, Katapult, Gewehr, Geschütz u. dgl. Von der Güte der Maschine und der Art ihres Gebrauchs hängt die Wirksamkeit des Schusses ab. Die Kunst, die Gesetze des Schusses anzuwenden, heißt Ballistik. Doch sind diese Gesetze noch so unvollkommen erforscht, daß die Kunst des sichern Schusses nothwendig durch Schießübungen gewonnen werden muß.

Schießpulver, die innige Verbindung des Staubes von $^{75}/_{100}$ Salpeter, $^{12\frac{1}{2}}/_{100}$ Schwefel und $^{12\frac{1}{2}}/_{100}$ Kohlen von weichem Holz. Entzündet entwickelt es plötzlich eine 288 mal größere Gasmasse, die durch die Hitze noch auf das Achtfache gesteigert wird. Die Kraft hängt von der Güte und Proportion jener Ingredienzien, auch von der Form des Fabrikats ab. Je feiner die Körner, desto plötzlicher die Entzündung und Auflösung der Gesammtmasse. Nach Art der Geschütze und Gewehre ist die Form des Pulvers, namentlich die Größe der Pulverkörner; verschiedene neuere Pulvermühlen produciren vom Staubpulver bis zum groben Sprengpulver in mehr als 30 Nummern. Ueber die Pulverfabrication schrieben Ausführliches Botté, Riffault, Piobert und San Roberto.

Schießscharte. In gemauerten und Erdbrustwehren die Oeffnung für Schießgewehre und Geschütz. Die untere Fläche heißt Sohle und ist meist wagerecht, die Seiten heißen Wangen und erweitern sich nach Außen nach Verhältniß des Terrains, welches das Gewehr oder Geschütz von ihr aus beherrschen soll, die obere Fläche heißt Kappe. Der engste Theil der Gewehrscharte hat die Weite von 2—3 Gewehrdurchmessern. Die Höhen, in der die Scharten angebracht sind, richten sich nach den Höhen des Geschützes oder der durchschnittlichen Anschlagshöhe des Gewehrs. In Erdbrustwehren muß der Scharte natürlich durch Faschinen, Schanzkörbe, Sandsäcke, Verpfählung oder Mauereinsätze die nöthige Festigkeit gegeben werden. Der Verschluß der Scharte heißt Blendung. Scharte mit einer inneren und zwei äußeren Oeffnungen heißt gekoppelte.

Schiff heißt jedes große auf Kiel gebaute und gedeckte Seefahrzeug, gleichviel welche Form es hat. Die Kriegsschiffe werden nach der Zahl ihrer Geschütze, auch nach der Zahl ihrer Verdecke in mehre Classen getheilt. S. Kriegsschiff, Linienschiff, Fregatte, Corvette, Brigg, Kutter rc., s. Flotte und Marine.

Schiffskanonen, in der Regel von Eisen, aber weit stärker und von weit größerem Kaliber als die Landkanonen, gewöhnlich 24- - 48-Pfünder, liegen auf niedriger Laffette, die auf 4 kleinen Rädern auf Rahmen geht und werden zum Laden zurückgezogen. Fast allgemein in Gebrauch bei der Marine sind die Bombenkanonen gekommen. (S. Geschütz.) Gefeuert wird bei der Marine salvenweise, Breitseite nach Breitseite, so daß beim Feuern der einen Seite die andere Seite ladet. (S. Marine.)

Schild, Schutzwaffe im Alterthum und Mittelalter zu Deckung des Körpers, Anfangs aus Ruthengeflecht und überspannender Haut oder Holz, später aus Metall, vier- und sechseckig oder rund, fast körpergroß oder so, daß er nur den Oberkörper schützte. Im Mittelalter wurden die Schilde aus Metall mit prächtigen Verzierungen gefertigt und erhielten Wappenbilder. Diese Schilde waren meist rund oder von abgeschnittener Ellipse. Sie gehörten nothwendig zu den ritterlichen Rüstungen und kamen mit denen als ganz zwecklose Gegenstände nach Einführung der Feuergeschütze ab.

Schilder, Karl Andrejewicz, Russe von deutscher Herkunft, geb. Ende vor. Jahrhunderts, trat nach den Feldzügen gegen Frankreich in das Heer beim Geniewesen ein, bildete sich durch leidenschaftliche Liebe zur Mathematik, Zeichnen, namentlich aber zur Mechanik, so in derselben aus, daß er sehr bald für einen der talentvollsten Ingenieure galt und, dem Kaiser durch seine verschiedenartigen Erfindungen empfohlen, rasch avancirte. Als Commandeur des Gardesappeurbataillons, als welcher er Oberst war, machte er 1828 und 1829 den Feldzug gegen die Türkei mit, wurde während desselben General und erhielt wegen der guten Deckung des Donauübergangs den Georgenorden, commandirte 1831 die Genietruppen in Polen, wurde 1832 Chef des Gardegeniecorps, Generallieutenant und Generaladjutant des Kaisers, dessen persönlicher Freund er war, wurde 1849 Chef des Geniewesens der gesammten Armee, machte 1849 den Feldzug in Ungarn mit und leitete 1854 die vergebliche Belagerung von Silistria, bei welcher er in Folge einer Verwundung starb.

Schildwacht, s. v. w. Wachtposten, Posten vor dem Gewehr. Da in früherer Zeit die Schilde der Wachtmannschaft vor dem Wachtlocal aufgehängt wurden, so hieß der Posten vor diesem Wacht vor den Schilden, woraus die Bezeichnung Schildwacht entstanden ist, die jetzt aber mehr und mehr aus dem Gebrauche kommt.

Schill, Ferdinand von, geb. 1773 in Oberschlesien, war 1806 preußischer Lieutenant, machte die Schlacht bei Jena mit, errichtete, wiederhergestellt von einer schweren Verwundung, 1807 ein Freicorps, welches in wenigen Wochen auf 1000 Mann von allen Waffen anwuchs, und mit welchem er die Vertheidigung Kolbergs unterstützte. Nach dem Frieden wurde er zum Major erhoben und sein Corps als Regiment organisirt. Während des Feldzugs von 1809 suchte er Oestreich zu Hilfe zu eilen, kam bei dem schlechten Verlaufe dieses Feldzugs aber nur bis über die Elbe, und sah nichts übrig, als sich nach

Deutschland durchzuschlagen; wurde aber nach Stralsund gedrängt, suchte sich hier gegen eine dreifache Macht von Holländern und Dänen zu behaupten, wurde aber am 31. Mai überwältigt und fiel. Von seinem Corps retteten sich nur 150 Mann. Die gefangenen Offiziere wurden erschossen. Schills Kopf wurde vom Rumpfe getrennt und beim Feinde ein förmlicher Handel mit dieser Trophäe getrieben, bis ihn die Stadt Braunschweig erwarb, um ihn bei den Leichen einiger erschossenen schillschen Offiziere zu bestatten. In Preußen gefeiert, wurden ihm mehre Denkmäler errichtet.

Schischkow, Alexander Semenowicz von, Russe, geb. 1754, zu Petersburg auf der Seecadettenschule gebildet, machte viele Seereisen mit, war 1812 Reichssecretair, später Minister des öffentlichen Unterrichts und Admiral. Hat sich besonders durch zahlreiche gute Schriften über die Marine einen großen Namen erworben. Deren vorzüglichste sind „die Marinewissenschaft", „Marinewörterbuch" in 3 Sprachen. Er war auch als Linguist hoch angesehen und schrieb „Vergleichendes Wörterbuch in 200 Sprachen". Ferner glänzte er als Dichter und Uebersetzer fremder Poesien. Starb 1841.

Schlacht, Kampf mit großen Militairmassen zur Entscheidung eines Feldzugs. Da die Schlacht entscheiden soll, also alles von ihr abhängt, muß jedes Pfand der Bürgschaft für sie eingesetzt werden. Zuerst ist eine gründliche Entwickelung erforderlich. Diese ist erst strategisch, und dann tactisch. So weit sie strategisch ist, muß sie im Feldzugsplane vorbereitet sein. Eine Schlacht strategisch entwickeln, heißt die verschiedenen Theile eines Heeres dergestalt dirigiren, daß sie zur bestimmten Zeit und auf den bestimmten Zielpuncten so eintreffen, daß nun ein systematisches Gesammtwirken für und mit einander und durch die Gesammtheit für die Entscheidung des Kampfes eintritt. Dieser letzte Act, der des eigentlichen Kampfes, ist vorzugsweise tactischer Natur und bedarf wieder eines besonderen Arrangements, nämlich einer Schlachtordnung. Bei der strategischen Entwickelung soll aber schon darauf hingewirkt sein, daß die Herstellung der Schlachtordnung keine erheblichen Translocationen verursacht. Bei der Schlachtordnung sind die Anordnung der Waffen und Massen und die Stellung der Gesammtheit im Verhältniß zur Stellung des Feindes ins Besondere zu unterscheiden. Für jenes wie dieses ist das Terrain von erheblichem Einfluß. Ortschaften, z. B. die zu Stützpuncten gewählt werden, sind besonders mit Artillerie und Schützen zu besetzen und mit Cavalerie zu decken, der freie Raum aber mit Infanterie zu besetzen, welche für den Angriff mobil bleiben muß und von jener die Ortschaft deckenden Cavalerie im entscheidenden Augenblicke Hilfe erhalten soll. Der Feind dagegen greift die Ortschaft mit Infanterie an und sucht die diesseitige Cavalerie mit Cavalerie zu neutralisiren. Schon hieraus wird die Nothwendigkeit einer zweckmäßigen Waffenordnung ersichtlich. Beibemerkt sei, daß die Hinzuziehung von Ortschaften in die Schlachtordnung namentlich für diejenige Partei von Wichtigkeit ist, welche in der Schlacht defensiv verfahren will. Die Partei, welche nach dem Offensivsystem verfährt, wird dagegen auch aus derartigen festen Puncten Nutzen zu ziehen suchen, sie womöglich aber auf der Linie der Reserven lassen, um gestützt auf sie bei ungünstiger Wendung in das Defensivsystem übergehen zu können. Wie Ortschaften bieten auch Berge, Gewässer, Schluchten u. dgl. wichtige Subjecte für die Schlachtordnung und erfordern besondere Rücksicht für die Eintheilung der Waffen in der Schlachtordnung. Vom Terrain hängt zum Theil auch die Stellung der Schlachtlinie ab. Unter Schlachtlinie versteht man die Generalrichtung der Gesammtmassen des Heeres, welches, namentlich bei strategischer Anordnung, keineswegs eine zusammenhängende Linie von Soldaten zu bilden braucht, sondern oft aus ganz getrennten Abtheilungen besteht. Die Stellung ist oft von entscheidendem Ein-

fluß. Die Parallelstellung ist die gewöhnlichste, bezweckt aber nur eine natürliche Kraftmessung und verzichtet auf besondere Vortheile, sie ist daher bei
entschiedener Ueberlegenheit und gebietendem Terrainverhältniß zu rechtfertigen.
Je mehr die Stellung von der Parallele abweicht, um so mehr deutet sie auf
einen künstlichen Plan und geniale Berechnung des Oberbefehlshabers. Zu
den abweichenden oder künstlichen Stellungen gehört die mit vertieftem oder
zurückgezogenem, die mit gewölbtem oder vorgeschobenem Centrum, die
mit zurück- oder vorgebogenen Flügeln. Bei allen diesen Stellungen ist jedoch
zu beachten, daß in einem bestimmten Augenblicke die Kraft der Gesammtmasse
zur Wirkung komme. Aufstellungen, wie die der Russen im Quarré bei Zorndorf ist unverständig, weil die Kraft nur theilweise zur Anwendung kommen
kann. Nur zu Behauptung der Position bietet sie einige Vortheile. Berühmt
ist die sogenannte schräge Schlachtordnung, die den Preußen den großen Sieg
bei Leuthen verschaffte und schon im Alterthum von den größten Feldherren
angewendet worden ist. Doch bietet nicht häufig das Terrain Gelegenheit zu
dieser Schlachtordnung, durch welche eine Umflügelung und ein Flankenangriff
am leichtesten gewonnen werden. Nicht unbedeutsam ist auch die Truppen-
formation in der Schlachtordnung. Zunächst entsteht die Frage, ob man mit
Colonnen oder Linien zu operiren habe. Mit Recht hat die Neuzeit für die
Linie entschieden, weil in ihr jedes einzelne Individuum zur Erfüllung seines
vorzüglichsten Zweckes gelangt. Doch kann die Colonne der Cavalerie gegenüber nothwendig werden, weil es der Cavalerie immer leichter sein wird, eine
Infanterielinie über den Haufen zu werfen. Colonnen im Gebiete der Artillerie
stehen oder vorgehen zu lassen ist ein grober Fehler, der oft entsetzliche Verluste
herbeiführt. Die Quarréformation kommt nur während und nach der Schlacht
vor zur Vertheidigung gegen überlegene und unregelmäßige Angriffe. Oft wird auch
die Colonne durch verstärkte oder durch starke Reserve unterstützte Truppenmassen
ersetzt. Die Haupttheile der Armee in der Schlachtordnung sind die sogenannten
Treffen, deren wenigstens zwei, womöglich drei gebildet werden sollen, und
welche hinter einander stehen. Die hinteren Treffen haben den Zweck das
vordere zu unterstützen, das zweite insbesondere aber, die Intervallen des vorderen zu decken. Das dritte hat in der Regel den Zweck der Ablösung und
des Ersatzes, ganz besonders aber der Entscheidung oder der Sicherung des
Rückzugs. Nach der Aufstellung und der Waffenordnung des vorderen ist das
zweite und dritte zu arrangiren. Die Treffeneintheilung erschwert manche in
früherer Zeit beliebt gewesene Aufstellung, z. B. die staffelförmige, doch ist an
den systematisirten Kunststellungen durchaus nichts verloren, da sie sich fast
niemals bewährt haben. Die Schlachtoperationen sind defensiv oder offensiv, meist
beides zugleich, weil eine siegreiche Defensive stets natürlich in die Offensive ebenso
übergeht, wie eine unterliegende Offensive in die Defensive. Die Art des Kampfes
in beiden Systemen ist sehr verwandt und der durchgehende Grundsatz ist der, das
niemals zur Ausführung kommen zu lassen, was der Gegner will; es wäre dann
eine Operation, die er unverständig zu seiner eigenen Gefahr unternimmt. In
der Schlachtordnung zeichnen sich einzelne Puncte ganz vorzüglich aus und
ihr Besitz ist entscheidend. Solche sind Ortschaften, Höhen u. dgl. Daher
wird in der Regel vorzugsweise, wie z. B. bei Aspern, um diese gekämpft.
Ihr Gewinn ist insofern der Sieg, als der, welcher sie verloren, die Kraft
schwerlich besitzt, sie dem Eroberer wieder zu entreißen. Nicht selten, wie bei Möckern
(vor Leipzig), geht der Besitz eines solchen Punctes wiederholt aus einer Hand
in die andere, bis endlich die eine Partei der in der Regel ungeheuern
Opfer den Muth verliert, die Eroberung nochmals zu versuchen. Brücken,
Gräben, Straßen, Dämme sind ebenfalls von Bedeutung und es wird stets

das Mühen eines tüchtigen Feldherrn sein, aus solchen Gegenständen zu Erhöhung der Gewalt seines Heeres Nutzen zu ziehen. Die Entscheidung der
Schlacht ist die Niederlage oder der Sieg, ein gewöhnlicher Nachact des Sieges
aber ist die Verfolgung (s. d.). Letztere hängt natürlich ganz von der Kraft
des Siegers, besonders von der Stärke seiner Cavalerie ab, unterbleibt trotz
aller Befähigung aber auch, wenn der Sieger aus dem Siege sich zum Entwurfe neuer abweichender Pläne veranlaßt sieht. (S. Krieg und Kriegskunst.)

Slachziz, polnische Bezeichnung des Edelmanns. Das Wort kommt ohne
Frage von dem deutschen Schlachschütze her, was dadurch desto mehr Wahrscheinlichkeit erhält, weil im früheren Polen der Edelmann allein zum Kriegsdienst
befähigt und berechtigt war, er also mit jenem Worte vollkommen bezeichnet
wurde. Ebenso nahm der russische Kleinadel seine Bezeichnung Strelitz (deutscher
Sprachweise) von dem polnischen Strzelec (Stschelez), welches Schütze bedeutet.

Schleifen, Festungswerke, heißt sie vernichten, demoliren, abtragen, durch
Sprengen niederstürzen.

Schleppen heißt ein schwersegelndes Schiff durch ein schneller segelndes
fortziehen. Geschieht mittels eines starken Taues, welches Schlepptau heißt.

Schlesien, s. Preußen.

Schlesischer Krieg, erster. Nach seiner Thronbesteigung erhob Friedrich
der Große mit einigem Rechte Ansprüche auf die schlesischen Fürstenthümer
Liegnitz, Brieg, Wohlau und Jägerndorf, die Maria Theresia mit vielleicht
nicht geringerem Rechte bestritt. Friedrich besetzte Ende 1740 ohne Kriegserklärung Schlesien und machte erst hier mit völliger Entschiedenheit seine Anerbietungen und Forderungen, die aber von Maria Theresia trotz der trostlosen
Verlegenheit, in der sie sich befand, zurückgewiesen wurden. Nachdem Friedrich
d. Gr. Glogau genommen, schlug er 1741 das stärkere östreichische Heer bei
Mollwitz, nahm darauf Brieg und Breslau und erzwang sich dadurch die Zugeständnisse von Oberschellendorf, welche aber östreicher Seits so wenig ernstlich gemeint erschienen, daß desselben Jahres der Krieg von Neuem losbrach,
Friedrich nach Mähren vordrang, die Grafschaft Glatz nahm und die Oestreicher
bei Chotusitz aufs Neue schlug. Hierauf schloß der Friede von Breslau (11. Juni
1742), in welchem Preußen den größten Theil Schlesiens erhielt, den Krieg.
England garantirte diesen Frieden.

Schlesischer Krieg, zweiter. Von Oestrich waren auch diese Zugeständnisse
nicht ernst gemeint. Um sich Bundesgenossen im Kampfe um Schlesien zu
verschaffen, ließ sich Maria Theresia im Wormser Vertrage (1743) von verschiedenen Staaten, unter denen auch Sachsen und Großbritannien waren, ihre
Länder ohne Ausschluß Schlesiens garantiren. Friedrichs Scharfsinn brauchte
keine Studien, um dies zu deuten. Er rückte im August 1744 in Böhmen
ein mit 80,000 Mann, ging aber wegen strategischer Verhältnisse nach Schlesien, schlug bei Hohenfriedberg den 4. Juni die viel stärkeren Oestreicher und
die ihnen verbündeten Sachsen; aber Kosel ging ihm durch Verrath verloren,
wogegen Friedrich mit 18,000 die 40,000 Mann starken Oestreicher am 30. Sept.
wieder bei Sorr, darauf die Sachsen bei Hennersdorf und später bei Kesselsdorf schlug, worauf er Dresden besetzte. Unter solchen Verhältnissen wurde
der Friede zu Dresden geschlossen (25. Dec. 1745), der eine Bestätigung des
Breslauer Friedens war und den Krieg beschloß.

Schlesischer Krieg, dritter, s. siebenjähriger Krieg.

Schleswig Holstein, zwei nach Verfassungsurkunde mit einander verbundene und selbstständige, beziehungsweise jedoch mit dem Königreich Dänemark verbundene Herzogthümer, welche für Dänemark von großer strategischer
Wichtigkeit sind und wegen denen darum Dänemark seit dem Alterthum eine

14*

Reihe theils sehr blutiger Kriege geführt hat. Schleswig 167 ⃞ M. mit 395,860 Einw., Holstein 166 ⃞ M. mit 523,528 Einw., Staatseinnahme gewährt Schleswig 1,379,092, Holstein 1,776,225 Thlr. (Staatsschuld beider Herzogthümer Grund Rechtens 10,063,461 Thlr.). Seit den letzten Kriegen der Herzogthümer gegen Dänemark haben diese kein eigenes Heer und keine Kriegsmarine. Das geltende Militairgesetz ist das dänische (s. Dänemark). Festungen hatten die Herzogthümer nur eine, Rendsburg, welche die Dänen großen Theils geschleift haben. Beide Herzogthümer bilden die südliche Hälfte der cimbrischen oder jütländischen Halbinsel und sind begrenzt von der Ost- und Nordsee, im Norden von Jütland, im Süden von Lübeck, Mecklenburg, Lauenburg (mit den Herzogthümern verbunden), Hamburg und Hannover. Beide Herzogthümer haben eigene Verwaltungsministerien, nur nicht für das Kriegs- und Marinewesen, in welchem sie dem dänischen Ministerium untergeordnet sind. Die Lage der Herzogthümer ist für Deutschland von um so größerer Wichtigkeit, als dieselben erstens die einzigen Kriegshäfen der südlichen Ostsee besitzen, zweitens aber von ihnen aus die militairische Einfluß auf Dänemark stets so überwiegend sein wird, daß Dänemark kaum je wagen kann sich Deutschlands Feinden zu verbünden, wenn Deutschlands kriegerische Gewalt bis zu Schleswigs nördlicher Grenze ihren Sitz hat. Eben so wichtig ist aber auch der Besitz der Herzogthümer für Dänemark, dessen Beziehung zum Continent ohne die Herzogthümer so bedingt sein würde, daß es kaum noch einer politischen Selbstständigkeit sich würde rühmen können. Hier liegt die Ursache des gegenwärtigen Streites zwischen Deutschland und Dänemark um den Besitz der beiden Herzogthümer und ins Besondere Schleswigs, für welches es sich im Grunde aber nur um die Entscheidung handelt, auf welcher Seite sich das Recht des Besitzes befindet. Der Kampf Dänemarks, dessen Existenz gewissermaßen von dem Besitze Schleswigs abhängt, hat um dieses bereits seit einem Jahrtausend gekämpft, ohne es je vollständig erringen zu können. Karl d. Gr. erkämpfte das von Angeln und Friesen bewohnte Holstein und schlug es zu Frankreich. Schleswig war selbstständig unter einem eignen Herzog. Waldemar von Schleswig erschlug den König Swend von Dänemark und nahm selbst dieses Königreich. Darauf eroberte er auch Holstein. Allein die Holsteiner befreiten sich durch ihren Sieg bei Bornhöved und auch Schleswig trennte sich wieder von Dänemark und beide Herzogthümer verbündeten sich gegen dieses durch die Verschwägerung ihrer fürstlichen Herren. Beide Herzogthümer bekriegten nun Dänemark, schlugen es bei Schleswig 1261 und zwangen es die Selbstständigkeit Schleswigs anzuerkennen. Gleichwohl fiel Christoph von Dänemark in Schleswig ein, um es an sich zu reißen, wurde aber von den Holsteinern geschlagen und mußte 1326 feierlich beurkunden, daß Schleswig nie mit Dänemark vereinigt werden sollte. Das ist der älteste Satz des schleswigschen Grundrechtes. Dänemark griff treulos nochmals zum Schwerte, wurde aber wieder von Holstein geschlagen und mußte nun die Erbfolge der holsteinischen Grafen im Herzogthum Schleswig anerkennen. 1375 kamen auch diese beiden Herzogthümer unter einen Herrn. Dagegen erhob sich Dänemark in einem zwanzigjährigen furchtbaren Kriege, wurde aber geschlagen und mußte schließlich wieder die Vereinigung der Herzogthümer anerkennen, demgemäß nun Adolph, aus dem Hause Schaumburg, über beide herrschte. Um dennoch die Herzogthümer an sich zu bringen, wählte Dänemark den Erben derselben zum Könige (1448). Allein die Herzogthümer schlossen zuvor mit ihm und dem dänischen Reichsrathe einen Vertrag, nach welchem die Herzogthümer ewig untheilbar vereinigt, selbstständig in ihrer Verwaltung und Erbfolge. Allein Dänemark, obschon jeder seiner Könige diesen Vertrag beschwor, hörte nie auf

nach seiner Vernichtung zu trachten und ließ sich sogar wieder deshalb auf
lange Kriege ein, bis es im Roeskilder Frieden 1658 gezwungen aufs Neue
die Souveränität ins Besondere Schleswigs anerkennen mußte und Schweden
dafür die Garantie übernahm. Und gleichwohl erhob gleich nach dem Frieden
mit Schweden Dänemark wieder das Schwert über Schleswig, verdrängte nach
mehrmaligem Unterliegen endlich die gottorper Herzöge und setzte sich wieder
in Besitz von Schleswig und halb Holstein. Einen letzten Antheil des gottorpschen
Hauses brachte Dänemark durch Unterhandlung an sich. Beide Herzogthümer
standen nun wieder unter dem Könige von Dänemark, aber ihr Grundgesetz
war dergestalt unerschüttert geblieben, daß der Dänenkönig ihnen nur als Herzog
galt und ihre Selbstständigkeit in Verwaltung und ihr besonderes Erbfolgegesetz fortbestanden. Nach so vielen unangenehmen Erfahrungen glaubte Dänemark nun diesen Besitz durch die Veränderung oder Abschaffung des alten
Grundgesetzes der Herzogthümer erstreben zu müssen. Zugleich suchte man durch
Dauisirung ein Nationalitätsrecht zu erkünsteln, was aber nur im nördlichen
Schleswig gewissermaßen gelang. Zunächst suchte man Holstein, das zum
deutschen Bunde gehörte und daher größere Schwierigkeiten verursachte, von
Schleswig zu trennen und zunächst wenigstens dieses unzertrennlich an Dänemark zu ketten. Allein die Stände der Herzogthümer kämpften einstimmig gegen
solches Attentat. Da drohte die verschiedene Erbfolge im Königreiche und den
Herzogthümern eine Trennung derselben im Wege des Rechts hervorzurufen,
indem dem Thronfolger Friedrich (jetzigem König) keine Leibeserben beschieden
schienen, die Erbfolge in Dänemark aber auf die weibliche Linie überzugehen
hat, während das Erbfolgegesetz der Herzogthümer die jüngere männliche Linie
zur Herrschaft beruft. So war Dänemark durch das natürlichste Rechtsverhältniß bedroht zu verlieren, um was es so viele Kriege mit unermeßlichen
Opfern geführt. Da aber Holstein ein deutsches Bundesland ist und Schleswig
mit ihm nach seinem von allen dänischen Königen beschworenen Grundgesetze
ewig untheilbar verbunden bleiben soll, so hat Deutschland bei dem eintretenden Erbfalle ein besonderes Interesse, indem sich Schleswig mit Holstein ebenso
Deutschland anzuschließen haben wird, als es bisher Dänemark angeschlossen
gewesen. Die Herzogthümer aber mochten sich um so lieber in Deutschlands
Arme werfen, als sie durch dieses am sichersten vor einem ungerechten Schicksal
bewahrt zu werden hoffen konnten. Allein der König Christian VIII. suchte dem
Verluste der Herzogthümer vorzubeugen, indem er 1846 durch Veröffentlichung
ein neues Grundgesetz aufrichtete, nach welchem Schleswig und Holstein zum
Theil trotz ihrer besonderen Erbfolgegesetze ewig mit Dänemark verbunden
bleiben und diesem förmlich incorporirt werden sollten. Da der bald darauf
den Thron besteigende kinderlose Friedrich VII. die Verwirklichung dieser Behauptung eifrig betrieb, so erhob sich schon jetzt der Krieg zwischen den Herzogthümern und Dänemark, der eigentlich erst nach Friedrichs Tode volle
Berechtigung haben konnte. Die Herzogthümer stellten eine eigene Regierung
her, die sich samt den berufenen Ständen an den deutschen Bund wendete,
der unter dem Drängen der Revolution diesmal für das Recht der Herzogthümer entschied. Die Dänen rückten schon im April in Schleswig 15,000
Mann stark ein, und die Schleswig-Holsteiner, deren Streitmacht sich erst im
Entstehen befand, konnten ihnen nicht wehren. Aber das 10. deutsche Bundesarmeecorps und ein preußisches Corps rückten ein. Ihnen schlossen sich die
neugeschaffenen schleswig-holsteinischen Truppen an und unter dem Oberbefehle
des preußischen Generals von Wrangel drangen diese rasch vorwärts, schlugen
die Dänen am Danewirk, warfen sie aus allen Positionen, rückten in Jütland
ein und würden sehr bald den Krieg entschieden haben, wenn nicht Rußland

und England, den Krieg für vorzeitig haltend, für Dänemark diplomatisch
Partei genommen und gewissermaßen Preußen bedroht hätten. Dieses zog sich
daher mit dem Waffenstillstande von Malmö vom Schauplatze zurück. Dennoch
kam im Februar 1849 der Krieg neu zum Ausbruche, an dem nun wiederum
deutsche Bundestruppen, an deren Spitze sich selbst deutsche Fürsten befanden,
und selbst ein preußisches Truppencorps sich betheiligten. Die Schleswig-Holsteiner hatten selbst eine Flotille und eine Armee von über 30,000 Mann
hergestellt. Im Beginn des Kriegs (April) erlitt Dänemark sogleich den
Verlust zweier seiner besten Kriegsschiffe in der Bucht von Eckernförde. Bald
darnach wurden die Dänen von den weit schwächeren Holsteinern bei Kolding
und bald darnach wieder bei Gudsöe geschlagen. Unter fortdauernden Schlägen
und Verlusten hatten sich die Dänen nach Jütland zurückgezogen, wo die
Deutschen nun Friedericia belagerten. Hier traten militärische Mißverhältnisse
ein, die aber bei Weitem so nachtheilig nicht wirkten, wie die dänische Diplomatie Englands und Rußlands, die auf die Vernichtung aller Erfolge ausging. Sie nöthigte Preußen einen Waffenstillstand mit Dänemark zu schließen, in welchem sich die geschlagenen Dänen anmaßen durften, die Räumung
Schleswigs zur ersten Bedingung zu machen. Unter solchen Verhältnissen
dankte der General Bonin ab und der General Willisen übernahm den Oberbefehl, wie es schien mit der Absicht, Dänemark und der englisch-russischen
Diplomatie einen Liebesdienst zu erweisen und den schleswig-holsteinischen
Patriotismus in einer nutzlosen Verblutung seiner Streitkräfte zu entnerven.
Gleich im Beginn des Feldzugs schrieb er dem commandirenden dänischen
General: er gebe aus Rücksicht die militairischen Vortheile aus seiner Hand.
Und dies that er auch durch die geflissentlich schlechtesten Dispositionen und
die gänzliche Nichtbenutzung der Siege, die der schleswig-holsteinische Helden-
muth trotz der abscheulichsten Anführung und dem Fallen, die ihm überall gelegt wurden, dennoch davon trug. So zog sich Willisen bei Idstedt nach dem
Siege der Schleswig-Holsteiner, den er gar nicht hatte haben wollen, zurück.
Eckernförde wurde ohne irgend eine Veranlassung geräumt und das Kriegsmaterial großentheils vernichtet. Zum Kampfe durch die Empörung der öffentlichen Meinung gedrängt, unternahm Willisen bei Eckernförde einen Angriff
und die Schleswig-Holsteiner erfochten wieder einen Sieg; gleichwohl wurde
der Rückzug fortgesetzt. Endlich glich die Art des Angriffs auf Friedrichstadt
so vollständig einem Verrathe des Oberbefehlshabers, daß dieser länger auf
seinem Posten zu bleiben endlich doch Bedenken tragen mußte. Im November
verließ Willisen das Land. Das Land war ein Gegenstand diplomatischer Verhandlungen und das Volk mußte sich für schmählich betrogen halten. Der
Krieg aber war für beendet zu erachten, da die fremde Diplomatie jeden Erfolg nutzlos zu machen drohte. Zwar suchten die deutschen Großstaaten das
Recht der Herzogthümer und ihr nächstes Loos zu sichern, gleichwohl hat
Dänemark sie trotz seiner Versprechungen und trotz seiner viel vortheilhafteren
Situation fort und fort so gröblich mißhandelt, daß jetzt (1861) ein neuer
Krieg in ziemlich sicherer Aussicht steht, der bei den veränderten Ansichten der
auswärtigen Staaten leicht zu einem ganz anderen Resultate führen dürfte.

Schlettstadt, französischer befestigter Militairplatz im Elsaß an der Ill.
10,000 Einw. Die ersten Befestigungen stammen aus dem Jahre 1216.
Vauban verwendete sie für die neuen Befestigungen, die er auf Befehl Ludwigs XIV. anlegte. S. zählt jedoch nur zu den Festungen vierten Ranges,
obschon einige seiner Werke bedeutend sind. Die Schweden nahmen sie im
30jährigen Kriege und die Oestreicher belagerten sie 1815.

Schleuder, Instrument zum Werfen von Steinen, theils aus Riemen mit einer Schale, theils aus Riemen mit einem Stabe bestehend. Im Alterthum Kriegswaffe; Schleuderer gehörten gleich den Bogenschützen und Speerwerfern zu den leichten Truppen. Bei den Griechen war diese Waffe stark vertreten.

Schleuße, verschließbarer Kanal zu Einlassung des Wassers auf ein tieferes Terrain oder zu Abhaltung des Wassers von demselben. Entweder aus Holz oder Stein gebaut, die Schütze entweder aus mit Oel gedrängtem Holz oder aus Metall in einem ebensolchen Rahmen gebend. Die Schleußen sind höchst wichtig bei Festungsgräben mit Wassermanoeuvren; die unterirdischen, möglichst vor den feindlichen Kugeln geschützten, natürlich von besonderem Vortheile. (S. Graben, Festung.)

Schlick, Franz Graf von, zu Bassano und Weißkirchen, geb. 1789, Böhme, studirte die Rechte, machte den Feldzug von 1809 mit und avancirte vom Unterlieutenant zum Rittmeister. Im Feldzuge von 1813 war er Ordonnanz-Offizier des Kaisers, machte die Hauptschlachten mit und verlor bei Wachau ein Auge. 1815 Major. 1848 Feldmarschalllieutenant und Führer eines nach Ungarn bestimmten Corps von 8000 Mann, konnte sich während des Winters mit dieser geringen Mannschaft trotz seinen sehr geschickten und tapferen Operationen nicht halten, sondern mußte sich der Armee des Fürsten Windisch-Grätz anschließen, operirte später aber wieder gesondert, hielt die ungarische Hauptarmee unter Görgei im Schach und zwang sie dadurch die Waffen zu strecken. Bei den späteren Kriegsereignissen Oesterreichs hatte S. eine minder hervorragende Stellung.

Schlingern, das Wiegen der Schiffe mit Bewegung zu beiden Seiten auf hoher See. Fehlerhaft.

Schloß, der Apparat zur präcisen Entzündung der im Gewehre enthaltenen Ladung. Arten sind Lunten-, Rad-, Stein-, Percussions- und Nadelschloß. (S. darüber Gewehr.)

Schluß, in der Reitkunst die Haltung der Schenkel beim Sitze auf dem Pferde. Der Schluß ist gut, wenn er in bloßer festen Anlage der Schenkel, schlecht dagegen, wenn er in einer Klemmung der Knie besteht. — Schluß in der Taktik heißt das feste Aneinanderhalten der kleinern taktischen Abtheilungen, z. B. Glieder oder Sectionen.

Schlüsselburg, russische Festung und Stadt von 5000 Bew. an der Newa, dem Ladogasee und dem Ladogakanale. Die Werke wurden von den Nowgorodern 1323 erbaut, waren bloße Erdwerke und nahmen eine Insel ein. 1348 von den Schweden, 1702 wieder von den Russen zurückerobert und nun die Werke in Holz und Stein ausgeführt und bedeutend erweitert. Die Kasernen sind schön, Magazine und Werkstätten nicht unbedeutend. Festung zählt jedoch nur zu denen 3. Ranges und deckt Petersburg im Rücken, woher kaum je ein Angriff zu fürchten ist.

Schmalkaldischer Krieg. In Folge der feindseligen katholischen Bestrebungen schlossen 1537 Sachsen, Hessen, Würtemberg, Lüneburg, Pommern, Dänemark, Brandenburg, Anhalt, Mansfeld und die schwäbischen, fränkischen, rheinischen, niedersächsischen und westphälischen Städte auf Grund der schmalkaldischen Artikel einen Bund, dem die katholischen Länder wiederum die heilige Liga entgegenstellten. Der erste kriegerische Schritt des schmalkaldischen Bundes war die Vertreibung des katholischen Herzogs Heinrich von Braunschweig, der sich in einer Fehde mit mehreren Städten befand. Zum eigentlichen Kriege mit der Gegenpartei kam es erst 1546, als die Städte ein Heer unter Sebastian Schärtlin gegen Oesterreich schickten und ein fürstliches Heer von Norden her zu operiren begann. Die Zerrissenheit im Plane der Protestanten wurde durch die Aechtung des Kurfürsten Johann Friedrich von Sachsen und des Landgrafen Philipp von Heffen sehr vermehrt und der Kurfürst namentlich dadurch ganz neutralifirt, daß der liftige Kaiser ein Heer zur Achtsvollftreckung in Sachsen einrücken ließ. Diefes wurde zwar geworfen, aber nun rückte 1547 der Kaiser mit einem viel größeren Heere felbft in Sachsen ein und endete den Krieg schnell durch seinen, zumeift durch Verrätherei, aber auch die große Fahrläffigkeit feiner Gegner gewonnenen Sieg bei Mühlberg (f. d.), wo die Bundeshäupter, der Kurfürst und der Landgraf in Gefangenschaft fielen. Diefes Ende brachte die proteftantifchen Intereffen in die größte Gefahr und erft der nunmehrige Kurfürst Moritz von Sachsen, der jetzt zum Unterliegen der proteftantifchen Partei am Meisten beigetragen hatte, rettete fie. (S. Moritz.)

Schmettau, Samuel Reichsgraf von, geb. 1684, focht im fpanifchen Erbfolgekriege in den Niederlanden, trat nach diefem Kriege in fächfifche und 1717 in öfterreichifche Dienfte, focht, bereits Generalfeldwachtmeifter, in Italien fehr talentvoll und tapfer, unterdrückte das aufftändifche Genua 1731, machte den polnifchen Thronkrieg mit und gleich danach den Feldzug gegen die Türkei, wurde 1741 Feldmarschall, kehrte nun aber nach Preußen zurück, wo er 1751 als Großmeifter der Artillerie ftarb.

Schmettau, Karl Chriftoph Reichsgraf von, geb. 1696, Preuße, folgte den Schritten feines vorhergenannten Bruders, focht rühmlich unter Friedrich dem Großen und ftarb 1775.

Schmettau, Graf von, Preuße, geb. 1740, machte unter der Leitung feines vorhergenannten Onkels im fiebenjährigen Kriege feine Schule, machte die beiden Feldzüge gegen die franzöfifche Republik mit, avancirte vor Beginn des Feldzugs von 1806 zum commandirenden General, fiel aber gleich in der Schlacht bei Jena.

Schneider, Anton, Defterreicher, geb. 1777, Advokat, berühmt als muthiger Anführer der Vorarlberger Volkswehr gegen die Franzofen 1805 und 1809. In Folge feiner Capitulation und Selbftauslieferung in Gefahr auf Napoleons Befehl erfchoffen zu werden, rettete ihn der Kronprinz von Würtemberg durch Verwahrung als Gefangener auf dem Hohenasperg. In der Folge war er verhindert, am Kriege weiter Theil zu nehmen. Starb 1820.

Schomberg, Friedrich Herrmann von, geb. 1616 zu Heidelberg. Nachdem er fich unter Oranien zu den erften militairifchen Würden emporgefchwungen, trat er unter franzöfifche Fahne (1650), führte die franzöfifche Hilfsarmee in Portugal und erkämpfte über Spanien den Sieg, blieb in Catalonien an der Spitze des Heeres. In den Niederlanden führte er den Oberbefehl wieder als Marfchall mit Ruhm, ging aber aus Religionsgründen 1685 in brandenburgifche Dienfte, wohin ihm eine große Zahl Proteftanten folgte. Hier wurde er Staatsminifter und Feldmarfchall. Der unruhige Held blieb aber auch hier nicht, fondern nahm, überall die höchften Würden und Ehren erhaltend, nach einander portugiefifche und holländifche Dienfte. Nahm nun mit dem Prinzen Wilhelm von Oranien an dem englifchen Kronkriege Theil und fiel als Sieger 1690 am Boyne in Irland.

Schönhals, Karl von, geb. 1788 bei Wetzlar, trat 19 Jahr alt unter öfterreichifche Fahne, machte 1809 und 1813 bis 1814 die Feldzüge gegen Frankreich mit, wurde 1829 Major, ging als Adjutant 1832 mit Radetzky nach Italien, wo er 1846 Feldmarfchalllieutenant wurde, und nahm großen Antheil an Radetzky's glänzenden Feldzügen gegen Sardinien 1848 und 1849. Zog fich 1851 als Feldzeugmeifter von dem öffentlichen Wirkungskreife zurück. Von ihm ift ein Werk über die beiden Feldzüge gegen Sardinien unter dem Titel „Erinnerungen eines öfterreichifchen Veteranen aus dem italienifchen Kriege von 1848 und 1849."

Schooner, langes, schmales, schnellsegelndes Kriegsfahrzeug von circa 10 Kanonen. S. Flotte.

Schottland, nördliche Hälfte Großbritanniens, 1518 ☐·M., reich an Gebirgen, eigenthümliche Nationalität, früher selbstständiges Königreich, fast drei Millionen Bewohner, sendet 16 Peers ins britische Oberhaus und 53 Abgeordnete ins Unterhaus. Das Militairgesetz ist das allgemeine und die schottischen Truppen sind natürliche Theile des britischen Heeres. (S. Großbritannien.)

Schraube, das Triebwerkzeug der neuesten und besten Art der Dampfschiffe. (S. Dampfschiff.)

Schraubenschiff, s. Dampfschiff.

Schulenburg, Johann Matthias Reichsgraf von der, geb. 1661, Brandenburger, nahm früh sächsische Dienste und avancirte in denen schnell, so daß er bei Beginn des nordischen Kriegs schon General war. Er führte die sächsischen Truppen in Polen gegen die Schweden, denen er nirgends Widerstand leisten konnte. Seine Fehler wurden durch nie fehlende Umstände bemäntelt, was bei dem allgemein schlechten Gange des russisch-polnischen Krieges um so leichter war. Trotz seiner Niederlage bei Fraustadt (1706) erhielt er das Commando über das Hilfscorps, welches Sachsen im spanischen Erbfolgekriege an Oesterreich stellte. Indessen trat er schon 1711 vom Commando ab und nahm venetianische Dienste als Oberfeldherr, focht 1716 mit anerkennenswerthem Verdienst auf Korfu und starb 1747. Der Kaiser hatte ihn in den Reichsfürstenstand erhoben.

Schulenburg, Achaz von der, geb. 1669, Brandenburger, trat in das Heer, machte den spanischen Successionskrieg mit und starb 1731 als preußischer Generallieutenant.

Schulenburg, Adolf Friedrich von der, geb. 1685, machte die untersten Militairgrade im hannöverschen Heere durch und zeichnete sich bei den Affairen des spanischen Erbfolgekrieges aus, trat in preußische Dienste, machte die unbedeutenden Feldzüge unter Friedrich Wilhelm I. mit und fiel im Beginn des ersten schlesischen Krieges bei Mollwitz 1741. Hatte zuletzt die Würde eines Generallieutenants.

Schulenburg, Levin Rudolph von der, geb. 1727, Kriegsminister Friedrichs des Großen. Starb 1788.

Schultern heißt das Gewehr auf die Schulter nehmen, um es auf dieser beim Marsche leichter als auf andere Weise zu tragen. Geschieht vom Fuß aus oder vom Hoch in der rechten Hand aus, auch vom Präsentiren aus, entweder in 2 oder 3 Tempos, entweder gleich in der Lage des „Gewehr über", oder zuerst in der senkrechten Stellung des „angefaßten" Gewehrs. Geschultert ist das Gewehr auch, wenn es zum Marsch hoch in die rechte Hand genommen ist, was gewöhnlich auf 2, auch 3 Tempos geschieht. Beim Tragen des Gewehrs auf der linken Schulter (mit Ueber) soll die Lage des Gewehrs mit der Marschrichtungslinie übereinstimmen und die Erhebung so viel betragen, als sich aus dem senkrechten Hängen des Oberarmes und dem horizontalen Vorstrecken des Unterarmes ergiebt.

Schumla, türkisch-bulgarische Festung, die die Balkanpässe sperrt, im Ejalet Silistria, mit 30,000 Einw.; Knotenpunkt der wichtigsten Heerstraßen der europäischen Türkei, und daher Hauptdepotplatz für die Donaufestungen, überragt vom Balkangebirge und durch dieses im Rücken gedeckt, umgeben von Wall, Graben, Mauer und Eckbastionen; wichtigstes Werk das befestigte Lager auf dem Plateau über der Stadt mit achtzehn Bastionen und zwei Flügelschanzen, Wall und Graben. Dieses Lager hat ein terrassenmäßiges Terrain, hat eine halbe Stunde Umfang und steht mit den Werken der Stadt durch zwei

Tranchéen in Verbindung. Die hinter dem Lager befindlichen Höhen sind weiterhin mit 2 Reihen unter einander verbundener Redouten besetzt. Auf den entfernteren Höhen befinden sich seit 1830 Schanzen (Forts). S. hat ein sehr ausgedehntes Minensystem und hat lange für uneinnehmbar gegolten. Dreimal ist es von den Russen (1774, 1810 und 1828) mit großem Kraftaufwande, aber vergeblich, belagert worden. Magazine, Hospitäler, Werkstätten und Kasernen sind von großem Umfang, das Arsenal reich. Es ist niemals überwunden worden und fiel auch den Türken nur erst nach Eroberung des ganzen Landes durch eine unvermeidliche Capitulation in die Hände.

Schuß ist die Wirkung irgend einer maschinenmäßigen Triebkraft, sei es Bogensehne oder Pulver, auf ein Geschoß. Der Schuß wird durch die Art der Maschine, durch die Art seiner Ausführung, seines Zwecks, seiner Hilfsmittel und des Geschosses characterisirt. Es giebt daher Armbrust-, Pfeil-, Balisten-, Katapult- 2c., Mörser-, Kanonen-, Gewehr-, Pistolen- 2c., Vollkugel-, Bomben-, Granat-, Shrapnell-, Kartätschen-, Voll-, Halb-, Blinde-, Scharf-, Enfilir-, Demontir-, Ricochet- oder Roll-, Bresche-, Brand-, Leucht-, Visir-, Horizontal-, Elevations-, Depressions-, Signal-, Salutir- und viele andere Schüsse. S. darüber die besonderen Artikel, insbesondere Geschütz und Gewehr. Die Flugweite des Geschosses ist selbst bei einem und demselben Gewehr oder Geschütz ganz verschieden und richtet sich nach Ladung und Stellung des Rohrs. Die mittlere Weite einer gezogenen Kanone bemißt man zu 5000, einer Haubitze zu 3000, eines Mörsers zu 9000 Schritt, doch muß bei einem bestimmt gegebenen Ziele die Distance eine viel beschränktere sein. S. Bombe, Kanone 2c. Die Mittel-Treffweite eines gezogenen Gewehres ist 800 Schritt, die eines zu Pferde gebrauchten Karabiners aber etwa 60—80, die einer ebenso gebrauchten Pistole aber kaum 30—40 Schritt. Mit erhöhter Entfernung beschränkt sich die Wahrscheinlichkeit des Treffens, das sehr auch von der Art des Ziels und des Schusses abhängt.

Schutterij, die Bezeichnung der niederländischen Nationalgarde, herkommend vom niederdeutschen Schutten, s. v. w. Schießen.

Schütze, Truppengattung, die zur leichten Infanterie gehört, hauptsächlich zum Tirailliren, für den Felddienst, Verstecke, Streifcorps und Detachements verwendet wird und vorzugsweise gut auf den Schuß eingeübt ist. Heißen bei vielen Heeren Jäger, bilden meist gesonderte Corps oder Regimentsabtheilungen, auch wohl in der Linie das 3. Glied, wie die Füseliers in Preußen, die jedoch mit den Jägern keineswegs Eins sind. S. Infanterie.

Schützengesellschaften haben keine Gemeinschaft mit den gegenwärtigen Kriegsheeren und sind vielmehr noch die Ueberreste und achtbaren Denkmäler der früheren Kriegsmacht der Städte, deren diese nur zu sehr bedurften, um unter dem Gewichte des Adels ihrer Freiheit und Rechte nicht verlustig zu gehen. Die Thätigkeit der Schützengesellschaften besteht gegenwärtig nur noch in Preisschießen und Festlichkeiten, für welche sie in vielen Städten ein eigenes Privilegium besitzen.

Schwaben, altdeutscher Volksstamm im jetzigen Würtemberg und den Nachbarstaaten. Das Land der Schwaben bildete seit dem 10. Jahrhundert ein deutsches Herzogthum, das zum Throne im Verhältnisse eines Vasallenstaates stand. (S. Deutschland.)

Schwäbischer Bund, Schutz- und Trutzverein der schwäbischen Städte, geschlossen nach Untergang des Hohenstaufen'schen Regentenhauses. Erneuert und erweitert wurde dieser Bund 1488.

Schwadron, s. Escadron und Cavalerie.

Schwarzburg-Rudolstadt, souverainer deutscher Staat, 17½ □M., Theil

Thüringens, 70,000 Bew., Monarchie mit ständischer Vertretung, Jahreseinnahme an 800,000 Gulden, 200,000 Gulden Papiergeld; 1½ Million
Gulden Staatsschuld, Militair besteht in 1 Bataillon in der Stärke von 900
Mann, zum Bunde zu stellen sind 539 Mann und als Reserve nachzuschicken
270 Mann. Dieses Contingent aus Infanterie bestehend. Oberster Befehlshaber der Fürst, oberste Verwaltungsbehörde das Kriegsdepartement des den
Ständen verantwortlichen Ministeriums. Geschichte des Landes ist als Theil
der Geschichte Deutschlands zu betrachten. (S. Deutschland).

Schwarzburg-Sondershausen, deutsches souveraines Fürstenthum, Theil
Thüringens, 15½ ☐M. Flächenraum, 63,000 Bew., Fürst durch die Ver-
fassung beschränkt, Einnahme über 500,000 Thlr., Staatsschuld 1½ Million
Thlr., Civilliste 150,000 Thlr., 500,000 Thlr. Papiergeld auf das fürstliche
Privatvermögen basirt, Fürst hat wie der Fürst von Schwarzburg-Rudolstadt
eine Stimme im Plenum des deutschen Bundestags. Heer besteht aus einem
Bataillon Infanterie, davon 527 Mann zum deutschen Bundesheere ausschließ-
lich der Reserve gestellt werden, Dienstzeit ist 6 Jahre und Reservezeit 2
Jahre. Oberster Befehlshaber der Fürst, oberste Verwaltung das Kriegs-
departement des Ministeriums. (S. im Uebrigen Deutschland.)

Schwarzes Meer, s. Rußland, Osmanisches Reich.

Schwarzer Prinz s. Eduard.

Schwarzenberg, Adolph Freiherr von, Obergeneral des römisch-deutschen
Kaisers im 16. Jahrhundert, ausgezeichnet in dem Kriege gegen die Türken,
gefallen im Kampfe 1600, vom Kaiser in den Reichsgrafenstand erhoben.

Schwarzenberg, Adam Graf zu, geb. 1587, Kanzler des Kurfürstenthums
Brandenburg im dreißigjährigen Kriege, bewirkte die Oestreich freundliche Politik des Kurfürstenthums und den endlichen Anschluß desselben an den Kaiserstaat, wodurch eine nicht unwichtige Veränderung in den Verhältnissen des
dreißigjährigen Krieges und zugleich die schwerste Bedrängniß des Kurfürstenthums bewirkt wurde (s. dreißigjähriger Krieg). Vom großen Kurfürsten
seiner Würden beraubt starb er 1641.

Schwarzenberg, Karl Philipp Fürst von, Herzog von Krumau, geb. 1771,
Oestreicher, trat jung in das östreichische Heer, machte Josephs II. Feldzug
gegen die Türkei mit, war schon im 22. Lebensjahre Oberst, focht 1793 und
1794 am Rhein und in den Niederlanden, zeichnete sich in letzterem Jahre
wirklich sehr aus und wurde General. In den folgenden Feldzügen bis 1801
war er meist auf dem Kriegsschauplatze und schwang sich während desselben
zum Feldmarschalllieutenant auf. 1805 waren ihm bedeutende Commando's
anvertraut und bei Ulm leistete er dem Erzherzog Karl die wichtigsten Dienste.
Er schlug bei Wagram mit, deckte das Heer auf dem Rückzuge und übernahm
nach dem Frieden die ehrenvollsten diplomatischen Geschäfte, so namentlich die
Unterhandlungen wegen Vermählung Napoleons mit einer österreichischen Prinzessin. Er hatte als General der Cavalerie das zweite Commando über das
Corps der Oestreicher und Sachsen 1812 in Rußland und operirte mit sicht-
barer Rücksicht auf die politischen Verhältnisse, dennoch aber so, daß er Napoleon volles Vertrauen einflößte. Zum Feldmarschall ernannt, übernahm er
nach dem Anschluß Oesterreichs an die Alliirten den Oberbefehl über die
östreichische (böhmische) Armee und bald darauf über die gesammte Heeresmacht
der Alliirten. Er leitete nun vom Angriff auf Dresden an bis zur Einnahme
von Paris wenigstens einige Hauptereignisse; der Feldzugsplan und die strategischen Operationen gingen aber keineswegs von ihm allein aus, waren vielmehr der
Ausfluß eines Kriegsrathes, dessen Willen sich S. bescheiden fügte. Er wurde 1815
Präsident des Hofkriegsraths zu Wien. St. 1820 zu Leipzig. Denkmal bei Leipzig.

Schwarzenberg, Friedrich Karl Fürst von, Sohn des Vorigen, geb. 1800, im östreichischen Heere zum Generalfeldwachtmeister emporgestiegen. Durch einige Schriften in der Literatur bekannt.

Schwarzenberg, Karl Philipp Fürst von, Bruder des Vorigen, geb. 1802, im östreichischen Heere Feldzeugmeister.

Schwarzenberg. Edmund Fürst v., geb. 1803, östreich. Feldmarschalllieutenant.

Schweden, souveraines Königreich im Norden Europas, umgeben von Norwegen, das mit ihm durch Personalunion verbunden ist und drei Viertel seiner Westgrenze schließt, russisch Lappland, dem bottnischen Meerbusen und der Ostsee, dem Sund, Kattegat und Skager - Rack. S. ohne Norwegen hat einen Flächeninhalt von circa 8200 ☐ M., von denen jedoch ein großer Theil wegen zu nördlicher Lage kaum bewohnbar und äußerst schwach bevölkert ist. Die Volkszahl ist 3,800,000. Staatseinnahme nach dem dreijährigen Budget von 1858—1860 ist 26,474,700 Thlr.; die Ausgabe beläuft sich auf fast gleiche Höhe; Heerwesen kostet 8,686,900, die Marine 3,241,530 Thlr. Staatsschuld ist etwa 28,000,000 Thlr., an Papiergeld curstren 22¼ Mill. Thlr. Das Heer besteht aus angeworbenen Truppen (Värsvade), die nach Uebereinkunft 3—12 Jahre dienen, eingetheilte Truppen (Indelta), Miliz von Gothland, die zum Kriegsheere gerechnet wird, und den Conscriptionstruppen (Bevaering). Stärke der angeworbenen Truppen ist 7700, der eingetheilten Truppen 33,400, der Miliz von Gothland 7600 und der Conscriptionstruppen 95,300 Mann. Die Infanterie belief sich 1853 im Kriegsfuße auf 85,000, die Cavalerie auf 5580, die Artillerie mit 152 Geschützen auf 4700, die Miliz von Gothland auf 9000, die Nationalmiliz auf 14,000 Mann. Die angeworbenen Truppen sind das eigentlich stehende Heer und bilden im Frieden die Besatzungen der Festungen und Garnisonen der Küsten- und sonstigen Militairplätze. Diese Truppenart besteht aus 2 Gardeinfanterieregimentern à 2 Bataillone, 1 Leibgarderegimente zu Pferde, 1 Jägerregimente, 1 Husaren-regimente und 3 Artillerieregimentern. Als Kern der Kriegsmacht ist die eingetheilte Armee zu betrachten. Sie bildet ein colonieartiges Institut von großer Eigenthümlichkeit, welches vom König Karl XI. gegründet worden ist, und durch Eintheilung in viele kleine Militair- oder Gemeindebezirke über das ganze Land ausgedehnt ist. Durch dieses Institut wurde das erste stehende Heer in S. geschaffen und zwar in solcher Weise, daß dem Staate im Frieden aus demselben keine Kosten erwuchsen. Die Bewohnerschaft jedes Kreises stellt nicht nur aus ihrer jungen Mannschaft eine bestimmte Zahl zur Fahne, sondern übernimmt auch deren Ausrüstung und Erhaltung im Frieden, indem sie diesen Soldaten gewisse Ländereien zu ihrer Selbstverpflegung anweist, wogegen diese aber auch der Gemeinde wiederum im Frieden Dienste leisten und an den Lasten theilnehmen mußten. Sold vom Staate erhalten sie nur während der alljährlichen vierwöchigen Uebung und im Kriege; für die Waisen sorgt die Kreisgemeinde. Die Offiziere befinden sich in einem ähnlichen Verhältniß wie der gemeine Mann. Sie haben die Nutznießung ländlicher Güter, die sie früher selbst bewirthschafteten, jetzt aber verpachten oder der Regierung gegen Entgelt zur Nutzung überlassen. Die Dienstzeit dieser Militairgattung währt bis zur Erschöpfung der körperlichen Fähigkeit und folgt dann die Versorgung durch die Gemeinde. Die Mannschaft ist auf die verschiedenen Ortschaften vertheilt. Zur Uebung treten zuerst die Compagnieabtheilungen, dann die Compagnien, endlich die Bataillone und zuletzt die Regimenter zusammen. Die ganze Uebung währt aber nur 4 Wochen. Die eingetheilten Truppen sind der Haupttheil der Kriegsmacht und sind im Kriege zu den wichtigsten Operationen bestimmt. Die Miliz von Gothland wird ebenfalls zum Kriegsheere gerechnet, verläßt aber in der Regel Gothland nicht. Da vorgenannte drei Truppengattungen sich unzulänglich erwiesen hatten, wurde seit 1812 auch eine Aushebung vollzogen, womit die Wehrkraft des Volkes völlig erschöpft werden sollte. Diese durch Conscription erlangten Mannschaften bilden aber eine Art Landwehr, werden nach kurzer Einübung entlassen und zeitweise zu abermaligen Uebungen einberufen. Die Dienstzeit währt vom 20. bis 25. Lebensjahre. Das Gesammtheer ist in 46 Linien-, 27 Reserve- und 12 Depotbataillone Infanterie, 40 Linien- und 10 Reserveschwadronen, 20 Linien- und 5 Reservebatterien eingetheilt, wobei die Gothländer Miliz keinen Platz hat. Die Gesammtstärke aller Truppenmassen des Reichs ist 140—145,000 Mann (Kriegsfuß). Im Innern des Landes befinden sich nur einige unbedeutende Festungen, die stärkste ist Karlsborg, die den Kanal des Wettern- und Wenernsee's beherrscht. Diese Festung ist der Hauptmilitärplatz und hat die bedeutendsten Magazine. Ihre Lage ist wegen ihrer Wasserverbindung sehr vortheilhaft. Die Küstenfestungen sind bedeutend. Wichtig insbesondere sind Marstrand mit Karsten, Göteborg mit Elfsborg, Karlskrona mit Kungsholm und Drottingkär und Stockholm mit Waxholm und Frederiksborg. Noch zu nennen sind Kalmar, Christiansstad, Gothenburg. Bedeutende militärische Unterrichtsanstalten sind die Cadettenschule und die höhere Militärlehranstalt, beide nahe bei Stockholm. Außerdem befinden sich bei jedem Corps Regimentsschulen und Militärerziehungsanstalten. Die Marine Schwedens war in dem Jahre 1855: 11 Linienschiffe (davon 4 mit 84 und 7 mit 74 Kanonen), 8 Fregatten (2 mit 60, 3 mit 48, 2 mit 40 und 1 mit 36 Kanonen), 4 Corvetten (dabei ein Dampfer), 6 Briggs, 2 Schooner, 5 kleine Dampfer und 250 Kanonenschaluppen. Diese 286 Fahrzeuge waren mit 15,000 Mann bevölkert, die von 225 Offizieren befehligt wurden. An der Spitze steht ein Admiral, unter diesem commandiren ein Viceadmiral und 6 Contreadmirale. Die Unterhaltungskosten für die Marine betragen 3,241,530 Thlr. jährlich. Hauptkriegshafen ist Karlskrona mit Kungsholm. Hier befinden sich große Arsenale, Magazine, Werkstätten, Hospitäler, Marineschul- und Waisenanstalten, Docks und Werfte. Schifffahrtsschulen befinden sich zu Stockholm, Karlskrona, Gothenburg, Gefle, Malmö und in mehren anderen Städten. Der oberste Befehlshaber der Land- und Seemacht ist der König. In der Entscheidung über Krieg, Frieden und Heeresangelegenheiten beschränkt ihn die Verfassung nicht und er entscheidet allein auf den Vortrag des Ministers. An der Spitze der Marine und Kriegsverwaltung steht der Minister. In den fünf Hauptmilitärbezirken führen Gouverneure die Befehle aus. — Ursprünglich war Schweden unter eine Menge von gothischen und schwedischen Stämmen getheilt, die sich nach vielen blutigen Kämpfen erst in der Mitte des 13. Jahrhunderts vereinigten. Im 14. Jahrhundert wurden durch Torkel Knutson Carolen und Karelien erobert, für kurze Zeit auch große dänische Gebiete. Die zweite Hälfte dieses Jahrhunderts erfüllten blutige Bürgerkriege, in denen der Thron oft die unterliegende Partei war. Die Gewaltherrschaft der Königin Margaretha, die ihren Siegen folgte, unterbrach diesen wilden Zustand nur kurze Zeit, doch währte die Union Dänemarks, Norwegens und Schwedens noch fort. Der Bürgerkrieg hob immer von Neuem an und bewirkte Thronwechsel und schreckliche Blutscenen. 1448 trennte sich Schweden von Norwegen und Dänemark, dessen Folge ein Krieg mit Dänemark war, der Schweden doch wieder unter dänisches Joch brachte, wenn auch für kurze Zeit. Immer wiederholte Kämpfe mit Dänemark wiederholten auch die früheren Unterjochungsscenen, die unter Christian II. im Anfange des 16. Jahrhunderts mit allen Scheußlichkeiten vereint waren. Endlich machte Gustav Wasa, der 1523 zum

König erhoben wurde, diesen traurigen Kämpfen ein Ende. Die inneren Kriege hörten auf, aber die äußeren, namentlich gegen Dänemark, erneuten sich immer wieder und waren nicht immer glücklich. Erst unter Karl IX. und besonders dessen Sohne Gustav Adolph begann S. eine große kriegerische Rolle zu spielen und gleichsam die Politik des europäischen Nordens zu normiren. S. führte zugleich gegen Dänemark, Rußland und Polen Krieg und im dreißigjährigen Kriege war es einer der Hauptfactoren (s. dreißigjähriger Krieg). Es erwarb von Dänemark und Deutschland erhebliche Gebiete, aber weit mehr als an materieller Macht hatte es an moralischem Gewicht gewonnen. Besonders im Gefühl dessen unternahm es seine nachfolgenden Kriege, die von Karl X. und Karl XII. mit dem höchsten Glanze geführt wurden, der rücksichtlich der schwachen Hilfsquellen zu den außerordentlichsten Erscheinungen der Kriegsgeschichte gerechnet werden muß. Obschon Karl XI. vom großen Kurfürsten von Brandenburg geschlagen wurde, so war doch seine Regierung von großer kriegerischer Bedeutung, da in ihr nicht nur die meisten fortificatorischen Anlagen des Reichs, sondern auch diejenigen Institutionen ins Leben traten, aus welchen der junge Heldenkönig Karl XII. die Mittel zu seinen fast wunderbaren Siegen schöpfte, die Rußland, Polen und Dänemark mit völliger Zerstörung ernstlich bedrohten, wie denn Polen sich jahrelang vollkommen in der Gewalt Karls befand. Allein auf den Feldern von Pultawa (s. d.) starb Schwedens Siegesgöttin unter dem Zusammentreffen von Mißgeschicken, die selbst ein Held wie Karl nicht zu überwältigen vermochte. Und hätte der Tod ihn nicht ereilt, so würde sicher der nordische Krieg (s. d.) doch einen ganz anderen Ausgang gehabt haben. S. verlor seine meisten überseeischen Festungen, damit die Herrschaft über die Ostsee und seine drohende Stellung für die Nachbarstaaten. Zwar suchte es das Verlorene wieder zu erlangen, allein seine Macht war gebrochen und das verzweifelte Unternehmen vergrößerte im Frieden zu Abo nur seine Verluste, die Rußland, welches nun im Vollgefühl seines Uebergewichts war, zu Gute kamen. Noch zweimal wurde trotz innerer Unruhen und völliger Erschöpfung der Hilfsquellen der Krieg unternommen, allein er endete 1809 mit Verlust Finnlands. S. versprach sich 1813 durch den Bund mit Rußland das Verlorne wieder zu erlangen, erhielt aber 1814 statt Finnland Norwegen, dessen Selbstständigkeit nicht verletzt werden konnte. Seit dieser Zeit führte S. keinen Krieg wieder, da die geringe Betheiligung an dem schleswig-holsteinischen kaum für ein kriegerisches Werk gehalten werden kann. Im orientalischen Kriege 1854 bis 1856 näherte sich S. zwar den Westmächten, ohne indessen zu einer wirklich kriegerischen Thätigkeit zu gelangen.

Schweidnitz, preußische Stadt und Feste von 14,500 Einw. in Schlesien an der Weistritz. Wurde 1757 von den Oestreichern erobert, während Friedrich der Große gegen die Franzosen und Reichsarmee kämpfte (Roßbach). Hierauf war Schlesien fast ganz wieder in östreichischer Gewalt. Allein bald nach dem Siege bei Leuthen eröffnete Friedrich d. Gr. die Belagerung und brachte durch Erstürmung des Glogenforts (15. April 1758) die Festung zum Fall. Hier Garnisonschule und nicht unbedeutende militairische Anstalten. Die Werke wurden unter Friedrich dem Großen verstärkt. (S. Preußen.)

Schweiz, europäische Föderativrepublik zwischen Deutschland, Italien und Frankreich von 730 ☐M. mit 2½ Mill. Bewohnern von dreierlei Nationalität (1,750,000 Deutschen, 550,000 Franzosen und 130,000 Italiener). Besteht aus den souverainen Cantonen Bern, Zürich, Aargau, Waadt, St. Gallen, Luzern, Tessin, Freiburg, Graubünden, Thurgau, Wallis, Basel (Land und Stadt getrennt), Neuenburg, Solothurn, Genf, Appenzell, Schwyz, Schaff-

hausen, Glarus, Unterwalden, Zug und Uri. Jahresstaatseinnahme (aus
Zöllen vorzüglich fließend) ca. 16 Millionen Francs. Ausgabe ca. 15,731,000
Frcs., dabei Unkosten für das Heer und die Militairanstalten 2,025,175 Frc.
An der Spitze des Staats, jedoch nur in der Eigenschaft eines Exeentors der
vom Volke gegebenen Gesetze steht der Bundespräsident mit einer Besoldung
von 2666 Thalern. Orden giebt es nicht als im Widerspruch mit dem republikanischen System. Die Staatsschuld fällt den einzelnen Cantonen in ganz
verschiedenem Betrage zu und beläuft sich auf 10—12 Millionen Francs. Ein
stehendes Heer existirt nicht, und die Verfassung verbietet es der Bundesregierung sogar, stehende Truppen zu halten. Das Recht dazu haben nur die
einzelnen Cantone, jedoch darf keiner über 300 Mann halten. Außer Basel
(Stadt) welches 200 Mann hält, hält überhaupt aber kein Canton Truppen.
Dagegen aber besteht ein starkes und treffliches Heer in steter Vorbereitung
solcherweise, daß es binnen drei Wochen kriegsfertig und in Vollständigkeit
aufgestellt ist. Jeder Schweizer ist militairpflichtig. Da schon die Jugend in
den Waffen geübt wird, sind die Rekruten schon trefflich vorbereitet und ihre
Einexereirung ist in wenigen Wochen vollendet, worauf der Soldat wieder in
seine Heimath entlassen wird. Um die Truppen in Uebung zu erhalten, werden sie zeitweise in den Cantons zusammen gezogen, aber stets nur für einen
oder wenige Tage. Das Heer zerfällt in drei Classen, nämlich den Bundesauszug, die Reserve und die Landwehr. Es besteht ferner noch ein Landsturm,
der, wenn die Landwehr in das Operationsheer eintritt, die Vertheidigung des
Cantons übernimmt, aber im äußersten Falle auch jeder sonstigen Kriegspflicht
unterliegt. Der Bundesauszug begreift alle Mannschaften vom 20. bis 34.
Lebensjahre und eine Truppenmenge von 77,439 Mann. Für den Bundesauszug stellen die Cantone 3 Procent ihrer waffentüchtigen männlichen Bevölkerung. In die Reserve treten die Mannschaften mit dem 35. Lebensjahre
und bleiben in ihr bis zum 40. Die Stärke der Reserve beträgt 1½ Proc.
der Bevölkerung und eine Truppenmenge von 43,282 Mann. Mit dem 41.
Lebensjahre treten die Mannschaften in die Landwehr, in der sie bis zum
vollendeten 44. Lebensjahre verbleiben. Ihre Truppenmenge beläuft sich auf
57,465 Mann. Bei höherem Alter geht der Schweizer in den Landsturm
über, in den außerdem auch alles gehört, was nur bedingungsweise kriegsfähig ist. Dieser hat eine Stärke von 150,000 Mann, wird indessen bei den
Militairberechnungen nie in Anschlag gebracht. Jene 3 Classen dagegen machen das eigentliche Heer aus, dessen Stärke also 178,185 Mann ist. Die
Waffeneintheilung des Bundesauszugs ist: 73 ganze und 11 halbe Bataillone
Linieninfanterie und 45 Compagnien Scharfschützen; 21 Compagnien Liniencavalerie (Dragoner) und 6½ Compagnien Guiden; 40 Compagnien Artillerie,
6 Compagnien Sappeurs und 3 Compagnien Pontoniers. Auszug und Reserve haben eine überschüssige Mannschaft von 19,000 Mann. Sie bilden das
eigentliche Kriegsheer und sind stets fertig, dem Ruf unter das Banner zu
folgen. Auch der Pferdestand für Cavalerie und Artillerie ist im Staatsdienste
selbst nicht vorhanden, aber requisitionsweise so vorbereitet, daß binnen wenigen
Tagen auch diese Waffen völlig fertig sind. Die Cavalerie ist die schwächste
und am wenigsten gute Waffe, doch bedarf die Schweiz bei ihrer Territorial-
situation starker Cavalerie nicht. Die beste Waffe sind die Scharfschützen.
Nachgeahmt von allen Staaten, sind sie doch nicht übertroffen worden. Nicht
minder gut organisirt ist die Artillerie. Dieselbe besteht aus 35 Kanonen-
batterien von 6-, 8- und 12-pfündigen Geschützen, 3 vierundzwanzigpfündigen
Haubitzenbatterien, 4 Gebirgsbatterien und 8 Raketenbatterien, zusammen aus
50 Batterien mit 274 bespannten Geschützen. Zu dieser Artillerie kommen

noch 12 Positionsbatterien mit 202 Geschützen. Die Offiziere sind nur zum
Theil, außer in Activität, besoldet und treiben meist, wie die Milizoffiziere bürgerliche Geschäfte. Dieser Einrichtung entspringt der unbedeutende Kostenaufwand des schweizerischen Heeres, der bei 170,000 Mann nur 1,120,000 Thlr.
beträgt. So besitzt die Schweiz ein fünfmal größeres Heer als die meisten
gleich großen monarchischen Staaten mit dreimal geringerem Geldaufwande.
Obschon kein stehendes Heer vorhanden, wird doch die militairische Bildung
mit Eifer betrieben. Nicht nur bestehen in mehren Cantonen Institute,
sondern der militairische Geist bekundet sich auch in den Cantonaloffiziervereinen,
deren Zweck nicht bloß ein socialer, sondern auch ein wissenschaftlicher ist, daher
sie nicht nur militairwissenschaftliche Bibliotheken halten, sondern von ihnen
auch eben solche Zeitschriften ausgeben. Für das Militairwesen behufs der
Verwaltung sorgt eine Commission der Bundesregierung. Ueber Krieg und
Frieden entscheidet Abstimmung. Der Oberbefehlshaber wird bei jedem Kriege
durch Wahl bestimmt, doch ist der Rang der Offiziere, welche sich dauernd im
Stabe befinden, in Rücksicht genommen. Die Schweiz, ohne stehendes Militair
zu besitzen, ist seiner ganzen Einrichtung nach dennoch ein respectabler Mili-
tairstaat, der sich noch dazu mit dem Rufe der Unbesiegbarkeit umgeben hat,
und in der That hat kein Staat eine so glänzende Kriegsgeschichte aufzuweisen
als dieser, der oft glauben gemacht, daß sein Volk bis zum letzten und geringsten Manne aus gebornen Helden bestehe. In vorgeschichtlicher Zeit mag
die Schweiz von celtischen Völkerstämmen bewohnt gewesen sein, die Bewohnerschaft indessen, welche sich bis auf die Gegenwart in ihr behauptet hat, ist
germauischer Herkunft und bestand im Alterthum zumeist aus Alemannen. Die
Geschichte der S. gehört bis zum 13. Jahrhundert dem fränkischen und deutschen Reiche an. In diesem erst beginnt die glänzende Kriegsgeschichte der
Schweiz. Das Haus Habsburg hatte in der von zahllosen Fehden erfüllten
Periode der Schweiz eine hervorragende Rolle gespielt. Nachdem Rudolph
zum Kaiser erwählt, setzte er über seine schweizerischen Besitzungen Voigte.
Rudolphs Sohn Albrecht ließ diese Voigte aber mehr und mehr die Rechte
der freien Gemeinden widerrechtlich angreifen, um auf solche Weise sein schutz-
herrliches Verhältniß zu einer unbedingten Herrschaft zu erweitern. Dagegen
lehnten sich die Schweizer auf und Tell gab die Anregung zu Vertreibung der
Voigte. 1307 verschwur sich auf dem Rütli eine Anzahl von Landleuten
(daher Eidgenossen genannt), dieses Werk auszuführen, und dies geschah am
Neujahrstage 1308 durch Erstürmung mehrer Habsburg'scher Burgen. Ihr
Werk galt aber scheinbar nur den Voigten, da sie dem Kaiser die Rechte des
Schutzherrn nicht kürzten. Jetzt waren indessen nur die drei Waldstädte ver-
eint und gegen diese schickte Oestreich 1315 ein Heer, welches aber am Mor-
garten von den bäurischen Helden trotz ihrer geringen Zahl geschlagen wurde.
In Folge dieses Sieges traten 5 Städte nun hinzu, nämlich Luzern, Zürich,
Glarus, Zug und Bern und diese 8 bilden die ältere größere eidgenossische
Vereinigung, daher dieselben die „acht alten Orte" genannt werden. Oestreich
suchte nun durch den Samen der Zwietracht die Gewalt in der Schweiz wieder zu gewinnen, und bediente sich dazu des schweizerischen Adels; allein
der Sieg der Eidgenossen bei Laupen 1339 vernichtete diesen Plan, und Oestreich sendete, nachdem es sich anderer Kriege entledigt, 1386 und 1389 neue
stattliche Ritterheere, die aber bei Sempach und Näfels in einer Weise vernichtet wurden, daß die Welt ob des Heldenthums der schlichten schweizerischen
Bauern von Staunen erfüllt wurde. Zu einem dauernden Frieden konnte es
trotzdem noch nicht kommen. 1422 erfochten 3000 Schweizer über 24,000
Mailänder einen wenigstens moralisch großen Sieg und ein moralischer großer

Sieg war selbst der Untergang von 1500 Schweizern bei St. Jacob 1444, die einem 60,000 Mann starken französischen Heere einen solchen Schaden beibrachten, daß es zum Rückzuge schreiten mußte. Da Oestreich Verrath in der Schweiz zu erwecken suchte, war es auch jetzt zu einem inneren Kriege gekommen, der aber am Sil durch den Sieg der Schwyzer und ihrer Genossen über Zürich 1443 beendet wurde. Zu dieser Zeit nannten sich die treuen Anhänger der Freiheit und die Genossen von Schwyz Schwyzer, daher nun der Name Schweizer entstand. Da Oestreich seiner eignen Kraft mißtraute, verwickelte es die Schweiz in einen Krieg mit Burgund. Obschon die Schweiz ein kaum halb so starkes Heer dem Feinde entgegen schicken konnte, trug sie doch 1476 bei Granson und Murten und 1477 bei Nancy neue wunderbar glänzende Siege davon, die den Kriegsruhm Karls des Kühnen ganz in Dunkel versetzten. Trotzdem erhob Oestreich von Neuem den Krieg, da die S. jede Verbindung mit Deutschland ablehnte und daher auch dem Kaiser die geforderte Türkenhilfe versagte. Allein dieser von Oestreich mit großen Mitteln unternommene Krieg wurde von den Schweizern in 6 Schlachten wiederum glänzend siegreich beendet und 1499 endlich nach der Schlacht bei Dornach auch von Oestreich die Anerkennung der schweizerischen Selbständigkeit erlangt (Friede von Basel). Hiermit endet die glänzende Kriegsgeschichte der Schweiz. Die kriegerische Rolle, die sie ferner gespielt, gehört der Geschichte der Nachbarstaaten an, denen die Schweiz ihre Truppen vermiethete. Aber auch in diesem Verhältniß bewahrte die S. ihren Ruhm, so daß fremde Herrscher sich in Geldopfern zu überbieten suchten, um ihre Hilfe zu erlangen. Die Reformation gab zu inneren Kämpfen Anlaß, die jedoch von geringer Bedeutung waren. Bei den Kriegen der Nachbarstaaten, selbst dem dreißigjährigen, behauptete die S. mit Eifer die Neutralität vielleicht weniger aus kluger Berechnung ihres Bestehens als um aus der Vermiethung ihrer Kriegsmannschaft Nutzen zu ziehen. Gegen Ende des vorigen Jahrhunderts standen 29 Schweizerregimenter (50,000 Mann) im Solde Frankreichs, Spaniens, Sardiniens, Neapels, Hollands und des Papstes. Frankreich hatte allein 20,500 Mann Schweizer. Von 1474 — 1774 hat Frankreich 700,000 Schweizer im Solde gehabt und ohne diesen Sold ungeheure Summen an die Schweiz gezahlt. Allein an Werbegeldern zahlte Frankreich im Jahre 1739 260,000 Livres, in jedem Jahre von 1740 — 1750 600,000, aber 1744 sogar 1,500,000 Livres. 1798 wurde die Schweiz wider Willen in den französischen Krieg hinein gerissen und da sie sich ihrer Truppen in jener Weise entäußert hatte, mußte sie die bittere Erfahrung machen, von Frankreich eine Umformung und Beraubung zu erleiden und mit einer gezwungenen Bundesgenossenschaft in ein Verhältniß der Unterthänigkeit treten zu müssen. Die S. mußte 12,000 und 1812 sogar 16,000 Mann unter Napoleons Fahnen stellen. Nach Napoleons Sturze gewann die S. ihre volle Freiheit wieder, reorganisirte sich für eine centralere Verfassung und erlangte auf Grund ihrer Theilnahme am Feldzuge von 1815 das von den Großmächten garantirte Recht einer ewigen Neutralität. Trotzdem gab sich die S. eine militärische Verfassung, die sie in den Stand setzt, auf jedem Kriegsschauplatze achtunggebietend aufzutreten. Von der Größe ihrer Macht zeugte zuerst der innere Krieg 1846 und 1847, welcher aus Religionszerwürfnissen hervorging, in denen die katholischen Cantone bis zur Verfassungsverletzung aus den Schranken schritten. Die 13½ eidgenössischen Cantone stellten in wenigen Wochen eine Armee von 98,861 Mann mit 172 Geschützen ohne Landsturm auf. Die katholischen Cantone (Sonderbund) stellten zugleich 39,500 Mann mit 74 Geschützen auf und machten einen Landsturm von 46,976 Mann dispositionsfähig. Ohne Landsturm hatte die Schweiz (1½

Canton blieben neutral) also in erstaunlich kurzer Zeit eine Armee von 138,441 Mann mit 241 Geschützen aufgestellt, eine Macht, die keine einzige europäische Monarchie in so kurzer Zeit aufzubringen im Stande wäre. Nachdem dieser Krieg mit Freischaaren gegen den katholischen Sonderbund, an dessen Spitze Luzern und in ihm als Triebfedern die Jesuiten standen, unglücklich begonnen, wurde er von dem regulairen eidgenössischen Heere unter dem General Dufour mit leichten Siegen und großer Mäßigung rasch zu Ende geführt. Seitdem ist in der Schweiz von den Truppen kein blutiger Gebrauch gemacht worden. Außer Landes nur spielten die Schweizer noch eine kriegerische Rolle, indem sie 1848 und 1849 italienischer Seits in bedeutender Stärke an den Kämpfen theilnahmen. Den Ruf der Tapferkeit bethätigten sie bei Vicenza, Neapel, Messina und Catanea. Das Verdingen der Truppen (Militaircapitulation) ist indessen in neuerer Zeit nicht von der Bundesregierung ausgegangen. Nach der Verfassung von 1815 stand das Recht der Militaircapitulation mit fremden Staaten nur den einzelnen Cantonen grund ihrer Souverainität zu. Allein diese haben diesem Rechte 1830 grundgesetzlich entsagt und 1848 ist das Verbot der Militaircapitulation zum Bundesgesetz erhoben worden, so daß von fremden Staaten Schweizertruppen nur noch durch Werbung und Uebereinkunft mit den Individuen gewonnen werden können. Nachdem die Regierung Franz II. in Neapel gefallen, existiren Schweizer Soldtruppen nur noch in den päpstlichen Staaten.

Schwenkung, Act der Taktik, durch welchen bei unveränderter Fronte einer Linie eine andere Richtung (Schaulinie) gegeben wird. Die Schwenkung geschieht, indem der eine Flügel auf seinem Standpuncte verharrt, der andere sich aber marschmäßig in Bogenlinie, zugleich aber auch die gesammte übrige Mannschaft auf der Höhe beider Flügel mit Fühlung nach dem stehenden Flügel und leisem Blick nach beiden Flügeln bis zu der durch Commando bestimmten Stellung fortbewegt. Das Auge nach dem stehenden Flügel ist bei der Schwenkung ebenso falsch, als das Auge nach dem schwenkenden Flügel, weil die Beziehung aller inneren Punkte zu den beiden Endpuncten gleich groß ist und der Soldat im Innern der Linie die Richtigkeit seines Standpunktes, resp. Bewegung, nur dann ermessen kann, wenn er sein Verhältniß zu den beiden Endpunkten der Linie kennt. Je länger die Linie, desto schwieriger ist natürlich die Ausführung der schwenkenden Bewegung. Für Schwenkungen großer Linien, z. B. von einem Regiment, findet sich selten das passende Terrain. Schon Bataillone werden selten anderswo als auf einem eigens ausgewählten Exercierplatze das geeignete Terrain zu Schwenkungsexercitien finden. Schwenkungen sind bei einer nur geringen Frontänderung, wo es sich vielleicht nur um $\frac{1}{32}$, $\frac{1}{24}$, $\frac{1}{16}$ oder etwa auch $\frac{1}{8}$ des Kreises handelt, von Vortheil, bei größerer Frontabweichung indessen ist der Aufmarsch wegen der Zeitersparniß vorzuziehen. Man kann sehr leicht ganz auf die Schwenkung verzichten und sie durch den Aufmarsch ersetzen, allein bei kleinen Truppenkörpern, Sectionen und Zügen z. B., und im Marsche ist das Schwenken oft vortheilhaft, und nicht zu leugnen ist, daß es bei den taktischen Exercitien höchst wichtig darum ist, weil der Soldat dadurch am besten eine sichere Berechnung seiner Stellung und seiner Bewegung erlangt. Um den Zeitaufwand zu verringern, läßt man größere Linien centrale Schwenkungen machen, indem die Hälfte der Linie mit Kehrt schwenkt und auf Halt die vorige Front wieder nimmt. Die Schwenkungen können ohne ein natürliches Hinternriß links und rechts sein und in jeder Formation ausgeführt werden, doch ist sie vorzugsweise für Linien geeignet und nicht für tiefe Massen, z. B. Colonnen. Bei solchen ist den hinter dem stehenden Flügel befindlichen entfernteren Gliedern ein natürlicher Marsch nicht möglich, da sie zugleich seitwärts nachrücken müssen, und also eine schiebende Bewegung entsteht, die die Formation erschüttert.

Schweppermann, Seyfried, Nürnberger, geb. in der 2. Hälfte des 13. Jahrhunderts, berühmt durch die Schlacht bei Mühldorf, für welche ihm Kaiser Ludwig (s. d.) den Oberbefehl übergeben hatte. S. schlug hier die Oestreicher glänzend und brachte den Herzog Friedrich den Schönen als Gefangenen in die Hand des Kaisers. Sprichwörtlich geworden ist die Belohnung Schweppermann's mit 2 Eiern, während jeder andere Gast an der kaiserlichen Tafel nach der Schlacht nur ein Ei erhielt.

Schwere, der Schlachtordnung, z. B. die Schwere der Schlachtordnung liegt auf diesem oder jenem Punkte, bedeutet den Ort, wo die größten Machtmittel, sowohl nach der Masse der Truppen als nach der Art und Zusammenstellung der Waffen aufgehäuft ist, um daselbst die Schlacht zur Entscheidung zu bringen. Wo die Schwere der Schlachtordnung zu liegen hat, ob im Centrum oder auf einem der Flügel hängt ganz von den Verhältnissen und namentlich der Idee und dem Entwurfe des Feldherrn ab, und leicht wird es vorkommen können, daß selbst in der Schlacht der Schwerpunkt der Schlachtordnung verlegt werden muß, theils nach Verhältniß der Terrainveränderungen, theils nach Verhältniß der feindlichen Operation.

Schwerin, s. Mecklenburg.

Schwerin, Hauptstadt von Mecklenburg-Schwerin, am schweriner See, 18,000 Bew., Arsenal und Garnison. (S. Mecklenburg.)

Schwerin, Kurt Christoph Graf von, geb. in Schwedisch-Pommern 1684, trat 16 Jahre alt, nachdem er erst wissenschaftlich vorbereitet worden, in das holländische Heer, nachdem er einige Feldzüge des spanischen Successionskrieges mitgemacht, in mecklenburgische Dienste, wurde schon 1718 General, trieb im folgenden Jahre ein kaiserliches Commissionsheer von 13,000 Hanoveranern aus Mecklenburg, worauf er in preußische Dienste trat. Nach der Thronbesteigung Friedrichs des Großen, nachdem er bereits zum Chefgeneral der Infanterie erhoben worden, begann seine glänzende Lebensperiode. Er entschied die Schlacht bei Mollwitz, eroberte nach geschickt geleiteter Belagerung Prag, leitete den berühmten Rückzug aus Böhmen, führte im ersten Feldzuge des siebenjährigen Krieges das dritte preußische Heer, mit dem er die erfolgreichsten strategischen Operationen machte. Beim zweiten Feldzuge führte er Anfangs den Oberbefehl und entschied die Schlacht bei Prag, fiel aber hier, indem er persönlich eine neue Colonne zum Sturm führte (1757). War als Soldat so gerühmt wie als Bürger wegen seiner musterhaften Humanität. Hat mehrere militairische Schriften verfaßt, die sehr gesucht und geachtet sind. Wenige haben so wie er durch persönliche Tapferkeit geglänzt. Denkmal zu Berlin. Bei der Thronbesteigung Friedrichs II. war er zum Feldmarschall ernannt und in den Grafenstand erhoben worden. Zur Generalwürde war von seiner Familie auch Friedrich August Leopold von Schwerin gelangt, der 1750 geboren und 1834 gestorben ist.

Schwerpunkt, s. Schwere.

Schwert, eine der ältesten Waffen, die als die Veredelung der Keule zu betrachten ist, schon im Alterthum gebräuchlich, zu Hieb und Stoß, zweischneidig und spitz, Griff in Kreuzesform, Größe sehr verschieden, bei den Römern gering, bei den Deutschen sehr bedeutend, im Mittelalter bis unter die Armhöhle des Mannes reichend, viele von der Größe, daß sie nur mit 2 Händen geschlagen werden konnten. Die Form war sehr verschieden, es gab geflammte und gezahnte Schwerter. Gekrümmte Schwerter kamen jedoch nicht vor. Das

15*

Schwert war stets nur eine Reben- und Nothwaffe, zu der gegriffen wurde, wenn Speer und Lanze verloren gegangen waren. Das Schwert vorzugsweise war auch Prunk- und Ehrenwaffe. Bei einigen Völkern galt die Umgürtung des Schwertes der Krönung gleich, so z. B. in Polen, wo für diesen Act eigens die Würde des Szablan bestand (Szabla, Sábel). National war das Schwert bei den Griechen und Römern und allen Völkern, die die Formen des fränkischen Reiches erbten oder annahmen, namentlich den Deutschen. Die größte Rolle spielte das Schwert im Mittelalter, es war das Hauptstück des Krönungsornates, mit ihm wurden Ritter geschlagen, auf das Schwert wurden Schwüre geleistet, Gelübde auferlegt, es war das Sinnbild bei Ehrenbereitungen und Entehrungen, daher noch jetzt den gefangenen und den ausgestoßenen Offizieren der Degen abgenommen wird, ebenso das Sinnbild bei Rechtsentscheidungen, Kriegserklärungen und Friedensschlüssen, sein Bild ging vielfach in die Wappen über. Bei mehreren Völkern ist es nie zur Aufnahme gekommen, so bei den Türken und bei den Slawen, die von den Mongolen den krummen Sábel annahmen. In der Gegenwart ist es außer bei einigen Ordenscapiteln ganz außer Gebrauch.

Schwertorden. Ritterorden, bei Bekehrung der Livländer vom Bischof Albert von Riga gegründet 1200, eroberte 1220 Kurland und Esthland, schloß sich bald darauf dem „Deutschen Ritterorden" (s. d.) an, nahm im 16. Jahrhundert wieder eine gewisse Selbstständigkeit an, löste sich aber 1562, nachdem seine Länder größtentheils eine Beute der Nachbarstaaten geworden waren, auf, und als ein Andenken bestand nur das Herzogthum Kurland und Semgallen noch eine Zeit lang fort.

Schwimmen, die Fertigkeit im Wasser (NB. ohne Berührung des Bodens) betreffs der Fortbewegung seinen freien Willen auszuüben. Die erste Nothwendigkeit ist, sich im Wasser so zu tragen, resp. empor zu halten, daß die Athemwerkzeuge, deren Thätigkeit nie unterbrochen werden kann, außerhalb des Wassers bleiben. Grundbedingung ist, das Minus des specifischen Gewichts des Körpers (im Vergleich zu der Schwere der Wassermenge des gleichen Körperraumes) durch physische Kraft, resp. geeignete Bewegung der Hände und Beine, zu ersetzen. Die Kunst der Fortbewegung hängt damit ganz eng zusammen und die genannten Bewegungen der Hände und Beine sind selbst schon derart, daß sie den im Wasser schwebenden Körper forttreiben müssen. Das Schwimmen ist eine so natürliche Handlung, daß sie kaum zu den Künsten zu rechnen ist, desto weniger sollte Jemandem die so leicht erworbene Schwimmfertigkeit fehlen, ganz besonders aber ist sie dem Soldaten nöthig, dem nicht über jeden Strom, der passirt werden muß, eine Brücke gebaut werden kann. Daher haben die meisten Staaten Militairschwimmschulen errichtet, die meisten und besten wohl England und Oestreich. Dem Pontonier ist die Schwimmfertigkeit am wenigsten zu erlassen. Ueber die Einrichtung der militairischen Schwimmschulen und die Art des Schwimmunterrichts ist mehreres geschrieben worden, den preußischen Schwimmschulen liegen die Bestimmungen des Generals von Pfuel zu Grunde, der auch den Schwimmmeistern die beste Anleitung gegeben hat. Verschieden sind noch die Meinungen, ob es besser sei, den Schüler durch Uebung im Wasser, also durch Näherrücken an die Gefahr des Ertrinkens und den Zwang zur Selbsthilfe die Schwimmkunst beizubringen oder durch die Uebung außer dem Wasser in dem tempomäßigen Gebrauch der Glieder.

Schwimmende Batterie, flache bedeckte Fahrzeuge, welche eine Anzahl von Geschützen trugen und die man beim Angriff auf Seeplätze anwendete, theils weil man mit ihnen dichter an den Strand gelangen konnte, theils auch, weil

man mit ihnen weniger aufs Spiel setzte, als wenn man mit Schiffen den An-
griff unternahm. Die schwimmenden Batterien sind gegenwärtig durch die
Kanonenboote verdrängt, die noch flacher gehen, ebenfalls gegen den feindlichen
Schuß gedeckt sind, ihm weniger Ziel bieten, aber auch weniger Geschütze tra-
gen, 1—7. Die schwimmenden Batterien hatten dagegen bis zu 20 Geschützen.
(S. Batterie und Flotte.)

Schwyz, Waldstadt und Urcanton der Schweiz. 16½ □ M., 44,200 Bewohnern, s. Schweiz.

Sciacca, sicilische Hafenstadt mit Fort und 15,000 Einw.

Scipio, Publius Cornelius Scipio, zur Ehre beigenannt Africanus, geb.
235 v. Chr., Römer, aus einem der berühmtesten Heldengeschlechter Roms,
23 Jahre alt zum curulischen Aedil und zwei Jahre später zum Proconsul
für Spanien erwählt, wo der punische Krieg seine blutigste Schaustätte hatte.
Er hatte den Tod seines Vaters und seines Oheims, die beide im Kampfe
mit den Karthagern gefallen waren, zu rächen, und dies dürfte ins Besondere
seine Energie und sein Genie in Bewegung gesetzt haben. Bald nach seiner
Ankunft in Spanien unternahm er die Belagerung Neu-Karthago's, einer der
wichtigsten karthagischen Colonien, der 210 die Einnahme folgte, 209 über-
wand er Hasdrubal bei Bäcula, schlug die karthagischen Feldherren im folgenden Jahre allerwärts und 207 abermals bei Bäcula, eroberte darauf Gades
und verdrängte damit die karthagische Herrschaft gänzlich von der pyrenäischen
Halbinsel. 205 zum Consul erwählt, erhielt er Sicilien zur Verwaltung und
damit das beste Mittel, den Krieg gegen Karthago nach Africa zu versetzen.
Das that er 204, überwinterte vor Utica, wurde in seinem festen Lager
zweimal angegriffen, schlug aber, obschon er nur über 20,000 Mann verfügte,
den Feind zweimal und zuletzt (202) bei Zama, wo der berühmte Hannibal
selbst, jedoch wider seinen Willen, commandirte. So war durch ihn dieser
punische Krieg, der Karthago an sichern Untergang versetzte, auf das glänzendste beendet. S. feierte einen großen Triumph und erhielt den Ehrennamen
Africanus. Starb um 184 v. Chr. Er war der Großvater der Gracchen.

Scipio, Lucius Cornelius, Bruder des Vorigen, römischer Feldherr, führte
als Consul den Krieg gegen Syrien, schlug den König Antiochus von Syrien
bei Magnesia entscheidend und erhielt dafür einen Triumph und den Ehrennamen Asiaticus.

Scipio, Publius Cornelius S. Aemilianus Africanus (der Jüngere), als
Adoptivsohn des Publius ein Enkel des Scipio Africanus des Aelteren, lernte
unter diesem den Krieg, war 151 Tribun in Spanien, erstieg zuerst die Mauer
des belagerten Intercatia und wurde im 3. punischen Kriege Consul und
Feldherr und erstürmte und zerstörte 146 Karthago nach langer und schwerer
Belagerung. 133 eroberte er Numantia und erhielt den Ehrennamen Nu-
mantinus. Starb 129 v. Chr. Ausgezeichnet war er ebenso wie durch Bravour, durch Humanität und wissenschaftliche Bildung.

Scipio, Publius Cornelius S. Nasica, im vorletzten Jahrhundert v. Chr.
Consul und römischer Feldherr, Besieger der Bojer.

Scott, Winfield, geb. 1786 in Virginien, studirte die Rechte, trat aber
bei dem Ausbruche der Streitigkeiten zwischen der nordamerikanischen Union
und England in das Heer (1808), in dem er alsbald die Würde eines Capitains bei der Artillerie erhielt. 1812 machte er als nordamerikanischer Oberstlieutenant die Schlacht von Queenstown mit außerordentlichster Bravour mit,
fiel aber in eine kurze Gefangenschaft, eroberte 1813 Fort George und vertheidigte es mit größtem Muthe, wofür er zum General erhoben wurde, siegte
1814 bei Chippewa, leistete in der Schlacht von Niagara das Außerordent-

lichste und ging nach Beendigung des Krieges nach Frankreich, um sich hier kriegswissenschaftlichen Studien zu widmen. Nach seiner Rückkehr wurde er mit verschiedenen militairischen Expeditionen betraut, wurde 1841 Obergeneral der Unionsarmee, als welcher er den Krieg gegen Mexico führte. 1847 eroberte er Veracruz, siegte bei Cerro-Gordo, Contreras und Churubusco über Santa-Anna und eroberte hierauf die Hauptstadt Mexico, womit der Krieg beendet war und die Vereinigten Staaten einen Ländergewinn von 30,000 ☐ M. machten. S. gilt in Amerika wegen Bravour und militairischer Gelehrsamkeit für einen der größten Krieger. (S. Amerika.)

Sebastian, Dom, König von Portugal, geb. 1554, bestieg den Thron unmündig im 3. Lebensjahre, und machte sich durch zwei abentheuerliche Kriegszüge in Afrika namhaft. Der erste mit nur 900 Mann gegen einige nordafrikanische Stämme endete ziemlich glücklich, der 2. im Jahre 1578 wurde mit einer starken Flotte und 15,000 Mann unternommen, wovon nur 9000 Portugiesen waren. Es galt dem Könige, den Scherif Mulei Moloch vom Throne von Marokko zu vertreiben und dessen Neffen Mulei Mehemed darauf zu setzen. Am 4. August kam es zu einer großen Schlacht, in welcher der Scherif dem König S. 100,000 Mann entgegenstellte. Die Portugiesen fochten mit äußerster Tapferkeit, durchbrachen zwei Schlachtlinien, wurden aber umgangen, eingeschlossen und durch die Ueberzahl erdrückt. Der größte Theil des Heeres fiel und der Ueberrest, der die Schiffe nicht erreichen konnte, gerieth in Gefangenschaft. Ob der König gefangen oder gefallen war, ist nicht ermittelt worden, doch ist er in Europa nie wieder zum Vorschein gekommen.

Sebastiani, Horace Francois de la Porta Graf von, Corse, geb. 1775, trat im Jahre 1792 in das französische Heer, war dauernd in den Feldzügen der Republik beschäftigt, ohne jedoch Anfangs die Aufmerksamkeit sehr auf sich zu ziehen. 1800 focht er als Oberst bei Marengo, wurde als Vertrauter Napoleons in diplomatischen Geschäften verwendet, worauf er zum General ernannt wurde. Durch seine geschickte Spionerie wurde Napoleon aufs Genaueste von den Vorbereitungen Oestreichs für den Feldzug von 1805 unterrichtet. Diesen Feldzug machte S. selbst mit und wurde nach der Schlacht bei Austerlitz, in der er mit Auszeichnung focht, Divisionsgeneral. Dann als Gesandter nach Konstantinopel geschickt, brachte er die Türkei dahin, den Krieg gegen Rußland zu erklären, und erhielt 1807 den Oberbefehl in Spanien und führte hier den Krieg bis 1811. 1812 führte er die Avantgarde der großen Armee. Er gehörte hier zu den wenigen Klügeren, die vergebens Napoleon den guten Rath gaben, in Polen und Lithauen zu rasten bis zum nächsten Frühjahre, dann aber zeitig die Operationen gegen Rußland von hier aus zu beginnen. Sein Rath blieb unbeachtet und er fügte sich nun ganz der Idee Napoleons, frei von jeder Verantwortlichkeit. Er blieb 1813 an Napoleons Seite, commandirte den Rückzug bei Hanau und war an den wichtigsten Ereignissen von 1814 betheiligt. An der Schlacht bei Waterloo hatte er keinen Theil. 1830 war er Marineminister, später Minister des Auswärtigen, als welcher er durch seine Zweideutigkeit den Polen einen sehr schlechten Dienst geleistet hat. Ein vertrauter Freund Ludwig Philipp's, wurde er 1840 zum Marschall ernannt. Starb 1851. Seine Tochter war die Herzogin von Praslin, welche von ihrem Gemahl aus leidenschaftlichem Interesse für die Gouvernante, eine Engländerin, ermordet wurde (1847). Diese schandhafte Bluttat erregte in ganz Europa das größte Aufsehen, in Frankreich aber die bitterste Mißachtung der Aristokratie und wurde dergestalt ein anregendes Element für die Revolution von 1848.

Sebastopol, die größte südrussische, bis zu ihrem Falle für unüberwindlich gehaltene See- und Hafenfestung an der Südküste der Krim, welche jetzt größten Theils noch in Trümmern liegt. Die Belagerung und Eroberung der Stadt durch die Franzosen, Engländer, Sardinier und Türken in den Jahren 1854 und 1855 gehört zu den größten Ereignissen nicht nur der neueren, sondern der gesammten Kriegsgeschichte. S. ist nach Eroberung der Krim durch die Russen 1786 gegründet und wegen ihrer Lage an einem siebentheiligen großen und sicheren Hafen sogleich zum Hauptsee- und Kriegsplatze im Süden ausersehen worden. Es ist von felsigen Höhen umgeben, die in das siebenfache Hafenbecken hineinfallen. Die Stadt erhob sich amphitheatralisch am südlichen Ufer des großen Hafens, der sich eine Meile tief in das Land erstreckt und eine durchschnittliche Breite von ¼ Meile und eine durchschnittliche Tiefe von 70 Fuß hat. Das Fahrwasser im Eingang beträgt nur zwei Schiffsbreiten, so daß der Hafen durch einige Versenkungen leicht gesperrt werden kann. Dieser Haupthafen verzweigt sich südwärts vierfach, wodurch die fünf inneren Häfen gebildet werden. Der vorderste war der Handelshafen, der nächste nach Innen war der zweitheilige Kriegshafen, es folgten die Bai der Docks, der Ausbesserungs- und östlich liegend der Ausrüstungshafen, im Hintergrunde die Fischerbucht. Zwei hafenartige große Buchten, davon die eine als Quarantaine-Hafen diente, liegen vor dem großen Becken und waren durch mächtige Festungswerke geschützt. Die Stadt enthielt mit der Besatzung 45,000 Bewohner. Alle militairischen Anstalten waren großartig und prachtvoll. Sie war der Sitz der Admiralität, hatte eines der großartigsten Seearsenale, ein Arsenal für das Landheer, riesige Magazine, Kasernen, Werkstätten, Hospitäler. Zu den großartigsten Marineanstalten dieses Platzes waren die Docks zu rechnen, die kurz vor Erstürmung des Platzes vollendet worden waren und mehrere Millionen Silberrubel gekostet hatten. Es waren ihrer 6, 3 von 27 und 3 von 24 Fuß Tiefe unter Meeresspiegel. An der Ausgrabung hatten 30,000 Mann gearbeitet, die 12 Schleusenthore allein hatten 300,000 und die zuletzt aufgestellte Wasserhebemaschine 80,000 Silberrubel gekostet, woraus leicht der Kostenaufwand für das Gesammtwerk ermessen werden kann. Gespeist wurden sie durch eine theilweise unterirdische Wasserleitung und durch Dampfpumpwerke entleert. Der große Maßstab, mit welchem alle Anstalten in S. eingerichtet worden, hat namentlich auch an den Fortificationen seine Geltung gehabt. Am Quarantainehafen lag das mit großer Pracht erbaute Quarantainefort, welches mit 50 Kanonen armirt war; am Eingange des großen Hafens lagen das Alexanderfort mit 64 und das Constantinfort mit 104 Geschützen; es folgte denen am inneren großen Hafen die Eckbatterie von 50 und das Ostfort mit 50 Kanonen; an der Bucht des Marinearsenals lag das riesige Fort Nicolaus, für sich eine Festung bildend und mit 190 Kanonen besetzt. Diesem Fort gegenüber lag das Katharinenfort mit 120 Kanonen. An der Mündung des Kauffartelhafens lag das Fort Paul mit 80. Unter vielen Batterien war die Kasernenbatterie von 30 Kanonen die stärkste. S. war dergestalt mit über 1000 Kanonen armirt, und diese Stärke wurde durch sein Verhältniß als Hauptkriegshafen vervielfacht. Als die Belagerung Sebastopols 1854 begonnen wurde, lagen im Hafen 108 Fahrzeuge mit mehr als 2000 Kanonen, nämlich 5 Kriegschiffe 1. Rangs zu 120 Kanonen (Namens: Paris, zwölf Apostel, drei Heiligen, Großfürst Constantin und Wladimir); 12 Kriegschiffe 2. Rangs zu 84 Kanonen (Namens: Swiatoslaw, Rostislaw, Uriel, Chabrol, Jagudiel, Selaphael, drei Hierarchen, Tri Swiatalia, Warna, Gabriel, Maria und Tschesme); 4 Fregatten zu 60 Kanonen (Namens: Ragul, Kulefti, Kovarna und Medea), 2 Corvetten zu 18 Kanonen (Namens: Calypso und Pylades), 3 Corvetten zu 20 Kanonen (Namens: Ptolemäus, Theseus und Aeneas), 12 Dampfschiffe, eine Anzahl Fahrzeuge zu 10 und 6 Kanonen und 60 Kanonenboote. S. durfte daher mit Recht für eine der mächtigsten Seeplätze der Welt gelten und wurde seit lange für unüberwindlich gehalten. Gleichwohl erwählten es die Alliirten bei Ausbruch des orientalischen Kriegs zum Ziel. Namentlich England lag alles an der Zerstörung dieses Riesen-etablissements, welches bald genug seine Herrschaft im Mittelländischen Meere in Frage stellen konnte. Am 5. und 6. September 1854 schifften sich die Alliirten an der bulgarischen Küste ein auf mehr als 400 Schiffen, darunter 200 Munitions- und Packschiffen, 25 Dampfern und Dreideckern, 29 Dampf- und Segelfregatten. Am 14. September wurde bei Eupatoria, zwei Tagemärsche von S. entfernt, beigelegt und die Landung bis 16. September vollbracht. Gleich nach dem Landen wurde ein russisches Lager von 6000 Mann ange-griffen und mit einem kurzen Bombardement aufgehoben. Die Alliirten 58 000 Mann stark. Beim Marsch auf S. trat ihnen eine russische Armee von 43,000 Mann am Almaflusse unter dem Befehle des Fürsten Menczikow ent-gegen, der hier zu zeigen hatte, daß sein Heldenthum ihn zu seiner diploma-tischen Impertinenz in Constantinopel berechtigt hatte. Allein die Russen wur-den am 20. September mit einem Verlust von 10,000 Mann geschlagen und konnten nicht hindern, daß Sebastopol am 27. September von den Alliirten vom Meere bis zum Czerna-Rietzkaflusse so eingeschlossen wurde, daß nur die Forts Konstantin und Katharina außer Angriff blieben. So großartig die Befestigungen von Sebastopol waren, so galten sie doch fast ausschließlich einem Angriffe von der Seeseite; einen Angriff von der Landseite schien die russische Regierung für kaum möglich gehalten zu haben. Erst kurz vor der Belagerung wurde der Platz durch den Viceadmiral Kornilow, und während der Belagerung durch den Geniegeneral Tottleben auf der Landseite vollständig fortificirt. Bei Beginn der Belagerung bestanden diese von 30,000 Mann ausgeführten Werke bereits aus einer vom Meere bis zum Hafen reichenden Courtine mit Graben, Palissaden und Bastionen, vielen Batterien, die mit den schwersten Schiffsge-schützen armirt waren, einem Sägewerk, siebenundzwanzig Ravelins, 3 drei etagen-hohen maximilianischen Thürmen und zwei außenliegenden Sternschanzen. In der Tiefe des Hafens lagen die Kriegsschiffe, der Hafeneingang war durch versenkte Schiffe und Ketten gesperrt. Am 17. October fand das erste Bombardement von der Land- und Seeseite statt. Der Platz antwortete gut, litt aber an mehreren Stellen Schäden, die jedoch mit der Kraft vieler Hände bald wieder ausgebessert wurden. Die Franzosen litten an 4 Schiffen erheblichen Schaden und ein Pulvermagazin flog in die Luft. An 1000 Kanonen waren thätig gewesen, 471 auf Seite der Russen. Die Alliirten sahen, daß es hier mit einem Bombardement nicht abgemacht sei und setzten den Trancheenbau mit Eifer fort. Die Russen such-ten diesen durch häufige Ausfälle zu hemmen und unternahmen 18,000 M. stark unter General Liprandi am 25. Oct. einen Angriff auf Balaklawa, wo sich die wichtigsten Etablissements der Alliirten befanden. Dieser Ueberfall, auf den die Alliirten gar nicht vorbereitet waren, brachte 4 von Türken besetzte Redouten in die Hand der Russen, die diese erst nach mehreren Wochen aus strategischen Grün-den wieder aufgaben. Aber der glückliche Erfolg dieses Angriffs ermuthigte die Russen zu einem großen allgemeinen Angriffe, den zugleich die Besatzung der Festung durch einen Ausfall und das sehr verstärkte Entsatzungsheer aus-führen sollten. Dieser große Angriff fand nach Einrücken des Dannenberg'schen Corps unter den Augen der Großfürsten Nikolaus und Michael am 5. Nov. statt. Der Kampf beschäftigte 60,000 bis 80,000 Russen und gegen 30,000 Engländer und Franzosen, auf beiden Seiten mit mehreren hundert Geschützen. Die Russen wurden mit einem Verlust von angeblich 15,000 Mann geschlagen, die Alliirten verloren an Todten und Verwundeten über 7000 Mann. Dieser riesige Kampf ist unter dem Namen der Schlacht bei Inkermann bekannt, er vermochte die Alliirten nicht zur Aufhebung der Belagerung zu zwingen. Um ihren Verlust zu bemänteln, unternahmen die Russen in den folgenden Wochen und namentlich am 12. December starke Ausfälle, die jedoch den Alliirten viel weniger schadeten, als ein furchtbarer Orkan am 14. November, durch welchen die Flotte großen Schaden litt. Der Winter brachte den Heeren beiderseits, aber namentlich den Alliirten unermeßliche Beschwerden, freilich auch durch große Verstärkungen neuen Muth. Die großartigsten Vorbereitungen für den ferneren Kampf, die Anlegung einer Eisenbahn von Balaklawa zum Lager, die Erbauung großer Magazine ꝛc. zeigten, daß hier das Ziel um jeden Preis erreicht werden sollte. Im Januar 1855 trafen auch türkische Verstärkungen unter Omer Pascha ein, da die Russen den Kampf an der Donau aufgegeben hatten, um ihre ganze Macht in der Krim zu concentriren. Am 27. Januar traf der französische Geniegeneral Niel im Lager ein, erklärte das Malachowfort für den Schlüssel des Fortificationssystems von S. und übernahm die Leitung der Belagerung. Wie die Alliirten nicht aufhörten mit ihren Angriffsarbeiten, so auch die Russen mit ihren Vertheidigungswerken, und beide Theile suchten einander darin Störung zu verursachen. Am 24. Februar fand ein heftiger Kampf, von den Alliirten unternommen, statt, der beträchtliche Erdwerke der Russen vernichtete. Am 2. März starb der Kaiser Nikolaus und auf Ordre Alexanders II. erhielt statt Menezikows Osten-Sacken (interimistisch) den Oberbefehl. Die Oberbefehlshaber der Alliirten, Canrobert und Raglan, vermieden große Unternehmungen in der Hoffnung, daß Alexander die russische Politik auf einen anderen Weg versetzen werde. Da indessen Osten-Sacken das Zögern der Feinde zu benutzen suchte, um seine Vertheidigungswerke zu vervollkommnen, kam es bald zu neuen Kämpfen, so am 15. und 17. März. Am 23., nachdem General Gorczakow in Sebastopol den Oberbefehl erhalten, fand ein neuer nächtlicher großer Kampf statt, der, wie jeder Ausfall, den Fortgang der Belagerung hemmte, aber nicht aufhielt und eigentlich nichts weiter als Blutvergießen verursachte. Am 9. April unternahmen die Alliirten aus ihren sehr vorgerückten Werken ein großes Bombardement, welches bis zum 24. April dauerte, während dessen nächtlich die Annäherungswerke mit größtem Eifer fortgesetzt wurden. Die Alliirten hatten 508 Geschütze in Batterie und es läßt sich daraus die Macht dieses Bombardements ermessen. Allein dieser schwere Kampf verfehlte seinen Zweck, da die Alliirten den Schlüssel des feindlichen Fortificationssystems in den äußersten Fortificationen an dem Quarantainefort, namentlich in der Mast- und Centralbastion, suchten, während er nach General Niels vergebens gethaner Versicherung in dem Malachowfort zwischen dem Hafen und Sägewerke lag, was schon daraus zu erkennen war, daß die Russen dieses Werk mit den größten Opfern zu verstärken suchten. Vom 14. April an nahm auch die Flotte an dem Bombardement Theil. Von diesen Tagen an beginnt die bedeutsame Thätigkeit des Generals Pelissier, der die Werke am Kirchhofe eroberte und dies benutzte, um sogleich eine vierte Parallele in Angriff nehmen zu lassen, zu welchem Zwecke er vorher Minen springen ließ. Indem das Bombardement schwächer wurde, wurden die Kämpfe heftiger. Der ganze Gewinn dieses über 12,000,000 Schüsse kostenden 14tägigen Bombardements war aber nur eine bedeutsame Annäherung der Angriffswerke. Den Russen kostete die Vertheidigung in diesen 14 Tagen über 5000 Mann; die Franzosen mögen mit 900 Mann ihren Verlust zu gering angegeben haben. Der geringe Erfolg der bisherigen Belagerung und die einzige bedeutsame Eroberung, die der General Pelissier gemacht hatte, veranließe den Kaiser Napoleon, diesem den Oberbefehl zu übertragen, den auch Canrobert mit edler Bescheidenheit abgab. Der eiserne Character Pelissiers und dessen großes Vertrauen auf das Genie Niel's waren jetzt nur zu sichere Bürgschaften für den Untergang Sebastopols. Zu Pelissiers Erhebung hatte ganz besonders aber auch seine Eroberung eines wichtigen Contreapprochenwerkes vor der Centralbastion am 1. Mai beigetragen. Die Russen unternahmen fünf schwere Ausfälle auf die verlorenen Werke, aber vergebens. Bald trafen die sardinische Armee und große türkische und französische Reserven ein, die Unternehmungen noch größeren Umfangs gestatteten. Am 22. und 23. Mai eroberten die Alliirten die Außenwerke am Kirchhofe und der Quarantainebastion und raubten dadurch den Russen den Spielraum auf ihrem rechten Flügel ganz. Erstere Werke mußten aber bis zur Nacht des 23. Mai noch einmal aufgegeben werden. Die Russen hatten gegen 2000 Todte und 4000 Verwundete, die Franzosen 450 Todte und 2500 Verwundete. Pelissier wurde für diese Eroberung zum Marschall ernannt. Während Pelissier jetzt den russischen rechten Flügel zu einer gewissen Unthätigkeit zwang, wendete er sich gegen den linken und namentlich gegen die Beiwerke des bedeutsamen Malachowforts. Am 25. Mai fand eine große Recognoscirung statt und am 7. Juni wurde nach einem 24stündigen schweren Bombardement der Mamelon (grüne Hügel) mit den Redouten Kamczatka, Wolynsk und Selenginsk genommen. Die Engländer bemächtigten sich der Werke an den Steinbrüchen. So waren die letzten Außenwerke von Sebastopol mit einer Armatur von 73 Kanonen in den Händen der Alliirten, aber dieser Gewinn hatte ihnen über 4000 Mann gekostet. Der Verlust der Russen allein an Todten wurde von den Franzosen auf 5000 Mann angegeben. Jetzt beherrschten die Alliirten die Werke der Fischervorstadt, den Hafen und die Kielbucht und konnten zu einem unmittelbaren Angriffe auf die Stadt schreiten. Am 17. Juni sollte nun dieser letzte Angriff ausgeführt werden. Allein Mißverständnisse wirkten nachtheilig und die Alliirten wurden mit furchtbaren Verlusten zurückgewiesen, obschon auch die Flotte kräftig mitwirkte. Die Russen dankten ihren Erfolg hauptsächlich der kräftigen Mitwirkung ihrer im Hafen liegenden Kriegsschiffe und der Bravour des Generals Chrulew, der die bereits in den Malachow eingedrungenen Franzosen wiederholt warf. Der Tag war äußerst blutig. Die Franzosen hatten 1600 Todte, die Engländer 1300, die Russen angeblich 535. Die Zahl der Verwundeten war viel größer. Die Alliirten behaupteten trotz diesem Mißgeschick ihre frühere Stellung. Pelissier mußte sich nun bequemen, die Angriffswerke regelmäßig zu vollenden und von einem übereilten Sturme abzusehen. Der Tod des englischen Feldherrn Raglan am 28. Juni und des Commandanten von Sebastopol, Admirals Nachimow, hemmte auf beiden Seiten die Operationen nicht. Am 15. und 16. Juli unternahmen die Russen zwei große Ausfälle ganz ohne Erfolg. Um nun die Alliirten zum nahen Sturme unfähig zu machen, beschloß Gortzakow sie im Rücken anzugreifen und lieferte ihnen mit 59,000 Mann und 160 Geschützen die Schlacht im Thale der Czerna Rieszka am 16. August, die er gänzlich mit einem Verlust von 3000 Todten (darunter 4 Generale) und über 2200 Gefangenen verlor. Dieser Sieg beschleunigte den Sturm der Alliirten auf die Festung, der nun nach besten Vorbereitungen, einem kurzen Minenkriege und einer dreitägigen furchtbaren Kanonade am 8. September unternommen wurde. Bereits während der Kanonade waren 6 Pulverdepots in die Luft gegangen, große Brände waren in der Stadt ausgebrochen, im Hafen 2 Kriegsschiffe in Brand geschossen worden und 5 Minen hatten auf mehreren Punkten die größte Verwüstung angerichtet. 1500 Kanonen waren bei dieser Kanonade in Action und kaum dürfte je ein großartigerer kriegerischer Act stattgefunden haben. Um Mittag 12 Uhr verwandelte sich die Kanonade in ein Bombardement und unter den hohen Bogenwürfen der Mörser drangen nun die Sturmcolonnen vor. Bis 4 Uhr war der Malachow unter gräßlichem Blutvergießen von den Franzosen erobert. Der Redan wurde von den Engländern erobert, konnte aber nicht behauptet werden. Auf alle übrigen Werke hatten Angriffe stattgefunden, doch weniger um sie zu erobern, als um die Russen von einer Anhäufung von Machtmitteln im Malachowfort abzuhalten. Mit dem Falle dieses die ganze Stadt beherrschenden Werkes war das Schicksal dieser entschieden. In der Nacht zogen die Russen auf einer Schiffbrücke über den Hafen nach den jenseitigen Forts, nachdem sie die Sprengung der wichtigsten Werke, so der Forts Paul und Nikolaus, in der Eile veranstaltet hatten. Was sie nicht zerstört, wurde nun von den Siegern in Trümmer gelegt. Der Sturm hatte den Franzosen 7551, den Engländern gegen 2300 Mann gekostet und die Russen hatten nach Gortczakows Angabe 11,328 Mann verloren. Sebastopol hat sich aus seinen Trümmern noch nicht wieder erhoben und an der Wiedererlangung seiner kriegerischen Bedeutung hindern es die Bestimmungen des Pariser Friedens, der dem Falle des Platzes folgte. Nach der Malachowbastion erhielt Pelissier den Ehrennamen mit der Herzogswürde.

Secante, Schnittlinie, eine gerade Linie, die eine krumme in mehreren Punkten schneidet. Die Secante der Trigonometrie, welche gleich dem Quadrat des Halbmessers dividirt durch den Cosinus ist, ist die gerade, welche vom Centrum des Kreises durch einen Endpunkt des bestimmten Bogens bis zur Tangente desselben gezogen wird.

Seckendorf, Friedrich Heinrich Reichsgraf von, geb. 1673 in Franken, studirte, um sich der Jurisprudenz zu widmen, trat aber in seinem 20. Lebensjahre in Militairdienste, erwarb sich unter holländischer Fahne den Rang des Hauptmanns, worauf er österreichische Dienste nahm und bald die Aufmerksamkeit des Prinzen Eugen auf sich lenkte. Unter diesem leistete er zunächst Dienste im Türkenkriege. Bald danach (1701) brach der spanische Erbfolgekrieg aus, an welchem S. ebenfalls Theil nahm und gleich im Anfange Regimentscommandeur wurde. Besonderen Ruhm erwarb er sich bei Hochstädt, wo sein Regiment 16 Fahnen eroberte. Bei Ramillies, Oudenarde und Ryssel zeichnete er sich nicht weniger aus, trat aber nach dem letzten Ereigniß in Folge von Zwistigkeiten in sächsische Dienste, in denen er sogleich Generalsrang erhielt. Er blieb auf dem Kriegsschauplatze bei den sächsischen Truppen. Nachdem er den Fall von Stralsund bewirkt, ernannte ihn der Kaiser, obschon er in sächsischen Diensten war, zum Feldmarschalllieutenant. Hierauf kämpfte er wieder für Oesterreich unter Eugen, machte die Schlacht bei Belgrad 1717 mit und schlug als Oberbefehlshaber die Spanier auf Sicilien, wofür er zum Reichsgrafen erhoben wurde. 2 Jahre darauf trat er mit der Würde eines Feldzeugmeisters in sächsische Dienste zurück, was ihn jedoch nicht hinderte, auch diplomatische Geschäfte für den Kaiser zu besorgen. Dieser zweideutige Dienst beeinträchtigte die Anerkennung seiner Verdienste und brachte ihn unter ein zweifelhaftes Urtheil bei der Welt, und namentlich war später auch sein Eifer, auf allen Seiten Dienste zu erweisen, die Ursache zur gänzlichen Mißachtung beim preußischen Kronprinzen Friedrich, dem nachmaligen Friedrich dem Großen, der ihm seine Mißheirath, mit welcher er sich Friedrichs Vater und zugleich dem Kaiserhause gefällig zu erweisen gesucht, zum Vorwurf zu machen hatte. Beim kaiserlichen Hofe stand er im Rufe eines der größten Diplomaten und es wurden ihm daher auch die wichtigsten Angelegenheiten übertragen, wie z. B. die Thronfolge Marien Theresiens. Im polnischen Thronfolgekriege schlug er die Franzosen bei Klausen (1735), worauf er Feldmarschall wurde und den Krieg gegen die Türkei mit Glück eröffnete. Hier zuerst mußte er die üblen Folgen seines zu vielseitigen Diensteifers empfinden, indem es seine Gegenpartei vermochte, nach einigen Mißfällen, zu der sie selbst am Meisten mitgewirkt hatte, das Vertrauen des Kaisers gegen ihn zu erschüttern, und der reichlich bewährte Feldherr mußte die Schmach erfahren, eine Zeit lang als Angeklagter in Haft zuzubringen. Auf das Tiefste verletzt, trat daher S. nach seiner Freilassung in bairische Dienste, was, da Baiern nach des Kaisers Tode der heftigste Feind Oestreichs war, freilich den Ruf seiner Humanität desto weniger erhöhte, da er im östreichischen Erbfolgekriege mit ziemlich rachsüchtiger Energie gegen Oestreich commandirte und mit solcher auch die diplomatischen Angelegenheiten Baierns leitete. Nach dem Tode Karls VII. war es nun begreiflicher Weise auch Seckendorf, der zwischen Baiern und Oestreich den Vermittler machte, und es ist keine Frage, daß ihm vor Allem daran lag, sich selbst Versöhnung bei Oestreich zu erwirken. Er erhielt auch seine kaiserlichen Titel, aber nicht sein Ansehen wieder. Friedrich der Große achtete den alten characterlosen Helden einem Spione gleich und ließ ihn eine Zeit lang gefangen halten. Er starb 1763 in dem Gram, daß er sich um die Anerkennung seines Heldenthums durch seinen Character gebracht habe. Vielleicht auf Niemand haben Schillers Worte: „Allen gefallen ist schlimm", so wohl gepaßt wie auf ihn.

Seconde-Lieutenant, Unterlieutenant. (S. Lieutenant.)

Section, kleinste militairische Corporation, 3 bis 6 Rotten, denen ein Unteroffizier vorgesetzt ist. Oft wird das Peloton nur in 2 Sectionen getheilt. Die Section ist in der Taktik sehr wichtig. In Sectionen „abgebrochen" oder „aufmarschirt" bringt eine Marschcolonne von Sectionsbreite hervor, in welcher Section auf Section folgt. Diese Marschcolonne ist dem „Marsch zu Vieren" weit vorzuziehen, da sich aus der Sectionscolonne verschiedene taktisch wichtige Formationen leicht herstellen lassen. (S. Taktik, Infanterie u. a. A.)

Sedan, französische Stadt und Festung 3. Classe an der Maas von 15,000 Einw., mit Sorgfalt fortifizirt, ein reiches Arsenal, mehrere Militairwerkstätten und vorzüglich große Magazine. Die Werke sind in neuerer Zeit sehr erweitert worden. Die Citadelle hoch und vorzüglich günstig gelegen. Besatzung gewöhnlich von 3000 Mann. Statue Turennes, Geburtsort Turennes. Gewehr- und Zündhütchen-Fabrik; auch starkes Feuerwerkerlaboratorium.

Seekarte, ein höchst wichtiges Hilfsmittel für jeden Seemann, der ein Schiff zu führen hat. Die S. ist ein Flächenabriß des Meeres, in dessen Beziehung zum Lande, nämlich zu Küsten, Häfen, Klippen, Inseln ꝛc., alle wichtige Eigenschaften zu bezeichnen sind. Nächstdem hat die S. aber ganz besonders die besonderen Eigenschaften des Meeres anzugeben, so namentlich die Strömungen, vorherrschenden Winde, Untiefen, Sandbänke, Strudel, Wassertiefe, Einfluß auf die Magnetnadel, die nicht überall normal bleibt, die Zeit der Steigung und des Rückgangs der Wasser u. dgl. m. Ein drittes wichtiges Object ist die gedachte Eintheilung des Erdballs und somit auch des Meeres nach Graden, aus der sich erst genau die Beziehung, das Verhältniß des Meeres in seinen einzelnen Theilen zum Lande, und mit Beihilfe der Magnetnadel und astronomischer Instrumente ersehen läßt, wo das Schiff sich befindet. Demungeachtet muß die Schnelligkeit der Fahrt, die Richtung und die Zurücklegung der Meilenzahl zeitweise aufgezeichnet werden, um überall genau bestimmen zu können, wo man sich befindet. Die Erdeintheilung (Netz) nach Längen- und Breitengraden bestimmt die Art der Karten, nämlich die Plan-, Flächen- oder platten Karten und die Karten mit wachsenden Breiten (von Mercator eingeführt, daher Mercators-Karte genannt). Letztere entsprechen der Erdform und sind daher die natürlicheren und besseren Darstellungen, darum auch jetzt ziemlich allgemein im Gebrauche. Karten, in denen der magnetische Norden maßgebend ist, heißen fehlweisende. Karten dagegen mit der wahren Nord- und Südlinie des Kompasses als Parallelen der Breitengrade heißen rechtweisende. Wenn auf den Mercatorskarten die Längengrade parallel angegeben sind, so werden dagegen die Meridiane wachsenden Abstand erhalten müssen, damit auf solche Weise der richtige Flächenbetrag vermittelt werde. Es geht daraus hervor, daß die Bestimmtheit der Seekarten eine bedingte ist und der Zeichnung vielfach durch Notizen nachgeholfen werden muß, wenn die Karte eine sichere Richtschnur gewähren soll. Endlich bietet auch die Astronomie in ihrem der Nautik wichtigen Theile der Kartenzeichnung einen wichtigen Gegenstand, der noch zu Anfange des vorigen Jahrhunderts nicht und in der späteren Zeit lange nur sehr ungenügend bei der Kartenzeichnung in Betracht gezogen worden ist. Sehr reiche Seekartensammlungen finden sich bei den Admiralitäten zu Petersburg und London.

Seekrieg unterscheidet sich vom Landkriege, daß bei ihm die Vernichtung weniger den Personen als dem Mittel, nämlich der Flotte und allem, was eine Bedingung ihres Bestehens ist, gilt. Hat man die Flotte des Gegners vernichtet und etwa sogar die Häfen, Seearsenale und dergl. zerstört, so ist derselbe so genügend geschlagen, daß er den Seekrieg nicht mehr fortsetzen kann, und wenn er sich nicht auf sein Land beschränken kann, auf den Frieden eingehen muß. Ob aber bei der Vernichtung der Flotte und Marineanstalten Personen getödtet werden, darauf kommt wenig an, da das größte Heer von Marinesoldaten und das stärkste Volk von Matrosen nichts sind, wenn ihnen die Schiffe fehlen. Man kann daher sagen, daß der Seekrieg durch die Natur der Verhältnisse auf humanere Grundsätze hingewiesen sei, als der Landkrieg, bei welchem es vornehmlich auf Vernichtung der kriegstüchtigen Bewohner, also Mord, ankommt. Die Vernichtung der Hilfsmittel ist zwar auch beim Landkriege wichtig, doch in niedrigerem Grade, weil das Land fast unerschöpflich an Hilfsquellen ist und seine Macht nie als vernichtet betrachtet werden kann, so lange es noch kampftüchtige Menschen besitzt. Die schwächere Macht wird immer ungern dem Gegner in hoher See begegnen und daher sich auf die Defensive beschränken. In dieser zieht sie ihre Schiffe in die Kriegshäfen zurück und erhöht deren Macht durch die Fortificationen, wie sie umgekehrt die Fortificationen durch die Schiffe verstärkt. Es kommt daher hauptsächlich auf den Schutz der Seeetablissements und überhaupt der Seemacht an, in deren Besitze doch ganz andere Friedensbedingungen gefordert werden können, als wenn Häfen, Docks, Werfte, Magazine, Arsenale, Werkstätten und Flotte ganz oder theilweise zerstört sind. Dieses günstigere Verhältniß hatte sich Rußland in dem letzten orientalischen Kriege klüglich erhalten. Nur durch die Erstürmung Sebastopols war ein Theil seiner Flotte zu Grunde gegangen, dagegen waren die Flotten in den sibirischen Gewässern, in der Ostsee und im weißen Meere erhalten worden. Es besaß daher noch eine so imponirende Seemacht, daß die Gegner 1856 es nicht wagen konnten, es als einen ohnmächtigen Feind zu behandeln. Denn in solchem Falle hatte Rußland die Mittel, den Krieg fortzusetzen, der auch nothwendig die Sieger mehr und mehr entkräftet und sie unter die Wechsel des Geschicks gestellt haben würde. Tritt die eine Partei beim Seekriege in die Defensive, so muß die andere Partei natürlich den Angriff suchen, denn bei einer beiderseitigen Defensive wäre vom Kriege nicht mehr die Rede. Dieser Angriff auf den Gegner kann sich nun zweiartig äußern, entweder, indem man ihn in der Defensive zu vernichten, also die Flotte in den Kriegshäfen und mit ihr Häfen, Festungswerke und Seeetablisse-

ments zu vernichten sucht (wie die Alliirten in Sebastopol), oder indem man
seine Seemacht zur Unthätigkeit zwingt. Ersteres geschieht durch Forcirung
der Häfen, indem deren feste Werke, wenn sie die Flotte bergen, oder diese
selbst, wenn sie frei liegt, nebst jenen beschossen werden. Der Gegner wird
natürlich alle Schußmaßregeln ergreifen, und nicht selten ist es in dem letzten
Jahrhundert vorgekommen, daß die stärksten Bombardements nur wenig Schaden haben anrichten können und eine Eroberung des Platzes nur erst unter
Beihilfe eines Landheeres und Belagerung des Platzes von der Landseite möglich geworden ist. So würde die englisch-französische Flotte Sebastopol (s. d.)
allein niemals zum Falle gebracht haben. Der Angreifer wird zu gleicher Zeit
aber auch die kleinen Seeplätze und einzelnen Strandfortificationen zu zerstören
suchen oder mit deren Zerstörung beginnen, da sie den Hauptplätzen eine größere oder geringere Stütze gewähren. So geschah es 1854 und 1855 in der
Ostsee, wo der Angriff von Kronstadt das Hauptziel war. Bei solchen Operationen wird es stets von großen Vortheilen sein, wenn man zugleich eine
Macht auf dem Lande entwickeln kann, daher jede Kriegsflotte eine größere
oder geringere Menge für den Landkrieg geübte Soldaten an Bord führt, die,
da sie eigens für die Marine bestimmt sind, Seesoldaten oder Marinemilitair
genannt werden. Ihre Menge ist nie so groß, daß durch sie starke Seeplätze
landseits förmlich und wirklich in Belagerung genommen werden könnten, dagegen sollen von ihnen Ueberfälle, Zerstörungen von landinnen befindlichen
Etablissements, Strandstreifzüge und Diversionen bei Beschießungen ausgeführt
werden. In sofern zum landseitigen Angriffe auf große Seeplätze stets ein
wirkliches Landheer erforderlich, verbindet sich hier der Seekrieg mit dem Landkriege, wie denn überhaupt ersterer gewöhnlich der Begleiter des letzteren ist
und ihm zur Unterstützung und Ergänzung dient. Fühlt man seine Macht zu
schwach, um den Gegner in der Defensive anzugreifen, so beschränkt man sich
darauf, seine Seemacht zur Unthätigkeit zu zwingen und ihn von seinen überseeischen Verbindungen und Hilfsquellen abzuschneiden, und dies geschieht durch
die Blokade (s. d.). Nach dem Seerecht wird die Blokade vor Eröffnung derselben angekündigt, damit allen Privatschiffen des feindlichen Landes noch eine
Frist gewährt sei, heimzukehren und dadurch den Schein der Theilnahme am
Kriege von sich abzuwenden. Solche Schiffe, wenn sie nach eröffneter Blokade
in See betroffen werden, sind stets verdächtig zur Vermittelung kriegerischer
Aufträge, Transport für den Krieg und dergl. gedient zu haben, und werden
weggenommen (s. Prise). Solche Schiffe, welche zur festgesetzten Zeit in heimische Häfen zurückzugelangen nicht im Stande sind, werden daher in der Lage
sein, in neutrale Häfen einzulaufen und hier zu ruhen oder sich unter Flagge
des neutralen Staates neue Geschäfte zu eröffnen, bei welchen sie das heimische
Blokadegebiet unberührt lassen können. Die Vorankündigung der Blokade ist
eine von der Humanität bedingte Maßregel. Allein diese kann in manchen
Fällen außer Betracht kommen, z. B. wenn der Gegner den Krieg ohne vor-
herige Kriegserklärung eröffnet oder sonstwie den Kriegsbrauch verletzt hat.
Die Blokade soll nicht allein die Seemacht des Gegners zur Unthätigkeit
zwingen, sondern auch ihm die Verbindung mit seinen überseeischen Hilfsquellen,
aber unter Umständen auch mit dritten (neutralen) Staaten abschneiden. Eine
milde Blokade läßt Schiffe neutraler Staaten, wenn dieselben nicht mit Kriegsmaterial befrachtet sind, zu; eine strenge Blokade, die stets gegen einen mächtigen und hartnäckigen Feind angewendet wird, kann aber auch solche Handelsschiffe nicht zulassen, da durch sie manches, und wären es nur Nachrichten, dem
Feinde übermittelt werden kann, was ihm zum Vortheil gereicht. Läßt die
Blokade neutrale Handelsschiffe einlaufen, so müssen diese sich wenigstens ge-

hörig legitimiren und sich einer Revision unterwerfen, oder sich gefallen lassen, zur Untersuchung (wobei sie indessen die Kosten dieses Verfahrens zu tragen haben) in die Häfen des Aufbringers abgeführt zu werden. Nach Verhältniß der Blokade kann auch der Fall eintreten, daß Schiffe, welche die Revision verweigern, sofort als feindliche Schiffe behandelt und in den Grund geschossen werden. Dies würde schon nothwendig sein, wenn die im Angriff begriffene Flotte sich die Zeit zu jenen Weitläufigkeiten nicht vergönnen könnte. Schiffe, welche die Flotte zu Escorte durch Revisionsverweigerung nöthigen wollen, müssen ohnehin schon für verdächtig gehalten werden, da ihr Gebahren wohl darauf berechnet sein kann, die Flotte dadurch zu schwächen und in ihren Operationen zu stören. Grundsätze wie: „freie Flagge“, „freies Gut“, dergleichen im letzten orientalischen Kriege sich geltend gemacht haben, sind nicht normal und hängen stets von den Verhältnissen des Krieges ab. Einem wenig gefürchteten Feinde wird man manches gestatten können, einem ernsten und mächtigen Feinde gestattet man nichts, denn es ist zu fürchten, daß er sich aus eigner Kraft größere Lizenzen erwirbt, als man ihm vernünftiger Weise kann gestatten wollen. Die Blokade kann endlich lediglich gegen den überseeischen Verkehr und Handel des Feindes gerichtet sein, denn wenn z. B. England oder Holland die Handelswege abgeschnitten würden, würde die Steuerkraft dieser Staaten so gelähmt werden, daß an eine lange Fortführung des Krieges ihrerseits kaum zu denken wäre. Die Mittel zur Blokade werden in verschiedener Weise angewendet: entweder legt man Flottenabtheilungen vor die Kriegshäfen, oder, wenn die feindlichen Küstenplätze zahlreich sind, stellt man Kreuzerlinien oder Kreuzerflottillen auf, welche, stets zum Kampfe bereit, den Feind beobachten und ihn an Entfaltung seiner Macht und an jedem Arrangement hindern, auch mit Eifer die Gelegenheit erspähen, ihm Schaden zu thun. Es ist natürlich nicht gegen den Kriegsbrauch, aus dem Hafen eines blockirten Platzes Schiffe gleichsam heraus zu stehlen. Es gleicht das nur einem Ausfalle bei Belagerungen, bei welchem Gefangene gemacht werden. Diese Gefangenen wie jede Art von Beute sind kriegsrechtliches Eigenthum. Es bleibt dem Angegriffenen überlassen, die Maßregeln der Vorsicht in jedem Maße zu entfalten, und hat er darin etwas versäumt, so fällt ihm die nachtheilige Folge zur Last, und der Angreifer wird es stets für einen besonders prangenden Triumph halten, seine Beute aus der sichersten Position hervorgeholt zu haben. Am großartigsten wird das Kriegsschauspiel immer sein, wenn beide Parteien, jede sich der anderen überlegen dünkend, einander in hoher See aufsuchen und zum Kampfe auffordern. Nur unter diesem Verhältniß kommen jene großartigen Seeschlachten zum Vorschein, wie sie England, Spanien und Holland in den letzten Jahrhunderten einander oft geliefert haben. In dieser Art des Kriegs gelten für die Flotte fast dieselben Grundsätze wie für das Landheer beim Landkriege. Vor Allem muß die Hauptmacht stets gedeckt sein, daß sie niemals unvorbereitet zum Kampfe genöthigt werden kann. Dazu gehört vor Allem, daß ein voraussichtlich jedenfalls dem Feinde überlegenes Bros gesammelt und fest vereinigt, diesem aber eine voraussegelnde Flottenabtheilung vorgeschoben, eine nachsegelnde Flottille nachgestellt und eine Anzahl von Schiffen in die Flanken gelegt werde. Ueber die Stärke dieser Deckungsflottillen entscheidet die Art des Feindes und der Gefahr, mit der er droht. Diese Deckungsmittel genügen in vielen Fällen noch nicht und es ist nöthig, außer dem Rayon der Flotte Schnellsegler kreuzen zu lassen, welche gewissermaßen den Dienst der Patrouillen versehen, und Verbindungs- und Correspondenzposten auszustellen, sofern Detachements agiren. Begegnen sich beide Parteien, so zieht jede ihre Hauptmacht zusammen und stellt nur einige Beobachtungspoſten in den Rücken, doch können dieſe, außer in der Nähe der Küſten, erſpart werden, da in der See das Terrain ſo weit überſehen wird, daß von Ueberfall oder überraſchender Diverſion kaum die Rede ſein kann. Von ſtrategiſcher Kunſt iſt auf hoher See kaum die Rede, oder ſie reducirt ſich auf die kunſtvolle Vertheilung der maritimen Mittel, die in der Schlacht zur Wirkung kommen ſollen. Die Arten der Schiffe gleichen gewiſſermaßen den verſchiedenen Waffen und es läßt ſich eine Dampffregatte ebenſo gebrauchen, wie ein Regiment leichter Cavalerie zu einem Angriffe, der den Feind überraſchen und derangiren ſoll. In der Regel indeſſen gehen beide Parteien zur See ohne Umſchweif gegen einander und meſſen ihre Kräfte, ſo daß das wirkliche Kraftmaß und die Bravour den Ausſchlag geben. Der Geſchützkampf eröffnet gewöhnlich die Schlacht und währt bis eine oder die andere Partei erheblichen Schaden gelitten hat, was daraus leicht erſichtlich wird, wenn ſie Schiffe aus der Schlachtlinie zieht und in den Rücken gehen läßt, Schiffe Exploſionen erleiden, untergehen ꝛc. Hierauf wird der Angriff ein forcirter. Man ſucht die Schlachtlinie des derangirten Feindes zu durchbrechen, ſie zu zerſprengen, ſeine Schiffe zu vereinzeln, ſie einzeln zu umzingeln und zu nehmen oder auch ganze Abtheilungen ebenſo aufzubringen, wobei die Dampfſchiffe immer die wichtigſten Dienſte zu leiſten haben. Eine Theorie des Seekampfes wird ſich nur dann aufſtellen laſſen, wenn beide feindliche Flotten ihrer Art nach bekannt ſind; allgemein iſt aber die Regel, daß man ebenſo wie auf dem Lande wenigſtens zwei Schlachtlinien, und außer der zweiten Linie womöglich noch eine beſondere Reſervelinie aufſtellt, die Flanken durch Schnellſegler (Fregatten, Briggs) deckt und die Dampfer bis zum Augenblicke der Entſcheidung in Reſerve behält, um ſie vor Beſchädigung zu ſichern. Durch Kanonenboote die Schlacht zu eröffnen, gleich wie zu Lande durch Tirailleurs, dürfte zu den Ideenſpielereien zu rechnen ſein, obſchon dieſe Idee mehrfach in ſeewiſſenſchaftlichen Schriften emporgehoben worden iſt. Glaubt die ſtärkere Partei einen verzagten Gegner durch eine ſolche Operation zu verwirren und zu verſtricken, ſo wird ſie nicht zu verwerfen ſein, ſie aber für beide Theile zur ſtehenden Regel zu machen, möchte kein Verſtändiger wagen. Der Kampf der Kanonenboote in hoher See würde in der That nur eine nutzloſe Kraft- und Zeitverſchwendung ſein. Die Kanonenboote ſollen in den Küſtenwäſſern den großen Kriegsſchiffen zur Vermittelung dienen, weil ſie wegen ihres Flachgangs ſich auf Terrains begeben dürfen, die die großen Schiffe nie berühren können. (S. Flotte.) Der Kriegsbrauch und das Kriegsrecht zur See gleichen vollkommen dem zu Lande, nur daß die Verſchiedenheit beider Elemente verſchiedene Formen hervorruft. Die Principien und vielfach auch die Art der Mittel und Operationen gleichen ſich vollkommen. Eine untergeordnete Art der Kriegführung zur See iſt die Kaperei. Sie gleicht dem kleinen Kriege auf dem Lande und hat den Zweck, dem Feinde ſeine Verbindungsmittel zu rauben, durch Zerſtörung ſeines Verkehrs und Aufhebung ſeiner Correſpondenzen ihn in ſeinen Unternehmungen zu verwirren, überhaupt ihn durch Handſtreiche zu derangiren. Früher war das Recht der Kaperei ſehr ausgedehnt, richtete ſich ſogar gegen die Privathandelsſchiffe des feindlichen Staates und artete in eine privilegirte Räuberei aus, wodurch viel weniger die kriegführenden Regierungen als die am Kriege ganz unbetheiligten Völker Schaden litten. Die ſchwere Ungerechtigkeit dieſer Handlungsweiſe iſt indeſſen längſt erkannt und die Kaperei auf verſtändige Grundſätze zurückgeführt worden.

Seeland, ſ. Dänemark.

Seele, der innere leere Raum der Geſchütze und Feuergewehre. (S. Geſchütz.)

Seelenverkäufer, Spottname für diejenigen Personen, welche sich ehedem damit beschäftigten, Matrosen und Soldaten für die überseeischen holländischen Colonien anzuwerben und für jeden Mann eine gewisse Summe Geldes erhielten. Derartige Werber existiren in Holland längst nicht mehr.

Seemächte werden in der Regel diejenigen Staaten genannt, welche zur See eine stehende Kriegsmacht unterhalten. Nach der Größe dieser Macht heißen sie Seemächte 1., 2., 3. oder 4. Ranges. Obschon auch durch eine Handelsflotte eine maritime Macht schnell entwickelt werden kann, erhebt doch der Besitz einer solchen keinen Staat zu einer Seemacht. Für die erste Seemacht der Welt gilt mit Recht England. Zu den Seemächten 1. Rangs zählen aber auch Nordamerika, Frankreich und Rußland. Zu den Seemächten 2. Rangs werden Brasilien, Marokko, China, Persien, die Türkei, Sardinien, Neapel (früher), Portugal, Spanien, Schweden, Dänemark und Holland gerechnet. Die übrigen Staaten, welche eine Kriegsflotte oder Flottille unterhalten, sind Seemächte 3. und 4. Rangs. Zu jener 3. Rangs gehört Oestreich, in die 4. Rangs ist Preußen erst seit 1½ Jahrzehnt eingetreten, dürfte sich aber nach geschehener Etablirung des Jahdhafens sehr bald zu größerer Bedeutung emporheben. Im Rechtsverhältniß der souverainen Staaten ruft der Besitz einer Marine keinerlei Unterschied hervor, dagegen wird das Machtverhältniß im Kriege natürlich durch eine Flotte sehr verändert. Indessen ist die Seemacht in den meisten Fällen nur für ein Kriegsmittel 2. Grades anzusehen und nie wird durch die Seemacht allein ein Krieg entschieden werden können. Dies kann nur durch die Landmacht geschehen, die Seemacht kann bloß zur Entscheidung mitwirken.

Seerecht ist die allgemein geltende Norm, in welcher der kriegerische und civile Verkehr auf dem Meere getrieben werden soll. Das Kriegsseerecht, von welchem hier ins Besondere die Rede ist, wird begreiflicher Weise stets von der stärksten Seemacht gewissermaßen normirt. So gingen von Pisa, Venedig, Genua, Spanien, Holland und England zur Zeit, da diese Staaten überlegen waren, Bestimmungen aus, die anerkannt werden mußten, weil Niemand einen Widerspruch durchzusetzen im Stande war. So hat z. B. Frankreich lange vergebens gegen Grundsätze gekämpft, die England seines Vortheils halber zur Bestimmung erhoben hatte. Begreiflicher Weise soll dem Seerechte der Grundsatz zu Grunde liegen, daß jedes Recht und jede Befugniß gemeinsam sei. Da nun aber die kleine Macht Rechte auszuüben weniger Kraft und Gelegenheit hat als die größere, so wird es immer in ihrem Vortheile liegen, Rechte zu beschränken, aus welcher jene Macht größeren Nutzen zieht. Eben so wird aber die größere Macht danach trachten, diese Rechte zu behaupten oder gar zu erweitern. Daher ist das Seerecht bis auf die neueste Zeit in vieler Hinsicht der Gegenstand des Streites gewesen und wird es immer bleiben. Das Seerecht normirt die geltend gewordenen Gebräuche, bestimmt das Verhalten der Schiffe gegen einander nach ihrem Range oder dem Range ihrer Commandeurs, bestimmt das Verhalten beim Einlaufen in fremde Häfen, wie umgekehrt das Verhalten der Hafencommandantur gegen einlaufende Schiffe, und behandelt überhaupt Alles, was zur See in Frage kommen kann. In vieler Hinsicht geht es dem allgemeinen Kriegsrecht analog, hat natürlich aber da ganz eigenthümliche Bestimmungen, wo der Unterschied des Meeres als allgemeines Besitzthum vom Lande als besonderen Eigenthums sich geltend macht. Die Willkür greift im Kriege natürlich oft über die Bestimmungen des für gewöhnliche Zeiten bestehenden Rechts, und es bleibt dann solchermaßen dem verletzten Gegner nichts übrig, als zu Repressalien zu greifen, wenn er dazu die Kraft hat, oder, wenn er diese nicht hat, dritte Staaten zum Schutze des Rechtes aufzurufen, welche, wenn sie thätlich einschreiten, dann als Alliirte oder Bundesgenossen des verletzten Theils zu betrachten sind. So war 1854 die Theilnahme Englands und Frankreichs für die Türkei vornehmlich eine Folge der von Rußland verübten barbarischen Verletzung des Seerechts durch den Ueberfall und die Massacre im Hafen von Sinope. Wie über Staaten-, Völker- und Kriegsrecht ist auch über das Seerecht sehr viel geschrieben worden. Die namhaftesten Autoren sind Kaltenborn, Jacobsen, Gildemeister, Büsch, Martens, Howard, Wheaton, Ward, Robinson, Galiani, Azuni, Rayneval, Boucher und Audouin.

Seesoldat, ein gleichmäßig im Waffendienst zu Land und zu Wasser eingeübter Krieger. Bei Schlachten in hoher See unterhalten die Seesoldaten das Kleingewehrfeuer und leisten Dienst bei den Geschützen. Bei Angriffen am Strande, z. B. auf Strandbatterien oder Forts, begleiten sie Operationen von der Seeseite mit entsprechenden Operationen auf dem Lande. Ueber ihre Verwendung entscheiden natürlich die Umstände. Mit dem eigentlichen Schiffs- oder Matrosendienst haben sie in der Regel nichts zu thun, doch müssen sie auch in diesem geübt sein und nöthigen Falls zur Aushülfe genommen werden. Sie werden ebenso wie das Landheer zu Bataillonen, Regimentern (auch Division genannt) vereinigt und in gewissen Theilen den Flottenabtheilungen und Schiffen zugetheilt. Die Bedingung, daß die Corporation (Bataillon oder Regiment) so im Flottenterrain vertheilt sei, daß immer eine gewisse Vereinigung vorhanden sei, ist soweit unerläßlich, als dadurch die Verwundbarkeit der Schiffe nicht beeinträchtigt wird. Wenn ein Bataillon z. B. auf drei Schiffe vertheilt wird, so hindert dies nicht, daß diese Schiffe nach den verschiedensten Himmelsgegenden und zu ganz verschiedenen Zwecken auseinander gehen. Doch sucht man die Vereinigung der Bataillone und Regimenter zu erhalten, so weit dies ohne Störung der nautischen Unternehmungen möglich ist. (S. Seekrieg).

Seetaktik ist die Kunst des concentrischen Kampfes auf der See, der also stets eine unmittelbare Berührung beider Parteien, einen Angriff einer auf die andere bedingt. Die Seekriegskunst ist dagegen umfassenderer Art und vereint die Taktik und Strategie, welche letztere in ihr den viel wichtigeren Theil ausmacht. Hauptgegenstand der Taktik ist die Manoeuvrirkunst, und ihr Zweck, die Gewaltmittel durch zweckmäßige Anwendung auf das größte Kraftmaß zu steigern, um damit jeden verhältnißmäßigen Widerstand zu vernichten. Die Taktik kommt im Kampfe selbst zur Anwendung und der Kampf ist ihr Zweck. Sie giebt die Regeln über Führung und Stellung des Schiffes und über den Gebrauch der Geschütze und sonstigen Waffen an; sie lehrt die Arten des großen und des abtheilungsweisen Angriffs, bei welchem letzteren sich die Abtheilungen immer ersetzen, so daß, wenn eine Abtheilung ihr Feuern abbricht, um sich zu neuer Instandsetzung aus dem Kugelbereich des Feindes zurückzuziehen, die andere vorgeht, um zu feuern. Vorrücken und Zurückgehen können in verschiedener Weise geschehen. Beim Bombardement von Odessa 1854 blieben z. B. alle Abtheilungen oder Schiffe in steter Bewegung, mit der sie einen großen Kreis beschrieben. Jede Abtheilung feuerte, wenn sie auf dem dem Ziele am nächsten befindlichen Punkte des Kreises angelangt war, und segelte ab, um der folgenden Abtheilung Platz zu machen. Dieses Manoeuvre hat den Vortheil, dem Feinde ein festes Ziel und also einen sicheren Schuß zu versagen. Vollständig wird dieses taktische Manoeuvre aber erst, wenn die Schiffe abwechselnd in zwei Kreisen ihre Fahrt ausführen, wodurch sie das Zeichen einer liegenden 8 in die Wasserfläche zeichnen. Das Schiff feuert ohne zu wenden auf dem bestimmten Puncte des einen Kreises die eine, auf dem bestimmten Puncte des anderen Kreises die andere Breitseite ab. Bei dieser Kreisbewegung bleibt jedoch das Schiff immer noch auf eine längere Strecke im Bereiche des feindlichen Feuers, und zwar mit der Breitseite dem Feinde zugewendet, Nachtheile, die ein directes Vor- und Zurückgehen nicht mit sich bringen. Vermittelt werden die Nachtheile jener Methode durch das Manoeuvre auf der Linie eines spitzwinkligen Dreiecks. In welcher Weise man zu manoeuvriren hat, wird aber stets von dem Verhältniß des Feindes, dessen Mitteln, Geschick, Kraft und Stellung abhängen; auch sind begreiflicher Weise die Manoeuvre in hoher See andere als beim Angriff auf einen am Strande feststehenden Feind. Die Bewegungstaktik zur See ist vielfach der zu Lande zu vergleichen. Es werden Linien aus den Abtheilungen, gleichsam wie durch Aufmarsch hergestellt, und ebenso die Linien zu einer Art von Colonnenformation abgebrochen. Es versteht sich dabei von selbst, daß die Distancen ganz andere sind als bei den Truppen auf dem Lande, und ein wesentlicher Unterschied ergiebt sich daraus, daß wenn ein Schiff einem Bataillon oder Regimente verglichen werden sollte, dieses theil- und auflösbar ist. Die Waffentaktik zur See ist natürlich von der auf dem Lande wenig unterschieden. Hauptwaffe ist die Kanone, jetzt meist Bombenkanone. Je nach dem Zwecke feuern die Geschütze Hohlkugeln, schwere Vollkugeln und Kartätschen. Das Handfeuergewehr ist stets gegen die Mannschaft auf dem Deck und im Takelwerk und gegen Boote gerichtet, welche eine Annäherung forciren. Faustwaffen können nur dann zur Geltung kommen, wenn ein Schiff geentert wird. Das Entern, worauf vor Erfindung der Feuerwaffe die Seekriegskunst hauptsächlich hinausging, kommt jetzt nur selten vor, öfter noch bei der Verfolgung als in der Schlacht und öfter bei einem Kampfe zwischen Booten als einem zwischen Schiffen. Die Wirkung der Geschütze, Explosionen, Zahl und Stellung der Schiffe gegen einander führen in der Regel zur Entscheidung. Die Aufstellung zur Schlacht ist einfacher als bei Heeren und geschieht in zwei Linien. Die zweite Linie hat die erste zu unterstützen. Eine besondere Deckung des Rückens und der Flügel wird nothwendig, wenn der Feind über zahlreiche Dampfer verfügt. Die Entscheidung wird durch völlige oder theilweise Einschließung (Ueberflügelung) des Feindes, Durchbrechung seiner Schlachtlinie oder Vernichtung seiner Schiffe bewirkt. Letzteres geschieht durch glühende Kugeln und Brander. Auch zur Durchbrechung werden letztere vorausgeschickt. Beim Rückzuge halten sich die Schiffe in einer Bogenlinie, um einander zu decken. Alle diese Manoeuvre bedingen eine besondere Formation, doch sind die Formationen weit einfacher als bei einem Heere. Für die Offiziere ist bei der Seetaktik ins Besondere die Signalkunde von Wichtigkeit. Die Signale werden vom Admiralschiffe aus durch das Geschütz und in telegraphischer Form gegeben, der Commandeur eines Schiffes giebt sie durch das Sprachrohr. Mangelhafte Signalkunde kann große Mißverständnisse und Nachtheile herbeiführen.

Seewissenschaften umfassen alles, was die Herstellung, Erhaltung, Führung und Anwendung einer Flotte bedingt und betrifft, also sowohl die Kenntniß vom Schiffsbau, von den Hafeneinrichtungen, vom nautischen Maschinenwesen, von der nautischen Ausstattung, von der Armatur, von der Taktik und maritimen Strategie, von der Hafen- und Strandfortification, Seekunde, nautischen Astronomie und dem Seerecht. Sie bilden ein für den Marineoffizier untheilbares Universum, da er keine dieser Wissenschaften entbehren kann. Beim Offizier im Landheer genügen die allgemeinen Wissenschaften und die seiner Waffe, daher es auch Schulen besonders für Genie, Artillerie und Cavalerie giebt; bei der Marine dagegen stehen alle jene Wissenschaften in so innigem Zusammenhange und concentriren sich dergestalt in dem wissenschaftlichen Bedürfniß des Offizierberufs, daß der Mangel einer dieſer Wiſſenſchaften eine faſt völlige Unfähigkeit herbeiführen würde. Ein Lieutenant, der ſeinen Zug fehlerhaft commandirt oder führt (was aber, da er ſtets dem höheren Commando folgt, kaum möglich iſt), kann dadurch eben kein großes Unheil anrichten. Einem Marinelieutenant dagegen, dem die Führung eines Schiffes anvertraut iſt, iſt bei Weitem mehr anvertraut, und es iſt leicht begreiflich, daß der Führer eines einzelnen Schiffes faſt aller der Kenntniſſe bedarf, die dem Admiral zur Führung einer Flotte nöthig ſind. Der höhere Rang der Marineoffiziere gegen die Landoffiziere hat zum Theil hierin ſeinen Grund. (S. Flotte und Marine.)

Seewurf nennt man das über Bord Werfen von Gütern oder Ausrüſtungsgegenſtänden zur Erleichterung in dringendem Nothfalle. Solcher Fall kann eintreten durch Auffahren auf eine Sandbank, Einklemmung zwiſchen Klippen, Auflaufen auf den Strand und dergl. Aber man vermeidet den Seewurf bis zum Augenblicke der höchſten Noth und bei der Handelsſchifffahrt zieht er ſtets eine Unterſuchung nach ſich.

Segel iſt ein aus Hanfgewebe beſtehendes Tuch, welches ausgeſpannt dem Winde dargeboten wird, damit er ſeine Kraft auf daſſelbe äußere. Da das Waſſer nachgiebig iſt, ſo wird durch den Wind vermittelſt des Segels natürlich das mit ihm in feſter Verbindung ſtehende Fahrzeug fortbewegt. Bis zur Erfindung der Dampfmaſchine war außer dem Ruder das Segel das einzige Mittel, durch welches die erhöhete Triebkraft für die Waſſerfahrzeuge gewonnen wurde und es entfaltete ſich daher die Kenntniß von der Takelage und dem Segelzeug zu einer Kunſt und hohen Wiſſenſchaft. Die Segel haben die Form des Quadrates, des Trapezes und Dreiecks und theilen ſich in Raaſegel (die größten und quadratiſchen), Leeſegel (trapezoidiſche), blinde Segel, Baum- und Gaffelſegel (in beiden viereckigen Formen), Stag- und Ruthen- oder lateiniſche Segel (dreieckige), erſtere gleichmäßig am Maſt, zweite zur Seite des Maſtes ausgebreitet. Die Ober- und Unterſegel erklären ſich aus der Benennung, die Vor- und Hinterſegel aus ihrem Stande vor oder hinter dem großen Maſte. Eine je größere Triebkraft für das Schiff gewonnen werden ſoll, eine deſto größere Segelfläche muß dem Winde geboten werden, wobei aber auf eine dergeſtalt vertheilte Stellung, daß ein Segel dem andern den Wind nicht wegfange, etwas ankommt. Auch kann ein beſtimmtes Verhältniß nicht ohne Gefahr überſchritten werden, wenngleich die Segelfläche beliebig beſchränkt, ja das Segelwerk ganz außer Wirkſamkeit geſetzt werden kann. Die Segel ſind aus Hanf und Baumwolle ſehr dicht gewebt und von ſehr ſtarkem Faden. Da die Säume geringeren Widerſtand leiſten können als die innere Fläche, ſo werden Hanfleinen in dieſelben eingenäht oder auf Maſchinen eingewebt. Eroberten Schiffen in hoher See, die nicht ſofort escortirt werden können und deren Flucht zu fürchten iſt, werden die Segel zum Theil oder ganz abgenommen. Segel, oft gebrauchter bildlicher Ausdruck für Schiff.

Segelwerk heißt die Geſammtheit der Segel eines Schiffes mit allem Zubehör, als Raaen, Spieren, Ruthen, Tauen, Leinen, Flaſchenzügen und allem, was zu den Segeln ſelbſt als ſolchen und zu ihrem Gebrauche dient. (S. Schiff.)

Segeſt, Herzog der Brukterer zur Zeit Chriſti, Oheim und Schwiegervater Hermanns des Cheruskers, am Ufer der Lippe wohnend, war ein berühmter Kriegsmann, der den Römern vielfache und große Dienſte geleiſtet hatte. Zu ihm wurde Hermann als Jüngling geſchickt, daß er von ihm Kriegskenntniſſe gewinne, und Hermann leiſtete ihm in der großen Schlacht gegen die Katten zwiſchen Main und Rhein trotz ſeiner Jugend die außerordentlichſten Dienſte. Trotzdem wurden beide heftige Feinde, eines Theils S. gegen Hermann, weil dieser gegen S. Willen seine Tochter Thusnelda ehelichte, anderen Theils Hermann gegen Segest wegen dessen schwärmerischer Neigung zu den Römern und schnöder Abneigung gegen die einheimischen Gebräuche. Segest gab sich alle Mühe, der Verräther des großen Befreiungswerkes zu werden, welches Hermann im Jahre 9 nach Chr. unternahm und mit der Schlacht im Teutoburger Walde ausführte, und nur die hartnäckige Verblendung des Proconsuls Varus verdarb den Erfolg von Segest's Bemühung. S. war in einer übeln Lage; gab er sich den Römern ganz hin, den Seinen absagend, so war für ihn mit der Niederlage der römischen Waffen auch alles verloren. Er mußte ebenso au der Spitze seines Volkes bleiben und wider Willen an dem Kampfe gegen die Römer Theil nehmen, den die Brukterer wie alle anderen von Hermann begeisterten Volksstämme energisch forderten. Aber gleich nach der Schlacht im Teutoburger Walde eilte er den geschlagenen Römern deutlich zu beweisen, daß ihr Unglück keineswegs von ihm verschuldet und im Gegentheile ganz gegen seinen Willen und seine Absicht geschehen sei. Die Römer erkannten seine Gesinnung an und Hermann hatte desto mehr Veranlassung, ihn für wenig mehr als einen Verräther zu halten; Hermann's Haß wurde aber noch besonders genährt durch Segest's Bestreben, die Ehe des feindlichen Schwiegersohns zu zerstören. Unter solchen Verhältnissen kam es 14 nach Chr. zu einem Kriege zwischen S. und Hermann, der zu einer Belagerung Segest's in seinem Hause führte. Zwar erhielt S. durch die Römer Hilfe, sah aber nur Sicherheit in einer Auswanderung nach Gallien, die er nun ausführte und bei welcher er seine Tochter Thusnelda dem Feinde entführte und schmählich den Römern überlieferte. Er blieb den Römern auch ferner treu, doch galt er ihnen nun weniger. Von seinen Thaten aus dieser späteren Zeit hat die Geschichte keine Kunde aufbewahrt.

Segovia, sehr alte spanische Stadt (Altkastilien) im Gebiet der Flüsse Riaza, Duraton und Cega, in den spanischen Bürgerkriegen häufig von den Ereignissen berührt, im Alterthum berühmt durch den Sieg des Consuls Metellus über den Sertorischen Legaten Hirtulejus (75 v. Chr.), spielte in der maurischen Zeit mit seinem festen, noch in gutem Zustande befindlichen Schlosse als Festung eine hervorragende Rolle, hat noch mittelalterliche Mauern und Thürme. ist berühmt durch eine römische großartige Wasserleitung, hat gegen 7000 (zur maurischen Zeit an 70,000) Bewohner.

Ségur, Philipp Heinrich Marquis von, Franzose, geb. 1724, trat frühzeitig in das Heer, focht im siebenjährigen Kriege und stieg ziemlich rasch zum General auf. 1780 wurde er Kriegsminister und 1783 Marschall. Machte sich durch Einführung der leichten Artillerie berühmt. Er trat der Revolution nicht bei, entging vielmehr der Guillotine nur durch Zufall. Napoleon dagegen ehrte ihn und würde ihn wieder in Thätigkeit gesetzt haben, wenn dies nicht das hohe Alter Segurs verboten hätte. Starb 1801.

Segur d'Aguesseau, Louis Philipp Graf von, Sohn des Vorigen, Franzose, geb. 1753, ging sehr jung mit der französischen Hilfsarmee nach Nordamerika, wo er sich so auszeichnete, daß er rasch zum Obersten avancirte. Die nahe Verwandtschaft Lafayettes hatte hierbei nur so viel Antheil gehabt, daß S. stets zu verdienstlichen Thaten Veranlassung erhalten hatte. 1792 wurde er zum General ernannt, nach dem Tode Ludwigs XVI. zog er sich aus dem öffentlichen Leben zurück, in das ihn Napoleon 1804 wieder zurückzog. Zum Grafen erhoben erhielt er wichtige, jedoch nicht militairische Staatsämter, wurde 1813 Senator, 1814 Pair, blieb auch unter Ludwig XVIII. (nach kurzer Unterbrechung) in seinen Würden und starb 1830. Er hatte besonders als Diplomat Berühmtheit gewonnen und war vor der Revolution Gesandter bei den vornehmsten Höfen gewesen. Auch als Dichter, namentlich im Genre des Lustspiels, und als politischer Schriftsteller, hatte er sich einen guten Namen gemacht.

Segur, Paul Philipp Graf von, Sohn des Vorigen, Franzose, geb. 1780, war nicht für den Militairstand erzogen worden, trat aber nach dem 18. Brumaire ins Heer, focht unter Moreau und Macdonald, machte die Feldzüge 1805, 6 und 7 mit, war im letzten bei der Person des Kaisers, erhielt 1808 in Spanien das Commando eines Regiments und bald danach die Würde des Obersten. Den Feldzug 1812 machte er, kurz zuvor zum General ernannt, bei der Person des Kaisers mit, war 1813 und 1814 wieder an der Spitze eines Regimentes im Kampfe thätig und diente 1815 Napoleon als Chef des Generalstabes. Unter Ludwig XVIII. und Carl X. blieb er ohne Anstellung, Ludwig Philipp dagegen erhob ihn zum Generallieutenant und Pair. Er hat sich durch militairhistorische Werke, namentlich seine Geschichte des Feldzugs von 1812, einen angesehenen Namen in der Literatur gemacht. War auch Mitglied der Academie.

Sehne, die gerade Linie eines Kreis- oder Elipsenabschnittes.

Seine, einer der größten Flüsse Frankreichs, der dieses Land von Cote d'Or aus von Südost nach Nordwest ziemlich in der Mitte durchströmt. Im Kern der Schutzkraft des Landes liegend, verliert der Strom an militairischer Bedeutung, doch ist seine Verbindung mit der Aube, Marne, Oise, Epte, Andelle, Nonne, Loing, Eure, Rille und durch Kanäle mit der Somme, Schelde, Maas, Saone, Rhone und Rhein, und dergestalt auch mit dem atlantischen und mittelländischen Meere auch militairisch wichtig. Die Mündung ist durch die Festung Havre, der Honfleur gegenüber liegt, beherrscht. Er durchströmt mit einem Arme und umströmt mit einem zweiten Arme Paris, für welches der Strom, nachdem die Stadt wieder in einen befestigten Militairplatz verwandelt worden, freilich militairisch wichtig ist. (S. Frankreich.)

Seldschuken, ein berühmtes, von Seldschuk abstammendes türkisches Heldengeschlecht, welches im 11. und 12. Jahrhunderte Iran, Kerman, Syrien und Ikonium Fürsten verlieh, deren Nachkommen sich längere Zeit in diesen Herrschaften behaupteten. Ikonium wurde die Wurzel des osmanischen Reiches, und Osman selbst war seldschukisch-ikonischer Heerführer. (S. Asien und osmanisches Reich.)

Seleucia-Pieria, eine der berühmtesten Festungen des Alterthums in Syrien, an der Mündung des Orontes in die See, mit Hafen, wurde für uneinnehmbar gehalten; ging mit dem syrischen Reich zu Grunde. Gegenwärtig nichts mehr von ihr vorhanden.

Seleukus, Nicator, Gründer der syrischen Monarchie, war einer der Feldherren Alexanders des Großen und Statthalter von Babylonien, aus welchem ihn Antigonus vertrieb. Allein 312 v. Chr. eroberte er es mit ägyptischer Hilfe, schlug den Antigonus bei Ipsos (301) und den Lysimachos bei Kurupedion (282) und vereinigte dadurch beinahe das ganze Reich Alexanders des Großen in Asien unter dem Namen der syrischen Monarchie. Obschon 78 Jahre alt unternahm er 280 v. Chr. einen neuen Eroberungskrieg, bei dessen Beginn er meuchlerisch ermordet wurde. Er galt nicht bloß für einen der größten Krieger seiner Zeit, sondern nahm auch den Ruhm eines edeln Menschen und vortrefflichen Regenten mit ins Grab. Die nachfolgenden syrischen Herrscher seines Stammes sind unter dem Namen der Seleuciden bekannt.

Selim I., der Sohn des Sultans Bajazet II., geb. 1467, war mit bedeutenden geistigen Anlagen begabt, die ohne sorgfältige Pflege zu einer bedeutenden Entwickelung schon früh gelangten, ohne indessen einen veredelnden

Einfluß auf sein Herz zu gewinnen. Im Gegentheil bildete sich gleichmäßig
seine vom Zeitalter genährte Neigung zur Grausamkeit aus, der Antrieb derselben sammelte sich um so mehr, je größer die Hindernisse waren, die er seiner
Herrschbegierde entgegenstehen sah. Er erkannte alle Mängel der Regierung
seines Vaters und fühlte ein brennendes Verlangen, diese zu beseitigen und
sich durch Verbesserung des Staates einen Namen zu machen. Er hatte nur
wenige Freunde an sich gezogen, diese aber unterstützten seine Ideen kräftig.
Doch sah er zuletzt kein anderes Mittel, als seinen Vater geradezu zu ent-
thronen. Dies vollbrachte er am 25. April 1512, nachdem er die obersten
Führer der Janitscharen zur Mithilfe gewonnen hatte. Noch hatte er seinen
Werth nicht zeigen können, und da man ihn nach jener abscheulichen That
beurtheilte, hatte er viele Feinde zu fürchten. Um diesen den Mittelpunct zu
entziehen, mußte er jetzt darauf denken, die nächsten Thronberechtigten und
deren Verwandtschaft zu beseitigen. Das Todesloos fiel zuerst auf seinen
Vater, der am 26. Mai 1512 umgebracht wurde, dann auf sieben Thronbe-
rechtigte und dann auf viele der ergebensten Freunde jener. Um sich in seiner
Herrschaft festzusetzen, mußte er vor allem sein Kriegsvolk beschäftigen, zu
welchem Zwecke er die längst gegebene Gelegenheit zu einem Kriege mit Persien
begierig aufnahm. Selims Energie und Genie gaben dem Kriege einen glänzenden Fortgang und beendeten ihn am 14. August 1515 mit einem großen
Siege bei Dschalderan, nach welchem Ismael von Persien sich zu einem nachtheiligen Frieden bequemen mußte. Kaum war dieser Krieg geendet, als S.
sich gegen die Mameluken in Syrien wendete, den Kansu Gari am 24. August
1516 bei Aleppo (Haleb) entscheidend schlug und hierauf Syrien seinem Reiche
einverleibte. Alsbald wendete er sich gegen Jerusalem, welches in der Gewalt
der circassischen Mameluken war, schlug diese und eroberte die Stadt nebst
dem Lande (1517). Dann drang er, überall unterwerfend und erobernd, in
Arabien vor und hatte binnen 4 Jahren Kurdistan, Syrien, Aegypten und
Mekka zu seinem Reiche gebracht. Eben war er im Begriff, aufs Neue sein
Schwert nach Persien zu tragen, als er am 22. September 1520 starb. Bei
längerem Leben würde S. einer der größten Eroberer aller Zeiten geworden
sein. Er organisirte zuerst die türkische Marine und brachte sie auf eine
Stärke, in der sie den italienischen Seemächten trotzen konnte. Ueberhaupt
that er viel für das Heerwesen. Die Janitscharen, die Anfangs in der
Meinung, von ihm Dank fordern zu dürfen, ihren Uebermuth übten, brachte
er mit grausamer Strenge sehr bald zum Gehorsam und drückte überhaupt
mit blutdrohender Energie alle Staatsgewalten in die Form seines Willens.
Er war gebildet, liebte die Wissenschaften und die Leyer nicht weniger als das
Schwert. Seine Schlachtenpläne waren weniger auf das Gewicht der rohen
Heeresgewalt als auf die Genialität der Truppenführung berechnet.

Selim II., türkischer Sultan, unkriegerisch, s. osmanisches Reich.

Selim III., türkischer Sultan, geb. 1761, 1789—1808 auf dem Throne,
unkriegerisch, aber gebildet und für das Heerwesen um des Staates Willen
interessirt, führte zuerst in der Türkei ein stehendes Heer nach europäischer
Form ein und beabsichtigte die Janitscharen zu reorganisiren und einer Zucht
zu unterwerfen, die sie minder staatsgefährlich machen sollte. Allein dies veranlaßte 1807 eine große Janitscharenrevolution, in Folge deren S. den Thron
verlor, und als ihn seine Anhänger im folgenden Jahre mit Gewalt wieder
auf den Thron setzen wollten, ließ ihn der Usurpator Mustapha IV. zu seinem
eigenen Unglück umbringen. (1808.)

Semendria (Smederewo, Sent-Andrija oder St. Andreasstadt), serbische
Festungsstadt von 10,000 Einw., einst Residenz der Könige von Serbien, am

Einflusse der Jeffawa in die Donau, hat weitläufige von Georg Brankowicz 1435 erbauete Festungswerke, die aber nach serbischer Art in äußerst schlechtem Zustande sich befinden. Die meisten dieser Werke sind, wie die Serben sagen, Palanken, d. h. Wallaufwürfe mit Verpfählungen. Als Verbindungsfestung wird das 3 Meilen entfernte Städtchen Palanka betrachtet, dessen Werke nicht weniger umfänglich und nicht besser sind. 6 Meilen davon liegt Belgrad, 3 Meilen davon Paffarowicz. S. vermag keiner ernsten Belagerung zu wider-stehen, wurde 1439, 1459, 1690, 1738 von den Türken, 1717 und 1789 von den Oestreichern und 1805 von den Serben gegen die Türken erobert.

Semiramis, Gemahlin des Menon, eines Feldherrn des Königs Ninus von Assyrien und nachher dieses Königs selbst, lebte um das Jahr 2000 vor Chr., zeigte dem König Ninus den Weg, Baktra zu erobern und gewann ihn dadurch zum Gemahl, weshalb ihr erster Gemahl sich das Leben nahm. Nach Ninus Tode beherrschte sie das Reich, machte sich berühmt durch Befestigung vieler Städte und große Luxusbauten. Sie wurde im Alter von ihrem Sohn von der Regierung verdrängt. Daß sie alle Länder bis Indien und in das Innere Afrikas erobert und dadurch ein Weltreich gegründet habe, ist historisch nicht verbürgt, ebenso wenig, daß sie die Gründerin Babylons gewesen. Nur war Babylon ihre Residenz und verdankte ihr seine großartige Anlage und seine bewundertsten Bauten. Ihr männlicher Character machte sie zum Ge-genstande der Bewunderung und noch jetzt ist sie sprichwörtlich zur Bezeichnung eines mutigen und unternehmenden Weibes.

Semlin (Zimony, Semun), feste Stadt in der slawonisch-serbischen Mili-tairgrenze, an der Mündung der Save in die Donau und in directer Beziehung zur Theiß, gegenüber Belgrad, welches im anderen Mündungswinkel der Save liegt, hat in neuerer Zeit sehr verbesserte Werke, ist der Sitz eines Divisionairs, Dampfschifffahrtsstation, hat Contumazanstalt, mehrere Militairetablissements, ist in Bezug Belgrads militairisch wichtig, auch wichtig als Stapelplatz des östreichisch-türkischen Handels.

Semnonen, altgermanischer Volksstamm zwischen Spree, Oder und Elbe, Hauptmitglied in dem hundertstämmigen Suevenbunde, nahm in dem Kampfe zwischen Marbod und Hermann dem Cherusker für letzteren Partei. Dar-auf verschmolzen mit anderen Stämmen und geschichtlich verschollen.

Sempach, luzerner Ortschaft in der Schweiz mit 1400 Einw., berühmt durch den glänzenden Sieg der wenigen Schweizer Landleute über ein östrei-chisches Ritterheer am 9. Juli 1386. Hier der gefeierte Heldentod Arnold Struthahn von Winkelrieds. Im Kampfe fiel der Herzog von Oestreich (Leopold) und mit ihm 1400 Ritter, darunter 300 gekrönte Helme. Auf dem Schlachtfelde Capelle zum Gedächtniß.

Sempronius, der Name vieler Römer, die zur Zeit der punischen Kriege die Consulwürde erlangten und an den Kriegsthaten theilnahmen, sich aber doch nicht in besonderer Weise ausgezeichnet haben. S. Rom.

Senkblei, Blei, Loth, Senkloth, ist ein Instrument bei der Schifffahrt, mittels dessen die Wassertiefe erforscht wird. Es besteht aus einem cylinder-förmig gegossenen Bleigewicht, dessen unterer Abschnitt pfannenmäßig hohl ist. Diese Pfanne wird mit Talg gefüllt, dem durch Zusatz von klebrigöliger Flüf-sigkeit solche Weichheit gegeben wird, daß sich die Erdmasse des Meeresgrundes, welche das Senkblei berührt, eindrückt. Die Art des Meeresgrundes zu er-fahren, ist nicht ohne Wichtigkeit, denn es läßt sich aus ihr auf die Flächen-beschaffenheit des Meeresgrundes in weiterem Bereiche schließen. Das S. ist von verschiedenem Gewicht, auf der See 9, 15 und 40 Pfund. Begreiflicher Weise ist es an einer zu seiner Schwere im Verhältniß stehenden starken

Hanfleine befestigt, und diese hat durch Zeichen eine Eintheilung nach Faden. Die Leine läuft über eine am Bord angebrachte Rolle, indem sie sich von einer meist unter dem Deck befindlichen Winde abwickelt. Große Schiffe lassen in unsicherem Wasser, namentlich im Bereich der Küste, Boote vorausgehen, welche durch das Loth die Wassertiefe ermitteln und das Fahrwasser erforschen. Um die Vervollkommnung des Lotbes hat sich vorzüglich Massey verdient gemacht, mit dessen Loth auch selbst dann die Meerestiefe richtig erforscht wird, wenn dasselbe nicht senkrecht fällt.

Senlis, französisches Städtchen von 6000 Bewohnern, 6 Meilen von Paris an der Nonette; hier Gefecht der Franzosen und Preußen 1815.

Sens, französische Stadt an der Nonne, war zur Römerzeit starke Festung und erhielt sich als solche auch im Mittelalter. 1814 von den Würtembergern genommen.

Seraskier, Seriasker, türkisch kriegerisches Oberhaupt, Oberbefehlshaber, dem französischen Connetable zu vergleichen.

Serbien, ehedem selbstständiges Königreich, jetzt Fürstenthum, das der Türkei tributpflichtig ist, aber sonst eine völlige Selbstständigkeit behauptet, daher das fürstliche Ministerium auch ein Departement des Aeußeren enthält. 1000 ☐M., 1,000,000 Bewohner, Staatseinnahme 3,000,000 Gulden, Tribut 2,000,000 Piaster, Civilliste bis 1859 171,428 Gulden, Kosten des Heeres 344,000 Gulden, Stärke des Heeres 2500 Mann, ohne Marine, das Land hat keine Schuld, das Volk ist slawisch, Türken (14,600) dürfen nur in Belgrad wohnen, und machen da die Besatzung aus. Umgrenzt ist das Land von der Save, Donau, der slavonisch-serbischen und banater Militairgrenze, der Walachei, Bulgarien, türkisch Serbien und Bosnien. Es ist durch jene Ströme und andererseits durch Gebirge gut abgeschlossen. Das Land zerfällt in 17 Kreise und 55 Bezirke, deren Vorsteher zugleich Befehlshaber der in ihrem Bezirke befindlichen Kriegsmacht sind. Diese ist eigenthümlich organisirt, da das stehende Heer von 2500 Mann nur einen Stamm bildet. Dagegen ist der Serbe stets bewaffnet und jeder waffenfähige Serbe heerpflichtig. Er folgt dem Banner seines Bezirksvorstehers (Kapitans) und dieser stellt sich unter die Befehle des Kreisvorstehers (Naczelnits), der wiederum dem Befehle des Wojewoden folgt, wie dieser dem Befehle des Landesgenerals und dieser dem Befehle des Fürsten. Wird dergestalt das serbische Heer vereinigt, so ergiebt sich eine Macht von 50,000 Mann Infanterie, 6000 Mann Cavalerie und 8000 Mann Artillerie mit 150 Geschützen, welche durch das zweite Aufgebot verdoppelt werden kann. Es existiren 1 Artillerieschule und einige unbedeutende Bildungs- und Erziehungsanstalten für Militairs. Festungen des Landes sind Schabacz, Semendria, Neu-Orsowa, Kladowa und Uszica. Nachdem das Land im Besitze thrazischer und germanischer Völkerschaften gewesen, fiel es in die Gewalt der Römer und bildete einen Theil Mösiens; nachdem es wieder im Besitze verschiedener Völker gewesen, kam es im 6. Jahrhundert an die oströmischen Kaiser und bevölkerte sich mit Sarmaten (Serben), welche der Kaiser Heraklitus um den Preis des Landes gegen die Avaren aus Galizien zu Hilfe rief. In einem kräftigen und siegreichen Kriege zeigten die Serben ihren tüchtigen kriegerischen Sinn. Nun entstand aus S. ein Lehnsfürstenthum (Zupanie), welches nach dem Geiste der Zeit unaufhörliche Kriege mit den Nachbarvölkern, hauptsächlich den Bulgaren führte, um sich zu vergrößern. Hierbei stets der Hilfe des griechischen Kaisers sich bedienend, fiel es aber gänzlich in dessen Gewalt (11. Jhrdt.) Allein die Revolution brach sehr bald aus und Serbien kämpfte so energisch, daß es noch dasselbe Jahrhundert völlig frei war und sich als Königreich constituirte. Dieses wieder zu stürzen, war der griechische Kaiserthron eifrig bemüht und wendete dazu alle kriegerische Macht auf, ohne indessen den Sieg über das naturkräftige Volk erlangen zu können. So gelang es Stephan Niemanja, sich krönen zu lassen (1165). Das Reich wurde nach der Hauptstadt das Razische genannt, daher die Serben noch jetzt Rassen, Rascen, Raczen, Ratzen, Raizen heißen. Der kriegerische Geist des Volks veranlaßte zu steten Unternehmungen und unter stets glücklichen Eroberungen wuchs das Reich so, daß es den größten Theil der europäischen Türkei einnahm. Es nahm nun den Titel Kaiserthum an (14. Jhrhdt.). Allein nachdem die Türkei ihren Grund gelegt, wurde die Stellung Serbiens eine schwierige, und schon 1390 war S. so in der Gewalt der Türkei, daß diese nicht nur die meisten serbischen Länder als Eroberungen an sich nahm, sondern auch den Ueberrest zu Tribut verpflichtete und mit dem Fürstenstuhle schalten konnte. 1459 machte Mahmud auch den letzten Rest zur Eroberung. Später war Serbien ein Gegenstand des Streites zwischen Oestreich und der Türkei, doch behauptete die Türkei das erbeutete Reich und mißhandelte es auf die gräßlichste Weise. Hierdurch wurde nach vielen Revolutionen endlich die letzte siegreiche 1801 veranlaßt, wodurch S. sich 1808 eine gewisse Selbstständigkeit erwarb, die 1816 nach schwerem Kampfe und manchen Wechselfällen, wesentlich erweitert (s. oben) und durch die Garantie der großen Nachbarstaaten, namentlich Rußlands, gesichert wurde.

Seressauer, Grenzer, östreichische Truppen für Feld-, Grenz- und Polizeidienst, Waffen sind die Flinte, Pistole und ein tscherkessisches Messer (Dolch). Sind namentlich auf den kleinen Krieg eingeübt. (S. Oestreich.)

Sergeant, eine Classe der Unterosfiziers, die ältern und höher stehenden Unterosfiziers. (S. Unterosfizier.)

Sergent major, französisch, Feldwebel.

Sergents d'armes, in Frankreich Leibwache des Monarchen — existirt unter diesem Namen nicht mehr.

Sergent de bataille, in Frankreich ein vom Oberbefehlshaber mit dem Arrangement der Schlacht- und Marschordnung beauftragter General, dem dazu wieder Offiziers niedern Grades beigegeben sind. Diese Function besteht jetzt noch und muß stets vorhanden sein, doch ist der Name längst aus dem Gebrauche gekommen.

Seringpatam, feste ostindische Stadt, 1799 Belagerung und Erstürmung durch die Engländer. (S. Asien.)

Serpuchow, russische Stadt an der Nara und Oka, drei Tagemärsche von Moskau mit unbedeutenden alten Befestigungen, die jedoch durch die vortheilhaften Terrainverhältnisse einige Bedeutung erhalten; ursprünglich angelegt gegen die Tataren.

Sertorius, einer der bedeutendsten römischen Feldherren, im letzten Jahrhundert vor Chr., spielte schon in der Schlacht bei Aquä Sextiä gegen die Teutonen eine hervorragende Rolle (102), wurde als Kriegstribun nach Spanien geschickt, nahm den thätigsten Antheil am Bundesgenossen- und hierauf bei der marianischen Partei am Bürgerkriege. Nachdem 87 Rom erobert worden, stellte er mit blutiger Strenge die Ruhe her. In Spanien schlug er die Truppen des Sulla in den Jahren 79—75 wiederholt auf das Glänzendste, entsetzte Calagarris und würde dem Kriege muthmaßlich ein anderes Ende gegeben haben, wenn er nicht schon 72 v. Chr. ermordet worden wäre.

Servilius, Quintus-Cäpio, römischer Proconsul am Ende des 2. Jahrhunderts v. Chr., namhaft durch seine furchtbare Niederlage durch die Cimbern und Teutonen an der Rhone. Starb in der Verbannung.

Servilius, Publius-Vatia, römischer Consul, Proconsul in Kleinasien,

Besieger der Isaurier, überschritt den Taurus, erhielt danach den Ehrennamen tauricus und feierte einen Triumph.

Service, Verpflegungsgeld, wofür der Soldat sich Wohnung, Feuerung und sonstige Bedürfnisse außer der Kost selbst schaffen muß. Im Quartier und Kaserne fällt das Service weg. Da es stets von Vortheil ist, wenn für den gemeinen Soldaten von Seite der Militairbehörde gesorgt wird, so kommt bei ihm das Service selten vor, bei Offizieren dagegen häufig. In Staaten, wo der Hausbesitzer verpflichtet ist, stets eine Wohnung für einen oder mehre Militairpersonen verfügbar zu halten, heißt auch das Geld Service, welches derselbe bezahlen muß, wenn er die bestimmte Wohnung in seinen eigenen Nutzen verwenden will. Ein solches Verhältniß besteht namentlich in Rußland. Das Service ist nicht in allen Staaten ganz gleichen Characters, doch bestehen in allen für dasselbe feststehende Bestimmungen.

Servius Tullius, s. Rom.

Sesostris, eigentlich Sethosis, König von Aegypten, etwa 1445 — 1394 v. Chr., schlug die Assyrer und Meder und eroberte Cypern und Phönizien. (S. Aegypten).

Sesostris, eigentlich Ramses II., Sohn des Vorigen, König von Aegypten, 1394 — 1328, schlug die Assyrer, Meder, Perser, Baktrer, Scythen, Libyer und Aethiopier und brachte Aegypten durch Eroberungen auf den höchsten Punkt seiner Macht. (S. Aegypten.)

Setuval, portugisische Stadt von 15,000 Einwohnern, am Meeresufer und der Mündung des Sadao, mit schönem Hafen. Hafen hat einige neue gute Werke, die umfänglichen Befestigungen der Stadt dagegen sind mittelalterlich und unbedeutend. Magazine, Hospital, Arsenal.

Severus, Lucius Septimius, einer der heldenhaftesten römischen Kaiser, geb. 146 nach Chr., war römischer Consul und Befehlshaber in Pannonien. Von seinen Legionen 193 zum Kaiser ausgerufen, wendete er sich sogleich gegen seine Nebenbuhler, die Gegenkaiser Pescennius Niger und Clodius Albinus. Den ersteren, der Statthalter in Syrien und ebenfalls von seinen Soldaten zum Kaiser ausgerufen worden war, schlug er in Kleinasien wiederholt. Obschon Pescennius nach der Schlacht bei Issus ermordet worden, setzte doch seine Partei den Kampf fort, und da der Heerd derselben Byzanz war, so wendete sich der gewaltige S. sogleich gegen diese Stadt, überwältigte sie und vernichtete die gesammte Einwohnerschaft, theils durch das Blutgericht, theils durch Vertreibung, theils durch Verkauf zur Sklavenschaft. Als er dergestalt den Krieg im Osten beendet, führte er sein Heer nach Italien, wo Clodius Albinus kaiserliche Autorität auszuüben sich vermaßte. Der mit eben so viel Vorsicht und Einsicht eingeleitete, als mit Energie ausgeführte Krieg konnte kaum anders als glücklich enden. Clodius, bei Lyon gewaltig geschlagen, ermordete sich, und S. hielt über die ganze Partei des gefallenen Gegners ein furchtbares Blutgericht (196 und 197). Nun alleiniger Kaiser, zog er gegen die bis dahin fast nie besiegten Parther, wurde auch Sieger über diese (198 und 199). 208 ging er nach Britannien, um die Caledonier zu unterwerfen. Ehe das geschehen, starb er 211 in York. Er war einer der größten Krieger seiner Zeit. Er machte sich durch sein furchtbar blutiges Militairgericht zum Schrecken, aber seine den Verhältnissen wohl entsprechende Strenge war stets auf das Wohl des Staates berechnet. Er begünstigte zwar den Militairstand ungemein, übte gleichwohl aber gegen ihn ein unerbittlich hartes Gericht. Auf diese Weise machte er sich zugleich zum Gegenstande des Schreckens und der Liebe, und es war dies in der That die einzige Art, in welcher zu jener Zeit Rom beherrscht werden konnte.

Sevilla, spanische Stadt von mehr als 100,000 Einw. am Guadalquivir, höchst interessant durch ihre maurische Befestigung, die in einer gewaltigen Mauer mit 100 Thürmen besteht. Hat eine starke Garnison, bedeutende Militairmagazine, außer andern Werkstätten die größte Stückgießerei des Königreichs und das größte Amphitheater für Stierkämpfe. Von 1026—1248 war sie Residenz und Hauptstadt eines maurischen Reichs. Im letzten Jahre wurde sie erobert, nachdem sie 1½ Jahr lang der Belagerung widerstanden gehabt.

Sewastopol, s. Sebastopol.

Sextant, ein Kreisausschnitt von 60 Graden. So fern der S. als Instrument bei astronomischen Unternehmungen, und namentlich bei der Schifffahrt gebraucht wird, ist er mit einer um den Mittelpunkt sich drehenden Alhidade und 2 Spiegeln verbunden, wovon der eine auf der Alhidade, der andere auf dem Sextanten senkrecht steht. Die Eintheilung der Grade wird bei den vollkommensten Sextanten bis zu Secunden vervielfältigt. Genaue horizontale Stellung des S. ist stets erforderlich. Das Verhältniß zweier Gegenstände, deren Entfernung gemessen werden soll, ergiebt sich aus dem Winkel, den die Alhidade und der Sextant bilden, wenn die Gegenstände in die erwähnten Spiegel so aufgenommen sind, daß sie in einem am Instrumente angebrachten Sehrohre in eins zusammenfallen. Bei Höhenmessungen bedient man sich auch zur Grundfläche eines Spiegels. Diese Sextanten heißen Spiegelsextanten. Sie haben die Größe einer Elle. Sie werden auch in der Größe von einigen Zoll Durchmesser gefertigt und heißen dann Taschen- oder Dosensextanten. Die Entfernungsmessungen sowohl in der Fläche als in der Höhe sind zur See wie auf dem Lande viel zu wichtig, als daß der Sextant nicht allgemein hätte in Gebrauch kommen sollen, da vor ihm alle Mittel zu demselben Zwecke höchst unvollkommen waren und bei den großen Messungen nur mit Aufwand von vieler Mühe gehandhabt werden konnten. Die Erfindung des astronomischen Sextanten wird Newton zugeschrieben, doch hat der Sextant nach diesem mehrfache Verbesserungen erfahren, so namentlich durch Mayer und Borda, deren Sextant eine vollständige Kreisscheibe hat.

Seydlitz, Friedrich Wilhelm von, geb. 1721 bei Kleve, trat 18 Jahre alt in das preußische Heer, wo sich ihm unter dem kühnen Friedrich d. Gr. eine Bahn eröffnete, die seinen Wünschen vollständig entsprach. Die Gefangennahme des sächsischen Generals von Schlichting brachte ihm im ersten schlesischen Kriege das Avancement zum Major. Ueberhaupt dürstete er nach persönlichen Heldenstreichen und zog dadurch die Aufmerksamkeit des Königs ebenso auf sich, als er sich dessen Neigung erwarb. Ueberall im ersten und zweiten schlesischen Kriege sich durch Verwegenheit mit seiner Cavalerie auszeichnend, erhob er sich bis 1755 zum Obersten, als welcher er den Schauplatz des siebenjährigen Krieges, auf dem er sich unvergeßlich gemacht, betrat. Sein prächtiger Cavalerieangriff bei Kollin verschaffte ihm den Generalsrang. Auf einem kühnen Streifzuge schlug er die Franzosen aus Gotha, entschied die Schlacht bei Roßbach, wofür er Generallieutenant und Ehrenchef eines Regimentes wurde und den schwarzen Adlerorden erhielt. Bei Zorndorf war auch vorzüglich ihm der schwer errungene Sieg zu verdanken. Ebenso zeichnete er sich durch Besinnung und Bravour bei Hochkirch aus. Bei Kunnersdorf würde ebenfalls gesiegt worden sein, wenn sich Friedrich in Seydlitzes Willen hätte fügen wollen. 1767 wurde S. General der Cavalerie. Starb 1773. Standbild in Berlin, auf Friedrichs des Großen Kosten und Befehl errichtet.

Seymour, Georg Hamilton Lord, geb. 1797, Engländer, bedeutender Diplomat, war auf dem Congreß von Verona Secretair des Herzogs von Wellington und befand sich seitdem auf den wichtigsten Gesandtschaftsposten.

In der Kriegsgeschichte ist er besonders als Gesandter in Petersburg durch des Kaisers Nikolaus „vertrauliche Unterredungen" mit ihm namhaft geworden. Kaiser Nikolaus hatte den Plan gefaßt, der längst gegen die Türkei befolgten Politik endlich einen Abschluß durch Wegnahme der Türkei zu geben. Er glaubte hierbei eigentlich keine europäischen Mächte, oder höchstens nur England, fürchten zu müssen, und so schien es in der That, da Frankreich noch ganz unklar in seinem eigenen Bestehen, Oestreich aber wegen Ungarns zu Dank verpflichtet, auch mit sich selbst gar zu sehr beschäftigt war, Preußen aber kein Interesse und viel zu wenig kriegerische Neigung hatte. Nikolaus theilte S. seine Absichten mit in der sicheren Voraussetzung, durch ihn die Zustimmung der englischen Regierung zu erlangen, und stellte England einen kleinen Antheil an der Eroberung, die er mit dem Erbnachlaß eines kranken oder sterbenden Mannes verglich, in Aussicht. S. verhehlte dem Kaiser seine Bedenklichkeiten nicht, dieser indessen glaubte schließlich auch England ignoriren zu dürfen. England aber war durch die getheilten Mittheilungen Seymours auf das Beste über die Plane Rußlands unterrichtet und hatte sich vollständig auf die Rolle vorbereitet, die es in dem bevorstehenden orientalischen Kriege zu spielen hatte; namentlich war durch Ss. Mittheilungen auch Frankreich in den Stand gesetzt, die geeignete Politik einzuschlagen, und man darf dreist behaupten, daß der orientalische Krieg eine ganz andere Gestalt angenommen haben würde, wenn die Westmächte nicht durch S. auf das Genaueste in die Plane Rußlands eingeweiht worden wären.

Sforza, eigentlich Muzio Attendolo geheißen, als Bauer in der Romagna in der Mitte des 15. Jahrhunderts geboren, fand in der wirren kriegerischen Zeit Italiens leicht Gelegenheit, seinen Thatendurst und Ehrgeiz zu befriedigen. Leicht hatte er eine kleine Schaar von Jugendgenossen um sich versammelt, mit welcher er um Sold und Beute Kriegsdienste anbieten konnte. Einige glückliche Thaten und Uneigennützigkeit gegen seine Waffengenossen verschafften ihm einen großen Zulauf, so daß nach wenigen Jahren schon seine Bande sehr beträchtlich war. Er focht längere Zeit in den städtischen Fehden und erwarb durch Beute ein bedeutendes Vermögen, welches ihm möglich machte, seinen Haufen in ein förmliches Heer zu verwandeln. Er war der größte Condottieri Italiens und seine Dienste wurden gesucht, doch widmete er sie Neapel, das ihn gleich einem Obergeneral achtete und mit reichen Gütern beschenkte. Er ließ indeß sein contractliches Verhältniß nicht lockern und behauptete stets die Truppen als sein persönliches Eigenthum, daher diese Macht auf seinen Sohn Franz übererbte.

Sforza, Francesco, Sohn des Vorigen, geb. 1401, lernte das Kriegshandwerk unter seinem Vater in Neapel, erbte dessen Truppen und wurde einer der größten Condottieri Italiens. Nachdem er sich an den Fehden Venedigs, Mailands und Florenz lange Zeit eifrigst betheiligt, benutzte er die Verhältnisse des Mailändischen Herrscherhauses, durch Vermählung mit einer Erbin der Visconti, nun das Herzogthum an sich selbst zu bringen, wobei ihm Intriguen nicht weniger dienten, als seine Macht und selbst Meuchelei ein Mittel abgeben mußte. Als Herzog von Mailand organisirte er nun eine Macht, mit welcher seine Nachkommen selbst gegen Frankreich den Kampf unternehmen konnten, der indessen selten glücklich war und Oesterreichs Beistand stets erforderte, wenn das Gleichgewicht wieder hergestellt werden sollte. S. starb 1465, seine Dynastie erlosch 1535.

Shesfield, eine der größten englischen Fabrikstädte am Sheaf, 136,000 Bew., hier Stückgießereien und Waffenschmieden.

Shrapnel, ein Geschoß, welches nach ihrem Erfinder, dem Obersten S.

bei der englischen Artillerie benannt, Anfangs wenig beachtet, jetzt aber bei fast allen Heeren eingeführt worden ist und den Zweck hat, die Wirkung des Kartätschenfeuers auf größere Entfernungen auszudehnen, als sie bei der gewöhnlichen Art des Kartätschenfeuers erreicht werden kann. Das S. ist eine Hohlkugel, deren Inhalt mit Sprengmasse und Bleikugeln kleinen Musketenkalibers gefüllt ist und in der Regel aus Haubitzen mit schwacher Elevation, auch aus Kanonen, geschossen wird. Sie sind wie alle Hohlkugeln mit einem Zünder versehen, der die Entzündung der Sprengmasse zu bewirken hat; daß dies im richtigen Augenblicke, nämlich etwa 50 Schritte vor den Reihen des Feindes geschehe, hängt von der Länge des Zünders ab; da aber die Entfernung des Feindes verschieden ist, so muß die Artillerie für das Shrapnelfeuer mit Zündern von verschiedener Länge versehen sein. Zünder und Ladung des Geschützes in Hinsicht der Entfernung des Ziels sind Gegenstände genauer Berechnung, in welcher die bedienenden Militairs wohl geübt sein sollen. Die Kunst dieser Berechnung wird indessen durch tabularische Angaben sehr erleichtert. Das Shrapnel soll in einer Höhe von 6 Fuß über der Horizontale des Zieles springen, daher auch die Elevation des Geschützes bei der Berechnung des Shrapnelschusses von großer Wichtigkeit ist. Obschon die Geschosse des Satzes naturgemäß die Richtung der sie tragenden Mutterkugel (der großen Hohlkugel) nach dem Springen fortsetzen, so ist doch sowohl bei dieser im Bau des Gusses, als auch in der Einrichtung des Satzes auf die erhöhete Wirksamkeit dieses Gesetzes hingezielt, daher auch die Wirkung des S. ebenso bedeutsam ist, wenn sie in der richtigen Entfernung vor dem Ziele explodirt, als sie fruchtlos wird, wenn die Explosion erst hinter dem Ziele stattfindet. Durch geringere Elevation, bei welcher das Geschoß auf dem Puncte des Ziels wieder in die Horizontale seines Ausgangspunktes, die auch die Horizontale des Ziels ist, fällt, kann zwar die Wirkung der einfachen Kugel gesichert werden, allein es wäre fehlerhaft, in der Schußberechnung diesen Umstand auf Kosten des eigentlichen Shrapnelzweckes zu berücksichtigen. Man wirft die S. bis auf 3000 Fuß Entfernung und in der Regel gegen tiefe Massen. Bei der Marine dienen sie zur Fegung des Decks und zur Zerstörung des Segelwerks. Die S. wurden zuerst 1807 auf der pyrenäischen Halbinsel bei den Engländern in Gebrauch gebracht. Da indessen nicht mit sorgfältiger Berechnung verfahren wurde, waren die Resultate nicht Aufsehen erregend: daher auch ihre Einführung bei den verschiedenen Heeren in der Folge nur allmälig vorwärts schritt. (S. Geschoß.)

Shrewsbury, englische Stadt an der Severn von 20,000 Einw., hier Heinrich Percy von Heinrich IV. 1403 geschlagen.

Siam (s. Asien).

Sibirien (s. Rußland).

Sicilien, Königreich Beider, ein durch die italienische Revolution von 1860, die Ländergier des Königs Victor Emanuel von Sardinien und die antiöstreichische Politik Napoleons III., an der England sich aus anderem Antriebe betheiligte, 1860 vernichteter Staat, der aber als erloschen darum nicht betrachtet werden kann, weil das durch die Revolution und Sardinien errichtete Königreich Italien schwerlich bei allen Großmächten seine Anerkennung finden, und also irgendwenn Gegenstand eines Krieges werden wird, dessen Resultat sich nicht voraussehen läßt. Gegenwärtig ist Beider Sicilien der südlichste Theil jenes forcirten und mehr eingebildeten als vorhandenen sardinischen Königreichs Italien, dessen eine Theil das auf dem Festlande liegende frühere Königreich Neapel, der andere Theil die Insel Sicilien ausmacht, welche beide zusammen einen Flächeninhalt von 2033, und zwar Sardinien 498 und Neapel

1535 □M. haben. Die Bevölkerung von Neapel betrug 6,866,000, die von Sicilien 2,231,000 Bew. Staatsschuld Neapels 101,734,000, Siciliens 20,118,000, zusammen 121,872,000 Ducati oder 139 Millionen Thaler Preußisch. Die Staatseinnahmen beliefen sich auf jährlich 32 Millionen Ducati. Die Ausgaben in den letzten Jahren auf 34 Millionen, wovon 12 Millionen auf die Heeresverwaltung, 2,300,000 Ducati auf die Marine kamen. Für Söldner wurden ausgegeben 907,000, für Pensionen von Militairs 690,000 Ducati, von welcher letzteren Summe die Schweizer über die Hälfte erhielten. Das königliche Haus bedurfte zu seiner Erhaltung 1,700,000 Ducati, wovon jede Prinzessin jährlich 48,000 Ducati erhielt. Das nationale Heer wurde in Neapel durch Conscription, auf Sardinien durch Werbung ergänzt, Zeit des Dienstes war 5 Jahre, bei der Artillerie und Gendarmerie 8 Jahre, wonach der Soldat 5 Jahre in Reserve pflichtig verblieb. Es bestand Loskaufung mit 240 Ducati, wofür der Staat einen Stellvertreter einstellte. Söhne von Beamten, die mehr als 15 Thaler monatliches Gehalt bezogen, waren dienstfrei und es bestanden sehr viele ähnliche Ausnahmen. Auf Sicilien wurde durch Werbung recrutirt, und zwar mit einem Handgeld von 100 Ducati. Stand des Heeres war im Jahre 1859 folgender: zur Gardeinfanterie gehörten 1 Compagnie Leibgarde, 2 Regimenter Grenadiere, 1 Regiment Jäger und 1 Regiment Marineinfanterie, zusammen 9508 Mann; zur Linieninfanterie gehörten 13 Regimenter Musketiers, 1 Regiment Carabiniers, 4 Regimenter Schweizer, 12 Bataillone neapolitanische und 1 Bataillon schweizerische Jäger, 16 Provinzialcompagnien, 1 Veteranenregiment, 1 Invalidendepot, 2 schweizer Invalidencompagnien, 2 Regimenter Sicherheitswache oder Gensdarmes und 1 Pompiercompagnie, zusammen 65,296 Mann; die Gardecavalerie enthielt 1 Schwadron Leibgarde und 2 Husarenregimenter, zusammen 1834 Mann; die Liniencavalerie enthielt 1 Regiment Carabiniers, 3 Regimenter Dragoner, 2 Regimenter Lanziers, 1 Regiment Jäger und 1 Regiment Gensdarmes, zusammen 6736 Mann. Die Artillerie enthielt 2 Regimenter neapolitanische Fußartillerie, 1 reitende Batterie, 1 schweizer Fußbatterie, 1 Trainbataillon und 1 Bataillon Pontoniers, zusammen 6222 Mann. Das Geniecorps bestand aus 1 Bataillon Sappeurs und 1 Bataillon Pionniers, zusammen 2880 Mann. Die Reserve betrug an Infanterie 48,000, an Küstenartillerie 3000 Mann. Die Gesammtmasse des activen Heeres betrug daher 92,586 Mann mit 8997 Pferden und mit der Reserve 143,586 Mann. Die Schweizer verließen 1859 in einem Aufruhre den Dienst und statt ihrer wurden 2 Fremdenregimenter, 2 Jägerbataillone und 12 Gensdarmencompagnien errichtet. Festungen waren Gaëta, Civitella dell'Tronte, Pescara, Messina, Neapel (Citadelle) und Palermo. Vor 1792 betrug das Heer 25,000, 1815 30,000 Mann, 1822 etwa 20,000 Mann, seit 1831 aber wurde es auf oben angegebene Höhe gebracht. Während die neapolitanischen Truppen unter Napoleon I. sehr gut kämpften, lähmte das ihnen innewohnende revolutionaire Element sie gänzlich für die Kriege im Lande, daher sie auch 1849 gegen Garibaldi auf römischem Gebiete gar nichts vermochten. Die Marine des Reichs, zu welcher ein Marineinfanterieregiment, ein Marineartilleriecorps und ein Matrosencorps gehörten, bestand aus 2 Linienschiffen zu 90 und 80 Kanonen, 5 Fregatten zu 64, 48 und 44 Kanonen, 2 Corvetten zu 22 und 14 Kanonen, 5 Brigantinen zu 20, 2 Goeletten zu 14 Kanonen, 14 Dampffregatten von 300 und 450 Pferdekraft, 4 Corvetten zu 240 Pferdekraft, 11 verschiedenen Kriegsdampfern, 3 Transportdampfern und 50 kleinen Fahrzeugen; Gesammtpferdekraft war 6650, die Gesammtgeschützzahl 722. Im Kriegsfall als Beistand für diese Seemacht war auch ein Theil der Handelsmarine zu betrachten, die in Neapel 10,863 und auf Sicilien

2031 Schiffe betrug. Der König war unumschränkter Herr des Reichs und oberster Befehlshaber des Heeres und der Marine. Auf Sicilien war der Generalstatthalter im Genuß seiner militairischen Macht, und nur dem Könige verantwortlich. Nachdem Neapel und Sicilien lange der Geschichte Karthagos und Roms zugehört, begann ersteres als Republik seine eigene Geschichte. Im 10. Jahrhundert wurde das Land dem deutschen Reiche unterworfen, war aber ein sehr zweifelhaftes Besitzthum. Im 11. Jahrhundert nahmen es die Normannen nach blutigem Kampfe als päpstliches Lehn und es bestand eine Zeit lang in der Eigenschaft der Fürstenthümer Apulien und Calabrien. Sicilien kam zwar auch in die Hand der Normannen, war aber gesondert. Im 12. aber wurde die Insel mit Unteritalien unter Roger II. vereinigt, und nun entstand der Name Beide Sicilien und der Character als Königreich. Eine glänzende Heldenperiode wurde der neapolitanischen Geschichte unter Tancred zu Theil. Unter den Hohenstaufen war es ein stetes Kriegsobject in Folge der Ansprüche des Papstes. 1254 gab der Papst das Reich dem Franzosen Carl von Anjou, der es aber erst erobern mußte. Sicilien trennte sich 1282 wieder von Neapel und stellte sich unter Aragonischem Schutz. Neapel blieb ein Spielball der Päpste und war von blutiger Verwirrung erfüllt. Zu Anfang des 14. Jahrhunderts wurde der König von Neapel zum König von Ungarn gewählt und diese Union dauerte über 100 Jahre unter fortwährenden Kämpfen mehrer Erbberechtigter. Im 15. Jahrhundert kämpften Frankreich und Spanien um den Besitz des Landes, und Letzteres erlangte ihn zu Anfange des 16. Jahrhunderts und behauptete ihn, jedoch unter immer wiederholten schweren Kämpfen, bis es im Utrechter Frieden getheilt wurde und das Festland Destreich, Sicilien aber Savoyen zufiel. 1717 erhob Spanien Krieg, um Beide Sicilien wieder zu erlangen, jedoch vergebens; vielmehr kam nun auch Sicilien an Destreich. Mit Erfolg aber erhob Spanien abermals 1733 das Schwert und es kamen nun beide S. unter dem spanischen Infanten Carlos wieder zu einer gewissen Selbstständigkeit und Einheit, da Spanien nur eine bedingte Oberhoheit in Anspruch nahm und die Selbstständigkeit beider Sicilien grundgesetzlich feststellte. 1798 schloß sich der König England gegen Frankreich an, griff zum Schwerte, zeigte sich aber mit seinem 25,000 Mann starken Heere ganz ohnmächtig und mußte nach Sicilien flüchten, wo die englische Marine ihm einen sicheren Schutz gewährte. Neapel wurde in die parthenopäische Republik verwandelt. 1799 eroberte der König Neapel durch englische Kraft wieder und Rußland bewirkte, daß Frankreich dies unter gewissen Bedingungen zuließ. Da sich aber 1805 der König an der österreichischen Politik betheiligte, ließ Napoleon sogleich das Land des abermals geflüchteten Königs besetzen und gab es seinem Bruder Joseph, nach der Versetzung dessen auf den spanischen Thron aber seinem Schwager Murat, der nun mit den Truppen seines Reichs an allen Kämpfen Napoleons theilnahm. Mit Napoleon fiel auch Murat 1814. Er versuchte zwar sein Land wieder zu erobern, aber mit so unzulänglichen Mitteln, daß dieser Versuch höchst traurig für ihn endete (s. Murat). Die Revolution von 1820 wurde von einem östreichischen Heere leicht unterdrückt. Als die Revolution 1848 ganz Italien ergriffen, wurde der König gezwungen, ein Heer gegen Destreich nach der Lombardei zu commandiren, doch gab er diesem bald genug Contreordre. Das Jahr 1860 machte dem Königreich Neapel ein Ende. Da die arge Mißregierung Ferdinands auch unter Franz fortbestand, brach auf Sicilien die Revolution aus. Sardinien, durch die Eroberung der Lombardei zu neuer Habgier angereizt, war der Sache nicht fremd und zögerte nicht, des Beistands Englands und Frankreichs versichert, sich der Insel zu bemächtigen. Es ließ den General Garibaldi, für

den Italien schwärmte, sich an die Spitze des Aufstandes stellen und die Bevölkerung kam ihm so massenhaft entgegen, daß mit wenigen unbedeutenden
Kämpfen er sich zum Herrn der ganzen Insel, mit Ausnahme einiger Forts,
machen konnte. Diese ignorirend setzte er auf das neapolitanische Gebiet über,
sobald auch hier die Revolution den Weg gebahnt hatte, und in sehr kurzer
Zeit konnte er es wagen, ohne Truppen in Neapel seinen Einzug zu halten
und den König Victor Emanuel von Sardinien als König von Italien zum
Oberhaupte des Staats zu erklären. Der König Franz aber war gleichzeitig
vor der Revolution nach Gaëta geflüchtet, um von hieraus sein Reich wieder
zu erobern. Allein von seiner Marine und seinen meisten Truppen verlassen,
konnte es ihm endlich nur auf seine Vertheidigung und die Bezeigung seiner
kriegerischen Ehre ankommen. Allein nach einer Belagerung von mehren Wochen
durch die Sardinier unter Cialdini mußte er den Platz übergeben. Er begab
sich nach Rom, um hier eine Wendung seiner Angelegenheiten zu erwarten.
Während Franz sich noch in Gaëta vertheidigte, erschien der König von Sardinien im Königreich Neapel und hielt in Neapel und anderen Städten fest-
liche Einzüge, wie der berechtigtste Thronerbe, nahm mit Vergnügen die Hul-
digungen entgegen, und um wenigstens den Schein der Räuberei von sich
abzuwenden, stellte er sich auf den revolutionairen Grundsatz, daß der Herrscher
von Volkes Gnaden, nicht oder wenigstens hiernach erst von Gottes Gnaden
sei, d. h. er ließ das Volk durch Abstimmung erklären, ob es ein Gesammt-
italien unter seiner Herrschaft haben wolle oder nicht. Die Wahl von ihm
ergebenen Personen geleitet und beaufsichtigt, fiel natürlich zu seinen Gunsten
aus und damit betrachtete sich Victor Emanuel für den Herrn des Landes,
obschon der rechtmäßige Herr des Landes noch im Lande war. Diese Handlungsweise war desto ärger, da Victor Emanuel auch nicht die geringste Erb-
berechtigung nachweisen kann. Wenn durch diese nur in Polens Geschick ein
Beispiel habende Immoralität schon das neapolitanische Heer verdorben und
in eine Schaar von Verräthern verwandelt worden war, so wird sie auf das
Heer Sardiniens und des Königreichs Italien einen nicht minder starken
Einfluß haben, und dasselbe dürfte sich in geeigneten Fällen sicher zu denselben
Grundsätzen berechtigt fühlen, die ihm der eigne Herr gelebt hat. Dergestalt
ist mit dem Jahre 1861 das Königreich Beider Sicilien aus der Reihe der
europäischen Staaten verschwunden und besteht nur noch als ein Theil des bis
jetzt nur erst von Frankreich und England anerkannten Königreichs Italien,
dem jedoch zur Vollständigkeit noch die päpstlichen Staaten und Venetien
fehlen. Diese Vervollständigung wird einen neuen Krieg hervorrufen und mit
diesem wird das Königreich Italien so ernst in Frage treten, daß wohl kein
Verständiger für sein Bestehen einige Bürgschaft leisten möchte. Wie wenig
Sicherheit in den neuen Zuständen liegt, zeigt sich auch jetzt schon in der allenthalben im Lande sich zeigenden Unzufriedenheit, die nur mit Waffengewalt
unterdrückt werden kann. Das geistige und materielle Wohlbefinden in das
Höchste und Eigentliche, was das Volk von seiner Staatseinrichtung fordert
und dazu gehört weder eine Riesengröße des Staates, noch daß der Staat die
Gesammtheit einer Nation umfasse. Die Idee der italienischen Einheit wird
daher nur so lange das Volk begeistern und befriedigen, als die Gründer des
italienischen Reichs das Geschick und den Willen haben, dem Volke Wohlbefinden zu verschaffen. Letzteres ist aber eine um so schwierigere Aufgabe, je
weniger es in der Neigung des Menschen liegt, mit den bestehenden Verhältnissen, welcher Art sie auch seien, lange zufrieden zu bleiben. Die Wünsche
ersterben nie, und besäße der Mensch das Rechte, so würde er zum Trutz der
langen Weile das Verkehrte verlangen. Niemand heilt den Menschen von

dieser Schwäche, und dessen dürfte sich das neue Königreich Italien vor Allem bewußt zu machen haben.

Sickingen, Franz von, deutscher Ritter, geb. 1481, einer der heldenhaftesten und edelsten Männer seiner Zeit, hatte es zu seinem Grundsatze gemacht, jedem ungerecht Unterdrückten Beistand zu leisten, und blieb diesem Grundsatze bis an seinen Tod treu. Er lernte das Waffenhandwerk im Dienste des Kaisers und schwang sich zur Würde eines Feldobersten auf. Hierauf indessen zog er sich auf seine Besitzungen zurück und widmete sich dem Fehdewesen, welches im Anfange des 16. Jahrhunderts seine letzten Blüthen trieb. Er bekämpfte den Wormser Rath, den Herzog von Lotharingen, den Kurfürsten von Mainz und fürchtete sich nicht, selbst Frankreich mit Krieg zu überziehen, wobei ihm der Graf von Nassau zur Seite stand. Bei all dem zeigte er sich als ein mutbiger Held, am meisten jedoch bei seiner Vertheidigung gegen den weit überlegenen Feind auf seiner Burg Nannstuhl. Obschon die Burg ungeheuer beschädigt war, entschloß er sich doch erst zur Uebergabe, als er, schwer verwundet durch einen zerschmetterten Balken, seinen Tod nahe fühlte (1523). Ausführlich geschildert ist diese Belagerung in „Deutschlands Schlachtfelder von C. Goehring."

Sidney, englische Hauptstadt von Neusüdwales in Australien; 60,000 Einwohner, 2 Forts, Hafen.

Sidon, phönizische Stadt und Sitz eines Königs, berühmt in der phönizischen Kriegsgeschichte durch die 13 Jahre lange Belagerung unter Nebucadnezar.

Siebenbürgen, s. Oestreich.

Siebenjähriger Krieg. Nur Bedrängniß von anderer Seite hatte Oestreich vermocht, nach den zwei schlesischen Kriegen Frieden zu schließen. Sobald sich die Kaiserin jenerseits frei und ihre Macht gehörig reorganisirt sah, lag ihr daran, Schlesien zurück zu erobern. Indessen hatte sich ihr Friedrich der Große so furchtbar gemacht, daß sie Bündnisse mit allen europäischen Staaten nachsuchte und die Alliance von Rußland, Frankreich und beim zweiten Feldzuge auch Rußlands und fast aller deutschen Reichsfürsten gewann. Zu Preußen hielten nur Hannover (England), Braunschweig, Hessen und Gotha. Der erste Feldzug fand im Spätsommer 1756 statt. Den mit List angelegten Plan der Feinde durchkreuzend, besetzte Friedrich im August Sachsen, drängte die Oestreicher bei Lowositz im October zurück und nahm eine sächsische Armee von 14,000 Mann gefangen. 1757 rückte eine Reichsarmee von 60,000 Mann, 100,000 Franzosen und eben so viel Russen für Oestreich ins Feld, während gleichzeitig die Schweden in Preußen einfielen. Friedrich detachirte ein Corps gegen die Schweden, stellte seine hannoversche Hilfsarmee gegen die Franzosen und ging selbst gegen die Oestreicher nach Böhmen, errang den blutigen Sieg bei Prag, mußte aber nach dem Verluste der mit allzu wenigen Truppen unternommenen Schlacht bei Kollin Prag aufgeben und nach Sachsen zurückweichen. Gleichzeitig hatten die Franzosen die kleine hannoversche Armee bei Hastenbeck geschlagen und sich durch den Vertrag von Kloster Seven der preußischen Bundesländer versichert. Schon waren sie in Sachsen eingedrungen und drohten sich mit den Oestreichern zu verbinden, deren Streifcorps bis Berlin schweiften, als Friedrich sich plötzlich gegen die vereinigten Franzosen und Reichstruppen wendete und sie bei Roßbach im November total schlug. Kaum aber hatte Friedrich Schlesien verlassen, als die Oestreicher Schweidnitz und Breslau genommen und sich fast ganz Schlesiens wieder bemächtigt hatten. Allein von den Franzosen befreit, wendete sich Friedrich sofort gegen die Oestreicher in Schlesien und brachte ihnen trotz ihrer unverhältnißmäßig größeren Stärke durch geniale Entwickelung der Schlacht bei Leuthen am 5. December eine furchtbare Niederlage bei und nahm in wenigen Wochen das verlorene Schlesien wieder in Besitz. Gegen die Russen hatte zwar die kleine preußische Armee unter Lehwald bei Großjägerndorf verloren, aber die Russen verfolgten ihren Sieg nicht und zogen sich vielmehr nach der Grenze zurück, die Schweden aber wurden aus den leicht eingenommenen Städten herausgeschlagen. So stand es um Friedrichs Sache glücklich genug, als im Jahre 1758 der dritte Feldzug unternommen wurde. Die Winterquartiere währten kaum 8 Wochen. Die Schlacht bei Roßbach hatte den wichtigen Erfolg gehabt, daß England die Convention von Kloster Seven nichtig erklärte, aufs Neue eine hannöverische Armee aufstellte und duldete, daß an des ganz unfähigen Herzogs von Cumberland Stelle der als Krieger berühmte Herzog von Braunschweig den Oberbefehl erhielt. Dieser eröffnete den Feldzug, indem er die Franzosen im Februar in allen ihren größeren Quartieren angriff und gegen den Rhein drängte. Unter seinem Commando hatte hier der Feldzug den besten Fortgang. Sein Sieg bei Crefeld (Juni 1758) zwang die Franzosen über den Rhein zu weichen und wenngleich sie unter einem andern Oberbefehlshaber und sehr verstärkt wieder vordrangen, konnten sie es doch nirgends zu bedeutenden Operationen bringen. Im April eroberte Friedrich Schweidnitz zurück und rückte nach Mähren vor, mußte aber wieder nach seinem Staate zurückkehren, da die Russen unter gräulicher Verheerung aufs Neue eingedrungen waren. Er traf sie vor Küstrin, schlug sie bei Zorndorf trotz ihrer großen Ueberlegenheit, zwang sie zum Rückzuge nach Polen und wendete sich sogleich wieder gegen die Oestreicher in Sachsen. Aller Warnung ungeachtet lagerte er sich bei Hochkirch in einer sehr gefährdeten Situation und erlitt hier durch einen nächtlichen Ueberfall einen schweren Verlust (14. October). Trotzdem entsetzte er alsbald Neiße und Kosel, eilte schnell wieder nach Sachsen, vertrieb die Reichsarmee und drängte die Oestreicher nach Böhmen. Da alles darauf ankam, sich Sachsen zu sichern, so hatte Friedrich trotz manchem Mißgeschick den Zweck dieses Feldzugs vollkommen erreicht. Im folgenden Feldzuge hielt sich Friedrich in Folge seiner vielfachen Verluste und der Uebermacht der auf allen Seiten stehenden Feinde mehr defensiv und ließ nur seine Feldherren im kleinen Kriege angriffsweise verfahren. Prinz Heinrich machte auf mehreren kühnen Zügen in Böhmen und Franken ungeheure Beute an Kriegsvorräthen, deren Friedrich nur zu sehr bedurfte. Scheukendorf schlug die Oestreicher bei Wolkenstein, und Dohna die Schweden; dagegen schlugen die Russen den General Wedel bei Kay und vereinigten sich mit 18,000 Mann Oestreichern. Friedrich griff nun die Russen allein bei Kunersdorf an und schlug sie; allein ehe er den Sieg verfolgen konnte, erschienen die Oestreicher und erneuerten die Schlacht, die jetzt für Friedrich den schlimmsten Ausgang hatte. Allein die vorher von den Russen erlittene schwere Niederlage, die ihnen 24,000 Mann gekostet hatte, hinderte die Feinde nicht nur, ihren Sieg zu verfolgen, sondern Friedrichs großer Feldherrngeist verstand es auch, diesen Umstand zu schneller Wiederherstellung eines beträchtlichen Heeres zu benutzen, und mit diesem die Russen aus seinem Lande zu drängen, nachdem er sie von den Oestreichern zu trennen gewußt hatte. Die glücklichen Operationen seiner Generale in Schlesien, der Lausitz und Pommern machten es ihm möglich, nun die mit der Reichsarmee verbündeten Oestreicher auf der Elblinie anzugreifen. Er eroberte Wittenberg und Torgau zurück, allein der Unfall seiner Generale Diercke und Finke, die mit 12,400 Mann bei Maxen in Gefangenschaft geriethen, was die Feinde spöttisch den Finkenfang nannten, lähmte seine Operationen gegen Daun und ließ ihn den Zweck dieses Feldzugs nicht vollständig erreichen. Auf der andern Seite hatten die Franzosen zwar Terrain gewonnen, aber sie verloren

17*

es auch wieder durch die Siege des Herzogs von Braunschweig und Erbprinzen von Braunschweig bei Minden (am 1. August) und Gohfeldt. Der Feldzug von 1760 begann mit dem Unglück der Gefangennahme eines 8000 Mann starken preußischen Corps unter Fouqué, in Folge dessen die Festung Glatz in die Hände der Oestreicher fiel. Alsbald aber erschien Friedrich persönlich wieder auf dem Schlachtfelde und schlug die Oestreicher furchtbar bei Liegnitz (15. August) und drängte die Russen, die im Begriff waren, sich mit den Oestreichern zu vereinigen, nach ihrer Grenze zurück. Eine andere mit dem Reichsheer vereinigte östreichische Armee schlug er sodann mit größter Anstrengung und blutigen Opfern am 3. November bei Torgau, wodurch Sachsen wieder in seine Gewalt kam. Dieser Sieg zwang eine zweite russische Armee, die bereits bis Berlin vorgedrungen war, zum Rückzuge. Auch die Schweden hatten das preußische Gebiet aufgeben müssen. Der Herzog und Erbprinz von Braunschweig hatten durch die Siege bei Emsdorf und Warburg die Franzosen auf das Rheingebiet gedrängt, so daß auch am Ende dieses Feldzugs Friedrich der Große trotz vielem Mißgeschick als unbesiegt dastand. Allein der Feldzug von 1761 brachte die größte Gefahr über den Heldenkönig, der erfahren zu sollen schien, daß alles Genie nicht mehr ausreiche, wenn die materiellen Hilfsquellen erschöpft sind und die Machtverhältnisse der kämpfenden Parteien in allzugroßes Mißverhältniß gerathen. Der Herzog und Erbprinz von Braunschweig schlugen zwar die Franzosen auf verschiedenen Plätzen, mußten schließlich aber ihre Eroberungen mit Ausnahme der erbeuteten Magazine wieder aufgeben. Friedrichs Heer war so geschwächt, daß er den vereinigten Russen und Oestreichern, die 130,000 Mann stark waren, in Schlesien kaum den dritten Theil dieser Menge entgegenstellen konnte. Zudem war sein Kriegsmaterial höchst unvollständig und in elendem Zustande, seine Casse war erschöpft, da seit dem Tode Georgs II. die englischen Hilfsgelder ausblieben. In diesem verzweifelten Verhältnisse bezog er ein festes Lager bei Bunzelwitz, entschlossen, sich in demselben gegen die vereinigten Russen und Oestreicher zu vertheidigen oder so lange zu harren, bis sich Gelegenheit fände, die Feinde einzeln anzugreifen. Nach einem Monate schon bewirkten Zwistigkeiten und Mangel an Nahrungsmitteln die Trennung der Russen von den Oestreichern, erstere zogen ihr Gros nach Polen zurück, letztere aber eroberten Schweidnitz und Friedrich war unter den obwaltenden Verhältnissen nicht im Stande, sie anzugreifen. Zugleich wurde der Prinz Heinrich in Sachsen hart bedrängt und im Norden nahmen die Russen Kolberg. Das war der Augenblick der höchsten Noth und Gefahr in Friedrichs Leben. Allein ihm folgte durch den Tod der Kaiserin Elisabeth von Rußland schnell eine glückliche Wendung. Peter III., ein Verehrer Friedrichs, schloß sogleich einen Waffenstillstand und darauf den Frieden, und obschon Peter sehr bald Krone und Leben verlor, bewahrte doch seine Nachfolgerin Katharina den von ihm geschlossenen Frieden. Mehr bedurfte es für Friedrich nicht, um den Krieg siegreich zu enden, als nur von diesem nordischen Feinde befreit zu sein. Auch Schweden war nun genöthigt, Frieden zu schließen, und Friedrich hatte also nur noch Oestreich, das deutsche Reich und Frankreich zu bekämpfen, Feinde genug, um des kleinen Preußenkönigs Siege zu bewundern. Er schlug nun im 7. Feldzuge 1762 die Oestreicher bei Burkersdorf und Reichenbach und nahm ihnen Schweidnitz wieder, während der Herzog von Braunschweig bei Wilhelmsthal und Lautenberg die Franzosen schlug. Endlich brachte auch der Prinz Heinrich im October den Oestreichern eine schwere Niederlage bei Freiberg im Erzgebirge bei und General Kleist drang in die Länder der Oestreich verbündeten Reichsfürsten ein und zwang sie zu Separatfrieden. So verzweifelte nun Maria Theresia den Sieg über Preußen zu erlangen, ja sah ihre eigene Gefahr sehr wachsen. Sie bot daher den Frieden mit definitiver Aufopferung Schlesiens an. Derselbe wurde auf dem sächsischen Schlosse Hubertusburg verhandelt und geschlossen und mit ihm hatte der siebenjährige Krieg sein Ende erreicht. S. Friedrich II.

Sievershausen, Dorf im Königreich Hannover, hier 1553 Schlacht zwischen den Brandenburgern und Sachsen. Erstere geschlagen; Kurfürst Moritz von Sachsen erhielt in der Schlacht schwere Verwundung, an der er bald nach der Schlacht starb. Zu S. Denkmal für Moritz errichtet.

Sigambrer, germanisches Volk, das 16 v. Chr. die Römer schlug, aber 8 v. Chr. von ihnen geschlagen wurde, sich nun theilte und mit andern Völkern vermischte.

Sigfried, Sigurd, germanischer Sagenheld, Abkömmling Odins.

Sigmund, deutscher Kaiser, s. Deutschland und Hussiten.

Sigmund I., II., III., s. Polen.

Sigmaringen, s. Hohenzollern.

Signal ist beim Kriegswesen und der Marine eine durch weiterreichende Mittel als die Stimme bewirkte Mittheilung, die in der Regel ein Commando enthält. Bei dem Landheere werden derartige Signale durch Trommel, Blasinstrumente, Schüsse und Feuerzeichen gegeben. Telegraphischer Signale bedient man sich nur in Lagern und auf solchen Plätzen, wo ein längeres Verweilen der Truppen bestimmt ist, z. B. in den Winterquartieren, die sich über beträchtliches Gebiet ausbreiten. In Italien bedient man sich für die Lagersignale auch der Glocken. Es kommt auf die Größe der Truppenmasse oder des von ihm eingenommenen Terrains an, in welcher Art ein Signal gegeben wird. Ein und dasselbe Commando wird z. B. in verschiedener Signalweise gegeben; ein Armeecorps kann das Commando zum Aufbruch durch eine oder mehrere Raketengarben erhalten, die Brigaden oder Regimenter erhalten dasselbe dann durch Kanonenschüsse, die Bataillone durch Hornsignal, die kleinsten Truppenabtheilungen erhalten endlich das Commando mündlich. Vollständigere Signalsysteme, in denen ganze Motionen der Taktik ausgedrückt werden, finden sich beim Tirailliren und dem Felddienste. Größere Truppenmassen, die zerstreut operiren, mündlich zu commandiren, wäre unmöglich. Das Hornsignal muß daher das Commando mittheilen. Alles, auch das Geringste, was der Tirailleur zu thun hat, wird signalisirt, z. B. das Ausschwärmen, Avanciren, Retiriren, Attaquiren, Feuern, Gradaus, Rechts, Link's, Schritt, Trapp, Rückzug auf die Soutiens ec. Aehnlich verhält es sich mit den Signalen beim Felddienste. Ein falsch gegebenes Signal wird ebenfalls durch Signal contremandirt. Beim Felddienst und Tirailliren ist die genaueste Signalkenntniß erforderlich. Das Mißverstehen eines Signals kann arge Confusion hervorbringen. Im Festungskriege werden die großen Commandos in der Regel durch Feuerzeichen gegeben, weil das Schießen so häufig ist, daß es leicht mißverstanden werden kann. Die Signale müssen oft verändert werden, damit sie der Feind nicht kennen lernt. Begreiflicher Weise müssen die unteren Befehlshaber auf das Genaueste unterrichtet sein. Vor Ausbruch eines Krieges erfordert die Vorsicht auf jeden Fall die Einführung neuer Signale oder wenigstens eine Veränderung der alten. Im Festungskriege sind die Signale, welche die Besatzung und eine etwa außerhalb stehende Armee sich zu geben haben, einer steten Aenderung zu unterwerfen, so daß der Belagerer nie die Bedeutung der Signale kennen lernt. Die Signale, welche lediglich die Obercommandos angeben, dürfen Niemand außer dem Oberbefehlshaber und dem Generalquartiermeister oder dem Generalstabschef bekannt sein. Bei den Flotten wird nur durch Signale commandirt und selbst auf großen Schiffen ist dies der Fall. Hier bedient man sich der Flaggen, Schüsse und Feuerzeichen. Das Signal ist zwar nur ein Mittel zur Beförderung des Commandos, aber desto wichtiger, da oft von der Schnelligkeit einer Operation ihr ganzer Erfolg abhängt. Daher sind auch bei allen Armeen die Signalsysteme mit großer Sorgfalt ausgebildet worden.

Silhs, ursprünglich eine ostindische religiöse Secte, welche sich jedoch zum Zweck des Kampfes gegen die Muhamedaner kriegerisch organisirte, aber vernichtet wurde und gegenwärtig nur noch als eine besondere Militairklasse der Eingebornen besteht. Besaßen lange Zeit ihr eigenes Reich. (S. Asien.)

Silberberg, eine der stärksten preußischen Festungen in Schlesien, zur Deckung Breslaus und der Oderlinie, ähnlichen Characters wie der Königstein in Sachsen, aber ungleich complicirter und umfassender, gilt für unüberwindlich wegen seiner außerordentlich günstigen Terrainverhältnisse. Die Stadt, von 2000 Menschen bewohnt, liegt im Thale, die Festung dagegen, aus 6 Haupt- und mehren Nebenwerken bestehend, auf 7 Felsenbergen von über 2000 Fuß Höhe, deren Namen Schloßberg, hohe Spitzberg, große Strohhaube, kleine Strohhaube, Hohenstein, Hahnenkamm und hohe Hahnenkoppe sind. Das Hauptwerk oder die Citadelle liegt auf dem Schloßberge in einer sehr beträchtlichen Höhe und ist von einem 70 Fuß tiefen Graben und entsprechendem Wall umgeben, der aus Felsenblöcken aufgeschichtet ist und sehr solides Mauerwerk hat. Die Anlage ist nach französischem Systeme und so großartig als die Ausführung sorgfältig. Fast alle Werke sind zum größten Theil in den Felsen gesprengt und decken sich gegenseitig. Desgleichen sind alle Werke casemattirt und die Gebäude theils bombenfest gedeckt, theils wenigstens auf solche Deckung eingerichtet. Die Werke sind unter einander durch Gänge in Felsen und bedeckte Wege in Communication gesetzt. S. ist mit einem bedeutenden Arsenal, großen Magazinen und mehren Militairwerkstätten versehen, nimmt 6000 Mann Besatzung auf, ist stark armirt und hat eine vollständige Reservearmatur. Von Friedrich dem Großen mit großer Einsicht angelegt, ist sie von jeder preußischen Regierung nach ihm mit eben so großer Sorgfalt erhalten, nach dem napoleonischen Kriege auch vervollkommnet worden. Ihren Ruf der Unüberwindlichkeit hat sie 1807 bewährt, da die Franzosen zwar das Städtchen eroberten, die Festung aber vergebens angriffen.

Silistria, türkische Stadt und Festung in Bulgarien an der Donau, bedeutende Stadt und sehr bedeutender Militairplatz. 20,000 Bewohner, Einrichtung für 16,000 Mann Besatzung. Doch können außerordentlicher Weise über 40,000 Mann untergebracht werden. S. befindet sich in Mittelpunkt der Basis des Dreiecks, welches die festen Städte Kostendsche, Varna und Rustschuk bilden. Von diesen liegt es in der gleichen Entfernung von 15 bis 18 Meilen. Unter den bulgarischen Städten durch Schönheit ausgezeichnet. Die ursprünglichen Werke umgeben die Stadt und ziehen sich selbst am Ufer der Donau hin, obschon dieser Strom die Stadt vom Norden deckt. Hier bilden sie 3½ gewaltige Uferbatterien, von denen die mittlen beiden mit einander verbunden sind. Unter Mahmud erhielt die Stadt mächtige Außenwerke, die einen Gürtel um die Stadt schlingen. Der Graben, 20 Fuß breit, wird theilweise unter Wasser gesetzt. Wall 20 Fuß im Durchmesser mit Escarpe, aber nur 8 Fuß über dem Glacis erhaben. Haupttheil der Stadtbefestigungen ist die sogenannte innere Festung. Die Uferbatterien haben ein sehr starkes Flankenwerk oberhalb der Donau, welches wiederum durch ein sehr starkes Außenwerk gedeckt wird. Die Uferbatterien sind nur vorliegende Werke. Hinter ihnen sind die festen Werke der Stadt geschlossen. Die Haupttheile davon sind die Bastionen Tschengel, Schain, Gassler, Stambul, Mufftjere, Ordu, Muhendis, Rinai-Emin, Pascha und Symrpll. Das Terrain an der Straße nach Rassowa zwischen Donau und Gebirge wird von einem starken Schanzwerke mit zwei Flankenwerken gesperrt. Auf den nahen Anhöhen, welche die Stadt um etwa 200 Fuß überragen, liegen die detachirten Werke, die Stadt in einer Reihe umschließend. Diese jüngsten Werke von S. sind sehr bedeutende Fortificationer. Zunächst der Straße nach Rassowa liegt das viereckige bastionirte Werk Jelanli. Ihm zunächst auf einer gesonderten Berghöhe liegt das Fort Abdul-Medschid, ein ebenfalls bastionirtes Viereck mit zwei Thürmen, dreifachem Granitmauerwerk und einer Armatur von 60 Geschützen. Beiden dient als vorgeschobenes Werk die Araberschanze. Zunächst Abdul-Medschid auf einem anderen Berge liegt das Werk Meridje und beide beherrschen die Straßen nach Basardschik und Schumla. Das geschlossene Schanzwerk Mamudie schließt die halbmondförmige Reihe und beherrscht das Terrain der Straße von Rasgrad. Die Stadtbefestigungen bestehen aus zwei Linien, und ein doppelter nasser Graben umgiebt die Stadt. Im Innern der Stadt liegen die Magazine, Werkstätten, Spitäler, Kasernen und das Arsenal. Mehre Courtinen sind erst vor der letzten Belagerung (1854) auf Anordnung Friedrich Grachs (eines Preußen) angelegt worden. Einige dürften durch ihre Länge benachtheilt sein. Mehre Donauinseln gereichen der Festung zum Nachtheil, so lange sie nicht fortificirt und in das Festungssystem eingeschlossen sind. Sie gewähren dem Feinde, wenn er im Besitze einer Flotille ist, stets, wie 1854, eine Position. Ein anderer Nachtheil war der Mangel eines Brückenkopfes. Nach den Bedingungen des Friedens von Bukarest durfte ein solcher oder überhaupt eine türkische Fortification auf walachischem Gebiete nicht angelegt werden. Die Stadt ist von drei Seiten von einem von der Donau gespeisten Kanal umgeben. Dieser ist natürlich überbrückt und an diesem befindet sich freilich ein Brückenkopf. Derselbe besteht aus einem starken fortartigen Werke mit 2 Thürmen. Alle diese Fortificationen sind mit viel größerer Sorgfalt ausgeführt, als sie sonst bei türkischen Festungen gefunden werden, namentlich ist statt des Erdmaterials sehr viel Granitmauerung zur Anwendung gebracht worden. Auch ist die Anlage systematischer als bei anderen türkischen Festungen, ein Beweis, welche Wichtigkeit diesem Platze beigemessen worden ist. Der letzte orientalische Krieg hat zu einer bedeutenden Verstärkung und Verbesserung Silistrias veranlaßt und mehre bedeutende detachirte Werke, z. B. Fort Kurschid, sind bei dieser Gelegenheit entstanden. Als fester Militairplatz vertheidigte sich Silistria zum ersten Male 1773, und zwar gegen die Russen. Sie wurden blutig abgewiesen. 1810 fiel S. durch Verrath nach vorhergegangener Belagerung in die Hände der Russen. 1828 wurde S. zwei Mal von den Russen ohne Erfolg belagert und 1829 fiel die Festung erst nach 2½ monatlicher Belagerung in die Hände der Russen, wobei ebenfalls Verrath obgewaltet haben soll, jedenfalls aber mehr der Zwist der beiden Paschas Seret und Achmet als die Unhaltbarkeit des Platzes, obschon er nur mit 10,000 Mann besetzt war, beigetragen hat. Die schwerste Belagerung erlitt S. ebenfalls durch die Russen im Jahre 1854. Bei Beginn der Belagerung betrug die Armatur 680 Fortificationsgeschütze und 70 Feldgeschütze. Die Besatzung bestand aus 12,000 Mann und wurde von Mussa Pascha befehligt, das Geniewesen von Friedrich Grach, einem ehemaligen preußischen Artillerieoffizier, dirigirt. Das russische Belagerungsheer war zuerst 53,000 Mann und vermehrte sich in der Folge auf 90,000, welche unter dem Oberbefehle des Fürsten Paskiewicz, später des Fürsten Gortczakow, von 50 Generalen commandirt wurden. Das Geniewesen dirigirte der Graf Schilder. Am 13. Mai war S. eingeschlossen. Auf der Donauinsel wurden Batterien errichtet und eine Flotille zur Mitwirkung aufgestellt. Vom 23. Mai an begannen die Stürme nach einer sehr heftigen Beschießung aller Werke. Die Stürme konnten zunächst jedoch nur auf die detachirten Werke gerichtet sein. Am heftigsten waren sie gegen die Araberschanze und das Fort Abdul-Medschid. Allein kein einziger hatte den erwarteten Erfolg und die meisten endeten mit dem Rückzuge der Russen unter ungeheuren Verlusten. Mit dem 2. Juni unternahm Paskiewicz einen heftigen Minenkrieg, der aber ebensowenig Erfolg hatte und die Türken durchaus nicht an ihren für die Russen so verderblichen Ausfällen hinderte. Am 9. Juni unternahm Paskiewicz einen großen allgemeinen Angriff, der in der Hauptsache jedoch dem Fort Abdul-Medschid galt. Allein derselbe wurde glänzend siegreich abgewiesen und Fürst Paskiewicz zog sich, angeblich wegen Verwundung, vom Schauplatze zurück. Fürst Gorczakow übernahm den Oberbefehl und ordnete für den 13. Juni einen noch stärkeren allgemeinen Angriff an. Allein auch dieser hatte nur ein großes Blutbad zur Folge und den Rückzug der Russen. Da keine Hoffnung auf bessere Erfolge vorhanden war, hob Gorczakow, der sich als krank bereits aus dem Lager zurückgezogen hatte, am 22. Juni die Belagerung auf. Die Russen hatten 12,000 Mann Todte, darunter den General Selvan und den Geniechef Schilder. Die Türken hatten ihren Commandant Mussa Pascha, aber kein einziges Werk verloren; überhaupt war diese Vertheidigung von Silistria eine so glänzende, daß die üble Meinung des Kaisers Nikolaus von der Wehrhaftigkeit des türkischen Reichs gänzlich widerlegt wurde.

Simla, englisch-ostindische Festung. (S. Asien.)

Simolin, Alexander Freiherr von, preußischer General.

Simplon, ein Alpengipfel von 10,800 Fuß Höhe zwischen Savoyen und der Schweiz, in der alten Kriegsgeschichte denkwürdig durch einen blutigen Kampf der alten Cimbern mit den Römern im Jahre 109 v. Chr., dem nach Vereinigung der Teutonen und Cimbern im Jahre 106 die schwere Schlacht an der Rhone folgte, wegen deren Verlust der Consul Servilius in die Verbannung getrieben wurde. Ueber 80,000 Römer waren geblieben. In der neueren Kriegsgeschichte ist der S. durch den Uebergang Napoleons I. nach Italien denkwürdig geworden. Zu diesem Zwecke hatte derselbe eine Straße bauen lassen, die sich bis zu 6186 Fuß erhebt und für welche 264 Brücken erbaut werden mußten. Diese schwierige Straße war so practicabel, daß Napoleon beim Uebergange seines Heeres durchaus keinen Verlust erlitt. Bei dem Plane Napoleons, Italien mit Frankreich zu vereinigen, war diese Straße um so wichtiger, als Italien durch die Gebirge fast ganz von Frankreich geschieden war, der Seeweg aber wegen der feindseligen Haltung Englands gefährdet war. Daß die Simplonstraße durch Fortificationen beherrscht werden mußte, ist begreiflich. Bei einem Kriege in Italien wird die Simplonstraße stets für Frankreich von größter militairischer Bedeutung sein. 1814 war dieselbe ein Gegenstand des Kampfes, ebenso wie der damals noch schlecht gebahnte Paß 1799.

Singapore, englisch-ostindische Insel und Hauptstadt mit Hafen und bedeutenden Militaireinrichtungen. (S. Asien.)

Sinope, türkische Hafenstadt und Seeveste am schwarzen Meere, eine ursprünglich milesische Colonie, später Haupt- und Residenzstadt des pontischen, noch später des trapezuntischen Reichs, im Anfange des 13. Jahrhunderts von den Seldschuken, 1461 von den Osmanen erobert, ist gegenwärtig mit Umfassungswerken, zwei Forts, detachirten Schanzwerken und mehren Hafenbatterien versehen, ganz orientalisch gebaut, hat 14,000 Bewohner. Hier begann der letzte orientalische Krieg, indem die russische Flotte des schwarzen Meeres am

30. November 1853 eine türkische Flotille von 15 Fahrzeugen überfiel und bis auf ein einziges Fahrzeug in den Grund schoß.

Sinsheim, badische Stadt von 3000 Bewohnern an der Elsenz. Hier die Oestreicher durch die Franzosen 1674 unter Turenne, 1799 unter Ney, letzteren Jahres aber wieder die Franzosen durch die Oestreicher geschlagen. Am 22. Juni 1849 suchten hier die Reichstruppen unter dem General Peucker den geschlagenen Revolutionstruppen unter Mieroslawski den Rückzugsweg abzuschneiden, was ihnen aber nicht gelang.

Sipoys, s. v. w. Spahi (s. d.).

Sistowa, bulgarische Stadt an der Donau von 20,000 Einwohnern, Friede von S. zwischen Oestreich und der Pforte abgeschlossen 30. December 1790.

Situationszeichnung, Planzeichnung (s. d.), soll nicht blos die Gegenstände eines Terrains in ihrem besonderen eigenen Verhältnisse, sondern auch in dem zu einander darstellen. Unter allen militairischen Zeichnungen muß die Situationszeichnung vorzugsweise ins Detail gehen und nichts weglassen, was eine hervortretende Subjectivität besitzt. Dinge, die militairisch unbedeutsam scheinen, können doch durch ihr Verhältniß zu andern Terraingegenständen wichtig werden, erleichtern aber stets die Orientirung, daher sie nicht übergangen werden dürfen. Im Weiteren s. Aufnehmen, Planzeichnen, Karte.

Skanderbeg, Iskenderbeg (i. v. w. Fürst Alexander), einer der kühnsten Helden seines Jahrhunderts, Albanese von fürstlicher Herkunft, des ursprünglichen Namens Georg Kastriota, geb. 1404, als Geißel beim Sultan Murad ließ ihn dieser zum Mahomedaner erziehen. Er zeichnete sich beim Heere schon als zarter Jüngling in ungewöhnlicher Weise aus und erwarb sich dadurch obige Ehrennamen und ein Sandschak. Er wäre der beste und mächtigste Diener der Pforte geworden, wenn der Sultan nicht danach getrachtet hätte, ihn um sein väterliches Erbe, sein albanesisches Fürstenthum zu bringen, zu welchem Zwecke bereits die Brüder Skanderbegs vergiftet worden waren. S. entfernte sich heimlich vom Heere, erzwang sich mit List und Gewalt die albanesische Festung Kroja, hieb die türkische Besatzung nieder und sammelte hier einen Haufen von Landsleuten und Freunden, mit denen er in wenigen Wochen alle albanesischen Festungen nahm, wonach er sich zum Fürsten des Landes erklärte. Der Sultan schickte ein Heer von 40,000 Mann unter Ali Pascha gegen ihn. Aber S., obschon er nur 15,000 Mann zusammenbringen konnte, vernichtete dieses türkische Heer. Darüber aufs Aeußerste erbittert, unternahm Murad einen zweiten Feldzug, der aber türkischer Seits nicht minder kläglich endete, und ein dritter und vierter hatte keinen besseren Erfolg; stets wurden die türkischen Heere nicht blos geschlagen, sondern zersprengt und vernichtet. Und einen durchaus nicht besseren Erfolg hatte ein Feldzug, den Murad 1449 mit 100,000 Mann unternahm und den er in Person leitete. Diesen Feldzug wiederholte der Sultan ebenso erfolglos 1450. Mohammed II. setzte diesen Krieg mit Energie, aber so erfolglos fort, daß er es nach 10 Jahren vorzog, Frieden zu schließen und S. als Fürsten von Albanien anzuerkennen. 1464 nahm S. Theil an dem Kriege Venedigs gegen die Türkei und schlug die Türken wiederholt in wichtigen Schlachten. Der Sultan wendete nun seine Hauptmacht gegen S., wurde aber ebenfalls geschlagen. Plötzlich starb S. 1466, der Krieg wurde aber von Venedig und den Albanesen noch 12 Jahre im Interesse von S's. unmündigem Sohne fortgesetzt und die Eroberung Albaniens, die bei S's. Leben unmöglich gewesen war, wurde nun unter großen Greueln vollbracht.

Skandinavien, s. v. w. die vereinigten Norwegen (s. d.) und Schweden (s. d.).

Skarpanto, türkische Insel zwischen Kreta und Rhodus, zur Zeit des alten Griechenlands Karpathos genannt; hier 305 vor Chr. Demophilos von den Rhodiern zur See geschlagen.

Skrzynecki (sp. Skschinezki), Johann, Pole, geb. 1787, studirte, trat aber nach Errichtung des Herzogthums Warschau in das polnische Heer und folgte in diesem den Fahnen Napoleons I. Nicht ohne Verdienst erstieg er unter Napoleon die Stufe des Oberstlieutenants; in das 1815 errichtete polnische Nationalheer trat er als Oberst, und erst 1830, nach Ausbruch der Revolution, erhielt er Generalsrang und führte, als die russische Armee gegen Praga heranrückte, einen Theil der Avantgarde von 5000 Mann mit 8 Kanonen. Mit diesen bestand er 5 Stunden lang in glänzender Weise den Kampf gegen das russische Corps des Generals Rosen, welches aus 20,000 Mann mit 26 Geschützen bestand. Stolz und imponirend zog er sich erst dann zurück, als das 80,000 Mann starke russische Heer herangelangt war. Diese wackere That, die ganz Polen begeisterte, schaffte ihm das Avancement zum General und war ihm die vorzüglichste Empfehlung zur spätern Ernennung zum Oberbefehlshaber. In der Schlacht bei Grochow trieb er die gewaltige Hauptmasse der russischen Artillerie aus dem Erlenwäldchen, in welchem sie Diebitsch postirt hatte, wodurch derselbe bei den Polen den höhnenden Beinamen Waldmarschall erhielt. Nach Chlopizkis Verwundung bei Grochow und Radziwills Rücktritte erhielt er, obschon ihm im Range zahlreiche andere Generale vorangingen, den Oberbefehl. In diesem bewährte er sich aber gar nicht. Beim polnischen Kampfe kam alles auf eine kühne, kräftige Offensive an; Skrzynecki dagegen verstand es nur, sich wacker zu wehren. Im Angriffe lähmte ihn fort und fort das Bewußtsein der Verantwortlichkeit, wie er denn auch mehr der Diplomatie als dem Schwerte vertraute. Seine Neigung für diplomatische Operationen und sein Interesse an den Zeitungen hatte ihm früher bereits den Spott des Großfürsten Constantin zugezogen. Nachdem er den Oberbefehl übernommen, galt es, eiligst den vordringenden Russen entgegenzutreten. Er schlug sie bei Wawre und Dembe glänzend, hatte aber keinen Muth zur Verfolgung, die die gänzliche Vernichtung der beiden geschlagenen russischen Corps herbeigeführt haben würde. Einen dritten glänzenden Sieg erfocht er bei Iganie, aber alle Siege wurden fruchtlos in Folge der starren Unthätigkeit, die er nach ihnen befolgte, um den diplomatischen Entwickelungen Raum zu lassen. Im Mai wendete er sich, von der Regierung gedrängt, gegen die russische Garde. Während er Diebitsch durch Uminski täuschen ließ, rückte er bis zur lithauischen Grenze vor, erreichte die Garden, zog sich aber, trotz seiner Uebermacht, ohne angegriffen zu haben, vor ihnen zurück, wehrte sich dagegen mit großer Bravour bei Ostrolenka, wo er von Diebitsch angegriffen wurde. Von hier ab fiel er in die unverantwortlichste Unthätigkeit, ließ die ganze russische Armee den gefährlichsten Flankenmarsch an sich vorüber ausführen und selbst die Weichsel überschreiten, ohne das mindeste gegen sie zu unternehmen. Es wurde ihm daher im August der Oberbefehl entzogen, aber Polens Sache war durch ihn entschieden, und was er verdorben, hätte kein anderer General, außer etwa Uminski, wieder gut machen können. Er suchte im folgenden Jahre in der belgischen Revolution eine Rolle zu spielen, erhielt auch den Oberbefehl über das belgische Heer, doch mußte ihm derselbe auf Requisition der Mächte wieder entzogen werden. Er lebte dann meist in Brüssel. Mit den Vorwürfen seiner Landsleute schwer beladen, hat keine Thräne der Theilnahme die Blumen seines Grabes getränkt.

Smith, Sir William Sidney, Engländer, geb. 1764, ging schon als Kind zur Marine, erwarb sich durch seltene Kühnheit und Einsicht bis zum 19.

Lebensjahre den Rang eines Fregattencapitains, worauf er den schwedischen Seekrieg gegen Rußland mitmachte und sich außerordentlich bei allen großen Ereignissen auszeichnete. Nach Ausbruch des französisch-englischen Kriegs kehrte er zur englischen Marine zurück, zerstörte die Marineetablissements von Toulon und eine Anzahl französischer Schiffe. Vor Havre gefangen, drohte ihm das schlimmste Schicksal, doch wurde er durch Freunde und List aus der Haft befreit. 1798 brachte er einen Theil der französischen Flotte auf und unterstützte St. Jean d'Acre so, daß Napoleon die Eroberung dieses Platzes mißlang und damit der ganze Erfolg seiner orientalischen Speculationen verloren ging. 1805 wurde er Contreadmiral, 1807 unterstützte er zur See den Halbinselkrieg und trat dann von der Marine zurück. 1830 wurde er jedoch zum Generallieutenant bei der Marinearmee ernannt. Starb 1840.

Smolensk, russische Stadt an der Straße nach Moskau, Hauptstadt Weißrußlands, Gouvernementsstadt, ursprünglich lithauisch, 15,000 Einwohner, mit alterthümlichen, aus der lithauischen Zeit stammenden sehr einfachen, aber riesenhaften Werken umgeben, die jedoch aus fast nichts als ausgemauertem weiten Graben und ungeheuerlich dicker Mauer bestehen. In den Kämpfen zwischen Rußland und Polen hat S. mehrmals eine Rolle gespielt, desgleichen auch 1812, wo Napoleon sich durch einen Sieg bei S. (17. August) und Einnahme der Stadt den Weg nach Moskau öffnete. (S. Rußland.)

Sobieski, s. Johann III.

Sofia, bulgarische Stadt von 50,000 Bewohnern an der Bogana und der Straße nach Konstantinopel, im Donaugebiete, war in der byzantinischen und griechischen Zeit eine der vornehmsten und berühmtesten Städte des Orients. Aus dieser Zeit stammen ein altes, schönes, festes Schloß und die gewaltigen aus Wall, Graben und bastionartigen Halbthürmen bestehenden Umfassungswerke. Diese Werke haben einen riesigen Grundbau, waren aber gänzlich verwahrlost und durch Privatanbaue theilweise wie verschwunden, bis endlich der letzte orientalische Krieg Veranlassung gab, sie, so weit es möglich war, wieder herzustellen und durch vorgelegte Erdwerke zu verstärken. S. ist der Knotenpunkt der wichtigsten Straßen, und auf der zweiten Vertheidigungslinie, der des Balkans, nicht ohne strategische Wichtigkeit.

Soissons, französische Stadt an der Aisne von 8000 Einw. Vereinigungspunkt der aus den Niederlanden nach Frankreich und namentlich nach Paris führenden Heerstraßen, Schlüssel von Paris, strategisch wichtig, aber ohne Fortificationen außer den aus dem Mittelalter stammenden, die in einer umfassenden Mauer mit Graben bestehen.

Soissons, Grafen von, s. Bourbon, Condé und Carignan.

Sokrates, Grieche, in Athen 470 v. Chr. geb., einer der größten Denker aller Zeiten, glänzte auch als Held, machte die Belagerung von Potidäa mit und rettete den Alcibiades, desgleichen die Schlacht bei Delium, in welcher er Xenophon rettete und der Letzte auf der Flucht war, und nahm auch rühmlich am Kampfe bei Amphipolis Theil. Als Götterleugner angeklagt und verleumdet, wurde er zum Tode verurtheilt und gezwungen, Gift zu trinken. So starb er 69 Jahre alt. Die Athener aber bereuten bald diese That, bestraften die Ankläger und setzten dem edlen großen Mann eine Bildsäule.

Sold heißt die Geldbelohnung für geleistete militärische Dienste. Seine Höhe ist so berechnet, daß der Soldat damit diejenigen Bedürfnisse bestreitet, für welche von Seiten des Staates nicht gesorgt werden kann. Nach dem Umfange der Verpflegung richtet sich daher die Höhe des Soldes. Der russische Soldat, dem der Staat fast alles, selbst den Tabak liefert, erhält daher einen sehr geringen Sold, der unter Nikolaus bei der Infanterie nur

3 Pfennige pro Tag betrug. Bei den meisten deutschen Heeren beträgt der Tagessold des gemeinen Infanteristen ungefähr 2½ Groschen, wovon jedoch, wenn er das Mittagsmahl aus der Garnisonküche erhält, ein Abzug gemacht wird. Vom übrigen hat er dann noch Putzzeug, Zwirn und kleine Nahrungsbedürfnisse zu bestreiten. Alle Heere der civilisirten Staaten sind auf Sold gesetzt und selbst die irregulairen Truppen erhalten ihren bestimmten Sold, weil sie ohne denselben zu Plünderung und widerrechtlichen Handlungen anderer Art veranlaßt und genöthigt sein könnten. Schon im Alterthum war der Sold eingeführt, weil der Staat nicht immer im Stande war, sich der Sorge einer alles umfassenden Verpflegung zu unterziehen. Die Heere des deutschen Alterthums erhielten keinen Sold und lebten von dem, was sie in den Gegenden fanden, die sie betraten. Der Heerbann des Mittelalters erhielt vollständige Verpflegung und die Bannerherren sorgten für die Verpflegung ihrer Geleite, wobei aber die Beute als die vorzüglichste Quelle betrachtet wurde. Im Mittelalter wurden Heere auch oft auf die Bedingung hin geworben, daß die Beute getheilt werde. Doch wurde auch den Söldnern, denen ein bestimmter Lohn ausgezahlt werden mußte, oft ein Antheil an der Beute zugestanden, und noch jetzt wird den Soldaten ein Anspruch auf eroberte Werthgegenstände zugestanden, um ihren Kriegseifer dadurch zu erhöhen.

Soldat, s. v. w. besoldeter Krieger, Militair (s. d.), steht zur Regierung in gleichem Verhältnisse wie der Staatsdiener und unterscheidet sich von diesem nur dadurch, daß seine Bestimmung lediglich dem Kriege gilt, und zwar der unmittelbaren Theilnahme an dessen eigentlichem Wesen, dem Kampfe. Daher auch werden die für das Kriegswesen angestellten Verwaltungs-Beamten nicht zu den Soldatenstande gerechnet. Der Soldatenstand ist kein Gegensatz des Bürgerstandes, welche fälschliche Bedeutung ihm erst dadurch eigen geworden ist, daß er in Revolutionen nicht selten gegen den Bürgerstand verwendet werden mußte. Wie in früheren Zeiten Bürger- und Kriegerstand Eins waren, indem der Krieg den Bürger zum Krieger, und der Friede den Krieger zum Bürger machte, so ist der Soldatenstand auch eigentlich nur ein Theil des Bürgerstandes, um so mehr, als er aus diesem entspringt und das Individuum nur zeitweilig aus demselben zu seinem besonderen Zwecke entfernt. Der Zweck des Soldatenstandes gilt in der That auch nur dem Bürgerstande, nämlich der Erhaltung der gesellschaftlichen Ordnung im Staate gegen äußere Feinde, also der Erhaltung der Verhältnisse, in welchen Bestehen und Wohl des Volkes, resp. des Bürgerstandes, begründet sind. Wo daher der Soldatenstand als Zubehör eines sich als Gegenpartei betrachtenden Thrones behandelt und ihm in Form, Geist und Wesen eine strenge Sonderung verliehen worden ist, da hat der Soldatenstand seinen natürlichen Beruf verloren und einen unheilsamen Einfluß gehabt, wie z. B. in Frankreich, wo er stets das willigste Mittel zu Usurpationen und verwerflichen Umwälzungen gewährte. Die einsichtsvolleren Regierungen haben daher in neuerer Zeit das wieder zu beseitigen gesucht, wodurch die Sonderung hervorgerufen wurde. So hat man dem Militair Stimmrecht für die Volksvertretung gegeben, es aber auch der allgemeinen Steuerpflicht unterworfen, man hat es zum Eid auf die Verfassung gezogen, die Militairgerichte ganz oder zum Theil aufgehoben ꝛc. Daß indessen mit dem Fortschritt in dieser Richtung ein bestimmtes Maß einzuhalten ist, hat die Erfahrung sehr bald gelehrt und wird aus dem eigenthümlichen Verhältniß, in welchem sich der Soldat als solcher befindet, wohl ersichtlich. (S. Militair.)

Soliman II., der Große, Beherrscher der Türkei, geb. 1496, bestieg den Thron 1520. Unter seinen Waffenthaten ist die Unterwerfung der Mameluken die erste. Er unterwarf Syrien, eroberte Belgrad 1521, im folgenden Jahre die Inſel Rhodus. Führte einen Krieg gegen Ungarn mit großer Energie, gewann die berühmte Schlacht bei Mohacz, erſtürmte Ofen und belagerte 1529 Wien mit ungeheurer Macht, jedoch vergeblich, zog dann aufs Neue gegen Perſien, doch hatte der Krieg einen zweifelhaften Erfolg. Malta ſuchte er 1565 vergeblich zu erobern, doch nahm er im folgenden Jahre Chio, während er zugleich einen glücklichen Krieg in Ungarn führte. Hier ſtarb er 1566 vor Szigeth vier Tage vor Eroberung dieſes Platzes. Er war einer der gebildetſten Männer ſeines Volkes, ein großer Krieger von ſtrengen Grundſätzen gegen andere wie gegen ſich ſelbſt. Seine Strenge artete jedoch oft zur Grauſamkeit aus. Im Kriege erſtrebte er den Erfolg nicht weniger durch Kunſt als nach osmaniſcher Weiſe durch die Schwere der Maſſe.

Solingen, preußiſche Stadt an der Wupper im Rheingebiete mit 23,000 Bewohnern, davon gegen 12,000 Fabrikarbeiter ſind; iſt berühmt durch ganz Europa wegen ſeiner Gewerbfabriken, beſonders ſeiner Schwertfegereien und Kuraßſchmieden, fertigt jährlich über 500,000 Degen, Säbel, Hirſchfänger, Faſchinenmeſſer ꝛc., ungleich mehr Bajonnete, weniger Feuergewehre. In allen Stahlwaffen hat S. den Vorzug vor andern europäiſchen Fabrikſtädten und liefert daher an die Heere der meiſten europäiſchen Staaten. Für Küraſſe, Helme, Beſchläge, Steigbügel und Garnituren aller Art iſt Solingen ebenfalls der wichtigſte Fabrikort.

Solothurn, 10. ſchweizer Canton mit 12½ □M. und 70,000 Bewohnern (ſ. Schweiz). Die gleichnamige Hauptſtadt hat Zeughaus mit vielen kriegsgeſchichtlichen Antiquitäten.

Soltikow, Terentij, Waffengenoſſe des (ruſſiſchen) Heiligen Alexander newski und ausgezeichnet in der berühmten Schlacht an der Newa, wodurch er ſeinen Namen für alle Zeiten in Rußland in das höchſte Anſehen verſetzte.

Soltikow, Peter Semenowitſch Graf von, nahe verwandt mit dem ruſſiſchen Kaiſerhauſe, erhielt den ruſſiſchen Oberbefehl im dreißigjährigen Kriege 1759, ſiegte bei Kai und Kunersdorf, wurde dafür Feldmarſchall und ſtarb 1772.

Soltikow, Iwan Petrowitſch Graf von, Sohn des Vorigen, ruſſiſcher Feldmarſchall, hatte gegen die Türkei 1788—1790 auf einem der drei Hauptſchauplätze commandirt und ſich namentlich durch die Erſtürmung Chocims einen großen Namen gemacht. Starb 1805.

Soltikow, Nikolai Iwanowicz Fürſt von, Ruſſe, geb. 1736, ruſſiſcher Feldmarſchall, Präſident des Kriegscollegiums, Höchſtbevollmächtigter in Abweſenheit des Kaiſers Alexander. War deſſen Erzieher geweſen und wurde von ihm 1814 gefürſtet. Starb 1816.

Soltyk, Roman, Pole, geb. 1791, gewiſſermaßen Schüler und Zögling Koscciuszkos und der polytechniſchen Schule zu Paris, aus edelſtem Geſchlechte, 1807 trat er in das polniſche Heer des Herzogthums Warſchau und damit in das franzöſiſche Heer, machte die Feldzüge 1809, 1812 und 1813 bis zur Schlacht bei Leipzig mit, wo er einen Theil der franzöſiſchen Artillerie commandirte und in Gefangenſchaft gerieth. In der Revolution 1831 ſprach er die Abſetzung des Kaiſers Nikolaus als Königs von Polen aus, betrieb mit Energie die Kriegsrüſtungen, organiſirte das Volksheer und commandirte im September vor Warſchau die Artillerie, über welche dem das zweite Commando hatte. Flüchtete nach dem Falle Polens ins Ausland und ſtarb daſelbſt 1843. Namhaft durch mehrere militairhiſtoriſche, ſeine Erlebniſſe berührende Schriften.

Somerſet, Fitzroy James Henry, Lord Raglan, Sohn des Herzogs von Beaufort, Engländer, geb. 1788, trat 1804 in die engliſche Armee, machte ſeit 1807 den Halbinſelkrieg mit, wurde Adjutant des Herzogs von Wellington und machte als ſolcher und als Oberſt den Feldzug 1815 gegen Napoleon, und namentlich die Schlacht bei Waterloo mit, in welcher er einen Arm verlor, erwarb ſich in der Folge als Militairſecretair um die Heeresverwaltung große Verdienſte, wurde 1825 Generalmajor, 1838 Generallieutenant, 1852 Generalfeldzeugmeiſter und 1854 Generaliſſimus der im orientaliſchen Kriege gegen Rußland geſendeten Armee, ſchlug die Schlacht an der Alma, übernahm nach Arnauds Abgange den oberſten Befehl bei der Belagerung von Sebaſtopol bis zur definitiven Ernennung eines franzöſiſchen Oberbefehlshabers, commandirte in der Schlacht bei Inkermann und ſtarb 1855 vor Sebaſtopol zur Zeit, wo der Fall der Feſte ſich in ſichere Ausſicht geſtellt hatte. Seine Leiche wurde nach England überſchifft und dort mit königlichem Glanze beigeſetzt. Kurz vor ſeinem Tode war ihm die Würde eines Feldmarſchalls verliehen worden, die ſonſt nur Mitgliedern der königlichen Familie zu Theil zu werden pflegt. (S. ins Beſondere Sebaſtopol.)

Somerſet, Edward Seymour Herzog von, Engländer, mit dem Königs- hauſe verwandt, von welchem er bei Gelegenheit neuer Verſchwägerung mit demſelben zum Viscount Beauchamp erhoben und ſpäter zum Generallieutenant im Norden des Reichs ernannt wurde. Er leitete 1544 den Feldzug in Schottland, und nahm dann am Feldzuge in Frankreich Theil. Nach dem Tode Heinrichs VIII. wurde er Protector des Reichs und zum Herzog von Somerſet, Lord und Großadmiral durch den unmündigen König erhoben. In ſolcher Machtvollkommenheit erhob er 1547 wieder den Krieg gegen die Schotten und beſiegte ſie bei Pinkey höchſt glänzend. Das war ſeine letzte Waffenthat. Durch einen mächtigen Nebenbuhler verleumdet und vor Gericht gebracht, wurde er 1552 hingerichtet.

Sonnenſtein, alte Bergfeſte in Sachſen bei Pirna, wurde im 16. Jahrhundert als Feſtung eingerichtet, im ſiebenjährigen Kriege von den Preußen erobert und geſchleift, 1813 von den Franzoſen wieder hergeſtellt, nach dem Frieden aber von den Sachſen nicht wieder armirt, ſondern zu einer Heilanſtalt eingerichtet.

Soubiſe, Benjamin Herzog von Rohan, Franzoſe, geb. 1589, diente zuerſt unter Moritz von Oranien und war ſeit 1621 einer der kühnſten Führer der Hugenotten in Frankreich, vertheidigte St.-Jean-d'Angely und Larochelle vergebens, aber lange und äußerſt muthig. 1625 eroberte er einen großen Theil der königlichen Flotte, wurde aber von einer franzöſiſch-holländiſchen Flotte geſchlagen, erzwang demungeachtet das Edict von Nantes, vertheidigte Larochelle (ſ. d.) beim Wiederausbruch des Krieges mit dem größten Muthe, ohne jedoch den Platz behaupten zu können. Starb in England 1642.

Soubiſe, Henry, ſ. Rohan.

Soubiſe, Charles Fürſt von Rohan, Franzoſe, geb. 1715, erhielt durch Vermittelung der Maitreſſe Ludwigs XV. von Frankreich die höchſten Würden im Heere und Staatsweſen, ſo die eines Pairs und die eines Marſchalls und im ſiebenjährigen Kriege die eines Oberbefehlshabers, wurde von den Preußen in lächerlichſter Weiſe aus Gotha verjagt, verlor eben ſo ſchmählich bei Roßbach, und zeigte ſich nach dieſer Schlacht eben ſo erbärmlich auf der Flucht, als vorher in Uebermuth und Großſprecherei. Er behielt zwar das Obercommando, aber der eigentliche Befehlshaber war fernerhin der Herzog von Broglio. Als es Soubiſe gelungen, durch Frau von Pompadour den Herzog von Broglio vom Heere zu entfernen, zeigte ſich ſeine Unfähigkeit wieder in Verkehrtheiten aller Art, denen aber der Friede bald ein Ende machte. Starb 1787.

Soult, Nicolaus Jean de Dieu Herzog von Dalmatien, Franzoſe, eines

Bauers Sohn, geb. 1769, ging 1785 als Gemeiner zum Militair und schwang sich in den zwei ersten Jahren der Revolution vom Unteroffizier zum General durch ungewöhnliche Kühnheit und Umsicht auf. Er kämpfte vorzugsweise in den Niederlanden, 1799 machte er den Feldzug in der Schweiz, 1800 in Italien mit, wurde bei Monte Creto in Folge Verwundung gefangen; nach dem Frieden freigegeben, erhielt er 1801 den Oberbefehl in Neapel, wurde 1804 Marschall, zeichnete sich im Feldzug von 1805 vorzüglich und namentlich bei Austerlitz aus, trug zum Siege bei Jena das meiste bei, half Lübeck nehmen, focht bei Eylau und nahm Königsberg. Zum Herzog von Dalmatien erhoben, spielte er von da ab in Spanien eine Hauptrolle und mußte unter den schwierigsten Verhältnissen der französischen Fahne Glück und Glanz zu erhalten, bis 1812 durch den russischen Feldzug seine Machtmittel eine große Beschränkung erlitten hatten. 1813 wurde er eilig auf den deutschen Kriegsschauplatz berufen, schlug die Schlachten bei Lützen und Bautzen mit, mußte aber eben so eilig nach Spanien zurückkehren. Allein er konnte jetzt der englisch-spanischen Armee nicht widerstehen, wurde bei Orthez geschlagen und versuchte noch einmal bei Toulouse Widerstand zu leisten, als der Friede eintrat. Er wurde unter Ludwig XVIII. Kriegsminister und im zweiten Kaiserreiche Generalmajor des Heeres. Er vermochte es nicht, den zweiten Fall Napoleons abzuwenden. 1827 wurde er Pair, danach wiederholt Minister, erhielt 1847 die außerordentliche Würde eines Generalmarschalls von Frankreich, trat nun aber aus dem öffentlichen Leben zurück und starb 1851.

Soult, Pierre Bénoit, Bruder des Vorigen, geb. 1770, wurde durch seinen Bruder, aber nicht ohne Verdienst, in die höheren Staatswürden mit emporgehoben und starb 1843 als Generallieutenant.

Southampton, englische Stadt mit 40,000 Einw., großen und befestigten Handelshafen, hat Docks, Werfte und Leuchtthurm, Besatzung, Lazareth und Matrosenschule, liegt an Englands südlicher Küste.

Souverain, selbstständig und unabhängig, also machtvollkommen.

Spahis, ehedem die irreguläre türkische Reiterei, gegenwärtig in Frankreich die Reiterei der algerischen Eingebornen unter französischem Commando.

Spalatro, dalmatische Stadt von 12,000 Einwohnern am Kanal von Salona, hat Hafen, Fort, Lazareth, große Kaserne und schöne Ueberreste großartiger römischer Bauten.

Spandau, preußische Stadt von 9000 Bewohnern, eine der Schutzwehre Berlins, im Mündungswinkel der Spree und Havel, zählt zu den Festungen zweiten Ranges, hat starke Umfassungswerke unter vortheilhaftem Terrainverhältniß bezüglich beider Ströme. Haupttheil der Festung ist die Zitadelle mit ihren ansehnlichen Magazinen und ihrem Arsenal. Die Besatzung beträgt im Frieden nicht über 2000 Mann. Sehr wichtig ist S. wegen seiner großen Militairwerkstätten, unter denen sich die königliche Stückgießerei, die Gewehrfabrik, Zündhütchenfabrik und die Pulvermühle auszeichnen. S. enthält eins der größten Zuchthäuser Preußens. Als Festung bereits 2½ Jahrhunderte bestehend, hat S. doch keine großen kriegerischen Erlebnisse gehabt. 1806 kam es durch Capitulation leicht in den Besitz Napoleons und 1813 durch die Lage der Verhältnisse ebenso leicht in den Besitz Preußens.

Spanien, Königsmonarchie in Europa, von 8364 ◻M., wozu noch die pityusischen, balearischen und canarischen Inseln mit 230 ◻M. kommen. Umgeben ist S. vom biscayischen Meerbusen, Frankreich, dem mittelländischen Meere, der Straße von Gibraltar, dem atlantischen Meere und Portugal. 15 Millionen Bewohner auf dem Festlande, 450,000 auf genannten Inseln. 49 Provinzen. Mischvolk aus Celten, Römern, Alemanen, Gothen, Sueven, Vandalen, Mauren,

Arabern. Haupt- und Residenzstadt Madrid (s. d.). Bis zum Jahre 1808 besaßen die spanischen Colonien in Amerika 310,000 ☐ M. mit 18,000,000 Menschen. Diese Besitzungen sind aber vom Staate bis auf weniges abgefallen. Staatseinnahme im Jahre 1860 1892 Millionen Realen, Ausgabe 1887 Millionen Realen. Jahresbedarf des Ministeriums für Krieg und Colonien 331,541,982 Realen, für die Marine 94,628,218 Realen; der Militairstellvertretungsfond 30,000,000 Realen; Civilliste 52,350,000, Apanagen 14,000,000 Realen. Consolidirte Staatsschuld 14,635,165,478 Realen; schwebende Schuld 664 Millionen Realen. Finanzzustand in hohem Maße zerrüttet; in gleichem Maße auch ist das Militairwesen ein nicht wohlgeordnetes. Conscription. Dienstzeit der Infanterie in der Linie 5 Jahre und hiernach in der Provinzialmiliz 3 Jahre. Stellvertretung gestattet. Betrag der Loskaufung 8000 Realen. Stand des Heeres ist: 40 Linieninfanterieregimenter zu 2 Bataillonen, 1 Regiment Fijo von Ceuta zu 3 Bataillonen, 20 Jägerbataillone zu 800 Mann und 80 Bataillone Provinzialmiliz, zusammen 144,000 Mann, 4 Regimenter Carabiniers zu Pferde, 4 Regimenter Küraffiers, 6 Regimenter Lanciers, 4 Regimenter Jäger zu Pferde, 2 Regimenter Husaren zu 4 Schwadronen und 2 Schwadronen reitende Jäger; 5 Regimenter Fußartillerie, 4 Brigaden reitende Artillerie, 2 Brigaden Gebirgsartillerie, 1 Brigade reitende Gebirgsartillerie, 5 Brigaden Fijas zu Fuß; 1 Genieregiment von 3 Bataillonen. Ferner königliche Hellebardiers 283 Mann, Miliz der canarischen Inseln 7329 Mann, Gendarmerie 10,900 Mann, Grenzwächter 11,800 Mann, Catalonisches Corps 500 Mann. Diese gesammte Militairmacht beträgt 202,266 Mann mit 16,940 Pferden, doch sind Gendarmerie, Grenzwächter und auch die Miliz zum eigentlichen Kriegsheere nicht zu rechnen. Dagegen hat S. in den Colonien noch 24 Regimenter und 14 Bataillone. Die meisten größeren Städte Spaniens haben ihre mittelalterlichen festen Werke noch, können deshalb aber nicht für Festungen gelten. Die Gesammtzahl der spanischen Festungen ist 125, doch sind die meisten verfallen. Als Festungen ersten Ranges werden genannt: Fuentarabia, San Sebastian, Santona, Santander, los Passages, Ferrol, Coruña, Vigo, Toro, Ciudad Rodrigo, Bajadoz, Olivença, Cadiz, Tarifa, San Roque, Malaga, Velez Malaga, Almeria, Cartagena, Alicante, Valencia, Murviedro, Taragona, Barcelona, Rosas, Figueras, Urgel, Puycerda, Pampeluna, Gerona, Hostalrich, Wanresa, Lerida, Tortosa, Mequinenza, Saragossa, und auf den Inseln und in Afrika Palma, Port Mahon und Ceuta. Die spanische Marine besteht aus 359 Segelfahrzeugen und zwar: 2 Linienschiffe von 86 und 84 Kanonen, 4 Fregatten (2 à 42, 1 zu 40 und 1 zu 32 Kanonen), 5 Transportfregatten (2 und 4 Kanonen), 5 Corvetten (2 à 30, 2 à 24, 1 zu 16 Kanonen), 23 Briggs zu 20, 18, 5 à 16, 14 à 15, 2 à 10 Kanonen, 8 Goeletten mit zusammen 56 Kanonen, 73 leichte Fahrzeuge mit je 1 Kanone, 5 Wachtfahrzeuge mit zusammen 32 Kanonen, 47 kleinere Wachtfahrzeuge mit zusammen 75 Kanonen, 150 Boote und 7 kleine Transportschiffe; ferner besteht die Flotte aus 4 Dampffregatten mit Schraube von 32 und 36 Kanonen und 300 und 400 Pferdekraft, 6 Dampffregatten mit Rädern von 16 und 2 Kanonen, 9 Dampfcorvetten mit Rädern von 300 und 350 Pferdekraft und 6 und 3 Kanonen, 3 Schraubenavisos von 12 Kanonen und 350 Pferdekraft und 18 Räderavisos mit 47 Kanonen. Die Gesammtzahl der Fahrzeuge ist 359. An Matrosen zählt die Flotte 12,190 Mann, das Marinemilitair enthält 6448 Mann an Artillerie und Infanterie. In den Seearsenalen sind beschäftigt 539 Mann. Die Flotte ist in fünf Seedepartements getheilt, und zwar Cadiz, Ferrol, Cartagena, Manila auf den Philippinen und Havana auf den Antillen. Hauptkriegshäfen mit allen

Anstalten zum Schiffsbau sind Cadix, Ferrol und Cartagena. Die Handelsmarine umfaßt 5175, von dem ein Theil in dringendem Kriegsfalle armirt zu
werden geschickt ist. Die spanischen Eisenbahnen messen nur eine Strecke von
120 Meilen, die Kanäle eine Strecke von 93½ Meilen, die Telegraphen
eine Strecke von 855 Meilen. Die überseeischen Besitzungen Sp., Cuba,
Puerto-Rico, Jungferninseln, Manila, Bissayer-Inseln, Babuyanen- und
Baschi-Inseln, Magindanao, Marianen, Presidios, Guinea-Inseln machen
5000 ☐ M. (5,300,000 Bewohner) aus. Die Ueberfüllung des geistlichen
Standes schmälert die Zahl der Kriegspflichtigen. S. hat 31,000 Mönche
und fast dreimal so viel Weltgeistliche, die zusammen fast ein Drittheil des
gesammten Grund und Bodens besitzen. Orden sind: der Orden des goldnen
Vließes, Karlsorden, Ferdinandsorden, Marineorden, Isabellenorden, die Ritterorden von Calatrava, Alcantara, St. Jago und Montesa; Orden der Treue,
Ehrenzeichen von Saragossa, Ehrenmedaille für solche, die sich im Halbinselkriege aus französischer Gefangenschaft befreit hatten, Orden zu Ehren der
Vertheidigung von Ciudad Rodrigo, Orden für die, welche wegen Treue zum
Könige 1808 ihre Freiheit verloren hatten. Der hohe Adel (Granden) ist in
3 Classen getheilt und besetzt in der Regel die höchsten Staats- und Militair-
stellen. Die Menge der Offiziere übersteigt alles Verhältniß und beweist die
üble Organisation des Heeres. 1814 hatte Spanien 700 Generale und so viel
Offiziere überhaupt, daß man eine Armee von 1½ Million Mann hätte organisiren können. Dieses Mißverhältniß ist nur zum geringsten Theile beseitigt worden. Militairisch ist das Land in 14 Theile (Generalcapitanate)
getheilt. Obschon die politischen Schwankungen des Staates eine gute Organisation des Heeres verhinderten, hat sich doch das spanische Geniwesen den
Ruf großer Tüchtigkeit erworben. An Militairbildungsanstalten sind vorhanden die Infanteriecadettenschule zu Toledo, die Cavaleriecadettenschule zu Alcola
de Henarez, die Specialartillerieschule, Academie des Ingenieurcorps, Generalstabs-
schule zu Madrid und Collegio general militare in Toledo. Der Thron ist
im Besitze der höchsten Militairmacht, doch ist er durch eine Verfassung beschränkt, diese indessen ist der Spielball verschiedener politischer Parteien, die
schon seit dem vorigen Jahrhundert fortwährend mit einander im Kampfe
liegen. — Bei den iberischen und celtischen Urvölkern hatten sich bereits Phönizier und dann Griechen angesiedelt, als die Karthager sich nach dem ersten
punischen Kriege mit Waffengewalt Spaniens bemächtigten. S. wurde daher
bald der Schauplatz des karthagisch-römischen Kampfes und hier wurde zum
größten Theile der zweite und dritte punische Krieg ausgefochten. Sobald die
Karthager überwunden waren, unternahm Rom die Unterwerfung der spanischen
Völker, wozu ein fast zweihundertjähriger Krieg nöthig war. — Der Un-
terwerfungskrieg der Karthager ist wenig bekannt. Im zweiten punischen
Kriege war S. ein wichtiger Schauplatz. Ihm folgte der Celtiberische Krieg,
in welchem die Römer unter Lucullus von den Vaccäern geschlagen wurden
(150 vor Chr.). Der Krieg zur Unterwerfung Sp. durch die Römer endete
erst 19 vor Chr. Bis zur Völkerwanderung war die römische Herrschaft in
Spanien ziemlich gestört und es waren meist Revolutionskriege, welche hier
vorkamen. Im Anfange des 5. Jahrhunderts drängten sich die Vandalen,
Sueven und Alanen in S. ein und eroberten die westliche Hälfte durch kräftige Waffenthaten. Die Sueven in Galizien wurden von den Westgothen,
die die Römer zu Hilfe gerufen hatten, angegriffen, bald darauf auch die
Alanen und Vandalen, und nach schweren Kämpfen, und namentlich dem Siege
bei Emerita, gründeten nun die Westgothen ihre Herrschaft in Spanien und
machten der Herrschaft ihrer Bundesgenossen, der Römer, gänzlich ein Ende.

585 wurde auch das suevische Reich gänzlich zerstört, nachdem die Vandalen 428 nach Afrika gedrängt worden waren. Die Kämpfe der Mitglieder des westgothischen Königshauses um den Thron verursachten nach 200 Jahren den Untergang des Westgothenreichs, aber ebenso geschah dieser wie früher durch die zu Hülfe gerufenen Bundesgenossen, nämlich die Araber. Diese begründeten ihre Herrschaft auf dem Siege in der siebentägigen furchtbaren Schlacht bei Xeres de la Frontera 711. Spanien galt nun für eine Provinz des Khalifats von Bagdad und die Araber erhielten so viel Zuzug, daß es ihnen möglich ward, fast ganz Spanien zu erobern und selbst in Frankreich einzudringen, wo ihnen aber Karl Martell ein blutiges Hinderniß entgegenstellte in der Schlacht bei Tours 732. Lange Zeit war die Insel von den Kriegen der maurischen Fürsten unter einander bewegt, bis der Ueberrest des westgothischen Reichs, der sich in Asturien und Galizien erhalten hatte, neue Kräfte gewann und den langen Religionskrieg der Christen gegen die Mahomedaner begann, der erst durch Ferdinand den Katholischen mit der völligen Austreibung der Mauren beendet wurde. Die hervortretendste Stufe im Verfall der maurisch-spanischen Herrschaft waren die unglückliche Schlacht bei Tolosa 1212 und die Niederlage am Salado 1340. Das Ende bildete die Eroberung von Granada. Auch die christlichen Fürsten der Halbinsel hatten während dieses Zeitraums wiederholt Kriege mit einander geführt und namentlich ist der portugisisch-castilische hervorzuheben, der mit der Niederlage der Castilier bei Aljubarota 1385 endete. Unter Ferdinand dem Katholischen wurden Navarra und Neapel erobert, und die Entdeckung Amerikas verschaffte S. so große Hilfsmittel, daß es den ersten Rang unter den europäischen Kriegsmächten erlangte, und nur durch seine religiöse Unduldsamkeit verlor es diesen sehr bald wieder. Unter Karl V. spielte S. in den wiederholten Kriegen mit Frankreich, die theils in Spanien, theils in Italien und theils in Frankreich geführt wurden, eine Hauptrolle und stellte überhaupt für alle Kriege Karls V., so auch für den schmalkaldischen, die größten Truppenmassen (s. Karl) und für die afrikanische Expedition seine jetzt schon außerordentlich mächtige Marine. Kaum hatte Philipp II. den Thron bestiegen, als ein Krieg mit Frankreich ausbrach, in welchem sich Sp. 1557 bei St. Quentin und 1558 bei Grävelingen durch seine Siege immer noch militairisch groß zeigte. Aber die Religionsverfolgungen unter Philipp II. entvölkerten und entkräfteten Sp., was sich schon in dem Kriege mit der Berberei und noch mehr in dem gegen England zeigte, in welchem Sp. mit seiner sogenannten unüberwindlichen Armada (s. d.) beinahe seine ganze Seemacht verlor. Kaum mehr glücklich war Sp. in den Niederlanden, die 1573—1585 die ersten großen Anstrengungen zu ihrer Befreiung machten. Haarlem wurde zuerst erobert, Leyden 1574 zweimal vergebens belagert, auf der Mooker Haide wurde dagegen ein Sieg errungen, desgleichen 1578 bei Gemblour, und 1585 wurde Antwerpen nach langen und ungeheuern Anstrengungen erobert; zugleich wurde im spanisch-portugisischen Kriege, der eine kurze Besitzergreifung Portugals mit sich führte, die französische Flotte bei den Azoren 1582 geschlagen. Gleichwohl hatten alle diese Siege keinen Erfolg und 1601 erhob sich der Freiheitskampf der Niederländer mit neuer Kraft. Ostende ergab sich erst nach einer mehr als dreijährigen Belagerung. Trotz derartiger Thaten wurde die Kraft der Niederländer nicht gebrochen und 1639, nachdem längst ein Theil der Niederlande verloren gegangen war, erlitt sogar die spanische Silberflotte eine schwere Niederlage durch die niederländische Flotte. Am 30jährigen Kriege hatte Sp. nur einen entfernteren Antheil, doch war Sp. mit einer Menge von Kriegen beschäftigt, die aber alle unglücklich endeten. 1640 machte sich Portugal wieder frei, 1643 wurde Sp. bei Rocroy geschla-

gen von Frankreich, der portugisisch-spanische Kampf erneuerte sich 1663, und
zwar siegte Spanien bei Almexial, wurde aber bei Montesclaros 1665 entscheidend geschlagen. In fast alle Kriege Ludwigs XIV. war Sp. mehr oder
weniger tief verwickelt und in dem dreizehnjährigen Kriege zwischen Frankreich,
dem deutschen Kaiserreich und England, von 1701 bis 1714, bildete es sogar
das Object des Kampfes und war der Hauptschauplatz. Nach dem Tode
Karls II. machte der König von Frankreich für seinen Enkel, der Kaiser Leopold I. für seinen Sohn auf die Krone Spaniens Anspruch. Aus begreiflichen
Gründen nahm England für beide Erben Theil und forderte die Theilung der
Erbschaft, schloß sich aber beim Ausbruche des Kampfes Destreich an. Destreich hatte ferner Holland, Preußen und Portugal gewonnen, Frankreich dagegen Baiern, Köln, Mantua und Savoyen. Destreich begann den Krieg mit
Eroberung des Herzogthums Mantua durch den Prinzen Eugen. Allein im
2. Jahre des Krieges mußte Eugen sich gegen das insurgirte Ungarn wenden
und der in Deutschland vom Erzherzog Joseph geführte Krieg war nichts
entscheidend. Dagegen kämpften in den Niederlanden die kaiserlichen Verbündeten unter Marlborough mit großem Glück, namentlich nachdem Eugen auf
den Kriegsschauplatz zurückgekehrt war. Aus den Niederlanden vertrieben,
wurden die Franzosen nach den schweren Niederlagen bei Donauwörth und
1704 bei Hochstädt aus Deutschland vertrieben und Baiern erobert. Die
Niederlage der Franzosen bei Cassano durch den Prinzen Eugen brachte 1706
auch ganz Italien in des Kaisers Gewalt. In den Niederlanden erfocht
Marlborough bei Ramillies, Oudenarde (1708) und 1709 mit Eugen bei
Malplaquet die großartigsten Siege, die die französische Macht aufs Aeußerste
herabbrachten und Ludwig XIV. um Frieden zu bitten nöthigten, obschon auf
dem spanischen Kriegsschauplatze die Schlacht bei Almanza für seinen Enkel
entschied und den Nebenbuhler Erzherzog Carl in erheblichen Nachtheil brachte.
Die Anforderung des Kaisers an Ludwig XIV. war freilich so entehrend, daß
dieser sich lieber dem Untergange auszusetzen entschloß und den Krieg fortsetzte.
Allein er wurde in den Niederlanden wiederholt geschlagen und in Spanien
verlor sein Enkel Philipp fast alle Eroberungen 1710, bis endlich die Schlachten bei Brihuega und Villaviciosa ihm einige Vortheile wieder gewährten.
Der Tod Kaiser Josephs, der den Erzherzog Carl auf den Kaiserthron berief,
brachte indessen eine entscheidendere Wendung in die Verhältnisse. England
konnte es nicht unbedenklich finden, daß die gesammte spanische Monarchie mit
dem Kaiserstaate vereinigt wurde, und es schloß nun nicht nur selbst mit
Frankreich Frieden, sondern bewog auch die andern Bundesgenossen des Kaisers
dazu (Friede zu Utrecht 1713). Destreich setzte nun den Krieg allein fort,
aber mit so geringem Erfolge, daß es 1715 ebenfalls Frieden schloß. Philipp
erhielt den Thron von Spanien, aber die wichtigsten Nebenländer, namentlich
die Niederlande, Neapel, Mailand und Sardinien kamen an Destreich. Zwar
wurden sie nicht wieder mit S. vereinigt, aber nach Kurzem gelangten sie in
den Besitz von Gliedern des spanischen Königshauses. Die Hauptereignisse
des spanischen Erbfolgekrieges fanden statt bei Castagnara, Chiari, Luzzara,
Laudon, Friedlingen, Vigo (zur See), Hochstädt, Schellenberg, Blenheim oder
Hochstädt, Gibraltar, Malaga (zur See), Aguadello, Barcelona, Calcinato,
Ramillies, Turin, Castiglione, Toulon, Almanza, Oudenarde, Ryssel, Badajoz,
Dornick, Malplaquet, Mons, Almenara, Saragossa, Brihueja, Villaviciosa,
Denain, Landau, Barcelona und Capo Passaro (zur See). Nach dem spa-
nischen Erbfolgekriege war Sp. von den hohen Stufen seiner Machtstellung
herabgestiegen. Es hatte daher auch an den folgenden mitteleuropäischen Krie-
gen, dem polnischen Thronfolgekriege, dem östreichischen Erbfolgekriege, dem

schlesischen Kriege und dem siebenjährigen Kriege sehr geringen Antheil. Im 6. Jahrzehnt desselben Jahrhunderts war S. gezwungen, am Kriege Englands und Frankreichs theilzunehmen und litt dabei großen Schaden, eigne Unternehmungen gegen die afrikanischen Raubstaaten waren ohne Erfolg, und 1779 hatte Sp. gegen England einen Kampf zu bestehen, der ebenfalls sehr unglückliche Resultate lieferte, denn bei Cadiz wurde die spanische Flotte 1780 geschlagen und die dreijährige Belagerung von Gibraltar endete 1782 mit nichts anderem als dem Ruin der spanischen Flotte und der desto gewisseren Behauptung des wichtigen Platzes durch die Engländer. Verkehrte Politik verwickelte Sp. 1792 in den Krieg mit der französischen Republik, der 1795 ebenfalls nachtheilig mit dem Verluste Domingos endete. In einen viel schwereren Krieg wurde Sp. durch Napoleon I., der das Land für seinen Bruder wegnahm, gezwungen. Der spanisch-portugiesische Befreiungskrieg, in welchem zwar die englische Hilfe viel leistete, das spanische Volk aber seine Heldennatur in glänzendster Weise bethätigte, währte von 1807 bis 1814. Die Schauplätze der Hauptthaten waren: Medina del Rio seco, Baylen, Saragossa, Almiera, Espinosa, Gamonal, Tudela, Samosierra, Coruna, Saragossa, Carvalho da Este, Ciudad Real, Medellin, Torrijos, Talavera, Almonacid, Ocana, Alba de Tormes, Gerona, Cadiz, Hostalrich, Lerida, Ciudad Rodrigo, Almeida, Tortosa, Fuentes d'Honor, Albufera, Tarragona, Murviedro, Valencia, Salamanca, Ciudad Rodrigo, Badajoz, Burgos, Vittoria, Pyrenäen, St. Sebastian, Cadiz, Pampeluna, Nivelle, Orthes, Tarbes und Toulouse. 1820—1823 wurde Spanien von einem inneren Kriege bewegt, in welchem französische Heeresgewalt dem Könige und dessen absolutem Regimente den Sieg gab. Ein neuer Krieg wurde im folgenden Jahrzehnt dadurch hervorgerufen, daß der König zum Nachtheil seines Bruders Carlos das Erbfolgegesetz zu Gefallen seiner intriguanten Gemahlin einseitig änderte. Der offene Krieg brach erst nach dem Tode des Königs 1833 aus. Die Parteien dieses Kriegs nannten sich Carlisten nach Don Carlos und Christinos nach der Regentin und Königswittwe Maria Christina. Er war zugleich ein Krieg zwischen priesterlich absolutistischem und constitutionellem Staatssystem und wurde mit unerhörter Grausamkeit unter wechselndem Glück bis 1839 geführt, wo er endlich durch Espartero zu Gunsten der Königin und des constitutionellen Systems unter britischem Beistande beendet wurde. Don Carlos (s. d.) verließ Spanien. In der Folge wurde Sp. oft von Kämpfen der politischen Parteien bewegt, welche jedoch die Dimensionen eines Krieges nicht annahmen. Ueber die Kämpfe, welche Sp. gegen die Befreiungsparteien in seinen amerikanischen Ländern, die ihm fast alle verloren gingen, geführt, s. Amerika und die betreff. Sonderartikel.

Spanischer Erbfolgekrieg, s. Spanien.

Sparta, nach Athen der wichtigste Staat des alten Griechenlands. (Siehe Griechenland.)

Spartacus, in Thrazien geboren, Anführer der Sclaven im Sclavenkriege, war Gladiator, bildete am Vesuv aus Sclaven, die wie er Flüchtlinge waren, und obdachlosen Fremden eine Truppe, die sich bald zu einer Armee verstärkte, schlug den römischen Prätor Publius Varinius Glaber, darauf auch die Consuln Cnejus Lentulus Clodianus und Lucius Gellius wiederholt, wurde aber 71 n. Chr. vom Prätor Marcus Licinius Crassus mit weit überlegener Macht angegriffen und in Lucanien, nachdem sich die Hälfte seines Heeres von ihm getrennt hatte, geschlagen. In dieser Schlacht fiel er. Als einer der größten Kriegsmänner seiner Zeit, der selbst vielfache Uebermacht zu besiegen wußte, würde er nicht unterlegen sein, wenn der Ungehorsam der Seinen nicht seine besten Pläne zerstört hätte.

Specialwaffen werden Artillerie, Pioniere, Pontoniere, Sappeurs und andere Genietruppen wegen ihrer absonderlichen Berufsart genannt.

Speckbacher, Joseph, geb. 1768, tyrolischer Volksheld und Mitkämpfer Hofers, der 1809 den Baiern die Behauptung Tyrols sehr schwer machte. Er hob mehre Garnisonen auf, machte ansehnliche Truppen gefangen, schlug andere und trieb sie über die Grenze, und befreite dergestalt Tyrol mehre Male vom Feinde. Schließlich entging er einem gleichen Schicksal, wie es Hofer erlitt, nur unter großer Gefahr und wurde zur Belohnung für seine Bravour und Treue mit der Charge eines Majors beschenkt. 1813 suchte er wieder die Erhebung des Volkes gegen die feindliche Besatzung des Landes zu bewirken. Er starb 1820.

Speier, deutsche Stadt am Rhein, früher freie Reichsstadt, und bis 1689, wo sie mit ihren sehr zahlreichen schönen deutschen Denkmälern und Kaisergräbern von den Franzosen gänzlich verheert wurde, stark befestigt. Zugleich auch wurden die Werke gänzlich demolirt.

Spezzia, sardinische Stadt am Golf von Spezzia, mit dem größten italienischen Hafen, hat 2 Forts und 10,000 Einwohner.

Spieß, frühere Kriegswaffe, aus schmächtiger Stange mit einer eisernen Spitze bestehend. Sie ist mit Pike und Lanze ziemlich eins.

Spießruthenlaufen, Militairstrafe früherer Zeit, von Gustav Adolph eingeführt, bestand in dem Hinschreiten des Verurtheilten zwischen zwei Reihen mit Ruthen bewaffneter Soldaten, deren jeder ihm beim Vorüberschreiten mit größter Kraft des Armes einen Streich zu versetzen hatte. Damit der Verurtheilte nicht zu schnell ging, schritt vor ihm ein Unterofficier. Nach Verhältniß des Verbrechens wurden eine längere oder kürzere Gasse, Zahl der Gänge und Wiederholung dieser Execution vorgeschrieben. Als eine Grausamkeit ist diese Strafe in diesem Jahrhundert bei allen Heeren abgestellt worden.

Spinola, Ambrosius Marquis von, Genuese, geb. 1569, brachte auf eigne Rechnung eine Armee von 9000 Wallonen auf, mit denen er Philipp II. gegen die Niederlande diente. Er beendete siegreich 1604 die Belagerung von Ostende. Hierauf erhielt er den Oberbefehl und kämpfte, wenn auch nicht mit Erfolg, doch mit Ruhm gegen den heldenhaften Moriz von Oranien bis 1609. 1625 eroberte er Breda und starb 1630 während der Belagerung von Casale in dem Rufe eines großen Helden und edlen Menschen.

Spitzkugel, dem Wortlaut nicht entsprechende Bezeichnung eines erst in den letzten Jahrzehnten erfundenen Geschosses für Handgewehr und Geschütz, namentlich aber für gezogene Rohre. Bestand zuerst aus einer Halbkugel und einem Kegelaufsatz, jetzt aber aus einem Cylinder und einem Kegelaufsatze, weil das Pulver der Ladung auf die breite Fläche des Cylinders seine Kraft vollständiger äußern kann, als auf die Kugelfläche. Die Kegelspitze ist der vorausgehende Theil des Geschosses, und da das Geschoß in dieser Form weniger Widerstand von der Luft erfährt, so ist es natürlich, daß die Spitzkugel schneller fliegt, als die runde Kugel und die Richtung gewisser einhält, da sie sich nicht wendet, indem das cylindrische schwerere Theil dem spitzen conischen und leichteren stets folgen muß. Die S. ist gegenwärtig bei fast allen Militairstaaten Europas eingeführt und die jüngsten Verbesserungen der Büchsen und Geschütze haben lediglich in Rücksicht ihrer stattgefunden. (Siehe Gewehr, Geschoß ec.)

Spoleto, Stadt im Kirchenstaate, 8000 Bewohner, merkwürdig durch die Reste seiner cyklopischen Mauern, mit einem Castell, la Rocca genannt, vertheidigte sich 217 v. Chr. erfolgreich gegen Hannibal, reich an Alterthümern.

Spolia, bei den alten Römern die erbeutete Armatur des getödteten Feindes, welche zum Andenken im Hause des Siegers oder in de von Romulus auf dem Capitol erbauten Tempel des Jupiter Feretrius aufgestellt und aufbewahrt wurde.

Sprengen, in der Militairsprache Zerschmettern, Auseinandertreiben compacter Massen, geschieht beim Kriegswesen immer durch Pulver.

Sprengmasse, Sprengsatz, s. Hohlgeschoß, Hohlkugel, Bombe.

Staal, Karl von, Esthländer, geb. 1777, trat, in Petersburg vorbereitet, in das russische Heer, machte unter Suwarow den Feldzug in Italien und der Schweiz 1799, den für Oestreich 1805, die von 1807 und von 1812, 1813 und 1814 mit, focht bei Austerlitz, Gutstadt, Heilsberg, Friedland, Lützen, Bautzen, Dresden, Kulm, Leipzig, Brienne und Paris und erhob sich während des Krieges zum Generalmajor. Zum Generallieutenant erhoben, wurde er 1831 Director des allgemeinen Kriegshospitals, 1839 Generalgouverneur von Moskau, 1843 General der Cavalerie und starb 1853. War ein eben so gebildeter Militair als ehrenwerther Bürger.

Stab, s. Generalstab, Generalquartiermeisterstab. Im Allgemeinen bedeutet Stab eine Corporation von Militairpersonen (meist Offizieren) und Beamteten, welche die Administration und die strategischen Operationen der Truppen theils zu unterstützen, theils zu leiten hat.

Stackelberg, Ernst Graf von, geb 1813 in den russischen Ostseefürstenthümern, wurde für den Militairstand vom russischen Kriegsminister Czernicgew erzogen, erreichte die Generalswürde bei solcher Protection bis 1853 ohne große Thaten, doch erlangte er nicht unverdienter Weise das besondere Vertrauen des Kaisers Alexander II., der ihn als einen sehr gebildeten Militair schätzt. Sein Name ist zuerst in der Kriegsgeschichte durch seine Ahnen, den schwedischen Feldmarschall Berend Otto von S. und den schwedischen Generallieutenant Adam von S., welche beide an Karls XII. rühmlichen Thaten Antheil hatten, groß geworden.

Stadion, Johann Kaspar von, Abkömmling eines edeln schweizerischen Geschlechtes, welches sich in dem Kampfe Habsburgs gegen die Schweiz hervorthat und dem Hause Habsburg bis zur Gegenwart die größte Ergebenheit bewiesen hat. Er avancirte lebhaft begünstigt zum Feldzeugmeister. Unzweifelhaft hatte er sich bei mehren Hauptereignissen des dreißigjährigen Krieges erhebliche Verdienste erworben. Unter seinen Nachkommen zeichnete sich der Graf Philipp Franz Emmerich Karl von St., der, geb. 1799, zu der Würde seines Ahns emporstieg, beim östreichischen Heere aus; andere aber haben vorzüglich durch diplomatische Thätigkeit sich berühmt gemacht, so namentlich der Graf Johann Philipp Karl Joseph von St., geb. 1763, der von 1797 bis 1810 bei den Conflicten mit Frankreich die wichtigsten Verhandlungen leitete. Von 1813-1815 war er mit gleichen Functionen betraut und nicht weniger ein Mittel als eine Triebfeder der östreichischen Politik.

Stage sind die Spanntaue, welche von dem mittleren Theile des Kiels auf die Endtheile des Schiffs auslaufen und den Stand des Mastes nicht bloß zu sichern, sondern die Widerstandskraft des Mastes zu erhöhen haben. Nach ihnen werden einige Segel und mehre Theile des Takelwerks benannt.

Standarte, Heerzeichen, Sammelzeichen der Cavalerie, bestehend aus einem lanzenförmigen Schaft, einer in der Regel sehr verzierten metallnen Spitze und einem Fahnentuche. Statt der Spitze hat die Standarte auch bisweilen das Reichswappenbild, Adler, Löwe u. dergl. Das Fahnentuch ist ungleich kleiner als bei der Fahne der Infanterie und wie diese mit Quasten verziert. Bei einigen Heeren führt jede Schwadron, bei anderen nur das Regiment eine Standarte. (S Banner und Fahne.)

Standrecht heißt das für gewisse Fälle vorbehaltene, durch schnelle Execution ausgezeichnete Rechtsverfahren, bei welchem nicht nur ausschließlich das Militairgesetz zur Anwendung kommt, sondern auch die höchste Executivgewalt vom militairischen Befehlshaber ausgeht und dem Verurtheilten keine Appellation zugelassen wird. Es handelt sich dabei besonders um die schnelle Beseitigung des Straffalles, und solche Schnelligkeit wird nicht nur bei Feldzügen oft geboten sein, wo jede Verzögerung und Störung den Operationsplan in Gefahr setzt, sondern namentlich auch bei Revolutionen, wo bei der Massenhaftigkeit der Straffälle bei einem zögernden Gerichtsverfahren unendliche Nachtheile für das Militaircommando entstehen müßten. Das Standrecht hat meist nur auf die unteren Militairgrade und den Bürgerstand Anwendung, namentlich auf Jeden, der als Feind der Regierung bewaffnet gefunden wird. Es ist durchaus nicht Bedingung, daß neben dem Standrechte die Functionen der Civilbehörden aufgehoben seien, und daher sind Standrecht und Belagerungszustand keineswegs eins und dasselbe, wohl aber in der Regel zusammen gehörig.

Stanhope, James Graf von, Engländer, 1673 in Frankreich geboren, focht gegen Ludwig XIV. in den Niederlanden und erlangte im spanischen Erbfolgekriege den Grad eines Generallieutenants und den Oberbefehl der englischen Truppen in Spanien. Besonders berühmt machte er sich durch die Eroberungen von Port Mahon und Minorca und die Siege bei Almenara und Saragossa, worauf er in Gefangenschaft fiel. Nach dem Kriege machte er sich als Diplomat berühmt. Starb 1721.

Stanislaw (Leszczynski) (Poniatowski), s. Polen und Poniatowski.

Stapel, der Kielunterbau für ein zu bauendes oder reparirendes Schiff. Besteht hauptsächlich aus großen Klötzen.

Stargardt, preußisch, Stadt an der Jerse von 5000 Einwohnern, ursprünglich Burg der deutschen Ritter, später feste Stadt und Hauptstadt von Pomerellen, in der Kriegsgeschichte des Ritterordens sehr namhaft, der deutsche Ritterorden eroberte es 1461, verlor es aber schon im folgenden Jahre an die Polen, die es wieder verloren, aber in den Jahren 1465, 1466, 1520 mit neuen Angriffen heimsuchten und 1645 nahmen, es aber 1655 gegen die Schweden nicht behaupten konnten.

Starhemberg, Ernst Rüdiger Graf von, geb. 1635, Oestreicher, machte Oestreichs Feldzüge unter Montecuculi (s. d.) mit und machte sich durch die glänzende Vertheidigung Wiens 1683, das schließlich durch ein deutsches und polnisches Heer entsetzt wurde, unsterblich. (S. Wien.) Nach dem Entsatze Wiens nahm er an dem Kampfe gegen die Türkei noch Theil bis zu seiner Verwundung vor Ofen. Außer vielen außerordentlichen Ehren trug ihm die Vertheidigung Wiens auch die Würde eines Feldmarschalls ein. Starb als Hofkriegsrathspräsident 1701.

Staremberg, Guido Graf von, von einer anderen Linie der Familie des Vorigen, geb. 1657, Oestreicher, zeichnete sich schon als Adjutant seines gleichnamigen Oheims bei der berühmten Vertheidigung Wiens 1683 durch ebenso große Bravour als Umsicht und Kenntnisse des Geniewesens aus. Er machte danach den Krieg gegen die Türkei bis zu Ende mit und focht vor Ofen und Belgrad, bei Mohacz, auf Essek, bei Salankemen und Zeutha. Ebenso machte er den östreichischen Erbfolgekrieg mit, führte nach Prinz Eugens Abgang in die Niederlande den Oberbefehl in Italien, bis er dem Erzherzog Karl nach Spanien zur Seite geschickt wurde. Hier brachte er eine große Wendung im östreichischen Kriegsglück hervor und machte sich besonders durch die Siege bei Almenara und Saragossa berühmt, in Folge deren der Erzherzog sich zu Madrid als König huldigen lassen konnte. In der Folge mußte er sich wegen unzulänglicher Mittel auf die Defensive legen und behauptete sich in ihr gewissermaßen siegreich. Nach des Erzherzogs Berufung zum Kaiserthrone erhielt er die Würde eines Vicekönigs oder Statthalters, die er erst nach der Convention von 1713 niederlegte. Starb 1737 als Feldmarschall in dem Ruhme eines echten Helden und Soldaten.

Stawropol, russische Gouvernementsstadt in Kaukasien mit 10,000 Bewohnern, gut befestigt.

Stedinger, deutscher Volksstamm an der Nordsee, der durch den päpstlichen Fanatismus im 13. Jahrhunderte fast ganz vernichtet wurde.

Steiermark, s. Oestreich.

Steinmörser, Geschütz ganz dem Bombenmörser ähnlich, aber mit weit größerem Kessel, aus welchem kleine Geschosse in der Weise der Kartätschen, namentlich Steine in Masse geworfen werden; früher gern beim Belagerungskriege gebraucht, um die Erdarbeiten des Feindet zu erschweren.

Stellvertretung ist die Erfüllung der Waffenpflicht für einen Zweiten, wofür dieser eine bestimmte Summe zu entrichten hat. Entweder stellt der Staat den Vertreter oder der Pflichtige hat ihn zu schaffen, je nach der im Staate giltigen Bestimmung.

Stenbock, Magnus, Schwede, geb. 1664, focht zuerst unter holländischer Fahne gegen Ludwig XIV. und kehrte als Oberst in sein Vaterland zurück, trat in dessen Heer und focht unter Karl XII. in Polen mit größter Auszeichnung. Während Karls langem Aufenthalt in der Türkei leitete er schwedischer Seits den nordischen Krieg, schlug die Dänen bei Helsingborg und Gadebusch, wurde aber bei Tönningen von den vereinigten Dänen, Russen und Sachsen eingeschlossen und mußte die Waffen strecken. Starb in Gefangenschaft 1717. Im Vaterlande verblieb ihm der Ruhm eines großen und edeln Helden.

Sten Sture, Regenten in Schweden (s. Schweden und Dänemark).

Stephan, Bathori, s. Bathori

Sternberg, mährische Stadt von 13,000 Einwohnern mit Militairknabenerziehungshause und einem Schlosse, früher Festung, hier die Mongolen 1241 von Jaroslaw von Sternberg überfallen und gänzlich zersprengt. Jaroslaw wurde für die Heldenthat mit dem Besitze des Schlachtfeldes, auf dem er Schloß und Stadt baute, und anderen ansehnlichen Grundbesitzungen in Mähren belohnt.

Sternberg, Jaroslaw, s. Sternberg Stadt.

Stettin, preußische Hauptstadt der Provinz Pommern, war in früher Zeit als Besitzthum der pommerschen Herzöge wegen seiner wichtigen Lage bereits befestigt worden, mehr aber noch durch die Schweden, die sie von 1630 bis 1720 besaßen. Die bedeutendsten Festungswerke erhielt S. aber erst von Preußen, nachdem man nach dem Falle von Stettin (1806) erkannt, wie wichtig dieser Platz wegen der Verbindung mit überseeischen befreundeten Staaten ist. Die Oder ist für die Festung von größter Wichtigkeit. Sie theilt sich hier in 4 starke Armee und deckt die Werke. Der Haupttheil liegt am linken Ufer des Hauptarmes. Alle Theile der Stadt sind mit regelmäßigen Umfassungswerken umgeben und der Seestationsplatz ist fortificatorisch gedeckt. Der eigentliche Hafen Stettins ist Swinemünde. S. hat Arsenal, drei Lazarethe, Kasernen, Marinewerkstätten, Depots für das Seewesen, Werfte, eine Navigationsschule, Schiffsbauschule. Schiffe 3. und 4. Ranges kommen bis vor S. Große Schiffe müssen vor Swinemünde bleiben. In der Kriegsgeschichte hat S. niemals eine hervorragende Rolle gespielt.

Steuer, das mit dem Schiff in inniger Verbindung stehende Instrument zur Lenkung desselben; ist seiner Form nach bekannt, wird auf großen Schiffen durch eine Maschine, auf kleinen Schiffen durch ein Rad regiert. Das S. ist am Hintersteven in Fingerlingen beweglich befestigt. Die Behandlung desselben fordert genaue Kenntniß von der Einwirkung der verschiedenen Winde auf den Körper des Schiffes und das Segelwerk, nicht minder von den dabei gebräuchlichen Hilfsinstrumenten. Die Kielrichtung des Schiffes kann oftmals mit der compaßmäßigen Fahrtrichtung nicht übereinstimmen und die Differenz beider genau zu berechnen, so daß die scheinbare Fahrt, nämlich die abweichende Richtung des Schiffes, die wirkliche Fahrtlinie nicht beeinträchtige, vielmehr dieselbe streng eingehalten werde, ist nicht die größte Kunst des Steuermannes. Es sind ihm alle Kenntnisse des schiffsführenden Offiziers erforderlich und er muß in alle Theile der höheren nautischen Wissenschaften, namentlich die mathematischen und astronomischen, gründlich eingeweiht sein. Der Steuermann selbst ist Offizier, und die technischen Arbeiten in seinem Wirkungskreise werden von untergeordneten Personen ausgeführt. Die Obliegenheiten des Steuermanns bilden einen eigenen Kreis von Geschäften, die ins Gesammt mit dem Worte Steuermannskunst bezeichnet werden und für diese bedeutsame Kunst bestehen eigene Schulen, die Steuermannsschulen.

Steven heißt das klotzartige, aber mit großer Sorgfalt gewählte und bearbeitete Holz, welches sowohl am Vorder- als Hintertheile des Schiffs das äußerste Stück dessen bildet und in welchem sich nicht nur die Planken beider Borde mit einander, sondern auch der Kiel in seinen Endpunkten mit den Borden verbindet. Die Stellung der Steven richtet sich nach Form und Bauart des Schiffes.

Stiergefechte, Kämpfe von Menschen gegen zur Wuth gereizte Stiere, bei denen sich aber die Kämpfer in so viele Vortheile versetzen, daß der Sieg über einen Stier, wie er z. B. in Spanien stattfindet, durchaus nicht zu achtbaren Thaten gerechnet werden kann. Die Stierkämpfe waren schon im Alterthum gebräuchlich und sind noch jetzt in Spanien Volksbelustigungen. Sie stehen aber mit dem Kriegswesen in keiner Verwandtschaft und stehen an sittlicher Würde weit unter den alten Gladiatorenkämpfen und auf der allerniedrigsten Stufe der kriegerischen Spiele. Die ungebührlichen Vortheile der Kämpfer gegen den Stier machen das Schauspiel höchst widerwärtig für gebildete Menschen und die ganze scheußliche Marterei ergötzt nur die blutsüchtige Bosheit verdorbener Naturen.

Stilicho, Vandale, römischer Feldherr, mit welchem sich noch ein Mal das römische Kaiserreich zu Kraft und kriegerischem Glanze im 5. Jahrhunderte nach Chr. emporhob. Bereits unter Theodosius dem Großen erhielt er die Feldherrnwürde. Dem oströmischen Heere gegen Alarich zu Hilfe geschickt, wurde er nur durch Intriguen verhindert, diesen zu demüthigen. Als aber Alarich 402 in Italien eingedrungen war, schlug er ihn bei Pollentia und Verona. 406 besiegte er den Radagais bei Florenz total. Da die Sueven, Vandalen, Alanen und Burgundionen die Entblößung Galliens und Spaniens von Truppen benutzten, um in diese Länder einzudringen, zog er dahin. Hier traf er mit Alarich eine geheime Verabredung gegen das oströmische Reich, und dies wurde von verleumderischen Feinden dem Kaiser als Verrätherei dargestellt. Dem zu Folge wurde er zu Ravenna mit seinem Sohne hingerichtet. Er behielt den Ruhm eines edeln und großen Helden.

Stockerau, ungarischer Flecken von 4000 Einwohnern. Hier kaiserliche Militairökonomiecommission.

Stockholm, Hauptstadt von Schweden, mit 94,000 Bewohnern, ursprünglich als Festung zwischen Mälarsee und Ostsee auf 3 Inseln erbaut. Die jetzige Festung ist ganz gesondert. So befindet sich auch die Kriegsacademie für

Land- und Seecadetten jetzt außerhalb zu Karlberg. Doch hat die Stadt starke Besatzung, große Kasernen, Magazine, Militairwerkstätten, Garnisonkrankenhaus, Marinelazareth, einen schönen Paradeplatz, einen Hafen am Mälarsee und einen an der Ostsee (beide in Verbindung) und zahlreiche Denkmäler kriegerischer Könige und heldenhafter Feldherren. S. ist Sitz der höchsten Kriegsbehörden. (S. Schweden.)

Strafcompagnien, Strafabtheilungen, Strafsectionen sind Corporationen, in welche der Soldat eines Verbrechens wegen für eine bestimmte Zeit eingestellt und mit Arbeiten beschäftigt wird, die sonst für den Soldaten unwürdig gehalten oder wegen zu großer Anstrengung einem Einzelnen nicht fortdauernd zugemuthet werden. In vielen Strafcompagnien, z. B. auch in der sogenannten 2. Classe (Strafclasse) des preußischen Heeres tritt zugleich der Verlust der bürgerlichen Ehrenrechte ein und diese können nur mit Mühe wieder erlangt werden. Diese 2. Classe ist jedoch nicht dauernd corporirt. Nach der eigentlichen Strafzeit dauert nur die Entehrung fort und der Mann wird in der Reihe durch eine graue Cocarde ausgezeichnet.

Strafen. Die militairischen Strafen sind natürlich sehr verschieden, stimmen in Teutschland jetzt aber fast durchgängig mit den Strafen des preußischen Militairgerichts überein. Für Offiziere ist die gelindeste Strafe der Verweis, und zwar in drei Graden, nämlich a) unter vier Augen, b) vor versammeltem Offiziercorps und c) durch Beifügung zum Parolebefehl. Ein höherer Strafgrad ist der Stubenarrest. Es folgen nun die Haft in den besonderen Offizierarreststuben, der Festungsarrest, der Verlust des Avancements für eine bestimmte Zeit, der einfache Abschied, die Cassation und Ausstoßung aus dem Offizierstande und in besonderen Fällen die Lebensstrafe. Unteroffiziere und Soldaten werden für kleinere Dienstfehler durch Verweise, letztere auch durch Nachexerciren, Reinigung der auf der Montirungskammer befindlichen Armaturstücke, Strafwachen und Aehnliches bestraft. Eine härtere Strafe ist der Arrest in 3 Graden: a) gelinder, b) mittler, c) strenger Arrest. Gelinder Arrest findet in einem bei der Wachtstube befindlichen einsamen Lokale statt; ein milderer Grad ist der Hausarrest. Der mittlere Arrest besteht in gleichartiger Haft bei Wasser und Brod mit Verlust des Soldes. An vielen Tagen bekommt jedoch der Sträfling warmes Essen. Der strenge Arrest findet bei Wasser und Brod und Soldverlust in einem finstern Locale ohne Lagerstätte statt. Früher war der Fußboden mit scharfkantigen Latten beschlagen, so daß selbst die Ruhe auf dem Boden unerträglich war. Dies ist als eine Grausamkeit längst abgeschafft worden. An 4 Tagen wird warme Nahrung gewährt. Die längste Dauer des strengen Arrestes ist 6 Wochen und gilt einer dreimonatlichen Festungsstrafe gleich. Für Wachtmeister, Feldwebel und Oberfeuerwerker besteht dieser Arrest in einer milderen Form. Ein höherer Strafgrad ist die Versetzung in eine Strafabtheilung, in Preußen in die sogenannte zweite Classe, womit Verlust der bürgerlichen Ehre, körperliche Züchtigung und Bauarbeit verbunden ist oder werden kann. Die nächst höheren Strafgrade bilden sich durch die Länge der Strafzeit. Als die härteste Strafe endlich ist die Lebensstrafe zu betrachten. In manchen Staaten findet die körperliche Züchtigung noch in den untergeordneten Strafgraden statt. In Teutschland hat Oestreich sie am längsten beibehalten, Preußen sie am ersten abgeschafft. In Rußland ist sie die gewöhnlichste Strafe und gilt nicht für entehrend. Daselbst ist auch noch die Degradation der Offiziere statthaft, und es kam vor, daß Generale zum Gemeinen erniedrigt wurden und also mit Knutenschlägen bestraft werden konnten. Wer im Besitze eines Ordens ist, soll zwar nicht mit körperlicher Züchtigung bestraft werden, allein jene Strafe ist nicht behindert, wenn zugleich zeitweilige Entziehung der Orden verfügt wird. Die höchste Strafe ist natürlich die Todesstrafe. Die Strafen werden nach Verhältniß des Strafmaßes und der zu strafenden Personen von den höhern Vorgesetzten oder dem Militairgericht erkannt und vom Oberbefehlshaber oder dem Landesherrn bestätigt oder abgeändert. Bei Standrecht findet die Execution mit größerer Schnelle und mit Beseitigung mancher Formen, zumeist aus der Machtvollkommenheit des Oberbefehlshabers hervorgehend, statt. (S. Militairgericht.)

Stralsund, preußische Festungsstadt an dem Strelasunde (Meerenge Gellen) auf einer Küsteninsel, galt einst für eine der stärksten Festungen und war gleich sehr durch die Kunst wie durch die Natur befestigt. Die Werke liegen zum Theil auf der Insel Dänholm. Sie mußten 1808 geschleift werden, wurden aber, nachdem 1815 S. in preußischen Besitz übergegangen war, wiederhergestellt. S. hat einen Hafen, bedeutende Magazine und Marinewerkstätten, Navigationschule, ein Depot der Kriegsmarine, Garnisonschule, Arsenal und Commandantur. Hat 19,200 Einwohner. Gehörte zur Hansa. Im 30jährigen Kriege erlitt es eine schwere Belagerung und Wallenstein glaubte es gewinnen zu müssen, wenn es selbst mit Ketten am Himmel befestigt wäre. Doch mußte er unverrichteter Sache abziehen. Der große Kurfürst eroberte S. durch ein Bombardement. 1808 nahmen es die Franzosen. 1809 warf sich das Schill'sche Corps in die Stadt, wurde aber theils gefangen, theils vernichtet und der Anführer fiel. (S. Schill und Freicorps.)

Straßburg, französische Festung im Elsaß, ist Hauptstadt des Elsaß, mit 78,600 Einwohnern, am Ill und Breusch, ½ Meile vom Rhein, mit einem der größten Festungsrayons, welches bis an den Rhein hinantritt. Die Werke bilden eine geschlossene Umfassung, die bei einem starken allseitigen Angriffe über 30,000 Mann Besatzung bedürfen würden. Im Frieden ist die Besatzung in der Regel nur 4000 Mann stark. Die früheren mittelalterlichen Umfassungswerke wurden, nachdem Straßburg an Frankreich gekommen war, von Vauban verbessert resp. bastionirt und durch eine mächtige Zitadelle (Fünfeck) verstärkt. Dieser und der späteren Zeit gehören auch alle Außenwerke an, und namentlich nach dem letzten Kriege ist S. mit Sorgfalt modernisirt und verstärkt worden. Alle Militairetablissements der Festung gehören der französischen Zeit an, so namentlich die stattlichen Kasernen, Hospitäler, das Arsenal und die Stückgießereien, das Commandanturpalais, die Artillerieschule. Das Arsenal und das Militairhospital sind großartige Anstalten und überhaupt ist S. mit Militairanstalten aller Art in solchem Maße versehen, daß es sich zu den stattlichsten Festungen Frankreichs zählen kann und von der Regierung unzweifelhaft für eine der wichtigsten gehalten wird. Vor Straßburg ist der Rhein überbrückt und bedeutende Werke gelten diesem Uebergange zum deutschen Gebiete. Nicht unwichtig für S. sind die vielen in der Nähe befindlichen Waffenfabriken, so namentlich die Gewehrfabrik in Mutzig. Straßburg ist reich an militairischen Denkmälern. Hier ein Mausoleum des Marschalls von Sachsen und ein Denkmal Klebers, dessen Geburtsort S. war. Das Standbild steht an dem prachtvollen Paradeplatze und Obelisken für Kleber und Dessaix befinden sich an der Promenade der Stadt. S. war bereits in dem ersten Jahrhunderte eine berühmte Stadt. Sie gehörte den Alemannen, und diese lieferten hier im 3. Jahrhunderte den Römern eine schwere Schlacht, in welcher sie nur den Sieg durch das Eintreffen zahlreicher batavischer Reiterschaaren auf feindlicher Seite verloren. Berühmt wurde diese Schlacht durch das Schicksal der deutschen Heldenkönige Chnodomar und Serapio. 841 erlitt hier der sächsische Heerbann durch Ludwig den Deutschen eine schwere Niederlage. Im Frieden zu Ryswijk brachte Ludwig XIV. den Elsaß und mit ihm Straßburg an Frankreich. S. ist mit Paris durch eine Eisenbahn verbunden. Hier versuchte Napoleon III. 1836 vergebens den Thron von Frankreich zu usurpiren.

Strategie ist die Kunst, durch die Aufstellung großer Heereskörper gegenseitige Beziehungen und Verhältnisse hervorzurufen, welche den Feind um seine Vortheile und seinen Zweck bringen und den Ausgang der Schlacht, die etwa nöthig werden könnte, sichern. Stellt man ein Truppencorps in einer gewissen Selbstständigkeit auf, welches den Feind hindern soll, etwa ein Gebirge oder Gewässer zu passiren und auf ein günstiges Terrain zu gelangen, und zwingt man dergestalt den Feind auf ein ungünstiges Terrain, auf welchem man ihm mit einer zweiten Heeresmacht begegnen will, um zugleich aus seinen territorialen Nachtheilen Nutzen zu ziehen, so ist dies eine zwar sehr einfache, aber doch strategische Operation. Sendet man ein kleines Corps aus, um den Feind durch Scheinoperationen zu veranlassen, einen Theil seines Heeres zur Deckung auszustellen und sich dergestalt zu schwächen, so ist dies ebenfalls eine strategische Operation. Manoeuvrirt man den Feind in eine Stellung, in welcher ihm die Verbindung mit den Stützpunkten seiner Operation verloren geht, so ist dies ebenfalls eine strategische Operation, obschon hier nicht von Beziehung mehrer eigener Machtelemente zu einander, sondern nur von der Beziehung einer singulairen Macht zum Terrain die Rede ist. Die Strategie ist begreiflicher Weise der größten Dimension fähig, zieht Länder und Meere in ihre Berechnungen und manoeuvrirt ebenso mit der Politik und Diplomatie als mit den physischen Mitteln. Wenn ein Nachbarstaat bewogen wird, dem Feinde den Durchzug zu versagen und dieser daher an Zeit und Terrain in Schaden gebracht wird, so ist dies eine durch die Diplomatie bewirkte strategische Operation. Wenn Napoleon den Continent sperrte und den Waarenabsatz Englands hinderte, um dessen Geldquellen zu zerstören, so war das eine politisch-strategische Operation. Die Strategie umfaßt daher alle großen Machtelemente und ihre Kunst ist es, diese in Verhältnisse zu bringen, welche dem Feinde zu Schaden gereichen. Die strategische Direction ist begreiflicher Weise die Sache des Höchstbefehlenden, sei er Person oder Corporation, der Fürst, Feldherr oder ein Kriegsrath. Die Strategie ist natürlich der Haupttheil der Kriegskunst, aber unzertrennlich von ihr ist die Kunst der höheren Taktik, nämlich die Kunst, durch bestimmte Formation der Massen und Verwendung der Waffen bezüglich der Verhältnisse des Feindes die eigene Macht zu steigern, denn schließlich wird meist die Entscheidung von einer Schlacht abhängen und in dieser waltet die Taktik vor. (S. Kriegskunst und Krieg.)

Streitwagen, zweirädrig, im Alterthum bei den Griechen und Römern gebräuchliche Wagen, welche einen Lenker und einen Streiter trugen und von welchen herabgekämpft wurde. Schon im fernsten Alterthum der Hebräer und anderer asiatischer Völker waren die Streitwagen in Gebrauch und spielten die größte Rolle. Durch die Reiterei und den Massenkampf wurde der Wagenkampf später beseitigt, doch kamen noch in späterer Zeit Versuche mit Schlachtwagen vor, die mit Sensenklingen und Schwertern ausgestattet waren und mit denen man die feindlichen Reihen zu durchbrechen suchte. Die Germanen hatten keine eigentlichen Streitwagen; ihre Wagenburgen bestanden aus Transportwagen oder Karren, die im Rücken des Schlachtfeldes in einander geschoben, besetzt und dergestalt für den äußersten Fall zur Brustwehr bei einer nothgedrungenen Defensive gebraucht wurden.

Strelitzen, bis zu Peter dem Großen der niedere Kriegsadel Rußlands, der die Leibwache des Czaren und das stehende Heer bildete; wurde wegen Meuterei von Peter d. Gr. fast gänzlich vernichtet; errichtet war das Strelitzenheer von Iwan dem Fürchterlichen. Seine Stärke betrug gegen 50,000 Mann.

Stroganow, Ssemen Aniklitsch, Russe, im 16. Jahrhundert, übernahm von seinem Vater mächtige Fabriketablissements am Ural und in Sibirien, und das Recht, alles in Sibirien gewonnene Land als Eigenthum zu betrachten, es durch einige Festungen und Truppen zu schützen. Mit dem Kosakenhetman Timofejew drang er nun unaufhaltsam vor, unterwarf die sibirischen Nomaden- völker, die sich widersetzten, griff dann den Khan der Mongolen an, eroberte Sibir, die Hauptstadt, entthronte jenen und eroberte dergestalt 1581 Sibirien für den Zaar. Seine Belohnungen an Territorium und Rechten waren so groß, daß sie staatsgefährlich wurden und der kluge Peter der Große sie nich- tig erklärte und durch andere minder bedeutsame Gewährungen entgalt. Seine Nachkommen wurden sogar mit dem kaiserlichen Hause verschwägert und ge- langten fast alle zu den höchsten Staatswürden, die in Rußland stets mili- tairischen Charakters sind. Graf Paul S. machte von 1812 bis 1814 die Feldzüge gegen Frankreich mit und war General. Graf Sergei S. war Curator der Universität von Moskau und zugleich General der Cavalerie und Generaladjutant, und Graf Alexander S. wurde ebenso General der Artillerie und Generaladjutant, doch hat er sich dazu 1828 im Kampfe gegen die Türkei und 1831 im Kampfe gegen Polen Berechtigung erworben.

Stuart, s. Schottland und Großbritannien.

Stückgießerei, das Gießen der Geschützrohre aus einem Metall, welches aus ¹⁰/₁₁ Kupfer und ¹/₁₁ Zinn besteht. Die Schmelzung geschieht in einem Ofen, der Guß unmittelbar vor dem Ofen in einer aus Lehm gebrannten und in die Erde gegrabenen Form. Die Rohre werden massiv gegossen und nach dem Guß erst gebohrt und abgedreht. (S. Geschütz, Mörser ꝛc.)

Stuhlweißenburg, feste ungarische Stadt im pesther Districte, Freistadt, 15,000 Einwohner, Militairerziehungsanstalt, einst Krönungsstadt, später Be- gräbnißstadt der ungarischen Könige. 1490 von den Oestreichern, 1543 von den Türken erobert, die sie 1601 wieder verloren, aber 1602 aufs Neue er- oberten. Doch wurde sie ihnen 1688 abermals entrissen.

Sturm heißt die gewaltsame Beseitigung der letzten Hindernisse im Festungs- kriege und namentlich der Grabenübergang und die Ersteigung des Hauptwalles. Der Zweck ist stets die Eroberung des streitigen Objectes, und ein Sturm auf Truppen hat deren plötzliche Ueberwältigung oder Vernichtung zum Zwecke. (S. Belagerung, Festungskrieg, Angriff, Krieg.)

Stuttgart, Residenz und Hauptstadt von Würtemberg, ist kriegerisch unbe- deutend, ist jedoch der Sitz der obersten Militairbehörden, hat einen sehr schönen Paradeplatz, starke Garnison, inclusive deren 50,000 Einwohner, einen schönen Marstall, große Kasernen, darunter die neue besonders schöne, polytech- nische Schule, Thierarzneischule, eine Garnisonbibliothek. So arm S. an Militairanstalten, so reich daran ist Ludwigsburg, welches in militairischer Hin- sicht zu S. etwa in demselben Verhältnisse steht, wie Potsdam zu Berlin. S. liegt unfern dem Neckar am Nesenbach. Eisenbahnverbindung mit allen Theilen Deutschlands.

Suchet, Louis Gabriel de, Franzose, geb. 1772, trat bei Ausbruch der französischen Revolution in ein Freiwilligenbataillon und erlangte sehr bald die höheren Offiziergrade. Als Oberst ging er mit nach Italien, wurde 1797 General, in den folgenden Jahren wurde er Chef des Massena'schen Stabes und focht dann in dem viel glücklicheren Feldzuge Bonapartes mit größter Auszeichnung mit, und ebenso dem Feldzuge von 1805, wo er an allen Haupt- thaten Theil hatte. Gleichermaßen war er 1806 und 1807 thätig und erhielt dann auf der pyrenäischen Halbinsel ein Hauptcommando. Seine Eroberungen von Tortosa und Tarragona (1811) brachten ihm den Rang des Feldmarschalls.

1812 eroberte er Valencia und nahm 20,000 Mann gefangen. Dafür wurde er zum Herzog von Albufera ernannt. Seine Thaten endeten mit Napoleons Sturz. 1815 führte er ein Detachement. 1815 zum Pair ernannt, wurde er 1819 als solcher von Ludwig XVIII. bestätigt. Starb 1826.

Suchtelen, Johann Peter Graf von, Niederländer, geb. 1759, studirte die mathematischen Wissenschaften, wurde Offizier beim holländischen Geniecorps, folgte 1783 einem Rufe nach Rußland, wurde Chef der Artillerie, leitete das Geniewesen bei der Belagerung von Sweaborg, machte sich ebenso als Kriegsbaumeister, wiederholt auch auf Gesandtschaften als Diplomat berühmt. Starb 1836. Sein Sohn Paul erlangte in Rußland ebenfalls den Generalsrang.

Suchum Kale, russische Küstenfestung in Transkaukasien, aus bloßen, jedoch gemauerten Umfassungswerken bestehend; fiel 1854 eine Zeit lang in Feindes Hand, da die Russen die Veste aufgaben.

Sucre, Antonio John de, geb. 1793, berühmt als einer der Befreier des spanischen Südamerika, schlug die Spanier bei La Plata, Guayaquil, am Pichincha, bei Ayacucho, erhielt den Ehrennamen Großmarschall von Ayacucho, wurde Präsident von Bolivia, bekämpfte mehre bewaffnete Aufstände mit Glück, ging aber im Strudel des Parteienkriegs 1830 durch Meuchelmord zu Grunde. (S. Amerika.)

Südamerika, s. Amerika.

Sudan, mittelafrikanischer Staat, s. Afrika.

Südaustralien, s. Australien.

Südcarolina, s. Amerika.

Südermanland, s. Schweden.

Sueven, Schwaben, im alten Germanien einer der wichtigsten Volksstämme. (S. Deutschland.)

Suffolk, Jack de la Pole, Graf von Lincoln und Herzog von, Engländer, war Thron berechtigt und ergriff als Thronerbe gegen Heinrich VII. das Schwert, wurde aber 1487 bei Stoke geschlagen und fiel im Kampfe. (S. Großbritanien.)

Suffren de St. Tropez, Pierre Andre, Franzose, geb. 1726, ging zur Marine, war bei der Eroberung von Minorca, vernichtete eine englische Flottille im Hafen von Newport (amerikanischer Freiheitskrieg), erbeutete 1780 den größten Theil einer englischen Handelsflotte, schlug als Commodore 1781 eine englische Flotille vor St. Jago und brachte den Engländern bis zum Frieden von 1783 noch mehre Schlappen bei. Starb 1788.

Suhl, preußische Stadt von 10,000 Einwohnern am thüringer Walde, berühmt durch seine Waffenfabrikation. Die Panzerschmieden und Schwertfegereien wurden in der Mitte des 14. Jahrhunderts gegründet, Schießgewehre wurden seit 1563 fabrizirt und S. liefert fast für alle europäischen Staaten. Gegenwärtig beläuft sich die Production auf 20,000 Gewehre jährlich.

Sulioten, griechischer Volksstamm, s. Griechenland.

Sulkowski, Antoni Paul Fürst von, Pole, geb. 1785, trat 1806 in das neue polnische Heer, focht in Spanien mit Auszeichnung, wurde 1810 General, machte 1812 den Feldzug in Rußland als Generallieutenant mit, trat 1815 in die polnische Nationalarmee, wurde Generaladjutant des Kaisers Alexander, nahm am Revolutionskriege 1831 keinen Theil und starb 1836.

Sulla, Lucius Cornelius, Römer, geb. 138 v. Chr., focht zuerst unter Marius in Afrika, und machte sich, noch jung, durch die erfolgreiche Gesandtschaft bei Bocchus, durch welche die Auslieferung Jugurthas bewirkt wurde, hoch angesehen. 101 nahm er am Kampfe mit den Cimbern Theil und später mit großer Auszeichnung am Bundesgenossenkriege. 88 v. Chr. wurde er Consul. Nachdem er die feindliche Partei im Staate mit Waffengewalt verdrängt, übernahm er den Oberbefehl gegen Mithridates, schlug dessen Feldherrn Archelaus, die Thrazier und mußte nun aufs Neue sein Schwert gegen die Feinde im Staate wenden, die ihn nicht nur mit Intriguen umsponnen, sondern auch gegen ihn eine bedeutende Macht zusammengebracht hatten. Bei Capua schlug er den Consul Cajus Norbanus, bei Sacriportus schlug er den jüngeren Marius, nahm Präneste, vermochte aber gegen Papirius Carbo nichts, und lieferte dem Feinde eine schwere Schlacht vor Rom, die jedoch das kriegerische Talent des Crassus entschied. Gleichzeitig operirten seine Legaten in Unteritalien glücklich und so erlangte S. die höchste Gewalt im Staate und wurde zum Dictator ernannt. 79 v. Chr. legte er jedoch seine Würden nieder und zog sich freiwillig in das Privatleben zurück. Starb 78 v. Chr. War einer der größten Feldherren, aber äußerst grausam und gewaltsüchtig. Sein bürgerlicher Character war höchst tadelhaft.

Sultan, bei den mahomedanischen Völkern die Bezeichnung des höchsten irdischen Gewalthabers, bedeutet Mächtiger, Befehlender, Herr.

Sumatra, s. Asien und Australien.

Surinam, s. Niederlande und Amerika.

Suwarow-Rymnikski, Alexander Wassiljewitsch Graf von, Fürst von Italijski, Russe von schwedischer Abkunft, geb. 1729, wählte den Beruf seines Vaters, der beim russischen Heere unter Peter dem Großen Artilleriegeneral war. Er machte russischer Seits den siebenjährigen Krieg mit, wurde Oberst in ihm, war dann im ersten polnischen Freiheitskriege mit Auszeichnung thätig, zeichnete sich aber vorzüglich in den Feldzügen gegen die Türkei 1773 und 1774 aus, hatte hier schon ein selbstständiges Kommando und errang mehre sehr wichtige Siege. Fortdauernd mit den Aufständen der kaum erst unterworfenen Tataren beschäftigt, hatte er auch den erheblichsten Theil an dem zweiten Kriege mit der Türkei, der damit in inniger Verbindung stand. Er zeichnete sich bei Kinburn, Oczakow, Fokschani, am Rymnik und vor Ismail so aus, daß er zum Grafen erhoben wurde, den Ehrennamen Rymnikski erhielt und bald danach zum Feldmarschall avancirte. 1794 kämpfte er gegen Polen und gab dem mit der unter scheußlichen Greueln ausgeführten Erstürmung Pragas, der der Fall Warschaus folgte, den Todesstoß. Von Pragas Blutstätte schrieb er an die Kaiserin Katharina: „Hurrah, Praga, Suwarow!", worauf die Kaiserin antwortete: „Bravo, Herr Generalfeldmarschall!" Als Rußland sich mit Oestreich verbündet 1799 gegen Frankreich wendete, blieb ihm auch hier das Kriegsglück so treu, daß er Oberitalien ganz von französischen Truppen befreite. Er wurde dafür mit dem Ehrennamen Italijski in den Fürstenstand erhoben; allein durch Intriguen wurde seine Abberufung bewirkt, und die Kränkung war vielleicht die Ursache seines 1800 erfolgten Todes. Er war einer der größten Feldherren, die Rußland je gehabt. Weniger durch Wissenschaft und Kunst als durch seinen gewaltigen Character leistete er das Außerordentlichste. Mehre Denkmäler zu Petersburg.

Suwarow, Graf Rymnikski, Fürst Italijski, Arkadij Alexandrowitsch, Sohn des Vorigen, geb. 1783, wurde bald nach Verlassen der Kadettenanstalt zur Ehre des Vaters zum Generalmajor erhoben und avancirte 1807 zum Generallieutenant. Eine traurige Romantik umgab sein Schicksal, indem er auf dem berühmten Schlachtfelde seines Vaters, im Rymnik 1811 ertrank.

Suwarow, Graf Rymnikski, Fürst Italijski, Alexander Arkadjewitsch, Sohn des Vorigen, trat 1822 in das Heer, machte 1826 den Feldzug gegen Persien mit, wurde 1838 Flügeladjutant des Kaisers, ging 1831 mit Paskiewitsch nach Polen, avancirte desselben Jahres zum Obersten und wurde wiederholt zu wichtigen militairischen Sendungen verwendet, bei welchen er zu den höchsten militairischen Graben aufstieg. Er wurde aus Pietät gegen seinen Großvater stets in jeder Weise begünstigt und genoß beim Kaiser Nikolaus einen ungewöhnlichen Vorzug.

Sweaborg ist die zur Hafenstadt Helsingfors gehörige Festung, eine der stärksten des russischen Reichs, liegt an der südlichen Küste von Finnland und besteht aus den Befestigungen von sieben Felseninseln, die Helsingfors decken. Die Befestigungen sind im Rücken durch die sich mächtig hinter ihnen erhebenden Felsenkegel gedeckt und erheben sich am schroffen Felsenfuße von der mittlen Höhe der Brandung in 3 Terrassen über einander. Eine Insel deckt zwar die andere, doch ist jede Insel mit einer fast ungebrochenen Kette von Batterien umgeben. Nach der Seeseite hin befindet sich auf jeder der Hauptwaffenplatz, durchgehend in Dimensionen und mit Einrichtungen, die der beträchtlichsten Zitadelle entsprechen. Die Hauptwerke befinden sich auf den Inseln Wargö, Klein- und Groß-Oesterswärtö, Westerswärtö und Lännan. Im letzten orientalischen Kriege wurden auch die Inseln Bak-Holmen, Rungs-Holmen, Sandham und Drumslo mit mächtigen Festungswerken versehen. Die Forts Langörn und Gustavswärd sind Außenwerke und haben ins Besondere den Zweck, die schmale zum Kriegshafen von Helsingfors führende Fahrstraße zu beherrschen. Helsingfors selbst, welches stets als Theil von Sweaborg (wie umgekehrt) betrachtet werden muß, ist stark befestigt und namentlich sind seine durch vorliegende Batterien verstärkten Umfassungswerke, die sich auf eine bedeutende Zitadelle stützen, in großem Maßstabe angelegt und sehr solid ausgeführt, wozu hier die Mittel im reichsten Maße gewährt waren und alle möglichen Vortheile, namentlich die durch Wasser, entgegentraten. Batterien und Magazine sind zum Theil in die Felsen gehauen. Die Hauptmagazine und das Arsenal befinden sich auf Wargö. Hier ist auch das Palais des Commandanten. Alle Gebäude hier sind bombenfest. Mit Recht wird S. das nordische Gibraltar genannt. Zu Helsingfors befinden sich die Militairwerkstätten sowohl für das Landheer als die Marine, und hier ist eine Hauptstation der russischen Kriegsflotte. Die Armatur von S. und Helsingfors beträgt über 2000 Geschütze. S. wurde nach dem nordischen Kriege von Schweden erbaut, um das offen liegende Land gegen Rußland zu schützen, und gerade dieser mächtige Platz hat durch seinen freilich durch Verrath erfolgten Fall (1808) bewiesen, daß Festungen keineswegs ein zuverlässiges Schutzmittel sind. Der orientalische Krieg rief im August 1855 einen großen Angriff auf S. unter den Admiralen Dundas (englischer) und Penaud (französischer) hervor, der von der vereinigten Flotte, zugleich aber auch mit einer Mörserbatterie von der Insel Abraham aus stattfand. Gebäude auf Wargö geriethen durch die Bomben in Brand, ein Pulvermagazin flog auf, eine zweite furchtbare Explosion veranlaßte einen ungeheuern Brand und mit zwei Explosionen gingen die Munitionsmagazine auf Gustavswärd zu Grunde. Es folgten noch vier Explosionen und der Brand des Arsenals. Die Russen suchten das Feuer abzulenken, indem sie schnell auf der Insel Drumslo eine Batterie errichteten. Allein diese wurde sehr bald zerstört. Das Zerspringen eines Mörsers zerstörte eine Batterie auf Oterhall, und in dem Maße, in welchem der Widerstand der Russen durch diese Mißgeschicke gelähmt wurde, steigerte sich das Bombardement, welches bis zum Abend fortdauerte und selbst in der Nacht mit congrevschen Raketen fortgesetzt wurde. Die Stadt Helsingfors erlitt keinen Schaden, die Angreifer einen nur geringen, indem drei Geschütze sprangen und zwei Fahrzeuge verletzt wurden. Es war den Alliirten nur um eine Zerstörung des Platzes zu thun, keineswegs um eine Eroberung, da sie keine Truppen besaßen, denselben zu besetzen. Nach diesem Bombardement sind die Werke von S. von den Russen sehr verstärkt worden. Besatzung beträgt im Frieden 5000 Mann.

Swinemünde, preußische Stadt von 4000 Einwohnern an der Ostsee auf der Insel Usedom, mit künstlichem Handelsseehafen, der mit einigen Schutzwerken versehen ist.

Syragosa, Stadt mit 18,000 Einwohnern auf Sicilien mit einer starken Zitadelle und mehren Hafenwerken versehen, bis 1860 Sitz einer der sieben sicilischen Intendanzen, sehr reich an römischen Alterthümern. War im Alterthum die Hauptstadt des mächtigsten der selbstständigen sicilischen Reiche, die auf eine Zeit alle von Syracus verschlungen wurden. In seiner höchsten Blüthe hatte es 4 Meilen im Umfange und eine halbe Million Bewohner. Ursprünglich griechische Colonie, wurde es schon im Anfange befestigt, erhielt aber namentlich durch Dionys den Aelteren gewaltige Werke, und seine Akropolis war berühmt. Es hatte Werfte und eine Art von Dock's. Im 2. punischen Kriege auf Seite der Karthager, widerstand es einer langen schweren Belagerung und fiel erst im August 212 v. Chr. Seitdem verschwand der Glanz der Stadt.

Syrien, s. Asien.

System, Festungs-, heißt die Gesammtheit der Vertheidigungswerke eines Platzes, wie sie eines als eine nothwendige Folge aus dem anderen oder um des anderen willen entstanden sind, eines also zum Schutze des anderen besteht, alle aber den Schutz des Platzes zum gemeinsamen Zwecke haben. In der Art der Anlage der Werke, zugleich wohl auch in der baulichen Ausführung deren im Einzelnen, beruht die Eigenthümlichkeit der Fortificationssysteme und den Vorzug verdient begreiflicher Weise dasjenige System, bei welchem die größte Widerstandskraft bei dem geringsten Aufwande an menschlicher Kraft (Besatzung) entwickelt ist. (S. Fortification, Festung, Belagerung.)

Szegedin, ungarische Festungsstadt an der Maros und Theiß mit einer hochgelegenen starken Zitadelle, die Palanka genannt, hat mehre schöne Kasernen, Arsenal, Magazine, Hospital, ist Station der Dampfschifffahrt, hat Werfte und bedeutende nautische Werkstätten, ist mit Pesth durch Eisenbahn verbunden, erhielt seine Werke unter den letzten ungarischen Königen, wurde durch Soliman II. sehr verstärkt und 1686 von den Oestreichern erobert.

Szigeth, ungarischer Flecken von 4000 Bewohnern, früher eine kleine Festung, die sich durch ihren heldenhaften Widerstand gegen die Türken unter dem von Theodor Körner verherrlichten Zrinyi 1566 berühmt gemacht hat (s. Zrinyi). 1664 abermals von den Türken genommen, eroberten die Oestreicher sie 1689.

T.

Tabor, Berg in Palästina, Sieg des Barak über Sisera (s. Barak, Deborah); 1799 Schlacht zwischen den Franzosen unter Kleber und den vereinigten Türken und Engländern.

Tabor, im Hussitenkriege von Ziska erbaute Festung in Böhmen.

Taboriten, s. Hussiten.

Taganrog, russische Strandfeste am asow'schen Meere zur Deckung der Donmündung mit Zitadelle, Admiralität und exemirtes Obercommando, Hafen nur für leichtere Schiffe zugänglich, als Festung von geringer Bedeutung. Hier

1825 Tod Alexanders I. Am 1. Juni 1855 schweres Bombardement durch einen Theil der vereinigten französisch-englischen Flotte, wobei fast alle Magazine, die meisten Krongebäude und ein Theil der Stadt zu Grunde gingen. Besatzung gewöhnlich 2000 Mann. Statue Alexanders I.

Tagesbefehl ist der tägliche Erlaß des Commandeurs und betrifft gewöhnlich nur die den einzelnen Truppentheilen aufzugebenden Beschäftigungen, z. B. Feldmanoeuvre, Exerciren, Paraden und enthält dergestalt die Disposition für die Gesammttruppen für eine gewisse Zeit; doch kann er auch Bestimmungen für die dauernde Dienstordnung enthalten; bei der Compagnie wird er auf Befehl des Hauptmanns gewöhnlich durch den Feldwebel verlesen.

Takelwerk begreift alles von der Ausstattung eines Schiffes, was lediglich den Zweck hat, diesem eine eigenwillige Bewegungsfähigkeit zu geben, also Segel, Taue, Anker, Raaen ꝛc. (S. Schiff und Flotte.)

Taktik begreift die Kunst, die Kraft der Truppen durch Armirung, Waffengebrauch, Stellung, Eintheilung, corporelle Formirung, Führung und überhaupt in der unmittelbaren Verwendung für den Angriff auf das höchste Maß zu steigern. In der Taktik bezieht sich alles auf den unmittelbaren Kampf, auf die Schlacht, die Belagerung, den Sturm ꝛc., also die directeste Kraftanwendung, und darin unterscheidet sich die Taktik von der Strategie (s. d.). Jede Waffe hat ihre besondere Taktik, d. h. ihre besondere Weise, in welcher sie gegen den Feind ihre höchste Kraft entwickelt. Die einfachsten Stellungen, Bewegungen und Waffenexercitien, durch deren Complicirung die erst größeren Formationen, z. B. die Quarré's entstehen, begreifen die Elementartaktik, und complicirte taktische Formationen und Entwickelungen die höhere Taktik. Wird die Taktik mehrer Waffengattungen für eine einheitliche gemeinsame taktische Unternehmung in Bewegung gesetzt, so nennt man dies combinirte Taktik. Stimmt die Taktik genau mit den Grundregeln überein, so heißt sie normale oder formelle Taktik, ist dagegen eine Abweichung von den taktischen Grundregeln durch Terrainverhältnisse oder irgend welche ungewöhnliche Umstände geboten (z. B. die Verwendung von Cavalerie für einen Sturmangriff), so heißt diese Taktik intellectuelle oder practische. Die Taktik ist begreiflicher Weise ein Element der Strategie. Sie begreift jede Thätigkeit, die sich auf den Kampf direct bezieht oder diesen selbst einerseits bildet. So weit diese Thätigkeiten sich wieder complicirt darstellen, bilden sie auch ihre eigne Taktik und es giebt daher eine Marschtaktik, eine Lagertaktik, eine Taktik des Felddienstes, des kleinen Krieges, des Festungskrieges u. s. w. Schriften über Taktik sind: „Grundzüge der Taktik von Brandt", „Elemente der Taktik von Berned", „Lehrbuch der Taktik von Xylander", „Taktik der drei Waffen von Decker" u. a. (S. Krieg und Kriegskunst.)

Talavera de la Reyna, spanische Stadt von 7000 Einwohnern am Tajo, hier zweitägige Schlacht am 27. und 28. Juli 1809. Franzosen unter König Joseph von den Engländern und Spaniern unter Wellington und Cuesta geschlagen.

Talbot, John, Engländer, geb. 1373, ging mit Heinrich V. nach Frankreich und zeichnete sich hier durch kühnen Geist und militärische Umsicht so aus, daß ihm sehr bald die wichtigsten Waffenthaten übertragen wurden. Vor Orleans trat er als Oberbefehlshaber an die Stelle des Grafen Salisbury, und hier erlitt er seine erste Demüthigung durch die von der Jungfrau von Orleans (Jeane d'Arc) begeisterten Feinde. Trotzdem wurde ihm der Oberbefehl über das gesammte englische Heer übertragen. 1433 machte er aufs Neue große Eroberungen, siegte 1434 bei Rouen, mußte sich aber in dem nächsten Jahre wegen Mangels an Mitteln auf die Defensive legen, in der er sich lange siegreich behauptete, doch mußte er zu Rouen capituliren (1449). Nach Wiederausbruch des Krieges 1452 hatten Anfangs seine Waffen den großartigsten Erfolg, wurde aber wieder ein Opfer der schlechten Unterstützung von Seite Englands. Vor Castillon verlor er 1453 den Sieg und nebst seinem Sohne in Folge schwerer Verwundung das Leben. Er war wegen seiner Großthaten dreifach zum Grafen erhoben worden, nämlich von Shrewsbury, Waterford und Wexford. Die Zeitgenossen gaben ihm den Beinamen des Großen und zwar mehr noch wegen seines erhabenen Charakters als wegen seiner Thaten.

Tallart, Camilla Graf von, Franzose, geb. 1652, lernte das Waffenbandwerk unter Condé in den Niederlanden. 1674 und 1675 nahm er am Kriege im Elsaß Theil und erlangte den Grad eines Obersten. Er machte sodann alle Feldzüge bis zum Frieden von Ryswijk am Rhein und in den Niederlanden mit und avancirte zum Generallieutenant. Seine glänzenden Thaten im Beginn des spanischen Erbfolgekrieges in Holland brachten ihm den Marschallstab 1703. Noch desselben Jahres eroberte er den ganzen Elsaß, allein bis jetzt war ihm kein würdiger Feind entgegen getreten. 1704 aber fand er bei Hochstädt den Prinzen Eugen und Marlborough und erlitt nun eine furchtbare Niederlage. T. selbst gerieth in Gefangenschaft. 1712 freigegeben, wurde er mit der Erhebung zum Herzog von Hostun belohnt. St. 1728.

Tambour, französisch, Trommelschläger. Im Feldfortificationswesen ist T. gleichbedeutend mit Reduit, hat bisweilen auch den Zweck der Seitenvertheidigung und wird in der Regel nur durch einen mit Palissaden besetzten Erdaufwurf hergestellt. (S. Befestigung, Fortification.)

Tanagra, altgriechische Stadt, hier 458 v. Chr. die Spartaner von den Athenern geschlagen und T. zerstört.

Tancred, Sohn des Markgrafen Odo, mütterlicher Seits von normannischer Herkunft, geb. 1078, berühmter Held des 1. Kreuzzugs, trug das Meiste zur Eroberung von Nicäa bei, nahm Tarsus, Menistra und führte 1099 den siegreichen Sturm auf Jerusalem aus, schlug den Feind bei Ascalon und nahm Tiberias, welches ihm als Fürstenthum überlassen wurde. Als Bohemund von Tarent, sein Vetter, in Gefangenschaft gerathen, vertheidigte er dessen Fürstenthum Antiochien gegen die Ungläubigen und blieb nach Bohemunds Freigebung Statthalter in diesem Fürstenthum, und als solcher vertheidigte er später, als Bohemund in Europa war, erst für diesen, dann für dessen Erben Antiochien mit einer Bravour, die ihn mit unvergänglichem Ruhm umgeben hat. Starb 1112. Uneigennützigkeit, Treue, stolze Rechtschaffenheit und ausgezeichnete Heldenhaftigkeit haben ihn zu einem Ideale des mittelalterlichen Ritterthums erhoben.

Tangente, gerade Linie, die einen Bogen oder Kreislinie nur in einem einzigen Punkte berührt und deren beiderseitige Winkel daher stets gleich sind. Berührungslinie.

Tanger, marokkanische Festungsstadt, Gibraltar gegenüber, Werke verwahrlost. 1844 hier marokkanisch-französischer Friede.

Tangermünde, preußische Stadt an der Elbe und Tanger von 5000 Einwohnern, mit mittelalterlichen Befestigungen. Hier 1312 Friede zwischen Waldemar und Friedrich von Meißen, 1362 Magdeburger Landfriede, 1374 Vertrag zwischen dem Kaiser und dem Kurfürsten von Brandenburg, 1631 T. von den Schweden erobert, 1806 Gefecht der Preußen gegen die Franzosen.

Tapferkeit ist die Seelenkraft, ein für recht erkanntes Ziel bis zur Selbstopferung zu verfolgen, d. h. den Werth des für Recht erkannten in der Vertheidigung desselben über den Werth des eigenen Bestehens zu setzen. Wie sehr auch dieser Grundsatz mit der natürlichen Klugheit in Widerspruch gerathen kann, so liegt doch in demselben eine so ideale Moralität, daß die Tapferkeit schon in den ältesten Zeiten zu den erhabensten Tugenden gerechnet worden ist und ihr Werth nur da sinken kann, wo ein Volk in Verweichlichung und Genußsucht entartet. Die T. ist die Tugend des Märtyrers, der nur mit dem für Wahr und Recht Erkannten leben mag, und lieber stirbt, als daß er das Unrecht triumphiren sieht. Die Tapferkeit beweist sich in der Ausdauer im Kampfe sowohl, als im Todesmuthe, und dieser ist die Krone von jener.

Tarbes, französische Stadt im Departement der Hochpyrenäen am Ufer des Adour mit 13,000 Einwohnern, hat ein großes kaiserliches Gestüt, Garnison und zwei schöne Kasernen.

Tarnowski, Jan, Pole, geb. 1488, aus hochangesehenem Geschlecht, machte sich zuerst durch große Reisen berühmt und erhielt in Portugal das Obercommando über das Heer. Er schlug die Mauren und erwarb sich einen solchen Ruhm, daß ihn der deutsche Kaiser Karl V. rücksichtlich der Spanien geleisteten Dienste zum deutschen Reichsgrafen erhob. Darauf kehrte er nach Polen zurück, erhielt auch hier den Oberbefehl und bekämpfte nach einander die Türken, Walachen und Tataren mit einem Erfolge, der seinen Namen in der Kriegsgeschichte verewigt hat. Starb 1561.

Tarquinius, Priscus Lucius, König von Rom von 616—579 vor Chr., besiegte die Latiner, Sabiner und Etrusker, gab Rom die ersten festen Werke, führte die Kampfspiele in großem Maßstabe ein und unternahm den Bau des capitolinischen Tempels, den sein Sohn vollendete.

Tarquinius Superbus, Lucius, König von Rom von 534—510 vor Chr. (S. Rom.)

Tarragona, spanische schlecht befestigte Hafenstadt von 14,000 Einwohnern, hat Marinezeichenschule, war schon in den punischen Kriegen vorhanden und ein wichtiger Waffenplatz. 1811 von den Franzosen unter Suchet erstürmt, 1813 die Fortificationen sammt einem Theile der Stadt von den Franzosen zerstört.

Tartsche, kleines, meist rundes, selten viereckes Brustschild im Mittelalter, scheint von den Mongolen herzustammen und fand von Polen her zuerst beim deutschen Ritterorden als Mode Eingang. Setztartschen wurden mit eisernen Spitzen in der Erde befestigt und bildeten vor der Schützenlinie eine Brustwehr. Die Tartschen des Fußvolkes, durch welche die hohen Schilder verdrängt wurden, hießen Sturmtartschen.

Tataren, s. Mongolen und Asien.

Taue heißen die stärksten, stets aus Hanf gewundenen und mit Theer getränkten Seile auf Schiffen, namentlich die, an welchen die Anker befestigt sind, die daher auch bezeichnender Ankertaue genannt werden.

Tauenzien von Wittenberg, Friedrich Boguslaus Emanuel Graf von, Preuße, geb. 1760, trat 15 Jahre alt in das preußische Heer, avancirte, durch den berühmten Namen seines Vaters empfohlen, sehr rasch, war beim Feldzuge von 1806 schon General. Hier commandirte er bei Jena die Avantgarde des Hohenlohe'schen Corps und gerieth durch Hohenlohes Capitulation zu Prenzlau auf einige Zeit in unfreiwillige Unthätigkeit. 1813 trug er zur Entscheidung der Schlachten bei Dennewitz und Großbeeren bei. Nach der Schlacht bei Leipzig machte er Torgau, Wittenberg und Magdeburg vom Feinde frei. 1815 wurde er commandirender General und später Gouverneur von Berlin. Starb 1824. Die Einnahme Wittenbergs brachte ihm den Namen dieser Stadt zum Ehrennamen ein. In den Grafenstand war er bereits 1791 erhoben worden.

Taurien, südrussisches Gouvernement, s. Rußland.

Tauris, berühmte feste Stadt in Persien, s. Persien und Asien.

Tauwerk, stehendes, sind die starken getheerten Seile, welche zwischen Mast und Mast und Mast und Rumpf des Schiffes ausgespannt sind und dazu dienen, den Stand der Maste zu sichern.

Tauwerk, laufendes, heißen sämmtliche Leinen und Trosse, durch welche das Segelwerk des Schiffes regiert wird, begreift also das ganze bewegliche Leinen-werk. Tauwerk im Allgemeinen bezeichnet das gesammte Leinenwerk eines Schiffes nebst dem Zubehör, z. B. Winden, Haken und Flaschenzügen. Es bildet wie das Segelwerk einen Haupttheil des Takelwerks.

Taylor, Zachary, geb. 1784 in Nordamerika, wo sein Vater Oberst war, einer der berühmtesten nordamerikanischen Generale der Neuzeit und schließlich Präsident, hat sich besonders durch seine Besiegung Mexicos, 1846—1848, unvergänglichen Ruhm erworben. Starb 1850. (S. Amerika.)

Teheran, berühmte feste persische Stadt von 70,000 Einwohnern, s. Asien.

Telamon, altgriechischer Sagenheld.

Tell, s. Schweiz.

Temesvar, bedeutsame ungarische Festung und Freistadt von hohem Alter, jedoch erst nach 1716 in eine Festung modernen Styls verwandelt, zu welchem Zwecke die Stadt gänzlich umgebaut wurde. Liegt am Begakanale. Die innere Stadt ist die eigentliche Festung, deren gewaltige aus Mauern, Wällen und nassen Gräben bestehende Umfassungswerke sie in dreifacher Linie umschließen. Das Fortificationssystem ist in den inneren und äußeren Werken auf das Voll-ständigste durchgeführt und es dürfte in dieser Beziehung keine ungarische Festung den Vorrang vor T. haben. Es hat prächtige Kasernen und Hospi-täler, große Magazine, ausgezeichnete Militairwerkstätten, ein ziemlich reiches Arsenal, einen schönen Paradeplatz und eine starke Armatur in Position. Es ist der Sitz eines Landesmilitaircommando's. Man könnte die Festung die Militairstadt mit eben so viel Recht nennen, als die drei entfernt und einzeln liegenden Vorstädte Michala, Josephsstadt und Fabrikstadt die Bürgerstadt. 1514 wurde hier der Bauernaufruhr des Dozsa gedämpft. 1552 von den Türken nach früherer mehrmaliger Belagerung erobert, Besatzung wurde ver-rätherisch massacrirt. In wiederholten Belagerungen behaupteten sich die Tür-ken siegreich und erst der Prinz Eugen eroberte T. 1716, und danach wurde die Festung in gegenwärtiger Art umgebaut. 1849 hielt sich die östreichische Besatzung gegen ein ungarisches Belagerungsheer siegreich, bis deren Entsetzung durch die glückliche Schlacht bei Hatnau am 9. Aug. erfolgte. Zu Gedächtniß der Vertheidigung von 1849 Denkmal von Franz Joseph errichtet.

Tempelherren, ein Ritterorden, der nach dem ersten Kreuzzuge dadurch entstand, daß neun edle Ritter 1118 unter dem Gelübde der Keuschheit, des Gehorsams und der Armuth zum Schutze der Christen am heiligen Grabe einen Bund schlossen. Allein dieser bald sich mächtig ausbreitende Bund brach in Folge vielfacher Belohnungen für geleistete Dienste nur zu schnell das Gelübde der Armuth, wurde bald zur reichsten Corporation, die von ihren religiösen Grundsätzen gänzlich abwich und gleichsehr waffenunfähig, unzuverlässig und politisch gefährlich wurde, als sie sich, von unermeßlichen Reichthümern verführt, allen Genüssen und Lüsten hingab. Auf theils gerechte, theils ungerechte An-schuldigungen hin wurde der Orden 1306 in Frankreich vor Gericht gezogen und bis 1311 durch gemeinsame Strafexecution an den einzelnen Ordensmit-gliedern vernichtet. Die Theilnahme des Papstes an dieser Gewaltthat bewirkte ähnliche Maßregeln auch in anderen Ländern, so daß der Orden allenthalben erlosch. Nur in sehr beschränktem Maße und unter ganz anderen Verhältnissen hat sich ein Templerbund als kläglicher Ueberrest bis auf die Gegenwart erhalten.

Tempelhoff, Georg Friedrich von, Preuße, geb. 1737, trat, gründlich in den mathematischen Wissenschaften ausgebildet. 1756 ins preußische Heer, machte sich aber vielmehr durch seine Schriften für die Artillerie als durch seine Waffenthaten berühmt. Er stand bald im Rufe großer Kriegsgelehrsamkeit und wurde unter Friedrich Wilhelm II. Lehrer der königlichen Pagen, zu welchem Zwecke er geadelt worden war. Er richtete 1791 die Artillerieacademie in Berlin ein, der er auch hinfort ins Besondere seine Thätigkeit widmete. Zum Generallieutenant avancirt, starb er 1807. Von seinen Schriften sind zu nennen: „Die Anfangsgründe der Analysis der endlichen Größe", „Anfangsgründe der Analysis der unendlichen Größe", „Vollständige Anleitung zur Algebra", „Bombardier prussien" und eine „Geschichte des siebenjährigen Krieges."

Tempiren heißt das Berechnen und Einrichten des Zünders für Hohlkugeln zum Zwecke der rechtzeitigen Explosion. Brennschnelligkeit des Zündersatzes und Länge des Zünders, die ein gewisses Maß aber nie überschreiten darf, sind in der Berechnung die Hauptrücksichten, natürlich vornehmlich auch die Länge der Flugbahn, resp. Entfernung des Ziels. Zur Erleichterung der Arbeit des Tempirens bestehen Tabellen. Daß indessen die Berechnung ihr Facit nicht völlig verbürgen kann, ist begreiflich, da zu viele Nebenumstände einwirken.

Tempo, Zeitmaß, ist in der Elementartaktik, besonders bei den Gewehrexercitien für den Recruten wichtig, weil die taktischen Handlungen sich leichter begreifen lassen, wenn sie in ihren einzelnen Theilen aufgelöst gezeigt und theilweise tempomäßig, also entstehungsgemäß eingeübt werden. Nur bei tempomäßiger Ausführung ist bei einer großen Menge eine vollkommene Gleichmäßigkeit für complicirte taktische Handlungen zu erlangen. Auf dem Tempo beruht die Präcision der Griffe und Bewegungen, diese Präcision hat aber für mehr als den Schönheitssinn Bedeutung. Die Präcision in den taktischen Handlungen giebt dem Soldaten das Bewußtsein der Richtigkeit, die Sicherheit, und diese hat auf seinen moralischen Zustand, auf die Energie seines Willens, mächtigen Einfluß.

Tenaille, Zangenschanze, liegt in der Regel vor dem Ravelin und bildet einen ausspringenden Winkel. Vor der Bastion heißt die T. Couvreface oder Contregarde. Stoßen die Tenaillen zusammen, so entsteht ein zusammenhängendes Umfassungswerk, welches aus ein- und ausgehenden Winkeln besteht. Diese oft angewendete Befestigungsweise heißt Tenaillenbefestigung oder Zangensystem. S. Befestigung.

Tenaillon, kleines Zangenwerk an der Flanke des Ravelins. S. Befestigung.

Terceira, Herzog von, Graf von Villaflor, Portugiese, muthmaßlich 1790 geboren, nahm schon am Halbinselkriege Theil, beim Ausbruch des Krieges zwischen Don Miguel und Don Pedro war er bereits General. Er operirte Anfangs so glücklich, daß er von Don Pedro den Oberbefehl erhielt. Nachdem er der Uebermacht in Portugal weichen gemußt, warf er sich auf Terceira, organisirte hier eine neue Macht und unternahm nun, von englischen Kräften unterstützt, den Kampf wieder in Portugal, nahm Lissabon 1833, schlug 1734 die Miguelisten bei Evora und machte dadurch die Tochter Pedros zur wirklichen Königin. Miguel verließ das Land flüchtend. Für seine Dienste war er zum Herzog von Terceira erhoben worden. In der Folge wurde sein Name nur einige Male bei den inneren Parteikämpfen genannt.

Terrain bedeutet in der Militairsprache die Erde nach ihrer äußeren Form und Beschaffenheit, ins Besondere aber denjenigen Theil derselben, welchen betreffende Kriegsoperationen begreifen. Das Terrain ist von größter Wichtigkeit, ruft vielfache Bedingungen für die Kriegsoperationen hervor, kann fördernd und hindernd, ja unter Umständen selbst so sein, daß es nothwendig

vermieden werden muß. Haupttheile des Terrains sind Ebenen, Höhen, unpassirbare Felsengebirge, Vertiefungen, Gewässer, Wälder, feuchte Niederungen,
Ortschaften, Straßen, Kanäle, Gräben, Dämme, Brücken, Pässe rc., es kann
daher wesentliche Veränderungen im Operationssystem hervorrufen und vom
Feldherrn muß gefordert werden, daß er Terrainzufällen immer schnell auszu-
weichen verstehe, was jedoch nicht immer leicht ist. Militairische Eigenschaften
des Terrains sind die Festungen, Feldbefestigungen, Magazin- und Lazareth-
plätze, Ströme und unpassirbare Gebirge, die als Operationslinien gebraucht
werden können u. dgl. Zu beurtheilen, welche Vortheile aus einem Terrain
gezogen oder welche Nachtheile dem Feinde durch eine gewisse Stellung im
Terrain bereitet werden können, ist die wichtigste Aufgabe des Feldherrn, denn
die Terrainverhältnisse können hundertfach die menschlichen Kräfte ersetzen und
oft alle Vortheile einer Festung gewähren, wovon der Krieg in Bergländern,
so namentlich in der Schweiz, die großartigsten Beweise gegeben hat. Die
Kunst der Terrainbeurtheilung ist durch die Terrainlehre, welche gegenwärtig
zur militairischen Wissenschaft erhoben worden ist, in feste Normen gebracht
worden, so daß jetzt nicht bloß der geniale, sondern der nur talentvolle Feldherr seiner Aufgabe leicht Herr werden kann. Immer aber gehören zur
Terrainlehre gründliche militairwissenschaftliche Vorstudien und namentlich mathematische. Die Terrainlehre zerfällt in die theoretische und praktische. In
ihr bilden Drographie, Geognosie, Hydrographie und Topographie besondere
Theile (aber nicht besondere Classen, denn die vier Abtheilungen sind stets
innig mit einander verbunden). Zur Terrainlehre gehört die Terraindarstellung,
Plan- und Situationszeichnung. Kein Feldherr kann einen Plan entwerfen,
ohne das Terrain zu kennen, denn dieses ist die Hypothesis aller seiner Berechnungen, und dazu gehört nothwendig eine genaue Terrainübersicht, die
wiederum allein nur die Karte (Planzeichnung, Situationszeichnung) verschafft.

Terrassirte oder in Stufen gelegte Werke sind solche, welche einander dergestalt überragen, daß das hintere über die vorderen hinfeuern kann, ohne
diesen zu schaden. Kommen fast immer bei Bergfestungen vor. Großartige
terrassirte Werke finden sich bei Sweaborg und Gibraltar.

Tessin, schweizer Canton, 54 □M., 118,000 Bewohner. (S. Schweiz.)

Tettenborn, Friedrich Karl Freiherr von, Badenser, geb. 1778, studirte
Forstwesen und Cameralia, trat 1794 ins östreichische Heer, machte die folgenden Feldzüge in verdienstlicher Weise mit, wurde aber als Ausländer so langsam befördert, daß er erst 1809 nach der Schlacht bei Wagram, wo er sich
trotz allem Unglück der Oestreicher Bewunderung erwarb, zum Major avancirte.
Um nicht mit Napoleon gegen Rußland gehen zu müssen, trat er 1812 in
russische Dienste, nahm den Franzosen bei ihrem Rückzuge Wilna und machte
ihnen 1813 eine bedeutsame Diversion, indem er, bis Hamburg vordringend,
in ihrem Rücken operirte. Da er Hamburg nicht behaupten konnte, nahm er
kurz vor der Schlacht bei Leipzig Bremen und führte 1814 in Frankreich den
kleinen Krieg mit gutem Erfolg. Nahm als General 1818 seine Entlassung
und trat in den Staatsdienst seines Vaterlandes Baden. Starb 1845.

Teufelsmauer, eine altrömische, theils aus Mauer, theils aus Erdwerk
bestehende Fortificationslinie in Deutschland, die meist mit Thürmen besetzt
war und von Hienheim an der Donau sich bis Freudenberg am Main ausdehnte. War unzweifelhaft eine Schutzwehr gegen die noch nicht unterworfenen
germanischen Volksstämme. Ist nur noch in Ruinen vorhanden. Zeit der
Entstehung unbekannt.

Teutoburger Wald, Schlacht im, s. Deutschland.

Teutonen, s. Deutschland.

Teutschland, s. Deutschland.

Texas, s. Amerika.

Thapsus, im Alterthum feste Stadt auf der Nordküste Afrikas, hier die Pompejaner von Cäsar 46 v. Chr. geschlagen.

Thassilo, Herzog von Baiern, bekannt durch seine Aufstände gegen Karl den Großen. Verlor zur Strafe sein Herzogthum 788. War kein Krieger, viel weniger ein Held. (S. Deutschland und Karl.)

Theben, s. Aegypten, Griechenland.

Themistokles, Athener, geb. 514 v. Chr., machte die Schlacht bei Marathon mit, verdrängte durch Intriguen den Aristides und brachte die größte Gewalt an sich. Er schuf Athen eine Seemacht, schlug die Perser bei Salamis (480 v. Chr., brach die Brücke über den Hellespont ab und zwang dadurch den Feind nach Asien zurückzukehren. Trotz der großen Dienste, die er Athen geleistet, wurde er vom Volke 473 verbannt, weil es von seinem Ehrgeize für die Verfassung fürchtete. Starb im Exil beim König Artaxerxes I.

Themse, s. Großbritannien.

Theodorich, Thiudareiks, Dietrich, König der Ostgothen, der Große, geb. 455 n. Chr., wurde 15 Jahre alt als Geißel an den byzantinischen Kaiserhof gebracht und lernte die griechische Staats- und Kriegskunst kennen. Nahm an seines Vaters Eroberung von Mösien Theil und führte, nachdem er den Thron bestiegen, sein Volk, mit Rugischen Hilfsschaaren vereint, nach Italien, schlug zuerst die Gepiden bei Sirmium und stieß mit Odoacer bei Aquileja zusammen, schlug ihn hier, verfolgte ihn nach Verona, schlug ihn auch hier, brachte ein Heer Odoacers zum Abfall, brachte fast ganz Oberitalien in seine Gewalt, schlug den Odoacer 490 aufs Neue an der Adda und brachte ihn durch eine siegreiche Belagerung Ravennas ganz in seine Gewalt. Hiermit hatte er die höchste Gewalt in Italien erlangt und seine Herrschaft von der Donau bis Sicilien ausgebreitet. Er nannte sich König von Italien und ließ den Kaiserthron, der nur noch ein Schattenbild war, neben sich bestehen. Einige Kriegszüge gegen Nachbarvölker und Rebellen überließ er seinen Feldherren und beschäftigte sich nur damit, seinem Reiche durch durchgreifende Organisation eine sichere Dauer zu geben, was ihm aber nicht gelang. Obschon ein genialer Feldherr, war er doch kein Freund des Kriegs, und vielmehr Staatsmann als Krieger. Starb 526.

Theodosius I. der Große, geb. 345 in Hispanien, zur Sühne für seines Vaters Hinrichtung vom Kaiser Gratianus zur Mitregentschaft berufen, erlangte er selbst die Kaiserwürde und sicherte sich dieselbe, indem er seinen Nebenbuhler schlug und vernichtete. Er unternahm große Veränderungen im römischen Reiche und richtete das Ansehen desselben noch einmal mächtig empor, jedoch viel weniger durch Krieg als staatsmännische Kunst. Starb 395. (S. Rom.)

Theorie heißt die Vorstellung des Ausführbaren und begreift die Lehre von der Ausführbarkeit dessen, was durch die Praxis, also durch die Anwendung auf Wirklichkeit und Leben, zu einem reellen Nutzen gebracht werden kann oder muß. Die Theorie der Kriegswissenschaften ist daher die Lehre von dem, was sich durch diese Wissenschaften im Gebrauch der Waffen auf das Leben und die Wirklichkeit ausführen läßt. (S. Kriegswissenschaften.)

Theramenes, athenischer Feldherr, s. Griechenland.

Theresienstadt. Stadt und Festung in Böhmen an der Eger, 1200 Einw. Hat sehr starke Werke mit ausgezeichneten Wassermanoeuvren. Ist der wichtigste Platz der befestigten Elblinie in Böhmen. Hat bedeutende Militairwerkstätten und Magazine. Es gilt für den stärksten Militairplatz Böhmens. Für eine Besatzung von 16,000 Mann eingerichtet. Von Maria Theresia nach 1780 erbaut und namentlich auf Vertheidigung Böhmens gegen Norden berechnet.

Thessalien, s. Griechenland.

Thielmann, Johann Adolph Freiherr von, Sachse, geb. 1765, trat 17 Jahr alt ins Heer, machte beim sächsischen Hilfscorps 1806 den preußischen Feldzug gegen Frankreich mit und war nach der veränderten Politik Sachsens sehr bald genöthigt, den französischen Befehlen zu folgen und an der Belagerung von Danzig Theil zu nehmen. Von 1807—1810 avancirte er zum Generallieutenant, erhielt 1812 im Feldzug gegen Rußland den Befehl über die sächsische Cavalerie und Anfangs 1813 die Commandantur der Festung Torgau. T., der nur mit Widerwillen der französischen Fahne gefolgt war, erwartete mit Gewißheit, daß Sachsen den Schritten Preußens folgen werde, und hatte mit Eifer darauf hingewirkt. Da indessen der König die bedachtsame östreichische Politik adoptirte und selbst befahl, den Franzosen die Festung Torgau einzuräumen, so bot T. nochmals seinen ganzen Einfluß auf, um den König von diesem Schritte abzuhalten. Allein zwei Mal mußte sein Ordonnanzoffizier, der Rittmeister von Kampz, das Vorzimmer des Königs verlassen, ohne vor den König gelassen worden zu sein; er nahm sofort seine Entlassung und trat zuerst in russische, alsbald aber in preußische Dienste, in denen er nun den Krieg gegen Frankreich bis 1815 sehr verdienstlich mitmachte, namentlich zeichnete er sich bei Waterloo aus. Starb 1824.

Thile, Ludwig Gustav von, Preuße, trat sehr jung ins Heer und war 1797 Lieutenant. Er machte den Feldzug von 1806 und die folgenden meist beim Generalstabe seit 1813 bei der Person des Königs, dessen Flügeladjutant er war, mit. Bald nach dem Kriege wurde er General und trat 1835 als Generallieutenant ins Privatleben zurück, wurde aber 18;0 von Friedrich Wilhelm IV. ins Ministerium berufen. 1848 nahm er hier seine Entlassung und starb 1852. Sein Bruder hatte eine ähnliche Carriere gemacht und schied als commandirender General aus dem preußischen Staatsdienste.

Thionville, französische Festung 3. Ranges an der Mosel mit Brückenkopf. 6000 Einwohner. In strategischer Verbindung mit Metz und mit dieser Stadt durch die Eisenbahn verbunden.

Thor, Donner- und Kriegsgott der Germanen, Sohn Odins, seine Waffe ein Hammer, sein Cultus bei den germanischen Völkern außerordentlich verbreitet. nach ihm der Donnerstag genannt. S. Asen.

Thorn, preußische Stadt und Festung an der Weichsel mit 12,700 Einw., hat starke Umfassungswerke und bedeutende Brückenfortificationen. Die ersten Befestigungen stammen aus der polnischen Zeit. Unter der Herrschaft des deutschen Ritterordens wurde es neu und umfassender fortifizirt und mit einem Schloß versehen. Die Werke wurden später von der polnischen Regierung und in neuerer Zeit von der preußischen vielfach verändert, vervollständigt und modern verstärkt wieder hergestellt. Es steht in strategischer Beziehung zu Graudenz, wo sich eine Garnisonschule, und zu Kulm, wo sich eine Cadettenanstalt befindet. In den Kriegen zwischen Polen und Schweden und Brandenburg, später Preußen und Polen, ist es wiederholt der Gegenstand kriegerischer Operationen gewesen. 1807 nahmen es die Franzosen und verstärkten die Werke.

Thrasybulos, atheniensischer Feldherr, schlug und vertrieb 401 vor Chr. die 30 Tyrannen. Er diente später den Thebanern gegen Sparta, hatte darauf den Oberbefehl gegen Rhodus und fiel in diesem Feldzuge 390 v. Chr. durch Verrath.

Thrazien, der Haupttheil der europäischen Türkei, lange der Sitz der Ostgothen und Zankapfel derer und der Römer, später zum oströmischen Kaiserreich gehörig. S. Rom und osmanisches Reich.

Thüringen, f. Deutschland.

Thurm galt im Alterthum für ein Hauptmittel zur Vertheidigung eines Platzes. Sie dienten indessen nur zur Verstärkung der Umfassungswerke, die mit ihnen theils als Mauern, theils als Mauern mit Gräben, theils auch als Wall mit Gräben in Verbindung standen. Sie hatten die Wirkung aller überhöhenden Werke und beherrschten eben die unter ihnen liegenden Umfassungswerke, so daß diese nicht leicht vom Feinde genommen oder vielmehr behauptet werden konnten, wenn der Thurm noch von muthigen Vertheidigern besetzt war. Da die Wurfgeschosse der alten Zeit nicht weit reichten, so mußten die Thürme ziemlich nahe bei einander stehen, daher größere befestigte Städte oft mehrere Hundert Thürme hatten. Die Wurfmaschinen der alten Zeit trieben das Geschoß bekanntlich stets in Bogen und es mußte das Gewicht des Geschosses mit der Triebkraft der Maschine sich vereinigen. Die bei Weitem größere Gewalt der Geschütze, welche den horizontalen oder rasirenden Schuß zum wirksamsten machte, machten daher die Thürme unvortheilhaft und an ihre Stelle traten die Bastionen, welche die Seitenwerke nicht oder wenig überhöhen und wegen der ungleich weiterreichenden Gewalt der Geschütze in ungleich geringerer Zahl erforderlich sind. In neuerer Zeit sind durch Montalembert und den Erzherzog Maximilian Thürme wieder in Gebrauch gebracht worden, jedoch weniger um das Terrain zu überhöhen, als um auf den wichtigsten Punkten die Artillerie auf eine höhere Potenz zu bringen. Diese Thürme sind daher auch nur durch Etagirung vervielfältigte casemattirte Batterien, meist außerhalb der Umfassungslinien. (S. Montalembert, Maximilian, Befestigungswerke, Fortification.)

Thurn und Taxis, Karl Theodor Fürst von, geb. 1797, machte in Baiern die Militaircarriere und stieg unter dem Einflusse seines Namens zum commandirenden General der Cavalerie auf.

Thurn und Taxis, Karl Anselm Fürst von, geb. 1792, erhielt in Würtemberg den Generalsrang. Starb 1844.

Tiberias, Stadt in Palästina, dabei große Niederlage der Kreuzfahrer durch Saladdin 1187.

Tiberius, Claudius Nero, geb. 42 nach Chr., Römer, Stiefsohn des Kaisers Augustus, schlug als Tribun die Asturer, Cantabrer, später die Rhätier, Vindelicier, Pannonier und Dalmatier, schlug 5 v. Chr. die Germanen zwischen Rhein und Weser, worauf er gegen die aufständischen Pannonier und Dalmatier geschickt wurde. 11 n. Chr. suchte er durch Unterwerfung der sächsischen Völker an der Elbe die Niederlage des Varus zu rächen. 14 nach Chr. bestieg er den Kaiserthron und damit endete seine kriegerische Thätigkeit. Starb 37 nach Chr. durch Mord.

Tibet, f. Asien.

Tibur, lateinische Stadt, war mit Rom von 361 bis zu ihrer Unterwerfung 338 v. Chr. in Krieg verwickelt. Jetzt Tiboli.

Tiflis, russische Hauptstadt Transkaukasiens, schön, historisch höchst merkwürdig, durch ein Jahrtausend fürstliche Residenz, im Alterthum schon wegen seiner warmen schwefligen Heilquellen sehr berühmt, war vor der russischen Besitznahme ganz orientalischen, jetzt aber gemischten und sehr eigenthümlichen Charakters. Es hat zum Theil noch seine alten colossalen, echt asiatischen Befestigungen, zum Theil aber haben diese den Grundbau zu modernen Fortificationen hergeben müssen. Das Meiste, was von diesen kriegerischen Alterthümern erhalten blieb, hat T. der Pietät des Generals von Woronzow, der lange hier als Gouverneur residirte, zu danken. Von den gewaltigen alten Ringmauern ragen noch heute die zahlreichen Vertheidigungsthürme empor.

Mehre Forts liegen zum Schuß der Stadt außen. Die Citadelle iſt neu und ganz modern. T. hat ein Militairhoſpital, ſchöne Kaſernen, bedeutende Magazine, Werkſtätten für die kaukaſiſche Armee, mehre große Waffenfabriken, eine Militairſchule, mehre ähnliche Anſtalten, ein Arſenal und ein prachtvolles Commandanturgebäude. Ueberhaupt ſind alle Regierungsgebäude ſchön und großartig und ſtechen ſehr gegen die Häuſer der Einheimiſchen und eben ſo ſehr gegen die alten denkwürdigen Gebäude ab, welche Denkmale der eingebornen Könige ſind, die ein Jahrtauſend hier reſidirten. 50,000 Einwohner.

Tiger, des Reichs, nennt der Kaiſer von China hochtrabend ſeine Soldaten.

Tigranes II., Schwiegerſohn Mithridates des Großen, deſſen treu Verbündeter er in den pontiſchen Kriegen war. 80—76 eroberte er Syrien und Kappadozien, wurde in ſpäteren Kriegen von den Römern hart bedrängt; lieferte demungeachtet aber ſeinen Schwiegervater nicht aus, ſondern ſetzte den Krieg energiſch fort, wurde aber bei Tigranocerta geſchlagen. In Artaxata mußte er an Pompejus capituliren, hatte ſich aber gute Bedingungen geſichert und ſchloß einen nicht ehrloſen Frieden.

Tigris, ſ. Aſien.

Tilly, Johann Tzerklas Graf von, von Geburt Niederländer, geb. 1559, trat früh in ſpaniſche Dienſte, entwickelte bei den blutigen Kämpfen in den Niederlanden eine ſolche Thätigkeit, daß er ſchon hier die Aufmerkſamkeit ſehr auf ſich zog, ohne jedoch durch ein begünſtigtes Avancement belohnt zu werden. Erſt die Kriege in Ungarn gegen die Türken zu Anfang des 17. Jahrhunderts brachten ihm den Generalsrang und nun ſehr raſch die höchſten militairiſchen Würden. 1609 trat er als Feldmarſchall in baieriſche Dienſte und brachte Baierns ſehr verfallenes Militairweſen durch eine gründliche Reorganiſation zu großer Bedeutung, ſo daß Baiern die bedeutende Rolle, die es in dem dreißigjährigen Kriege ſpielte, insbeſondere dieſem Verdienſte Tillys zu danken hatte. Von der katholiſchen Ligue zum Generaliſſimus erwählt, war er in der erſten Hälfte des dreißigjährigen Krieges im katholiſchen Lager der bedeutendſte Mann. Er entſchied die Schlacht bei Prag 1620 und ſiegte 1622 bei Höchſt, 1623 bei Stadtloo, über die Dänen 1626 bei Lutter, dictirte 1629 den Frieden von Lübeck, und erhielt nach Wallenſteins Demiſſion auch den Oberbefehl über das kaiſerliche Heer. 1631 erſtürmte er mit größter Grauſamkeit Magdeburg. Aber die Rache traf ihn vier Monate ſpäter bei Breitenfeld, wo er durch Guſtav Adolph die ſchmählichſte Niederlage erlitt. Abermals wurde er bei Guſtav Adolph's Uebergang über den Lech 1632 geſchlagen und ſtarb in Folge ſchwerer Verwundungen am 30. Mai. Er hatte 36 Mal geſiegt und galt für den größten Helden ſeiner Zeit, bis dieſer glänzende Ruf ihm durch Guſtav Adolph geraubt wurde. Viele Sagen breiteten ſich nach ihm über ihn aus, deren Zweck darin beſtand, das Diaboliſche ſeines Characters darzuſtellen. Doch iſt ihm hierbei häufig Unrecht zugefügt worden.

Tilſit, preußiſche Stadt an der Memel von 16,000 Bewohnern, hier der berühmte Friede, mit welchem Napoleon Europa 1807 eine ganz andere Geſtalt gab, Preußen um den größten Theil ſeiner Länder kürzte, daraus zumeiſt das Herzogthum Warſchau und Königreich Weſtphalen ſchuf. Es wurde durch dieſen Frieden ein Freiſtaat Danzig errichtet, die Throne von Holland und Weſtphalen der napoleoniſchen Familie eingeräumt, der ruſſiſch-türkiſche Friede beſtimmt, eine maritime Convention gegen England geſchloſſen, ein Theilungsvertrag betreffs der Türkei normirt, eine dynaſtiſche Umwandlung für Spanien und Portugal im napoleoniſchen Intereſſe vereinbart und ein merkantiler Plan gegen England entworfen. Die franzöſiſchen Niederlagen von 1812 in Rußland machten dieſe napoleoniſchen Geſpinne mit einem Male alle zu Nichte. Die Stadt hat Garniſon.

Timbuktu, s. Afrika.

Timoleon. Korinther, schwang sich als uneigennütziger Patriot und kühner Krieger in seinem Vaterlande zum größten Ansehen und Feldherrn auf, führte den Krieg gegen Dionys von Syrakus, nahm 34½ v. Chr. Syrakus und siegte 342 am Krimisos, wodurch er Sicilien von den Karthagern befreite. Starb 337 vor Chr.

Thimotheos, Athener, führte als Feldherr im thebanischen Kriege die Flotte gegen Sparta; siegte vor dem Leukas, führte im Bundesgenossenkriege den Oberbefehl, konnte aber der ungeheuern Uebermacht, die sich gegen Athen erhob, nicht Trotz bieten. Das Jahr seines Todes unbekannt. Starb zu Chalcis.

Timur, mongolischer Kriegsfürst, der Eroberer fast von ganz Asien, von ganz unbekannter Herkunft, angeblich aber Abkomme Dschingis-Khans. Er schwang sich auf den Herrscherstuhl des mongolischen Reichs, dessen Splitter er schnell vereinigte, eroberte Nordasien bis Moskau im Fluge, nachdem er Persien in seine Gewalt gebracht hatte. Nachdem er sich 1398 auch eines Theiles von Indien bemächtigt hatte, fiel er in die türkischen Länder ein, siegte 1402 in der Schlacht bei Ancyra und machte den Sultan zum Gefangenen. Nachdem er auch in diesen Ländern seine Gewalt befestigt, rüstete er gegen China, starb aber vor Ausführung seines Planes 1405. (S. Asien.)

Tippo-Saib, Fürst von Mysore in Ostindien, erhob in Indien das Schwert gegen England als ein Verbündeter Frankreichs, unterlag aber trotz seinem außerordentlichen Heldenmuthe und fiel bei Vertheidigung von Seringpatam 1799. (S. Asien.)

Tirailliren, kämpfen der Infanterie in aufgelöster Ordnung. Es wird hauptsächlich zur Eröffnung einer Schlacht in Anwendung gebracht und dient nicht weniger dazu, die Schlachtordnung so lange gedeckt zu halten, als alle Arrangements beendet sind, als auch die Anordnungen des Feindes und dessen Ausdehnung im Terrain kennen zu lernen. Denn zu alle dem würde keine Zeit mehr sein, wenn die geschlossenen Massen mit einander in den Kampf gerathen sind. Das T. war schon im Alterthum gebräuchlich. In der neuern Zeit ist es kunstgerecht ausgebildet worden. Ein gewisser Theil der Infanterie ist ins Besondere für den Tirailleurdienst bestimmt, namentlich Schützen und Jäger, in Preußen die Füsiliers, von welchen ein Bataillon mit zwei Musketierbataillonen ein Infanterieregiment bildet. Sie bilden in der Linienstellung das dritte Glied, in der Colonne die dritte Abtheilung. Zum Ausschwärmen commandirt, schwenken die Tirailleurs im Flankenmarsch trabend um beide Flügel und avanciren signalgemäß bis zu einer gewissen Entfernung. Theile der Mannschaft, gewöhnlich die Hälfte, folgen im Geschwindschritt, um zwischen der Tirailleurlinie und dem Gros Soutiens zu bilden, auf welche sich die Tirailleurlinie bei plötzlichen Angriffen zurückziehen kann, oder welche sie in gleichem Falle verstärken. In der Tirailleurkette bilden je zwei Mann ein Glied, diese Glieder (Rotten) halten nach Verhältniß des zu überspannenden Terrains und der Mannschaftsstärke eine mehr oder weniger starke Distance, nicht wohl unter 6 und selten über 10 Schritte. Beide Männer einer Rotte laden und feuern abwechselnd, wobei sie von aller Strenge der Linientaktik befreit sind und jeden Vortheil, der sich ihnen darbietet, z. B. deckende Gegenstände, Niederlegen ꝛc. nach Gefallen benutzen dürfen. Der Ladende ist stets hinter dem Feuernden, und der Feuernde geht vor, wenn der Andere gefeuert hat und aufs Neue laden muß. Die ganze Tirailleurlinie wird vom Gros aus durch Signale dirigirt, sie macht alle Bewegungen der Elementartaktik, nur auf Bajonnetangriffe kann sie sich nie oder nur in höchst seltenen Fällen einlassen. Die Stellung der Soutiens hängt von der Ausdehnung der

Tirailleurlinie, d. h. von der Stärke der Mannschaft ab, die die Tirailleurs ausgesendet hat; ein Soutien befindet sich stets in der Mitte hinter der Linie, zwei hinter ihren Flügeln, mehre werden gleichmäßig vertheilt. Einer Tirailleurlinie wird in der Regel eine eben solche entgegengesetzt. Oft aber sucht man den Feind durch Cavalerie zu überraschen und wirft dann durch solche seine Tirailleurlinie über den Haufen. Auch die Cavalerie eröffnet bisweilen durch ein Gefecht in aufgelöster Ordnung den Kampf (s. Plänkeln). Daß das Bajonnetfechten dem Tirailleur nütze, ist bestritten worden. In der That bleibt es auch beim Tirailliren beim Kugelwechsel, und erfolgt ein plötzlicher Angriff von Cavaleriemassen, so bleibt den einzelnen Tirailleurgliedern nichts als der Rückzug auf die Soutiens übrig; die Vertheidigung der vereinzelten Tirailleurs gegen dichte Cavalerie ist da nicht ausreichend. Ganz andere Bedeutung aber hat das Bajonnetfechten für die Schützen und Jäger im kleinen Kriege und beim Felddienst.

Tirlemont, belgische Stadt an der großen Geete, 1705 von den Engländern gegen die Franzosen erobert, 1793 die Oestreicher hier von den Franzosen geschlagen.

Tirol, s. Oestreich.

Tirynth, altgriechische Stadt, an der Straße nach Argos, hier 524 vor Chr. großer Sieg der Spartaner über die Argiver. Die Stadt gehörte zu den bedeutendsten Festungen Griechenlands. Ueberreste noch vorhanden.

Tissavernes, Feldherr und Eidam Artagerzes II. von Persien, schlug 401 v. Chr. den jüngeren Cyrus. Von den Joniern und Spartanern geschlagen und von Intriguen umsponnen, flüchtete er und wurde durch Meuchelei beseitigt.

Titanen, der griechischen Mythologie angehörende Heldenwesen, die gegen Zeus einen schweren Kampf unternahmen. (S. Gäa.)

Titus, Flavius Vespasianus, Römer, geb. 40 nach Chr., am Hofe Neros erzogen, übernahm er von seinem Vater, den er begleitet hatte, den Oberbefehl über die gegen das rebellische Palästina geschickten Legionen (69 nach Chr.) und erwarb sich nun durch die nicht weniger berühmte als furchtbare Eroberung von Jerusalem den Ruhm, welchen er am Meisten die Kaiserwürde zu verdanken hatte. 79 bestieg er den Thron und starb 81 nach Chr.

Tivoli, s. Tibur.

Tlemsan, Tlemezen, s. Algerien.

Tobolsk, russische Hauptstadt Westsibiriens von 25,000 Einw., Standplatz der Artillerie des Cordons, mit Militairschule, Werkstätten, Arsenal, Hospital, Magazinen; Sitz des Generalgouverneurs.

Todesstrafe, s. Strafe.

Todter Winkel, bei Fortificationen derjenige Theil in der Walllinie, welcher durch die Vertheidiger des Walles nicht beschossen werden kann und daher einer besonderen Vertheidigung bedarf, welche in der Regel aus Kasematten im Winkel selbst bewirkt wird. Auch Caponnieren beseitigen die Gefahr des todten Winkels. Bei Fortificationen wird der todte Winkel durch Palisaden neutralisirt. (S. Befestigung und Fortification.)

Tököly, Emmerich Graf von, Ungar, geb. 1656, erlebte 15 Jahr alt die Belagerung des väterlichen Schlosses durch die Oestreicher und nahm an der Vertheidigung Theil. Da sein Vater starb, flüchtete er nach Siebenbürgen und kehrte an der Spitze einer ansehnlichen Insurgentenschaar nach Ungarn zurück. Er gewann bald bedeutendes Ansehen, und seine Macht vergrößerte sich so, daß er die östreichischen Truppen allenthalben zurückwarf und in Oestreich sogar eindringen konnte. Die Türkei leistete ihm dabei die kräftigste Hilfe und erklärte den Rebellen sogar zum Könige von Ungarn. Nach Eroberung

von Munkacz und Kaschau nahm er die Königswürde in der That an und
war bei dem folgenden türkisch = östreichischen Kriege der Bundesgenosse der
Türkei. Als solcher nahm er 1683 an der Belagerung Wiens Theil, die mit
einer schweren Niederlage endete. Von da ab war er vom Unglück verfolgt,
er verlor nicht nur seine Partei, sondern auch die Theilnahme der Türkei.
Seine Familie fiel in Gefangenschaft und er wurde bei Großwardein geschlagen. 1690 suchte er sich Siebenbürgens zu bemächtigen, siegte auch mehre
Male über einzelne östreichische Armeen, verlor aber nach der Niederlage bei
Salankemen für Ungarn so alle Gewalt, daß er ferner nur noch die Rolle
eines türkischen Generals spielen konnte. 1695 zog er sich vom Kriegsschauplatze zurück und lebte bis 1705 mit seiner Familie von türkischer Gnade in
Kleinasien.

Toledo, spanische Stadt am Tajo von 15,000 Einwohnern mit alterthümlichen festen Werken aus der maurischen Zeit. Hat eine starke Garnison, Kriegsschule, Infanteriecadetenanstalt, Gewehrfabriken, Lazareth und Kaserne.

Tolentino, italienische Stadt im Kirchenstaate am Chiente, hier Friede
zwischen dem Kirchenstaate und Frankreich 1797 und Niederlage Murats 1815
durch die Oestreicher.

Toll, Karl Graf von, Russe, geb. 1778 in Livland, trat 18 Jahr alt in
das russische Heer, machte die Feldzüge Rußlands 1806—1814 mit, fast stets
im Generalstabe beschäftigt. Nach der Schlacht bei Leipzig wurde er Generallieutenant, 1826 commandirender General, als solcher machte er den Krieg
gegen die Türkei 1828 und 1829 und 1831 gegen die Polen mit, stets an
der Spitze des Generalstabes. Beim Sturm auf Warschau führte er zuletzt
das Obercommando. Starb 1842.

Tolstoi, Peter Alexandrowitsch Graf von, Russe, geb. 1769, trat jung in
das Heer, machte 1799 den Feldzug gegen Frankreich mit, desgleichen den
von 1805, in welchem er zu den wichtigsten diplomatischen Sendungen verwendet wurde und troz seiner Jugend den Generalsrang erreicht hatte. 1812
commandirte er die Landwehr von Moskau, wurde im Feldzuge 1813 commandirender General. 1826 wurde er Gouverneur der Militaircolonien, focht
1831 in Lithauen gegen die Polen, kehrte nach Petersburg zurück und wurde
Reichsrathsmitglied und Chef des Militairdepartements. Starb 1844.

Tolstoi = Ostermann, russischer General und Generaladjutant, als Diplomat
bedeutender als Soldat.

Tomahawk, Hauptwaffe der Indianer in Nordamerika, mit der Streitaxt
des europäischen Mittelalters gleich.

Tomsk, russische Gouvernialstadt in Westsibirien mit guten Unfassungswer-
ken, hat 13,000 Einwohner, Besatzung und Militairerziehungsanstalt.

Tönningen, schleswigsche Hafenstadt an der Eider. Hier Werfte, Werkstätten und Seemannsschule, war früher starke Festung und hat jetzt noch Ha-
fenfortificationen. 1644 fortifizirt, nach 1679 bedeutend verstärkt, 1700 von
den Dänen belagert, 1713 von den Schweden besetzt, aber durch die Russen
und Dänen befreit. 1714 die Werke geschleift.

Topographie, detaillirende Geographie, begreift die bildliche Darstellung
der Erdoberfläche mit besonderer Hinsicht auf ihre Einzelnheiten, die besonderen
Orte. Die einzelnen Orte sind daher in der Darstellung mit Specialität
auszuführen, so daß das Verhältniß der einzelnen Theile dieser Orte zu einander sichtbar hervortritt. Daher ist begreiflich, daß die topographischen Karten einen viel geringeren Raum umfassen als die geographischen, in denen das
Verhältniß der topographischen Objecte zu einander dargestellt wird, in denen
also die topographischen Hauptgegenstände als Einzelnheiten erscheinen. Häufig

stellt die topographische Karte nur einen Hauptgegenstand, z. B. eine Festung.
eine Stadt oder ein Operationsterrain dar. So muß dieser Gegenstand bis
ins kleinste Detail ausgeführt, aber auch die Nebengegenstände, die in den
Raum der Karte fallen, sofern sie Bezug auf den Hauptgegenstand haben,
höchst speciell ausgeführt, solche Nebengegenstände aber, die gar keine militairische Bedeutung haben, wenigstens genügend angedeutet werden. Eine Grund-
regel der Topographie ist die Darstellung aller Gegenstände in ihrem Grund-
risse, damit ihr eigenes Größenverhältniß erkannt wird. Das Höhenmaß ist
bei topographischen Zeichnungen jedoch nicht weniger wichtig, als das durch
die Grunddarstellung hervorgehobene Flächenmaß, kann jedoch durch die Zeichnung nicht immer angegeben werden und es werden daher Zahlenangaben vielfach nothwendig. Die Topographie gehört zu den wichtigsten Generalstabswissenschaften und Genielünften, weil durch die Ortsverhältnisse die Verwendung
der militairischen Kräfte bedingt wird, und keine Disposition dieser möglich
ist, so lange die genaueste Kenntniß der topographischen Verhältnisse mangelt.
Daher befinden sich bei den Generalstäben eigne Bureaus für die topographischen Arbeiten, die in trigonometrischen Vermessungen, Aufnahme und Zeichnung
bestehen. Die topographischen Militairkarten werden von den Oberbehörden
als ein Geheimniß betrachtet. Damit diese wichtigen Hilfsmittel nicht in
Feindeshand gerathen, werden von ihnen gewöhnlich nur so viel Exemplare
abgezogen, daß jeder Generalstab, das Kriegsministerium, die Militairacademien
und Oberbefehlshaber in Besitz der nöthigen Exemplare gesetzt werden können.
Eine Verbreitung im Publikum darf nicht stattfinden, und durch Zufall in die
Hand des Publikums gerathene Exemplare müssen bei Strafe abgeliefert werden. Jede Kriegsdirection wird sich bemühen, die topographischen Nachweise
der feindlichen Staaten in ihre Hand zu bekommen, was oft mit großen
Schwierigkeiten verbunden ist und Schritte erfordert, die den Grundsätzen der
Redlichkeit nicht immer entsprechen. Topographische Nachweise über alle Länder werden fortwährend sorgfältig gesammelt und in besonderen Cabineten bei
dem Generalstabe aufbewahrt. Vorzügliche Sammlungen finden sich zu London und Petersburg.

Torgau, preußische Festung und Stadt von 9000 Einwohnern an der
Elbe, als ein Hauptpunkt in der Elblinie ein wichtiger militairischer Platz,
spielte mit seinen mittelalterlichen Fortificationen schon im dreißigjährigen
Kriege eine Rolle, wurde in eine Festung modernen Styls aber erst von 1810
bis 1813 durch die Franzosen verwandelt. Hat starke Umfassungswerke und
bedeutende Außenwerke, welche letztere fast alle von der preußischen Regierung
erbaut wurden. Diese zeichnen sich durch höchst solide Ausführung aus, sowie
überhaupt T durch gute Anlagen und sorgfältiges Fortificationssystem sich
auszeichnet. Doch kann sich Torgau mit den Festungen ersten Ranges nicht
messen. Die Natur ist den Fortificatoren wenig entgegengekommen und nur
der Elbstrom und einige stehende Gewässer gereichten der Festungsanlage zum
Vortheil. Es befindet sich hier eine große und schöne Kaserne, welche ehedem
Residenzschloß der sächsischen Kurfürsten war. In neuerer Zeit wurde sie mit
Defensivwerken versehen, wozu theilweise die alten Mauern als Grundbau
benutzt werden konnten. T. hat ein Arsenal und Militairhospital. Die Franzosen vertheidigten 1813 den Platz gegen die Preußen unter Tauenzien drei
Monate lang. Mitte Januar 1814 erfolgte die Capitulation. (S. Preußen.)

Tornifter, Montirungsstück der Infanterie, bestehend aus einer rauchleder-
nen viereckigten Tasche mit kleinen Seitentaschen, die auf dem Rücken getragen
und in welcher Wäsche, Kleidungsstücke und kleine Geräthe, überhaupt aber
alle Bedürfnißgegenstände außer der Armatur getragen werden, welche der

Soldat stets bei sich und zur Hand haben muß. Er wird auf dem Rücken getragen, den er vom Hals bis zur Dünnung und von Schulter zu Schulter bedeckt. Die Subalterninfanterieoffiziere tragen ebenfalls Tornister, jedoch bei Weitem kleinere. Es ist vielfach für Abschaffung der Tornister gesprochen worden und geleugnet kann nicht werden, daß der Tornister den Mann zum Nachtheile der Kampffähigkeit sehr belästigt, hemmend für die Operation würde es aber andererseits sein, wenn eine große Anzahl von Bagagewagen stets den Truppen auf dem Fuße folgen müßte. Empfehlenswerther ist der Vorschlag, den Soldaten nur zum Marsche, aber nie zum Kampfe mit dem T. zu belästigen.

Torrijos, Joseph Maria, Spanier, geb. 1791, machte den Halbinselkrieg mit und avancirte in demselben troß seiner Jugend zum General. 1823 wurde er, zweiunddreißig Jahre alt, Kriegsminister, übernahm demungeachtet aber ein Commando. 1830 erhob er die Fahne der Revolution, wurde aber 1831 gefangen genommen und erschossen.

Torring, Ignaz Feliz Joseph Graf von, geb. 1682, bairischer Feldmarschall, geb. 1763.

Torshok, russische Stadt an der Twerza mit 14,000 Einw., Garnison und Hospital. Ehedem berühmte Festung des Freistaates Nowgorod. Nach mehreren Eroberungen kam sie 1569 für immer in die Gewalt der Moskowiten, wobei sie durch Iwans IV. unerhörte Grausamkeit das Fürchterlichste erlitt.

Torstenson, Lennart, Schwede, geb. 1603, machte Gustav Adolphs Feldzüge in Deutschland mit. 1639 trat er für längere Zeit vom Kriegsschauplaße ab, kehrte aber 1641 zu Uebernehmung des Oberbefehls zurück. Er schlug die Oestreicher 1642 bei Schweidniß und Breitenfeld, 1643 die Dänen, 1645 die Kaiserlichen wieder bei Jankowiez, drang bis Wien vor, mußte aber 1646 wegen Krankheit den Kriegsschauplaß verlassen und starb 1651. Nach seinem Rücktritt vom Kriegsdienst wurde er zum Grafen von Ortala erhoben.

Tortona, alte berühmte italienische feste Stadt, gegenwärtig 9000 Bew., liegt an der Scrivina, hat noch seine alten Werke, Mauern mit Thürmen. Kaiser Friedrich I. erstürmte und zerstörte sie nach zweimonatlicher harter Belagerung. In späteren Kriegen ist sie wiederholt energisch vertheidigt worden, meist aber ohne Erfolg. Gehört Sardinien.

Tortosa, feste Hafenstadt Spaniens an der Mündung des Ebro in's mittelländische Meer, mit Citadelle und Hafenvertheidigungswerken.

Toscana, vor seiner gewaltsamen Verbindung mit dem neuen sogenannten Königreiche Italien ein Großherzogthum in Mittelitalien von 402 □ M. (incl. der Insel Elba) mit 1,800,000 Bewohnern, einer Jahreseinnahme von 39,000,000 Lire, einer Staatsschuld von 125,000,000 Lire und einer Armee von 17,205 Mann, deren Waffen sich eintheilten zu 1830 Gendarmen, 7449 Mann Linieninfanterie in 3 Brigaden, 4512 Mann Grenzjäger in 6 Bataillonen, 2218 Mann Artillerie und 258 Mann Cavalerie. Die Festungen des Staates waren Orbitello und San Martino. Eine Seemacht war nicht vorhanden. Gegenwärtig ein Theil des Königreichs Italien, herrscht über Toscanas Zukunft Zweifel. (S. Italien.)

Toul, französische Festungsstadt von 7800 Bewohnern an der Mosel, mit Straßburg und Paris in Eisenbahnverbindung, gute Umfassungswerke, Arsenal. T. ist Verbindungsplaß von Meß, für sich selbst ohne große Bedeutung.

Toulon, eine der berühmtesten Seefestungen Europas, Frankreich gehörig, am mittelländischen Meere im Departement Var gelegen, unregelmäßig am Fuße eines Berges erbaut, ist Bezirkshauptstadt und hat 46,000 Bewohner und eine militairische Bevölkerung sowohl für die Marine als die Fortificationen von 28,000 Mann. T. hat den größten Kriegshafen Frankreichs und die großartigsten Marineetablissements, namentlich Werkstätten, unter denen sich die Seilereien als das Außerordentlichste der Welt auszeichnen, und Magazine. So ist auch das Seearsenal eines der großartigen derartigen Etablissements, welches nach dem Brande von 1846 in noch größerem Maßstabe wieder hergestellt worden ist. Es besteht aus mehren Reihen von ungeheuren Magazinen, Kriegsvorrathshäusern, Werkstätten und Arbeitsplätzen. In seiner Mitte liegen die Docks mit einem großen Bassin. Alles zu T. ist nach größtem Maßstabe hergestellt, so auch das Festungsarsenal mit seinem schönen Modellhause und den Militairwerkstätten, unter denen sich die für die Marine und das Landheer zugleich arbeitende große Stückgießerei besonders auszeichnet. Auch an militairischen Anstalten ist T. reich. Es besitzt eine astronomische Anstalt für das Seewesen, eine Schule für Schiffsärzte, eine Schule für Geometrie und Mechanik, eine Schifffahrtsschule, ein Seminar für Schiffsgeistliche, eine pyrotechnische Centralschule, eine Marineartillerieschule 2c. T. ist Stationsplatz der französischen Flotte des mittelländischen Meeres. Jedes Schiff dieser Flotte hat zu T. sein eignes Magazin, seine Armatur und Takelkammer. Für Marine und Landheer sind hier große Hospitäler. Der Hafen besteht aus zwei getrennten, jedoch durch einen Kanal verbundenen Theilen. Er ist von 2 Molos eingefaßt. Der Eingang wird durch zwei kasemattirte Thurmwerke, die durch Strandbatterien flankirt werden, geschützt. Auf beiden Seiten beherrschen ihn gewaltige Forts und im Rücken die mächtigen Werke der Stadt. Im spanischen Erbfolgekriege wurde T. siegreich, aber mit gräßlicher Selbstaufopferung gegen die Alliirten vertheidigt (1707), 1793 von der royalistischen Partei den Engländern übergeben, wurde es den Truppen der republikanischen Regierung belagert und nach wiederholten vergeblichen Versuchen endlich durch Erstürmung einiger Forts erobert, wobei sich Napoleon Bonaparte zum ersten Male namhaft machte. Hier fand 1744 eine schwere Seeschlacht statt, in welcher die Franzosen von den Engländern geschlagen wurden und großen Verlust erlitten. Unter der Rhede 1½ Stunde entfernt liegt das große Hospital zum heiligen Mandé.

Toulouse, französische Stadt an der Garonne von 95,000 Einwohnern, mit starker Garnison, dem Stabe einer Militairdivision, einer Thierarzneischule, einer Artillerieschule, einer Sternwarte, einer großen Stückgießerei und Pulvermühle. T. war im Mittelalter Residenz- und Hauptstadt einer souverainen Grafschaft, die vielfache Kriege mit ihren mächtigen Nachbarn zu bestehen hatte. Unter Philipp III. von Frankreich wurde sie zu dessen Staate geschlagen und blieb bei Frankreich.

Toulouse, Alexander Louis de Bourbon Graf von, Franzose, geb. 1678, dem königlichen Hause eng verwandt, im 6. Lebensjahre Admiral, machte den spanischen Successionskrieg mit und leitete 1704 vor Malaga ein Seegefecht gegen die Engländer nicht unrühmlich. Starb 1737.

Tournay, belgische Festung und Stadt von 32,000 Bewohnern, an der Schelde, hat eine starke Zitadelle und gute Umfassungswerke auf den Grundmauern der von Vauban angelegten und später geschleiften. T. kann sich jedoch nur zu den Festungen 3. Ranges rechnen. Es ist uralt, war die Residenz mehrer merovingischer Könige, wurde 1581 vom Herzog von Parma belagert, aber von der Fürstin d'Epinoy mit männlicher Bravour gehalten, 1709 von den Oestreichern erobert, worauf es wieder an die Niederlande kam. 1794 hier die Engländer und Oestreicher von den Franzosen geschlagen.

Tours, französische Stadt von 34,000 Einwohnern an der Loire. Starke Garnison, Stab einer Militairdivision. Hier berühmte Schlacht Karl Martells, in welcher das maurische Heer unter Abd-ur-Rahman gänzlich vernichtet und Europa vor einer Ueberschwemmung durch die Mauren bewahrt wurde.

Tourville, Anna Hilarion de Contentin Graf von, Franzose, geb. 1642, trat als Kind in die Marine, focht zuerst gegen die nordafrikanischen Raubstaaten und machte die zahlreichen Expeditionen mit, die mit Ludwigs XIV. Feldzügen in den letzten Jahrzehnten des siebzehnten Jahrhunderts in Verbindung standen. Er zeichnete sich bei Agosta 1676 aus, noch mehr bei Palermo im folgenden Jahre, wo er 12 feindliche Schiffe vernichtete. Er wurde hierauf zum Generallieutenant der französischen Seetruppen erhoben, nahm 1684 am Bombardement von Algier, darauf an einem gleichen Acte gegen Genua Theil. Er kämpfte 1788 gegen die holländische Flotte und nahm an einem neuen Bombardement gegen Algier Theil. 1689 wurde er Viceadmiral, 1690 bestand er ein schweres Gefecht bei der Insel Wight gegen die holländische Flotte siegreich, verlor aber 1692 die Schlacht von Cap de la Hogue gegen die Holländer und Engländer. Allein seine ausgezeichnete Haltung in dieser schweren Schlacht brachte ihm den Marschallsstab ein. Seinen Schaden glich er jedoch durch Aufhebung mehrer großen Transportzüge des Feindes aus und errang wiederholt Siege über einzelne feindliche Flottenabtheilungen. Starb 1701. In Ludwigs XIV. Kriegen war T. ein Factor von größter Bedeutung. Mehre Denkmäler sind ihm errichtet worden.

Toussaint, l'Ouverture, als Sklave 1743 auf der Insel Haiti geboren. Schwang sich bei der Negerrevolution 1791 zum General auf. Er begünstigte die französischen Interessen so, daß er zum französischen Divisionsgeneral und sogar zum Generallissimus erhoben wurde. Da er sich aber unabhängig zu machen strebte, wurde er auf Napoleons Befehl nach Frankreich versetzt, wo er 1803, muthmaßlich an Gift, starb.

Tower, Zitadelle von London, an der Themse unfern der großen Brücke gelegen, mit Flächeninhalt von 20 Morgen, ist im Quadrat erbaut. Seine Umfassungswerke bestehen aus nassen Gräben, Wall, Mauern und vier viereckten Thürmen, von denen einer in jeder Ecke steht. Armatur 60 Geschütze. Im T. befindet sich das Feldzeugmeisteramt, ein großes Arsenal in verschiedenen Gebäuden, mehre Kasernen und das Gouvernementspalais. Besatzung besteht aus Landmiliz, Linieninfanterie und Artillerie. Hier befinden sich die Schatzkammer, Krönungskleinodien, wichtigsten Archive. In der Staatsgeschichte höchst merkwürdig, in der Kriegsgeschichte unbedeutend. S. London.

Trab, gesteigerte Bewegungsschnelligkeit bei Menschen und vierfüßigen Thieren, besonders Pferd. Normaltrab der Cavalerie 300 Schritt pr. Minute. Kommt zum Zwecke beschleunigter Formation, der Flucht und des Angriffs bei allen Waffen vor. S. Angriff, Attaque, Choc, Cavalerie u. a. A.

Trabanten, in früherer Zeit die Leibwache der Fürsten, die sie stets begleitete. Aehnlich der französischen Hundertgarde, die ausschließlich mit dem Dienste bei der Person des Kaisers und dessen Schutze betraut und aus bevorzugten Personen zusammengesetzt ist. Die Armatur bestand aus Hellebarde, Säbel, Helm und Harnisch. Im 17. Jahrhundert wurde mit den Trabanten an allen Höfen großer Luxus getrieben, im 18. Jahrhundert dagegen verloren sie sich und machten modernen Gardeabtheilungen Platz.

Tractat, Vertrag, Uebereinkunft. Kann militairische Verhältnisse enthalten, doch ist die Tendenz in der Regel allgemein politisch. Ein Vertrag, ausschließlich in Betreff von Militairverhältnissen, besonders im Kriege, heißt Convention (s. d.).

Trafalgar, spanisches Vorgebirge am atlantischen Meere, hier berühmter Seesieg der Engländer unter Admiral Nelson 1805. Die englische Flotte hatte nur 27, die verbündete spanisch-französische 34 Linienschiffe, die bis auf 10 vernichtet und aufgebracht wurden. Der spanische Admiral fiel, der französische gerieth in Gefangenschaft, aber auch der berühmte Nelson fiel. Aus dem Mastkorbe des Admiralschiffes die Schlacht beobachtend, wurde ihm die Brust von einer Musketenkugel durchbohrt.

Tragweite ist die äußerste Entfernung, welche mit einem Geschoß erreicht werden kann. Sie ist das Maß der Kraft des Geschützes und der Ladung. (S. Gewehr, Geschütz, Ladung, Geschoß.)

Train, jeder Zug eines kriegerischen Fuhrwerks, gleichviel, ob er Geschütze, Munition, Belagerungsgeräthe, Brückengeräthe, Proviant oder Bagage transportirt; doch liegt stets der Begriff des bloßen Transportes zu Grunde, so daß z. B. die Geschütze, die ein Artillerieregiment, in seine Compagnien vertheilt, beim Transporte mit sich führt, niemals ein Artillerietrain genannt werden können. Beim Train sind die Fuhrwerke stets vereint, eines mit gewissem Abstand hinter dem anderen, und nicht eins hat ins Besondere seine Bedienung, sondern der ganze Zug seine Bedeckung (S. Escorte, Bedeckung.)

Trainsoldat, Kriegsfuhrknecht, hat den Dienst bei zwei Zugpferden. Für die Artillerie, bei welcher das Fahren vorzugsweise zur Kunst erhoben ist und sein muß, werden die geistig und körperlich tüchtigsten Leute gewählt. Wurde in früheren Zeiten jeder unvorbereitete Bauer für das Trainwesen gut genug gefunden, so hält man jetzt eine gründliche taktische Ausbildung des Trainsoldaten, namentlich bei der Artillerie, für unerläßlich. Er soll nicht nur mit Säbel und Carabiner zur eigenen Vertheidigung vertraut, sondern auch in der Geschützbedienung nicht ungeübt sein, um nöthigen Falls eine Aushilfe gewähren zu können. Es sind daher in neuerer Zeit bei den meisten Heeren die Trainmannschaften corporirt und unter Artillerie- und Cavalerie-Offiziere zum Zwecke taktischer Ausbildung gestellt worden. Da indessen die vollständige Bespannung im Frieden wegen der großen Kosten nicht beibehalten wird, und doch eine größere Mannschaft als zur Bespannung nöthig ist, nicht auf langer Dauer erhalten werden soll, so findet die Einübung der Trainmannschaften abtheilungsweise statt und die Dienstzeit ist für den Einzelnen eine viel kürzere als bei den Combattanten.

Trajanswall, römisches Vertheidigungswerk in der Dobrudscha, aus einer 8 Meilen langen Wallinie bestehend, von Czernawoda bis Kostendsche reichend, zum Theil noch unverletzt und in seiner ursprünglichen Höhe, ähnlich der Teufelsmauer im südwestlichen Deutschland, mit einem großen, größten Theils unter Wasser stehenden vorliegenden Graben. Dieses Bauwerk des Kaisers Trajan ist auch in neuerer Zeit, und zwar zur Vertheidigung, kriegerisch benutzt worden. 1854 wurden die Russen zwei Mal am Trajanswall von den Türken geschlagen.

Trajanus, Marcus Ulpius, Hispanier, römischer Prätor, später Consul, bestieg, von Nerva adoptirt, 98 den Kaiserthron und erwarb sich als Volksfreund und vortrefflicher Staatsmann den schönen Beinamen des „Besten." Er war ein ausgezeichneter Feldherr und ungeachtet seiner Bürgertugenden ein Freund des Krieges. Von ihm rühren die großartigsten Bauwerke Roms her, auch muthmaßlich der nach ihm genannte Riesenwall in Bulgarien. Noch steht in Rom die schöne Trajanssäule. 101 und 104 schlug er Decebalus, unterwarf darnach Dacien, machte Armenien zur Provinz seines Reichs, desgleichen Assyrien, ordnete zu Folge von Siegen die parthischen Staatsverhältnisse und starb während eines Kriegszugs nach Arabien (s. Rom) 107 nach Chr.

Trakehnen, Dorf und preußisches Staatsgestüt. Zuchtstand: 600 Mutterpferde mit circa 30 Beschälern. Dazu gehörig 2 Filialgestüte von gleicher Stärke.

20*

Tranchée, s. Laufgraben, Festung, Festungskrieg, Belagerung.

Tranchéekatze, ein Belagerungswerk zum Zwecke des Angriffes auf den gedeckten Weg von der letzten Parallele aus. Es wird möglichst nahe am Kamme der Glacis von der letzten Parallele aus aus mehren Schichten von Sappenkörben und dem nöthigen Erdmaterial so erbaut, daß auf der innern Seite Stufen bleiben. Das Werk wird mit Sandsäcken gekrönt und mit Schützen besetzt. Es muß den Kamm der Glacis so überhöhen, daß sich der gedeckte Weg dem Schusse des Angreifers öffnet. Zu genügender Sicherung der Besatzung erhält das Werk Flügel. (S. Festung, Festungskrieg, Belagerung ꝛc.)

Tranchéereiter, s. v. w. Tranchéekatze.

Transpadanische Republik, die Lombardei von 1796—1797. S. Italien und Napoleon.

Trapezunt, türkisch-asiatische Stadt am schwarzen Meere von 60,000 Einwohnern mit einer starken Zitadelle, einst Residenz- und Hauptstadt des kleinen durch die Türken im Anfange des 13. Jahrhunderts vernichteten Kaiserreichs Trapezunt.

Trarbach, kleine preußische Stadt an der Mosel, wurde 1687 von den Franzosen in eine Festung verwandelt und Montroyal genannt, aber nach 1794 von den Franzosen der festen Werke wieder beraubt.

Trasimenischer See, an dessen südwestlicher Seite schwere Niederlage der Römer durch die Karthager. (S. punische Kriege.)

Traverse, Querwall, ein das Schußgebiet des Angreifers abschneidendes Wallwerk von 10 bis 14 Fuß Stärke, 8 bis 10 Fuß Höhe und bedingter Länge zum Schutze der Bastionsfacen, Ravelins und Courtinen gegen Enfilir- und Ricochetfeuer. Man deckt durch sie auch die Kehle der geschlossenen Schanzwerke. (S. Festung, Festungskrieg, Befestigungskunst, Belagerung.)

Trebbia, Fluß in Oberitalien, an seinen Ufern 218 v. Chr. die Römer von den Karthagern unter Hannibal mit ungeheurem Verluste geschlagen. 1799 hier Niederlage der Franzosen unter Macdonald durch die verbündeten Oesterreicher und Russen.

Treffen bezeichnet den mit Kampf verbundenen zufälligen Zusammenstoß großer feindlicher Truppenmassen. Beim Treffen ist weder eine Schlacht beabsichtigt noch eine Anordnung der Streitkräfte für dieselbe vorausgegangen und es kann daher beim Treffen auf eine entscheidende Wirkung nicht hingezielt werden, wenn nicht der Höchstbefehlende mit Genialität die zufälligen Vortheile auszubeuten versucht. Da ganze Heere sich nicht leicht zufällig begegnen, so sind es in der Regel auch nur geringere Truppenmassen, die in einem Treffen zusammengerathen und namentlich Cavalerie, die bei ihren schnelleren Bewegungen leichter unvorbereitet auf den Feind trifft. Treffen heißen auch die Heeresabtheilungen in der Schlachtordnung, welche stufenweise mit etwa 300 Schritt Abstand hinter einander gestellt werden, damit eines das andere stütze und nöthigenfalls ersetze. Gewöhnlich bilden Divisionen und Bataillone die einzelnen Theile des Treffens. Ueber die Art ihrer Aufstellung ist die Meinung verschieden. Ziemlich allgemein ist indessen die Regel, daß die Abtheilungen in Linie ein geschlossenes Treffen bilden und Colonnen formiren müssen, wenn das hintere Treffen durchgeben soll. Regel ist auch, daß die Infanterie das Treffen normirt, die Cavalerie aber attachirt ist. Meist werden nur zwei Treffen und eine Reserve aufgestellt; ein Treffen genügt fast in keinem Falle oder würde immer für eine gefährliche Kühnheit des Oberbefehlshabers gehalten werden müssen. Von welcher Waffe ins Besondere die Reserve zu bilden sei, hängt ganz von den Verhältnissen des Terrains, des Heeres und des Feindes ab. (S. Krieg und Kriegskunst.)

Trend, Franz Freih. von der, geb. 1714, ging aus östreichischen in russische Dienste und verschaffte sich durch Bildung eines Pandurencorps aus eigenen Mitteln alsbald den Grad eines Obersten. Als solcher trat er wieder in östreichische Dienste, nachdem er in Rußland hatte flüchtig werden müssen, und nahm nun mit seinen Panduren am östreichischen Successionskriege Theil, beging aber so schändliche Ausschweifungen, daß er zu lebenslänglicher Gefangenschaft verurtheilt wurde. Starb als Gefangener 1746.

Trend, Friedrich Freiherr von der, Preuße, naher Verwandter des Vorigen, geb. 1726, trat 1740 ins Heer und wurde Ordonnanzoffizier Friedrichs des Großen, setzte sich aber in das Licht eines östreichischen Spions und Verräthers und wurde daher auf einseitigen Befehl des Königs, dessen Zorn er auch in anderer Hinsicht erregt hatte, in Haft gebracht. Damit hörte seine kriegerische Thätigkeit auf, sein unglückliches, meist im Kerker hingebrachtes Leben endete aber erst 1794 in Paris unter der Guillotine.

Triangulirung heißt die Flächenmessung durch Eintheilung der Fläche in leicht zu berechnende Dreiecke. Gehört zu den Geniewissenschaften.

Tribun, im römischen Kaiserstaate anfangs der Befehlshaber der Cavalerie, später der Befehlshaber einer Legion und darauf die 6 höchsten Führer der Legion, welche den Generalstab und das kriegsgerichtliche Collegium ausmachten.

Triest, östreichische Gouvernialhauptstadt mit Hafen am adriatischen Meere im Königreich Illyrien, eine der bedeutendsten deutschen Seestädte, seit 1849 reichsunmittelbar, seit 1719 Freihafen, Sitz der Centralseebehörde und des Seegerichts, eines Contreadmirals und eines Landesmilitaircommandos. Durch Schienenweg mit Wien verbunden, besteht aus Altstadt, Neustadt, Josephstadt und Franzensstadt. 90,000 Einwohner. Reich an römischen Alterthümern. Kastell von römischem Ursprung, welches noch jetzt als Zitadelle gilt. Hafen theilt sich in den großen und zwei kleinere; die Molos vortrefflich gebaut und mit starken Batterien und Leuchtthurm versehen. Ein Kanal gestattet, daß die Schiffe bis in die Stadt gehen. Hier Marineacademie, Marineknabenerziehungsanstalt, nautisch-astronomische Anstalt, Seemannsschule, zwei Lazarethe (das neue sehr großartig), bedeutende Marinewerkstätten, großartige Magazine. Hier Sitz des berühmten östreichischen Lloyd, der größten Seedampfschifffahrtsgesellschaft, welcher ein eigenes Arsenal und vielfache Anstalten hat. T. hat Docks und Werfte und ist Hauptstation der östreichischen Marine. Die starke Besatzung theils in Kasernen, theils bei den Bürgern einquartirt. Schöne Hauptwache. Sitz des Statthalters für Triest, Görz und Istrien. Als Seefestung unbedeutender als als Seehandelsstadt. Triest gehört seit 1382 Oestreich, zwei Mal ging es, nämlich 1797 und 1809 an Frankreich verloren, 1848 wurde es von Sardinien blockirt, erlitt aber auch 1849 und 1859 keinen weiteren Angriff.

Trigonometrie, Messung der Dreiecke, findet vorzügliche Anwendung bei der Triangulirung (s. d.).

Trillmeister, veraltete Bezeichnung des Unteroffiziers bei der Infanterie.

Trinidad, kleine Antille, England gehörig, s. Amerika.

Tripolis, ehemals Raubstaat, Vasallenstaat der Türkei in Nordafrika von 6000 □M. mit türkischer Besatzung, s. Osmanisches Reich und Afrika.

Tritschinapalli, eine der stärksten ostindisch-britischen Festungen mit sehr starker Garnison, Hospital, Militairwerkstätten, Magazinen. S. Asien.

Triumph, Ehrenfeier der nach großen Siegen heimkehrenden römischen Feldherren. In der Kaiserzeit feierten meist die Kaiser die Triumphe, die ihren Feldherren gebührten. Von Tarquinius Priscus eingeführt, blieben die Triumphe die höchste Belohnung der vornehmsten Helden. Der Triumphator mußte um die Ehre des Triumphes bitten und zwar feierlich im Tempel der Bellona, und der Senat prüfte nun den Werth seiner Verdienste und gewährte den Triumph oder versagte ihn. Der T. bestand in einem feierlichen Ein- und Umzuge und daran geknüpften Festlichkeiten. Der Zug bestand nach der Reihenfolge aus Mußikern, Opferstieren, den Beutewagen, den Geschenken des Triumphators, besonders goldner Krone, den vornehmsten Gefangenen in Ketten, den Lictoren, wieder Mußikern, Leuten mit Reuchfäffern, den Behörden, denen der Triumphator lorbeerbekränzt auf einem prächtigen Wagen folgte. Ihm folgten seine Familienangehörigen und ein Sclave, der eine goldene Krone trug und die Worte rief: „Bedenke daß Du ein Mensch bist!" Es folgten nun die Würdenträger des Heeres, die befreiten Kriegsgefangenen, die Bürger, die freigelassenen Sclaven und das Heer. Vom Marsfelde bewegte sich der Zug durch die Triumphpforte auf weitem Umwege nach dem Capitol. Hier wurde dem Jupiter geopfert und das Fest mit Schmauserei und Mußik, auch mit Spenden an das Volk beendet. Ein niederer Grad des Triumphes war die Ovation.

Triumphbogen, freistehendes prachtvolles Thor zum Andenken an Siege und Triumphe, und zum Durchzuge der festlichen Processionen. Im alten Rom gebräuchlich, in Frankreich später nachgeahmt, und jetzt überall noch bei Fest- und Ehrenzügen aller Art im Gebrauche.

Triumvirat, die Herrschaft Dreier. Entstand zuerst in Rom und aus ihr ging die Alleinherrschaft der Kaiser hervor.

Trivulzio, Gian Giacomo, geb. 1441, Italiener, aus vornehmster Adelsfamilie, schloß sich Frankreich an und wurde Gouverneur von Mailand und französischer Marschall. Starb 1518.

Trivulzio, Theodoro, ebenfalls Marschall von Frankreich, wurde Gouverneur von Genua und Lyon, starb 1531.

Troja, Ilios, Hauptstadt von Troas in Kleinasien, berühmt durch seinen Untergang nach vorhergegangener zehnjähriger Belagerung durch die Griechen (1184 v. Chr.). S. Griechenland und Asien. Der trojanische Krieg ist der Hauptgegenstand der homerischen Gesänge.

Trommel, bekanntes aus einem großen auf beiden Abschnitten mit Kalbfell überspannten Zylinder bestehendes kriegerisch musikalisches Instrument, durch welches beim Marsch der Takt angegeben und Signal geschlagen wird. Die Trommel kam durch die Kreuzzüge ins Abendland und ist aus dem älteren Tambourin entstanden. Die Pauken sind weit älter. Die sogenannte große Trommel, welche zur Janitscharenmusik gehört, viel jünger. In der Harmonie ist die Trommel meist störend, wenn sie nicht mit Vorsicht und bei paffenden Accorden angewendet wird. Die bloße Verstärkung des Taktes, für welche die große Trommel wie andere bloße Schallinstrumente angewendet wird, berechtigt die Störung der Harmonie niemals und kein Componist von Geschmack wird diese Wahrheit zurückweisen.

Tromp, Martin Harpertzoon de, Holländer, 1579 geboren, ging als Kind zu Schiffe und schwang sich unter Heijn zu den höchsten Würden auf. 1639 war er Admiral von Holland. In demselben Jahre schlug er die Spanier wiederholt, besonders aber vor Gravelingen und in den Dünen. 1652 und 1653 kämpfte er mit wechselndem Glücke gegen die englische Flotte und fiel in der schweren und unglücklich endenden Schlacht vor Scheveningen (6. August 1653).

Tromp, Cornelius Baron de, Holländer, Sohn des Vorigen, geb. 1629, 21 Jahre alt schon Contreadmiral, machte sich durch seinen Rückzug nach der Schlacht bei Soleboy zuerst außerhalb seines Vaterlandes berühmt, schlug

1666 die Engländer wiederholt, ebenso im Kriege von 1673—1675. Er wurde nach dem Frieden Admiralgenerallieutenant, ging in dänische Dienste, kehrte aber als Admiral der vereinigten Niederlande wieder nach Holland 1691 zurück und starb sehr bald darnach.

Trompete, bekanntes Blasinstrument für Kriegsmusik, sowohl der Infanterie als Cavalerie. Bei der Cavaleriemusik ist die T. vorherrschend und dient zu den Signalen. Hat 3 Octaven Umfang in der oberen Stimmlage.

Trophäe, Siegeszeichen, besonders eroberte Feldzeichen und Geschütze.

Troppau, Fürstenthum, s. Oestreich.

Trözen, altgriechische Stadt, s. Griechenland.

Trubezkoi, Iwan Jurjewitsch Fürst von, Russe, zeichnete sich als Krieger unter Peter dem Großen aus und schwang sich zum Feldmarschall auf. Er schmachtete 17 Jahre, von der Schlacht bei Narwa an (1700), in schwedischer Gefangenschaft und starb 1750.

Trubezkoi, Nikita Jurjewitsch Fürst von, Russe, Bruder des Vorigen, zeichnete sich ebenfalls unter Peter dem Großen aus und starb wie jener als Feldmarschall.

Trubezkoi, Wassilji Sergejewitsch Fürst von, geb. 1776, machte die Feldzüge Rußlands seit 1799 mit, wurde Generaladjutant des Kaisers, 1813 Generallieutenant, 1826 unter Nikolaus commandirender General und starb 1841.

Trubezkoi, Peter Fürst von, Russe, machte 1828 und 1829 den Krieg gegen die Türkei, 1831 den gegen Polen mit und avancirte, durch seinen Namen befördert, zum commandirenden General.

Truxillo, unter vielen gleichnamigen Städten ist die Hafenstadt T. in der amerikanischen Republik Honduras als sehr stark befestigt zu erwähnen. 1643 von den Holländern erobert, 1797 von den Engländern belagert.

Tschaiken, kleine schnellsegelnde östreichische Donaufahrzeuge sehr verschiedener Größe von 4—8 Geschützen mit Segeln und Rudern, bilden eine Flotte, zu welcher das Tyroler Grenzbataillon gehört und welche theils in der Donau, theils in den ungarischen Gewässern stationirt ist und Werfte, Arsenale, Magazine und bedeutende Werkstätten hat.

Tscherkessen, Zirkassier, Gesammtbezeichnung der kaukasischen Bergvölker. Historisch bekannt wurden diese Völker erst im 10. Jahrhundert und gehörten zur georgischen Monarchie. Sie befreiten sich 1424. Sie wurden nach schweren Kämpfen den Tataren tributpflichtig, erkannten später den türkischen Schutz an, kamen aber in Folge der territorialen Gestaltung des russischen Reichs im vorigen Jahrhunderte wenigstens den natürlichen Verhältnissen zu Folge an dieses. Seit 40 Jahren indessen führen die T. den Krieg für ihre Unabhängigkeit und noch ist es Rußland nicht gelungen, den Kaukasus völlig zu unterwerfen. S. Rußland, Schemyl, Kaukasus.

Tschernigow, russisches Gouvernement und Stadt mit einer Adelsschule. S. Rußland.

Tscherning, Anton Friedrich, Däne, geb. 1795, machte den dänischen Feldzug 1813 bei der Artillerie mit, beschäftigte sich in der Folge eifrigst mit dem Geniewesen und der Industrie, wurde 1848 Oberst und Kriegsminister und entwickelte als solcher eine große Thätigkeit im ersten Kriege gegen Schleswig-Holstein, nahm aber nach acht Monaten seine Demission. Doch wurde er 1854 Reichsrath.

Tschernitschew, Grigorji Graf von, Russe, geb. 1672, zeichnete sich unter Peter dem Großen im nordischen Kriege, besonders durch die Eroberung Wyborgs und Helsingfors und den Sieg von Pelkansee aus. Starb als commandirender General 1745. 1742 war er in den Grafenstand erhoben worden.

Tſchernitſchew, Sachar Graf von, Sohn des Vorigen, Ruſſe, ſtarb als ruſſiſcher Feldmarſchall 1784.

Tſchernitſchew, Jwan Graf von, Bruder des Vorigen, ſtarb als Präſident des ruſſiſchen Marinecollegiums 1797.

Tſchernitſchew, Alexander Jwanowitſch Fürſt von, Ruſſe, geb. 1779, machte die Feldzüge gegen Schweden, die Türkei und Frankreich mit, erſchlich 1811 in Paris den franzöſiſchen Operationsplan und entkam nur mit Mühe der Verfolgung. 1812 befreite er den General Witzingerode aus der Gefangen-ſchaft, zeichnete ſich 1813 in Deutſchland an der Spitze eines detachirten Corps aus und nahm 1814 Soiſſons. Er kehrte als Generallieutenant in ſein Va-terland zurück. 1826 wurde er in den Grafen-, 1841 in den Fürſtenſtand erhoben. 1828 wurde er Kriegsminiſter und Chef des großen Generalſtabes und zuletzt Präſident des Reichsrathes. Der Zuſtand des ruſſiſchen Heeres vor dem orientaliſchen Kriege, der ſo vortrefflich war als nie vorher, war insbeſondere ſein Werk; auch war er der Urheber des Cernirungsſpſtems, auf welchem unter Woronzow der Krieg gegen die kaukaſiſchen Völker baſirt wurde.

Tſchesme, Hafenſtädtchen an der kleinoſtatiſchen Küſte, hier 1770 5. Juli Gefecht zwiſchen der ruſſiſchen und türkiſchen Flotte und 6. Juli des Nachts Vernichtung der türkiſchen Flotte durch Brander. Graf Alexei Orlow com-mandirte hier, doch wurden die Manoeuvres durch engliſche Offiziere geleitet.

Tſchetſchenzen, kaukaſiſches Bergvolk, ſ. Rußland, Kaukaſus, Schemyl, Tſcherkeſſen.

Tſchitſchagow, Waſſilji Jakowlewitſch, Ruſſe, geb. 1726, nahm früh bei der ruſſiſchen Marine Dienſte und ſchwang ſich zum Admiral auf. Er machte ſich im Kriege gegen Schweden, namentlich durch ſeine Vertheidigung von Reval und durch ſeinen Sieg bei Wyborg 1790 berühmt. Starb 1809.

Tſchitſchagow, Paul Waſſiljiewitſch von, Ruſſe, Sohn des Vorigen, geb. 1762, diente unter ſeinem Vater bei der ruſſiſchen Marine gegen Schweden, 1799 als Contreadmiral gegen Frankreich, 1802 wurde er Vice- und 1807 wirklicher Admiral. Im Feldzuge 1812 commandirte er die ruſſiſche Donau-armee, drängte die Oeſtreicher an den Bug und marſchirte gegen die Fran-zoſen, die ſich auf dem Rückzuge von Moskau befanden. Da er, muthmaßlich getäuſcht, den Bereſinaübergang der Franzoſen nicht hinderte, wie ihm befohlen, verfiel ſein Verhalten der Deutung und ſeine Stellung wurde in ſolcher Weiſe unangenehm, daß er ſeine Demiſſion alsbald nahm und ſich ins Ausland be-gab, wo er 1849 ſtarb.

Tſchudi, ein aus der Schweiz ſtammendes altabliges Geſchlecht. In neueſter Zeit hat ſich beſonders Leonardis von T., Marquis von Pasquall, als Ober-general der neapolitaniſchen Armee namhaft gemacht. 1525 wurde ein Garde-hauptmann Ludwig von T. mit König Franz I. bei Pavia gefangen. Ein Johannes von T. kämpfte an der Spitze der Glarner gegen die Burgunder bei Ericourt, Nancy und Murten. Vor dieſem war Jodocus von T. Anführer der Glarner und ſchon in der Mitte des 13. Jahrhunderts wird ein Rudolph von T. als einer der tapferſten Kreuzfahrer genannt.

Tucuman, Hauptſtadt des gleichnamigen Staates der Argentiniſchen Re-publik in Südamerika. Hier Sieg der Independenten im Befreiungskriege der La Plataſtaaten 1812.

Tudela, ſpaniſche Stadt am Ebro von 7000 Einwohnern, hier 1808 zwei-maliger Sieg der Franzoſen über die Spanier (9. Juni und 23. November).

Tudor, Heinrich, Graf von Richmond, ſpielte eine bedeutende Rolle in den Kriegen der rothen und weißen Roſe. Er ſchlug und tödtete 1485 den König Richard III. bei Bosworth, worauf er ſich zum Könige erklärte. Starb 1509.

(S. Großbritannien.) Die englische Dynastie der Tudor, der er angehört, herrschte in England von 1485—1603.

Tugendbund, ein preußischer geheimer Volksverein, der 1808 ins Leben trat und Zerschmetterung der französischen Herrschaft und Wiederherstellung der preußischen Monarchie zu erstreben suchte. Friedrich Wilhelm mußte ihn aus Rücksicht auf Frankreich 1809 verbieten, doch bestand er im Geheimen bis 1812 und dann offen fort. Er löste sich nach dem Kriege selbst auf, da er seinen Zweck als erreicht betrachten konnte.

Tula, russische Gouvernementsstadt mit 55,000 Einwohnern, berühmt durch ihre große kaiserliche Gewehrfabrik, in welcher über 6000 Menschen arbeiten. Sie wurde von Peter dem Großen gestiftet. Mit ihr in Verbindung steht die große Gewehrfabrik und Eisengießerei bei Kaschira. Hier das Gouvernements-Kriegsobercommando, ein Arsenal, Magazin, Hospital, Cadettenanstalt. Die Festungswerke stammen aus dem 16. Jahrhundert und sind im orientalischen Styl erbaut, bestehen aus Gräben und gewaltiger Mauer mit neun Thürmen.

Tulcza, türkisch-bulgarische Stadt an der Donau von 5000 Einwohnern mit schlechten Werken und einem Donauhafen. 1789 von den Russen erstürmt, 1791 hier die Türken von den Russen geschlagen, und hier 1854 ein Theil des Donauübergangs der Russen.

Tulle, französische Stadt an der Solane und Corrèze, militairisch bemerkenswerth wegen seiner berühmten Fabrikation von Militairschießgewehren und Seitengewehren aller Art. 11,000 Einwohner.

Tullius, Markus-Cicero, Sohn des berühmten römischen Redners Cicero, geb. 65 v. Chr., focht unter Pompejus (s. d.) als Reiteranführer und zeichnete sich als solcher in der berühmten, seiner Partei aber ungünstigen Schlacht bei Philippi aus. Versöhnt mit Octavian wurde er Consul.

Tulln, östreichisches Städtchen an der Donau. Hier Dampfschifffahrtsstation und Pionnierschule.

Tullus Hostilius, dritter König von Rom, regierte 673—642 vor Chr., sehr kriegerisch. Er besiegte Albalonga, die Vejenter, Albaner und Sabiner, bekämpfte aber die Latiner vergebens. Er verstärkte das Heer und gab Rom zuerst einen völlig militairischen Charakter.

Tunis, türkischer Vasallenstaat, früherer Raubstaat in Nordafrika, 3710 ☐ Meilen. An der Spitze des Staates ein Bei. Das Heer ist bis auf wenige türkische Posten national und nach europäischem, vorzugsweise französischem Muster organisirt. Bevölkerung 1,000,000. Das Heer des Bei 6600, die türkische Garnison 4000 Mann stark. Auf dem Kriegsfuße beträgt die Kriegsmacht von Tunis 40,000 Mann. Die Marine besteht aus 1 Fregatte, 1 Korvette, 3 Briggs, 3 Schoonern und 30 Kanonenbooten. — Die Hauptstadt T. hat sehr umfängliche, aber ganz unhaltbare Festungswerke, Militairwerkstätten und 5 Kasernen, welche 12,000 Mann fassen. Das stark befestigte kleine Goletta ist der eigentliche Hafen von Tunis und hat Rhede, Werfte und Leuchtthurm. 3 Meilen von T. ist die Stätte von Karthago (s. d.), wovon nur noch wenige Ruinen und verschüttete Cisternen vorhanden sind. S. Osmanisches Reich und Afrika.

Turenne, Henri de Latour d'Auvergne, Vicomte de, Sohn Herzogs Heinrich von Bouillon und einer Prinzeß von Nassau, geb. 1611, bildete sich unter seinem Oheim, dem Herzog Moritz von Nassau, in den Niederlanden für die Kriegskunst aus. 1630 ging er in französische Dienste und begann nun schon im dreißigjährigen Kriege eine nicht unwichtige Rolle zu spielen. Obschon unter dem Befehle des Herzogs Bernhard von Weimar, führte er sein französisches Corps meist selbstständig. Er eroberte eine Menge wohl vertheidigter

Plätze, schlug 1639 die Kaiserlichen bei Casale und eroberte Turin. In den folgenden Jahren kämpfte er mit nicht geringerem Glanze und wurde deshalb 1642 zum Marschall und Oberbefehlshaber erhoben. Hierauf drang er in Deutschland erobernd ein, wurde zwar bei Mergentheim geschlagen, siegte aber bei Nördlingen 1645 und bei Zusmarshausen 1646. 1647 zwang er Baiern zum Frieden und setzte nun unter steten Eroberungen den Krieg gegen Oestreich in den Niederlanden fort. In den Kriegen der Fronde wurde er bei Rèthel geschlagen, wußte sich an der Spitze des königlichen Heeres aber bald wieder auf die Höhe seines kriegerischen Ruhmes zu erheben. 1667 wurde er General-marschall und das gewaltigste Werkzeug für Ludwig XIV. Kriegslust. Er eroberte die Franche-Comté und Flandern. 1672 hatte er gegen Montecuculi einen schwierigen Stand und konnte deshalb an große Eroberungen nicht den-ken. Nachdem aber der Kurfürst von Brandenburg durch Politik vom Kriegs-schauplatze entfernt worden, drang er 1674 in Deutschland ein, hielt die feind-lichen Heere durch geschickte Manoeuvre auseinander und behauptete sich somit in seinen Vortheilen geraume Zeit. Im genannten Jahre verheerte er auf Ludwigs XIV. entschiedenen Befehl die Pfalz in schändlicher Weise und schlug darauf die Oestreicher bei Mühlhausen und Türkheim. 1675 stellte ihm der Kaiser unter Montecuculi eine Macht entgegen, die ihn bedenklich machte. Als es bei Offenburg zu einer Schlacht kommen sollte, fiel er bei einer Recognos-cirung, von einer Kanonenkugel getroffen, am 27. Juli. Er war einer der größten Feldherren Frankreichs und ohne ihn würde Ludwig XIV. vielleicht weniger von der Leidenschaft hingerissen worden sein, durch Krieg und Blut unter den Königen Frankreichs zu glänzen.

Turin, Hauptstadt des Königreichs Sardinien und des Herzogthums Pie-mont mit 150,000 Einwohnern, Sitz der Generalcommandantur einer Mili-tairdivision, welche die Gebiete von Turin, Susa und Rignerol umfaßt, war früher eine sehr wichtige Festung, ist jetzt aber nur noch von einer großen Zitadelle beschützt. T. hat eine starke Garnison und prächtige Kasernen, unter denen sich besonders die Cavaleriekaserne an der Münzstraße auszeichnet. Unter vielen Militairwerkstätten ist besonders die Geschützgießerei als eine der groß-artigsten Anstalten ihrer Art ausgezeichnet. In ihr befindet sich ein Denkmal des Unteroffiziers Petro Micca, der bei der Vertheidigung von T. 1706 sein Leben in heldenhaftester Weise opferte. Nächst diesem befinden sich hier noch mehre Heldendenkmäler, darunter die Reiterstatuen der Herzöge Victor Emanuel und Emanuel Philibert, welcher in der Schlacht von St. Quentin siegte und die savoysche Monarchie wiederherstellte. Unter den Militairbildungsanstalten sind besonders zu nennen die Militairacademie, die 1850 errichtete Marine-schule, die Cavalerieschule, Thierarzneischule und die in der königlichen Biblio-thek enthaltene sehr großartige Sammlung militairischer Werke. Das Militair-hospital hat die vortrefflichsten Einrichtungen. Das Arsenal gehört zu den größten in Italien. Es enthält über 100,000 Feuergewehre und merkwürdige Waffen- und Trophäensammlungen. Zu ihm gehört auch die große königliche Stückgießerei. Militairhistorisch merkwürdig ist in Turin besonders auch das ägyptische Museum, welches die ältesten Kunstdenkmäler, und zwar nebst schriftlichen Nachrichten auf Papirusrollen und Waffen uralte Statuen der Pharaonen und ägyptischer Beherrscher enthält, von denen einige durch ihr colossalisches Maß Staunen erregen. Mehre zeigen die Herrscher, denen sie gewidmet, in vollem Waffenschmucke. Höchst merkwürdig sind auch andere ur-alte asiatische, besonders persische Handschriften, königliche Decrete, Contracte und Staatserlasse, die meist militairisches Interesse haben. T. liegt am Po und Dora, über welche eine bewunderungswürdige Brücke von einem einzigen

Bogen mit 144 Fuß Spannung führt. Eisenbahnverbindung nach vier Richtungen und zwar Genua, Susa, Novara und Coni. 218 von den Karthagern erobert, im Mittelalter Residenz der Herzöge von Susa, später von Savoyen. 1506 und 1640 von den Franzosen erobert, 1706 von denselben vergebens belagert, aber 1798 wieder erobert, jedoch 1799 von den Russen und Oestreichern erobert. Die Franzosen nahmen es 1800 wieder und trugen die Werke außer der Zitadelle ab. 1696 hier Friede zwischen Frankreich und Savoyen.

Türkei, s. osmanisches Reich.

Turkestan, s. Asien.

Turnen nennt man die Uebung des Körpers in denjenigen Künsten, welche lediglich als Mittel zur höchsten Vervollkommnung in Kraft und Geschick zu betrachten sind. Muß diese körperliche Ausbildung wiederum als sicheres Mittel zur Vervollkommnung des Geistes und Charakters betrachtet werden, so kann der Wichtigkeit der Turnkunst für die Volkserziehung die Anerkennung nicht versagt werden, und nicht minder leicht ist ihre Wichtigkeit für den Kriegerstand zu begreifen, wenngleich auch nicht zu verkennen ist, daß die Turnkunst als Vorbereitung für den kriegerischen Beruf unter gewissen Verhältnissen der Jugend Ideen einflößen kann, die nicht immer mit den Grundregeln des Heerwesens im Einklange stehen. Die militairische Turnkunst ist in der allgemeinen Turnkunst nur eine Abtheilung. Diese zerfällt in die pädagogische, ästhetische, militairische und medizinische. Die körperliche Thätigkeit beim Turnen ist singulair oder duplicirt, aber stets aggressiv und offensiv, indem sie gegen die in der Aufgabe liegenden Schwierigkeiten oder gegen eine zweite Gewalt anstrebt, wobei jedoch der körperliche Zustand auch passiv erscheinen kann. Es wird ins Besondere die vorbereitende Turnkunst unterschieden, auch Elementarturnkunst genannt. Sie begreift namentlich die Künste des menschlichen Körpers in Wendungen, Streckungen und Bewegungen ohne Hilfsmittel und begreift hauptsächlich die sogenannten Freiübungen, welche den hauptsächlichsten Theil der medizinischen Turnkunst für das weibliche Geschlecht ausmachen. Durch Dr. Ludwig Jahn wurde die Turnkunst zuerst in ein umfassenderes System mit kunstmäßiger Steigerung gebracht. Dieses System stellt sich dar in a) Gehübungen, Laufübungen, Springübungen, Schwungübungen (am Schwingel und Schwingpferd), Schwebeübungen (am Liegebaum und Schwebebaum), Hang-, Streck-, Reck-, Schwebe-, Ab- und Aufsprung-, und Auf-, Um-, Ab-, Durch- und Unterschwungübungen (am Reck), Hebe-, Stütz-, Stemm- und Schwungübungen (am Barren), Kletterübungen (an Mast, Stange, Lehnstange, Tau und Leiter), Klimmübungen (an Stange, Tau und Strickleiter), Wurfübungen (mit Ger), Schleßübungen (mit Bogen, Armbrust und Gewehr), Stoßübungen (mit Lanze und sonstigem Stoßgeräth), Ziehübungen (mit besonderem Ziehzeug), Schiebe-, Hebe-, Trag- und Streckübungen, Ringübungen, Reifen- und Seilsprungübungen und Massenübungen (Wettlauf, Sturmlauf, Parlauf u. dergl.). Dieses System ist in neuerer Zeit noch mehr vervollkommnet worden. Die Ausbildung der Kraft und Fähigkeit des Körpers ist bei allen Völkern wie Einzelnen, ins Besondere aber der Jugend, kunstmäßig betrieben worden und zeigte sich namentlich in Wett- und Wurfspielen. Bei den Griechen zielte sie vorzugsweise auf Körperschönheit, bei den Römern auf kriegerische Tüchtigkeit hin. Werke über die Turnkunst dieser Völker sind vorhanden von Vegetius (de re militari), Hieronymus Mercurialis (de arte gymnastica), Petrus Faber (Agonistikon). Andere ähnliche Werke sind Lud. Caelii Rhodigini Lectionum antiquarum libri triginta, Petri Victorii variarum lectionum libri XXV und Alexander ab Alexandro dierum genialium libri. Ueber einzelne Theile der Turnkunst ist seit 4 Jahrhunderten in Deutschland, Frankreich, Holland, Schweden und anderen Ländern sehr viel geschrieben und gelehrt worden, doch hat erst Jahn die Turnkunst in ihrer Gesammtheit aufgefaßt und ihr den Namen gegeben, und so ist sie auch in ihrer neuesten Literatur stets behandelt worden. Jahns Vorläufer war Gutsmuths in Schnepfenthal, seine thätigsten Mitarbeiter Friesen und Eiselen in Berlin. Er errichtete den ersten Turnplatz in Berlin, und ein wichtiger Zweck seines Unternehmens war, ein Geschlecht zu schaffen, physisch und moralisch so tüchtig, daß von ihm die Befreiung des Vaterlandes von der Fremdherrschaft erwartet werden könnte. Daher nahmen auch Jahns Turner 1813 ohne Ausnahme Kriegsdienste, und was sie geleistet, fand hohe Anerkennung. Wenige Jahre nach dem Kriege erlitt das Turnwesen in Folge ungerechter Verleumdung schweren Undank, und konnte sich erst nach dem Revolutionsjahre 1830 aus seiner Unterdrückung wieder emporheben. Es ging nun in fast alle Nachbarländer über, in Deutschland aber nahm es rasch einen bedeutenden Aufschwung, erhielt durch das Jahr 1849 den gewaltigsten Impuls und gewann die mächtigste Steigerung, so daß die Regierungen nicht mehr daran denken konnten, es zu unterdrücken, und nur die Möglichkeit blieb, durch eigene Theilnahme es in eine Bahn zu lenken, in welcher es ein Mittel des Staatswohls und der Staatssicherheit werden mußte. Den größten Aufschwung nahm es aber in den letzten Jahren zu Folge des feurigen Interesses, welches der König Wilhelm von Preußen bewies. Nicht nur die Gymnasten, sondern auch die Militairanstalten, Garnisonen und Ortsgemeinden erhielten Turnanstalten und die Regierung brachte selbst große Opfer. Beim Militair gilt die Turnkunst gegenwärtig für ein Element der Taktik, und wenn beim Krieger körperliche, geistige und moralische Kraft eine Haupttugend ist, so läßt sich der militairische Werth dieser Kunst, die unstreitig jene Eigenschaften hervorbringt, nicht in Abrede stellen.

Turnier, ritterliches Kampfspiel im Mittelalter, bei welchem es darauf ankam, sich zu Roß und zu Fuß bei steter Beobachtung der körperlichen Schönheit als Meister des Schwertes und der Lanze zu beweisen, was natürlich nur im Zweikampfe geschehen konnte. Der Kampf zu Fuß kam im Turnier nur selten und unter besonderen Umständen vor. Die Turniere entstanden aus den alten Waffenspielen und wurden die Waffenspiele des Adels, der sie begreiflicher Weise mit größtem Glanz ausstattete. Sie wurden daher die beliebtesten Schauspiele an fürstlichen Höfen, dem Sammelplatze ausschließlich des Adels. Zuerst fand die Prüfung der Turnierfähigkeit der für das Turnier Angemeldeten statt. Die Turnierfähigkeit erforderte echten Adel mit einer gewissen Ahnenzahl und ritterliche Unbescholtenheit. Es folgte Untersuchung der Waffen, denn die Waffen durften weder tödtlich, noch unschön sein. Darauf wurden die Gesetze des Turniers verkündet, und es folgte nun die Einführung der Ritter durch den Herold. Grieswärtel hatten die Beobachtung des Turniergesetzes zu beaufsichtigen und etwaigen Ordnungswidrigkeiten sogleich thätlich entgegen zu treten. Die Sieger erhielten Preise entweder aus der Hand des Fürsten oder einer hohen Dame. Vorzugsweise in den Staaten des ehemaligen großen fränkischen Reichs, Deutschland, Frankreich, Spanien, Italien 2c. waren die Turniere beliebt. Mit dem Verfall des Ritterwesens im 16. Jahrhundert hörten sie auf. Auf das Kriegswesen haben sie keinen Einfluß gehabt, obschon sie ihrer äußeren Erscheinung nach nicht ganz außer Verwandtschaft mit demselben sind.

Turpin, Erzbischof von Rheims, einer der Helden Karls des Großen, gefallen in der Schlacht von Roncevat. Seine Lebensgeschichte ist fast ganz unbekannt.

Tuturkai, türkisch-bulgarische Stadt von 5000 Einwohnern an der Donau, mit Erdwerken und einer Mauer befestigt.

Twer, russisches Gouvernement und Hauptstadt desselben an der Wolga mit einer starken Zitadelle. Sitz des Gouvernialkriegsdepartements. (S. Rußland.)

Tyr, altnordgermanischer Gott, ziemlich gleichbedeutend mit Thor.

Thyrann, ursprünglich jeder Selbstherrscher; der Character gewisser Fürsten hat erst später diesen Worten die Bedeutung des grausamen Willkürherrschers und Wütherichs gegeben.

Tyrus, eine der wichtigsten Städte Phöniziens, die lange Zeit einen eigenen Staat bildete; kriegsgeschichtlich berühmt wurde sie durch die dreizehnjährige Belagerung durch Nebucadnezar und die ¼jährige mit Sieg gekrönte aber äußerst opferreiche Belagerung durch Alexander d. Gr. (f. d. und Asien.)

U.

Ueberfall ist ein Act der irregulairen militairischen Operationen. Ein militairisches Sprichwort sagt: Der Ueberfall ist der Hintermann des Zufalls. Der U. läßt sich nie vorausbestimmen oder nur mit Voraussetzungen, die eine sichere Berechnung verhindern. Beim Ueberfall gilt es, daß der Feldherr die Umstände mit größter Genialität ausbeute. Vor allem gilt es, über die Verhältnisse des Feindes, seine Stärke, seine Position und Arrangements auf's Genaueste unterrichtet zu sein, ihn gleichzeitig aber über die eigenen Verhältnisse zu täuschen. Der Hauptzweck des Ueberfalls ist, den Angriff zu einer Zeit zu unternehmen, wo der Feind gänzlich unvorbereitet ist und sich daher im Zustande der Unwehrhaftigkeit befindet. Ein Lager, Bivouac oder einen Garnisonplatz wird man daher vorzugsweise des Nachts überfallen, zunächst aber werden gleichzeitig mit größter Schnelle die feindlichen Posten, Feldwachen und Deckungsmannschaften aufgehoben und niedergeworfen. In das Lager eingedrungen, bemächtigt man sich vor allem der Armatur, besonders des Geschützes, und vertheilt die eigenen Truppen so, daß nicht zusammengehörige Mannschaften ein und denselben Angriff erleiden und Bataillone und Regimenter zersprengt und getheilt werden. Der Ueberfall einer Truppe im Marsche ist auf offenem Terrain selten möglich, in Gebirgen, wo eine genügende Deckung oft nicht möglich, häufig, doch kann ein solcher Ueberfall immer nur eine geringere Truppenmasse betreffen. In neuerer Zeit sind Ueberfälle verschiedener Art zu Gotha, bei Hochkirchen, zu Morsheim, Tscharukow, Freiburg, in Stepping, zu Losoncz und bei Balaklawa vorgekommen. Beim Festungskrieg ist fast jeder Ausfall auf einen Ueberfall berechnet. Aeußerste Wachsamkeit und die Vorsicht, auch während der Nacht einen beträchtlichen Theil der Mannschaft unter dem Gewehr zu lassen, machen den Ueberfall erfolglos. Begegnen sich beide Parteien in der Absicht des Ueberfalls, so bleibt es gewöhnlich beim Vorpostengefecht, weil auf beiden Seiten eine Täuschung in den Voraussetzungen stattgefunden hat und auf beiden Seiten Nachtheile gefürchtet werden müssen. S. Krieg und Kriegskunst.

Ueberflügeln heißt den eigenen Flügel über den gegenüber stehenden Flügel des Gegners ausdehnen. An sich hätte dieses Manoeuvre keine Bedeutung, da der überflügelnde Theil des eigenen Flügels sein Kampfobject verlieren würde. Läßt man indessen diesen überflügelnden Theil eine Front auf die Flanke des feindlichen Flügels annehmen, so entstehen die erheblichsten Vortheile, für den Gegner die schwersten Nachtheile, denn er muß eine doppelte Vertheidigungslinie bilden, die eben so große Nachtheile hat, als die doppelte Angriffsfronte Vortheile, indem ihre Thätigkeit eine concentrische, die Thätigkeit der doppelten Vertheidigungsfronte aber eine excentrische, resp. getheilte und daher geschwächte Wirkung hat. Ist der überflügelnde Theil des eigenen Flügels noch mit genügenden Reserven versehen, so führt die Ueberflügelung nicht bloß einen Angriff auf die feindliche Flanke, sondern auch auf den feindlichen Rücken herbei, und man darf daher immer den Kampf als entschieden betrachten, wenn die Ueberflügelung des Gegners gelungen ist, vorausgesetzt, daß Centrum und jenseitiger Flügel vor Nachtheilen gesichert sind.

Uebergabe, eines Kampfobjectes, z. B. eines Waffenplatzes, einer Festung u. s. w., erfolgt stets auf Uebereinkunft (Capitulation), sei diese erzwungen oder freiwillig. Die Räumung eines Platzes in Folge Sturmes ist keine Uebergabe, ebensowenig die Ablieferung der Armatur eines Gefangenen (Waffenstreckung). Bei Uebergabe liegt stets der freie Wille des Weichenden zu Grunde, sei er auch bedingt, und beide Theile haben Rechte und Pflichten übernommen, z. B. der Uebergebende das Recht des freien und ehrenvollen Abzugs und die Pflicht, das Kampfobject ungeschmälert mit voller Armatur ꝛc. zu übergeben. Dagegen hat der Sieger die Pflicht übernommen, seine Zugeständnisse treu zu halten, worin diese auch bestehen mögen, denn ohne diese Zugeständnisse würde der Gegner sich muthmaßlich zur Uebergabe nicht verstanden haben. Die Uebergabe eines Platzes ist ehrenvoll, wenn alle Vorräthe von Nahrungsmitteln und Schießbedarf so erschöpft oder die Mannschaften so geschwächt sind, daß der Sieg der Vertheidigung völlig unmöglich und daher jedes fernere Opfer als nutzlos verloren erscheinen muß. Eine ehrlose Uebergabe geschieht Grund der Feigheit und ohne Drang der sächlichen Subjecte des Kampfes. (S. Belagerung, Festungskrieg.)

Uebergang eines Flusses ist, da selten ein größeres Kriegsterrain ohne Flüsse gefunden wird, ein bedeutsamer Act. Der Uebergang kann nöthig sein, um den Angriff zu gewinnen, oder um auf seine Hilfsquellen zu gelangen, oder um der Vernichtung zu entgehen. In der Regel ist der Uebergang eine Bedingung der Operationen und eine gebietende Nothwendigkeit. Daher wird er vom Gegner aufs Aeußerste bekämpft. Der Vertheidiger ist in eben so großem Vortheil als der Angreifer im Nachtheil, denn er kämpft gegen den Feind und das Terrain zugleich, während das Terrain ein Alliirter des Gegners ist. Der Flußübergang kann durch Furte (s. d.) oder über Brücken (s. d.) geschehen und wird zum Defiléekampfe (s. d.), der zu den schwierigsten kriegerischen Operationen gehört. Es ist nöthig, daß der Uebergangsplatz neutralisirt wird, und dies geschieht durch Entwickelung des Kampfes auf dem Terrain zur Seite jenes. Wird der Uebergang entfernt vom Kampfplatze geheim ausgeführt, so ist er erlistet und es gehört dazu, daß ein Uebergang auf dem Kampfplatze zum Schein versucht werde. Der Brückenübergang fordert die Kunst der Pontoniers und Artillerie heraus und hat oft, wie bei Aspern, unermeßliche Schwierigkeiten. Weniger schwierig ist der Uebergang durch Furte, wie bei Mühlberg. Der Uebergang von Gebirgen kann auch zu den größten kriegerischen Operationen (in denen sich Hannibal und Napoleon als Meister gezeigt haben) gerechnet werden, namentlich aber, wenn die Gebirgsbevölkerung dem Feinde angehört. Die Gefahr dieser Uebergänge haben die Franzosen in den Alpen und Pyrenäen erfahren. Zu seinen glorreichsten Thaten rechnet Rußland seinen Balkanübergang durch Diebitsch. Besonders schwierig wird der Gebirgsübergang durch den Umstand, daß eine Seitendeckung des marschirenden Gros fast gar nicht möglich ist, wenn nicht das ganze Uebergangsterrain vorher förmlich erobert ist.

Ubier, altdeutscher Volksstamm am Rhein, Grenznachbarn der Bataver, früher den Römern unterworfen. (S. Deutschland.)

Udine, Stadt von 24,000 Einwohnern in der Lombardei am Roja, hat ein Castell, umfassende Mauern und Gräben, Hospital, Kaserne, ein altes Palais des Dogen von Venedig, zur Zeit der östreichischen Herrschaft ein Knabenerziehungshaus und ein Denkmal des Friedens von Campoformio.

Ukraine, Gebiet am Dnicpr, ursprüngliche Heimath der Kosaken. S. Polen, Rußland, Kosaken.

Ulanen, Name tatarischen Ursprungs, leichte oder schwere Lanzenreiterei, bewaffnet mit Pistol, Säbel und Lanze, durch die in der Neuzeit eingeführte Art des Lanzengebrauchs sowohl zum Massenangriff als zum Einzelgefecht verwendbar. Vorzüglich ausgebildet ist diese Cavalerie beim russischen Heere. Beim preußischen ist diese Waffe vorzugsweise in der Landwehr stark vertreten. In einigen Staaten, besonders der Türkei, wird die gesammte irreguläre Reiterei mit Lanzen bewaffnet und die Ulanen gelten daher für irreguläre Reiterei. (S. Cavalerie.)

Ulm, würtembergische Stadt von gegen 20,000 Einwohnern, auf der bairischen Grenze, in dem Mündungswinkel der Blau und Donau, mit Neu-Ulm auf bairischem Gebiete in dem Mündungswinkel der Iller und Donau, war schon früher befestigt, ist aber 1844 zur Bundesfestung bestimmt und mit den bedeutendsten Werken umgeben worden. Die äußerste Linie derselben hat eine Ausdehnung von fast 2½ Meilen. Die inneren Werke stellen sich in mehren Wällen und Gräben mit Curtinen und andern Werken dar, die meist in sehr solidem Mauerwerk ausgeführt sind. Die äußeren Linien werden von selbstständigen, jedoch mit einander in Verbindung stehenden Werken gebildet, die den Platz wie eine Kette umschließen. Größten Theils sind diese auch durch detachirte Werke gedeckt und verstärkt. U. ist mit allen Anstalten ausgestattet, die einem Hauptwaffenplatze würdig und nothwendig sind. Zu einer vollständigen Besetzung Ulms sind 24,000 Mann erforderlich. Der Platz ist strategisch wichtig, deckt in zweiter Linie Süddeutschland gegen Westen und bildet einen Flanken- und Hauptplatz in der Donaufortificationslinie. Ehedem freie Reichsstadt. 1805 fielen hier 26,000 Oestreicher unter Mack in französische Gefangenschaft. Bei den schwäbischen Städtebünden spielte U. eine hervorragende Rolle.

Ultimatum, Schlußforderung, Definitivbestimmung.

Umgehung, kriegerische Operation zu dem Zwecke, den Feind durch einen zweiten Angriff, gewöhnlich auf seinen Rücken, zu überraschen und zu derangiren. Ist von der Ueberflügelung ganz verschieden, indem die Umgehung durch detachirte Truppen in solcher Weise auszuführen ist, daß diese sich auf verdecktem Wege geheim bis dahin zu verfügen haben, von wo aus sie den Angriff unternehmen sollen. Ein feiger Feldherr wird sich zu solchen Manoeuvres nicht leicht entschließen, ein energischer Feldherr kann dadurch aber leicht zum Siege gelangen. Eine gut ausgeführte Umgehung setzt eine gute strategische Berechnung voraus, aber auch eine beträchtliche Streitmacht, ja eine gewisse Ueberlegenheit. Gegen einen ungeschickten und moralisch schwachen Feind wird die Umgehung stets von größter Wirkung sein; einem kühnen und genialen Feinde gegenüber kann aber leicht die Umgehung zum Verderben des Angreifers ausschlagen. Zu Umgehungen werden meist Cavalerie und reitende Artillerie verwendet. Eine der prächtigsten Umgebungen durch Cavalerie, und zwar mehr taktischer Art, fand in der Schlacht bei Roßbach statt (s. siebenjähriger Krieg). Eine der großartigsten strategischen Umgehungen fand im Feldzuge 1806 französischer Seits statt, so daß mit der einzigen Schlacht bei Jena gleich der ganze Feldzug so gut wie beendet war.

Umlaski, Johann Nepomuk, polnischer Edelmann, geb. 1780, trat schon bei den Freiheitskämpfen 1794 als vierzehnjähriger Knabe in das polnische, und 1806 mit anderen jungen Polen in das französische Heer, obschon er eigentlich dem preußischen Staate angehörte. Er machte einen Theil des Feldzugs mit, fiel aber in preußische Gefangenschaft und würde als Deserteur behandelt worden sein, wenn Napoleons mächtiger Einfluß ihn nicht gerettet hätte. Er machte 1809 den Feldzug gegen Oestrich und 1812 den gegen Rußland als Oberst mit, focht heldenhaft an der Moskwa und war an der Spitze seines Regiments der Erste, der in Moskau einzog. Den Feldzug 1813 machte er als Brigadegeneral mit und wurde bei Leipzig gefangen. Wegen Theilnahme an den geheimen Patriotenverbindungen im Königreich Polen wurde er 1826 in Preußen zu 6jähriger Festungshaft verurtheilt, entzog sich aber 1831 dieser Haft durch die Flucht auf die Nachricht, daß im Königreich Polen der Kampf gegen Rußland bevorstehe. In Warschau angelangt, wurde er zum Divisionsgeneral ernannt und leistete sogleich in der Schlacht bei Grochow das Außerordentlichste und in der Folge bei Dembe, am Limież und bei Kaluschyn. Als Skrzynecki seinen Zug gegen die russischen Garden unternahm, hielt er die russische Armee unter Diebitsch lange durch Scheinoperationen fest. In dem schweren Kampfe vor Warschau war er der einzige polnische General, der trotz aller Verrätherei siegreich operirte und den rechten russischen Flügel weit zurück schlug, was indessen beim Gange der Verhältnisse nicht zur Entscheidung führen konnte. Nach dem Rückzuge von Warschau beschloß ein Theil der Offiziere, ihn zum Oberbefehlshaber zu wählen und unter ihm das Aeußerste und Letzte zu versuchen. Allein nachdem der Uebergang Romarinos auf östreichisches Gebiet bekannt geworden, entschwand selbst den feurigsten Patrioten die Hoffnung und man stand von weiteren Unternehmungen ab. Verkleidet kam U. glücklich durch Preußen nach Frankreich. Er starb 1851 in Wiesbaden. Er war der einzige polnische General, der nicht ein einziges Mal geschlagen worden war und der Einzige, der nach Chlopicki wirkliche Befähigung zum Oberfeldherrn hatte. Auch würde unzweifelhaft an Skrzynecki's Statt die Wahl auf ihn gefallen sein, wenn man nicht Preußen zu verletzen gefürchtet hätte.

Ungarn, Königreich von 3265 □M. mit 8,000,000 Bewohnern, östreichisches Kronland, s. Oestreich.

Uniform, militairisches Kleid, s. Montirung.

Unteroffizier, bezeichnet die Charge „unter dem Offizier" und bezeichnet daher den niedrigsten Befehlenden. Die Classe der Unteroffiziers theilt sich aber wieder in mehre Stufen, nämlich die der Feldwebel oder Wachtmeister, der Sergeanten oder Quartiermeister, der Corporale und der Gefreiten (nicht überall eingeführt). Die Unteroffiziers unter dem Feldwebel sind vor den Gemeinen nur durch Tressenbesatz ausgezeichnet, stehen aber sonst mit ihm in Uniformirung und Armatur auf gleicher Stufe. Der Unteroffizier steht den kleinsten Abtheilungen der Mannschaft als Aufseher und den militairischen Functionen als Führer vor, führt die Flügel der Sectionen wie der Offizier die der Züge und Compagnien. Bei den Formationen liegen ihm die Marquirungen ob. Im Kampfe hat er an allen Thätigkeiten des gemeinen Mannes, dem Feuern, Bajonnetkampfe ꝛc. Theil zu nehmen. (S. Offizier, Charge v.a.A.)

Unterwalden, schweizer Canton von 13 □M. mit 26,000 Bewohnern. (S. Schweiz.)

Uralsk, russische Gouvernementsstadt von 16,000 Einwohnern am Ural, befestigt, Hauptplatz der Urallinie und Sitz der Commandantur der uralischen Kosaken, hat bedeutende Militairetablissements und Militairschule.

Uri, schweizer Canton von 22 □M. mit 15,000 Bew. (S. Schweiz.)

Urlaub, Befreiung von den Dienstpflichten für eine gewisse Zeit und namentlich mit der Erlaubniß, die Grenzen des Garnisongebietes zu überschreiten und außerhalb derselben zu verweilen. Natürlich kann immer nur der Vorgesetzte den Untergebenen beurlauben. Ein Reglement bestimmt über den Umfang des Urlaubs, den der Offizier gewissen Chargen zu ertheilen berechtigt ist. Der Unteroffizier kann zwar den Gemeinen von einzelnen kleinen Dienstverrichtungen in dem Bereiche seiner Sectionsinspection entbinden, aber nie einen eigentlichen Urlaub ertheilen. Der Feldwebel ertheilt Urlaub, aber nie ohne Wissen und Genehmigung des Hauptmanns. Der Hauptmann kann den Lieutenant von gewissen Functionen zeitweilig befreien, aber nicht eigentlich beurlauben ohne Genehmigung des Bataillonscommandanten und so ist bis zu den höchsten Stufen die Berechtigung der Urlaubsertheilung geordnet. Der Oberst kann unter ihm stehende Offiziere auf 14 Tage, der Brigade- und Divisionscommandeur sie auf 4 Wochen, der commandirende General oder Generalinspecteur sie auf 3 Monate beurlauben. Obersten und Generalmajors können vom Generallieutenant nur höchstens auf 10 Tage, vom commandirenden General auf Monatsfrist beurlaubt werden. Die höchsten Würden erhalten Urlaub auf längere Zeit nur vom Monarchen. Uebrigens sind die Reglements in dieser Beziehung bei den verschiedenen Heeren nicht übereinstimmend. In Deutschland ist das preußische Reglement ziemlich allgemein, wenigstens in seinen wesentlichsten Bestimmungen.

Urquiza, Don Juste Jose de, Südamerikaner, geb. 1800, war Gaucho (Viehzüchter), griff in der Revolution der La Platastaaten zu den Waffen, schwang sich durch verwegenen Muth rasch zum Führer einer Truppe und sehr bald zum General empor, als welcher er unter Rosas diente. Er schlug bei India Muerta den General Ribera. Später fiel er von seiner Partei ab und wurde deren kräftigster Bekämpfer. Er nahm die schleswig-holsteinischen Militairflüchtigen in seine Reihen auf. 1852 schlug er den Dictator Rosas, nachdem er auch den General Oribe geschlagen. Damit gewann er die höchste Gewalt in der Argentinischen Republik. 1853 wurde er zum Dictator der Staaten der Argentinischen Republik ernannt. Trotz seiner wissenschaftlichen Unbildung ist er reich an militairischen Talenten und politischer Einsicht. (S. Amerika.)

Uruguay, südamerikanischer Freistaat von 5000 □M. mit einer Bevölkerung von 200,000. (S. Amerika.)

Uschakow, Andrej Iwanowitsch, Russe, 1670 geboren, General Peters des Großen, wurde unter der Kaiserin Anna commandirender General und starb 1747. 3 Jahre vor seinem Tode wurde er in den Grafenstand erhoben.

Uschakow, Fedor Fedorowitsch, Russe, geb. 1743, nahm bei der russischen Marine Dienste, wurde Admiral, schlug die Türken 1790 in der Meerenge von Janikale und 1791 bei Kaleri Burnu, besetzte 1799 die Jonischen Inseln, worauf er aus dem Dienste schied. Starb 1817.

Uschakow, Alexander Stepanowitsch, Russe, gegen Ende vorigen Jahrhunderts geboren, hat sich zum Admiral bei der russischen Marine aufgeschwungen.

Uschakow, Paul Nikolajewitsch, Russe, geboren 1779, machte die Feldzüge gegen Frankreich 1806 und 1807, 1812—1814 und 1828 gegen die Türkei mit. Starb als commandirender General 1853.

Uschakow, Nikolai Iwanowitsch, Russe, machte die Feldzüge gegen Persien und die Türkei 1826 und 1828 unter Paskiewitsch mit und avancirte in der Folge zum commandirenden General.

Uschakow, Alexander, Russe, zeichnete sich im Anfange des letzten orient. Krieges in den Donauländern aus, wo er als Generallieutenant Tultscha nahm (1854).

Usurpation, Besitzergreifung ohne moralisches Recht.

Utika, phönizische Colonie und Stadt in Nordafrika, später Bundesstadt Karthagos. Eroberung durch Agathokles, Belagerung durch Scipio den Aelteren. Später römische Bundesstadt. (S. Karthago.)

Utrecht, niederländische Stadt von 50,000 Einwohnern mit starker Garnison, Lazareth und einer schönen Kaserne. Hier Friede 1713, der den spanischen Erbfolgekrieg (s. d.) zwischen Frankreich, England, Portugal, Preußen und Savoyen schloß und an den sich der Friede von Rastadt und Baden 1714 zwischen Frankreich und Oestreich schloß.

V.

Vaillant, Jean Baptiste Philipert, Franzose, geb. 1790, auf der polytechnischen Schule zu Paris gebildet, machte von 1809 bis 1813 und 1815 die französischen Feldzüge in Deutschland, den Niederlanden und Frankreich mit, und machte namentlich im letzten Feldzuge die Hauptkämpfe mit. Als ein Genieoffizier vom besten Rufe wurde er 1830 mit nach Afrika geschickt, kehrte aber verwundet zurück und nahm nach seiner Genesung 1832 an der Belagerung von Antwerpen Theil. Hiernach wurde er General und Festungsdirector in Algier, 1838 Director der polytechnischen Schule in Paris, 1845 Director der Fortificationen von Paris und Generallieutenant, 1849 in Folge der Belagerung von Rom Marschall und 1853 Kriegsminister an Arnauds Stelle.

Valée, Sylvain Charles Graf von, Franzose, geb. 1773, zu Chalon für die Artillerie erzogen, machte die Feldzüge der französischen Republik in den Niederlanden und Deutschland mit, avancirte 1804 zum Oberstlieutenant, trat in den Generalstab der Artillerie. Er machte die Feldzüge 1806 und 1807 in Deutschland und dann den Halbinselkrieg mit, in welchem er sich bei den wichtigsten Belagerungen in der Leitung des Geniewesens außerordentlich auszeichnete. 1811 Generallieutenant, 1815 unter Ludwig XVIII. Generalinspector der Artillerie, 1835 Pair, 1837 Director der Artillerie beim Feldzuge gegen Konstantine und nach Damremonts Tode Oberbefehlshaber, 1838 Marschall und Generalgouverneur von Algerien, 1839 Sieger bei Blidah, in der Folge weniger glücklich gegen die Araber, 1840 legte er sein Commando nieder und starb 1846.

Valence, französische Departementshauptstadt an der Rhone von 14,000 Bewohnern. Zitadelle.

Valencia, s. Spanien.

Valenciennes, französische Stadt an der Schelde mit Festung, 24,000 Einwohner. Wurde von Vauban nach seinen mittelalterlichen Fortificationen besser hergestellt und erhielt eine in reinerem Styl erbaute Zitadelle, so daß V. jetzt wohl zu den Festungen 2. Ranges gerechnet werden kann. Hat Werkstätten, Arsenal, Lazareth und beträchtliche Magazine. 1793 von den Oestreichern, bald darauf wieder von den Franzosen erobert. 1636 hatte es Turenne siegreich widerstanden, doch mußte es sich den Franzosen 1677 ergeben.

Valens, oströmischer Kaiser, mußte sich gegen Procopius den Thron erkämpfen, bekriegte 367 – 369 die Westgothen, darauf die Perser. In einen Krieg mit den Gothen verwickelt, verlor er 378 die berühmte Schlacht bei Adrianopel, in der er fiel.

Valentinianus, Bruder des Vorigen, weströmischer Kaiser, Pannonier, schlug 368 die Alemannen bei Solicinium und suchte den Verfall des Reichs gegen die allenthalben sich erhebenden Völker mit kräftigem Schwerte aufzuhalten. Starb 375. (S. Rom.)

Valerianus, römischer Kaiser, s. Rom.

Valerius, Marcus (Corvus), altrömischer Held, machte sich schon 349 durch einen Sieg im Zweikampfe mit einem riesenhaften und als Fechter berühmten Gallier namhaft; war 6 Mal Consul, und Sieger über die Volsker, Samniter, Marser und Etrusker, erhielt den Ehrennamen Maximus. Starb 100 Jahre alt.

Valerius, Manius Maximus, römischer Consul, berühmt durch seinen Sieg über Hiero II. von Syracus 263 v. Chr.

Valerius, Marcus Lävinus, römischer Consul, eroberte 210 Sicilien.

Valls, spanische Stadt von 15,000 Einwohnern unfern Tarragona, hier 1809 die Spanier von den Franzosen geschlagen. Dieses Ereigniß wurde Ursprung eines spanischen Militairordens.

Valois, ursprünglich ein souveraines Grafengeschlecht in Frankreich und im 15. und 16. Jahrhundert französische Königsdynastie (s. Frankreich).

Valparaiso, Stadt der südamerikanischen Republik Chile mit 60,000 Einwohnern. Stadt und Hafen sind stark befestigt.

Vandalen, altdeutsches Volk, am Riesengebirge gesessen, welches nach ihm das Vandalische hieß, Kriegs- und Bundesgenossen der Markomannen und Quaden, mit den Gothen verbündet, besetzten sie im 3. Jahrhunderte Dacien, ließen sich im 4. Jahrhundert in Pannonien nieder, im 5. Jahrhundert zogen sie mit Sueven und Alanen nach Gallien, drangen 409 in Spanien ein und ließen sich in dem nach ihnen benannten Andalusien nieder, eroberten von den Römern 422 das südliche Spanien, nahmen die balearischen Inseln und setzten 429 nach Afrika über, schlugen hier die römische Heere, eroberten 439 Karthago und die größten mittelländischen Inseln, drangen 455 als Verbündete der Kaiserin Eudoxia in Italien ein, eroberten Rom. Ihre Macht hatte sich jetzt dergestalt ausgebreitet, daß sie nirgends einer gehörigen Concentrirung fähig war und so gelang es dem oströmischen Feldherrn Belisar, die V. in ihrer Zersplitterung aufzureiben und in der Mitte des 6. Jahrhunderts ihr Reich zu vernichten. Sie haben sich durch ihre fürchterliche Verheerungslust in der Geschichte unvergeßlich gemacht. (S. Deutschland, Rom.)

Vandamme, Dominique Joseph Graf von Hüneburg, Niederländer von Geburt, geb. 1771, trat in französische Dienste und war bereits beim Ausbruche der Revolution chargirt. Trat 1792 an die Spitze einer Freischaar, wurde 1793 General, kämpfte bis 1795 in den Niederlanden und 1796 und 1797 in Deutschland mit großem Ruhm. 1799 Divisionsgeneral. Machte die Feldzüge 1799 und 1800 wieder in Deutschland und der Schweiz mit und hatte in den Feldzügen 1805, 6 und 7 die bedeutendsten Commandos. Er wurde Inspector der französischen Cavalerie. 1813 wurde er bei Kulm geschlagen und mit einem großen Theile seines Corps gefangen genommen. Erst 1814

21*

nach dem Kriege wurde er freigegeben. 1815 nahm er am Kampfe Theil; der unglückliche Ausgang desselben wurde aber ihm zum Vorwurfe gemacht, da er Napoleon bei Waterloo nicht zu Hilfe gekommen war. Starb 1830. Galt für einen sehr tüchtigen Krieger, war aber wegen seines Hangs zur Grausamkeit in üblem Rufe.

Bannes, französische Departementshauptstadt in der Bretagne von 12,000 Einwohnern mit Hafen und Steuermannsschule.

Barna (Odessos), bulgarisch-türkische Hafenstadt und Seefestung am Schwarzen Meere mit 23,000 Bewohnern. Schließt den Paß zwischen dem Balkan und dem Schwarzen Meere und ist daher von großer strategischer Wichtigkeit. Nach der Belagerung von 1773 ist der Platz besser, nach der Belagerung von 1828 vollständig und ziemlich regelmäßig fortificirt worden. Das Hauptwerk ist die südlich der Stadt am Meere liegende Zitadelle. 14 Forts umgeben die Stadt, die durch Courtinen und Zwischenschanzen mit einander verbunden sind. Jede Bastion hat 9 Geschütze, 3 davon im ausspringenden Winkel. Die Courtinen haben noch besondere Batterien. Brustwehren und Böschungen sind gemauert und mit eichenen Palissaden besetzt. Den Wall bekleidet ein nasser Graben. Die erste Bastion liegt am Meere; von ihr steigt man bis zur vierten den Berg hinan; von ihr bis zur 9. strecken sich die Fortificationen auf der Westseite des Platzes auf der Höhe hin und steigen dann von der 9. bis 14. den Berg nieder, sich am Meere mit der Zitadelle verbindend. Die Armatur beträgt 370 Geschütze in Position. Die Außenwerke sind sehr beträchtlich und die detachirten Werke, welche nach 1854 angelegt worden sind, erreichen die entfernten Höhen, welche die Stadt beherrschen. Ein vorzügliches natürliches Befestigungsmittel gewähren auf der Südseite ein Bruch des Limanflusses und der Dawno- und Limansee. Auf der nördlichen Seite wird ebenso der Platz durch eine schmale Meereszunge gedeckt. Diese Wasserflächen nebst dem Meere machen eine Cernirung des Platzes ohne Beistand einer Flotte ganz unmöglich. 1773 belagerten die Russen Barna vergeblich und 1828 gewannen sie es nach dreimonatlicher schwerer Anstrengung nur erst durch Verrath. Seine erste Berühmtheit in der Kriegsgeschichte erhielt B. 1444 durch eine schwere Schlacht, in welcher die Christen (Ungarn und Polen) noch verloren und die fürchterlichste Niederlage erlitten, nachdem sie schon völlig im Besitze des Sieges gewesen waren. Die Unterliegenden hatten 10,000, die Türken dagegen 30,000 Mann verloren. Durch diesen überaus opferschweren und fast räthselhaften Sieg sicherten sich die Türken die Herrschaft in Europa und den Gewinn Konstantinopels. Von B. aus schifften sich 1854 die Alliirten nach der Krim ein.

Barus, Publius Quinctilius, römischer Consul und 6 v. Chr. Befehlshaber der Niederrheinischen Legionen. Von Hermann dem Cherusker in den Teutoburger Wald gelockt, erlitt er die fürchterlichste Niederlage und stürzte sich aus Verzweiflung in sein Schwert. Seinen Kopf schickten die Sieger höhnend an Marbod, der ihn dem Kaiser Augustus überbringen ließ.

Banban, Sebastian le Prètre de, Burgunder, geb. 1633, ging 1650 in spanische, 1653 in französische Dienste beim Geniecorps. Nachdem er sich in Leitung des Geniewesens als ein Gelehrter und geniaser Ingenieur gezeigt, wurde er 1662 mit der Fortifizirung von Dünkirchen beauftragt und erwarb sich hier einen solchen Ruf, daß er nach den folgenden Feldzügen mit der Fortifizirung zahlreicher Grenzplätze betraut wurde, wobei er sich, namentlich durch sein eigenthümliches Fortificationssystem einen europäischen Ruf erwarb. Er erfand die Anwendung der Parallelen im Belagerungskriege und führte das Ricochetiren ein. Als Wasserbaumeister hat er sich im Hafen von Toulon ein großartiges Denkmal gesetzt. 1703 wurde er Marschall. Starb 1807. War einer der größten Kriegsbaumeister, Erfinder eines eigenen Fortificationssystems, aber auch eines eigenen Belagerungssystems. Seine Theorien sind bis in die Gegenwart mustergiltig geblieben. Seine Lehren sind in Traité de l'attaque des places von Augoyat und in dem Traité de la defense und anderen Werken niedergelegt. Sein System machte den unregelmäßigen Befestigungen, die bis dahin ziemlich herrschend waren, ein Ende und hierzu wirkten auch Cochorn und einige andere geniale Ingenieurs, theils ergänzend, theils verbessernd mit. (S. Festung und Fortification.)

Baudoncourt, Guillaume de, in Wien 1772 geb., Franzose, in der Artillerieschule in Berlin gebildet, trat beim Ausbruch der französischen Revolution in das französische Heer und machte die Feldzüge der Republik erst in den Niederlanden, seit dem Jahre 1794 in Italien mit. 1797 wurde er Major, 1800 Oberst, den Feldzug 1805 machte er in Italien, 1809 wurde er General, machte 1812 den russischen Feldzug mit, fiel aber beim Rückzuge krank in Gefangenschaft. 1814 freigegeben, wurde er 1815 von Napoleon zum Inspector der Nationalgarde des Elsaß ernannt. Nach Ludwig XVIII. Rückkehr verließ er Frankreich, kehrte, nachdem er eine Zeit lang an der Spitze der sardinischen constitutionellen Armee gestanden, 1825 nach Frankreich zurück. Hat viele kriegsgeschichtliche werthvolle und berühmte Werke geschrieben, deren Stoff theils dem Alterthum, theils seiner Zeit und seiner Augenzeugenschaft angehört.

Bedetten, Cavalerievorposten, bestehen aus 2, und die Verbindungsposten aus 1 Mann, haben den Wachtdienst im Felde, namentlich die Gegend nach dem Operationsfelde des Feindes hin zu beobachten, jede militairisch bedeutsame Wahrnehmung der Feldwache zu rapportiren, keine Person das bewachte Terrain betreten zu lassen, welche sich nicht mit dem militairischen Erkennungszeichen (s. Losung und Feldgeschrei) legitimiren kann und die Feldwachen gegen Ueberfall zu decken. Werden des Nachts in dichterer Kette aufgestellt, ihre Stellung soll, wenn möglich, maskirt sein. Eine Bedette muß die andere sehen können, damit Wahrnehmungen der einen, die auf einen Ueberfall und dergleichen schließen lassen, durch Signale der anderen kund gethan werden, wie durch Meldung der Feldwache. Die Art, die Legitimation zu fordern, ist bei den Bedetten ebenso wie bei den Vorposten der Infanterie. (S. Posten und Vorposten.)

Bega, Georg Freiherr von, aus spanischer Familie in Oestreich 1754 geboren, studirte Philosophie, trat als Ingenieur in die kaiserliche Marine, machte von 1788 bis 1801 die Feldzüge Oestreichs mit und starb als Oberstlieutenant geadelt 1802 durch Ermordung. Von ihm wurden höchst werthvolle militairisch-mathematische Schriften hinterlassen. Zu nennen sind „Vorlesungen über Mathematik", „Logarithmentafeln", „Logarithmisch-trigonometrisches Handbuch," „Thesaurus logarithmorum completus" und „Anleitung zur Zeitkunde."

Veji, altitalienische Stadt, 5 Stunden von Rom, führte seit Roms Ursprunge mit diesem Krieg und wurde erst 396 vor Chr. nach zehnjähriger Belagerung von den Römern unterworfen, nachdem diese den Albanersee zu diesem Zwecke trocken gelegt hatten. Die Stadt ist verschwunden.

Veliten, bei den Römern seit dem 3. Jahrhundert leichte Fußtruppen, mit Speeren bewaffnet, die den Legionen attachirt waren, auf den Pferden der Cavalerie (hinter dem Reiter sitzend), sich gegen den Feind tragen ließen und ihn nun zu Fuß mit der Cavalerie gemeinschaftlich angriffen. Waren besonders im kleinen Kriege und in den Gebirgen verwendbar, kämpften wie unsere Jäger meist in aufgelöster Ordnung und hatten zu diesem Zwecke Bogen und Pfeile.

In der Schlachtordnung waren sie vertheilt, auch wohl auf die Flügel gestellt. Napoleon gründete leichte Attachements, die er V. nannte. Doch paßt für unsere Zeit auch höchstens nur noch ihr Name. Sie waren in der alten Zeit das, was in der Gegenwart bei viel größerer Kunstentwickelung die Schützen, Jäger, Füsiliers und Tirailleurs sind.

Belletri, mittelitalienische Stadt von 10,000 Einwohnern, hier 1744 die Oestreicher von Karl III. und 1849 die Neapolitaner von den Römern unter Garibaldi geschlagen.

Bendée, s. Frankreich.

Bendôme, Cäsar Herzog von, unehelicher Sohn Heinrichs IV., Königs von Frankreich. Erzwang sich durch Intriguen und Unruhen die Würde eines Großadmirals von Frankreich und unter seinem Namen wurde die spanische Flotte 1655 bei Barcelona geschlagen. Geboren 1594, starb er 1665. Siehe Beaufort.

Bendôme, Philippe de, Franzose, Sohn des Vorigen, geboren 1655, dem königlichen Hause verwandt, schwang sich sehr leicht in Ludwigs XIV. zahlreichen Feldzügen zu den höchsten militairischen Würden empor, kämpfte in Spanien und Italien und erreichte im spanischen Erbfolgekriege zeitweise glückliche Erfolge, die er jedoch zum Theil den klugen Manoeuvren seines Bruders Joseph verdankte. Mit dem König entzweit, verließ er den Kriegsschauplatz 1705 und starb 1727. S. Beaufort.

Bendôme, Louis Joseph Herzog von, Bruder des Vorigen, Franzose, geboren 1654. S. Beaufort.

Venedig, italienisch-östreichische Stadt im adriatischen Meere mit dem Festlande durch eine prachtvolle Brücke von 2 geographischen Meilen Länge verbunden, eine der prachtvollsten und merkwürdigsten Städte der Welt mit 115,000 (zur Zeit ihrer Blüthe von 200,000) Einwohnern. Venedig war früher eine offene und nur durch das Meer abgeschlossene und gedeckte Stadt, ist unter östreichischer Herrschaft aber in einer Weise befestigt worden, daß sie zu den Festungen ersten Rangs gezählt wird. Die Stadt ist auf 70 Inseln erbaut, die meisten Straßen sind Kanäle, wo der Verkehr auf Gondeln stattfindet, die indessen von großen Schiffen nicht befahren werden können. V. hat 3 Häfen, Chioggia, Lido und Malamocco. Die Festungswerke befinden sich meist auf der Landseite und bestehen aus starken Forts. Das Arsenal war in früheren Jahrhunderten die großartigste derartige Anstalt in Europa. Es entstand zu Anfange des 14. Jahrhunderts. Es hat zwei italienische Meilen im Umfange, ist von hohen Mauern umgeben und umfaßt alle Anstalten für Land- und Seemacht, zahlreiche (16) Werfte, auf welchen die Schiffe unter Dach gebaut werden, Ankerschmieden, Gießereien, eine ungeheure Seilerwerkstatt von 910 Fuß Länge, wo die größten Schiffstaue gefertigt werden, Waffensäle, in denen sich nicht nur reiche Armaturvorräthe, sondern auch kostbare Sammlungen antiker Waffen und Kriegsmaschinen befinden, eine Sammlung von Schiffsmodellen, von Land- und Seekarten und das venetianische Archiv in 298 Sälen. Im Arsenal befinden sich außer anderen die Denkmäler des Großadmirals Emo und des Obergenerals Grafen von der Schulenburg. Es besteht hier ein Institut der Wissenschaften, Literatur und Künste. Der Seeverkehr beträgt gegen 5000 Schiffe. Vorfeste Venedigs ist Lido mit dem starken Fort St. Andrea. Auf der kleinen Insel Mazzorbo befinden sich die Hauptpulvermagazine. V. ist der Sitz des Statthalters von Venetien. Es befinden sich hier ein Kriegsobercommando und das Seegericht. Architektonisch gehört V. zu den Wundern der Welt und es setzt nicht weniger die Großartigkeit der Bauten als ihre überaus reiche und prachtvolle Ausstattung in Erstaunen.

Venedig erhielt seinen Namen von den Benetern, die im Alterthum hier das Festland bewohnten. Die Gründung fand 452 durch Flüchtlinge statt, die sich vor den Hunnen auf die Laguneninseln zurückzogen. Im 10. Jahrhundert war V. als Staat schon so groß und mächtig, daß sich andere Städte in seinen Schutz begaben. Durch die Kreuzzüge gewann es ungeheuer an Reichthum und Macht. 1202—1204 machte Venedig bedeutende Kriegsanstrengungen gegen das griechische Kaiserthum, und eroberte mit anderen Mächten verbündet Konstantinopel. Es gewann zahlreiche Inseln des mittelländischen Meeres dadurch. Die Kriege mit den Türken dauerten mit wenig Unterbrechung fort und Venedig entwickelte zur See eine Kriegstüchtigkeit, die in keinem Verhältniß zu seiner Größe stand. Durch seine glänzenden Kriegsthaten, wie z. B. seinen Seesieg bei Algheri (1353), gewann es außerordentlich an moralischer Bedeutung, an Macht aber vornehmlich durch die Unterdrückung Genua's, welche nach einem 130jährigen Kampfe im Jahre 1381 vollbracht wurde. Anfang des 15. Jahrhunderts besaß V. das halbe Oberitalien und die wichtigsten Inseln des mittelländischen Meeres, allein die endliche Uebermacht der Türkei in Europa und die Verwickelung in die Kriege der westlichen Mächte erschütterte und zerstörte allmälig die Macht Venedigs, das schon durch die Ligue im Anfang des 16. Jahrhunderts in große Gefahr versetzt wurde. An allen Kriegen Ungarns und Oestreichs mit der Türkei war Venedig mehr oder minder betheiligt und hatte gleichzeitig den Kampf mit den eifersüchtigen Republiken Italiens und deren Verbündeten zu bestehen. Aber Siege wie 1416 bei Kallipolis waren V. jetzt nicht mehr so leicht, und wenn V., wie bei Lepanto 1571, immer noch glänzende Thaten ausführte, so geschah es doch selten ohne Beistand mächtiger Verbündeter. Allein die Türkei war ein geschworner und zu mächtiger Feind der Republik, und da die Bundesgenossen immer nur die Treue hielten, bis sie den Zweck ihres eigenen Interesses erreicht hatten, so erlitt nun V. immer schmerzlichere Verluste. 1571 hatte es Cypern verloren, 1669 verlor es den größten Theil, 1715 auch den Rest von Candia, 1718 verlor es Morea und seine Besitzungen in Griechenland, vertheidigte noch Korfu mit großen Ehren, hörte nun aber auf, als Kriegsmacht eine Rolle zu spielen. Die Kriege der französischen Revolution, bei deren Ausbruch die Republik noch 3 Millionen Unterthanen hatte, führten endlich ihre Vernichtung herbei (1797), indem der Friede von Campoformio Venetien theilte und an die Nachbarstaaten brachte. Nach den napoleonischen Kriegen kam zu Folge der Wiener Conferenzen Venetien mit seinem ganzen Gebiete, jedoch ohne die ehedem von ihm besessenen Inseln, an Oestreich. Unter dessen Herrschaft erhielt es Freihafenrechte und Eisenbahn, wodurch der Wohlstand der Stadt einen erheblichen Aufschwung nahm. An dem Revolutionskriege 1848 und 1849 nahm Venedig mit großer Energie Theil, ohne jedoch bei seiner isolirten Lage erheblichen Einfluß gewinnen zu können. Alle Folgen kehrten sich auf Venedig selbst zurück. Seit Ende 1848 begann die Belagerung Venedigs durch die Oestreicher und nachdem es den Oestreichern gelungen, die Stadt durch die Geschütze unter 45grädiger Elevation zu erreichen und das Fort Malghera zu erobern, ergab sich die Stadt am 23. August 1849. Viel hierzu trug der Gang des Krieges auf sardinisch-italienischer Seite bei. (S. Italien und Oestreich.)

Beneter, Urbewohner Venetiens, s. Italien.

Venezuela, s. Amerika.

Benloo, niederländische Stadt von 7000 Bewohnern, bildet mit den eigenen mittelalterlichen Fortificationen, denen der Insel Waert in der Maß und dem Fort St. Michael einen starken Waffenplatz. Seit dem 16. Jahrhundert war

es wechselnd in dem Besitze der verschiedenen Parteien, die sich auf dem niederländischen Kriegsschauplatze bekämpften.

Veracruz, s. Amerika.

Verdeckte Batterie, s. Batterie und mascirte Batterie.

Verdun, französische Arrondissementsstadt an der Maas von 11,000 Einwohnern, hat eine gute von Vauban hergestellte Zitadelle und starke Umfassungswerke. Hier 843 Vertrag zwischen den drei Erben des fränkischen Reichs,
aus welchem Deutschland und Frankreich in ihrer auf die Neuzeit gekommenen
Gestalt hervorgegangen sind. War ursprünglich deutsch, lange Zeit freie
Reichsstadt und kam erst durch den westphälischen Frieden an Frankreich.

Vereinigte Staaten, s. Amerika.

Verhau, Annäherungshinderniß, besteht aus übereinander geworfenen und
mit Ast- und Strauchwerk bedeckten Baumstämmen, die man beim Niederfällen
mit den Sturzen noch in Verbindung läßt, damit ihre Wegräumung desto
schwieriger sei. Wo dies, z. B. außerhalb des Waldes, nicht möglich, müssen
die Stämme fest gepfählt werden. Die Verhaue werden durch Schützen oder
Flankenbatterien vertheidigt und der Feind sucht sie in Brand zu schießen.
Sie bezwecken die Sperrung des Terrains und werden von den Genietruppen
der Arrieregarde hergestellt, vorzüglich bei Rückzügen. Werden sie errichtet,
ohne daß die Armee das Terrain passirt hat, so müssen sie Durchgänge behalten, die erst nach dem Passiren geschlossen werden. In gebirgten und
sumpfigen Wäldern und Engpässen sind sie am anwendbarsten. Bei provisorischen Fortificationen müssen künstliche Verhaue häufig zur Verstärkung dienen. (S. Fortificationen.)

Verhuel, Karl Heinrich Graf von, Holländer, geb. 1770, erhielt von Napoleon 1804 für die Expedition gegen Irland den Befehl über die holländischen Schiffe, wurde unter Ludwig Bonaparte Marineminister und Reichsmarschall von Holland, nahm 1813 und 1814 als französischer Viceadmiral
am Kriege Theil, wurde unter Ludwig XVIII. Generalinspector der Nordküsten
und Pair. Starb 1845.

Vernageln, ein Geschütz, geschieht durch einen stählernen mit eingehauenen
Widerhaken versehenen Nagel, welcher in das Zündloch getrieben und in der
oberen Mündung desselben weggebrochen wird. Dadurch werden die Geschütze
unbrauchbar. Eroberte Geschütze, welche nicht mit fortgeschafft werden können,
was namentlich im Festungskriege häufig vorkommt, müssen vernagelt werden,
desgleichen auch die eigenen Geschütze, die auf schleunigem Rückzuge dem Feinde
überlassen werden müssen. Können indessen bei solchen die Geschütze durch
Versenkung verborgen werden, so unterläßt man das Vernageln in der Hoffnung, die Geschütze bei Wiedererlangung des Terrains brauchbar wieder
vorzufinden.

Verona, östreichisch-venetianische Stadt von 52,000 Einwohnern, von der
Etsch durchflossen, in diesem Jahrhundert und namentlich durch den Grafen
Feldmarschall Radetzky in eine Festung ersten Ranges umgewandelt, Hauptquartier des zweiten Armeecommandos für Venetien, hat großartige Festungswerke, Lazareth, Kasernen, große Magazine, Militairwerkstätten und ein reiches
Arsenal, eine höhere Kriegsschule für Offiziere, eine Kadettenanstalt, Artillerieschule und Filialequitationsanstalt. Wegen seiner Lage nahe an der Grenze
Tyrols und am Austritt der Etsch in die Ebene nicht fern von der Stelle,
wo der Mincio aus dem Gardasee kommt und der Alpon sich in die Etsch
ergießt, deren sämmtliche Ueberbrückungen es beherrscht, ferner wegen seiner
Lage zwischen den Schlünden der Chiusa und der Passage von Caldiero, aber
ganz besonders in seiner deckenden Beziehung zu Legnago, Mantua und Pes-

chiera, die mit Verona das berühmte Festungsviereck bilden, ist Verona strategisch höchst wichtig. Als Radetzky sich beim Ausbruche der Revolution 1848
zum Rückzuge aus dem Lombardischen gezwungen sah, nahm er hier sein
Hauptquartier und er hätte einen geschickteren Platz zu Organisirung seiner
Operationsarmee nicht wählen können. Von hier aus begann er den glänzenden Feldzug. Gleichsam im Angesicht Veronas erstürmte er trotz der Uebermacht
des Feindes am 23. Juli 1848 die Höhen von Sona und Somma-Campagna
und siegte nahe dabei bei Custozza. Bereits am 6. Mai hatte er vor Verona
bei Santa Lucia gesiegt und merkwürdig war diese Schlacht darum, weil der
Kaiser Franz Joseph hier seine ersten Waffenthaten verrichtete. Ueberhaupt
ist die Umgegend von Verona eine der reichsten Kriegsschauplätze und fast
jeder Flecken und jedes Dorf das Denkmal einer Schlacht. Der Congreß von
Verona 1822 hatte eine staatliche, aber nur entfernt kriegerische Bedeutung.
Frankreich wurde durch ihn zu seiner Invasion in Spanien, welche 1823
stattfand, ermächtigt. S. Spanien. S. Italien.

Vertheidigung, s. Defensive, Defensivalliance, Defensivangriff, Defensiv-
krieg, Defensivoperation, Defensivstellung und Defensivwerke.

Vespasianus, römischer Kaiser, Vater des berühmten Titus, größer als
Staatsmann wie als Krieger, 69—79 nach Chr. S. Rom.

Veteran ist nach unseren Begriffen derjenige Soldat, der im Waffendienste
ein Lebensalter erreicht hat, welches ihn für diesen Dienst unfähig macht.
Daher nennt man Halbveteran denjenigen alten Soldaten, der nur noch für
gewisse leichtere Dienste, z. B. den Wachtdienst in der Garnison, fähig ist.
Der Veteran unterscheidet sich vom Invaliden dadurch, daß bei diesem durch
körperliche Beschädigung die Waffenuntüchtigkeit hervorgerufen ist. Daher
kann der jüngste Soldat Invalid sein, aber nicht Veteran. Bei den Römern
hieß jeder Soldat Veteran, welcher zwanzig Feldzüge mitgemacht hatte. Ein
Feldzug bei der Reiterei zählte jedoch doppelt, so daß zehn Feldzüge bei der
Cavalerie zwanzig Feldzügen bei der Infanterie gleichgerechnet wurden. Unter
den Kaisern blieben viele Legionen auch im Frieden im Dienste und daher
kam es, daß die Dienstzeit nicht mehr nach Feldzügen, sondern nach Jahren
festgesetzt wurde, und es galten wie noch heute in einigen Staaten 20 Jahre
für eine volle Dienstzeit. Bei den Prätorianern, die eine Art Garde bildeten,
war die Dienstzeit jedoch nur auf 16 Jahre beschränkt. Nachdem der Dienst
auf Jahre bestimmt worden, minderten sich die Ehren, die mit dem Veteranen-
thum verknüpft waren. In der römischen Republik galt der Veteran immer
für einen erprobten Helden. Er erhielt nicht nur seinen Abschied auf eine
Erztafel eingegraben, gleichwie einen Orden, sondern auch große und werthvolle
Geschenke, z. B. das Bürgerrecht, Grundbesitzthum, Befreiung von allen oder
gewissen Steuern und anderen Rechten und Ehren. Der Veteran war nunmehr aber auch völlig dienstfrei, und wurde er in Zeiten hoher Noth zu den
Waffen gerufen, so erhielt er eine höhere als die früher bekleidete Würde.
Oft traten bei ausbrechendem Kriege Veteranen aus Kriegslust oder Vater-
landsliebe wieder in Dienst und diese wurden besonders begünstigt, namentlich
zog sie der Feldherr gern in seine Nähe, so daß sie eine Art Leibwache für
ihn bildeten. Bei unserem Heerwesen gehen die Veteranen namentlich aus der
Unterofficiersclasse hervor, da die gemeinen Soldaten den Dienst nach Ablauf
der bestimmten Zeit verlassen und die Officiere entweder mit Pension ihren
Abschied nehmen, um in den Civilstand einzutreten, oder in den Civilstaats-
dienst übergehen, wenn das Alter sie veranlaßt, eine minder anstrengende
Thätigkeit vorzuziehen. Daher ist in der Gegenwart die Masse der Veteranen
wenig zahlreich, wenigstens in den Staaten, wo es als eine Seltenheit zu

betrachten ist, wenn Jemand für seine Lebenszeit sich dem Kriegsdienste widmet.

Veterani, östreichischer General, durch Bravour ausgezeichnet in den Feldzügen gegen die Türkei gegen Ende des 17. Jahrhunderts. Nach ihm haben eine Felsenhöhle an der Donau in Ungarn, die er 1692 wie eine Festung vertheidigte, und ein trockener Arm der Temes, den er 1695 ebenso für seine Operationen benutzte, den Namen erhalten, indem jene die Veteranische Höhle, dieser der Veteranische Graben heißt.

Vezier, türkische Großwürde, folgt auf der Stufenleiter dem Monarchen, die damit verbundenen Functionen können eben so wohl militairisch als civil sein. Den Oberbefehlshaber im Felde bezeichnet jedoch das Wort Seraskier. Vezier ist als bloße Bezeichnung des amtlichen Charakters ziemlich gleichbedeutend mit unserem Excellenz, denn jeder Pascha von drei Roßschweifen heißt Vezier. Insbesondere aber heißen die Räthe, welche den Großvezier umgeben, Veziere. Ihrer sind sechs. Der Großvezier ist im Felde wie im Staate der Vertreter des Sultans; in der neueren Zeit jedoch haben sich selten die Großveziere unmittelbar an Kriegen betheiligt und mehr die Leitung der äußeren Angelegenheiten zu ihrem Geschäft gemacht, so daß die Würde des Großveziers jetzt mehr der eines Staatskanzlers entspricht.

Viana, spanische Stadt am Ebro mit 3000 Einwohnern, hier erlitt König Sancho von Kastilien 1067 eine Niederlage. Hier Sieg des Grafen von Lerin über Cäsar Borgia (s. d.), der dabei seinen Tod fand, 1507.

Viborg, jütländische Stadt von 3500 Einwohnern am Viborg- und Asmildsee, hier 1150 Sieg des Königs Swend IV. über Kanut, 1157 Sieg Waldemars I. über Swend IV., 1334 Sieg des Grafen Johann und des Herzogs Gerhard von Holstein über die Dänen und Brandenburger unter dem Prinzen Otto v. Dänemark.

Viborg, russisch-finnische Stadt am finnischen Meerbusen von 4000 Einwohnern, stark befestigte Hafenstadt, hier heftiges Seetreffen zwischen den Schweden und Russen 1790. Nachdem die Stadt in russische Hand gekommen, sind ihre Werke aufs Bedeutendste verstärkt und verbessert worden. Namentlich sind die schöne Kaserne und Magazine russischen Ursprungs. Die alten Festungswerke wurden von Torkel Knutson im 13. Jahrhundert angelegt. Die Hafenwerke sind viel neueren Ursprungs und meist unter russischer Herrschaft entstanden.

Vice, als Characterisirung einer Amtswürde, bedeutet so viel als „zur Stellvertretung", z. B. in Vicecommandant, Viceadmiral, und kann mit allen Amtsbezeichnungen in Verbindung gebracht werden.

Vicenza, östreichisch-venetianische Stadt von 30,000 Einwohnern, die im Mittelalter, wo sie im Besitze politischer Selbstständigkeit war, sehr stark befestigt wurde. Das Kastell, ein gewaltiger Bau, steht noch heute, desgleichen auch die Umfassungswerke der Stadt, die aus nassem Graben und doppelter Mauer bestehen. 1236 wurde sie vom Kaiser Friedrich II. belagert und erobert. 1404 wurde die Stadt in die Venetianische Republik aufgenommen, 1509 aber von den Oestreichern erobert, die sie bis zum Frieden behielten. 1848 besetzten sie die italienischen Insurgenten, vertheidigten sie aber so schlecht, daß sie nach kurzem Kampfe wieder in die Gewalt der Oestreicher fiel. An dem Revolutionskampfe von 1849 konnte sie keinen erheblichen Antheil nehmen.

Victor (Sieger), im römischen Alterthum oft als Ehrenbeiname gebraucht.

Victor Emanuel I., König von Sardinien, geb. 1759, trat als Prinz an die Spitze der Armee, die Sardinien im Bunde mit Oestreich gegen das rebellische Frankreich marschiren ließ. Nur im Anfange war er vom Glück begleitet. 1802 erhielt er die Krone und trug sie, wie die politischen Verhältnisse zur Zeit der napoleonischen Staatenumwälzung es gestatteten. 1821 legte er die Krone nieder. Starb 1824. Er besaß außer dem Muthe nicht die Eigenschaften eines Kriegsfürsten, war aber ein Soldatenfreund und legte großen Werth auf das Heerwesen, das er mit Eifer in seinen Staaten zu cultiviren suchte. (S. Sardinien.)

Victor Emanuel II., König von Sardinien, geb. 14. März 1820, erhielt eine militairische Erziehung und bekundete frühzeitig seinen kriegerischen Sinn. Er hatte Geltung bei seinem Vater Karl Albert, wie viel indessen von der gewaltsamen Politik Sardiniens im Jahre 1848 ihm zuzuschreiben ist, läßt sich nicht bestimmen. Bekannt aber ist, daß er mit großer Begeisterung den Krieg seines Vaters 1848 mitmachte und als Führer eines Corps sich seiner Aufgabe würdig zeigte, so weit sie Muth und Heldenhaftigkeit betrafen. Daß kein strategischer Genius das sardinische Heer lenkte, ist bekannt, und daher war freilich auch vom Prinzen Victor Emanuel kein genialer Einfluß ausgegangen. Auch im Jahre 1849 nahm er an dem fünftägigen Feldzuge Theil, den Sardinien eben so muthig wie den vom Jahre 1848 begann, aber auch eben so verkehrt leitete. Der unglückliche Ausgang brachte die Krone auf Victor Emanuels Haupt. Obschon dieser im Frieden mit Oestreich versprochen, der Politik zu entsagen, der sein Vater als schlauer Nebenbuhler der Revolution gefolgt war, so blieb doch der junge König auf der Bahn der Revolution, die ihm großen Ländergewinn in Aussicht stellte. Aus eigener Kraft konnte er sein Ziel zu erreichen nicht hoffen, und da lediglich Oestreich seinen Plänen entgegenstand, so warf er sich um so mehr Frankreich in die Arme. Dies sich zu Dank zu verpflichten, nahm er auch am orientalischen Kriege Theil und sendete 17,000 Mann in die Krim, welche 1855 bei der Eroberung Sebastopols nicht unrühmlich fochten. Schon bei den Pariser Friedensverhandlungen ließ Victor Emanuel seine Ansprüche durch den Grafen Cavour laut aussprechen. Das Banner der Revolution in der Hand des Königs war eine Erscheinung, die nur den Kaiser Napoleon nicht in Erstaunen setzte; allein dieser hatte vorläufig den übrigen Mächten gegenüber wenigstens den Schein zu bewahren, und Victor Emanuel mußte darauf denken, den Kaiser noch enger an sich zu ziehen, was durch eine Verbindung des Prinzen Napoleon mit einer sardinischen Prinzessin geschah. Endlich war das Werk im Jahre 1859 gereift und die Ursache eines sardinisch-französischen Kriegs gegen Oestreich wurde vom Zaune gebrochen und Oestreich schlauer Weise sogar verleitet, den Schein auf sich zu ziehen, als ob es den Krieg hervorgerufen habe. Derselbe war binnen zwei Monaten mit drei schweren Schlachten, in denen nicht die Sardinier, sondern die Franzosen kriegerischen Ruhm erwarben, beendet, und Victor Emanuel, gierig nach ganz Oberitalien, hatte wenigstens die Lombardei gewonnen (siehe Lombardei und Villafranca). Hatte Napoleon versprochen, dem Freunde ganz Oberitalien zu verschaffen, so durfte dieser nun freilich einen Ersatz für das mangelnde Venedig fordern, und Victor Emanuel versäumte nicht, die Gelegenheit hervorzurufen, die der Kaiser zur Erfüllung seines Versprechens bedurfte. Er kräftigte die revolutionairen Elemente in den mittel- und unteritalienischen Staaten, deren Ordnung durch Mißregierung bereits so sehr untergraben war, daß Victor Emanuel gewiß sein durfte, sein Ziel in sehr kurzer Zeit zu erreichen. Noch im Jahre 1860 brach der Revolutionsbrand auf Sicilien aus. Die kleinen mittelitalienischen Staaten wurden um somehr auch ergriffen, je wirksamer hier der sardinische Einfluß gewesen war. Auf Sardinien trat Garibaldi nun als Lenker auf, leitete die Revolution nach Unteritalien und brachte es mit leichter Mühe und äußerst geringem Blutvergießen dahin, daß Victor Emanuel von Neapel und Sicilien Besitz ergreifen konnte (s. Italien).

Modena, Toscana, Parma und ein Theil der päpstlichen Staaten hatten sich
geradezu mit Sardinien unirt. So hatte Victor Emanuel fast ganz Italien
in seiner Hand vereinigt. Es fehlten nur noch der Kirchenstaat und Venetien.
Auch diese zu gewinnen, macht Victor Emanuel gegenwärtig die größten Anstrengungen durch die Diplomatie und bereitet sich mit Eifer vor, sein Ziel
nöthigenfalls durch Waffengewalt zu erreichen. Ob diese letzte Herrschgier nicht
ein Verhängniß für alle früheren Errungenschaften sein werde, ist eine Frage,
deren Beantwortung große Zweifel erregt. Victor Emanuel hat sich als ein
muthiger Krieger, aber nicht als ein genialer Feldherr gezeigt. Sein Heerwesen hat er vortrefflich eingerichtet und sich den Ruhm eines tüchtigen Or-
ganisators erworben. Als Regent ist er um mancher guten Eigenschaft willen
gefeiert worden. Daß er die constitutionelle Freiheit geachtet und gepflegt, ist ihm
hoch angerechnet worden, doch läßt sich nicht leugnen, daß er damit nur die
Pläne seiner Herrschgier unterstützt hat, denn ohne das revolutionaire Motto
der Freiheit, und in der That doch einer sehr wandelbaren Freiheit, am Banner zu tragen, durfte er nicht hoffen, der Centralpunkt der schwärmerisch ver-
langten italienischen Einheit und endlich der Beherrscher Italiens zu werden.
Er nennt sich, obschon ihm die Vereinigung Italiens noch nicht völlig gelungen ist, jetzt schon König von Italien, als solcher er auch bereits von einigen
ihm vorzugsweise befreundeten Monarchen anerkannt ist. Obschon mit dem
östreichischen Herrscherhause nahe verwandt und selbst mit einer Erzherzogin
vermählt, bekämpft er doch Oestreich als erbittertster Feind, obschon die äußerst
milde Behandlung von Seite Oestreichs in dem Jahre 1849 ihm zu solcher
Gesinnung keine Berechtigung gegeben hat.

Victor-Perrin, Herzog von Belluno (Claude), Franzose, geb. 1764, er-
öffnete 1781 seine militairische Laufbahn als Tambour, trat 1789 als solcher
aus dem Dienst, wurde aber bald nach Ausbruch der Revolution an die
Spitze eines Bataillons gestellt und zeichnete sich als solcher 1793 bei der
Belagerung von Toulon so ungewöhnlich aus, daß er noch in demselben Jahre
zum General avancirte. Als solcher machte er bis 1795 den Krieg gegen
Spanien mit. Die Feldzüge 1796 und 1797 in Spanien hoben ihn zum
Divisionsgeneral empor. Er machte, nachdem er kurze Zeit in der Vendée
commandirt hatte, bis 1801 die weiteren Feldzüge in Italien mit und führte
bei Marengo durch die hartnäckigste Bravour den Sieg herbei. In den Feldzügen 1806 und 1807 leistete er wiederum Außerordentliches, fiel aber in
Pommern in Gefangenschaft. Nach wenigen Wochen gegen Blücher ausge-
tauscht, wurde er zur Belagerung von Graudenz abgesendet, die aber an
Courbières Heldenfestigkeit scheiterte. Bei Friedland trug er viel zur Entscheidung der Schlacht bei und wurde dafür zum Marschall befördert. Ungleich
mehr noch zeichnete er sich in Spanien aus, wo er ein Corps führte und von
1808 bis 1812 glänzende Siege errang und der Situation die vortheilhaf-
testen Wendungen gab. Doch erlitt er auch mehrmals Schläge und namentlich
bei Talavera eine harte Niederlage. 1812 machte er, zum Herzog von Belluno
erhoben, den Feldzug gegen Rußland mit und leistete namentlich beim Rückzuge sehr Verdienstliches, trug das Meiste zur Entscheidung der Schlacht bei
Dresden bei, focht bei Leipzig, erkämpfte den Rückzug bei Hanau, focht 1814
bei St. Dizier und Brienne und wurde bei Craone verwundet. Da er sich
schon am Schluß des Feldzugs 1814 mit Napoleon veruneinigt hatte, nahm
er an dessen Unternehmungen 1815 nicht Theil. Unter Ludwig XVIII. wurde
er Generalmajor der Garde und Pair, 1821 Kriegsminister, leitete im Namen
des Herzogs von Angoulême den Invasionsfeldzug in Spanien 1823, trat
darauf aber in Folge von Amtsmißbrauch, den sich seine Untergebenen hatten

zu Schulden kommen lassen, aus dem Dienste zurück und starb 1841. Er war einer der talentvollsten Generale. Scharfe Beobachtung und reiche Erfahrung ersetzten die Mängel seiner Bildung.

Victoria, Königin von England, s. Großbritanien.

Vieleck, s. Polygon.

Viereck, Flächenausschnitt, dessen vier Seiten geradlinig auf einanderstoßen und daher eben so viel Winkel bilden. Vierecke sind daher das Quadrat mit gleichlangen, parallelen, scheitelrecht auf einander stoßenden Seiten; das Parallelogramm, dessen Seiten einander parallel laufen und je zwei gleich lang sind; das Rhomboid oder schiefwinklige Parallelogramm mit ungleichen Seiten, der Rhombus oder das schiefwinklige Parallelogramm mit gleichen Seiten; das Trapez mit zwei Parallelen und zwei ungleichen Seiten und Trapezoid, in welchem keine Seite der andern parallel läuft und keine der anderen an Länge gleicht.

Vigilien, die Nachtwachen beim altrömischen Heere. Jede Nachtwache währte 3 Stunden. Mit Sonnenaufgang trat die Wache an, mit Sonnenuntergang ab.

Vigo, spanische Hafenfestung und Stadt von 7000 Einwohnern an der Bai von Vigo, Hafen ist seicht, die Rhede ist von Festungswerken beherrscht. Die Stadt ist ziemlich regelmäßig befestigt und hat noch in altem Styl aufgeführte bastionirte Mauern. Magazine bedeutend. Casernen und einige Werkstätten für Heer und Marine. 1719 von Engländern erobert. 1702 hier Niederlage der spanischen Silberflotte durch die englisch-holländische Flotte.

Vilagos, ungarische Ortschaft, hier Capitulation der ungarischen Armee unter Görgei 1849, wodurch die ungarische Revolution ihr Lebenselement verlor. S. Ungarn, Oestreich, Görgei.

Villa Real, portugiesische Stadt von 5000 Einwohnern in der Proviny Tras os montes; hier 1846 die Insurgenten vom General Casal geschlagen.

Villa Viciosa, spanisches Derfchen am Tajuna, hier im spanischen Erbfolgekriege 1710 die Verbündeten unter Starhemberg die Franzosen unter Vendome (s. d.) geschlagen. (S. spanischer Erbfolgekrieg.)

Villa Viciosa, portugiesische Stadt in der Proviny Alentejo von 4000 Einwohnern. War einst sorgfältig befestigt und hat noch sein altes Castell. Hier 1665 die Spanier von den Portugiesen unter dem berühmten Schomberg geschlagen. (S. Schomberg.)

Villach an der Drau, östreichische Stadt von 3200 Einwohnern in Illyrien, berühmt durch seine Bleibergwerke, hier 1492 Sieg der deutschen Heere über die Türken und 1813 Treffen zwischen den Oestreichern und Franzosen.

Villafranca, lombardische Stadt und berühmte Villa am Tataro, hier präliminairer Friedensschluß zwischen dem Kaiser Franz Joseph von Oestreich und Napoleon III. von Frankreich, womit dem zweimonatlichen für seine Zeitdauer höchst blutigen Krieg 1859 ein Ende gemacht wurde. (S. Lombardei.)

Villafranka, sardinisches Hafenstädtchen am mittelländischen Meere mit zwei Forts, einigen Hafenbatterien und einer Schifffahrtsschule; erlitt von den Franzosen drei siegreiche Angriffe, 1690, 1744 und 1792.

Villars, Louis Hector Herzog von, Franzose, geb. 1653, machte unter den berühmten Feldherren Ludwigs XIV. seine Carriere und war beim Ausbruche des spanischen Erbfolgekrieges Divisionair, führte aber schon im zweiten Feldzuge eine selbstständige Armee. Er siegte bei Friedlingen, wofür er Marschall wurde, und bei Höchstädt, operirte 1706 und 1707, während sein Bruder Minorca eroberte, mit entschiedenem Glück, mußte aber endlich wegen unzulänglicher Unterstützung weichen, bedrängte dagegen 1708 Piemont, erhielt nun den Oberbefehl in den Niederlanden, erlitt aber bei Malplaquet eine Niederlage. Nachdem indessen England 1712 die Sache Oestreichs verlassen, siegte er bei Denain und brachte Frankreich wieder in eine bessere Situation, wußte sich sogar 1713 ein völliges Uebergewicht wieder zu verschaffen, so daß er 1714 einen vortheilhaften Frieden zu Stande bringen konnte. Er wurde zum Pair, Herzog und Granden, zum Präsidenten des Kriegsraths und anderen ausgezeichneten Würden erhoben. Unter Ludwig XV. erhielt er die ungewöhnliche Würde eines Generalmarschalls. Beim polnischen Thronfolgekriege fiel er in Italien ein, starb aber beim ersten Feldzuge an Altersschwäche. Sein Sohn erstieg den Grad eines Generals.

Villeroi. dieses Namens gab es in Frankreich zwei Marschälle, welche am wenigsten zu den Helden gezählt werden können, und ihre hohen Würden nur der leidenschaftlichen Zuneigung ihrer Monarchen verdankten. Der erste, Nicolaus Marquis de Neufville, Herzog von Villeroi, wurde 1597 geboren und starb 1685. Er war Erzieher Ludwig XIV. und sein Sohn war Ludwigs Erziehungsgenosse. Dieser, mit Namen Francois, erhielt zwar Unterricht in den Militairwissenschaften, profitirte aber äußerst wenig von denselben und war beglückt genug, den Helden im Salon und in öffentlichen Häusern zu spielen. Indessen hob ihn sein geschworner Freund, der König Ludwig, zu den höchsten Militairwürden, ohne im Mindesten dabei das Verdienst in Anschlag zu bringen. 1694 wurde er Marschall, ohne eine Carriere gemacht zu haben, und erhielt auf dem Niederländischen Kriegsschauplatze den Oberbefehl, wo er gleich im Anfange fast lächerlich operirte. 1695 zerstörte er Brüssel durch seine Bomben. 1701 erlitt er durch den Prinzen Eugen in Italien bei Chiari eine furchtbare Niederlage, ließ sich 1702 zu Cremona überrumpeln und gefangen nehmen. 1706 wurde er bei Ramillies auf das furchtbarste geschlagen, wobei er ein Drittheil seiner Armee, seine ganze Artillerie und sein Heergeräth verlor. Damit endeten seine unglücklichen Großthaten und er spielte nur noch bei Hofe eine Rolle, in der er auch gleich sehr seine Gewissenlosigkeit wie seine Talentlosigkeit zeigte. Starb 1730, bei Hofe und Volke ein Gegenstand des Spottes.

Vincennes, kleiner Ort von 3000 Einwohnern unfern Paris und eines der wichtigsten Militairetablissements dieser Stadt, zu deren Fortificationen es zu rechnen ist. Ursprung von V. war eine Burg, die 1137 zu bauen begonnen, bald darauf in ein Schloß und darnach in ein Kastell verwandelt wurde. Dieses stand noch im Anfange dieses Jahrhunderts ziemlich unverletzt. Es war im Quadrat angelegt, hatte 14 viereckte Thürme auf den Umfassungsmauern und einen gewaltigen Thurm im Schloßhofe. Diesen ließ Ludwig XI. zum Staatsgefängniß einrichten und bewohnte ihn selbst, um sich nach seiner Neigung an den scheußlichen Martern der hier Gefangenen zu ergötzen. Er blieb bis zur Revolution Staatsgefängniß, wurde auch in der Folge noch zur Haft politischer Verbrecher benutzt, doch dienen die unteren Räume gegenwärtig zu Artillerieniederlagen. Napoleon I. beschloß aus V. eine Schutzfeste für Paris zu machen und ließ zu diesem Zwecke 13 Thürme niederreißen, so daß nur der große Thurm im Hofe (Donjon) und der auf dem Thore stehen geblieben sind. Zugleich wurde der Platz nach neuem Styl fortificirt und hier das Hauptarsenal Frankreichs eingerichtet. Mehre detachirte Forts decken den Platz. Die Militairwerkstätten sind bedeutend, die Magazine großartig und ebenso auch die Kasernen, welche nicht in alten Gebäuden eingerichtet, sondern neu erbaut worden sind. Die bedeutende Besatzung besteht hauptsächlich aus Artillerie und Schützen, welche letztere hier eine Normalschießschule haben und unter dem Namen Chasseurs von Vincennes in den letzten Kriegen, besonders in der Krim, berühmt geworden sind. 1804 wurde im Wallgraben hier der Herzog von Enghien auf Napoleons Befehl erschossen. Bei der Einnahme von Paris 1814 und 1815 war V. ein wichtiges Object.

Vincent, Cap von St., südöstlicher Vorsprung Portugals in das atlantische Meer. Hier 1780 und 1797 Seesiege der Engländer über die Spanier.

Virginien, s. Amerika.

Visconti, bedeutendes Herrschergeschlecht in der Lombardei im Mittelalter. In der Kriegsgeschichte, besonders Italiens, haben sich vorzugsweise Matteo I., Galeazzo, Azzo, Giovanni, Gian Galeazzo und Filippo Maria namhaft gemacht. (S. Mailand, Genua, Italien, Lombardei, die genannten Vornamen und Sforza.)

Visir, Gesichtsschirm an Ritterhelmen. Bestand aus zwei nach der Form des Gesichts gebogenen, gegitterten und in gleichen Charniren gehenden Metallplatten, welche sich über einander schoben und beliebig aufgezogen oder niedergelassen werden konnten. Beim Turnier war das Aufziehen des Visirs das Zeichen, daß der Ritter den Kampf seinerseits beendet erachtete. — Visir heißt auch der Aufsatz an Feuergewehren und Geschützrohren, der in seiner Bezeichnung zum Korn und Ziel die Richtungslinie angiebt. Läuft die über Korn und Visir gedachte Linie der Seelenwand parallel, so ergiebt sich ein völlig horizontaler Schuß, der auf geringe Entfernung natürlich die größte Treffähigkeit besitzt, auf größere Weite aber diese Eigenschaft in gleichem Maße verliert, als die Attraction der Erde und der Widerstand der Luft gegen das Geschoß überwiegend werden gegen die Triebkraft der Ladung. Die Kugel wird sich daher senken. Um dieses Stadium erst auf größerer Entfernung eintreten zu lassen, also die Wahrscheinlichkeit des Treffens auf größere Dimensionen in Anwendung zu bringen, ist es nöthig, das Geschoß über die Horizontale steigen zu lassen, also dem Geschütz Elevation zu geben. Darum muß der Einschnitt des Visirs einen größeren Abstand von der Seelenwand haben als das Korn, von dieser Differenz aber hängen das Maß der Elevation und die Länge der Flugbahn ab. Je höher das Visir, um so stärker ist die Erhebung des Geschützes, um so größer aber auch die Flugkraft des Geschosses. Das Höhenmaß des Visirs hat begreiflicher Weise aber seine bestimmte Norm und seine strengste Bedingung in der Weite des Schusses. Doch hat das Geschick des Schießenden zu vermitteln. Auf dem Kriegsschauplatze läßt sich nicht wie auf dem Schießplatze die Entfernung des Ziels und ihr Verhältniß zu dem Visir durch Schritte oder Maße ermitteln, auch möchte das Ziel selten in einer Entfernung gefunden werden, die für das Visir als Norm angenommen ist. Das Augenmaß und richtige Gefühl des Schützen sind daher Hauptbedingungen des Schusses und das Visir bleibt immer nur ein Hilfs- und Unterstützungsmittel. Das Visir kann ein einfaches sein oder ein doppeltes. Bei letzterem dient der zweite Theil (Klappe oder Schieber) nur dazu, die Elevation und den Kugelflug zu vergrößern. Hiermit mindert sich natürlich die Sicherheit des Treffens. (S. Schießen, Gewehr, Geschütz, Flugbahn ꝛc.)

Vitalianer, räuberische Kaper, welche im dänisch-schwedischen Kriege gegen Ende des 14. Jahrhunderts entstanden waren. Nur nach mühseligen Kämpfen und nach einem großen Siege der Hansaflotte 1402 und einem zweiten 1422 war es möglich, die Vitalianer zu vernichten.

Vitellius, römischer Kaiser, als Krieger ohne Talent, als Mensch verächtlich. (S. Rom.)

Vittoria, spanisch-baskische Provinzialhauptstadt am Zadorra, 10,000 Einwohner, berühmt durch seine Schwertfegereien, ist im Besitze seiner vollständigen Fortificationen, wie sie ihr das Mittelalter gegeben, ist aber kaum zu den

Festungen zu rechnen, obschon zu den stärksten Garnisonplätzen. Hat Kasernen, beträchtliche Magazine und Lazareth und ist Sitz des Generalcapitanates. Hier 1367 Sieg der Engländer unter dem schwarzen Prinzen und 1813 unter Wellington. Nach diesem letzteren Siege wendete sich der Krieg in die Pyrenäen und ging seinem raschen Ende entgegen auf französischen Boden über.

Bittoria, s. Espartero.

Bließ, Orden vom goldnen, s. Orden, Oestreich, Spanien.

Bließingen, niederländische Seefestung mit Stadt von 3000 Einwohnern auf der Insel Walcheren, hat prächtige Werfte und Docks für Kauffahrtei- und Kriegsschiffe, vortreffliche Häfen. Es sind hier bedeutende Etablissements und der größte Theil der Einwohner arbeitet für die Marine. Das Arsenal hat zahlreiche und große Werkstätten und die Magazine sind von riesigem Umfange. Es befindet sich hier ein Admiralitätsamt und B. ist eine Generalstation der niederländischen Flotte. Stadt und Hafen sind vortrefflich fortificirt, zahlreiche Batterien bekleiden die Westerschelde tief in die Mündung hinein. Napoleon I. wollte B. zu einem Hauptseeplatze machen und er ist der Gründer der Fortificationen und der wichtigsten Etablissements. Seine Stiftungen erlitten aber bald nach ihrem Entstehen 1809 eine Zerstörung durch die Engländer, die den Platz nach 18tägiger Belagerung nahmen, wobei indessen Verrath von Seite des französischen Commandanten mitwirkte.

Boigt Aufseher, Stellvertreter des Landesherrn in Verwaltungsangelegenheiten, berufener (advocatus, woraus das Wort entstanden) Schützer der Rechte des Herrn und der Unterthanen.

Boigtland, Theil von Sachsen, Weimar, Reuß und Baiern, sogenannt, weil die Landschaft als kaiserliches Besitzthum durch Boigte verwaltet wurde. Dieses Verhältniß hörte schon im 16. Jahrhundert dadurch auf, daß Sachsen und andere Nachbarstaaten das Land durch Kauf an sich brachten.

Bolhynien, ehemals polnische Provinz, jetzt russisches Gouvernement. (S. Rußland, Polen.)

Völkerrecht heißt das Recht aller Völker und jedes einzelnen Volkes, von den übrigen Völkern ein Verhalten zu fordern, welches die Existenz keines derselben in Gefahr setzt. Daher setzt das Völkerrecht Völker voraus, die ihre staatliche Selbstständigkeit und Existenzberechtigung gegenseitig anerkannt haben. Das natürliche V. ist das Recht jedes Volkes, grund seines eigenthümlichen und abschließenden Ursprungs in seiner Sonderheit, seinem Wesen und seinem Besitze nach zu bestehen und es ist dergestalt auf dem im sittlichen Bewußtsein ruhenden Rechtsgefühl basirt, daß es jede Art von Verträgen ausschließt und überflüssig macht. Dem aus Verträgen hervorgegangenen Rechte steht aber das ungeschriebene Völkerrecht als das natürliche Recht der Völker gegenüber. Das auf Verträgen beruhende, aus besonderen Verhältnissen hervorgegangene Recht heißt Staatsrecht oder Staatenrecht. Ein Haupttheil des Völkerrechts ist das Kriegsrecht, also das Recht, eine auf dem Staatsrecht beruhende Streitfrage durch Waffengewalt zur Entscheidung zu bringen. (Im Weiteren siehe Kriegsrecht.)

Völkerwanderung heißt die große Wanderbewegung fast aller nordeuropäischer Völker, an welcher die Römer zwar nicht theilnahmen, durch welche aber ihr Reich zertrümmert wurde. Ursache waren einzelne Vernichtungskriege und Länderentvölkerungen, die ein Nachrücken benachbarter Völker hervorriefen, eine Erscheinung, die in einem Zeitalter, wo das Nomadenthum herrscht und Bewegung zum Existenzbedürfniß gehört, gar nicht wunderbar erscheinen kann. Die Völkerwanderung begann im 3. Jahrhundert im Südwesten Germaniens und brachte rückwirkend nach und nach alle Völker bis nach Nordasien hinein in Bewegung. Diese Bewegung war im Allgemeinen eine systematische. Ungewöhnliche Bewegungen einzelner Völker störten das System nicht und accommodirten sich meist dem allgemeinen Strome. Die Richtung der Bewegung war südlich und westlich. Der Eindruck wurde von Südwesten her gegeben, wirkte nordöstlich bis nach Asien hin und nun erfolgte die Gegenwirkung auf demselben Wege in umgekehrter Richtung und mit einer unendlich größeren Gewalt. Als Anfang dieser Rückbewegung ist das Eindringen der Hunnen in Europa im Jahre 375 zu betrachten. Der Stoß ging auf die Ost- und Westgothen und warf die Sarmaten seitwärts. Hierdurch entstanden die schweren Kämpfe mit den Römern in den Donauländern, welche das spätere Schicksal des römischen Reichs vorbereiteten. Der Stoß wirkte aber hauptsächlich auch auf die Völker des Suevenbundes, welche sich nach Westen drängten und in den Niederlanden und Gallien ein neues Reich gründeten, das fränkische. Gleichzeitig rückten die Sachsen bis an den Rhein vor, und der Uebergang eines Theils von ihnen nach Britanien hing mit dieser Bewegung zusammen. Nachdem auch die Gothen sich in den westlichen Theil Europas gedrängt, suchten die Hunnen unter Attila ihnen zu folgen. Diese aber wurden zurückgeworfen. Dadurch kam Verwirrung in die Völkerbewegung und die deutschen Stämme, welche den Hunnen verbündet gewesen waren, machten sich zu deren Erben und setzten sich an verschiedenen Orten fest. Anderwärts indessen drängte der Strom immer noch nach Westen, ging selbst nach Afrika über und erlitt endlich mit dem Einbruche der Araber in Europa (im 8. Jahrhunderte) seine Rückwirkung. Bis dahin hatte eine Menge anderer Bewegungen stattgefunden: auf der pyrenäischen Halbinsel waren Reiche untergegangen und neue entstanden, die Burgunder hatten sich mit anderen Stämmen vereint in ihrem späteren Vaterlande festgesetzt, die Longobarden sich ein Reich in Oberitalien erobert und fast jedes Volk sich einen neuen Sitz geschaffen. In Deutschland ging die Bewegung im 6. Jahrhunderte zu Ende, im Slawischen währte die Bewegung noch mehrere Jahrhunderte fort und selbst die großen Mongolenzüge müssen als zu der Völkerwanderung gehörig gedacht werden. Im germanischen Norden waren die Raubzüge der Normannen, ja selbst in Mitteldeutschland die Raubzüge der Magyaren, nachfolgende, jedoch aus gleicher Ursache hervorgegangene Erscheinungen. Der Krieg war begreiflicher Weise der treue Begleiter jener großer Völkerbewegung, und wurde er als ein reiner Volkskrieg meist in sehr roher Weise geführt, so ließ er doch oft das Genie und die Kraft in wunderbarer Gestalt erscheinen. Wie die Politik im wirren Völkergewühl sich nicht zu gesunden Systemen entwickeln kann, so konnten freilich auch die Kriege der Völkerwanderung zur Cultur des Heerwesens nur weniges oder nichts beitragen, worin sie sich ins Besondere sehr von den Kriegen der Kreuzzüge unterscheiden. Aus der Völkerwanderung ging die Welt in ihrer neuen Staatenordnung hervor, die, wenngleich sie manche Wandelung erfahren hat, sich doch um so mehr als eine dauernde betrachten läßt, da die Völker bei ihrer höheren Cultur und ihrem geistigen Wirken sich im Vaterlande einen Altar erschaffen haben, den sie in keinem Falle mit einem fremden Besitzthum vertauschen möchten.

Volksbewaffnung heißt die Bewaffnung des gesammten waffenfähigen Volks zu Wehr- und Kriegszwecken. S. Heerbann, Miliz, Landwehr u. a. A.

Volo, türkische Hafenstadt in Thessalien von 3000 Einwohnern, hat feste Werke und ein starkes Kastell. 1854 hier blutiger Zusammenstoß der griechischen Insurgenten und türkischen Truppen. Letztere siegten.

Volontair, Freiwilliger, ist derjenige, welcher, ohne dazu verpflichtet zu sein, Kriegsdienste leistet. Oft geschieht dies aus Neigung zum Kriegerstande, noch öfter aus dem Grunde, um im späteren Lebensalter durch den Kriegsdienst nicht in der bürgerlichen Berufsbahn gestört zu werden. In Preußen giebt es Freiwillige erster und zweiter Classe, und erstere vorzugsweise werden Volontairs genannt. Sie haben in einer Prüfung nachzuweisen, daß sie sich für ihren bürgerlichen Beruf besondere Tüchtigkeit erworben haben und müssen sich selbst equipiren, sind dagegen bevorzugt für das Offizieravancement bei der Landwehr und dienen nur ein Jahr. Volontairs heißen auch hohe Offiziere, welche ohne Verpflichtung einen Feldzug mitmachen. Sie brauchen deshalb nicht bloße Zuschauer oder Begleiter des Oberbefehlshabers zu sein, sondern können selbst commandirend auftreten, wie z. B. Chlovicki im Beginn des polnischen Befreiungskrieges 1831. Rücksicht auf Staatsverhältnisse und Furcht vor Verantwortlichkeit können solche Fälle hervorrufen.

Volster, altitalienischer Volksstamm, s. Italien und Rom.

Volte, in der Reitkunst die Kreiswendung des Pferdes, ist nach der Art der Ausführung Traversvolte, Konversvolte oder gewöhnliche Volte. (Siehe Reitkunst.)

Volterra, italienische Stadt von 5000 Einwohnern im Toscanischen an der Era, auf hohem Berge, von einem starken Kastell beherrscht, merkwürdig wegen seiner aus dem frühen Mittelalter stammenden colossalen Umfassungswerke.

Voltigeurs, beim französischen Heere gleichbedeutend mit den preußischen Füsiliers, sind aber auf die Bataillons vertheilt und bilden in ihnen eine Kompagnie.

Voltigiren nennt man die Kunst der verschiedenen Auf- und Abschwünge am Pferde.

Vorposten, s. Posten, Vedette, Feldwache, Piquet, Lager.

Vorpostendienst, s. Felddienst.

Vorpostengefecht ist ein Kampf der Vorposten beider Parteien gegen einander, oder von Detachements gegen Vorposten. Der Zweck kann verschieden sein: oft werden die Vorposten nur angegriffen, damit das feindliche Lager alarmirt und beunruhigt werde; noch öfter sucht man die feindlichen Vorposten aufzuheben oder zu überwältigen und auf dem jenseitigen Terrain einzudringen, um sich Kenntniß von dem Verhältniß des feindlichen Lagers zu verschaffen. Oft gehen die Vorpostengefechte aus bloßen Neckereien hervor. In der Regel ist die Bedeutung dieser Gefechte nicht erheblich, außer wenn sie den Zweck der Recognoscirung haben. Ist ein Ueberfall beabsichtigt, so müssen die Vorposten gleich mit Massen angegriffen werden, welche jeden Widerstand unmöglich machen. Der Kampf muß in wenigen Augenblicken beendet sein und eigentlich in einer bloßen plötzlichen Ueberwältigung bestehen. Hierbei darf von den Schußwaffen womöglich kein Gebrauch gemacht und alles vermieden werden, was das feindliche Lager zu früh alarmiren könnte. Von den Vorposten allein wird kaum je ein Gefecht ausgeführt, sondern es sind die zu ihnen gehörigen Feldwachen und Soutins, welche sich auf einen Kampf einlassen können. Wie dieser Kampf zu führen ist, hängt ganz von der Stärke und der Art des angreifenden Feindes, noch mehr aber von der Stärke der Unterstützungstruppen, desgleichen von der Entfernung und der Wehrkraft des Lagers ab. Die Vorpostengefechte sind Acte des kleinen Krieges. S. Weiteres darüber unter Krieg, Ueberfall und Posten.

W.

Waadtland, schweizer Canton von 61 □ M. mit 200,000 Bewohnern. (Siehe Schweiz.)

Wacht oder **Wache** wird eine Truppenabtheilung genannt, welche für eine gewisse Zeit (gewöhnlich einen Tag) den Sicherheitsdienst zu besorgen hat. Aus ihr werden die Schildwachen oder Posten und die Patrouillen gebildet. Dies muß begreiflicher Weise nach fester Regel geschehen und es besteht deshalb ein eigenes Reglement für den Wachtdienst, welches bei allen Heeren gleichen Zweck, wenn auch nicht gleiche Form hat. Ist der Wachtdienst über ein großes Terrain ausgebreitet, z. B. eine große Stadt, so müssen mehre Wachen vorhanden sein, welche in einer Hauptwache ihren Centralpunkt und gleichsam ihr Gros haben. Diese Unterwachen haben bei wichtigen Angelegenheiten, z. B. Volksaufständen, an die Hauptwache zu rapportiren und von ihr jede nöthige Unterstützung zu fordern, diese dagegen erhält ihre Unterstützung von der Garnison. Die Wachen besetzen diejenigen Plätze durch Posten, welche besonderer Aufsicht bedürfen, z. B. Magazine, Arsenale, Artillerieparks, Kassen, Pulverthürme u. s. w., desgleichen geben sie die Ehrenposten vor fürstlichen Personen, Generalen und dem Commandeur, sofern diese keine besondere Leibwache haben. Wenn z. B. eine Garnison nur aus einem Bataillon besteht, erhält der Bataillonscommandeur einen Ehrenposten, selbst wenn er nur Hauptmann wäre. Der Ort, wo die Fahne aufbewahrt wird, erhält ebenfalls einen Wachtposten, vor allem aber die Wache selbst. Ueber das, was ins Besondere zu beaufsichtigen und zu beobachten ist, muß der Posten aufs Genaueste instruirt werden; das Verhalten auf dem Posten, beim Beziehen desselben, beim Ablösen, beim Passiren militairischer Autoritäten u. s. w. ist Gegenstand eines besonderen Unterrichts, der schon dem Rekruten ertheilt wird. Unbedeutende Wachen werden von Unteroffizieren, Hauptwachen von Subalternoffizieren commandirt. Bei jeder Wache muß sich ein Signalist oder Tambour befinden. Jede Garnison hält ihre Wache, selbst wenn keine Objecte vorhanden wären, die besonderer Beobachtung bedürften. Schon die Nothwendigkeit, die Mannschaften im Wachtdienst zu üben und dienstlich zu beschäftigen, würde dies erheischen. Im Lager sind die Wachen eine hohe Nothwendigkeit und es muß in der Regel ein volles Wachtsystem entwickelt werden, in dem die Hauptwache des Lagers gleichsam der Centralpunkt ist. Jede wichtige Beobachtung muß die Stufenleiter dieses Systems bis zur Centralwache durchlaufen und gelangt von dieser an die Adjutanten oder direct an den Oberbefehlshaber. Die Wichtigkeit des Wachtwesens erfordert, wenn es ausgedehnt und complicirt ist, die Aufsicht eines höheren Offiziers, und dieser ist mit dieser Funktion entweder definitiv und für die Dauer oder für eine kurze Zeit betraut, worauf ein Anderer ihn ersetzt. S. d. besond. Art.

Wachtdienst, s. Wacht.

Wachtmeister, die zwischen Offizier und Unteroffizier stehende Charge bei der Cavalerie; wird eigentlich zur Classe der Unteroffiziere gerechnet und entspricht in jeder Hinsicht dem Feldwebel (s. d.) bei der Infanterie.

Wachtschiff ist gleichsam ein Vorposten der Flotte, wenn diese im Zustande der Ruhe, also in einem Hafen oder sonst wo vor Anker liegt. Ins Besondere in fremden Gewässern ist das Ausstellen eines Wachtschiffes unerläßlich. Dasselbe kreuzt in der nächsten Seeregion und sein Zweck ist, durch frühzeitige Wahrnehmung und Signalisirung einen etwa vom Feinde beabsichtigten Ueberfall zu verhindern. Seezollbehörden stellen Wachtschiffe aus, um Zollumgehungen zu hindern. Die Wachtschiffe sind in der Regel Kriegsschiffe 3. und 4. Rangs, Fregatten und Corvetten, stets Schnellsegler, gegenwärtig auch Dampfer.

Wackerbarth, August Christoph Graf von, zu Sachsen-Lauenburg 1662 geboren, trat in das kursächsische Heer, machte gegen Ende des 17. Jahrhunderts bei der für Oestreich gestellten Hilfsarmee den Krieg gegen die Türkei und später den spanischen Erbfolgekrieg unter Eugen mit, zeichnete sich auch auf einigen Plätzen, so auch 1715 durch die Einnahme von Stralsund aus. Vor dem spanischen Erbfolgekriege war er schon General und 1712 wurde er sächsischer Feldmarschall. 1705 war er zum Reichsgrafen erhoben worden. Starb als Gouverneur von Dresden 1734.

Waffen heißen alle zur Bekämpfung eines Gegners dienenden Hilfsmittel und sind theils auf die Verletzung oder Vernichtung des Feindes, theils auf die eigne Erhaltung berechnet. Jene heißen Trutz-, diese Schutzwaffen. Trutzwaffen sind a) die blanken, als Degen, Säbel, Hirschfänger, Palasch, Bajonnet, Lanze und Pike, b) Fernwaffen, als Pistole, Karabiner, Muskete, Büchse, Geschütz. Schutzwaffen sind Helm, Küraß, Schild und Panzer. Letztere sind jedoch nur noch bei wenigen Völkern im Gebrauch, bei den civilisirten europäischen gar nicht. Desgleichen kommen Bogen und Pfeil, Armbrust, Schleuder, Speer, Wurfmaschine, dergleichen im Alterthum und Mittelalter in Europa als gemein gebräuchlich waren, nur noch bei den wilden Völkern anderer Erdtheile und in Europa höchstens noch bei den Montenegrinern und einigen kaukasischen Stämmen vor. In der modernen Militairsprache werden auch die nach ihren Waffen sich unterscheidenden Militairgattungen als Infanterie, Artillerie und Cavalerie W. genannt.

Waffenkunde ist die Wissenschaft von den Waffen nach ihrer Construction, Leistungsfähigkeit und den Regeln ihrer Anwendung. Sie gehört zu den Genie- und Generalstabswissenschaften.

Waffenlehre ist der zur Waffenkunde (s. d.) führende Unterricht. Die allgemeine Waffenlehre begreift die Gesammtheit der Kriegsmittel und ist für den Offizier höchst wichtig und unentbehrlich, während es beim gemeinen Mann genügt, daß er über den Gebrauch derjenigen Waffe unterrichtet sei, der er ins Besondere bestimmt ist.

Waffenplatz heißt jeder militairische Centralplatz, namentlich jede Festung. In Festungs- und Angriffswerken heißen ins Besondere diejenigen weiteren Räume Waffenplätze, welche zur Vereinigung von größeren Truppenmassen bestimmt sind. Derartige Waffenplätze sind unerläßlich, weil bei Ausfällen und Sturmangriffen nur mit compacten Massen operirt werden kann, diese aber bei der geringen Entfernung der beiden kämpfenden Parteien nicht erst auf dem Marsche formirt werden können. Zudem ist es von Wichtigkeit, daß derartige Operationstruppen nicht mit der Besatzung der Werke, namentlich der engen Laufgräben, ins Gedränge gebracht werden. Die Waffenplätze müssen stets wohl gedeckt sein, weil außerdem die Sammlung der Truppen auf denselben leicht durch das feindliche Geschütz verhindert werden würde. Läßt man die Truppen von dem Waffenplatze ausrücken, so müssen dieselben doch eine Vertheidigungsmannschaft behalten, welche den ausgerückten Truppen den Rückzug sichert und den Feind hindert, unter gewissen Umständen in den Platz zu dringen und ihn zu besetzen. In den Festungswerken bietet sich für Waffenplätze bessere Gelegenheit, als in den Angriffswerken, wo der Raum ein sehr beschränkter ist. Die vordersten Waffenplätze finden sich in den ein- und ausgehenden Winkeln des gedeckten Weges; ein natürlicher Waffenplatz ist jeder trockene Graben. Die größten Waffenplätze namentlich für die Reserven bei

großen Ausfällen befinden sich unmittelbar hinter dem Walle. (S. Befestigung, Festung, Festungskrieg.)

Waffenrecht heißt das Recht Waffen zu tragen und es besaß es in alter
Zeit jeder Mündige und Freie. Die Waffe war das Zeichen dieser Eigenschaft
und galt für den Schmuck und Stolz des Mannes. Bei den Germanen wurde
der Speer, bei den Griechen und Römern das Schwert getragen. Der Sclave
oder Knecht durfte keine Waffen tragen. Zu den Waffen, die ehrenhalber
auch im Frieden getragen wurden, gehörten der Schild, und da man den Schild
mit gemalten Zeichen schmückte und diese zur Auszeichnung des Mannes
wurden, so entstanden die Wappen. Mit der Ausbildung der Geleite wurde
es gebräuchlich, daß entweder alle Geleitsleute das Bildzeichen ihres Führers
am Schilde trugen oder daß dieses nur an des Führers Schild und dem
Banner getragen wurde, und damit gingen die Wappen auf die Geleitsführer,
also die Edelinge und damit auf den Adel über, der in der Folge eine abgeschlossene Classe bildete und das Waffen- und Wappenrecht allein für sich in
Anspruch nahm. Die Städte machten dem Adel das usurpirte Recht zuerst
wieder streitig, indem sie nicht nur Kriegsknechte hielten, sondern auch ihre
freien Bürger Waffenschmuck trugen. In der Folge ist das Recht des Waffen-
tragens dem Adel wie dem Bürgerstand entzogen worden und nur noch dem
Kriegerstande, den Staatsbeamteten und gewissen Würden geblieben, was in
der Sicherheit der bürgerlichen Gesellschaft und den ganz veränderten Verhältnissen seinen begreiflichen Grund hat. Unter Waffenrecht versteht man auch
das in der Souverainität liegende Recht des Kriegs und Friedens, welches
in monarchischen Staaten dem Herrscher, in Republiken dem Volke oder dessen
zeitweiligem Gesetzvollzieher (Präsidenten) eigen ist. Waffenrecht ist dabei
gleichbedeutend mit Kriegsrecht und bezeichnet das Recht, eine bewaffnete
Macht zu halten und sie gegen Feinde zu verwenden. In republikanischen
und monarchischen Staaten ist dieses Recht mehr oder weniger beschränkt und
nur in rein despotischen Staaten würde es der Herrscher wagen können, die
Kriegsmacht in seinem ausschließend persönlichen Interesse zu verwenden. Oft
ist in Staaten das Waffenrecht ein getheiltes. So hatte z. B. der König
von Polen nur über seine Leibwache zu verfügen, die zu einer gewissen Zeit
nicht über 400 Mann stark sein durfte, während das Landesheer Staatseigen-
thum war und nur erst nach Genehmigung oder Beschluß des Adelsreichstags
verwendet werden durfte. Seit stehende Heere in fast allen Staaten eingeführt worden, ist indessen kein Zweifel mehr, daß das Waffenrecht der Krone
gehöre und unter den Hoheitsrechten eines der wichtigsten sei. Mit dem
Waffenrechte hängt natürlich das Recht, Heeresfolge zu fordern, innig zusammen und dieses besteht gegenwärtig eben so unbestritten bei der Krone als jenes.

Waffenstillstand bedeutet die Waffenruhe zwischen zwei kämpfenden Parteien
und ist ein nur zeitweiliger Zustand, der Grund Uebereinkunft beider Parteien
besteht, daher an gewisse Bedingungen geknüpft ist. Es ist begreiflich, daß
ein Waffenstillstand nur dann zu Stande kommen kann, wenn beide Parteien
einen Vortheil in demselben ersehen. Zu unterscheiden sind der partielle und
allgemeine Waffenstillstand. Erster begreift nur Theile des Kriegsschauplatzes
und wird von den Oberbefehlshabern geschlossen, die auf dem betreffenden
Terrain commandiren. Bei Belagerung einer Festung kann z. B. ein Waffenstillstand geschlossen werden, der auf den Kriegsschauplatz weiterhin durchaus
keinen Einfluß hat. Derartige Waffenstillstände haben natürlich eine nur
kurze Dauer und würden, wenn sie längere Zeit dauern sollten, der Zustimmung der zustehenden Regierungen bedürfen. Sie werden selten auf mehr als
einige Tage, oft nur auf Stunden abgeschlossen, und haben Zwecke, wie z. B.

die Todten zu begraben, die Verwundeten vom Schauplatze zu entfernen, den Gegner noch eine Bedenkzeit für irgend eine Forderung, z. B. Kapitulation, zu geben, Nachrichten oder Befehle eingehen zu lassen, welche von entscheidendem Einflusse sind. Das Gebiet der Politik berühren derartige Waffenstillstände nicht, dahingegen allgemeine Waffenstillstände, welche von den Regierungen, und gewöhnlich auf lange Zeit, Monate, selbst Jahre, geschlossen werden, Ergebnisse oder Mittel der Politik sind. Daher sind auch derartige Waffenstillstände oft Vorgänger des Friedens und seltener kommt es vor, daß während der Friedensverhandlungen der Krieg fortdauert. Gewöhnliche Bedingung des Waffenstillstandes ist, daß während desselben keine territorialen Veränderungen stattfinden, also jede Partei in den Grenzen des von ihr zur Stunde beherrschten Gebietes verbleibe. Findet die Bedingung statt, daß Truppenveränderungen und Arrangements, Fortifizirungen und Zurüstungen nicht stattfinden, so sendet jede Partei Militaircommissare in das gegenseitige Lager. Letztere Bedingung kommt indessen nur vor, wenn beide Parteien ernstlich auf den Frieden denken. Hoffen sie indessen durch den Krieg noch vortheilhaftere Verhältnisse zu erlangen, so verzichten sie nicht leicht auf die Freiheit neuer Militairarrangements auf dem eigenen Gebiete. Dieses wird durch Demarkationslinien genau bestimmt. Waffenstillstände werden nicht selten für unbestimmte Zeit geschlossen oder für eine gewisse Zeit mit der Bestimmung, daß wenn eine Kündigung nicht eingetreten ist, der Waffenstillstand als fortdauernd für eine gleiche Zeit betrachtet wird. So viele Interessen vom Kriege berührt werden, so viele können natürlich auch unmittelbar oder beziehungsweise mit dem W. in Verbindung gebracht werden. Die Verletzung einer Bedingung des Waffenstillstandes macht den ganzen Vertrag nichtig und der Gegner ist berechtigt, sich jeder Verbindlichkeit ledig zu erachten und ohne Weiteres den Kampf zu erneuern. So oft Waffenstillstandsbrüche vorkommen, werden sie doch für gemeinen Betrug gehalten, der durch das Recht der Kriegslist nicht entschuldigt werden kann. Jeder Waffenstillstandsvertrag steht in dem Schutze des Völkerrechts, das freilich in den meisten Fällen sich nur als eine moralische Macht beweisen kann.

Wagen, s. Streitwagen.

Wagenburg nennt man die im Alterthum und dem Mittelalter gebräuchlichen, aus in einander geschobenen Wagen bestehende Feldfortification zu Deckung des Rückens eines Heeres während der Schlacht. Bei den Germanen spielte die W. eine größere Rolle als bei anderen Völkern. Die Wagen wurden nicht bloß in einander geschoben, sondern auch durch Balken und Ketten so mit einander verbunden, daß es nicht wohl möglich war, dieselben im Fluge des Kampfes auseinander zu reißen oder umzustürzen. Der Raum unter den Wagen wurde mit einem Erddamm oder Gerüst ausgefüllt. Die für den Kampf in den Reihen nicht völlig Tüchtigen, so namentlich auch Frauen und Greise, besetzten und vertheidigten die W. gegen einen etwaigen Anfall während der Schlacht. Wurde das Heer zurückgedrängt, so benutzte es die Wagenburg zu einer kräftigen Defensivoperation und erlangte durch dieselbe nicht selten glückliche Erfolge. Im asiatischen Alterthum, griechischen und römischen Alterthum kannte man eigentliche Wagenburgen nicht, dagegen wohl aber Streit- oder Kriegswagen, die oft in ungeheurer Masse in die Schlacht geführt wurden. Die Wagenburgen waren aus begreiflichen Gründen bei den ziehenden oder nomadischen Völkern, einigen germanischen und den sarmatischen vorzugsweise im Gebrauche, bei ersteren, weil sie ihre Heerzüge in Gesammtheit, nämlich mit Greis, Frau und Kind unternahmen, bei letzteren, weil sie ebenso stets auf der Wanderschaft waren und gleichsam auf den Wagen lebten.

Daß mit dem Heeresfuhrwerk ein Terrain abgesperrt und die Deckung eines Heeres bezweckt worden, ist auch in späterer Zeit vorgekommen, wenn auch nicht von Wagenburgen nach alter Weise die Rede sein konnte. Bei Rückzügen kommt es oft genug vor, daß Pässe durch entbehrliche Fuhrwerke gesperrt und gleichsam verbarrikadirt werden.

Wagram, östreichisches Dorf unfern der Donau. Hier am 5. und 6. Juli 1809 schwere Schlacht zwischen den Oestreichern unter dem Erzherzog Karl und den Franzosen unter Napoleon. Sie war östreichischer Seits eine Wiederholung der glücklicheren Schlacht bei Aspern, durch welche die Franzosen am Donauübergange gehindert werden sollten. Die Franzosen waren 151,000, die Oestreicher 100,000 Mann stark und die Franzosen hatten 174 Geschütze mehr als die Oestreicher. Erst am Mittag des zweiten Tages entschied sich die Schlacht und zwar zum Nachtheile der Oestreicher. Vorzüglichste Ursache davon war, daß die Armee des Erzherzogs Johann nicht rechtzeitig eintraf. Verlust der Oestreicher war 24,000 Mann. Gleichen Verlust hatten die Franzosen. Diese Schlacht entschied den Feldzug, der bald nach ihr mit dem Wiener Frieden endete.

Wahlstatt, eigentlich Walstatt, altdeutsch, bedeutet Stätte der in einem Kampfe Gefallenen, daher jetzt oft für Schlachtfeld gebraucht.

Wahlstatt, preußisches Dorf in Schlesien unfern Liegnitz. Mittelpunkt der Schlacht bei Liegnitz (s. d.) und Object in der Schlacht an der Katzbach, daher Blücher zu Ehren seines Sieges zum Fürsten von W. erhoben worden ist. Hier Kadettenanstalt.

Waiblingen, Stadt, Burg und Weiler am Kocher in Würtemberg, Stammhaus der Hohenstaufen.

Waitzen, ungarische Stadt an der Donau von 13,000 Einwohnern. Hier Militairobererziehungshaus. Hier die Türken 1597 und 1684 von den Oestreichern und 1849 die Oestreicher sowohl als die Russen in wiederholten Gefechten von den Ungarn geschlagen.

Wakefield, englische Stadt am Calder von 24,000 Einwohnern. Hier 1640 Sieg über den Herzog von York (s. d.) durch den Grafen von Northumberland. York fiel.

Walachei, türkischer Vasallenstaat, in welchem jedoch Rußland im Frieden von Adrianopel (1829) so weit den türkischen Einfluß zerstörte, daß die Pforte kein Recht weiter besaß, als das, jährlich einen Tribut von 1,000,000 Piaster zu fordern. Die Türken mußten sogar das Recht, sich in der Walachei anzusiedeln, aufgeben. In Folge des Pariser Friedens von 1856 und der daraus hergeleiteten späteren Vereinbarung der Großmächte ist die Walachei mit der Moldau verbunden worden, jedoch ohne daß dadurch ihre staatliche Selbstständigkeit völlig vernichtet worden wäre. Flächeninhalt: 1330 ☐ Meilen. Bewohnerzahl 2,600,000. Steht unter einem Hospodaren, der gegenwärtig durch beeinflußte Wahl zugleich Hospodar der Moldau ist. Staatseinnahme gegen 40 Millionen Piaster. Die Staatsschuld 20 bis 30 Millionen Piaster (Piaster = 3 Sgr.). Die Kriegsmacht besteht aus 6126 Mann Infanterie, 4677 Mann Gendarmerie und 7397 Mann Grenzwache. Außerdem besteht eine Bürgergarde von über 30,000 Mann. Der Staat, welcher die Walachei in der Gegenwart in Verbindung mit der Moldau bildet, heißt Romanien. Die Verfassung ist zwischen den Vertretern der beiden Völker 1859 vereinbart worden, und die Urkunde datirt von Fokschan, 9. November 1859. Die Pforte hat indessen gegen diese den Schutz der Großmächte genießende Verfassung protestirt. Das Militairwesen war in sehr schlechtem Zustande, bis der Fürst es durch eine bessere Organisation zu heben suchte. Er hat auch Artillerie und ein Lehrcommando eingeführt. Gleichwohl gehört auch jetzt das Walachische Heerwesen zu den schlechtesten in Europa. Die W. gehörte zu Dacien und war nach der Zeitfolge von Gothen, Alanen, Hunnen, Avaren, Bulgaren, Petschenegen, Kumanen, Mongolen und Ungarn bewohnt, welche Völker sich immer gegenseitig verdrängten, daher sich das Land unter stetem Kriegsgewirr befand. 1290 wurde die W. eine souveraine Wojewodschaft. 1526 wurde das Land von den Türken erobert, blieb aber ein Lehnsstaat. Als solcher spielte die Walachei in der Kriegsgeschichte keine Rolle. In den Kriegen Rußlands und der Türkei war sie stets ein Hauptschauplatz. Rußland betrachtete sie als ein vorzügliches Mittel in seinen gegen die Türkei gerichteten Plänen und begründete sich mit Eifer einen überwiegenden Einfluß, woraus in neuer Zeit eine Menge von Revolutionen hervorgegangen sind. 1853 fanden die ersten Acte des orientalischen Krieges in der Walachei statt. Die Russen erlitten hier mehrfache Niederlagen und erlangten nirgends einen wirklichen Erfolg. Nach der unglücklichen Belagerung von Silistria und namentlich durch den späteren Einfall der Alliirten in die Krim bewogen, verließen die Russen die Walachei 1854 und die Oestreicher unter Coronini besetzten sie nun gemäß Uebereinkunft mit der Pforte. Schauplatz kriegerischer Ereignisse wurde sie seitdem nicht wieder, desto mehr aber ein Gegenstand diplomatischer Verhandlungen. (S. Osmanisches Reich und Rußland.)

Walcheren, niederländische Insel im Mündungswinkel der Schelde, 2½ ☐ Meilen, 36,000 Bewohner, Hauptstadt das von Napoleon I. stark befestigte Vliessingen, beträchtliche Strandbatterien zu Deckung der Schelde. 1809 Angriff der Insel und ins Besondere Vliessingens durch die Engländer. Einnahme der Stadt zu Folge Capitulation des Generals Monnet und Abzug der Sieger nach vollbrachter Sprengung der Werke und Demolirung der Marineetablissements. (S. Vliessingen.)

Waldburg (Friedrich Ludwig Graf von Truchseß‐), aus einem alten angesehenen deutschen Grafengeschlechte, geb. 1776 in Preußen, trat schon im 17. Lebensjahre in das preußische Heer. Er wurde zunächst meist in diplomatischen Aemtern angestellt, erlangte 1813 den militairischen Grad des Obersten, übernahm wiederum diplomatische Missionen und war Commissar beim Depot Napoleons. In der Folge nur in diplomatischen Geschäften verwendet, erlangte er 1837 den Grad eines Generallieutenants. Starb 1844.

Waldeck, deutscher Bundesstaat, Fürstenthum, mit Pyrmont 21½ ☐M. mit 57,700 Bewohnern, Staatseinnahme etwa 400,000 Thlr., Staatsschuld 1,500,000 Thlr. Heer besteht aus 3 Compagnien, Bundescontingent beträgt 549 Infanteristen. Das Land ist umgrenzt von beiden Hessen, Westfalen und Pyrmont. Aus dem Hause W. hat sich in der Kriegsgeschichte Georg Friedrich nambaft gemacht, der Feldmarschall der Niederlande war und vom Kaiser in den Reichsfürstenstand erhoben wurde. (S. Deutschland.)

Waldemar, der falsche, angeblich ein Müllerbursche oder Bäckergesell, gab sich im 14. Jahrhundert für den todt geglaubten Markgrafen von Brandenburg aus, was unter dem politischen Zusammentreffen zweifelsohne auf Eingebung Höherer und namentlich auch des Kaisers Karl IV. geschah. Der falsche W. erlangte wirklich die fürstliche Würde. Als indessen die Politik erforderte, die Ansprüche eines baiernschen Prinzen zu begünstigen, verlor W. durch den Kaiser seine Würden wieder. Er starb am anhaltischen Hofe. Seine politischen Operationen verursachten mehrjährige Kriegsunruhen, die jedoch nicht von großer Bedeutung waren und wenig über das Brandenburgische Gebiet hinausreichten.

Wales, engl. Fürstenthum von 350 ☐ M. mit über 1 Million Bewohner. Siehe Großbritannien.

Walhalla, der Himmel der in der Schlacht ehrenvoll Gefallenen, der Tempel und Freudensaal Odins, in welchem er die gefallenen Helden empfing, bewirthete und bei sich wohnen ließ. Die Herrlichkeit dieses Ortes zeigt die außerordentliche Belohnung, deren die Germanen das Heldenthum werth hielten und den durchaus kriegerischen Character derselben. (S. Asen.)

Walhalla, prachtvoller Tempel, den König Ludwig I. von Baiern vom Jahre 1830—1841 auf dem Brauberge bei Donaustauf an der Donau erbauen ließ. Die Länge beträgt 440, die Breite 290, die Höhe über 200 Fuß. In diesem Tempel sollen allen Deutschen, welche für das Vaterland außerordentliche Heldenthaten gethan haben, Denkmäler errichtet werden und zwar in ihren eigenen Brustbildern. Die Denkmäler für Helden früherer Zeiten bestehen, wie das Armins, zum Theil aus Statuen. Ueberall ist auf die chronologische Folge Rücksicht genommen und die verschiedenen Perioden der älteren Kriegsgeschichte sind durch verständige Gruppirung hervorgehoben. In allen kündet sich die erhabenste Feier des Heldenthums an. Der Glanz liegt aber nicht in dem Reichthum der Ausstattung, sondern in der Tiefe der Kunst und der Heiligkeit, die der Vereinigung der größten Einfachheit mit dem Kolossalischen der Darstellung entströmt.

Walkyren, weibliche Heldengenien der altgermanischen Mythologie, wurden als wunderbar schöne kriegerisch geschmückte Jungfrauen dargestellt, welche die besten Helden zu ihren Lieblingen erwählten und sie im Kampfe mit prächtigem Ruhm fallen ließen, um sie dann mit jeder Gunst in Walhalla zu erfreuen und belohnen. Sie reiten auf gewaltigen Rossen durch die Lüfte, verkünden sich in der Schlacht durch hellen Lichtschein und lenken dieselbe. Auch in der prächtigen Walkyrenmythe bekundet sich der Heldencharacter der Germanen. (S. Asen.)

Wall, das Hauptumfassungswerk der Festungen nach modernem System. Steht stets mit dem Graben in Verbindung und vertritt die Mauer, welche in der alten Befestigungskunst der Hauptgegenstand war. Der Wall muß stets die vorliegenden Werke überhöhen und das ganze äußere Terrain bestreichen. Hiernach hat sich seine Höhe zu richten und kann daher dieselbe nicht auf ein bestimmtes Maß angewiesen werden. Seine geringste Stärke auf der oberen Fläche (Brustwehr) soll zwischen beiden Böschungskanten mindestens 16 Fuß betragen, meist aber wird er viel stärker gebaut. Der Böschungswinkel wird nach Höhe und Anlage des Walles, namentlich aber auch nach der Höhe der gemauerten Escarpe bestimmt. Die Stärke des Dammes in seinem Unterkörper und zwar von einer perpendiculairen, die Böschung abtrennenden Abschnittslinie zur andern, beträgt in der Regel das Vierfache der Brustwehrstärke. Drei Viertheile nach Innen sind um etwa 7 Fuß vertieft, bilden eine Terrasse und heißen Wallgang. Er ist der Platz, von welchem aus die Mittel zur Vertheidigung des Walls in Wirksamkeit gesetzt werden. Er wird mit Infanterie und Artillerie, letztere in besonders eingerichteten Batterien besetzt. Fehlt der höchst wichtige Theil des Walls, der Wallgang, so ist der Wall eine bloße Brustwehr. Die Breite des Wallgangs soll nicht unter 32 Fuß betragen, beträgt aber häufig bis 60 Fuß. Der Wall hat die Festungsobjecte, Werkstätten, Kasernen, Magazine, Arsenal, Aemter ꝛc. in letzter Linie zu decken. Das Baumaterial des Walls ist Erde und im Innern Gestein, wenn dies die Gegend bietet. Die Steine werden zur Verbindung des Erdreichs eingelegt. Wo diese fehlen, findet eine innere Verankerung durch Faschinen statt. An der Außenseite wird der Wall bis zu einer gewissen Höhe mit Mauerwerk verkleidet. Dasselbe soll jedoch nicht bis zum Kugelgebiet emporreichen, weil die Zertrümmerung desselben seine wichtigste Eigenschaft vernichten würde. (S. Escarpe.) An die Escarpe schließt sich die Berme (s. d.). (S. Befestigung, Festung, Fortification, Belagerung.)

Wallace, William, einer der größten und gefeiertsten Helden Schottlands, geb. 1276 aus armer adliger Familie, ergriff als Jüngling schon das Schwert gegen den König Eduard von England, der sich widerrechtlich Schottlands bemächtigt hatte. Nachdem er die englischen Besatzungen verjagt, schlug er das englische Heer 1298 am Forth, kämpfte in der unglücklichen Schlacht bei Falkirk 1299 löwenmutig, und setzte den Kampf bis 1305 mit wunderbarer Energie fort, obschon ihm die Eifersucht anderer vornehmer Schotten stets Unglück bereitete. 1305 fiel er durch Verrätherei in Gefangenschaft des Königs Eduard, der ihn aufs Grausamste hinrichten ließ.

Wallbüchse, das größte Handfeuergewehr, beim Festungskriege gebräuchlich, schießt bis 3 Loth Blei auf große Entfernung, erhält wie die Haken stets Auflage, wird nach neuester Construction von hinten geladen und hat Klappvisir. Der sichere und weite Schuß macht die W. wichtig, doch ist sie vielfach außer Gebrauch gesetzt worden, da die verbesserten Scharfschützenbüchsen der W. an Wirksamkeit wenig nachgeben.

Wallenstein (Waldstein), Albrecht Wenzel Eusebius von, einer der berühmtesten Heerführer des dreißigjährigen Krieges, geb. 15. September 1583, aus reicher Familie in Böhmen. Nach dem Tode seiner Aeltern wurde er von den Jesuiten bewogen, zum Katholizismus überzutreten, wurde von ihnen erzogen und erhielt zu Bologna und Padua eine gelehrte Bildung. Er erwarb sich in den Kriegen des Kaisers Rudolph den Hauptmannsrang und im Kriege gegen Venedig den Grad des Obersten. Sein unermeßlicher, durch Erbschaft und Heirath erlangter Reichthum bewog den Kaiser, ihn zum Grafen zu erheben. Beim Ausbruche des dreißigjährigen Krieges erklärte er sich für den Kaiser und errichtete auf eigene Kosten für denselben ein Regiment. Nachdem er vom Kaiser für mehr als 7 Millionen Gulden conficirte böhmische Güter erkauft, wurde er mit dem Namen Friedland in den Fürstenstand erhoben. 1625 stellte er aus eigenen Mitteln für den Kaiser ein Heer von 40,000 M. auf. Zur Belohnung dessen wurde er zum kaiserlichen Generalissimus ernannt, als welcher er 1626 den Grafen von Mansfeld bei Dessau schlug. 1627 wurde er zum Herzog erhoben und erwarb vom Kaiser das Herzogthum Sagan. 1628 verpfändete ihm der Kaiser in widerrechtlichster Weise das Herzogthum Mecklenburg und überließ es ihm sogar käuflich, allein die Bedingung, es sich selbst zu erobern, vermochte Wallenstein nicht sogleich zu lösen; der Kaiser aber wurde nun selbst eifersüchtig auf die ins Ungeheuere steigende Macht Wallensteins und sah vielleicht jetzt schon in derselben ein ihm selbst drohendes Gespenst. 1630 entzog er ihm daher den Oberbefehl und ging wohl mit dem Plane um, Wallenstein auch in anderer Hinsicht seiner Macht wieder zu berauben. Allein Gustav Adolphs Sieg bei Breitenfeld und die daraus erwachsende Gefahr für den Kaiser zwang diesen, seine Zuflucht wieder zu dem gewaltigen Wallenstein zu nehmen, der in der That der einzige Helfer zu sein schien. Anfangs 1632 übernahm W. seine Würden wieder, aber unter Bedingungen, die für den Kaiser nur desto drückender waren. Der Kaiser mußte ihm die Lehn eines kaiserlichen Kronlandes und die Lehnsherrschaft über alle eroberte Länder versprechen. Er eroberte 1632 Prag wieder, suchte die Schweden in Baiern auf, wurde aber von Gustav Adolph bei Lützen am 6. Nov. geschlagen. Dagegen schlug er 1633 die Schweden bei Steinau. Da der Kaiser sah, daß Wallenstein auf dem Kriegsschauplatze die verlangte Wendung

der Verhältnisse hervorzubringen nicht im Stande war, wurden ihm die großen Zugeständnisse Leid und er sann auf Wallensteins Verderben, ein Gedanke,
der ins Besondere noch durch die zweideutige Rolle angeregt wurde, welche
Wallenstein um diese Zeit spielte, indem er mit den Schweden, Franzosen und
Sachsen geheime Unterhandlungen pflog, die einen dem Kaiser nachtheiligen
Zweck zu haben schienen. Mehre Umstände schienen die Absicht der Verrätherei
zu bezeugen, so namentlich die schriftliche Verpflichtung der Offiziere zu unlös-
licher Treue gegen den Oberfeldherrn. Kaiser Ferdinand gab nun den Befehl
zur Gefangennahme oder Tödtung Wallensteins und letztere wurde von
mehren in militairischem Range stehenden Meuchlern am 25. Februar 1634
ausgeführt. Wallenstein wurde durch seine unerschöpflichen Geldmittel groß.
Als Krieger war er keine große Erscheinung, als Feldherr jedoch besaß er die
Eigenschaft, Massen zu beherrschen in höherem Maße als die meisten anderen
Menschen. Die Literatur, welche ihn zum Gegenstande genommen, ist sehr
groß, durchgehend aber wird er als eine außerordentliche politische (weniger
militairische) Erscheinung behandelt.

Wallgang, s. Wall.

Wallis, schweizer Canton von nahe an 110 ☐M. mit 81,400 Bewohnern.
(Siehe Schweiz.)

Wallmoden, Ludwig Georg Thedel Graf von, geb. 1769 in Wien, wo
sein Vater englischer Gesandter war. Wurde für den Militairstand erzogen,
nahm zuerst hannöverische, aber schon 1790 preußische und 1795 östreichische
Dienste, machte bis 1801 die Feldzüge gegen Frankreich in Italien mit und
erhielt hier auch mehre bedeutsame diplomatische Missionen. Erst 1809 fun-
girte er wieder beim Heere und that sich in diesem Feldzuge mehrfach hervor,
besonders aber bei Wagram, wo er sich das Avancement zum Feldmarschalllieutenant erwarb. Als 1812 Oestreich gezwungen war, sich Frankreich zu
verbünden und an dem Kriege gegen Rußland theilzunehmen, verließ er mit
Genehmigung des Kaisers die östreichischen Dienste und nahm russische. 1813
führte er ein Corps der Nordarmee im nördlichen Deutschland, operirte mit
großem Geschick gegen das Davoust'sche Corps, schlug Pecheux an der Göhrde,
trieb die Dänen nach Schleswig zurück und zwang sie, den Frieden anzunehmen. Nach dem allgemeinen Frieden trat er in östreichische Dienste zurück,
erhielt 1817 den östreichischen Oberbefehl in Neapel und wurde 1823 als
Militairgouverneur in die Lombardei versetzt. Hier befreundete er sich aufs
Innigste mit Radetzky, der ihm später zunächst vorgesetzt war. Auch nachdem
W. 1848 Alters halber den Abschied genommen, blieb er mit Radetzky noch
eng verbunden. Der Name Wallmoden wird selbst am Ende von Radetzkys
Lebensgeschichte zur bedeutsamen Erscheinung, indem der 90jährige Feldmarschall bei Begleitung der Gräfin Wallmoden auf der Schwelle seines Zimmers
den Oberschenkel brach. W. war Ehrenchef des 6. Kürassierregiments.

Wallmoden, Karl August Ludwig Graf von, geb. 1792, Bruder des Vorigen, erlangte erst nach den napoleonischen Kriegen einen militairischen Namen und stieg in der Folge in Oestreich zum commandirenden General auf,
als welcher er das 7. Armeecorps befehligte. Ist Ehrenchef des 5. Ulanen-
regiments.

Wallonen, niederländischer Volksstamm, s. Niederlande.

Wappen. Die Entstehung der Wappen ist nicht mit Sicherheit nachgewiesen worden. Wahrscheinlich gehört sie dem Anfange des Mittelalters und
der Zeit der Kriege mit Geleiten an. Das Heerzeichen wurde auf dem Schilde
des Geleitsführers wiedergegeben und wurde ihm und seiner Familie in der
Folge um so eher eine dauernde Bezeichnung und Auszeichnung, wenn es an

rühmliche Thaten erinnerte. Ursprünglich durfte jeder Freie ein Geleit, wie groß es auch sein mochte, führen und darum war jeder Freie wappenfähig. Später schlossen sich die kleinen Geleite den größeren an, die Zahl der Führer wurde dadurch geringer und machte bald einen besonderen und ausgezeichneten Stand aus, nämlich den Adel. Ihm fiel nun die Wappenfähigkeit als ein Vorrecht zu, welches freilich eine nur scheinbare, oder geradezu falsche Begründung hatte. Gegenwärtig bestehen die Wappen noch als Familien-, Corporations- und Staatsabzeichen.

Wappenkunde ist die Wissenschaft von dem Zusammenhange des Wappenbildes mit der Geschichte des Geschlechtes, dem es angehört, auch die Wissenschaft von der Bedeutung der Wappenbilder und ihrer chronologischen Combination. (Siehe Heraldik.)

Waräger, normannisch-germanisches Volk, welches, da es am finnischen Meerbusen seinen Sitz hatte, mit den nahe wohnenden Russen in Berührung kam, sich mit ihnen vereinigte und den Grund zu dem russischen Staate legte.

Warasdin, Hauptstadt des gleichnamigen Comitates in Ungarn; königliche Freistadt, 5000 Einwohner, mit einem alten Castell und einigen Fortificationen auf der entgegengesetzten Seite der Stadt versehen.

Warbeck (Perkin), englischer Prätendent, angeblich Sohn Eduards IV., wurde als Werkzeug gebraucht und erregte einige Kriegsunruhen in England und Irland. (S. Großbritannien.)

Warburg, preußische Stadt von 4000 Einwohnern an der Diemel, hier Niederlage der Franzosen unter Muy durch die Preußen unter dem Herzog Ferdinand von Braunschweig (s. d.). Verlust der Franzosen 5000 Mann, 10 Fahnen und 12 Geschütze.

Warendorf, preußische Stadt an der Ems von 5000 Einwohnern. Hier Landgestüt.

Warschau, Hauptstadt des Königreichs Polen und Residenz des russischen Statthalters, oder wie in Polen gesprochen wird, Vicekönigs. Angeblich 170,000 Bewohner. Die Stärke der Besatzung hat in den letzten Jahrzehnten sehr variirt. Sie kann auf eine Durchschnittszahl von 10,000 Mann angegeben werden. Vom Jahre 1815—1830 bestanden hier die bedeutendsten Militairetablissements für die polnische Nationalarmee, welche aber nach der Revolution aufgehoben oder der nunmehr alleinigen russischen Garnison überwiesen wurden. Die Stadt hat keine Umfassungswerke, denn die aus schmalem Graben und 5 Ellen hohem Erdaufwurfe bestehenden Linien können als solche nicht bezeichnet werden und haben kaum eine militairische Bedeutung. Die ganze Wehrkraft der Stadt liegt in ihrer Zitadelle und dem Brückenkopfe jenseits der Weichsel. Die Zitadelle ist indessen weniger zum Schutz als zur Beherrschung der Stadt erbaut. Was auch von ihrer Stärke geschrieben worden, so ist doch dreist zu behaupten, daß sie die Stadt zu beherrschen nicht im Stande sei. Sie ist im Viereck erbaut, liegt am Ende der Stadt, bedeckt einen Theil des Plateaus und den zur Weichsel niedersteigenden Abhang. An der Weichsel ist sie durch eine hohe zwiefache Mauer geschlossen. Auf der andern Seite wird sie von doppeltem Wall und trockenen Gräben umgeben. Die Umfassungswerke (Wall) decken die Bauten im Innern durchaus nicht. Zu denen gehört eine sehr hübsche russische Kirche mit Thurm. Die Magazine und Kasernen sind beträchtlich, desgleichen das Arsenal und die Artilleriedepots. Werkstätten von Bedeutung sind nicht vorhanden, sondern befinden sich im Arsenal in der Stadt. Dagegen befinden sich die größten Massen der Waffenvorräthe in der Zitadelle. Der viereckte offene Mittelraum der Zitadelle ist durch einen schönen Obelisk geschmückt, den der Erbauer, Kaiser Nikolaus, dem Andenken seines Bruders Alexander gesetzt hat, nach welchem die Zitadelle auch ihren Namen erhalten hat. Dieselbe besteht ganz aus Erdwerk und Backsteinmauer. Nirgends sind Bruchsteine verwendet worden. Ihre Lage ist keineswegs vortheilhaft, sie wird von den nächsten Theilen der Stadt, die kaum 400 Schritte entfernt sind, überhöht und selbst am Weichselabhange entzieht sie sich dem Geschütze des Feindes nicht völlig. Diese Fehler erkennend, hat man viele Häuser in der Nähe angekauft und demolirt, um gleichsam die Stadt zurückzudrängen. Aeußere Werke mit Ausnahme einiger kleiner am Strande der Weichsel sind nicht vorhanden. Der Zitadelle gegenüber, am anderen Weichselufer, liegt der Brückenkopf, ein mit großer Sorgfalt ausgeführtes Werk. Er beherrscht Praga, das seit Suwarows Sturme so lückenhaft und zerstreut geblieben ist, als wäre es eine Colonie, und die Brücke. Die Pontonbrücke ist seit 1852 durch eine stehende ersetzt worden. Die Gebäude in diesen Festungswerken sind sehr stattlich, durchgehend mit Zink gedeckt, aber eingerichtet für eine bombenfeste Erddecke. Allein sie sind viel zu hoch und müßten bei einer Belagerung sehr bald in die übelste Verfassung kommen. Das Belagerungsterrain und der Boden sind für den Angreifenden höchst vortheilhaft. Sowohl gegen den Brückenkopf als gegen die Zitadelle fällt die Erdfläche und stellt dem Belagerer kein natürliches Hinderniß entgegen, nur würde zum Erfolge erforderlich sein, daß der Feind beide Ufergebiete in seiner Gewalt hätte. Die wichtigsten Militairanstalten befinden sich in der Stadt, so namentlich die Kriegsschule, das Arsenal, die großen Hospitäler und die Kasernen. Letztere sind zum Theil außerordentlich großartige Bauten, namentlich die von Ujazdow in der Nähe des Lustschlosses Belvedere. Die Kasernen liegen zerstreut in allen Theilen der Stadt und sind in das Bewachungssystem, welches die ganze Stadt beherrscht, als Centralpunkte eingeflochten. Dieses Bewachungssystem stellt sich hauptsächlich in dem Institute der Budniks (Veteranen) dar, welche zu drei Mann in Buden an den Straßenecken so stationirt sind, daß ein Posten dem andern Signale geben kann. Unter den Militairanstalten sind auch die russischen Bäder zu erwähnen, in die die Soldaten compagnieweise geführt werden. Militairische Denkmäler sind nur wenige vorhanden. Zu nennen sind die Reiterstatue Sobieskis auf der Lazienkibrücke, ihn darstellend, wie er einen Türken niederreitet, die Sigismundsäule vor dem Schlosse mit dem Standbilde Sigismunds III. und der neue prachtvolle Obelisk auf dem sächsischen Platze zum Andenken derjenigen Generale polnischer Herkunft, welche in der Revolution 1830 dem russischen Herrscherhause treu geblieben waren. Begreiflicher Weise hat dieses Denkmal manchen Spott von den Polen erlitten, wie auch nicht zu leugnen, daß es nicht ohne Hohn gegen die Polen gerade in Warschau aufgestellt worden ist. Die Garnison besteht aus Linieninfanterie, Ulanen, Husaren, Tscherkessen, Persern, Linienkosaken (namentlich die Kosakenartillerie ausgezeichnet) und Feldkosaken (irreguläre), welche außerhalb der Stadt eine Linie von Wachtposten ausmachen. Unter den Instituten ist noch die Arzneischule und die polytechnische Schule zu erwähnen. Wie in ganz Rußland hat auch hier alles einen militairischen Charakter, durchgehend sind die Beamteten in militairischem Range, die Gymnasiasten sogar sind uniformirt, müssen die Offiziere honoriren und Offiziere sind Vorsteher der Schulen, die Feuerwache ist ein völlig militairisches Institut und zu ihr gehören auch die Schornsteinfeger. Die Feuerwache ist meist beritten. Der größte Theil bezieht im Sommer ein Feldlager hinter Powonski, wo sich auch von der Zitadelle ab eine lange Barackenstraße hinzieht. 1794 erlitt Warschau durch die Preußen eine schwere aber vergebliche, 1831 durch die Russen eine kurze, aber siegreiche Belagerung. Im nordischen

Kriege wurde die Stadt wiederholt erobert und wieder verloren. Schlachten wurden bei Warschau 1656 und im nordischen Kriege geliefert. Jenseit der Weichsel aber 1794 und 1831. (S. Praga und Grochow).

Wartenburg, preußisches Dorf im Wittenberger Kreise, hier Niederlage der Franzosen unter Bertrand durch die Preußen unter York (s. d.).

Warwick, englische Grafschaft, s. Großbritannien.

Warwick, Richard Neville Graf von, Engländer, war einer der größten Helden in dem Kriege der weißen und rothen Rose, seiner Zeit der gewaltigste Mann in England, der die streitenden Könige bald stürzte, bald erhob. Er vernichtete die Flotte der Gegenpartei, siegte in den Schlachten bei St. Albans, Northhampton und Towton, verlor aber in der zweiten Schlacht bei St. Albans und bei Barnet, wo er fiel (1471). S. Großbritannien.

Wasa, s. Schweden.

Washington, der Stifter der nordamerikanischen Bundesrepublik, einer der edelsten Menschen, ein treuer ausharrender Krieger und durch Einsicht und Besonnenheit einer der besten Feldherren seiner Zeit. 1732 in Virginien geboren, wo sein Vater ein reicher Pflanzer war; wurde zu Williamsburg erzogen und bildete sich durch Privatstudien für den Marinedienst. 1751, noch nicht 20 Jahre alt, wurde er zum Major bei der Miliz gewählt. Er machte die Feldzüge gegen die Franzosen am Ohio mit und avancirte während derselben zum Oberstlieutenant, zog sich aber 1754 aus Unzufriedenheit mit dem englischen Obercommando ins Privatleben zurück, trat aber als Adjutant Braddocks 1755 wieder in Dienst, worauf er zum Oberbefehlshaber sämmtlicher virginischer Truppen erwählt wurde und selbstständig den Kampf gegen die Franzosen fortsetzte. Nach dem Kriege legte er seine militairischen Würden nieder und lebte als Privatmann, war jedoch Mitglied der gesetzgebenden Versammlung Virginiens, als welches er für die Rechte der Colonien kämpfte, deren Beinträchtigung von Seite Englands zu dem nordamerikanischen Freiheitskriege und zum Abfall der Colonien von England führte. Beim Ausbruch des Krieges der Colonien gegen England wurde er zum Oberbefehlshaber des Heeres gewählt, das er freilich selbst erst schaffen mußte. W. übernahm 1775 das Amt, jedoch mit Zurückweisung des Gehaltes. Das Heer war nur 14,000 Mann stark und in traurigem Zustande. Diese Armee wurde durch Unglücksfälle gänzlich heruntergebracht und erst gegen Ende des folgenden Jahres, bereits zum Dictator ernannt, sah er sich in den Stand gesetzt, kräftige und regelmäßige Operationen zu unternehmen. Er lieferte den Engländern bei Trenton und Princeton glückliche Gefechte, wofür er jedoch am Brandywine und bei Germantown durch die große Massenüberlegenheit des Feindes Nachtheile erlitt. Unter mannichfachen, zum Theil höchst unglücklichen Wechselfällen verging der Winter 1776—77, aber erst mit der französischen Alliance trat eine entschieden glückliche Wendung der Verhältnisse ein. Obschon das erste französische Hilfscorps nur 6000 Mann stark war, ergriff doch W. mit größter Energie die Offensive, überfiel die Engländer bei Monmouth, schloß New-York ein (1780), eroberte 1781 Yorktown und nahm 7000 Mann gefangen, worauf der Krieg unter Friedensverhandlungen zu Ende ging, denen die nordamerikanische Freiheit entsprang. Man wollte W. zum König erheben, allein der edle Mann, dem jede Selbstsucht ein Greuel war, forderte eine Republik, schuf sie durch ein von ihm selbst entworfenes Grundgesetz, und nahm die Präsidentur nur an, um seine erhabene Stiftung erst Wurzel schlagen zu machen und sich ihres Gedeihens zu vergewissern. Bei der dritten Wahl 1797 verweigerte er die Annahme der Präsidentur und zog sich ins Privatleben zurück. Er starb 1799. Die Amerikaner schenkten dem großen und edlen

Stifter ihres Staates das liebeglühendste Gedächtniß und eine fast göttliche Verehrung, deren er in der That werth war. Viele Stiftungen und Denkmäler verherrlichen ihn und die Unionshauptstadt wurde nach ihm genannt. Bezeichnend für seinen Charakter war die Freigebung seiner Sclaven in seinem Testamente. (S. Amerika.)

Washington, Haupt- und Centralstadt der vereinigten Staaten von Nordamerika, gegründet 1790, hat 45,000 Einwohner, ist Sitz der höchsten Staatsgewalten und namentlich des Präsidenten, der Ministerien und des Obercommandos. Das merkwürdigste und prächtigste Gebäude ist das Capitol, in welchem der Congreß seinen Sitz hat. Militairisch merkwürdig ist die Stadt durch seine Werfte für Kriegsschiffe, seine Caserne, Marinearsenal, Artilleriedepot, mehre Bildungsanstalten für die Marine und das Heer und das Washingtondenkmal. (S. Amerika.)

Waterloo, belgisches Dorf in Südbrabant, hier schwere Niederlage der Franzosen unter Napoleon I. durch die Engländer unter Wellington und die Preußen unter Blücher am 18. Juni 1815. Nachdem Blücher bei Ligny geschlagen worden, eilte Napoleon den Engländern auf dem Wege nach Brüssel nach, fand sie aber schlagfertig bei dem Städtchen Braine la Leud. Die Stärke derselben war 52,000 Mann Infanterie, 12,000 Mann Cavalerie und Artillerie, letztere mit 150 Geschützen. Das Obercommando führte der Herzog von Wellington. Unter ihm befehligten Alten, Collaert, Chassé, Cook, Clinton, Picton, Lambert und Perponcher. Die Schlachtlinie dehnte sich von Hougomont nach Lovette. Centralpunct der Stellung war Mont St. Jean. Napoleons Armee erreichte die Stärke von fast 70,800 Mann und führte 242 Geschütze. Hauptpunct ihres Centrums war Belle-Alliance. Die Linie dehnte sich von der Straße von Nivelles bis Frischenmont aus. Das Corps Grouchys (34,000 Mann) hatte Napoleon gegen Blücher gestellt, um dessen Vereinigung mit Wellington zu hindern. Um 2 Uhr begannen die Franzosen den Kampf mit Glück. Bald aber wurde ein übereilter Cavalerieangriff Ney's mit schwerem Verlust der Angreifer zurückgeworfen, zwar eroberte er danach La Haye Sainte, aber die großen allgemeinen Angriffe, welche Napoleon nun folgen ließ, wurden abgeschlagen, gleichzeitig traf ein preußisches Corps ein, gegen welches Napoleon Streitkräfte wenden mußte, die eben in Action waren. Trotz dem errangen die Franzosen Vortheile, die sie berechtigten, den Sieg zu hoffen. Da aber traf Blücher ein mit seinen Preußen, nahm Frischenmont und schickte einen Theil des Ziethenschen Corps auf den linken Flügel der Engländer. Diese preußischen Truppen brachen durch den rechten Flügel der Franzosen, und alsbald wurden die Franzosen im Rücken von preußischer Artillerie angegriffen. Gleichzeitige glückliche Operationen anderwärts führten fast plötzlich die Entscheidung herbei, indem ein Theil der französischen Flügeltruppen sich auf das Centrum drängte und bald alles in Verwirrung brachte. Alle Vortheile waren in wenigen Viertelstunden wieder verloren. Da die Reserven gänzlich verwendet waren, war es nicht mehr möglich, einen geordneten Rückzug herzustellen. Es riß eine Flucht ein, wie sie unter Napoleons Feldherrnstabe niemals vorgekommen war. Die Beute der Sieger war unermeßlich an Schätzen und Kriegsgeräth. Selbst Napoleons Kutsche wurde erbeutet und er selbst entging kaum der Gefangennahme. Sein Heer war völlig aufgelöst und so gut wie vernichtet. Weit über die Hälfte desselben war in der Schlacht geblieben, 6000 Mann wurden gefangen. Die Engländer hatten 20,000, die Preußen 6000 Mann verloren. Mit der Schlacht bei Waterloo war Napoleons Schicksal zum zweiten Male und für immer entschieden. Auf der Wahlstatt befinden sich ein preußisches und ein englisches Denkmal. Wellington erhielt den Ehrentitel Fürst von Waterloo.

Wat-Tyler, der Anführer eines revolutionairen Bauernheeres in England, welches 1381 mit Waffengewalt eine Veränderung der Staatsgesetze erzwang, sich, nachdem es seine Absicht durchgesetzt hatte, auflöste. Unten nahm die Regierung nun alle Gewährungen zurück und verfolgte die einzelnen mit blutiger Rache. Wat-Tyler war bereits bei einer Unterredung mit dem Könige meuchlerisch ermordet worden.

Wavre, belgische Stadt von 6000 Einwohnern an der Dyle, hier waren während der Schlacht bei Waterloo und folgenden Tages heftige Gefechte zwischen den Franzosen unter Grouchy und den Preußen unter Thielmann und Ziethen. Die Franzosen beabsichtigten ebenso die Vereinigung der Preußen mit der englischen Armee zu hindern, als die Preußen das Grouchy'sche Corps hier festzuhalten suchten, um es nicht Napoleons Heer bei Waterloo verstärken zu lassen. Auf beiden Seiten fielen gegen 2000 Mann. Nur auf preußischer Seite wurde der eigentliche Zweck erreicht. Die Franzosen dagegen wurden getäuscht, da die preußischen Truppen, mit welchen sie kämpften, ein bloßes Beobachtungscorps waren.

Wawre, polnisches Dorf unfern Warschau, rechts der Weichsel, hier glücklicher Kampf der Polen gegen die Russen am 19. Februar 1831.

Waxholm, schwedische Stadt von 12,000 Einwohnern mit zwei Häfen am Mälärsee, Vorfeste von Stockholm, hat sehr starke Werke und reiche Armatur. Hauptwerk ein gewaltiger bombenfester Thurm auf einem Felsen. Schützt zunächst die beiden Häfen und beherrscht dieser Seits die Wasserstraße nach Stockholm. In directer Beziehung zu W. steht Frederiksborg (s. d.).

Weimar, deutscher Bundesstaat, Großherzogthum, s. Sachsen-Weimar.

Weimar, Hauptstadt des gleichnamigen Großherzogthums und Residenzstadt an der Ilm, hat 12,000 Einwohner, Garnison, alle für die Garnison nöthigen Einrichtungen, eine Zeichenschule und ein geographisches Institut (beide jedoch ohne militairischen Character) und ist Sitz der obersten Aemter des sachsen-weimarischen Militairwesens. Die Stadt ist offen und hat einen in keiner Hinsicht kriegsbedeutsamen Character. Bemerkenswerth ist das Zimmer des Herzogs Bernhard von Weimar, welches als das lebendigste Denkmal dieses großen Helden unverändert geblieben ist.

Weinsberg, würtembergisches Städtchen von 1900 Einwohnern, ohne militairische Bedeutung, aber in der Kriegsgeschichte eine interessante Erscheinung. Nach der Niederlage, welche der Graf Welf durch Kaiser Konrad III. bei W. erlitten, warf sich Ersterer in die Stadt, um sich hier zu vertheidigen. Konrad schloß sogleich die Stadt ein und brachte sie durch eine lange und schwere Belagerung in die höchste Noth, so daß dieselbe sich zur Capitulation entschließen mußte. Die Weinsberger unterhandelten indessen vergeblich wegen freien Abzugs; solche mochte der Kaiser nur den Weibern zusagen, weil er mit denen keinen Krieg geführt habe, die Männer dagegen sollten sich als Gefangene stellen, ja der wegen ihres hartnäckigen Widerstandes zürnende Kaiser beabsichtigte sogar, sie ohne Ausnahme hinrichten zu lassen. Die Weiber indessen setzten für ihren Theil die Unterhandlungen fort und baten schließlich: wenn von dem zornigen Kaiser einmal nichts weiter zu erlangen sei, so möge er wenigstens zusagen, daß jede das Beste ihres Vermögens mit fortnehmen dürfe. Der Kaiser wollte diese billige Bitte nicht gänzlich abschlagen, doch gewährte er sie nur mit Beschränkung, indem er jeder Frau nur so viel von ihrem Eigenthum zuließ, als sie auf dem Rücken mit fortbringen konnte. Die Weiber nahmen nun in der That das Theuerste ihrer Habe, nämlich ihre Männer auf den Rücken und zogen mit denen frei ab, da der Kaiser selbst durch den sinnigen Schwank erheitert wurde und auch sein Ritterwort nicht

brechen konnte. Zum Andenken wurde die auf dem nahen Berge erbaute
Burg „Weibertreu" genannt. 1525 fanden hier im Bauernkriege die blutig-
sten Executionen an den gefangenen Edelleuten statt. Dafür jedoch nahm im
folgenden Jahre der Adel furchtbare Rache an der Stadt.

Weißenburg (Kronweißenburg), französische Stadt im Elsaß mit 6000
Bewohnern, früher freie Reichsstadt, leicht befestigt, doch mit bedeutenden Magazinen, Kasernen, Lazareth versehen. Nach ihr ist die Fortificationslinie genannt, welche sich über Lauterburg bis zum Rhein ausdehnt und von Villars
im spanischen Erbfolgekriege als nördlicher Schutzwehr des Elsaß erbaut wurde.
Dieselbe besteht in einer fortlaufenden Erdbrustwehr mit Graben und strecken-
weise angelegten geschlossenen Schanzwerken und Redouten. Daß derartige
ausgedehnte Fortificationen keinen Nutzen gewähren, vielmehr durch die Zer-
theilung der Streitkräfte und den Nutzen, welchen sie dem Feinde gewähren
können, große Nachtheile hervorrufen, zeigte sich in der Folge wiederholt, namentlich aber in dem ersten Feldzuge der französischen Republik. 1793 eroberten die Oestreicher ohne große Mühe die weißenburger Linien und desselben
Jahres nahmen die Franzosen dieselben wieder; seitdem blieben diese für
unüberwindlich gehaltenen Fortificationen ziemlich unbeachtet liegen. Bei Weißenburg wurden gegen Ende 1793 die verbündeten Oestreicher und Preußen von
den Franzosen geschlagen.

Weißenburg, Stadt in Siebenbürgen, königliche Freistadt, 7000 Einwohner,
hat bedeutende Militairetablissements, zu ihr gehört die Festung Karlsburg (s. d.).

Weißenfels, preußische Stadt im Herzogthum Sachsen an der Saale mit
10,000 Einw., hat ein Bataillon Musquetiere in Garnison, ein schönes herzogliches Schloß, welches jetzt zur Kaserne dient, Militairlazareth und Reitstall.

Weißrußland, der mittlere Theil Großrußlands, s. Rußland.

Welden, Ludwig Freiherr von, Würtemberger von Geburt, geb. 1782,
trat 16 Jahr alt in das würtembergische Heer, machte 18 Jahre alt seinen
ersten Feldzug mit und im folgenden Jahre den zweiten (1799, 1800). 1805
stand er bereits in östreichischen Diensten und machte den Feldzug dieses Jahres als Hauptmann beim Genie mit. 1809 befand er sich im Hauptquartier
des Erzherzog Karl, während der Feldzüge 1813—1815 avancirte er zum
Obersten, 1828 zum General, 1848 machte er Anfangs den Feldzug gegen
Sardinien, später die Belagerung Venedigs mit. Er wurde noch vor der Einnahme Venedigs Gouverneur von Dalmatien und 1849 Feldzeugmeister. Starb
1852. Hat militairhistorische Schriften herausgegeben, die vorzugsweise seine
Erlebnisse enthalten. Besondere Theilnahme fanden seine Mittheilungen über
die Radetzkyschen Feldzüge 1848 und 1849.

Wellesley, Richard Colley, Marquis, Engländer, geb. 1760, studirte und
machte sich zuerst als Staatsmann namhaft. 1797 wurde er zum Gouverneur
von Ostindien ernannt. Als solcher leitete er nun den von Frankreich erregten
und zum Theil von Franzosen geführten Krieg in Ostindien, eroberte in einem
Feldzuge Mysore und das Maharattenland zwischen Dschumna und Ganges
und erzwang auf diese Weise den Frieden. 1805 kehrte er nach England
zurück. 1821 wurde er Statthalter von Irland. Ins Privatleben zurückgezogen, starb er 1842.

Wellington, Arthur Wellesley Herzog von W., Fürst von Waterloo, Bruder des Vorigen, Engländer, geb. 1. Mai 1769, wurde auf der französischen
Kriegsschule zu Angers gebildet und trat 1787 in das englische Heer, in
welchem er sich bald nach seinem Eintritte den Rang des Oberstlieutenants
verschaffte. 1794 machte er den Feldzug gegen Frankreich in den Niederlanden mit, ging 1797 nach Ostindien, wo er in dem Kriege gegen die Franzosen,

Tippo Saib und die Maharatten unter seines Bruders Leitung die wichtigsten Commandos ausführte und als General bei Assye das fünf Mal überlegene Heer der Maharatten vernichtete. 1807 bei dem Angriff auf Kopenhagen leitete er die Unterhandlungen. Zum Generallieutenant avancirt, wurde er an die Spitze der portugiesischen Expedition gestellt, schlug 1808 die Franzosen bei Roleça und Vimieira, nach welcher letzteren Wahlstatt er später den Titel eines Marquis von Vimieira erhielt. Nachdem er im Jahre 1809 den Oberbefehl zum zweiten Male übernommen und seine Macht bedeutend verstärkt hatte, schlug er die Franzosen bei Talavera, welcher Name in seine Titel aufgenommen wurde, zum zweiten Male auf dem Rückzuge bei Busaco, schützte Lissabon gegen eine unverhältnißmäßige Uebermacht und operirte mit so kluger Berechnung, daß die Franzosen trotz ihrer großen Ueberlegenheit und ihren reichen Hilfsquellen nirgends zu großen und erfolgreichen Operationen Gelegenheit finden konnten; namentlich machte er es ihnen unmöglich, ihre gesammte Macht für eine systematische und übereinstimmende Wirksamkeit zu arrangiren. Seine Operationen 1810 und 1811 waren meisterhafte, oft kühne, freilich bisweilen auch rückgängige Schachzüge. Anfangs 1812 aber begann er, mit verstärkter Macht, seine kühne Offensive wieder, nahm Ciudad-Rodrigo, wofür er zum Herzog von Ciudad-Rodrigo ernannt wurde, nahm bald darnach Badajoz, siegte im Juli bei Salamanca, nahm im August Madrid, belagerte danach Burgos vergebens; wetzte diese Scharte aber 1813, als er auch den directen Oberbefehl über die spanischen Truppen erhalten hatte, reichlich wieder aus. Nachdem er die Franzosen auf Burgos zurückgedrängt, schlug er sie bei Vittoria am 21. Juni gänzlich und eroberte fast ihr ganzes Geschütz und ihr ganzes Lagergeräth, selbst den Schatz des Königs Joseph. Dafür erhielt er spanischer Seits den Titel Herzog von Vittoria und englischer Seits die Feldmarschallwürde. Am 8. September erstürmte er San Sebastian und ging sodann auf französisches Gebiet, drängte den Marschall Soult nach Orthez, schlug ihn hier am 27. Februar 1814 und eroberte im April Toulouse, worauf der Friede eintrat. Er wurde mit den großartigsten Belohnungen an Gütern, Titeln und Orden überhäuft und wurde in London unfreiwillig zu einem wahren Triumphator gemacht. Beim Ausbruch des Krieges 1815 trat er an die Spitze der englisch-niederländischen Armee, mit welcher sich bald eine preußische Armee unter Blücher vereinigte. Der Feldzug endete am 18. Juni mit der Niederlage der Franzosen bei Waterloo. Der Sieg war am meisten ihm zu danken, da W. unter dem furchtbarsten Angriffen eines überlegenen Feindes und bei einem Verluste von über 30,000 Kampfunfähigen bis Abends 8 Uhr, zu welcher Zeit erst Blücher mit seiner Hauptmacht eintreffen konnte, ausgehalten hatte. Er war bis 1818 Oberbefehlshaber der Besatzungstruppen in Frankreich. Nach seiner Rückkehr nach London war er meist als Staatsmann, theils im Parlament, theils als Gesandter, theils an der Spitze des Ministeriums wirksam, wobei er aber mehre der vorzüglichsten Würden, z. B. die des Oberbefehlshabers der Armee, des Lord-Wardein der fünf Häfen, des Gouverneurs des Tower, behielt. Die Belohnungen für seine Kriegsthaten stiegen ins Ungeheuere. Güter erhielt er in Portugal, Spanien und England, in letzterem Lande an Geldgeschenken über eine Million Pfd. St. Er trug fast alle europäischen Orden. Seine Ehrentitel waren so vielfältig fast wie seine Siege, denn nach den meisten der Hauptwahlstätten erhielt er den Fürsten- und Herzogstitel. Er starb 1852 und liegt in der berühmten Paulskirche begraben. Seine beiden Söhne Arthur und Charles stiegen im britischen Heere auch zum Generalsrange empor.

Wenden, slawische Volksfamilie, bestehend aus den Obotriten, Wilzen,

Ukern, Hevellern, Rhetariern, Lusitzern und Sorben. Besaßen das ganze gegenwärtige nordöstliche Deutschland, rieben sich zum größten Theile in steten Kämpfen mit den Deutschen, die ihre Länder in Besitz nahmen, auf, so daß nur noch ein kleiner Rest bemerkbar in der Lausitz übrig geblieben ist. (Siehe Slawen).

Wenzel, König von Böhmen, Kaiser von Deutschland, höchst unkriegerisch und als Regent keineswegs würdig. (S. Deutschland und Böhmen.)

Werbesystem, bezeichnet das Verfahren, nicht zum Kriegsdienst Verpflichtete durch irgend einen Entgelt, z. B. Handgeld, Sold, Beuteantheil, spätere Versorgung ꝛc. für den Kriegsdienst zu gewinnen. Die Gewährung hängt von der Uebereinkunft des Werbers mit dem zu Werbenden ab. Die Regierung, welche werben läßt, setzt in der Regel jedoch eine Norm fest, und nur in der Robbezeit fand eine willkürliche Werbung statt, bei welcher man eben mit dem Manne fertig zu werden suchte, wie es möglich war. In den meisten civilisirten Staaten ist durch Einführung der allgemeinen Kriegspflicht das Werbewesen, welches zu vielem Unfug Veranlassung giebt, beseitigt worden. In England und Holland herrscht es noch theilweise, weil bei dem gewöhnlichen Recrutirungswesen diese Länder die nöthigen Militairkräfte für ihre ausgedehnten überseeischen Besitzungen nicht aufbringen würden. Bei außerordentlichen Kriegsbedrängniß wird aber auch in anderen Staaten noch zur Werbung gegriffen. Zuletzt kam die außerordentliche Werbung von Seite Englands im letzten orientalischen Kriege vor. Sich für einen fremden Staat werben zu lassen, ist, wenn dieser befreundet ist, militairfreien Leuten nicht gewehrt; Militairpflichtige, welche auf Werbung anderer Staaten sich entfernen, gelten für Deserteure; ist der fremde Staat aber feindlich, so läßt sich der Geworbene gegen den eigenen Staat Landesverrath geringern Grades zu Schulden kommen.

Werft, die, Schiffsbauplatz, muß mit allen zum Schiffsbau erforderlichen Werkstätten dergestalt ausgestattet sein, daß zeitraubende Transporte nicht stattfinden. Die Docks ersetzen die Werfte; nicht so umgekehrt, aber selten können Docks so großen Raum bieten als die Werfte, dagegen gewähren sie in anderer Hinsicht große Vortheile und beseitigen jede Gefahr, die mit dem Vom-Stapel-lassen verbunden ist. (S. Docks, Schiff ꝛc.)

Werftcorps, alle beim Schiffsbau erforderlichen Mannschaften, unter denen die Arbeiter der Marinewerkstätten den Haupttheil ausmachen. Bei den Werften der Kriegsmarine sind diese Corps nach Art der Geniecompagnien völlig militairisch organisirt.

Werftwache, die Posten auf den Werften, denen die Bewachung der auf den Werften befindlichen Gebäude und Gegenstände obliegt. Diese Posten werden entweder von der Garnison oder vom Werftcorps gestellt.

Wergeld, Entschädigungsgeld, welches ein Mörder an die Hinterlassenen des Ermordeten zu zahlen hatte, und wogegen, wenn er es nicht zahlte, das Recht der Blutrache eintrat. (S. Blutrache.)

Werth, Johann von, (Jean de Weert), Niederländer bürgerlichen Standes, nahm unter Spinola als Gemeiner spanische Dienste, aus denen er 1631, bereits hoch chargirt, in baiernsche Dienste trat. Schon 1634 bei Nördlingen ausgezeichnet, wurde ihm eine Belagerung des Ehrenbreitstein anvertraut, welche er mit Erfolg ausführte. 1638 verlor er die Schlacht von Rheinfelden, und wurde gefangen. Ausgewechselt, machte er sich durch Gefangennahme von 10 französischen Regimentern bei Möhringen berühmt (1645), deckte 1645 nach der Schlacht bei Nördlingen den Rückzug und ging, der Untreue verdächtig, aus baiernschen in österreichische Dienste über, in denen er ebenfalls den Oberbefehl erhielt. Das Glück war ihm untreu geworden und seine Niederlage bei Allersheim gab seiner kriegerischen Laufbahn einen sehr glanzlosen Abschluß. Starb 1652.

Wesel, preußische Festung mit Stadt von 14,000 Einwohnern, an der Mündung der Lippe in den Rhein; zählt zu den Festungen zweiten Ranges. Ein Fort, nach Blücher genannt, jenseit der Weichsel, dient als Brückenkopf und ist ein sehr bedeutendes Werk, sowie überhaupt die Werke von Wesel sehr stark, obschon nicht von außerordentlichem Umfange sind. Das bedeutendste Werk ist die Zitadelle, von Lippe und Rhein gedeckt. In der Stadt befinden sich geräumige Kasernen für die 3 Waffen, die Garnisonkirche beider Confessionen, die Commandantur und die sonstigen Militairämter. Beide Rheinufer verbindet eine Pontonbrücke. Im Rücken der Stadt und an beiden Flüssen liegen detachirte Werke. Die Garnison beträgt im Frieden 3000 Mann. Die Stadt hat einen Hafen, Eisenbahnverbindung. Ehemaliges Hansamitglied, später reichsunmittelbar, war im 16. und 17. Jahrhundert häufig ein kriegerisches Object und wiederholt in spanischen und französischen Händen. 1805 zum Großherzogthum Berg geschlagen, 1806 von diesem an Frankreich abgetreten. Napoleon legte den Brückenkopf an und setzte die Stadt in völligen Kriegsstand. 1814 vertheidigte sie die französische Besatzung bis zum Frieden.

Westfalen, Theil des alten Herzogthums Sachsen, s. Sachsen, Deutschland.

Westfalen, preußische Provinz, s. Preußen.

Westfalen, Königreich, 1807 aus einem Theile des eroberten preußischen Staates, Kurhessen und Braunschweig-Wolfenbüttel, wozu 1810 noch ein Theil Hannovers kam, gebildet. Hatte zuerst 692 ☐ M. mit über 1,900,000, später 825 ☐ Meilen mit 2,050 000 Bewohnern. Hauptstadt war Kassel, König der jüngste Bruder Napoleons, Hieronymus. Die Verwaltung stand ganz unter der Leitung des Kaisers und dieser benützte die Hilfsquellen des Staates ohne Rücksicht, gleich den seinigen, namentlich mußte Westfalen an seinen Feldzügen 1809, 1812 und 1813 Theil nehmen. 1812 mußte es ihm 24,000 Mann stellen, die in Rußland untergingen, und 1813 wieder 12,000 Mann. Nach der Schlacht bei Leipzig verschwand natürlich diese Napoleonische Stiftung fast plötzlich. Hieronymus hatte wie ein Räuber das Land verlassen, indem er alle Schätze mit fortgeführt hatte. (Siehe russisch-deutscher Krieg und Napoleon.)

Westfälischer Friede, zu Münster und Osnabrück 1648 geschlossen und damit der dreißigjährige Krieg beendet. Die Verhandlungen begannen schon 1641 zu Hamburg, 1644 zu Münster und Osnabrück wieder aufgenommen, wurden sie 1648 fortgesetzt. Es verhandelten der deutsche Kaiser, Frankreich, Schweden, die Niederlande, Spanien, die Schweiz, Venedig, der Papst und die deutschen Fürsten. Die lange Verzögerung des Abschlusses entstand aus der Hoffnung des Kaisers auf eine glückliche Wendung des Krieges. Die Religion wurde als Nebensache behandelt, doch erhielten die Protestanten und Reformirten gleiche Rechte mit den Katholiken, der Kaiser mußte sich des Rechts der Achtverhängung begeben und die deutschen Fürsten erhielten das Recht des Krieges und Friedens, jedoch mit der Beschränkung, daß es nicht gegen den Kaiser in Anwendung gebracht werde. Somit erlangten die Fürsten eine fast vollständige Souverainität, wodurch die Zerstückelung Deutschlands zu einem kaum wieder zu heilenden Schaden wurde. Der Verlust Deutschlands an Gebiet betrug 1900 ☐ Meilen, welche zumeist Frankreich und Schweden erhielten. Dabei ging auch der Elsaß verloren. Der größte Verlust betraf vor allen anderen Staaten den Kaiserstaat. Der W. F. war die Ursache vielfacher Kriege und politischer Neuerungen, die aus den vielen deutschen Souverainitäten hervorgingen und in diesem Jahrhunderte Deutschland in die Vernichtung gebracht hätten, wenn nicht des Volkes tiefwurzelndes Nationalgefühl dies gehindert hätte. (S. dreißigjähriger Krieg.)

Westindien, s. Amerika.

Westpreußen, s. Preußen.

Wettin, gräfliches Geschlecht, welchem die Dynastien der sächsischen Staaten entsprungen sind. Stammvater war nach Einigen der Herzog Wittekind,
nach Anderen der Herzog Burkard von Thüringen, historisch attestirter Stammvater aber ist Dietrich von Wettin, der im 10. Jahrhunderte lebte. (Siehe
Meißen und Sachsen.)

Wetzlar, preußische Garnisonstadt von 5000 Einwohnern an der Lahn,
historisch höchst merkwürdig, ehedem reichsunmittelbar und Sitz des Reichskammergerichts. Hier 1796 die Franzosen vom Erzherzog Karl geschlagen.
Denkmal des Erzherzogs Karl.

Witehaven, englische Hafenstadt von 19,000 Einwohnern am irischen See.
Hafen hat 6 Docks und wird von einigen Fortificationen beherrscht.

Wiasma, russische Stadt an der Wjasma und dem Bebri von 9000 Einwohnern. Hier 1634 polnisch-russischer Friede und 1812 Niederlage der
Franzosen durch die Russen unter Miloradowicz.

Wiatka, russisches Gouvernement, s. Rußland.

Wiborg, s. Viborg.

Widdin, türkisch-bulgarische Stadt an der Donau, gegenüber Kalafat, mit
einer Zitadelle und schlechten, jedoch in neuester Zeit verbesserten Umfassungswerken, Sitz eines Paschas. Hier Beginn der kriegerischen Unternehmungen
zwischen den Türken und Russen im letzten orientalischen Kriege. (S. Kalafat.)

Wied-Runkel, Friedrich Ludwig Fürst von, trat früh in das holländische,
bald darnach in das östreichische Heer, machte die Feldzüge gegen die französische
Republik und das erste französische Kaiserreich mit, trat als General aus dem
Dienst und starb 1824.

Wied-Neuwied, Wilhelm Hermann Fürst von, geb. 1814, preußischer
General, Ehrenchef eines Regimentes.

Wien, kaiserliche Residenz und Hauptstadt Oestreichs, zählt 450,000 Einwohner, war ursprünglich römisches Kastell, durch Karl den Großen zur
Hauptstadt der Ostmark und zum Sitz des Markgrafen von Oestreich gemacht,
wurde im Mittelalter nach der Weise des Zeitalters mit Wall, Graben, Thürmen, die später in Bastionen verwandelt wurden, befestigt, wurde aber niemals
eine Festung strengen Systems, so daß sie sich 1529 und 1683 nur mit gro
ßer Mühe gegen die Türken vertheidigen konnte. In der Gegenwart hat W.
den Character der Festung ganz verloren, da die Vorstädte in weit überwiegenden Umfange über die frühere und eigentliche Stadt W. hinaus gewachsen
sind, so daß Wall, Graben und Glacis gegenwärtig zwischen der inneren Stadt
und den 3½ Vorstädten liegen. Die ganze Stadt ist zwar von einem Wall
und Graben (Linien) umgeben, doch haben diese nur für die Steuer Bedeutung.
Bedeutsam ist W. militairisch jetzt nur noch, insofern sie als Residenz- und
Hauptstadt des Kaiserstaates auch die Centralstadt des Kriegswesens, z. B.
der Sitz des Kriegsministeriums, des Armeeobercommandos, des Generalquartiermeisterstabes und aller obersten Militairbehörden ist. Zwar bestehen noch
die alten Vertheidigungswerke: Wall, Graben, Festungsmauern mit vorspringenden Bastionen und die über 200 Klafter breite Glacis; aber sie liegen so
tief in der Stadt, daß sie nur den kleinen Kern derselben umgeben und schützen,
und wegen der vorliegenden Vorstädte, die unmöglich geopfert werden können,
kaum zu einer kriegerischen Action gelangen können. Gleichwohl sind diese
Werke seit 1848 noch verstärkt worden, aber wohl kaum zu dem Zwecke, die

Stadt gegen einen von Außen kommenden Feind zu vertheidigen. W. ist von der hier getheilten Donau theils um-, theils durchflossen, hat 9600 Häuser, darunter ¾ mindestens elegant, ⅓ wohl prachtvoll genannt werden können. Besonders zeichnen sich die kaiserlichen, erzherzöglichen Paläste und die des höchsten Adels (Schwarzenberg, Lobkowitz, Esterhazy, Kinsky, Pallavicini, Harrach, Montenuovo, Metternich, Liechtenstein, Starhemberg, Dietrichstein, Auersperg u. a.) aus. Die innere von den Werken umschlossene Stadt macht den achten Theil der gesammten Stadt aus, hat 13 Thore, 127 Gassen und Straßen und 19 Plätze. In der inneren Stadt liegen die kaiserliche Burg (das großartigste Gebäude) und die Paläste der Behörden. Der große prächtige Paradeplatz liegt unmittelbar vor der Burg. Diese besteht aus vier Haupttheilen: dem Schweizerhofe, dem Leopoldinischen Tracte mit der Wohnung des Kaisers und der Kaiserin, dem Amalienhofe und der Reichskanzlei. Außer anderen Staatsgebäuden schließt sich an die Burg eine Winterreitschule an, die für die schönste in Europa gilt. Die Obercommandantur des gesammten kaiserlichen Heeres befindet sich in einem prachtvollen Palais. Durch Schönheit sind ins Besondere auch die Kasernen ausgezeichnet, z. B. die der Hofgensdarmerie, die Alserkaserne, die beiden Cavaleriekasernen in der Josephs- und Leopoldstadt, ganz vorzüglich aber die neue Artilleriekaserne, die durch ihre Größe und Schönheit nicht weniger als durch ihre Werkstätten und sonstigen Anstalten in Erstaunen setzt. So ist auch das neue Arsenal vor der Belvederelinie eine der großartigsten Kriegsanstalten. Es vereinigt eine Menge von Werkstätten, Maschinenhäusern ꝛc. mit den umfänglichsten und schönsten Aufbewahrungsräumen, die von Kriegsmaterial aller Art erfüllt sind. An Waffensammlungen ist W. reich und insbesondere ist auch das sogenannte bürgerliche Arsenal sehenswerth. Zu erwähnen sind ferner als großartige Anstalten das Invalidenhaus, die Sternwarte, die kaiserliche Kriegsschule, das schon erwähnte Militaircentralinstitut und das Artillerieequitationsinstitut, die Josephsacademie für Armeeärzte, das Militairhospital, die Academie der Thierärzte, die Ritteracademie, die Artillerieschule, die militairadministrative Lehranstalt, die Elementarzeichnen- und Modellirschule, das polytechnische Institut und das militairisch-geographische und topographische Institut. Unter den militairisch-literarischen Sammlungen steht die Kriegsbibliothek mit der reichen Kartensammlung oben an. Eine sehr reiche Kartensammlung befindet sich auch in der kaiserlichen Fideicommißbibliothek. Höchst interessant ist die Schatzkammer und in ihr besonders das Krönungsornat Karls des Großen und die Reichsinsignien. Ferner zu nennen sind die geologische Reichsanstalt, die Central-Anstalt für Meteorologie und Erdmagnetismus und kartographische Anstalt. Wien ist durch die Dampfschifffahrt, die Kaiser Ferdinands-Nordbahn und die südliche Staatsbahn mit den wichtigsten Theilen des Reichs in directer Verbindung. Es ist Sitz der niederöstreichischen Statthalterschaft, hat 20 Polizeicommissariate, ein Militairpolizeiwachtcorps und eine Garnison, deren Stärke sehr unbestimmt, selten aber unter 10,000 Mann beträgt. Wie erwähnt, erlitt W. 1529 und 1683 schwere Belagerungen durch die Türken. Letztere wurde durch die Schlacht bei Wien am 9. September und die furchtbarste Niederlage der Türken beendet. 1848 wurde Wien von den kaiserlichen Truppen unter Windisch Grätz eingeschlossen und in wenigen Tagen erobert, womit die Revolution, die sich aller Gewalten dieser Metropole bemächtigt hatte, zu Ende ging. 1809 wurde es auf kurze Zeit von den Franzosen besetzt und 1814 fand hier der geschichtlich höchst bedeutsame Congreß statt, durch welchen die europäischen Verhältnisse so geordnet wurden, wie sie größten Theils bis jetzt fortbestanden haben. (Siehe russisch-deutscher Krieg.) Der Friede, durch welchen der östreichische Feldzug von 1809 beendet wurde, wurde ebenfalls zu W. geschlossen und zwar am 14. October 1809. Er war die größte Mißhandlung Oestreichs, das durch ihn 2151 ☐ Meilen Gebiet und seine Seehäfen verlor.

Wiesbaden, Residenz und Hauptstadt von Nassau mit 17,000 Einwohnern, Garnison und einer großen Kaserne, sonst fast ohne militairischen Character, war einst ein römisches Lager mit einem von Drusus erbauten Kastell und ein Hauptmilitairplatz des sogenannten Pfahlgrabens, der, von den Römern erbaut, als eine zusammenhängende Fortificationslinie sich von Pförring an der Donau ab durch das Hohenlohesche über den Odenwald und Taunus, über Idstein, Schwalbach, Kemel, Marienfels, Ems, durch das Bergische zum Niederrhein und von da bis Wyk by Duurstede in Holland ausdehnte. W. ist äußerst reich an römischen Denkmälern, deren noch jetzt viele gefunden werden.

Wigton, südschottische Grafschaft, s. Großbritannien.

Wilhelm, von Holland, deutscher Gegenkönig von 1247—1256, ganz unkriegerisch und unbedeutend, kam in einem Kampfe mit den Friesen in elender Weise um. (S. Deutschland).

Wilhelm, genannt der Eroberer, normannischer außerehelicher Prinz, Sohn Roberts mit Beinamen der Teufel, geb. 1027, erhielt 1066 die Herrschaft der Normandie. Nachdem der König Eduard von England 1066 gestorben, machte er auf den ihm versprochenen englischen Thron Anspruch, schiffte mit einem Heere von 60,000 Mann nach England, eroberte dies durch die siegreiche Schlacht bei Hastings, in welcher der König Harold, sein Gegner, fiel. Von den Dänen und Schotten angegriffen, wußte er gegen Erstere durch Klugheit, gegen Letztere durch das Schwert seine Eroberung zu behaupten. Wiederholte Aufstände schlug er mit gewaltigem Schwerte nieder. 1075--1080 bekämpfte er in der Normandie seinen Sohn, der die Herrschaft der Normandie an sich zu reißen suchte, nahm sodann Rache an Schottland und unternahm 1087 einen Krieg gegen Frankreich, in welchem er desselben Jahres zu Mantes für Seine starb.

Wilhelm, als König von England III., Prinz von Oranien, geboren in den Niederlanden 1650, 1672 von Holland und Seeland zum Generalcapitain und Großadmiral erwählt; als solcher trat er 1674 an die Spitze des niederländischen Heeres zum Kampfe gegen Ludwig XIV. Er hatte Spanien und den deutschen Kaiser zu Verbündeten. Er zeigte sich als ein muthiger, ausdauernder und umsichtiger Feldherr, schlug die Franzosen wiederholt, brachte sie aber noch öfters um die Frucht ihrer Siege. Durch Vermählung mit der Tochter des Herzogs von York erlangte er Anspruch auf den englischen Thron (1677). 1688 nahm er, nicht ohne Waffengewalt, die Regentschaft in England und bald darnach zu Folge Parlamentsacte den Thron in Besitz, von welchem sein Schwiegervater Jakob II. vertrieben worden war. Er genehmigte eine Verfassung, die noch gegenwärtig die Grundlage des britischen Staatsgesetzes ist. Nachdem er mit seinem Schwiegervater einen langen Kampf in Irland bestanden, nahm er an dem neuen Kriege gegen Ludwig XIV., jedoch ohne entschiedenes Glück, von 1691—1697 Theil. 1701 schloß er mit dem Kaiser eine Alliance für den spanischen Successionskrieg, starb jedoch 1702, ehe er den Kriegsschauplatz betreten.

Wilhelm IV., König von England, s. Großbritannien.

Wilhelm L, Prinz von Oranien, Graf von Nassau, geb. 1533, wurde am Hofe Karls V. erzogen und erhielt von diesem den Oberbefehl in den Niederlanden nebst der Statthalterschaft in mehren Provinzen. Wegen Glaubensverfolgung gerieth er mit Philipp II. von Spanien in Streit und war klug genug, die Niederlande zu verlassen, ehe der Herzog von Alba ihn mit seinem

Blutgericht erreichen konnte. W. griff nun zu den Waffen und führte den Krieg mit wechselndem Glücke, aber unter den schwierigsten und unstätesten Verhältnissen von 1568 bis 1584 mit einer wahrhaft heldenhaften Ausdauer. Er fiel durch Meuchelmord. (S. Niederlande.) Sein Sohn war der berühmte Prinz Moriz von Oranien (s. d.).

Wilhelm I., Friedrich, König der Niederlande, s. Niederlande, Belgien.

Wilhelm II., Friedrich Georg Ludwig, König der Niederlande, Großherzog von Luxemburg, Herzog von Limburg, geb. 1792, in der Militairacademie zu Berlin erzogen, hat sich einen militairischen Namen gemacht. Er trat nach vollendeten Universitätsstudien in englische Dienste und machte von 1811 als Oberstlieutenant und Adjutant des Herzogs von Wellington den Halbinselkrieg mit, glänzte vor Ciudad Rodrigo und Badajoz, desgleichen bei Salamanca durch persönliche Tapferkeit. Er wurde Adjutant des Königs von England und 1814 als Kronprinz Oberbefehlshaber der niederländischen Armee, als welcher er den Feldzug von 1815 mit Ruhm mitmachte. In der belgischen Revolution führte er das Heer mit zu großer Rücksicht. Nach dem Abfall Belgiens blieb er Oberbefehlshaber der holländischen Armee und bestieg 1840 den Thron, starb aber schon 1849.

Wilhelm III., König der Niederlande (s. d.).

Wilhelm I., König von Würtemberg, geboren 1781, mußte an der Spitze des würtembergischen Contingents als Prinz mehre Feldzüge unter Napoleons Fahnen mitmachen, in denen er — wohl absichtlich — möglichst wenig leistete. Nachdem Würtemberg sich aber den Alliirten gegen Frankreich angeschlossen, entwickelte er als Befehlshaber des siebenten Armeecorps die energischste Thätigkeit. Bei la Rothiere, Sens und Montereau glänzten sein Muth und sein Feldherrntalent, wie nicht weniger im Feldzuge 1815. 1816 bestieg er den Thron und hat sich den Ruhm eines milden und gewissenhaften Herrschers erworben.

Wilhelm I., II., Kurfürsten von Hessen, Vater und Sohn, haben sich an den Feldzügen gegen die französische Republik und das französische Kaiserreich mit Verdienst persönlich betheiligt. Ersterer war preußischer Feldmarschall. Siehe Hessen.

Wilhelm, Friedrich Wilhelm Karl, Prinz von Preußen, Bruder des Königs Friedrich Wilhelm III., geb. 1783, Schüler Tempelhoffs und Scharnhorsts, machte in Preußen die Feldzüge gegen Frankreich mit und hat sich den Ruhm eines tüchtigen und patriotischen Kriegers erworben. 1806 war er Oberstlieutenant und focht an der Spitze einer Cavaleriebrigade mit unbestrittener Bravour bei Auerstädt. Er war Mitglied zur Reorganisirung der preußischen Cavalerie, vollbrachte 1807 eine höchst schwierige Mission an den Hof Napoleons und entwickelte sodann einen großen Eifer für die Ausbildung einer auf die Zukunft berechneten preußischen Macht und betheiligte sich nach der Wendung, die die französischen Verhältnisse in Rußland genommen, wieder persönlich am Kriegswesen, und focht in den wichtigsten Schlachten 1813, 1814 und 1815, namentlich auch bei Waterloo, überall mit großer Bravour und stets als Cavaleriegeneral. 1830 wurde er Gouverneur von Westfalen und der Rheinprovinzen und wurde 1834 commandirender General und Gouverneur von Mainz. Starb 1851 am 28. September.

Wilhelm I., Friedrich Ludwig, König von Preußen, Bruder Friedrich Wilhelms IV., geboren 1797, wurde mit größter Sorgfalt in den Militairwissenschaften ausgebildet, machte mit seinem älteren Bruder im Hauptquartier die Feldzüge 1813 und 1814 mit und gewann dabei Einsicht in die Wechselwirkung der Kriegsgewalten. Nachdem er in der Revolution 1848 manche

Kränkung von Seite des Volks erlitten, wurde er an die Spitze des Heeres gestellt, welche die in Kriegsthätigkeit ausgeartete Revolution im Lande und der Pfalz unterdrücken sollte. Er unterwarf den Feind in wenigen Wochen, zu besonderer Ehre aber gereichte es ihm, daß er mit großer Mäßigung verfuhr und gegen die Partei, die ihm früher so viel Wehe zugefügt hatte, in keiner Weise eine Rache zu üben suchte. Nach dem Erkranken seines Bruders übernahm er die Regentschaft, bestieg den Thron nach dem Tode jenes und vollzog die Krönungsfeier im October 1861. Eins seiner wichtigsten Werke, bereits als Regent begonnen, ist die verbesserte Organisation des preußischen Heerwesens und die durchaus zweckmäßigere Gestaltung der Landwehr. Zwar werden dadurch die Militairkosten sehr vermehrt, aber der große Zweck erreicht, mit der Landwehr ein wirklich zuverlässiges Heer zu erziehen. Ein vollständiges Urtheil über die neuen Heereseinrichtungen des Königs Wilhelm steht der Zukunft zu. (S. Preußen.)

Wilhelm, Ludwig August, Markgraf von Baden, geb. 1792, militairisch erzogen, machte mit den badenschen Truppen den Feldzug von 1809, 1812 und 1813 unter Napoleons Fahnen, 1814 gegen Napoleon mit und erlangte den Grad eines Generallieutenants. 1830 wurde er Oberbefehlshaber der badenschen Truppen, welche Würde er 1848 niederlegte.

Williams of Kars, Sir W. Fenwick, geboren 1800 in Neuschottland, wo sein Vater Artillerieoffizier in britischen Diensten war. 25 Jahre alt, trat er bei der britischen Artillerie ein. Oft mit wichtigen Missionen betraut, avancirte er ziemlich rasch und wurde zwei Mal durch Orden ausgezeichnet. Beim Ausbruch des orientalischen Krieges 1843 war er Oberst. Er befand sich gerade als Commissar in Persien und daher dem orientalischen Kriegsschauplatze sehr nahe. In Voraussicht der kommenden Kriegsereignisse wurde er nach Anatolien commandirt, damit er hier die in gänzlicher Zerrüttung befindliche türkische Macht organisire. Allein dazu blieb keine Zeit übrig und W. mußte sich in die Festung Kars werfen, um diesen höchst wichtigen Platz nicht in die Hände der Russen gerathen zu lassen. Anstatt eine unüberwindliche Festung, wie der Ruf sagte, zu finden, fand er eine ganz und gar mangelhafte, welche in der That erst in eine haltbare Festung verwandelt werden mußte. Die bestehenden Werke waren rein orientalischen Baues. Williams umgab den Platz mit einer zusammenhängenden Linie von detachirten Werken, welche die englischen Tabias genannt wurden. Die Zweckmäßigkeit dieser Fortificationen zeigte sich am 29. September 1855, an welchem Tage ein Sturm der Russen so blutig zurückgewiesen wurde, daß dieselben sich ferner nur auf Einschließung des Platzes beschränkten. Die Nachlässigkeit der türkischen Militairverwaltung war Ursache, daß die Nahrungsvorräthe bald ganz mangelten und die Russen sich anschickten, ein Winterlager vor der Festung zu beziehen. Erst nach Eintritt der ärgsten Hungersnoth capitulirte W., aber edelsinnig machte er den ungarischen Flüchtlingen, welche in Gefahr waren, an Oestreich ausgeliefert zu werden, freien Abzug aus, während er sich und die übrige Besatzung zu Gefangenen stellte. Von Petersburg, wo er mit großer Achtung behandelt wurde, kehrte er am 16. Juni 1856 nach England zurück.

Willisen, Wilhelm von, Preuße, geb. 1790, trat als Knabe in das preußische Heer und machte schon 1806 den Feldzug mit, studirte später und trat 1809 in östreichische Dienste, um nicht dem König Hieronymus von Westfalen, den er stets wie Napoleon als einen Vaterlandsfeind haßte, dienen zu müssen. 1811 trat er in preußische Dienste und machte die Feldzüge 1813, 1814 und 1815 mit. Er hatte im Kriege den Grad des Hauptmanns erlangt, wurde Lehrer an der allgemeinen Kriegsschule zu Berlin und avancirte als solcher

zum Obersten. 1843 übernahm er als Generalmajor eine Brigade in Schlesien. Seine posenische Mission 1848 mißglückte. Er nahm seinen Abschied.
1849 erhielt er das schleswig-holsteinische Obercommando. Allein entweder
war er zu sehr Theoretiker, um Praktiker zu sein, oder er folgte zu sehr auswärtigen Einflüssen, so daß er ohne irgend einen guten Erfolg operirte und
deshalb sein Commando abgeben mußte. Er hat mehre militairische Schriften
herausgegeben, die sich jedoch auf bestimmte Ereignisse der Neuzeit bezogen,
und ein nur vorübergehendes Interesse berührten. Ein anderer preußischer General
dieses Namens ist sein Bruder. Er dient seit 1815 und wurde 1852 General.

Wilmansstrand, kleine unbedeutende russisch-finnische Strand- und Hafenfestung von 1000 Einwohnern, hat bloß einfache Umfassungswerke. Hier 1741
Sieg der Russen über die Schweden.

Wilna, ehemals lithauische Haupt- und Residenz-, jetzt russische Gouvernementsstadt von 50,000 Einwohnern, Sitz eines Militairgouverneurs, mit starker Garnison, Magazinen, Arsenal, Hospital und einer Militairschule. Interessant
ist das alte jagiellonische Schloß. Eisenbahnverbindung mit Warschau und
Petersburg. (S. Rußland.)

Wilson, Robert Thomas, Engländer, geb. 1777, wurde für den militairischen Beruf erzogen, machte seit 1793 die Feldzüge gegen Frankreich in den
Niederlanden, Aegypten, und 1806 und 1807 als Freiwilliger im russischen
Heere mit. Nachdem er auch am Halbinselkriege Theil genommen, befand er
sich 1812 wieder beim russischen Heere, jedoch ohne Charge. Auch an den
späteren Feldzügen nahm er Theil, jedoch stets mehr der politischen, als der
rein kriegerischen Sache sich widmend. Durch zahlreiche kritische Schriften
machte er sich viele Feinde und beeinträchtigte seine Carriere. 1818 nahm er
für kurze Zeit am Kriege in Südamerika Theil, wirkte darauf im britischen
Parlamente, wurde 1820 aus dem britische Heere wegen seiner Theilnahme für
die Königin gestoßen, kämpfte 1823 in Spanien für die Constitution, daher
ihm Preußen, Oestreich und Rußland die ihm verliehenen Orden wieder entzogen. Nach der Thronbesteigung Wilhelms IV. erhielt er seine militairischen
Würden wieder und avancirte zugleich zum Generallieutenant, ward auch 1835
Ehrenchef eines Regiments und 1842 Gouverneur von Gibraltar. St. 1849.

Wilzen, i. Wenden.

Wimpfen, großherzoglich hessische Stadt von 2500 Einwohnern, früher
freie Reichsstadt am Neckar, hier Sieg der Baiern über das protestantische
Heer unter dem Markgrafen Georg Friedrich von Baden im dreißigjährigen
Kriege. Bei derselben Gelegenheit hier der Heldentod von 400 Pforzheimer Bürgern,
welche den Rückzug des geschlagenen Heeres zu decken suchten. (S. Pforzheim.)

Wimpffen, Franz Karl Eduard Graf von, geb. 1776, Württemberger, machte
die württembergischen Feldzüge mit, erreichte den Generalsrang und starb 1842.

Wimpffen, Franz Emil Lorenz Hermann Graf von, Sohn des Vorigen,
zu Prag 1797 geboren, nahm 1813 östreichische Dienste, machte die Feldzüge
dieses und der beiden folgenden Jahre gegen Frankreich mit, avancirte bis
1846 zum Feldmarschalllieutenant, machte die beiden Feldzüge Radetzkys gegen
Sardinien 1848 und 1849 in sehr verdienstlicher Weise mit, wurde im letztern
Jahre Feldzeugmeister, Gouverneur von Triest und des Küstenlandes und
Obercommandant der Marine, als welcher er sich die größten Verdienste erwarb.
1854 wurde er Commandeur der ersten östreichischen Armee.

Wimpffen-Berneburg, Franz Ludwig Freiherr von, geboren 1732, nahm
französische Dienste, machte den östreichischen Erbfolge- und siebenjährigen Krieg
mit, nahm 1760 württembergische, 1770 wieder französische Dienste und starb
als Divisionsgeneral 1800.

Wimpffen-Berneburg, Felix Freiherr von, geb. 1745 in Zweibrücken, nahm französische Dienste, focht auf Corsica gegen Paoli, erhielt 1792 in der Revolutionsarmee Generalsrang, erhielt den Befehl über die Küstenarmee zu Cherburg, operirte gegen den Convent und mußte nach dem Treffen bei Vernon flüchtig werden. Napoleon gab ihm 1799 die Würde eines Divisionsgenerals und die Direction der kaiserlichen Gestüte. Starb 1814.

Windbüchse, flintenähnliches Handgewehr, bei welchem statt Pulvers zusammengepreßte, durch eine Luftdruckpumpe in den metallnen Kolben oder in kleine Windkessel gedrängte Luft, welche durch den Schlag des Hahns auf das Geschoß ausströmt, als Treibkraft benutzt wird. Nach der Größe des Windkessels giebt eine Füllung 40—100 Schüsse, die begreiflicher Weise immer schwächer werden. An Kraft steht die Windbüchse dem Feuergewehr weit nach und ist daher bei dem Heere nur hier und da, namentlich in Oestreich, probeweise zur Einführung gelangt. 1430 von Guter in Nürnberg erfunden und später von Lobsinger verbessert. S. Gewehr.

Windischgrätz, Alfred Fürst zu, Oestreicher, zu Brüssel 1787 geboren, trat 1804 in das östreichische Heer, zeichnete sich in den Feldzügen 1813 und 1814 mehrfach durch Klugheit und beharrliche Bravour aus und avancirte in denselben zum Obersten. Den Grad des Feldmarschalllieutenants erstieg er 1833, nachdem er Ehrenchef eines Regiments im vorherigen Jahre geworden. 1848 schlug er die Revolution in Prag blutig nieder, wonach er Feldmarschall wurde, und im Herbst desselben Jahres die zu Wien durch eine förmliche Belagerung der Stadt. In wenigen Tagen war er Herr derselben und übte nun ein blutigstrenges Gericht über die Revolutionsführer, unter denen sich auch der bekannte Robert Blum befand. Er erhielt nun den Oberbefehl gegen Ungarn, nahm auch Raab und Buda-Pest, wurde aber schon im April 1849 durch Welden ersetzt, zweifelsohne wegen der geringen Erfolge, die seine späteren Operationen hatten. Seine richterliche Strenge nach der Einnahme Wiens erklärte sich aus den Gefühlen, die ihm die Tödtung seiner Gemahlin in der Revolution zu Prag erregt hatte.

Windrose, auf Schiffen die mit dem Kompaß verbundene Scheibe, welche durch Linien die Richtung der 32 Winde angiebt. (S. Kompaß.)

Winkel heißen in der Fortificationskunst die in der Umfassungslinie der Festungen befindlichen winkelförmigen Aus- oder Einbauten. Sie sind die Wurzeln der Bastionen (s. v.) und haben, vorzugsweise die ausspringenden, deren Zweck. (S. Festung, Fortification rc.)

Winkelried, Arnold Struthan von, der Held der Schweizer in der Schlacht bei Sempach. Da die Reihe der Ritter so dicht stand und durch die ehernen Schilde und vorstarrenden Spieße so gedeckt war, daß nirgends die Schweizer einzudringen vermochten, ging ihnen W. mit dem Nahrufe: sorgt für mein Weib und Kind, voran, riß so viel feindliche Spieße, als er erfassen konnte, zusammen, drückte sie sich in die Brust und bahnte auf diese Weise seinen Genossen eine Gasse. Das Ritterheer wurde nun auch wirklich von den Schweizern durchbrochen und Oestreich erlitt hier eine schwere Niederlage. W. blieb in der Schweiz und theils auch außer ihr der Gegenstand hoher Verehrung und Feier, und zahlreiche Denkmäler wurden ihm gesetzt in mannichfacher Weise.

Winterfeldt, Hans Karl von, geb. in Pommern 1709, Jugendfreund Friedrichs des Großen, der ihn nach seiner Thronbesteigung zu seinem Flügeladjutanten erwählte und zum Major avanciren ließ. Er bewirkte in Petersburg, wohin der König ihn sendete, die Nichtbetheiligung Rußlands am ersten schlesischen Kriege. In diesem Kriege zeichnete er sich, durch des königlichen Freundes Gunst angespornt, überall, wo er thätig war, namentlich aber vor

Glogau, bei Mollwitz und Rothschloß außerordentlich aus und wurde dafür Generaladjutant und Oberst. Im zweiten schlesischen Kriege wurde er General, siegte in den Gefechten bei Slawentiz Landshut und leistete Vorzügliches durch seine Bravour bei Hohenfriedberg und Katholisch Hennersdorf. Er war stets der Rathgeber oder Mitberather des Königs. Von ihm ging auch der den Feind höchlich überraschende plötzliche Einfall in dessen Lande aus, mit welchem der siebenjährige Krieg begann. Zum Generallieutenant erhoben, commandirte er bei der Einnahme Prags eine Division. 1757 fiel er bei der Abwehr eines nächtlichen Ueberfalls bei Moys durch einen Schuß am 8. September. Er glänzte vorzüglich durch seine Energie im Entschluß und durch seine Bravour in der Ausführung der That. Denkmal zu Berlin.

Wißingerode, Ferdinand Freiherr von, Hesse, geboren 1770, trat in hessische, dann in östreichische, wieder in hessische, wieder in östreichische, und, nachdem er bereits 6 Feldzüge mitgemacht, 1797 als Major in russische Dienste. Den Feldzug 1799 machte er als Freiwilliger im östreichischen Heere sehr rühmlich mit, wurde Generaladjutant seines Kaisers 1802, machte die Feldzüge 1805 und 1809 mit Betheiligung an den größten Acten mit. Bei Aspern erlitt er die Zerschmetterung eines Beins. 1812 fiel er vor Moskau in Gefangenschaft, erlangte aber bald durch die russischen Siege seine Freiheit wieder und machte nun die Feldzüge 1813 und 1814 wie die früheren in ausgezeichnet rühmlicher Weise mit, namentlich aber glänzte er bei Lützen, Dennewitz, Leipzig, Soissons und St. Dizier. Er hatte in Oestreich und Rußland die höchsten militairischen Würden erreicht. Starb 1818. Merkwürdig war er wegen seines leidenschaftlichen Kriegseifers, der ihn immer bewog, auch den Rußland befreundeten Staaten als Freiwilliger zu Hilfe zu eilen, ins Besondere Oestreich; und stets suchte er die Stätten der größten Thaten und der Entscheidung mit Eifer auf.

Wisconsin. s. Amerika.

Wissenschaften, s. Kriegswissenschaften.

Witebsk, Hauptstadt des gleichnamigen russischen Gouvernements, Sitz des Generalgouverneurs, merkwürdig wegen seiner alten Umfassungswerke, die die Stadt freilich nicht in die Classe der Festungen erheben können.

Witold, kämpfte lange mit Jagiello, seinem Vetter, um die Herrschaft in Litthauen, erhielt auch Litthauen durch Vergleich, und führte nun Kriege gegen Tatarea und Russen und half dem König Wladislaw gegen die Ordensritter in Preußen. Er galt zu seiner Zeit für einen der größten Helden. St. 1432.

Wittekind, Herzog der westfälischen Sachsen, unternahm nebst anderen sächsischen Führern den Kampf gegen Karl den Großen, der vergeblich im Interesse der Religion Sachsen zu unterwerfen und mit dem fränkischen Reiche zu vereinigen suchte. Er eroberte die Eresburg wieder und unternahm 774 und 778 furchtbare Ueberfälle des fränkischen Gebiets, 782 vernichtete er einen Theil des fränkischen Heeres am Süntelberge, ließ sich endlich, aufs Aeußerste bedrängt, auf Unterhandlungen mit Karl d. Gr. ein und wurde von ihm bewogen, sich 785 taufen zu lassen und das Schwert niederzulegen. Mehr weiß die Geschichte nicht, was aber sonst noch von ihm erzählt wird, ist Dichtung oder mindestens unverbürgt. Seine Ueberreste (angeblich) ruhten zu Enger. Daselbst befindet sich auch ein ihm 1377 gesetztes Denkmal.

Wittelsbach, untergegangene Burg bei Aichbach, Stammhaus der bairischen Königsdynastie.

Wittenberg, preußische Stadt und Festung dritten Ranges an der Elbe. 10,000 Einwohner. Hat eine schöne steinerne Brücke von 1000 Fuß Länge. Hat Wall und nassen Graben, gedeckten Weg, Brückenkopf, detachirte Werke, bedeutende Magazine und alles, was sonst einer Festung nöthig, Eisenbahnverbindung mit Magdeburg und Berlin, ist Verbindungsfestung zwischen Torgau und Magdeburg auf der Elblinie und deckt nebst jenen Plätzen insbesondere Berlin. Die ersten Befestigungen entstammten dem Mittelalter. Nach dem siebenjährigen Kriege wurden die Werke zum Theil abgetragen, theils blieben sie halbzerstört liegen. Napoleon I. ließ dieselben jedoch 1813 wieder herstellen und verstärken und unter der preußischen Regierung sind sie noch um vieles erweitert und vervollkommnet worden. 1547 wurde es von Karl V., 1760 von der Reichsarmee gegen die Preußen, 1814 von den Preußen unter Tauenzien (s. d.) gegen die Franzosen genommen.

Wittstock, preußische Stadt an der Dosse von 7000 Einwohnern, hier 1636 schwere Niederlage der Oestreicher und Sachsen durch die Schweden. Die Sieger machten außer 8000 Gefangenen eine Beute von 42 Kanonen, 151 Fahnen und über 1000 Munitions-, Fourage- und Packwagen.

Witzleben, Joh. Wilhelm Karl Ernst von, geboren 1783 zu Halberstadt, trat 1799 in das Heer, gerieth nach der Schlacht bei Jena in Erfurt in Gefangenschaft. 1807 freigegeben, wurde mit militair-diplomatischen Geschäften betraut, avancirte 1808 zum Stabscapitain, 1812 zum Major, zeichnete sich bei Großgörschen aus und wurde viel bei strategischen Operationen verwendet, die er überall mit großer Umsicht und Sicherheit ausführte. 1815 war er Oberst und Generalstabschef, 1816 Inspecteur der Jäger und Schützen und Generalstabschef des Bülow'schen Armeecorps. 1817 trat er ins Ministerium, 1818 wurde er General und Generaladjutant des Königs, 1831 Generallieutenant, 1833 Kriegsminister. 1835 zog er sich wegen gebrochener Gesundheit ins Privatleben zurück und starb 1837. Er war einer der gebildetsten Offiziere und ein in hohem Grade edler Mensch.

Witzleben, Karl August Friedrich von, geb. 1773, trat als Kind in das preußische Heer, machte die Feldzüge von 1792—1795, 1806, 1811 in Spanien, 1813 und 1814 mit. Vom Jahre 1806, und zwar nach seiner Gefangenschaft, war er in großherzoglich bergischen Diensten bis 1813, in welchem Jahre er als Oberst russische Dienste nahm. In der Unterhaltungsliteratur hat er sich durch viele hübsche Schriften unter dem Namen A. von Tromlitz einen Rang erworben. Er starb 1839.

Wladimir, russisches Gouvernement von 862 ☐ Meilen, die gleichnamige Hauptstadt liegt im Susdal, war zur Zeit, da sie Residenz der Großfürsten von Rußland war, eine feste Stadt und hatte einen großen Kreml. Die Werke sind aber ganz vernachlässigt und zum Theil verbaut oder zertrümmert, da sie nach der Eroberung durch die Tataren 1410 nicht wieder hergestellt wurden.

Wladimir, der Große, der Heilige, Vergrößerer und eigentliche Gründer des russischen Staats, Einführer des Christenthums, Gründer der Stadt Wladimir; ein edler und großer Monarch mehr noch als Staatsmann, denn als Krieger, obschon auch seine Unterwerfung der Nachbarvölker glänzende Thaten waren. (10. Jahrhundert — s. Rußland.)

Wladislaw 1. (Lokjetek, bed. Ellenlang), einer der edelsten Könige Polens, gelangte nur nach vielen Kämpfen mit polnischen Mächtigen und Fürsten zum Thron, mußte ihn wieder verlassen und erhielt ihn zum zweiten Male. Er vereinigte das durch mächtige und übermüthige Vasallen zerrissene Reich, vertrieb zuerst die Böhmen, dann den Herzog Boleslaw von Oppeln, der durch die Kreuzritter zu Usurpation der Krone angeregt wurde, und schlug endlich die Kreuzritter bei Polowce (27. September 1331), die ihm durch die schändlichste Politik unermeßliches Wehe zugefügt hatten. W. war ein Feind des Krieges aus Humanität, und erst wenn alle friedlichen Mittel, das gerechte

Ziel zu erreichen, erschöpft waren, erst dann machte er von dem Schwerte Gebrauch, aber dann schwang er es auch als ein echter Held. Starb 1333. Die Vermählung seines Sohnes Kazimierz mit der Tochter des Großfürsten Gedymin von Litthauen hatte nicht bloß den Zweck, an Litthauen einen Verbündeten gegen die Kreuzritter zu gewinnen, sondern die Vereinigung Litthauens mit Polen lag schon in Wladislaws weiser Berechnung.

Wladislaw II., III., IV., s. Jagiello, Polen.

Wodan, Wuotan, Odin, höchste Gottheit der Germanen, vorgestellt einäugig, der Himmel, geschmückt mit den Gestirnen, war sein Mantel, ritt auf achtfüßigem Rosse, der Sturm kündete seinen Ritt an, liebte alles Gute und Edle, aber vor Allem das Heldenthum, daher sein ganzes Wesen kriegerisch, die Walkyren und die Geister der in den Schlachten Erschlagenen bildeten seine Begleitung. Aller Segen kam von ihm, und besonders der Frühling und die Ernte. (S. Asen.)

Wojewoda, (Wopna [Krieg], Wodzic [führen], slawisch), Heerführer, Kriegsgouverneur einer Provinz im ehemaligen Polen, Titel der Beherrscher der Moldau und Walachei in früherer Zeit, Serbiens noch gegenwärtig.

Wojewodschaft, das Gebiet eines Wojewoden.

Wojewodschaft Serbien, s. Oestreich.

Wolfe, James, Engländer geboren 1726, focht während des östreichischen Erbfolgekriegs in den Niederlanden und stieg schon hier durch außerordentliche Bravour zum General auf. 1758 erhielt er ein Commando gegen die aufständischen Colonien in Amerika, war bei der Einnahme von Louisburg und Cap Breton und lieferte siegreich die schwere Schlacht bei Quebec (1759), durch welche Canada für England gewonnen wurde. W. fiel in der Schlacht und wurde unter großer Trauerpracht nach London gebracht.

Wolfenbüttel, Fürstenthum, s. Braunschweig.

Wolfenbüttel, früher Residenz der Herzöge von Braunschweig und eine starke Festung mit Zitadelle. Den Character der Festung hat es gänzlich verloren. 10,000 Einwohner. 1641 hier Niederlage der Kaiserlichen durch die Schweden.

Wolfsgruben, Annäherungshinderniß bei Fortificationen sowohl im Felde, als bei Festungen, auch in Pässen und Defilees statt der Verhaue und Verpfählungen gebraucht. Sind Gruben von 7 bis 8 Fuß Tiefe und wenigstens 5 Fuß quadratischer Weite. Werden auf dem bestimmten Terrain in mehren Reihen so angelegt, daß die Gruben der hinteren Reihe die Zwischenräume der vorderen Reihe decken. Die ausgeworfene Erde muß ausgebreitet werden, damit sie dem Feinde keine Brustwehr gewähre. In den Grund der Gruben werden mehre oben spitze Pfähle eingeschlagen. Werden die Gruben gedeckt, was durch leichtes Reisig und eine schwache Schicht Erde geschieht, so wird das Terrain desto gefahrvoller für den etwa angreifenden Feind. Cavalerie kann sich nie auf das Terrain der Wolfsgruben begeben und selbst Infanterie muß mit großer Vorsicht avanciren. Setzt sich indessen der Angreifer in den Wolfsgruben fest, so können sie sehr verderblich werden und es ist daher oft über ihren Werth gestritten worden. Cavalerie gegenüber ist indessen ihre Zweckmäßigkeit unbestreitbar.

Wolga, s. Rußland.

Wolgast, preußische Stadt von 6000 Einwohnern an der Mündung der Peene in die Ostsee, mit Hafen, Werften und Schifffahrtsschule. Hier landete Gustav Adolph 1630. W. war starke Festung und Residenz der pommerschen Herzöge. Wurde im dreißigjährigen Kriege 4 Mal (1628, 1630, 1637 und

1638) erobert. 1675 nahmen es die Brandenburger. Im nordischen Kriege verheerten es die Russen (1713) und die Schweden eroberten es (1715).

Wologda, russisches Gouvernement, s. Rußland. Die gleichnamige Gouvernementsstadt hat einige unwichtige Befestigungen, Garnison und ist Sitz des Kriegsgouverneurs.

Wolzogen, Justus Ludwig Freiherr von, geboren in Meiningen 1773, auf der Karlsschule in Stuttgart gebildet, trat 1792 in das Würtembergische Heer als Offizier, aber schon 1794 in das preußische, wurde 1802 Lehrer des Prinzen Eugen von Würtemberg, trat 1805 mit dem Hauptmannsrang ganz wieder in würtembergische Dienste, aber um nicht unter französischer Fahne fechten zu müssen, trat er als Major in russische Dienste (1807) und wurde beim Quartiermeisterstabe placirt. 1810 wurde er Flügeladjutant des Kaisers. 1811 erhielt er eine geheime militairische Mission. Den Feldzug 1812 machte er im Generalstabe Barclay de Tollys, den 1813 im Hauptquartier des Kaisers mit. Nach der Schlacht bei Leipzig wurde er Generalmajor, 1816 Lehrer des Kronprinzen und Prinzen Wilhelm von Preußen in den Kriegswissenschaften. Er blieb in Preußen, wurde 1818 Mitglied der Militaircommission des deutschen Bundes, 1820 Generallieutenant, 1836 commandirender General, als welcher er sich nun ins Privatleben zurückzog. Starb 1845.

Woolwich, englische Stadt von 18,000 Einwohnern, und das eigentliche Arsenal der britischen Land- und Seemacht, eigentlich eine einzige ungeheure Militairanstalt, wie die Welt kaum eine zweite besitzt. Vor Allem sind die Artilleriewerkstätten sehenswürdig, wegen ihrer Maschinen und ihrer Größe. Zu ihnen gehört die größte Geschützgießerei des Reichs nebst Bohranstalt und Anstalt für congrevische Raketen. Das Arsenal enthält einen Vorrath von 20—30,000 fertigen Geschützen, denen nichts mangelt, als die Zusammensetzung und mehre Millionen Kugeln aller Art. Zu dem Arsenal gehört ein großes Feuerwerkerlaboratorium. Es befinden sich hier ebenfalls im größten Maßstabe Handfeuergewehrfabriken und Schwertfegereien, für die Marine Schmieden, Seilereien, Segeltuchwebereien und andere Werkstätten. Die Marinemagazine enthalten Alles, was zur Ausrüstung mehrer Flotten erforderlich ist und Proviantvorräthe sind in ungeheurer Masse aufgespeichert. Es befinden sich hier die schönsten Kasernen für alle Waffen, die größten für die Artillerie und Marine, die großartigsten Hospitäler, Academien für Artillerie und Genie. W. hat auch große Schiffsbauanstalten, Werfte und Docks. Es ist Hauptmarinestation. In den Werkstätten arbeiten gegen 4000 Menschen. Zu den gröbsten Arbeiten werden auch Strafgefangene gebraucht, für welche hier auf festliegenden abgetakelten Schiffen eine Anstalt besteht.

Worcester, englische Stadt an der Severn, 28,000 Einwohner, Garnison, hier Niederlage König Karls II. durch Cromwell 1651.

Worms, historisch höchst interessante Stadt, in der viele deutsche Reichstage gehalten wurden, großherzoglich hessisch, 9500 Einwohner, in Garnison ein Infanterieregiment, Militairhospital, einst wohl befestigt, jetzt offene Stadt. 1743 hier Bündniß zwischen England, Ungarn und Sardinien, bekannt unter dem Namen Wormser Tractat.

Woronesch, russisches Gouvernement von 1209 ☐ Meilen, merkwürdig wegen seiner großen Militairstutereien. Die gleichnamige Hauptstadt an der Mündung des Woronesch in den Don, hier eine große Cadettenanstalt und ein Invalidenhaus für die Marine, Werfte und große Werkstätten für den Schiffsbau, starke Garnison, schöne Kasernen und Militairhospital. 40,000 Einwohner.

Worontzow, Michael Fürst von, geb. 1782 in Petersburg, wurde in England erzogen, wohlausgebildet trat er in das vaterländische Heer, machte seine erste Waffenschule im Kampfe gegen die Kaukasier, 1805 aber den Feldzug gegen Frankreich mit, desgleichen den 1807, nahm dann am Kriege gegen die Türkei Theil und führte 1812 eine Grenadierdivision gegen Napoleon mit Muth und Geschick. Als Generallieutenant wurde er 1813 detachirt und schlug ein französisches Corps bei Bromberg am 18. Januar. Er kämpfte bei Leipzig, erhielt darauf den Oberbefehl über die Infanterie Wizingerode's, den er bis zu Ende des Krieges behielt. Bei der Einnahme von Paris führte er seine Infanterie zur Unterstützung Kleists und Yorks gegen den Moutmartre und erstürmte Lavillette. 1815—1818 war er Befehlshaber des 24,000 Mann starken russischen Occupationsheeres. Er war Bevollmächtigter beim Aachener Congreß und wurde nach seiner Rückkehr Generaladjutant des Kaisers. 1823 erhielt er das Gouvernement Odessa und zu diesem wurde in besonderer Rücksicht auf ihn noch das Gouvernement Bessarabien und ganz Südrußland bis zum caspischen Meere gefügt. 1827 leitete W. die Friedensunterhandlungen mit Persien. 1828 leitete er die Belagerung von Varna, dessen Capitulation am 11. October erfolgte. 1845 erhielt er den Oberbefehl über das kaukasische Heer mit fast dictatorischem Machtumfange und gänzlicher Unabhängigkeit vom Ministerium. Er erstürmte die Residenz Schamyls, schränkte sich aber zuletzt gänzlich auf die Einschließung der feindlichen Kaukasusländer und erlangte dabei einen besseren Erfolg als frühere Oberbefehlshaber mit den energischsten Angriffskriegen. Beim Ausbruch des orientalischen Krieges, der ihm ungerecht erschien, zog er sich aus dem Staatsdienste zurück und legte alle seine Aemter nieder (1854). Er war Oberbefehlshaber der kaukasischen Armee, Generalstatthalter der kaukasischen Länder und Generalgouverneur von Neurußland und Bessarabien. Er begab sich nach Dresden, lebte aber nur noch eine kurze Zeit. Der Kaiser Nikolaus hatte ihn 1845 in den Fürstenstand erhoben. Sein Sohn Ssemen Michailowitsch ist russischer General.

Wrangel, Karl Gustav Graf von, geb. 1613, Schwede, dessen Vater Feldmarschall und Gouverneur von Finnland war, trat als Knabe in das schwedische Heer und machte Gustav Adolphs Feldzüge in Polen und Deutschland mit, commandirte unter Bernhard von Weimar, später unter Torstensohn, und erhielt dann den Befehl über die schwedische Flotte in der Ostsee, mit welcher er die dänische bei Femern schlug, trat dann, zum Grafen erhoben, an die Spitze der Schweden in Schleswig und erhielt 1646 den Oberbefehl. Er erzwang vom Kurfürsten von Baiern den Waffenstillstand von Ulm, er belte Eger und siegte kurz vor dem Frieden bei Zugmarshausen. 1656 betheiligte er sich an der Schlacht bei Warschau. In Dänemark eroberte er 1658 Kronborg und führte längere Zeit die Flotte mit großem Geschick und erhielt 1674 den Oberbefehl über die gegen Kurbrandenburg geschickte Armee, welche von dem großen Kurfürsten gänzlich geschlagen wurde. Wegen Krankheit konnte er sich schon in diesem Kampfe nicht persönlich betheiligen.

Wrangell, Friedrich Heinrich Ernst Freiherr von, Preuße, geboren 1784, trat schon als Knabe in das preußische Heer, war 14 Jahre alt Offizier, erhielt im Feldzuge 1807 den Orden pour le mérite, wurde 1811 Rittmeister, focht 1813 bei Großgörschen und Leipzig mit Auszeichnung, wurde Major und 1814 nach mehrfachen Beweisen kriegerischer Tüchtigkeit Oberstlieutenant und 1815 Oberst, 1823 Generalmajor, 1838 Generallieutenant, 1839 General der Cavalerie und 1845 Ehrenchef eines Regimentes. 1848 erhielt er den Oberbefehl über die gegen Dänemark nach Holstein und Schleswig geschickten Truppen, rückte mit den glücklichsten Operationen bis Jütland vor, mußte da aber wegen Rücksicht auf die politischen Verhältnisse stehen bleiben und sah bald an diesen die Früchte seiner Siege zu Grunde gehen. Allein seine Sendung hatte auch einen anderen Zweck gehabt, nämlich den, eine bedeutende Heeresmacht in seiner Hand zu vereinen, um sie dann der Revolution im eignen Lande entgegen zu stellen. Im September legte er den Oberbefehl nieder und zog am 9. Nov. mit bedeutender Heeresmacht in Berlin ein, wo er die schon im neuen Emporheben begriffene Revolution völlig niederdrückt:, wofür ihm die Würde des Feldmarschalls verliehen wurde. Er steht nicht bloß beim Heere, sondern auch bei der Bevölkerung in hoher Achtung und den Uckermärkern gewährte es ein förmliches Fest, wenn der alte Feldmarschall alljährlich in der Nähe Gramzows seine Jagd hielt.

Wrangell, Ferdinand Baron von, Esthländer, geb. 1795, wurde in Petersburg für den Seedienst ausgebildet, machte mehre große wissenschaftliche Seereisen mit Krusenstern und Golownin und leitete 1820 selbst eine solche, durch welche das Cap Schelagin und die Bäreninseln ihre geographische Bestimmtheit erhielten. Nachdem er noch eine Reise um die Welt gemacht, wurde er Gouverneur des russischen Nordamerikas (1829). 1836 wurde er Contreadmiral, nachdem er bereits nach Petersburg zurückgekehrt war, und 1847 Viceadmiral.

Wrangell, Karl Karlowitsch, Russe, avancirte rasch, führte 1831 in Polen ein Regiment und wurde dann nach dem Kaukasus commandirt, wo er Großes nicht geleistet hat oder nicht zu leisten vermochte. Nach dem Ausbruche des orientalischen Kriegs wurde er auf den asiatischen Kriegsschauplatz geschickt, wo er am 31. Juli 1854 den Pascha Selim bei Karabu'ak schlug und die Festung Bajesid nahm. Sein Kampf bei Karabulak war unbestreitbar mit großem Geschick geführt worden. Als die Alliirten Sebastopol bedrängten, wurde ihm das Commando in Kertsch mit dem Auftrage übergeben, ein etwaiges Eindringenwollen der feindlichen Flotten in das asowsche Meer zu nichte zu machen. Die Besatzung war 9000 Mann stark und die Fortification reich armirt. Trotzdem ließ er nach den ersten unbedeutenden Angriffen die Werke sprengen und die Besatzung sich in's Land zurückziehen. Er selbst begab sich nach Argin, um da seine Truppen zu sammeln, allein er wußte nicht einmal wohin die Truppen ihren Weg genommen. Trotz dieses nie zu rechtfertigenden Verhaltens erhielt W. das Commando des 3. Armeecorps. Beim Heere heißt er W. I.

Wrangell, Karl Egorowitsch Baron von, beim Heere Wrangell II., russischer Generallieutenant, kämpfte mit W. I. im Kaukasus und machte den orientalischen Krieg mit als Divisionsgeneral.

Wrangell, Alexander Baron von, russischer Generallieutenant, commandirte mit im Kaukasus und hat sich daselbst unter Woronzow mehrfach ausgezeichnet.

Wrede, Karl Philipp Fürst von, Baier, geb. 1767, studirte, wurde Assessor, später Oberlandescommissar in der Pfalz, befand sich seit 1793 im östreichschen Hauptquartiere, 1799 organisirte er in der Pfalz ein Truppencorps und wurde mit dem Character eines Obersten an dessen Spitze gestellt und machte nun die Feldzüge von 1799 und 1800 mit, wurde auch im letzten Jahre General und 1804 Generallieutenant, 1805 erhielt er den Oberbefehl über das bairische Operationsheer und focht nun unter französischer Fahne sowohl 1805, als 1806, 1807, 1809 und 1812. Bei Wagram gab er, im rechten Augenblicke eintreffend die Entscheidung. 1812 erhielt er den Rang eines Generals der Cavalerie, nachdem er bereits zum französischen Reichsgrafen erhoben worden war. Er entwickelte großen Eifer in der Schlacht bei Polock, erhielt den Oberbefehl über das ganze bairische Contingent, operirte beim Rückzug des französischen Heeres zur Deckung desselben und kehrte nach

Baiern zurück, um ein neues Heer zu bilden. Nach dem Vertrage von Ried, in welchem auch Baiern der Alliance beitrat, trat W. an die Spitze eines östreichisch-baierschen Heeres und suchte mit demselben Napoleon nach der Schlacht bei Leipzig den Rückzug abzuschneiden, war aber nicht im Stande in der Schlacht bei Hanau den Sieg zu erlangen. 1814 commandirte er in den Schlachten bei Brienne, Bar sur Aube und Arcis sur Aube, und lieferte den Franzosen bei Bosny und Donnemarie allein siegreiche Treffen. Er wurde zum Feldmarschall und Fürsten erhoben und erhielt in Baiern Güter. Im Frieden erwarb er sich als Diplomat und Staatsmann große Verdienste. Er stand als Krieger unzweifelhaft sehr hoch, wenngleich der oft ausgesprochenen Behauptung, daß er in die Reihe der deutschen Patrioten nicht gestellt werden kann, schwer zu widersprechen ist, da er in der That mit eben so großer Freudigkeit gegen die Deutschen gefochten, als später gegen die Franzosen. Starb 1838.

Broniedt, Antoni, Pole, geb. 1790, trat beim herzoglich warschauischen Heere ein, nahm aber bald französische Dienste, wo er 19 Jahre alt Hauptmann, machte den russischen Feldzug mit, trat nach dem Kriege in das polnische Nationalheer, avancirte zum Oberstlieutenant, trat 1830 der Revolution bei, wurde Oberst, nach der Schlacht bei Grochow General, commandirte bei allen Hauptkämpfen und mit besonderer, wenn auch fruchtloser Energie, bei der Vertheidigung Warschaus im September. Er schrieb über die Bataillonsoperationen im kleinen Kriege und über die Infanterie. Starb in Frankreich 1838.

Wurstwagen sind niedrige kleinrädrige Fuhrgeschirre, die zu beiden Seiten einen Auftritt und in der Mitte ihrer Länge nach einen Munitionskasten haben, der eingerichtet ist, zwei mit dem Rücken gegen einander sitzenden Reihen von Personen Sitz zu gewähren. Sie sind bei der Fußartillerie einiger Heere eingeführt und dienen hauptsächlich dazu bei schnellen Bewegungen die Bedienung zu befördern und damit der Fußartillerie die Fähigkeiten der reitenden Artillerie zu geben. Bei den meisten Heeren wird die Bedienung auf Zugpferden, Protzkarren und Geschützen mit fortgeführt. Bei den Raketbatterien sind die W. berechtigter. (S. Artillerie.)

Würtemberg, deutsches Königreich und Bundesstaat, von 354 ☐ M. mit 1,750,000 Bew., umgeben von Baiern, Baden, Preußen und dem Bodensee, theils Flachland, theils schönes Hügelland, da es zum Theil der Schwarzwald, die schwäbische Jura und die algauer Alpen einnehmen. Hauptstrom ist die Donau, die schon im Würtembergschen schiffbar wird. Hauptstadt und Residenz des Königs Stuttgart. Schwunghafte Pferdezucht in guter Race. Königliche Gestüte zu Weil, Scharrnhausen, Klein-Hohenheim, Seegutpark und Monrepos, Landesgestüt mit 4 Gestüthöfen zu Marbach, Offenhausen, Güterstein und St. Johann und dem Landesbeschälerstalle zu Stuttgart. An Bildungsinstituten existiren zu Stuttgart eine Officierbildungs- und Guidenschule, eine Thierarzneischule und polytechnische Schule, zu Ludwigsburg eine Kriegsschule; auch zu Stuttgart ein vortreffliches statistisch-topographisches Bureau. Das Land eingetheilt in den Neckar-, Schwarzwald-, Jagt- und Donaukreis und 64 Oberämter; enthält 1912 Gemeinden. Staatseinnahme beträgt über 14 Mill. Gulden, die Ausgaben eine ziemlich gleiche Summe. Civilliste des Königs 880,000 Gulden nebst dem Familienfideicommißgutertrage von 280,000 Gulden. Apanagen 234,081 Gulden, Unkosten des Heeres 2,995,799 Gulden. Militairpensionen 219,200 Gulden. Eisenbahnen (ausschließlich Staatsbahnen) 41 Meilen Strecke. Die Staatsschuld beträgt 60,193,592 Gulden, dabei 3 Millionen unverzinsliche Schuld (Papiergeld). Das Militairwesen stellt

sich auf folgende Angaben: Conscription mit Stellvertretung — 6jährige Dienstzeit — Landwehr in 3 Aufgeboten bis zum 32. Altersjahre (ist aber factisch
kaum vorhanden). Das Heer besteht aus 1 Division zu 3 Brigaden, 8 Regimentern, 16 Bataillonen, 64 Compagnien Infanterie; 1 Leibgarde-Schwadron,
1 Feldjäger-Abtheilung und 1 Division von 4 Regimentern zu 4 Schwadronen
Cavalerie; 1 Regiment von 4 Bataillonen Artillerie, und zwar 1 Bataillon
reitender mit 2 Batterien, 1 Bataillon leichter mit 2 Batterien, 1 Bataillon
schwerer mit 2½ Batterien (zusammen 52 Geschütze und 1 Bataillon Festungs-
artillerie). Das Pioniercorps besteht aus 2 Compagnien. Präsenzstand im
Frieden ist 9893, Kriegsfuß 24,869 Mann. Festungen des Landes sind Ulm
(Bundesfestung) und Hohen-Asperg, letztere fast ganz ohne Wichtigkeit. W. besitzt eine constitutionelle Staatsform und ist eine Königsmonarchie, die erst
in männlicher Linie forterbt und dann auf die weibliche übergeht. Im Plenum
des Bundes hat W. 4, im engeren Rathe nur eine Stimme. Das Staats-
grundgesetz datirt vom 25. Sept. 1819, hat aber mehrfache Veränderungen
erlitten. Nach demselben haben die Stände bei der Gesetzgebung eine mehr
als berathende Stimme, und es besteht ein Staatsgerichtshof, der in Streitigkeiten des Landes mit der Krone entscheidet. Der König übt demungeachtet
alle Staatsgewalten aus und ist namentlich oberster Befehlshaber des Heeres
und bestimmt, jedoch nach Anhörung des Rathes der Stände, über Krieg und
Frieden. Zur Hilfe ist ihm eine geheime Kriegskanzlei für Militairangelegenheiten beigesetzt. Oberste berathende Behörde ist der geheime Rath. Das
Ministerium besteht aus fünf Departements, darunter eines für den Krieg.
Würtemberg war in der frühesten bekannten Zeit von swevischen Germanen
bewohnt. Die Römer bemächtigten sich zuerst dieses Landes und befestigten
sich darin. Im 2. Jahrhundert schon drängten sich die Alemannen herein,
die im 5. Jahrhundert von den Franken unterjocht wurden. Doch entstand
zugleich ein schwäbisches Herzogthum, die Wurzel der jetzigen Monarchie, an
deren Spitze sich die Nachkommen des alemannischen Herzogs Bertold erhielten.
Der Name W. entstand im 12. Jahrhundert durch die Residenzburg Würtemberg. Seit dem 13. Jahrhunderte war W. unaufhörlich in Kriege verwickelt,
die meist jedoch nur Fehden genannt werden konnten. Stets indessen war
W. auch an den großen innern und äußern Kriegen des deutschen Reichs
betheiligt. Die schwersten Fehden waren die gegen den König Rudolph und
Heinrich VII. Bis ins 16. Jahrhundert wimmelt die Geschichte W.'s von
Fehden, die das Land ebenso oft vergrößerten als in Nachtheil brachten und
oft auf Acte sich concentrirten, die einer größern Kriegsgeschichte wohlange-
standen hätten. Die reichste Periode der würtembergschen Kriegsgeschichte war
unter Eberhard dem Greiner. Nach den vielen Fehden, von welchen W. durch
die Adels- und Städtebündnisse, Reichs- und Familienstreitigkeiten überzogen
wurde, wurden die einzelnen Theile 1482 auf immer untheilbar vereinigt.
1504 bestand W. siegreich einen Krieg mit Baden. Aber der Kampf gegen
den schwäbischen Städtebund lief sehr unglücklich ab, da W. ganz in die Hand
des Feindes kam und der Herzog flüchten mußte. Allein 1534 machte sich W.
durch den Sieg bei Lauffen von den Oestreichern, die das Land besetzt hatten,
wieder frei. Im dreißigjährigen Kriege erlitt W. die größte Verheerung,
wurde von allen Heeren heimgesucht und konnte doch selbst niemals einen ehrenvollen Antheil nehmen. In den Kriegen Ludwigs XIV. mit Oestreich wurde
W. als ein östreichisches Lehen schrecklich mißhandelt und wo das Land seine
eigne Kraft einsetzte, wie bei Detisheim (1688), unterlag es der Uebermacht
der Franzosen. Ebenso litt W. im spanischen Erbfolgekriege, in welchem seine
Truppen unausgesetzt beim kaiserlichen Heere thätig waren. Am Ende des

17. Jahrhunderts war ein stehendes Heer geschaffen worden. Im polnischen Thronfolgekriege nahm W. wieder an Oestreichs Unternehmungen in dessen Interesse Theil. Das Heerwesen war umfänglich und gut organisirt. Der Herzog Karl Alexander war nicht bloß Militairfreund, sondern ein tüchtiger Feldherr, in Oestreich Feldmarschall. Unter seinem Nachfolger wurde das Heer reducirt und das Heerwesen vernachlässigt. Am siebenjährigen Kriege nahm W. Theil und der Prinz Friedrich Eugen von W. erwarb sich großen Ruhm. Gegen die französische Republik stellte W. wiederholt starke Contingente. Allein 1794 konnte sich W. nur durch einen Waffenstillstand vor der feindlichen Uebermacht retten, nach welchem die würtembergischen Truppen sich von den Reichstruppen trennten. W. blieb in Gunst Frankreichs, erhielt 1803 die Kur- und 1806 die Königskrone. Seit 1805 stellte W. Contingente zum französischen Heere, aber 1813 machte sich W. nach der Schlacht bei Leipzig vom Bunde mit Frankreich los und schloß sich der Alliance an. Die alten Herzöge von W. unterhielten eine ansehnliche Truppenzahl, während des siebenjährigen Krieges 41,000, nach 1783 gegen 6000 Mann. Zum Rheinbunde stellte W. 12,000, die mit nach Rußland ziehen mußten. 1812 mußte ein neues Heer geschaffen werden, welches bis 1815 nach Kräften des Landes vergrößert wurde. W. hat 3 Ritterorden: den Orden der würtembergschen Krone, der 1818 aus dem Civilverdienstorden und dem Orden des goldnen Adlers gebildet worden ist, den Friedrichsorden (gestiftet 1831) und den Militairverdienstorden. (S. Deutschland.)

Würzburg, bairische Stadt in Unterfranken von 28,000 Mann, Garnison, früher mit starken Umfassungswerken versehen, und von der Festung Marienberg beherrscht, welche auf einem hohen Berge am Main, der früher ein römisches Castell trug, steht. W. hat eine berühmte Universität und reiche wissenschaftliche Anstalten, ein adliges Ritterstift, Thierarzneischule und Schwimmschule. Hier Niederlage der Franzosen unter Jourdan durch die Oestreicher unter Erzherzog Karl 1796.

Wurzen, königlich sächsische Stadt von 5500 Einw., an der Mulde, Garnison. Die Stadt wurde im dreißigjährigen Kriege zwei Mal (1637 und 1643) genommen.

Wysocki, Peter, Pole, geb. 1799, trat 1817 in das polnische Nationalheer ein und 1824 wurde er als Lehrer zur Fähnrichschule in Warschau commandirt. Er gründete die geheime politisch nur in Militairkreisen ausgebreitete politische Gesellschaft, welche die polnische Revolution von 1830 erhob. Er selbst gab das Signal dazu, indem er an der Spitze seiner Fähnriche in das Schloß des Großfürsten Constantin eindrang. Focht als Hauptmann bei Wawre und Grochow und unter Dwernicki bei Seroczyn und Pulawy, mußte aber bei Chlebanowka mit dem Dwernickischen Corps auf östreichisches Gebiet übertreten. Er kehrte nach Polen zurück, wurde Oberst und übernahm bei der Vertheidigung Warschaus bei Wola in der vordersten Stellung das Commando. Hier kämpfte er mit wahrer Wuth, fiel aber schwer verwundet in Gefangenschaft, wurde zum Tode verurtheilt, aber zur Verbannung begnadigt und starb in den sibirischen Bergwerken 1837.

X.

Xalisco, mexikanischer Staat, s. Amerika.

Xanthippus, Spartaner, geprüfter Held, machte den ersten punischen Krieg auf Seite Karthagos und zwar als Feldherr mit und errang bei Tunes einen großen und entscheidenden Sieg (255 v. Chr.), mußte aber, vom Neid verfolgt, das Obercommando niederlegen und sich flüchtend entfernen.

Xanthos, berühmte kleinasiatische Küstenstadt am Xanthos, Hauptstadt in Lycien, zerstört 546 und 43 v. Ch., berühmt durch ihre Vertheidigungen, in denen der letzte Rest der Vertheidiger sich selbst tödtete, um die Schmach der Gefangenschaft nicht zu ertragen. Noch sind von ihr schöne Ruinen vorhanden.

Xeres de la Frontera, spanische Stadt am Guadalete von 40,000 Einw., 3 M. von Cadiz, starke Garnison. Hier 19.—26. Juli 711 Niederlage der Westgothen unter Roderich durch die Mauren unter Tarik. Hierdurch wurde die Herrschaft der Mauren in Spanien entschieden und das westgothische Reich vernichtet.

Xerxes I., König von Persien, der durch den Umfang seiner Macht verleitet wurde, sich für einen großen Feldherrn zu halten. Nachdem er 485 v. Chr. den Thron bestiegen, unterjochte er Griechenland und unternahm einen Eroberungskrieg gegen Griechenland, für welchen er ein Heer von 1,500,000 Menschen und eine Flotte von 1200 Schiffen herstellte. Um das Heer nach Europa zu bringen, ließ er den Hellespont zweimal überbrücken. Im Engpasse der Thermopylen trat er die kleine Heldenschaar des Leonidas nieder und zerstörte hierauf Athen, wurde aber bei Salamis entscheidend geschlagen, nachdem seine Flotte durch Stürme sowohl als durch die beiden Schlachten bei Artemisium ungeheuer gelitten hatte. Er eilte nach Asien zurück und überließ seinem Feldherrn Mardonius die Fortführung des Kriegs. Die Perser wurden nun ferner bei Mikale und Platää geschlagen und so endete dieser mit ungeheuren Mitteln unternommene Eroberungskrieg ohne irgend einen Erfolg. X. wurde 465 ermordet.

Ximenez, Francesco, Erzbischof von Toledo und Cardinal, Spanier, geb. 1437, einer der größten Staatsmänner Spaniens, hat sich auch als Krieger einen Namen gemacht. Um die Mauren zur völligen Botmäßigkeit zu bringen, unternahm er es, sie in ihrem Stammlande anzugreifen, um dadurch den spanischen Mauren den Rückenhalt zu nehmen. Er rüstete nun eine Flotte und ein Heer fast nur aus eigenen Mitteln, schiffte 1509 nach Afrika über und führte das Heer auf Oran. Hier schlug er die Mauren in einer Feldschlacht, erstürmte dann Oran und kehrte nun erst mit Zurücklassung einer starken Besatzung nach Spanien zurück, wo der geistliche Held unfreiwillig einen herrlichen Triumph feierte. Er starb, vom Kaiser Karl V. mit Undank zurückgesetzt, 1517.

Xylander, Joseph Karl August, Ritter von, Baier, geb. 1794, im Cadettencorps zu München gebildet, trat 1812 beim Geniecorps ein und wurde 1813 und die folgenden Jahre bei fortificatorischen Anlagen beschäftigt. Er wurde Lehrer am Cadettencorps zu München und Mitglied des Generalstabes. Später ertheilte er den Prinzen Maximilian von Baiern und August von Leuchtenberg Unterricht in den Kriegswissenschaften. Er schrieb „Strategie und ihre Anwendung", „Was ist neuere Befestigungskunst?", „Die Vertheidigung der Festungen im Gleichgewicht mit dem Angriffe" (Uebersetzung), „Lehrbuch der Taktik", „Die Heerbildung", „Ueber Kriegsentwürfe mit Rückblicken auf ältere und neuere Kriege", „Beitrag zur Geschichte des schwedischen Kriegs" und „Untersuchungen über das Heerwesen unserer Zeit". Er wurde 1846 Militairbevollmächtigter beim deutschen Bunde und später sogar Bundestagsgesandter für Baiern und einige kleine Staaten. Starb 1854.

Y.

Yatagan, Handschar, Schlacht- oder Kampfmesser, ein zweischneidiges Messer von 18 Zoll Länge, Scheide und gewöhnlich sehr reichverziertem Griffe, sehr ähnlich dem Hirschfänger. Wird im Gürtel getragen und ist bei den Kaukasiern, Persern und den meisten asiatischen Völkern allgemein. Wird hauptsächlich im Handgemenge, häufig aber auch bei Stürmen als Bajonnet gebraucht.

York, englische Grafschaft von 281 ☐ M., s. Großbritannien.

York, Hauptstadt der gleichnamigen englischen Grafschaft, zur Zeit der Römerherrschaft Hauptstadt und wichtigster Waffenplatz von Britania, Geburtsort Constantins des Großen, Grabstätte der Kaiser Septimius Severus und Constantius Chlorus, war bis in die neuere Zeit eine starke Feste, deren Werke zum Theil noch römischen Ursprungs waren. Eduard I. vollendete zuerst eine vollständige Befestigung und seit 1831 wurden die verfallenen Werke wieder neu aufgebaut. Dieselben schließen Y. im Viereck ein. Aus dem ursprünglichen Kastell ist das Residenzschloß (jetzt Zuchthaus) erbaut worden. Dabei liegt, zum Theil verfallen, der Cliffordthurm. Hier Obeliske für Marlborough und Nelson. Garnison. 867 von den Dänen erstürmt, 867 die Angelsachsen hier von den Dänen geschlagen, 1644 hier die königlichen Truppen von den Parlamentstruppen geschlagen und Y. erobert.

York, Herzogliches Haus, Haus der weißen Rose, Abstammung von der Dynastie der Plantagenet, Partei in dem Kriege der rothen und weißen Rose (s. Großbritannien).

York, Friedrich Herzog von, Sohn König Georgs III. von England, geb. 1763, erlernte den Kriegsdienst in Preußen, 1793 erhielt er den Oberbefehl über das englische Heer in den Niederlanden, erlitt aber Niederlagen bei Honscoote und 1799 bei Bergen und zeigte sich überhaupt ganz unfähig. In Folge schlimmer Beschuldigungen wegen seiner Heeresverwaltung legte er die Würde eines Feldmarschalls nieder und starb 1827.

York von Wartenberg, Hans David Ludwig Graf von, Preuße, geb. 1759, nahm 1772 preußische, 1781 in Folge von Zerwürfnissen holländische Dienste und machte in Indien gegen die Engländer die Kämpfe von 1783—1784 mit. Aus Indien zurückgekehrt, erhielt er wiederum in Preußen unter Friedrich Wilhelm II. Dienste als Hauptmann, die er aus Anhänglichkeit an sein Vaterland annahm, obschon ihm in Holland die Charge des Oberstlieutenants angeboten worden war. 1792 wurde er Major, machte den Feldzug in Polen 1794 mit, avancirte 1800 zum Oberstlieutenant, 1803 zum Obersten. Beim Heere hatte er bereits eine gewisse Berühmtheit durch Einführung einer neuen Taktik der Jäger, die später beibehalten wurde. Er machte den Feldzug 1806 mit und deckte den Rückzug in einer Weise, die ihm allerseits rühmende Anerkennung verschaffte. Mit Blücher fiel er in

Lübeck in Gefangenschaft, wurde 1807 wieder frei und erhielt kurz darauf den Rang des Generals. 1810 wurde er Inspector der leichten Infanterie, führte seine Jägertaktik durchgehend ein. 1811 wurde er Generalkriegsgouverneur von Preußen. 1812 erhielt er das 2. Commando bei dem preußischen Contingente, das Napoleon nach Rußland folgen mußte, und bald nach Eröffnung des Feldzugs das erste Commando. Nachdem die Sache der Franzosen in Rußland zu Grunde gegangen, schloß er mit den Russen eine Convention und erklärte sich den Franzosen neutral, dies mit richtiger Erwägung der Verhältnisse Preußens, obschon er von seinem Könige keine Instruction hatte und der wichtige Schritt ganz von seiner Entscheidung abhing. Erwägt man, daß bei Unterbleibung dieses Schrittes Napoleons Unternehmungen trotz seiner Niederlage leicht einen ganz anderen Ausgang nehmen konnten, so wird man nicht abgeneigt sein, York als eine der bedeutsamsten geschichtlichen Persönlichkeiten anzuerkennen. 5. April 1813 schlug er den Vicekönig von Italien bei Möckern und Danniskow, 19. Mai Lauriston bei Weissig, führte nach der Schlacht bei Bautzen die Arrieregarde, entschied an der Katzbach, schlug Bertrand bei Wartenburg und errang dadurch den Elbübergang und that am ersten Schlachttage bei Leipzig durch Einnahme Möckerns den wichtigsten Sieg, der gewissermaßen den Gewinn der Schlacht bei Leipzig bestimmte. Dafür wurde er commandirender General, operirte 1814 höchst verdienstlich bei Montmirail, entschied den Sieg bei Laon und kämpfte in gewohnter Weise vor Paris. Er wurde nun zum Grafen von Wartenburg erhoben und erhielt das Obercommando in Schlesien, wo er zum Feldmarschall erhoben 1821 starb.

Ypsilantis, Alexander, Grieche, aus einer Fanariotenfamilie, geb. 1792, zu Petersburg erzogen, nahm 1809 russische Dienste, zeichnete sich 1812 bei Polock aus, wurde Major, verlor 1813 bei Dresden eine Hand, wodurch er verhindert wurde, den Feldzug weiterhin mitzumachen. Er wurde 1817 General, trat an die Spitze des griechischen Aufstandes in der Walachei 1821, flüchtete beim ersten übeln Ausgange nach Oestreich, wurde hier gefangen gehalten und starb 1828.

Ypsilantis, Dimitrios, Bruder des Vor., geb. 1793, nahm russische Dienste und machte den Feldzug 1814 mit, stellte sich 1821 mit seinem Bruder an die Spitze der griechischen Erhebung in der Walachei, ging nach dem Mißlingen in der Walachei nach Griechenland. Nach vielen Verdrießlichkeiten übernahm er den Oberbefehl bei der Bewegung von Tripolizza und nahm diesen Platz. Napoli di Romania zu nehmen mißglückte, dagegen nahm er Akrokorinth, vertheidigte Argos, zog sich dann, den Ränken der Gegenpartei nachgebend, längere Zeit vom Kriegsschauplatze zurück. 1825 bestand er bei Lerna einen glänzenden Kampf gegen Ibrahim Pascha, übernahm 1828 das Obercommando in Ostgriechenland, zog sich aber 1830 unzufrieden mit dem politischen Treiben in Griechenland, von diesem Oberbefehle zurück, spielte wohl aber noch die Rolle des Politikers und Staatsmanns. Starb 1832.

Ystad, schwedische Küstenstadt mit 2 Häfen und einigen alten unbedeutenden Befestigungen, hat 5000 Einw., Garnison und 2 Kasernen. War früher mit einer Zitadelle versehen, wurde 1368 von den Schweden und 1676 und 1677 von den Dänen genommen.

Zabern, Rhein-, pfälzisches Städtchen, hier 1793 starke Gefechte zwischen Franzosen und Oestreichern.

Zabern, Elsaß-, Stadt von 5500 Einw., früher sehr starke Festung mit Ringmauer, die mit 52 Thürmen besetzt und 365 Zinnen versehen war. Im dreißigjährigen Kriege erobert. 1696 die Werke geschleift. Hat ein schönes Schloß.

Zacatécas, mexicanischer Staat, s. Amerika.

Zähringen, Stammburg des badenschen Herrschergeschlechts, liegt im Oberrheinkreise, aber nur noch in wenigen Ruinen vorhanden.

Zajonczel, Joseph, Pole aus armer adliger Familie, geb. 1752, nahm 1794 als Oberst unter Kosciuszko an der Revolution Theil und wurde hierbei General, trat als solcher in das französische Heer, machte die Feldzüge 1796 in Italien und 1798 und 1799 in Aegypten mit, wurde französischer Generallieutenant, machte 1812 den Feldzug gegen Rußland mit, verlor an der Beresina ein Bein, wurde in Wilna gefangen, trat 1815 als General in das polnische Nationalheer, und wurde vom Kaiser zum Statthalter in Polen ernannt, verlor aber neben dem Großfürsten Konstantin jede Bedeutung. 1818 zum Fürsten erhoben, starb er 1826.

Zama, numidische Stadt, hier 202 v. Chr. die Karthager unter Hannibal nach großen Beweisen von Heldenmuth von den Römern unter Publius Cornelius Scipio geschlagen, Ende des zweiten punischen Kriegs (s. d.).

Zamoiski, Johann, Pole, aus reicher Adelsfamilie, geb. 1542, studirte in Paris und Padua, stieg rasch im Staatsdienste und wurde zuletzt Großkronfeldherr, als welcher er glückliche Kriege gegen Moskowien, die Moldau und die Schweden in den Ostseeprovinzen kämpfte. Er gab aus eignen Mitteln dem Reiche einen Grenzschutz und befestig'e zu diesem Zwecke seine eigene Stadt Zamosc. St. 1605.

Zamore, verfallene spanische Festung mit Stadt von 10,000 Einw., hat noch Armatur und ziemlich starke Besatzung, Kasernen, Hospital und Magazine. Hier die Mauren 812 und 904 geschlagen. Die Stadt durch Almanzor zerstört (11. Jahrhundert).

Zamosc, altpolnische Festung, von Zamoiski (s. d.) erbaut, am Wieprz und einem See. 5500 Einw. 1809 von den Oestreichern, 1813 von den Russen erobert, hat Magazin, Arsenal, Kasernen, Hospital. Ist kasemattirt. 1820 wurde sie von der Regierung erworben und stark fortifizirt.

Zanguebar, s. Afrika.

Zante, s. Griechenland und Jonische Inseln.

Zapfenstreich, beim Militair Sammelsignal für die Nachtruhe. Großer Z. findet an Festtagen und bei Anwesenheit hoher militairischer Personen unter Mitwirkung des ganzen Musikkorps statt.

Zapolya, s. Ungarn.

Zar, Zaar, Czar, herkommend von Cäsar, früherer Titel der Herrscher Moskowiens.

Zara, östreichische Hauptstadt von Dalmatien, am adriatischen Meere, 7000 Einw., Sitz des Landesmilitaircommandes für Dalmatien, und des 3. östreichischen Seebezirkscommandos, hat guten Hafen, Marinearsenal und nautische Schule wie überhaupt für die Marine verschiedene Anstalten, ist stark befestigt und sind namentlich die Hafenwerke in neuer Zeit verstärkt und vermehrt worden.

Zaum, bekannter Theil des Pferdegeschirres, entweder Trense oder Can-
dare oder beide mit einander verbunden. Hat den Zweck das Pferd zu bän-
digen und zu lenken, und es dergestalt dem Willen des Reiters zu unterwerfen.
Die Handhabung des Zaumes ist eine der ersten Vorstudien des Reiters (s.
Reitkunst).

Zeeland, Provinz der Niederlande, 31 Q.-M., s. Niederlande.

Zelt, militairisches, besteht aus einer über ein Stangengerüst festgespannten
Leinwand und dient dazu den Soldaten bei der Nacht im Feld gegen die
Einflüsse der Witterung zu schützen. Die Zelte erhielten die Größe, daß unter
ihnen 50—100 Mann ihr Schlaflager aufschlagen konnten. Die Offizierzelte
sind eleganter als die der Gemeinen und zu ihnen gehören einige Bequemlich-
keitsgegenstände und eiserne Feldbetten, die zusammen geschlagen werden können.
Die Zelte der höchsten Offiziere sind oft prächtig ausgestattet. Das Zelt des
Veziers vor Wien 1683 war sogar mit kostbaren Edelsteinen besetzt. Die
Zelte und Zeltlager kamen schon bei den ältesten asiatischen Völkern und namentlich den Juden vor. Sie waren gewisser Maßen nothwendig, weil im
Alterthum die Ortschaften sehr von einander entfernt lagen. In der Gegenwart vermindert man gern die lästige Mitführung der Zelte, so wie alles
vermeidliche Bagagengeräthe. Man baut statt ihrer lieber, wie vor Sebastopol, Hütten aus leicht beschafftem Material, bei Belagerungen auch wohl zum
Theil unter der Erde, die beim Abzug verbrannt oder sonstwie zerstört werden.

Zeschau, Heinrich Wilhelm von, Sachse, geb. 1760, wurde in der Militairacademie Wilhelmstein gebildet, erhielt 1776 das Lieutenantsdiplom bei der
Artillerie, war 1793 und 1794 bei dem der östreichisch-preußischen Armee zu-
commandirten Contingent, desgleichen 1806, avancirte 1809 zum General, 1810
zum Generallieutenant, nahm am Feldzuge gegen Rußland 1812 Theil, ging,
als die sächsischen Truppen bei Leipzig übergingen, fast allein nicht mit über
und war seines Königs steter Begleiter in dessen Gefangenschaft. 1823 wurde
er Gouverneur von Dresden. St. 1832.

Zeughaus, Aufbewahrungshaus für die Heeresarmatur, namentlich Geschütz,
Feuergewehr und Handwaffen, mit welchem keine Werkstätten verbunden sind,
worin der Unterschied vom Arsenal liegt.

Zichy von Vasonykeö, Ferdinand Graf von, Ungar, geb. 1783, trat früh
in östreichsche Dienste, machte mehre Feldzüge mit, stieg zum Feldmarschalllieutenant empor und erhielt die Commandantur von Venedig. Nach Ausbruch
der Revolution übergab er die ihm anvertraute Militairgewalt der Revolutionspartei, welches die Belagerung Venedigs zur Folge hatte, die sich noch über
die Zeit der Feldzüge gegen Sardinien hinaus ausdehnte. Z. wurde zu
zehnjährigem Kerker verurtheilt, doch erließ ihm der Kaiser einen kleinen Theil
der Strafzeit.

Ziethen, Hans Joachim von, 1699 in der Grafschaft Ruppin geboren,
wo seine Familie begütert war, erhielt durch Hauslehrer seinen ersten Unterricht und wurde schon im 14. Lebensjahre in den Militairdienst gegeben, da
sein Vater meinte, ein Soldat brauche kein Gelehrter zu sein und beim Waffenhandwerke groß zu werden, käme es nur darauf an, es zeitig zu ergreifen.
Allein der junge Soldat merkte mit der Reife seines Verstandes wohl, daß,
um eine glänzende Officiercarriere zu machen, Kenntnisse erforderlich seien, die
er bis zu seinem zu frühzeitigen Eintritte noch nicht gewonnen haben konnte.
Er nahm daher seine Entlassung und begann nun mit Eifer mathematische
und kriegsgeschichtliche Studien mehre Jahre lang und erst als er sich ganz
tüchtig fühlte (1726), trat er wieder in das Heer und zwar ins Dragonerregiment von Wuthenow. Die Zeit, welche er außer Dienst gewesen, wurde

ihm übrigens auf besondre Fürsprache angerechnet und er erhielt sogleich den Grad eines Premierlieutenants. Ein eigner Unstern schien über dem militairischen Berufe Ziethens zu walten, da er nun wiederum aus seiner Carriere in der unangenehmsten Weise gerissen wurde, und zwar in Folge von Händeln mit einem andern Officiere, die ihm durch eine unzweifelhaft hämisch beeinflußte Entscheidung ein Jahr Festungsarrest und Cassation zuzogen. Allein hochgestellte Freunde wirkten für ihn beim Könige und dieser ließ sich bewegen, ihn mit seinem früheren Officiercharacter bei der Leibhusarencompagnie zu placiren, ja selbst ihn schon im folgenden Jahre durch das Avancement zum Rittmeister auszuzeichnen. Diese Husarencompagnie war die Wurzel des im siebenjährigen Kriege durch so hohen Ruhm verherrlichten ziethenschen Husarenregimentes. 1740 bestieg Friedrich der Große den Thron und Z. that nichts, sich dem neuen Monarchen bemerklich zu machen. Allein der bald erfolgende 1. schlesische Krieg gab schnell genug Veranlassung Ziethens Tüchtigkeit zu erkennen. Bereits hatte Z. im polnischen Thronfolgekriege den Feldzug von 1735 unter östreichischer Fahne mitgemacht und war von dem östreichischen General Baronay auf das wärmste empfohlen worden, hatte darauf hin auch vom Könige 1736 den Majorsrang erhalten. Z. machte vom Anfang herein fast alle Affairen des ersten schlesischen Krieges mit, zeichnete sich aber ganz besonders bei Rothschloß durch Bravour aus und hätte hier beinahe das seltsame Glück gehabt, den östreichischen General Baronay gefangen zu nehmen, unter welchem er den Feldzug 1735 mitgemacht und der ihn seinem Könige so warm empfohlen hatte. Die Kühnheit, die Z. an der Spitze seiner Husaren überall entwickelte, wo er in diesen Kriegen Schlachten zu schlagen Veranlassung erhielt, imponirte dem Könige so, daß er ihn zum Oberstlieutenant und sehr bald danach zum Obersten erhob. Die Leibhusarencompagnie war lediglich durch Z. auf ein Regiment verstärkt worden, und an die Spitze dessen wurde er gestellt. 1742 hatte Z. die ungeheure Kühnheit, bis dicht vor Wien zu bringen. Er kannte freilich den schlimmen Stand der östreichischen Heeresmacht, immer aber blieb sein Zug nach Stockerau ein Bravour- und Geniestreich seltener Art. Er setzte den Wiener Hof in großen Schrecken und hatte jedenfalls großen Einfluß auf dessen Vorstellung von der kriegerischen Tüchtigkeit der Preußen. Friedrich d. G. liebte derartige Unternehmungen und Z. hatte sich ihm durch diese tief in das Herz eingeschrieben. Friedrich d. G. kannte die Eigenschaften seiner Generale aufs Genaueste und beurtheilte auch Z. sehr richtig, als er ihm im 2. schlesischen Kriege den Auftrag gab, sich durch die östreichischen Linien zum Markgrafen Karl nach Jägerndorf durchzuschlagen, um demselben den Operationsplan mitzutheilen. Nur durch eine List war dies möglich. Er vertheilte nämlich in die vorderste Abtheilung die gebornen Böhmen und Ungarn, welche sich in seinem Regimente befanden, und gebot ihnen in der Nähe der östreichischen Wachen sich in ungarischer und böhmischer Sprache zu unterhalten und östreichsche Marschlieder zu singen. Dadurch wurde bei den Oestreichern der Wahn erzeugt, daß dies ein östreichisches Regiment sei, welches eine angeordnete Translocirung ausführe. Erst als die Husaren die Linie passirt hatten, entdeckten die Oestreicher ihre Täuschung. Noch entstand ein heftiger Kampf, der aber Z.'s Husaren nicht mehr aufhalten konnte. Dieser Zug, am hellen Tage ausgeführt (1745), gehörte zu den kecksten, aber auch geschicktesten und muthigsten kriegerischen Unternehmungen. Z., der bereits vor diesem Ereigniß General geworden war, wurde vom König in anderer Weise sehr reichlich belohnt, obschon Friedrich d. G. im Belohnen nicht überschwänglich war, indem er selbst die besten militairischen Leistungen doch immer nur für eine Pflicht hielt. In der Schlacht bei Hohenfriedberg war Z. wieder einer der Cavaleriefführer, die im höchsten

Maße glänzten, und Z. hatte den größten Antheil an der ungewöhnlichen Heldenthat des Generals von Geßler, der sein Dragonerregiment durch die Infanterielinie des ersten Treffens gehen ließ, sich nun mit unerhörtem Ungestüm auf die Oestreicher stürzte, 20 Bataillone in die Flucht schlug, 4000 Gefangene und eine Beute von 60 Fahnen und 4 Kanonen machte. Hiervon sagte der König selbst in seinen Schriften: „Eine so einzige glorreiche That verdient mit goldenen Buchstaben in die Jahrbücher der preußischen Geschichte eingeschrieben zu werden." Die Belohnungen des Regimentes Baireuth und seiner Offiziere waren außerordentlich reichlich und bestanden in einem Gnadenbriefe, Ehrenauszeichnungen, als z. B. Grenadierflammen auf den Patrontaschen, dem Rechte den Grenadiermarsch durch die Tambours schlagen und den Küraßiermarsch durch die Trompeten blasen zu lassen, ein neues Regimentssiegel u. a. Bei Heinersdorf waren es am 23. Nov. 1745 Ziethens Husaren, welche dem Könige über die Verhältnisse der Feinde so genaue Berichte einzuziehen vermochten, daß er seinen Plan zu dem so glücklichen Treffen entwerfen konnte. Zum Siege selbst trug Z. das Meiste bei und führte auch den ersten Angriff aus. Zwei Stunden später war der Sieg errungen, aber Z.'s Husaren machten ihn, obschon ihr heldenhafter Führer verwundet war, vollständig durch eine höchst energische Verfolgung. Es wurden 1800 Mann, darunter der Oberste O'Byrn und die Generale Dalwitz und Buchner gefangen genommen, und 4 Kanonen, 5 Feldzeichen, das ganze Heeresgeräth und am nächsten Tage noch die Equipage des Prinzen von Sachsen-Gotha erbeutet, und drei Magazine mit 28,000 Tonnen Mehl und 100,000 Centner Heu fielen in des Königs Hand. Das ganze sächsische Corps, welches zu Hennersdorf gelagert hatte, war durch diesen Sieg vernichtet worden. Nach dem Kriege wurde ihm der Dank, den er vom Könige hätte erwarten sollen, durch die Intriguen zweier neidischer und ehrsüchtiger Generale vernichtet und längere Zeit lebte Z. mit dem Könige, dem er Undankbarkeit vorwarf, in Spannung. Friedrich d. G. aber selbst gab Veranlassung zu Verständigung. Nie vielleicht hat ein Fürst so tief empfunden, daß Gerechtigkeit die heiligste Pflicht sei, wie Friedrich d. G. Daher wurde es ihm auch nicht schwer die Hand zu bieten, umsoweniger als er den hohen militairischen Werth seines Generallieutenants Z. in Abrede zu stellen niemals im Stande gewesen war, und Z. selbst war dies stets Trost und Genugthuung, daß der König selbst zur Zeit der heftigsten Erbitterung niemals Anstand genommen hatte, dem Helden seine Anerkennung zu zollen. Beim Ausbruche des siebenjährigen Kriegs war das alte herzliche Verhältniß mit dem Könige längst wieder hergestellt. Der Feldzug 1756 begann spät und Z. hatte keine Gelegenheit seinen Namen zur Bedeutung zu bringen, allein 1757 erwarb er sich schon im April bei Reichenberg Lorbeeren, noch mehr aber im Mai bei Prag, wo er bei der Hartnäckigkeit des Kampfes von verschiedenen Seiten die heftigsten Angriffe wiederholte, aus welchen endlich die Verwirrung und Flucht der Feinde hervorging. Feldmarschall Schwerin war der Held des Tages, aber Z. war würdig neben ihm genannt zu werden. In der Schlacht bei Kollin, die der König mit viel zu geringen Kräften und auf einem Terrain, welches dem Feinde die größte Vertheilung gewährte, unternahm, schützte Z. den König vor einer wirklichen Niederlage und hinderte den Feind, den Rückzug deckend, vor einer erfolgreichen Verfolgung. Der König hatte einen Verlust von fast 14,000 Mann mit 45 Kanonen. Er schrieb dem Fürsten Moritz von Dessau die Schuld zu und entzog ihm für kurze Zeit die Ehrenwache. Gerecht genug aber schrieb er nach wieder erlangter Ruhe in einem Briefe an den Lord Mareschal: „Fortuna hat mir den Rücken zugewendet, ich hätte darauf gefaßt sein sollen, sie

ist ein Frauenzimmer und ich bin nicht galant. Ich hätte mehr Fußvolk nehmen müssen; dreiundzwanzig Bataillons reichen nicht hin, sechzigtausend Mann
aus einer vortheilhaften Stellung zu verdrängen." Z. hatte bei Kollin seine
Heldenhaftigkeit als Befehlshaber der Cavalerie des linken Flügels umsonst
aufgeopfert. Alles was er errungen, waren Ehre und eine schwere Wunde.
Dagegen war die Schicksalsgöttin in der Schlacht bei Leuthen gerechter gegen
ihn. Wenn der außerordentliche unter den schlimmsten Verhältnissen errungene
Sieg bei Leuthen ein Kind der Genialität Friedrichs ist, so ist dennoch nicht
zu leugnen, daß Friedrichs Genialität Siege wie bei Leuthen nicht errungen
hätte, wenn ihm Männer wie Z. gefehlt hätten. Schon am Tage vor der
Schlacht machte Z. einen seiner beliebten Bravourstreiche, indem er das östreichsche Lager umging, in Neumarkt eindrang und hier reiche östreichsche Magazine
erbeutete. In der Schlacht warf Z. das Corps Nadasdys und entschied
dadurch den Sieg noch während der Entwickelung, nach dem Siege aber unternahm er eine der folgenreichsten Verfolgungen und brachte einen großen Theil
der ungeheuern Eroberung ein, welche Friedrich bei Leuthen machte. Die
Oestreicher verloren trotz ihrer dreifachen Uebermacht 27,000 Mann an Todten
und Gefangenen, 116 Geschütze, 51 Fahnen und 4000 Kriegsfuhrwerke. Z.
setzte die Verfolgung bis tief nach Böhmen hinein fort, und als nach der
Einnahme von Breslau der Rückzug der Oestreicher aus Schlesien allgemein
wurde, war es hauptsächlich Z., dessen rascher Säbel dafür sorgte, daß überall
die reichgefüllten östreichschen Magazine zurückgelassen werden mußten. Auch
in den ferneren glücklichen und unglücklichen Kämpfen des siebenjährigen Kriegs
spielten die Husaren Z.'s eine große Rolle. Bei Kunnersdorf waren es Ziethensche Husaren unter dem Rittmeister von Prittwitz, welche den König aus
einem Haufen von Kosaken heraushieben. Die schwere durch den plötzlichen
Angriff der östreichschen Armee erlittene Niederlage, welche augenblicklich auf
den schönsten Sieg über die Russen folgte, konnten Z.'s Husaren nicht hindern, doch nahm Z. an der schimpflichen Flucht gewiß nicht Theil, da der
König in seiner Schilderung der Schlacht von Kunnersdorf ausschließlich der
Infanterie die Schuld beimißt. Das größte Verdienst aber erwarb sich Z.
in dem Jahre 1760. Friedrich d. G. befand sich in der verzweifeltsten Lage,
die er je kennen gelernt. Bei Kunnersdorf war ihm eine Armee fast vernichtet
worden, bei Maxen hatte ein Corps von 14,000 Mann capituliren müssen,
Glatz war verloren gegangen, das Fonquésche Corps hatte bei Landshut eine
gänzliche Niederlage erlitten, die Belagerung von Dresden war mißglückt,
Schweidnitz war bedroht und der König mußte sich jetzt mit seiner kaum noch
30,000 Mann starken Armee zur Rettung Schlesiens anschicken, wo ihm ein
östreichsches Heer von 90,000 und ein russisches von 80,000 Mann entgegen-
standen. Er hatte bei Liegnitz ein festes Lager bezogen. Hier erfuhr er, daß
die Oestreicher ihn einzuschließen und mit seiner ganzen Armee gefangen zu
nehmen beabsichtigten, was bei ihrer dreifachen Ueberlegenheit nicht unmöglich
erscheinen konnte. Es kam alles darauf an, den Operationsplan des Feindes
zu erfahren, und ziethensche Husaren unter dem Major von Hundt waren es,
welche dem Könige denselben verschafften. Nach demselben sollte das östreichsche
Heer die Preußen in 3 Colonnen unter Laudon, Daun und Lacy angreifen,
Daun aber den Act durch einen nächtlichen Ueberfall eröffnen. Alsbald rückte
Friedrich aus dem Lager mit 14,000 Mann und besetzte die Höhen von Pfaffenhofen. Als die Oestreicher 32,000 Mann stark mit ihrer gewaltigen Artillerie
im Flankenmarsch bei nächtlichem Dunkel vorüberziehen wollten, griff Friedrich
sie an, dessen linker Flügel durch Ziethens Cavalerie gedeckt wurde, und diese
Cavalerie leistete so Außerordentliches, daß Z. auf dem Schlachtfelde zum

commandirenden General ernannt wurde. Friedrich hatte 6000 Gefangene gemacht und 82 Kanonen und 23 Fahnen erobert. Noch größer waren Z.'s Thaten bei Torgau, wo der König ein Corps von 21 Bataillonen und 54 Schwadronen unter seinen Befehl stellte. Nachdem der König das 64,000 Mann starke feindliche Heer den ganzen Tag bekämpft hatte und doch die Schlacht nicht hatte zur Entscheidung bringen können, zogen die Oestreicher sich in ein Lager auf die Süptitzer Höhen. Allein hier wurden sie noch in später Abendstunde überraschender Weise von Z. angegriffen, Süptitz wurde genommen und es folgte nun der vollständigste Sieg mit einem Gewinn von 8000 Gefangenen, 50 Kanonen und 27 Fahnen. Auch an den letzten weniger großen Ereignissen des siebenjährigen Krieges war Z. betheiligt und kaum weniger gefeiert als der König selbst zog er nach dem Frieden in Berlin ein, wo er sich in seinem 65. Lebensjahre noch ein Mal vermählte und die Freude hatte, einen Erben zu erhalten. Der König selbst stand Gevatter und ehrte den alten General, indem er dem Täufling als Pathengeschenk die Officierwürde verlieh. Z. blieb stets in engster Berührung mit dem Könige und der Rang beschränkte die Freundschaft, die fast ganz ungenirt war, nicht. Oefters erlaubte sich wohl der König über den alten Husarenhelden zu scherzen, dennoch behandelte er ihn stets mit großer Huld und Rücksicht. Als Z. einst an der königlichen Tafel einschlief und ihn die Nebensitzenden ermuntern wollten, sagte Friedrich: Diese Unschicklichkeit hat wenig zu bedeuten: laßt ihn nur schlafen; er hat lange genug für uns gewacht. Unter allen Helden der schlesischen Kriege war Z. der Liebling der Berliner. Man huldigte ihm, wo irgend eine Gelegenheit sich fand. Er starb am 26. Januar 1786. Denkmäler wurden ihm an mehren Orten gesetzt, die schönsten in Berlin und Rheinsberg.

Ziethen, Hans Ernst Karl Graf von ·Dechtow, geb. 1770, Preuße, machte zuerst den Feldzug von 1806 mit, machte sich aber erst 1813, als er bereits den Rang eines Generals erlangt hatte, einen Namen. Er nahm an allen Unternehmungen des Kleist'schen Armeecorps bis zum Frieden 1814 in vorragendster Weise Theil und wurde mehrfach mit Orden geschmückt. 1815 rückte er mit der preußischen Armee unter Blücher in die Niederlande ein. Er stand an der Spitze des 1. Armeecorps, doch war er nur erst im Besitze der Generallieutenantswürde. Er kämpfte löwenmuthig bei Ligny und trug wohl das meiste zur Entscheidung der Schlacht von Waterloo bei, indem er mit einem Theile seines Corps Abends 8 Uhr den rechten französischen Flügel mit größter Gewalt angriff und die Meierhöfe Papelotte und Smouhen erstürmte und nahm. Bis 1818 blieb er in Frankreich als Oberbefehlshaber der preußischen Occupationsarmee. In demselben Jahre wurde er in den Grafenstand erhoben und avancirte zum commandirenden General, 1835 zum Feldmarschall. Hiermit aber zog er sich ins Privatleben zurück und starb 1848.

Zinne, Mauerkrönung, dient bei Festungswerken dazu, der Mauer von oben, wo sie am leichtesten angebrochen werden kann, größere Festigkeit zu geben; die Zinnen werden daher aus umfänglichen Steinplatten gebaut, die durch eiserne Klammern verbunden werden. Bei Mauern, auf welche Stürme ausgeführt werden, giebt man der Zinne nach außen einen beträchtlichen Ueberstand, der das Erklimmen der Z. unmöglich macht. Um der Z. größere Festigkeit zu geben, legt man in der Regel ausgeschweifte Kragsteine unter, die aus großen Werkstücken bestehen und ebenfalls durch eiserne Klammern unter sich und mit den Zinnensteinen verbunden werden. Die Klammern können da entbehrt werden, wo man die Zinnen mit gutem Cement mauern läßt.

Zion, ein Berg innerhalb der Mauern von Jerusalem, auf welchem die berühmte Burg Davids und neben dieser der nicht minder berühmte Tempel standen. Z. wurde für das Palladium Jerusalems gehalten und dieses oft selbst mit dem Namen Zion genannt. Bei der Zerstörung Jerusalems durch Titus hielt sich die Burg auf Z. am längsten. Zur Zeit Abrahams scheint die Burg auf Z. schon gestanden zu haben. 1500 Jahre v. Chr., als Josua in Kanaan eindrang, vertheidigten sich die ersten Bewohner Jerusalems, die Jebusiten, in ihrer Burg auf Z. heldenhaft und David hatte Mühe dieselbe zu erobern. Nach der Eroberung aber erwählte er sie zu seiner Residenz, weil er einen festern Punkt im Lande nicht hätte finden können. In späterer Zeit erhielt Jerusalem auch noch andere Befestigungen, so z. B. auf dem Berge Moria die Burg Baris, die Herodes zu seiner Residenz wählte. In der Folge erlitt die Burg Davids durch die Römer große Veränderungen und schon nach der Zerstörung Jerusalems war sie in ganz anderer Art und Form wiederhergestellt worden. In den Kreuzzügen litt sie durch die Eroberung durch die Muselmänner ungeheuer, und was der Krieg nicht gethan zu ihrer Vernichtung, das that die Politik der Barbaren, so daß von ihr nichts übrig geblieben ist. Gegenwärtig trägt der Z. auf seinem nördlichen Abhange Privathäuser und eine evangelische Kirche und die Stadtmauer läuft mitten über den 800 Fuß hohen Berg hin.

Ziska (Eizka), Johann, Böhme aus adliger Familie, geb. um das Jahr 1360 zu Trocznow, obschon er einäugig war, wurde er doch bei Hofe als Page placirt, wo er sich Vertrauen erwarb und nach einigen Jahren ein wichtigeres Amt erhielt. Allein die ihm angeborne Neigung zum Kriegshandwerke beunruhigte ihn unausgesetzt, und er ersah es daher als ein frohes Ereigniß, als sich unter dem Ritter von Trautenau eine böhmische Freischaar von 800 für den Krieg der deutschen Ordensritter gegen Polen bildete. Er machte in dieser Schaar die Schlacht bei Tannenberg mit und man weiß, daß Trautenaus Corps großes zur Entscheidung dieser Schlacht beigetragen, und zwar nicht auf Seite der Unterliegenden, der Ordensritter, denn diese hatten die Dienste der Böhmen mit stolzem Hohn zurückgewiesen, sondern auf Seite der Sieger, oder wenigstens für die Sieger — denn auch diese hatten die Hilfe der Böhmen abgelehnt, aber wenigstens nicht in verletzender Weise, und darum kämpften sie für diese unberufen, um an den Rittern Rache zu nehmen. Hierdurch war die Kriegslust des jungen Z. zur heftigsten Leidenschaft aufgelodert, und da er in Böhmen keine Gelegenheit fand, dieselbe zu befriedigen, so suchte er dieselbe in Ungarn auf, wo er ebenfalls in Gemeinschaft mit gleichartigen Landesbrüdern seine Streitaxt an den Schädeln der Türken versuchte. Seine Kühnheit verschaffte ihm hier schon, wenigstens in dem Kreise seiner nähern Umgebung, ein überwiegendes Ansehen. Als in Ungarn nichts mehr für ihn zu schaffen war, suchte er Englands Fahnen auf, die 1415 der König Heinrich V. gegen Frankreich entfaltete, und Z. war Theilnehmer an der berühmten Schlacht von Azincourt, wo Englands Fahnen ihren höchsten Triumph erlangten und eine fast 4fache Uebermacht der Franzosen ganz zu Grunde gerichtet wurde, denn die Engländer waren 14,000 gegen 50,000 und siegten in solcher Weise, daß nicht nur 10,000 Feinde erschlagen, sondern auch 14,000, darunter 8000 geharnischte Ritter, gefangen genommen wurden. Der Rest des französischen Heeres wurde zerstreut und es fand sich nur ein kleiner Trupp wieder zusammen. Unter den Gefangenen befanden sich der Connetable d'Albert und die Herzöge von Brabant, Alençon und Bar; unter den Gefangenen befanden sich fünf Prinzen, die Herzöge von Orleans und Bourbon, die Grafen von Richmond, Vendome und Eu und andre Personen der höchsten Familien. Die Theilnahme an solchen Siegen war freilich ganz geeignet einen Krieger zu erwecken, der bei so viel angeborner Neigung und Fähigkeit, als Z. sie besaß,

ein Gegenstand des Staunens in der Kriegsgeschichte werden mußte. Heim-
gekehrt fand er sein Vaterland in Folge der Verbrennung Husses in einer
Aufregung, die kriegerische Ereignisse sicher voraussehen ließ. An der Spitze
der Anhänger Husses, die damals nur erst einen kleinen Haufen ausmachten,
stand Niklas von Husineez. Mit diesem trat Z. in engste Verbindung, ohne
jedoch an den ersten Auftritten Theil zu nehmen. Im Jahre 1417 wurden
die Unruhen sehr bedeutend und zu Anfang 1818 verlangte König Wenzel,
daß die Bürger Prags ihm ihre Waffen auslieferten, doch verlangte er eigentlich nur die Waffen von den Anhängern Husses, denn diese waren es, welche
die Ruhe bedroheten. Da trat Z. an die Spitze der unzufriedenen Bürger,
führte sie bewaffnet auf das Schloß und forderte vom Könige, daß er ihm
den Feind nenne, dessen Waffen er fürchte, und ihm erlaube gegen diesen aus-
zuziehen. Hierdurch gerieth der König in große Verlegenheit, denn er konnte
nicht wohl sagen: „Ihr selbst seid dieser Feind." Die Hussiten blieben nun
im Besitze ihrer Waffen, vermehrten sich ohne Scheu der Oeffentlichkeit und
nun war es nicht mehr möglich den Aufruhr zu unterdrücken. Als eine Pro-
cession derselben von den Gegnern boshaft gestört wurde, erhoben sie sich zu
blutiger Rache und ermordeten 13 Rathsherren. Damit war der Anfang des
langjährigen Waffenkampfes gemacht, der indessen doch eine andre Geschichte
gehabt haben würde, wenn nicht gleicher Zeit der König Wenzel gestorben
wäre. Sein Bruder Sigismund, römisch-deutscher Kaiser, hielt sich für den
rechtmäßigen Erben und kündigte den Hussiten ein Gericht des Todes und
Verderbens an, ließ auch Truppen einrücken, die weniger jemand zu besiegen
als das Land mit wüthender Verheerung zu bestrafen suchten. Z. hatte inzwischen die Macht der Hussiten organisirt und die ganze Partei vereinigt, die
wichtigsten Ortschaften befestigt und auf dem Berge Tabor eine feste Stadt
angelegt, die den Hussiten zum Central- und Hauptwaffenplatze dienen sollte.
Als sich in der Folge das Hussitische Lager in zwei Theile spaltete, erhielt
der eine Theil den Namen Hussiten. Das erste Heer bestand nur aus Fußvolk, welches mit Spieß und Streitkolben bewaffnet war. Eine Cavalerie
schuf sich Z. erst durch die Gefangennahme kaiserlicher Reiterei, und mit der
Beute an Proviant, die er den Kaiserlichen abnahm, unterhielt er sein Heer.
Den ersten großen Kampf bestand er im Juli 1420 bei Prag, wo er sich mit
4000 Mann siegreich gegen ein kaiserliches Heer von 30,000 Mann vertheidigte.
1421 eroberte er das prager Schloß und damit die vier ersten und einzigen
Kanonen, welche sich im Königreich Böhmen befanden. In demselben Jahre
starb Husinecz und Z. stand nun allein an der Spitze der Hussiten und von
jetzt ab führte er einen regelmäßigen Krieg gegen das kaiserliche Heer, dessen
schlechte Führung und häufige Zersplitterung er zu vielen kleinen Gefechten
benutzte, in denen er stets Sieger blieb und durch welche er die Kräfte des
Gegners nur desto sicherer erschöpfte. Eine Hauptschlacht lieferte er bei
Deutschbrod 1422 und hierauf trug er sein Schwert in die östreichschen Erblande und vergalt die Grausamkeiten der Kaiserlichen aufs Reichlichste in
Mähren und Oestreich. Die Geschichtschreiber haben in dem Charakter der
Hussiten hauptsächlich Grausamkeit hervorgehoben und vielfach Ziska als denjenigen bezeichnet, von welchem dieser Charakterzug ausgegangen. Allein es
ist unzweifelhaft, daß der Frevel der Kaiserlichen Ziska zu Repressalien gezwungen und daß daher dem Hussitenkriege von dieser Seite ihr Charakter
gegeben worden. Nachdem er bei der Belagerung von Raby durch einen
Pfeilschuß das zweite Auge verloren und er daher erblindet war, steigerte sich
die Strenge gegen seine Gegner durch das gesteigerte Mißtrauen. Trotz seiner
Blindheit befand er sich stets beim Heere und dirigirte es in der Schlacht

nach den Angaben seiner Umgebung mit einer Sicherheit, die unter solchem Verhältniß ans Wunderbare reichte und nicht ermangeln konnte, bei den Seinen den Glauben zu erwecken, daß ihm übernatürliche Kräfte innewohnen. Nur einmal wurde dieser Glaube durch das nachtheilige Treffen bei Kremster erschüttert. Aber der gewaltige Held verstand es, diese Schmarren schnell und vollständig auszuwetzen. Unter 114 Schlachten und Treffen, darunter 13 große Schlachten, hatte er überhaupt nur die einzige bei Kremster verloren und war 113 Mal Sieger gewesen. Eine große Menge von befestigten Städten hatte er erobert. Da er sie in der Regel mit Sturm nahm, so verfielen auch diese Ortschaften der Plünderung und die Wuth seiner Soldaten errichtete sich in denselben fürchterliche Denkmale. Er starb 1424 am 12. October vor Przibislaw an der Pest während der Belagerung. Kaiser Sigismund, der alles aufbot, Böhmen und dessen Königskrone zu gewinnen, hat ihm mehrere Male große Anerbietungen gemacht, um ihn zu Niederlegung der Waffen zu bewegen. Er wurde in der Kirche zu Czaslau begraben und seine Streitaxt über dem Grabe aufgehängt. 1623 im dreißigjährigen Kriege ließ der Kaiser Ferdinand diese historisch so höchst interessante Stätte kleinlich zerstören, Ziskas Ruf als bewunderungswürdiger Held konnte damit nicht zerstört werden, und es hat sich nur bewiesen, daß die höchste irdische Macht doch nicht über die Größe der Geschichte reicht.

Zittau, sächsische Stadt von 11,000 Einw. an der Mandau in der Oberlausitz, früher mittelalterlich befestigt, 1757 von den Oestreichern bombardirt, seitdem als feste Stadt nicht wieder hergestellt. Eisenbahnverbindung über Löbau.

Zizianow, Paul Dimitriewitsch Fürst von, aus grusischem Fürstengeschlecht zu Moskau 1754 geb. und daselbst für den Militairdienst erzogen, machte sich zuerst durch seine umfassende wissenschaftliche Bildung auf dem Wege der Schriftstellerei namhaft und nahm dann bei sehr begünstigtem Avancement an den Kriegen in Südrußland gegen die Türken unter Rumjanzow und Repnin Theil. In Polen 1794 commandirte er bereits als General, erhielt hiernach aber ein Commando in Kaukasien, wo man ihn wegen des großen Ansehens seiner Familie als eines der tüchtigsten Werkzeuge betrachtete. Und die russische Politik hatte sich nicht verrechnet. Z., 1802 zum Oberbefehlshaber ernannt, bedurfte in Transkaukasien vielfach nicht einmal des Schwertes, um die Völker seiner Heimath zu bewegen, sich in russischen Schutz, d. h. unter russische Herrschaft zu begeben. Grusien that zuerst diesen Schritt, und von hieraus nun unternahm er seine Operation gegen den Kaukasus und Persien. Im Kaukasus eroberte er ansehnliche Gebiete, Persiens Heer schlug er zwar wiederholt, aber an dem Angriffe auf Eriwan erlahmte seine Kraft und hier Rußlands Plane zur Ausführung zu bringen blieb dem Fürsten Paskiewicz vorbehalten. Dagegen brachte er nun wieder Mingrelien und Imeretien zum Anschluß an Rußland und war im vollsten Eifer auf so friedlichem Wege seine Eroberungen für das schlaue Rußland noch weiter auszudehnen, als er an der bessern politischen Einsicht eines mahomedanischen Stammes zu Grunde ging. Durch jene Eroberungen Rußlands war Baku in die äußerste Gefahr versetzt. Der Khan hatte zu fürchten, daß sein Volk durch Zizianows Einfluß völlig aufgewiegelt werde und er mit dem Verlust seiner Autorität seine Herrschaft verlieren werde. Die Rettung seines Landes schien ihm nun von der Beseitigung des gefährlichen russifizirten grusischen Fürsten abzuhängen. Er ließ demselben also melden, daß auch er seinen Staat an Rußland übergeben wolle und lud denselben nach Baku ein, um hier die Schlüssel dieser Residenz in Empfang zu nehmen. Z. eilte hoch erfreut nach Baku und hielt mit einer stattlichen Suite seinen Einzug wie ein Triumphator. Der Khan zog ihm feierlich entgegen. Allein indem Z. die Schlüssel der Stadt von demselben in Empfang nehmen wollte, drang ihm eine Pistolenkugel in den Rücken und er fiel entseelt zu Boden (1806). Zu Tiflis, dem Sitze seiner Familie, wurde ihm ein Denkmal errichtet.

Znaym, österreichische Stadt von 7000 Einw. in Mähren in herrlicher gesunder Lage mit Garnison, Lazareth, einem Schlosse, einem Cadettenhause und einer Ingenieuracademie. Frühere Residenz der Herzöge von Mähren und mit mittelalterlichem Mauerwerk umgeben, welches gegenwärtig verschwunden ist. Im Feldzug 1809 wurde hier zwischen Oestreichern und Franzosen das letzte Gefecht geschlagen, worauf der Waffenstillstand von Z. geschlossen wurde, der die Einleitung des für Oestreich so nachtheiligen Friedens von Wien war. Der Waffenstillstand wurde am 12. Juli 1809 geschlossen, das Treffen fand am Tage zuvor statt.

Zolkiewski, Stanislaw, Pole adliger Abkunft, geb. 1547, wurde zu Lemberg erzogen und erhielt eine sorgfältige Erziehung und Bildung. Als Kind erlebte er einen jener furchtbaren Tatareneinbrüche, durch welche das polnische Land oft verheert worden ist, und wäre beinahe ein Opfer der Mordlust jener Barbaren geworden. So oft der polnische Adel zu den Waffen gerufen wurde, folgte er von seinem 19. Lebensjahre ab diesem Aufgebote und machte unter Zamoiski mehre kriegerische Züge mit. Das große Ansehen seiner Familie brachte ihm die Starosten- und darauf auch die Wojewodenwürde ein, und in diesen Würden lag nun eine hohe kriegerische Berufung; wenigstens als Wojewode hatte er an der Spitze der Kriegsmannschaft seiner Wojewodschaft zu stehen. 1596 wurde er vom König zum Unterfeldherrn erwählt, schlug nun einen jener Kosakenaufstände nieder, die dem endlichen Abfalle der Kosaken vorausgingen, und wurde sodann gegen die Schweden am Ostseegestade geschickt. Hier erwarb er sich durch sicher berechnete und geschickt geleitete Operationen einen nachdauernden Ruhm, den er in dem Kriege gegen Moskowien durch Eroberung Moskaus und Gefangennahme des Zaren, sowie damit errungene sehr wichtige Rechte außerordentlich erhöhte. Nach diesen großen Erfolgen seines Schwertes wurde er Krongroßfeldherr, eine Würde, die ihm ohne die Intriguen seiner vielen Feinde bereits nach dem Tode Zamoiskis zu Theil geworden sein würde. Als Krongroßfeldherr führte er nun den Krieg gegen die Tataren und Türken, aber oft ohne die gehörige Unterstützung und noch öfter durch Ungehorsam der Untergebenen und meuterische Anschläge gehemmt. Unter solchen Umständen schloß er den Waffenstillstand von Bubza. 1320 kam der Krieg aufs Neue zum Ausbruche, Anfangs glückten seine Operationen, bei Cecora am Dniestr trat ihm aber das ganze tatarisch-türkische Heer entgegen, sein Heer kämpfte gut, allein es erlag der Uebermacht und Z. fiel im Kampfe am 8. October. Sein Körper wurde von den Türken als Beute betrachtet und mußte von den Polen durch eine große Geldsumme ausgelöst werden. Z. gehörte zu den letzten Helden Polens und würde bei weniger Anfeindung und besserer Unterstützung die kriegerische Bedeutung Polens auf eine weit höhere Stufe gebracht haben.

Zombor, Hauptstadt der österreichischen Wojewodschaft Serbien mit 22,000 Einw. am Franzenkanal, hier starke Garnison. Kaserne und Hospital.

Zorndorf, preußisches Dorf an der Oder im Regierungsbezirke Brandenburg, wo die schwerste Schlacht des siebenjährigen Krieges zwischen den Russen unter Fermor und Friedrich d. Gr. am 25. August 1758 geschlagen wurde. Vor Olmütz, wohin Friedrich d. G. nach der Eroberung von Schweidnitz in der Mitte des Monats April aufgebrochen war, fand er ernsteren Widerstand, als er vermuthet hatte. Der Feldmarschall Keith hatte Ordre erhalten Olmütz zu nehmen. Derselbe eröffnete die Belagerung am 27. Mai 1858 mit nur 6000 Mann und konnte nur unter sehr günstigen Eintritten auf dem andern Kriegsschauplatze auf eine Verstärkung rechnen. Gleichwohl griff er die Belagerung mit um so größerer Energie an, als auf eine schnelle Vollziehung des Actes in dieser sehr vorgerückten Position, wo den Feind viele Vortheile begünstigten, alles ankam. König Friedrich kannte die Verhältnisse wohl, nur konnte er weitere Truppen nicht schicken. Dagegen bot er alles auf, das Belagerungscorps an nichts Mangel leiden zu lassen, was zur Beförderung der Belagerung diente. Anfangs Juni sendete der König ein Convoi von mehren hundert Wagen Munition und Fourage ab, das zum Betriebe der Belagerung höchst nöthig war Allein dies war den Oestreichern verrathen worden, und da sie im offenen Felde gegen Friedrich den Großen nur zu wenig zu erringen vermochten, durften sie eine Gelegenheit nicht vorübergehen lassen, wo die List so hilfreich werden konnte. Laudon war der Mann den Streich auszuführen. Der preußische Wagenzug mußte auf der troppau-olmüzer Straße den Paß von Alt-Liebau passiren und diesen hatte sich Laudon beeilt zu besetzen. Als der preußische Zug an der geeignetsten Stelle angelangt war, führte Laudon mit seinen Truppen den Ueberfall aus. Die Stärke der Escorte stand in keinem Verhältniß zur Stärke der Angreifer, daher der Transport vollständig eine Beute der Oestreicher wurde. Dieses Ereigniß nöthigte zu Aufhebung der Belagerung, aber die Zurückziehung der Truppen war noch von andern Nachtheilen bekleidet. Unter diesen ungünstigen Verhältnissen rückten die Russen mit Eile unter Verwüstung und Gräuel in die Staaten Friedrichs ein. Im Januar war das wilde Corps unter dem Befehle des Feldmarschalls Grafen von Fermor bereits in Preußen über Königsberg eingedrungen. Fermor hatte das Land sogleich wie ein herrenloses Stück Erde zu Eigenthum der Kaiserin von Rußland erklärt und bemächtigte sich allenthalben wohin er drang der Cassen und Staatsschätze, dies wohl mehr aus barbarischer Raubsucht, wie sie damals noch bei den Russen herrschend war, als um dem Könige die Hilfsquellen abzuschneiden. Wenn nun auch treue Beamtete dem Könige retteten, was zu retten war, so litt derselbe doch immer einen großen Verlust. Es mußte dem König also alles daran liegen, die barbarischen Gäste über die Schwelle seiner Staaten zurückzutreiben. Nachdem die Russen im Mai die Weichsel überschritten, rückten sie am 27. Juli in Posen ein und zogen sodann vor Cüstrin, welche Stadt sie zum großen Theile durch ihre Bomben zerstörten (15. August). Der Graf Dohna commandirte im Norden Preußens gegen die Schweden und besaß keine genügende Macht sich auch noch gegen diesen neuen Feind zu wenden. Der König aber war von den Oestreichern in Schlesien auf das Ernsteste engagirt, zumal da diese nach der aufgehobenen Belagerung von Olmütz concentrische Operationen zu unternehmen nicht mehr gehindert waren, obschon ein 3. Corps des Königs unter dem Prinzen Heinrich in Sachsen stand, um dieses Land in Schach zu halten. Auf solche Weise waren den Russen Brandenburg, die Marken, namentlich aber Berlin preisgegeben und der König mußte sich entschließen den Russen entgegen zu ziehen und ihnen eine Schlacht zu liefern, wie gering auch die Mittel sein mochten, die er für dieselbe aufzubieten im Stande war. Er verkannte nicht im mindesten die Gefahr seiner Aufgabe, ja sich bewußt, daß das äußerste aufzubieten hier nicht bloß seinen Kriegern, sondern auch ihm selbst geboten war, zog er selbst den Fall, daß er in der Schlacht bleibe, in ernste Betrachtung, wie aus seinem Schreiben an den Prinzen Heinrich, gleichsam einem militärischen Testamente, hervorgeht. Dieses Schreiben lautete: Der Marsch, den ich morgen gegen die

Rußen antrete, sowie die Ereignisse des Krieges können alle Arten von Zufällen herbeiführen und es kann mir leicht begegnen getödtet zu werden; ich habe es also für meine Pflicht erachtet, Sie um so mehr über meine Absichten in Kenntniß zu setzen, als sie der Vormund unserer Neffen mit unbeschränkter Vollmacht sind. 1) Sollte ich getödtet werden, so müssen meine Armeen auf der Stelle meinem Neffen (den 1744 geborenen Prinzen Friedrich Wilhelm) den Eid der Treue schwören. 2) Man muß mit so viel Nachdruck fortagiren, daß der Feind keine Veränderung im Befehl merken kann. 3) Was die Finanzen betrifft, so muß ich Ihnen sagen, daß alle die Verlegenheiten, welche sich zuletzt ereignet haben, besonders die, welche ich noch voraussehe, mich genöthigt haben, die englischen Subsidien anzunehmen, welche erst wieder im Monat October zahlbar sind. 4) Was die Politik betrifft, so ist gewiß, daß wenn wir diesen Feldzug gut bestehen, der Feind matt wird und durch den Krieg erschöpft zuerst den Frieden wünschen wird, daß aber, wenn gleich nach meinem Tode unserer Seits Ungeduld und ein zu heftiges Verlangen nach dem Frieden bewiesen wird, dies uns schlechte Bedingungen und die Verbindlichkeit bringen wird, von den Besiegten uns die Bedingungen vorschreiben zu lassen." Friedrich konnte in Schlesien zum Kampfe gegen die Rußen nicht mehr als 14,000 Mann aufbringen, denn eine ansehnliche Truppenmenge war erforderlich um die östreichschen Heere unter Laudon und Daun im Zügel zu halten. Graf Dohna dagegen erwartete den König mit 17,000 Mann, die er aus der Mark gegen Küstrin hatte anrücken lassen. Einige Garnisonen eingerechnet, die der König heranzuziehen noch Gelegenheit hatte, konnte er demnach sein Heer auf mehr als 30,000 Mann bringen und seine disponible Artillerie belief sich auf 117 Geschütze. Er legte den Weg von Liegnitz bis Küstrin, dessen Belagerung Fermor jetzt aufzugeben gezwungen war, in 11 Tagen zurück. Der König mochte die ganze Größe der Gefahr empfinden und war sehr gereizter Stimmung. Als er Dohnas Armee musterte und die Leute in stattlicher Galauniform fand, konnte er sich nicht enthalten dem Grafen Dohna darüber einen Vorwurf zu machen, an die Schläge erinnernd, die derselbe bei Großjägerndorf erlitten hatte. „Seine Leute," sagte er, „sind außerordentlich geputzt, die ich mitbringe, sehen dagegen wie die Grasteufel aus, aber sie beißen." Er wollte damit die Siege andeuten, die jene Truppen unlängst bei Roßbach und Leuthen erfochten hatten. Als in der Umgegend die Nachricht eingetroffen war, daß der König eingetroffen sei, strömte eine ungeheure Volksmenge zusammen, in deren Jubel sich deutlich die Ueberzeugung von ihres Königs Unüberwindlichkeit aussprach. Man feierte ihn als den gewissesten zuverlässigsten Retter und war vom Siege überzeugter als der König selbst. Unter diesen Gästen waren aber viele, die durch die Barbarei der Rußen Hab und Gut verloren hatten. Unter diese ließ der König 200,000 Thaler vertheilen. Gleich am ersten Tage seiner Ankunft machte der König einen kühn ausgeführten Nachtmarsch, durch den ihm der Uebergang auf das rechte Oderufer gelang. Hierdurch wurde Fermor gezwungen Küstrin zu verlassen und den Preußen entgegen zu rücken. Seine Armee betrug 50,000 Mann. Es war in der Nacht vom 24. zum 25. August (1758), als der General Fermor sein Heer beim preußischen Dorfe Zorndorf zwischen Quartschen und Zicher in Kampfordnung sich lagern ließ. Der König nahete zu gleicher Zeit mit einem Eilmarsche, um mit Tagesanbruch vor den Rußen zu stehen. Die rußische Infanterie bildete drei Linien, deren vorderste gegen Zorndorf und Willersdorf gewendet einen spitzen Winkel mit dem Oderstrome bildete. Zwei Linien dagegen stießen unter rechten Winkeln auf die Enden der Vorderlinie. Eine vierte Linie würde, die Enden beider verbindend, ein vollkommenes Quarré

hergestellt haben, doch hielt Fermor diese für unnütz, da der Wartefluß, dessen
Brücken abgebrochen worden waren, die Schlachtordnung im Rücken deckten.
Pack- und Munitionswagen, der größte Theil der Reiterei und die Reserve
erhielten zwischen jenen drei Heerlinien ihren Platz so, daß das Ganze einem
im Quadrat aufgestellten ungeheueren geordneten Menschenhaufen glich. An
die Vortrefflichkeit einer solchen Schlachtordnung hatte Fermor wohl in den
Kriegen gegen die Türken und asiatischen Horden Glauben gewinnen können,
ob sie aber der höchst cultivirten Kriegskunst der Preußen gegenüber bestehe,
davon sollte er bei Z. die richtige Erfahrung machen. Daß ein dichter Menschenhaufen größere Widerstandsfähigkeit besitzt als leicht gegliederte Linien,
braucht wohl nicht erst von einem gelehrten Mathematiker nachgewiesen zu
werden, daß aber eine enge Masse bei dem concentrischen Angriffe feindlicher
Linien eine viel größere Vernichtung erleiden müsse, das einzusehen hätte Graf
Fermor wohl auch ohne einen rathgebenden Mathematiker die Kraft besitzen
müssen. Die Zeit wo man mit schwer wuchtenden Keilen wie die altgermanischen Völker Schlachten lieferte war vorüber, nachdem ein Gustav Adolph
und ein Friedrich d. G. ihre Theorien in die Wirklichkeit versetzt hatten. Die
Artillerie der Russen war an 200 Geschütze stark und in die drei umgebenden
Linien batterienweise vertheilt. Einige Cavalerieregimenter hatten außerhalb
des Quarré's zur Deckung Stellung erhalten. Die vordere und linke Seiten-
linie war vom Terrain wesentlich begünstigt. Gegen 6 Uhr Morgens erblickten
die russischen Vorposten in der Ferne das preußische Heer. Dieselben eilten
in das Lager mit dem Rufe Prusak idiot (der Preuße kommt). Hierauf folgte
das Signal zum Gewehre. Doch ging der Schlacht noch ein anderer Act
voraus, der in jener Zeit russischer Gebrauch war, in Deutschland aber seltsam
erschien und vielleicht auch nicht für wahr gehalten sein würde, wenn nicht
Friedrich d. G. selbst in seiner Beschreibung des siebenjährigen Krieges Nachricht gegeben hätte. Der Oberbefehlshaber hatte nämlich auf zweirädrigen
Karren eine Menge von Branntweinfässern in das Lager bringen lassen und
diese wurden jetzt nach allen Seiten hinter die Regimenter gefahren und geöffnet. Das Trinkgefäß ging durch die Glieder und Rotten und bald belebte
die Trunkenheit die einer anderen Begeisterung kaum fähigen moskowitischen
Soldaten. Auf diese sehr materielle Weihe folgte eine religiöse Weihe, indem
die Popen mit der heiligen Fahne durch die Glieder gingen und die zur Erde
niedergesunkenen trunkenen Krieger segneten. Während dessen entwickelte Friedrich d. G. seine Schlachtordnung. Der linke Flügel nahm Z. zu seiner
Deckung, der rechte dagegen fand keine Terrainvortheile und hielt sich deshalb
zurück so, daß das ganze Heer in schräger Linie gegen den Feind gestellt war.
Die bei weitem größte Masse war Infanterie, auf welche die Artillerie in
Batterien von verschiedener Stärke vertheilt war. Die stärksten Batterien hatte
der linke Flügel, der dagegen der Cavalerie ganz ermangelte. Die gesammte
Cavalerie, von Seidlitz commandirt, befand sich in drei Colonnen auf dem
rechten Flügel, jedoch in Reservestellung. Die Gesammtheit des preußischen
Heeres umfaßte 32,000 Mann und war daher 18,000 Mann schwächer als
das russische. Friedrich d. G. wendete hier wie bei Leuthen die berühmte
schräge Schlachtordnung an. Allein hier, wo er sich einem großen durch einen
Strom gedeckten Quarré gegenüber befand, war sie freilich weniger anwendbar.
Zu dem Massenübergewicht der Russen kam noch ins Besondere ihr moralischer
Zustand, der in der Offensive ihm zwar zum Nachtheil, in der Defensive aber
sicher zum Vortheile gereichen mußte. Die russischen Soldaten waren in jener
Zeit die willenlosesten und stumpfsinnigsten Menschen, die es auf Erden gab.
Der Gedanke, unter der Knute ihres Herrn zu sterben, war ihnen nicht fremd.

Das Leben war ihnen genußlos und der Tod so wenig schrecklich wie einem Thiere. Daher durfte von ihnen ein Widerstand erwartet werden, den zu überwinden nicht weniger erforderlich war, als sie alle niederzumachen. Gegen acht Uhr Morgens, als der Nebel sich getheilt hatte, eröffnete Friedrich die Schlacht mit einer Kanonade aus allen seinen Geschützen. Die concentrische Wirkung auf die gehäufte Masse des russischen Heeres war sehr bedeutend. Eine einzige preußische Kanonenkugel (erzählt der russische Hauptmann Tielke in seinen militairischen Schriften) riß in einem Grenadierregimente 42 Mann nieder. Gleich Anfangs entstand diesem Ereigniß zu Folge große Verwirrung bei den Russen. Die Pferde vor mehren Kutschen, Kibitken, Pack- und Fourage-wagen gingen durch und stürzten sich zwischen die Truppen. Dieses alles war russischer Seits Ursache, daß der Angriff nicht sogleich erwidert werden konnte und daß die russische Artillerie, als sie endlich zur Action gekommen, geraume Zeit fast ganz ohne Wirkung feuerte. Der linke preußische Flügel, den Russen am nächsten stehend, ward daher nicht gehindert sich für einen Bajonnetangriff in Stand zu setzen. Dieser wurde mit Uebereilung ausgeführt und dadurch die Flanke bloß gegeben. Auf diese dirigirte alsbald der Feldmarschall Fermor mehre Kürassierregimenter, so daß das preußische Flügelregiment sich zurück-ziehen mußte um nicht abgeschnitten zu werden. Diese Bewegung preußischer Seits täuschte den Grafen Fermor. Er glaubte, das ganze preußische Heer ziehe sich zurück und ließ sogleich beinahe seine ganze Cavalerie zur Verfolgung hervorbrechen, ertheilte ihr namentlich aber auch den Befehl Z., das er für die Hauptstütze des preußischen Heeres hielt, in Brand zu stecken. Dieser Befehl wurde sehr gewissenhaft vollzogen, die Russen thaten dadurch aber den größten Schaden sich selbst, da der aus Norden wehende Wind Gluth und Rauch nun gegen sie selbst wälzte. Allein die Täuschung Fermors über die Flucht der Preußen stellte sich schnell heraus. Die Infanterie des preußischen linken Flü-gels faßte nicht nur plötzlich wieder Stand, sondern setzte auch der russischen Cavalerie ein sehr muthiges Bajonnet entgegen. Der Kampf dauerte von beiden Seiten mit Erbitterung fort und spannte die Kräfte der preußischen Infanterie im hohen Maße an. Seidlitz, Oberbefehlshaber der preußischen Cavalerie, hatte dies nicht sobald bemerkt, als er den größten Theil seiner bisher unbeschäftigt gewesenen Cavalerie für den Angriff formirte. Ein Theil dieser preußischen Reiterei warf sich auf die Fronte der russischen Cavalerie, die sich in den Flanken genügend durch das brennende Z. gedeckt wähnte; allein eine zweite Colonne der seidlitzischen Cavalerie drang durch das Dorf trotz der Gefahren, die die weitverbreitete Feuersbrunst verbreitete, und fiel der russischen Reiterei plötzlich in die Flanke. Als die russische Cavalerie zum An-griff aus dem Quarrée herausgerückt war, war ihr die Infanterie der ganzen rechten russischen Fronte gefolgt. Da nun aber die russische Cavalerie von der preußischen Cavalerie geworfen wurde, gerieth sie auf diese Infanterie, die zu allem Unglück sich nun auch noch von mehren preußischen Cavalerie-regimentern, die Seidlitz detachirt hatte, im Rücken angegriffen sah. Die Ver-wirrung wurde russischer Seits auf diesem Flügel entsetzlich und die Nieder-lage ungeheuer, denn nicht genug, daß von der russischen Infanterie ganze Haufen durch ihre eigene Cavalerie niedergetreten wurden, sondern die Preußen wütheten mit unermeßlicher Wuth, denn sie hatten Rache zu nehmen für die scheußlichste Barbarei, die die Russen auf ihrem ganzen Zuge im Preußischen ausgeübt hatten und dergleichen selbst im dreißigjährigen Kriege nicht vorge-kommen war. Bereits vor der Schlacht hatte Friedrich d. G. empört über die russische Kannibalei, keinen Pardon zu geben befohlen, und dies wurde von Seidlitzens Cavalerie wenigstens Anfangs höchst gewissenhaft vollzogen. Der

linke russische Flügel hatte bis hierher (1 Uhr Mittags) am Kampfe nicht
Theil genommen, sondern unter dem heftigsten Feuer seiner gesammten Batterien die Stellung des Heeres zu behaupten gesucht. Friedrich beschloß nun
auch diesen Flügel anzugreifen, und vielleicht war dies ein Fehler, da neue
verstärkte Angriffe auf den bereits geworfenen Flügel nothwendig für den noch
unangegriffenen die übelste Folge hätten haben müssen. Während nun der Angriff auf diesen Seiten unternommen wurde, vollendete Seidlitz sein Werk
auf der andern, indem er die Niederlage des rechten russischen Flügels vollendete. Völlig geworfen wurde vorerst nur ein Theil des rechten russischen
Flügels. Der andere behauptete sich durch eine ungeheure Batterie, die ganze
Fluthen von Kartätschen entsendete. Diese gefährliche Batterie griff Seidlitz
nun mit seinen Kürassiren an und da dieselbe einen Theil von ihrer Bedeckung
in der Verwirrung hatte hergeben müssen, so gelang es ihm dieselbe zu nehmen.
Er ließ sie durch ein Detachement abführen, die übrige Cavalerie, unterstützt
von mehren Bataillonen griff nun die russische Infanterie, die sich noch in
Position befand, an. Diese Infanterie leistete einen echt passiven Widerstand,
d. h. sie wich nicht wehrte sich aber auch eigentlich nicht und ließ sich vielmehr beinahe willig niedermetzeln. Plötzlich aber gaben einige Truppen das
Signal zum Bewußtsein, und nun suchte diese ganze Infanterie unbezähmbar
das Weite. Machtlos war die Knute der Officiere, machtlos jede Mahnung an
Ehre und Religion, die in allen russischen Kriegen das Motto für Fahne und Banner
hatte hergeben müssen. Da kam aber eine andere viel größere Macht zu Hilfe.
Die flüchtenden Bataillone stießen nämlich auf die zweirädrigen Karren, auf
welchen sich eine beträchtliche Reserve von Schnapsfässern befand. Diese Erscheinung that der russischen Flucht Einhalt. Unbekümmert um die Nähe der
preußischen Verfolger, warfen sich die russischen Flüchtlinge über die Schnaps-
fässer her, rissen sie von den Karren, stießen die Boden ein und schöpften nun
mit ihren Feldkesseln den köstlichen Trank, wie einer, der des Todes gewiß,
sich noch an der Henkersmahlzeit eine außerordentliche Güte thun will. Einige
Officiere stießen die Fässer um, mußten aber diesen Ordnungssinn mit dem
Leben bezahlen, da die wüthenden Säufer schon keinen Begriff mehr von Disciplin hatten. Von der Erde selbst wurde der Inhalt der umgeworfenen Fässer
aufgesogen, und die Concurrenz war so stark und leidenschaftlich, daß viele
Soldaten zertreten und zerquetscht wurden. Zur Zeit dieses in der Kriegsgeschichte der civilisirten Staaten gewiß höchst seltenen Actes wurde preußischer
Seits der Angriff auf den linken russischen Flügel unternommen. Allein hier
kam auch preußischer Seits eine sehr eigenthümliche Erscheinung zu Tage, indem nämlich die preußische Infanterie von der seltsamsten Befangenheit fast
plötzlich und fast durchgehend ergriffen wurde, so daß Friedrich d. Gr. gleich
beim ersten Avanciren sein Befremden äußerte. Die preußischen Infanterie-
regimenter wurden zwar von einem heftigen Kartätschenfeuer empfangen, aber dergleichen war ihnen nicht fremd. Dennoch wichen mehre derselben unhaltbar zurück,
während einige andere Regimenter hartnäckig ihrer Mission treu zu bleiben suchten. Hierdurch entstand eine Brechung der Linie, die vom Grafen Fermor nicht
unbemerkt blieb. Friedrich glaubte, daß eine Verrätherei zu Grunde liege und
auch mehre Geschichtschreiber sind bei dieser Behauptung geblieben und haben
den General von Kautern bezeichnet. Doch war demselben vielleicht mehr
Unfähigkeit als böse Absicht vorzuwerfen. Die rückgängige Bewegung dieses
Theils der Infanterie gab dem anderen Theile der Infanterie eine Flanke,
die nun dem Feinde bloßgestellt war und auf welche der Graf Fermor jetzt
einhauen ließ. Aber schnell noch besser besonnen, ließ er seine Cavalerie den
13 retirirenden preußischen Infanterieregimentern folgen, dagegen seine Infan-

terie den Flankenangriff auf die Stand haltenden preußischen Regimenter fortsetzen. Die Situation war für die Preußen eine höchst gefahrvolle. Schon
waren mehre preußische Bataillone aufgerieben, ja schon hatten die Preußen
auf diesem Puncte 26 Kanonen verloren, und kaum schienen noch die wenigen
wackeren zurückgebliebenen Regimenter der ungeheuern Uebermacht Widerstand
leisten zu können, ja schon war der Graf Fermor so von seinem Siege überzeugt, daß er einen Kurier mit einem Siegesbericht an seine Kaiserin abfer-
tigte, als Friedrich dadurch, daß er mehre Reserveregimenter den weichenden
Regimentern in den Rücken marschiren und einen Theil der Seidlitzischen Cavalerie von jenem Flügel, wo er nun schon entbehrt werden konnte, entbieten
ließ. Die Retirade jenes Theils der Infanterie wurde nun zwar aufgehalten,
doch waren die förmlich vom Geiste des Verrathes gelenkten Regimenter nicht
sogleich wieder vorwärts zu bringen. Inzwischen hatte der heftigste Flanken-
und Frontangriff auf die Regimenter Forcadi, Prinz von Preußen, Kalkstein,
Kreutz, Asseburg fortgedauert und kaum waren diese noch im Stande der feindlichen Cavalerie und der gegen sie gerichteten ungeheueren Artillerie zu wider-
stehen, da zumal preußischer Seits ein Theil der Artillerie verloren gegangen
war. Da kam aber noch zur rechten Zeit Seidlitz von jenem Flügel mit dem
größten Theile seiner Cavalerie herüber, rückte sofort zu Deckung der Flanken
jener Regimenter ein, und ließ sofort einen heftigen Angriff auf die feindliche
Cavalerie ausführen. Dieser glückte auch in solchem Maße, daß die russische
Cavalerie geworfen und in die Sümpfe von Quartschen getrieben und da
massenweise gefangen genommen wurde. Nun, auf der Flanke frei, gingen auch
jene genannten preußischen Regimenter mit unwiderstehlicher Gewalt gegen die
russische Infanterie und drängten sie ebenfalls gegen Quartschen. Aber hier
gerieth sie vor die preußische Cavalerie, die eben von der Verfolgung der
russischen Cavalerie zurückkehrte. Als so die russische Infanterie sich zwischen
zwei Feuern sah, kam es zum fürchterlichsten Gemetzel. Während dessen ließ
Friedrich die Regimenter Prinz von Preußen und Forcade sich zur Linken
wenden und die eingezwängte russische Infanterie auch in der Flanke angreifen,
wodurch eine völlige Umzingelung leicht bewerkstelligt werden konnte und die
Niederlage der Russen ungleich ärger, die Flucht aber unvermeidlich wurde.
Als dergestalt die Flügel des russischen Heeres geworfen waren, verwendete
Friedrich alle disponibeln Kräfte gegen das feindliche Centrum und da die
Munition schon ganz verbraucht war, wurde nun mit Säbel und Bayonnet
agirt und die russische Armee unter entsetzlichem Blutvergießen vom Schlacht-
felde verdrängt. In diesem fürchterlichen Kampfe befand sich lange Zeit
Friedrich d. G. in Person. Zwei seiner Adjutanten, v. Oppen und Graf
Schwerin wurden verwundet und gefangen. Die Nacht kam herein und nur
erst mit der völligen Dunkelheit endete der Kampf. Am Morgen schien es als
ob die Schlacht sich wiederholen solle. Friedrich war auch beeilt sein Heer für
dieselbe zu arrangiren, allein der Graf Fermor sah sich außer Stande neue
Versuche zu machen und dachte nur auf den Rückzug, den er während einer
4 Stunden langen Kanonade anordnete und antreten ließ. Der Rückzug der
Russen war indessen von erheblichen Schwierigkeiten bekleidet, da Friedrich d. G.,
um den Feinden den Rückzug zu wehren, die Brücken hatte abbrechen lassen.
Morgens gegen 11 Uhr befand sich kein Feind mehr auf der Wahlstatt. Die
Russen hatten 20,000 Mann und darunter 5 Generale und 941 Officiere,
103 Kanonen, 27 Fahnen und eine ungeheure Menge Heerfuhrwerk, Lager-
und anderes Kriegsgeräth und eine Kriegskasse verloren. Der Verlust der
Preußen belief sich auf 11,061 Mann, darunter 324 Officiere und 26 Kanonen,
die beim Zurückgehen des linken Flügels von den Russen genommen worden

waren. Die Russen zogen sich über Landsberg nach der Grenze ihres Landes
zurück.   Der König verfolgte sie einige Stunden weit, überließ dann die
weitere Verfolgung dem General Dohna und schickte sich an zum Marsche nach
dem südlichen Kriegsschauplatze.   Der Sieg war vorzüglich durch den Oberbefehlshaber der Cavalerie, den General Seidlitz entschieden worden, was von
Seite des Königs auch ohne Rückhalt anerkannt wurde. Bei Z. Denkmal.

Zrinyi, Nikolaus Graf von, Ban von Kroatien, Dalmatien und Slavonien,
Tavernicus in Ungarn, berühmt durch seine Vertheidigung von Szigeth als
kaiserlicher Feldherr.   Er war 1518 geb. und gehörte der gräflich Brebirschen
Familie an, deren Stammsitz das Schloß Zrin war, nach welchem das Geschlecht seit dem Jahre 1347 den Namen führte.   An der ersten Belagerung
Wiens durch die Türken nahm Z. als Kind Theil und es scheint, daß er schon
damals seine kriegerische Befähigung in hohem Maße kund gegeben, wenn
nicht vielleicht die reiche Belohnung, die ihm Kaiser Karl V. zu Theil werden
ließ, eine Ehrenerweisung für seine Familie sein sollte.   Der Kaiser beschenkte
ihn mit einem Pferd und einer goldenen Kette.   Der junge Held blieb nun
fest bei dem Heere und machte den ganzen Krieg gegen die Ungarn unter
Zapolya und die Ungarn verbündeten Türkei mit.   In diesem furchtbar
blutigen Kriege schwang sich Z. zu seinen ausgezeichneten Würden sehr bald
auf und machte sich namentlich in hohem Maße um die kaiserliche Reiterei
verdient, die er nach ungarischer Weise organisirte und einübte.   Sein Ruf
war groß und Freiwillige strömten ihm von allen Seiten zu.   Er suchte fast
stets die gefährlichsten Posten, führte meist die Avantgarde oder deckte das
Heer auf den Rückzügen und erwarb sich durch außerordentliche Bravour einen
fast europäischen Ruf.   1542 entschied er die Schlacht bei Pesth, die ohne
seine plötzliche Einwirkung verloren gegangen sein würde.   Als Ban von
Kroatien vertheidigte er dieses Land mit einem Erfolge, der auf den Gang
des Kriegs den größten Einfluß hatte.   1562 brachte er den Türken bei
Szigeth eine schwere Niederlage bei.   Zu Szigeth aber erwarb er sich seinen
größten Ruhm, wenn er diesen auch mit dem Leben erkaufte.   Der Sultan zog
von Belgrad nach Szigeth.   Auf dem Wege trat ihm Z. bei Siklos entgegen
und brachte der türkischen Avantgarde eine bedeutende Niederlage bei, was
aber den Sultan nicht hindern konnte, die Belagerung Szigeths unternehmen
zu lassen.   Es wurden dazu unter dem Vezier 65,000 Mann verwendet.   Z.
zog alle Truppen zur Vertheidigung Szigeths zusammen, aber die ganze
Besatzung betrug bei ihrer größten Stärke nur 3000 Mann.   Er ließ seine
Truppen schwören, Szigeth nur siegend zu verlassen, oder in der Vertheidigung
desselben zu sterben.   Szigeth war aber kaum zur Vertheidigung geeignet, namentlich wegen seiner Weitläuftigkeit, die eine weit größere Besatzung erfordert
hätte.   Der Platz war von zwei Seiten durch Flüsse gedeckt, die Moräste
indessen, die es umgaben, trugen wenig zur Festigkeit des Platzes bei, da sie,
unzusammenhängend, beträchtliche Plätze ließen, die ein sehr geeignetes Belagerungsterrain gewährten.   Die alte und neue Stadt hatten jede ihre eigenen
Fortificationen; die der alten Stadt waren indessen fast unhaltbar.   Sie bestanden aus Graben und Mauern, welche letztere wohl in früheren Jahrhunderten bei einer so rohen und unvollkommenen Belagerungskunst zulänglich
gewesen waren, aber nicht gegen die Geschütze, die bereits in diesem Jahrhunderte in größerer Anzahl bei Belagerungen verwendet wurden.   Von Außen
wurde der Platz durch einige Tablas gedeckt und an einigen Stellen war ein
zweiter Graben vorgelegt, der in die Flüsse oder Sümpfe mündete.   Es war
in jener Zeit besonders eine Kunst der Türken durch großartige Bombardements
zu wirken.   Anfangs hatten sie damit Glück, in späterer Zeit, z. B. 1683

vor Wien, erwies sich aber eine solche Action unzulänglich, da man nach Einführung der Feuergeschütze auch mehr und mehr die Kunst erfunden hatte, sich
vor denselben zu schützen. Bei der großen Energie Zrinyis wurde dieser
Festungskrieg äußerst heftig und die Belagerer litten furchtbar durch die Ausfälle der Zrinyischen Schaar. Allein auch diese schmolz zusammen und war
zuletzt nicht mehr stark genug die ausgedehnten Fortificationen zu besetzen.
Dergestalt sah sich Z. gezwungen die alte Stadt niederzubrennen und sich auf
Besetzung der neuen Stadt zu beschränken. Die Geschütze der Türken zer-
trümmerten fast alle Gebäude mehr oder weniger, so daß kaum noch in den
unterirdischen Gewölben Schutz war; dennoch wurde die Feste von Zrinyi
noch immer mit einer Energie vertheidigt, als ob die stärkste Hoffnung für
den Sieg vorhanden wäre. Im türkischen Lager befand sich der Sultan selbst
und kein Opfer war ihm zu groß, diesen trotzigen Platz zu vernichten, dessen
Sieg für ihn eine der schneidendsten Demüthigungen gewesen sein würde. Die
immer wiederholten Ausfälle und die noch häufigere Zurückweisung der Stürme
verringerte aber die Besatzung mehr und mehr, so daß Z. auch endlich die
Neustadt aufgeben und sich auf das feste Schloß beschränken mußte, wohin er
zuvor alle Vorräthe, Armatur, wichtige Papiere und dergl. hatte schaffen lassen.
Hier wurde die Vertheidigung mit höchster Kraft fortgesetzt, allein destomehr
auch die Belagerung, die nun hauptsächlich auch durch Minen, in denen die
Türken damaliger Zeit Meister waren, betrieben wurde. Gegen Ende August
wurden die Stürme auf ungewöhnliche Weise forcirt, aber stets ohne Erfolg.
Dabei aber sank die Zahl der Vertheidiger auf 600 herab. Z. nahm selbst
auf beste Versprechungen keine Aufforderung zur Capitulation, entschlossen,
äußersten Falls sich und die ganze Besatzung zu opfern. Aber dieses Opfer
wollte er nicht bringen, ohne es den Feind reichlich bezahlen zu lassen. Zu
diesem Zwecke unterlegte er die Hauptwerke mit Pulver und Zündzeug. Man
drohte Zrinyis Sohn, der sich beim Sultan gefangen befand, tödten zu lassen.
Allein Z. ließ sich nicht zur Nachgiebigkeit bringen. Durch Feuersbrünste
wurden die Vertheidiger in die beschränkten inneren Werke des Schlosses zurückgedrängt. Allein hier war ein längeres Ausharren nicht denkbar, da alles
zur Existenz und selbst das Nothwendigste zur Vertheidigung mangelte. So
weit war die Belagerung vorwärts geschritten, als der Sultan in Folge der
Gemüthserschütterung, die er hier durch seinen verletzten Ehrgeiz erlitten, starb.
Sein Tod wurde geheim gehalten und am andern Tage vom Vezier ein allge-
meiner Sturm angeordnet. Dieser Sturm brachte bedeutende Werke in die
Hände der Türken. Doch dauerte die Vertheidigung noch bis zum 7. September. Jetzt nach Erlöschen jeder Hoffnung entschloß Z. sich zu dem Opfer-
tode. Er versammelte seine Schaar — noch war sie 600 Mann stark —
erinnerte sie an ihren Eid und forderte sie auf, den letzten und muthigsten
Ausfall zu unternehmen und mit demselben entweder alles zu erringen oder
auch das Letzte, nämlich das Leben, zu verlieren. Der Ausfall geschah am
7. September. Ein Sieg war so ungeheurer Uebermacht gegenüber unmöglich.
Z. fiel von 2 Kugeln getroffen, und mit ihm kam seine ganze Heldenschaar um.
Die Türken nahmen die Feste, aber kaum war dies geschehen, als die Minen
aufflogen und Unzählige unter den Trümmern begraben wurden. Die Türken
hatten vor Szigeth 20,000 Mann verloren. Viele Denkmäler sind Z. gesetzt
worden. Szigeth ist nur noch in seinen Ruinen vorhanden und es ist Z's.
lebendigstes Ehrendenkmal.

Zuaven, eine in neuerer Zeit gewissermaßen berühmt gewordene aus
nationalem Elemente entstandene französische Militairclasse, die früher zu den
irregulairen Truppen gehörte, jetzt aber mehre Regimenter formirend, einen

Theil der Linie ausmacht. Die Heimath der Zuaven ist der Zuavia genannte
Landstrich in der Provinz Konstantine. Die Bewohner zeichneten sich längst
vor der französischen Herrschaft dadurch aus, daß sie den Krieg vorzugsweise
zu ihrem Handwerke machten und ähnlich den Schweizern sich für Kriegsdienste
den benachbarten Völkern gegen Lohn und Beuteantheil vermietheten. In der
Folge schlossen sich zu gleichem Zwecke auch Leute von anderen Stämmen an
und es wurde Gebrauch mit dem Namen Zuaven die Söldner überhaupt zu
bezeichnen. Käuflich für Jedermann und ohne starkes Nationalinteresse, ließen
sie sich leicht von den Franzosen nach der Einnahme von Algier gewinnen und
suchten auch unter französischer Fahne ihren kriegerischen Ruf zu bewähren.
Schon 1830 wurde ein Corps von 2 Bataillonen gebildet, welches jedoch eine
strengere militairische Verfassung erhielt, als die frühere zuavische Soldschaar
gehabt hatte. Jeder Franzose erhielt das Recht, wie in andere Truppenkörper
auch in das Zuavencorps einzutreten und die Neuheit dieser Militairgattung,
die wegen ihrer Sonderbarkeiten viel von sich sprechen machte, verschaffte ihr
einen so starken Zulauf, daß das Corps sich, ähnlich der Fremdenlegion, täglich
verstärkte und nach 2 Jahren eine neue Formirung nöthig machte. Die unteren
Offizierstellen wurden ebenso mit Franzosen als Nationalzuaven besetzt. Die
obersten Commandos dagegen waren bis jetzt stets in den Händen von Franzosen. Die Uniformirung ist auch gegenwärtig national (maurisch) und besteht
aus Turban, Jacke, Gamaschen und kurzen, aber außerordentlich weiten und
pluderhaften, einem Frauenrocke ähnlichen Hosen. Unter den Farben ist roth
(Scharlach) vorherrschend, die Besetzung meist blau. Die Armatur ist französisch, desgleichen die Taktik. Die Zuaven gehören zu den leichten Truppen,
sind vorzugsweise im kleinen Kriege geübt, namentlich in den Gebirgen, und
werden, wo sie in erforderlicher Menge vorhanden sind, stets fürs Tirailement
verwendet. Die Zuaven werden nicht durch Conscription, sondern durch
Werbung und freiwilligen Beitritt ergänzt. 1837 wurde das Zuavencorps
auf 3 Bataillone reduzirt, aber später, als man sich von der Brauchbarkeit
desselben, namentlich auch bei den afrikanischen Feldzügen, überzeugt, wieder
bedeutend vergrößert und unter Cavaignac auf 3 Regimenter gebracht, welche
1854 für den orientalischen Krieg Ordre erhielten und sich gleich in der ersten
Schlacht (an der Alma) sehr auszeichneten, indem sie die kaum ersteiglichen
Abhänge erklommen und die Umgehung des russischen Flügels bewerkstelligten.
Auch vor Sebastopol zeichneten sie sich sehr aus, namentlich in den Schlachten
bei Inkermann und im Thale der Tschernaja Rieszka. Sie spielten daher bei
der Rückkehr in Frankreich eine große Rolle und wurden überall mit großen
Gunstbezeigungen geehrt.

Züchtigung als militairische Strafe ist in den meisten Staaten jetzt außer
Gebrauch, nur bei den Strafcompagnien ist die Züchtigung noch überall in
Anwendung. In Abschaffung derselben sind Frankreich und Deutschland (Oestreich ausgeschlossen) vorangegangen. In England, Rußland und der Türkei
bestehen noch die alten Militairstrafreglements und körperliche Züchtigung ist
eine tägliche Erscheinung in der Form der Spießruthen, des Knutenschla-
ges, der Bastonade u. s. w. In viel früherer Zeit waren die körperlichen
Strafen zum Theil mit großer Bosheit erfunden und steigerten sich (bei Deser-
teuren) sogar bis zur Verstümmelung des Körpers. In einer Zeit der Tortur,
wo selbst das Gericht sein bestes Mittel in der Grausamkeit fand, kann dies
nicht unpassend erscheinen. Die Humanität der neuen Zeit verträgt sich damit
nicht. Die körperliche Züchtigung ist das Mittel vernunftlose Geschöpfe, Thiere,
unter fremden Willen zu beugen. Der Mensch aber ist geistiger Anregung
fähig und schon der Begriff von der Nützlichkeit und Nothwendigkeit dessen,

was er soll, das Bewußtsein von Unvermeidlichkeit der Pflicht, sich ohne Weigerung dem Befehle des Vorgesetzten zu unterwerfen, die Einsicht von der Zweckmäßigkeit alles dessen, was durch ein vielgeprüftes Reglement und die auf dieses Reglement gestützten Ordres, gefordert wird, alles dies ist ein mächtige Anregung für das Pflichtige, und wo dies durch den Menschen verletzt wird, geschieht es durch augenblickliche Verirrung und in irgend welchen Leidenschaften und Gelüsten beruhenden Sonderzwecken, über deren Unfüglichkeit und Unverträglichkeit mit der Pflicht wiederum durch die geistigen Fähigkeiten der vollständigste Begriff hervorgerufen werden kann, so daß es der körperlichen Einwirkung beim Menschen nie bedarf, um ihn für das Rechte und Nothwendige zu bestimmen. Geschieht dies aber doch, so wird er eben als ein geist- und vernunftloses Wesen, als ein Thier, nicht aber als ein Mensch behandelt, er fühlt seine ihm angeborene Würde zerstört, und wird von dem Gefühl des Hasses und der Rache erfüllt und, wenn er diesem Gefühl nicht Raum geben kann, eben auf diesem Wege durch die körperliche Züchtigung auf den Standpunct des immer widerwilligen und einsichtlosen Thieres (des Sclaven) gezwungen, auf welchem er begreiflicher Weise der Welt wie seinem besonderen Berufe in weit minderem Grade nützlich dienen kann. Die Abschaffung der körperlichen Züchtigung ist daher in den Staaten, wo sie stattgefunden, als ein Beweis der Weisheit zu feiern, ebenso wie die Beibehaltung dieser Strafart für Menschen, welche sich durch Bosheit oder unbezähmte Leidenschaft ihrer Würde und hohen menschlichen Ehrgefühls entledigt und sich dergestalt selbst auf den Standpunct des Thieres gebracht haben, nur gerechtfertigt werden kann. S. Strafe.

Zug, Unterabtheilung der Compagnie, bei manchen Heeren Peloton genannt, obschon das Peloton besondere Eigenschaften hat und bei vielen Heeren als Unterabtheilung des Zuges besteht. In der Regel besteht die Compagnie nur aus 2 Zügen und steht unter der Leitung eines Lieutenants, der daher auch Zugführer genannt wird. Eine bedingte Selbstständigkeit hat der Zug in der Zugscolonne, eine unbedingte nur detachirt. In der ungetheilten Compagnie folgt er stets dem Commando des Hauptmanns, und der Zugführer hat nur die richtige Ausführung der Commandos dessen zu beobachten. Wo keine Pelotonabtheilung besteht, sind die Sectionen die Unterabtheilungen des Zugs. Dieselben werden von Unteroffizieren geleitet, folgen aber ebenso dem Commando des Hauptmanns, außer bei Abbrechungen und Aufmärschen, wo die Section ebensowohl eine gewisse Selbstständigkeit erhält. S. Taktik.

Zug, schweizer Canton, 4 ☐ M., 18,000 Bewohner, hat eines der berühmtesten Schlachtfelder der Schweiz, den Morgarten. Dieser ist ein kleiner Berg am östlichen Ufer des Egerisee's, zwei Meilen südöstlich von der Stadt Zug. Hier wurde am 16. November 1315 eines der stattlichsten östreichschen Ritterheere, dessen Stärke gerade soviel an Tausenden hatte, als die schweizerische Schaar an Hunderten, nämlich 13, furchtbar geschlagen. An der Spitze der Schweizer stand der schlichte Landamann Lothold, an der Spitze der Oestreicher der als Krieger hochberühmte Herzog Leopold. Dies war der erste Kampf, den die Schweizer für die Behauptung ihrer Unabhängigkeit zu bestehen hatten. (S. Schweiz.)

Züllichau, preußische Stadt von 5500 Einw., nahe der Oder im Frankfurter Regierungsbezirke; hier 1759 die Preußen unter Wedel von den Russen unter Soltikow geschlagen. Diese Affaire ist auch unter dem Namen Treffen bei Palzig, auch Treffen bei Kay, bekannt.

Jülich, kleine, aber sehr alte Stadt von 1400 Einw. am Niederrhein, im Herzogthum Jülich, 4 Meilen von Köln, zur Zeit der Römer Tolbiacum genannt, ist durch zwei Schlachten der Franken berühmt geworden. Die erste fand im Jahre 496 statt und in ihr besiegte der Frankenkönig Chlodwig die vereinigten Alemannen und Sueven, deren viele nach der schweren Niederlage zu Theodorich nach Italien flüchteten, zum Theil auch lieber in den höchsten Gebieten der Alpen eine Zuflucht suchten, als sich unterwarfen. Chlodwig war mit Sigebert, dem Fürsten der ripuarischen Franken, verbündet. Die zweite Schlacht wurde 612 geschlagen. Theodorich II., Fürst von Burgund und Elsaß, besiegte seinen Bruder Theodebert von Austrasien, in Folge dessen Austrasien und Burgund vereinigt wurden.

Zumala-Carréguy, Thomas, Don, Spanier, geb. 1789, studirte zu Pampelona die Rechtswissenschaften. Als aber der Halbinselkrieg begann und die spanischen Patrioten sich gegen die ihnen von Napoleon aufgenöthigte Regierung erhoben, trat er in ein Freicorps und widmete sich von nun ganz dem Waffenhandwerk. Bei Beendung des Kriegs war er Hauptmann. Ein schnelleres Avancement hatte er nach diesem Kriege. In der Revolution 1821—1823 spielte er eine nicht unbedeutende Rolle und war ein eifriger Anhänger des Königs und der absoluten Herrschaft. 1823 erhob ihn Ferdinand zum Oberstlientenant und Oberst, auch Gouverneur von Ferrol. Die politischen Verhältnisse verwickelten auch Z. mit in die Parteien, raubten ihm die Gunst des Königs und bereiteten ihm vielfache Unannehmlichkeiten. 1833 trat er der Partei des Infanten Carlos bei, deren Armeeorganisation er sofort und mit großer Energie in Angriff nahm. Und es gelang ihm unter den mißlichsten Umständen eine nicht unbedeutende Macht herzustellen, mit der er zunächst sehr verständiger Weise sich auf den kleinen Krieg legte und der Christinens hauptsächlich dadurch Schaden that, daß er ihre Vereinigung hinderte und ihre Militairplätze aufhob. Sein Kampf hatte einen so glücklichen Fortgang, daß der Infant Carlos es wagen konnte nach Spanien zurückzukehren. Nachdem er seine Macht gehörig organisirt, zögerte er nicht im größeren Maßstabe zu operiren. 1. August 1834 schlug er den christinischen General Rodil, errang einen neuen Sieg am 7. Sept., schlug den General Valdez 1835 und bald danach einen zweiten über Iriarte. Er suchte nun das dem Infanten Carlos als König anerkennende Gebiet durch Eroberungen zu erweitern und belagerte zu diesem Zwecke Bilbao. Hier ereilte ihn der Tod in Folge einer schweren Verwundung am 25. Juni 1835. Z. wäre der Mann gewesen die Sache des Don Carlos zum Siege zu führen. Haben ihn auch einige der späteren carlistischen Führer an Bravour übertroffen, so doch keiner an Umsicht und der Kunst systematischer Operation.

Zünden, in Brand setzen. Zündet ist das Commando bei Brandlegung, es war auch das Commando, auf welches im dreißigjährigen Kriege die Stadt Magdeburg durch Feuer vernichtet wurde.

Zündhütchen, kupferner auf der einen Seite offener, auf der anderen Seite geschlossener Zylinder von der Größe einer kleinen Erbse und auf der geschlossenen Seite mit einer geringen Quantität Knallquecksilber angefüllt. Sie sind das Zündmittel für Schießgewehre mit Percussionsschloß, welche die nächste Erfindung nach dem Steinschlosse war. Wenn nicht die Pulververschwendung beim Steinschloß zuerst zur Erfindung des Percussionsschlosses veranlaßt hat, so giebt doch die Verminderung dieser Verschwendung dem Percussionsschloß einen sehr großen Vorzug. Das Pulver der Pfanne geht fast nutzlos verloren, allein auch durch das frei in der Pfanne ausmündende Zündloch geht, da die Pfanne beim Schusse geöffnet ist, ein Theil der Kraft der Ladung verloren. Dieses alles verhindert das Percussionsschloß, bei welchem das Zündloch durch das auf dem Piston festschließende Zündhütchen und nach dem Aufschlag selbst noch durch den Hahn geschlossen wird. Durch das Aufschlagen des Hahns, resp. die Compression des Knallquecksilbers, wird die Entzündung dessen im Zündhütchen bewirkt. Das Feuer schlägt durch das Zündloch in die Ladung und vermehrt dadurch noch die Kraft der Ladung, anstatt beim Steinschloß von der Kraft der Ladung ein Theil verloren geht. Die Kraft des Knallquecksilbers ist größer als die des Pulvers, daher man auch Gewehre construirt hat, bei welchen die Triebkraft in der größeren Menge Knallquecksilbers liegt. Doch werden diese Gewehre, wie die Teschiner Büchsen, nur für die Jagd und Vergnügen verwendet und sind von kleiner Form, treiben auch nur sehr kleine Geschosse. Die Zündung durch Zündhütchen ist fast noch bei allen europäischen Heeren in Gebrauch, in Preußen aber durch die Zündnadel gänzlich verdrängt worden. Das Zündhütchen ist bereits auch beim Geschütz angewendet worden, wo es in der That sehr wünschenswerth war, die ganz mangelhafte Luntenzündung durch etwas Besseres zu ersetzen.

Zündnadelgewehr, ist das Resultat einer von Dreyse in Sömmerda in Thüringen auf das Heerwesen angewendeten Erfindung. Die Zündmaschine (Schloß) liegt inwendig und ihr wichtigster Theil ist die Zündnadel. Der Zündstoff liegt in der Patrone und heißt Zündspiegel. Die Durchstechung des Zündspiegels durch die Zündnadel bewirkt die Zündung. Indem der hintere Theil des Rohrs sich aufklappen und feuerdicht wieder schließen läßt, findet die Ladung von hinten statt. Der Ladestock fällt daher bei diesen Gewehren weg, auch wird natürlich das Gewehr zum Laden nicht „bei Fuß" genommen, sondern aus der Feuerlage horizontal an die Hüfte zum Laden gezogen, wodurch ein großer Zeitaufwand erspart und ein sechs- bis siebenmaliges Abschießen in der Minute möglich gemacht wird. Von der Kraft der Ladung geht durchaus nichts verloren, daher der Schuß stets kräftig ist. Das Wichtigste beim Z. ist die Zündmasse. Als für den Kriegszweck brauchbar ist sie bis jetzt aber nur in Preußen hergestellt worden, und vielfache Nachahmungsversuche in andern Staaten haben sich bis jetzt nicht genügend bewährt. Bei den großen Vortheilen des Z. ist indessen der Nachtheil nicht in Abrede zu stellen, daß bei dem schnellen Feuern das Rohr sich bald so erhitze, daß es eine neue Ladung nicht verträgt und wenigstens eine Pause verlangt.

Zündung heißt bei der Artillerie und in der Feuerwerkerkunst sowohl der Act des Entzündens, als das Material, durch welches dieser Act bewerkstelligt wird. Der Haupttheil der Zündung ist die sogenannte Anfeuerung, nämlich der zu leidenschaftlichem Brande geneigte Brennstoff, der durch den mit ihm vereinten phlegmatischen Körper nur gezügelt und geleitet wird. Die Anfeuerung besteht aus Pulvermehl, welches mit einem flüssigen, aber verfliegenden Stoff gesättigt und nun als dünner Brei dergestalt auf den phlegmatischen Körper getragen wird, daß derselbe sich von ihm vollsaugt. Die Z. ist natürlich nach Art ihrer Verwendung verschieden, nicht in ihrem Stoffe, sondern in ihrer Gestalt und Form. Hinsichtlich deren haben Haubitzen, Mörser, Bomben, Granaten, Leuchtkugeln, Minen ꝛc. ihre besondern Zündungen. In Röhren, seien sie blecherne, pappene oder hölzerne, ist die Zündung alleinwirkend, in Zündschnuren und Leitfeuern dagegen hat der Stoff der Schnur bei der Form der Z. wesentlich mitzuwirken. Die Zündfäden bestehen in der Regel aus Baumwolle oder Werch, doch legt man auch Zündbänder, welche aus Papier bestehen, die auf beiden Seiten mit Anfeuerung bestrichen sind, aber hohl gelegt werden müssen. Die Zündungsarten aber, welche bei Minen und Sprengungen angewendet wurden, sind durch die Electricitätsleitung überflüssig geworden. Bei den Geschossen kann natürlich von dieser Zündungsart nicht die Rede sein. Hier befindet sich die Z. in einer hölzernen Röhre und heißt Zündsatz, die Sprengmasse in der Kugel aber „Geschmolzen Zeug." Ueber die Z. bei den Geschützen und das Weitere s. Lunte, Stoppine, Brand-, Zünd-, Leuchtsatz, Sprengmasse, Satz, Hohlkugel, Temperiren ꝛc.

Zurbans, Martin, geb. 1780, Spanier, versammelte 1808 im Kriege der pyrenäischen Halbinsel einen Haufen junger Leute um sich, an deren Spitze er trat und welcher bald zu einem beträchtlichen Freicorps anwuchs, mit welchem er den Franzosen vielfachen Schaden zufügte. Im carlistisch-christinischen Kriege führte er ein Freicorps für die Königin Christine und hatte Majorsrang. In das reguläre Militair ließ er sich nicht aufnehmen, auch trug er nie Uniform. Obschon er gegen die strenge Form der Linie eingenommen war, hielt er doch mit furchtbarer Strenge auf die militairische Ordnung in seinem Corps. Im Kriege gegen Don Carlos wurde er Oberst und nach dem Kriege General. Nach Christinens Flucht nach Frankreich folgte er dem Banner des Herzogs von Vittoria, in dessen Hand die höchste Gewalt Spaniens lag. Die Aufstände, die sich gegen den Regenten erhoben, niederzuschlagen war niemand so geeignet als Z., und er führte seine Ordres mit größter Energie und Glück aus, wenn es ihm auch auf Fluthen von Blut nicht eben viel ankam. In der Revolution aber, welche 1843 gegen den Herzog von Vittoria (Espartero) ausbrach, gingen seine Truppen zur Gegenpartei über und Z. mußte flüchten, um sein Leben zu sichern. Noch einmal sammelte sich eine Schaar um Z., allein es war ein Kampf der Verzweiflung, an welchem auch Z.'s Söhne Theil nahmen. Vater und Sohn fielen in Gefangenschaft, letzterer im Kampfe, erster lange nach dem Kampfe durch Verrath. Die Söhne wurden erschossen, desgleichen auch der Vater zu Anfange 1845.

Zürich, schweizer Canton, 32 □ M. mit 260,000 Bew. (S. Schweiz.)

Zürich, Hauptstadt des gleichnamigen schweizerischen Cantons mit 18,000 Einw., am Züricher See, wo die Limmat ausfließt. Es ist eine offene Stadt, war aber noch im vorigen Jahrzehnt mittelalterlich gut befestigt. Hat zwei sehenswerthe Zeughäuser und eine polytechnische Anstalt. 4. und 5. Juni 1799 wurden hier die Franzosen unter Massena von den Oestreichern unter dem Erzherzog Karl geschlagen. Dagegen waren hier am 25. Septbr. die Franzosen siegreich gegen die verbündeten Oestreicher und Russen unter Hotza und Korsakow.

Zütphen, niederländische Stadt im Mündungswinkel der Barkel und Yssel von 13,000 Einw., war im Mittelalter als Hafenstadt gut befestigt, wurde von Alba 1572 erobert und erlitt dessen schändlichste Grausamkeit, indem er alle in seine Gewalt gefallenen Bürger hinrichten ließ. Die Spanier wurden nun zwar von den Niederländern wieder vertrieben, allein die Spanier eroberten sie 1583 zum zweiten Male und behaupteten sie 1584 und 1586 siegreich. 1591 nahm sie aber Moritz von Oranien ein; 1672 wurde sie von den Franzosen erobert, die die festen Werke sprengten. Die Niederländer stellten jedoch die Festung wieder her. 1795 wurde sie aufs Neue von den Franzosen eingenommen. 1813 capitulirte sie an die Preußen. Sie hat regelmäßige Umfassungswerke mit Bastionen, gute Magazine, Kasernen und mehre detachirte Werke.

Zusmarshausen, Marktflecken in dem frühern Hochstifte Augsburg, jetzt bairisch und zum Kreise Schwaben gehörig. Hier wurden im dreißigjährigen Kriege 1648 die Kaiserlichen unter Melander und Holzapfel von den verbündeten Schweden unter Wrangel und Franzosen unter Turenne geschlagen. Dieses Ereigniß trug viel zur Beschleunigung des Friedensschlusses bei.

Zwischenreich. In der Geschichte des deutschen Reichs war vielleicht keine so traurig, aber auch keine, wegen der Entwickelung der Macht der Städte so wichtig als die des Zwischenreiches. Dasselbe begann mit Konrad's IV. Tode. Dieser letzte Hohenstaufe starb 21. Mai 1254, 26 Jahre alt. Noch war der

Streit mit den Päpsten, die keinem seiner Vorfahren den ruhigen Besitz ihrer Krone vergönnt hatten, nicht beendet, und er dauerte noch fort bis der junge Erbe Konrads schändlicher Weise auf dem Schaffot zu Neapel sein Haupt verloren hatte (29. October 1268). Die Verhältnisse waren schon zu Konrads Zeit so schlimm, daß sich kein deutscher Fürst in Rücksicht der Intriguen des päpstlichen Stuhls dazu hergeben mochte, die deutsche Kaiserkrone vom Papste anzunehmen. Der Papst gebot 1246 den deutschen Fürsten, den ihm gänzlich ergebenen Landgrafen von Thüringen, Heinrich Raspe, gegen Konrad zu wählen. Kein deutscher Fürst ließ sich zu der Wahl bewegen, wohl aber folgten 3 Bischöfe und 4 Erzbischöfe dem Befehle, und nach wiederholter Weigerung nahm Heinrich Raspe diese erbärmliche Wahl an. Er erhielt den Namen Pfaffenkönig. Er war in der That der Spott des Reichs. Auf einem Reichstage, den er nach Frankfurt ausschrieb, fand sich Niemand ein als wenige befreundete Edelleute und ein großer Haufe von Geistlichen. Nachdem der Papst für 6000 Mark Silbers zwei der bedeutendsten Anführer Konrads zum Verrath bewogen, gewann Raspe leichter Weise einen Sieg bei Frankfurt. Allein keine Stadt öffnete ihm die Thore, und Reutlingen und Ulm versuchte er vergebens zu züchtigen. Ja, er erlitt hier eine schwere Niederlage, wurde verwundet und starb auf der Wartburg 1247, also 2 Jahre vor Konrad. Nach Raspes Tode hielt Innocenz IV. die deutsche Königskrone förmlich feil, um einen Mann zu finden, der den letzten Hohenstaufen zu Grunde richte. Endlich ward der Graf Wilhelm von Holland gefunden und auf päpstlichen Befehl von bestochenen Wählern und Geistlichen zum König erklärt (1247). Die Krönungsstadt Aachen aber schloß die Thore und mußte erst mit vielen Mühen eingenommen werden. 1251 gewann Wilhelm auch ohne eignes Verdienst einen Sieg gegen Konrad. Auch er war nur der Spott des Reichs. Der Erzbischof von Köln ließ seinen Palast anzünden und trieb ihn auf diese Weise aus der Stadt; der Erzbischof von Trier ließ Einige seines Gefolges im Rhein ersäufen; Hermann von Ritberg fing seine Gemahlin auf und nahm ihr gewaltsam ihre Krönungskleinodien ab; zu Utrecht steinigte man den elenden König und verwundete ihn am Kopfe; als er von Margarethe von Flandern die Lehnshuldigung forderte, ließ sie ihm sagen, es zieme ihm, daß er ihr huldige. Dieser Streit führte zum Kriege, der ihm keine Lorbeeren eintrug. Die Verhältnisse Deutschlands versanken in eine Haltlosigkeit, Verworrenheit und Erbärmlichkeit grauenhaftester Art, woran Wilhelm ein gutes Theil Schuld trug. Seine vernünftigste Handlung war die Bestätigung eines Bundes von 40 Städten. 1255 unternahm er einen Kriegszug gegen die Friesen, wurde aber von denen am 28. Januar 1256 erschlagen. Hierauf wurde, wiederum auf Betrieb der Prälaten, der Graf Richard von Cornwallis und Poitou, Prinz von England, zum deutschen Könige erwählt, und zwar in einer Weise, die die Wähler als höchst habsüchtige und ehrlose Menschen darstellte. Die Wahl wurde am 13. Januar 1257, die Krönung am 13. Mai 1257 vollzogen. Beides war nur ein Werk der Pfaffen, gleichwohl machte der Papst wegen der Bestätigung der Wahl Schwierigkeiten, jener unterstützte wohl selbst im Geheimen eine zweite Pfaffenpartei in der Wahl des Königs Alphons von Castilien. Die Verwirrung in Deutschland war arg, und aus dem Schooße einer völligen Gesetzlosigkeit erhob sich eine Fülle von Gräueln aller Art. Adel und Prälaten verstanden es, diese Verhältnisse für ihre schlechtesten Leidenschaften zu nützen. Niemand war da, vor dem sie Scheu und Ehrfurcht zu haben brauchten, Niemand, der über sie Recht sprechen konnte. Wer heute unter Richards Banner Uebelthaten vollbracht hatte, erklärte sich morgen für Alphons und genoß nun dessen Schutz und war straflos; und wer gegen Alphons gesündigt, trat zu Richard über und wurde von diesem gern angenommen. Ja selbst vor dem eignen Könige brauchte kein

Uebelthäter Furcht zu haben, weil der König gern Jeden ungestraft ließ, um dessen Abfall zu verhüten. Richard hoffte diese traurigen Verhältnisse endlich beseitigen zu können, gab manches verständige Gesetz und opferte vieles Geld, um sein Ziel zu erreichen. Aber alles war vergeblich, da er einen Krieg gegen den andern König zu unternehmen und das gesammte Deutschland zu seinem Namen zu bringen nicht vermochte. So waren auch seine Bestrebungen für einen allgemeinen Landfrieden erfolglos. Der Adel, Züchtigung nicht fürchtend, betrieb hinfort seine Fehden, die Priesterschaft ihre Gaunereien und Missethaten und die Räuberbanden, von denen das unglückliche Deutschland erfüllt war, ihre Räubereien. Mißmuthig über sein fruchtloses Mühen, ging Richard nach England zurück und überließ den großen deutschen Gährbottig seinem Geschick oder den Räthen, die er nach seiner Krönung erwählt hatte. Doch hörte er nicht auf, nach den Rechten, die er in Deutschland mit vielem Gelde erkauft hatte, zu ringen und opferte dafür immer aufs Neue große Summen. Darüber zürnten die Engländer, welche die deutschen Verhältnisse mit Nüchternheit beurtheilten. Man fing an die und jene That desselben schärfer zu kritisiren und bald war die Unzufriedenheit in England so groß, daß es zu Revolution und Krieg kam. In dem Jahre 1264 am 14. Mai wurde bei Lewes eine Entscheidungsschlacht geschlagen, in dieser hatte Richard das Unglück in Gefangenschaft zu gerathen. Nach fünf Vierteljahren erlangte der unglückliche König erst seine Freiheit wieder. Von dieser Zeit an sah und hörte man von ihm fast gar nichts mehr in Deutschland. Das Wichtigste, was Richard während seiner kurzen und zweifelhaften Regierung gethan, war die Belehnung des Grafen von Savoyen mit der gräflich kyburgischen Herrschaft, die Belehnung des Königs von Böhmen mit Oestreich und Steiermark, die Verschenkung der Stadt Eßlingen an den Grafen Ulrich von Würtemberg und die Einsetzung Konradins, des letzten männlichen Zweiges der Hohenstaufen in die Besitzrechte von Schwaben. Aber auch diese Acte blieben zum Theil ohne Erfolg, so daß Richards königliche Thaten wenig mehr waren als nichts. Aber besseres läßt sich in der That auch von Alphons nicht berichten. Da der Erzbischof von Trier darüber unzufrieden war, daß er bei dem Verkaufe der deutschen Krone an Richard eine geringere Summe erhalten sollte als der Erzbischof von Köln, so betrieb er die Gegenwahl Alphons X. von Castilien, genannt der Weise. Der Erzbischof von Trier verstand es auch Wähler anzuwerben. Dieselben trieben einen ebenso schmählichen Handel mit der deutschen Krone als die Wähler Richards. Alphons sollte jedem derselben 20,000 Pfd. Silber zahlen. Wähler waren der Erzbischof Arnold, der Herzog Albert von Sachsen und der Markgraf von Brandenburg. Die Bischöfe von Speier und Constanz gingen als Gesandte zu Alphons und wurden königlich beschenkt. Sowie Richard suchte auch Alphons die päpstliche Bestätigung zu erhalten, was ihm aber ebenso wenig gelang. Demungeachtet hielt sich Alphons für den Beherrscher von Deutschland, erließ Verordnungen, gab Bestätigungen, ertheilte Belehnungen, wie z. B. die an den Herzog Friedrich von Lothringen, und übte verschiedene Regierungshandlungen aus, jedoch alles dies nur durch seine Stellvertreter. Er selbst ist niemals nach Deutschland gekommen, doch hatte er die Absicht es zu thun; auch ging er mit dem Gedanken um, den König Richard mit den Waffen zu bekämpfen und zu verdrängen. Wenigstens läßt sich dies daraus schließen, daß er dem Herzog Heinrich von Brabant, seinem Feldherrn, den Auftrag gab, ein möglichst großes Heer zu organisiren. Aber Niemand folgte dem Aufrufe zur Fahne und von dem Heere sah Deutschland nie etwas. Alphons hieß in Castilien der Weise. Weise aber war es nicht gewesen, daß er die deutsche Königskrone angenommen hatte. Ueberhaupt kennt die deutsche Geschichte keinen Weisheitsbeweis von ihm als den, daß er nie nach Deutschland gekommen. Nach einer scheinbaren Herrschaft von 16 Jahren dankte er 1273, aufgefordert vom Papste Gregor X., ab und wurde gern vergessen. In demselben Jahre wurde statt seiner Rudolph von Habsburg Kaiser. Mit dessen Wahl endet die unter dem Namen Zwischenreich bekannte Periode der Geschichte Deutschlands. Es war der schrecklichste Zustand, in welchem sich das Reich befunden. Keine jener Regierungen war zu Anerkennung und Festigkeit gelangt. Alle Bande der Ordnung waren aufgelöst. Alle Leidenschaften hatten freien Lauf. Trug und Uebelthaten waren allenthalben die Erscheinungen jedes Tages. (S. ein Weiteres unter Deutschland.)

Zwolle, niederländische Provinzialhauptstadt von Overyssel an der Yssel mit Seehafen, ist starke Festung, hat gute Umfassungswerke, 11 Bastionen, 3 Forts, Arsenal, große Magazine und Kasernen, desgleichen große Werkstätten für die Marine. 19,000 Einw. Es wurde von 1223 ab befestigt und nach dem Eintritt in die Hansa sehr verstärkt. 1672 wurde es vom Bischof von Münster genommen, geschleift, aber bald nachher wieder hergestellt.

Nachwort.

Indem wir hier die Reihe der Stoffe, die in unserer Militairency-
clopädie zu behandeln waren, schließen, können wir uns nicht enthalten, noch einige kurze Bemerkungen nachfolgen zu lassen. Nachdem
wir die Redaction, und zum großen Theil die Bearbeitung dieses
Werkes beim Beginn des zweiten Bandes übernommen, hatten wir
uns vor allem zu fragen, ob es zweckmäßig sei die Grundsäze
festzuhalten, denen zu folgen die frühere Redaction sowohl in den
Prospecten als in dem Vorworte versprochen hatte. Wir waren um
so mehr überzeugt, diesen Grundsäzen treu bleiben zu müssen, als
sie durch den Character des Werkes in der That zur unvermeidlichen
Bedingung erhoben waren. Ist es nicht zu fordern, daß eine Encyclopädie bei der großen Menge der Stoffe, die sie zu behandeln hat,
eine Unterlage für strenge Fachstudien sei, so haben wir doch mit
Fleiß danach gestrebt, in vorliegendem Werke auch dem Fachmann
ein nüzliches Hilfsmittel zu verschaffen. Allein der wichtigste Zweck
eines Conversationslexikons ist stets, eine Brücke von den Wissenschaften des Fachs zu dem nothwendigen Wissen der Allgemeinbildung
zu bauen und also Jedem, der Grund seiner Stellung Interesse für
alle großen Triebwerke des Lebens, und also auch für das Kriegswesen, welches stets als eines der wichtigsten erkannt worden ist, zu
hegen hat, ein treuer Beistand zu sein. Wir dürfen wohl behaupten,
daß in gleichem Maße als die Kriegspflicht allgemein geworden ist,

auch das Bedürfniß, wenn auch nicht des streng wissenschaftlichen, doch des militairgeschichtlichen Wissens allgemein geworden ist, und für dieses Bedürfniß ganz besonders haben wir zu arbeiten gesucht. Wir sind auch hierin den Grundsätzen der ersten Redaction gefolgt, haben jedoch in der Form, so weit sie die Quantität angeht, abweichen müssen, um erstens das Werk nicht auf einen Umfang zu bringen, der es für Viele unanschafflich machen würde, zweitens um bei dem beschränkteren Umfange eine gleich reiche Zahl von Artikeln aufnehmen zu können. Daß wir Stoffe, die zwar dem Soldaten nicht uninteressant sind, aber zu dem Militairwesen in keiner Beziehung stehen, theils sehr kurz behandelt, theils wohl auch übergangen haben, dürfte um so gerechtfertigter erscheinen, als wichtigeren Stoffen von wirklich militairischem Interesse dadurch Platz verschafft worden ist. Vom 2. Bande an sind durchgehend auch die historischen Stoffe kürzer behandelt worden. Es konnte weniger darauf ankommen, eine angenehme Erzählung zu liefern, als alles Wissenswerthe zusammen zu stellen. Wer der Unterhaltung wegen liest, wird sicherlich zuletzt nach einer Encyclopädie greifen, und dann vielleicht auch nicht einmal militairischen Stoffen den Vorzug geben. Hier sucht man Gegenstände vom tiefsten practischen Werthe, für welche das Interesse im tiefsten Ernste beruht, und die Annehmlichkeiten des Farbenspiels der Phantasie mögen eher in einem kriegsstofflichen Romane geduldet werden. Allein einen solchen will man in einer Encyclopädie nicht finden. Es kommt hier nicht darauf an zu erfahren, welchen Eindruck ein leichenbesäetes Schlachtfeld auf das Herz macht; für den Verstand aber ist es wichtig zu erfahren, wie große Kräfte im Kampfe gegen einander gestanden haben, unter welchen Verhältnissen der Kampf stattgefunden hat und welches die Zahl der Gebliebenen auf beiden Seiten ist. Diejenigen Dinge sind also von Wichtigkeit, welche den eigentlichen Körper des Ereignisses ausmachen; es genügt deren Zusammenstellung; und das farbige Gewand ist sehr überflüssig, sofern es nicht durch seinen Eindruck auf die Folge zu einem practischen Werthe erhoben wird. Einige wichtige Ereignisse der neuesten Zeit begannen zu spät, um am geeigneten Platze Aufnahme finden zu können, sind aber zum Theil auch bis zum Abschluß des Werkes nicht für die Darstellung reif geworden, da zuverlässige Nachrichten noch mangelten, oder das Ereigniß sein Ende noch nicht gefunden hatte. Es bleiben daher diese Artikel einem Nachtrage vorbehalten, der, wie wir hoffen, im Laufe der Zeit erforderlich werden wird. Schließlich sagen wir noch den Herren Mitarbeitern, die treu ausgeharrt haben, unsern Dank und wünschen dem Werke vielseitige Theilnahme.

Leipzig, im October 1861.

Die Redaction.

C. Göhring.

❄

Druck von C. E. Klinkicht & Sohn in Meißen.